LOGIN

TAT 1급

*세무실무

김영철 지음

도서출판
어울림
www.aubook.co.kr

 **머리말**

회계는 기업의 언어입니다. 회계를 통해서 많은 이용자들이 정보를 제공받고 있습니다.
회계는 약속이며 그리고 매우 논리적인 학문입니다.

회계를 잘하시려면
왜(WHY) 저렇게 처리할까? 계속 의문을 가지세요!!!
1. 회계는 이해하실려고 노력하세요.
   (생소한 단어에 대해서 네이버나 DAUM의 검색을 통해서 이해하셔야 합니다.)
2. 세법은 법의 제정 취지를 이해하십시오.
3. 이해가 안되시면 동료들과 전문가에게 계속 질문하십시오.

전산회계를 공부하시는 수험생들 중 대다수는 이론실력이 없는 상태에서 전산프로그램 입력연습에 많은 시간을 할애합니다. 그런 수험생들을 보면 너무 안쓰럽습니다.

기초 이론을 튼튼히 해야 응용력이 생깁니다. 또한, 난이도에 상관없이 자신감도 붙게 됩니다. 그리고 회계에 대하여 흥미가 생깁니다.

모든 회계프로그램은 분개를 통하여 최종 산출물인 재무제표를 만들게 되어 있습니다. 따라서 회계이론이 정립되어 있으면 회계 프로그램에 입력하는 것은 단순 반복작업입니다.
대부분의 한국 기업들은 더존의 회계프로그램을 사용합니다. 그리고 한국공인회계사회가 주관하는 AT자격시험도 더존의 회계프로그램을 사용합니다.
본 교재는 AT자격시험 수험목적으로 만든 교재입니다. 그리고 AT시험의 특징은 실무중심의 회계교육을 표방하고 있습니다. 따라서 이 교재도 실무 중심에 맞게 편집하였습니다. 각종 증빙 및 세무신고자료 등 실제 시험문제에서 나왔던 문제를 복원하여 단시간내에 TAT1급 자격증을 여러분들의 손에 넣어 줄 것입니다.

수험생 여러분!!

자격증을 취득하기 위해서는 본인의 노력이 합격의 키포인트입니다.

   본 교재에 있는 이론과 실무능력을 공부하시고 최종적으로 TAT1급 기출문제를 90분 안에 푸시는 연습을 계속하세요. 그래서 수험생 자신이 시간안분과 실력을 테스트하시고 부족한 부분은 보충하시기 바랍니다.

   회계는 여러분 자신과의 싸움입니다. 자신을 이기십시오!!!

2026년 2월

김 영 철

다음(Daum)카페 **"로그인과 함께하는 전산회계/전산세무"**

1. 실습 데이터(도서출판 어울림에서도 다운로드가 가능합니다.)

2. 오류수정표 및 추가 반영사항

3. Q/A게시판

로그인카페

NAVER 블로그 "로그인 전산회계/전산세무/AT"

1. 오류수정표 및 추가반영사항

2. 개정세법 외

[로그인 시리즈]				
전전기	전기	**당기**	차기	차차기
20yo	20x0	**20x1**	20x2	20x3
2024	2025	**2026**	2027	2028

4

 국가직무능력 표준(NCS)

1. 정의

국가직무능력표준(NCS, national competency standards)은 산업현장에서 직무를 수행하기 위해 요구되는 지식·기술·소양 등의 내용을 국가가 산업부문별·수준별로 체계화한 것으로 산업현장의 직무를 성공적으로 수행하기 위해 필요한 능력(지식, 기술, 태도)을 국가적 차원에서 표준화한 것을 의미

2. 훈련이수체계

수준	직종	회계·감사	세무
6수준	전문가	사업결합회계	세무조사 대응 조세불복 청구 절세방안 수립
5수준	책임자	회계감사	법인세 신고 기타세무신고
4수준	중간 관리자	비영리회계	종합소득세 신고
3수준	실무자	원가계산 재무분석	세무정보 시스템 운용 원천징수 부가가치세 신고 법인세 세무조정 지방세 신고
2수준	초급자	전표관리 자금관리 재무제표 작성 회계정보 시스템 운용	전표처리 결산관리
-		직업기초능력	

3. 회계 · 감사직무

(1) 정의

회계 · 감사는 기업 및 조직 내 · 외부에 있는 의사결정자들이 효율적인 의사결정을 할 수 있도록 유용한 정보를 제공하며, 제공된 회계정보의 적정성을 파악하는 업무에 종사

(2) 능력단위요소

능력단위(수준)	수준	능 력 단 위 요 소	교재 내용
전표관리	3	회계상 거래 인식하기	재무회계
		전표 작성하기	
		증빙서류 관리하기	
자금관리	3	현금시재관리하기	재무회계
		예금관리하기	
		법인카드 관리하기	
		어음수표관리하기	
원가계산	4	원가요소 관리하기(3)	
		원가배부하기(3)	
		원가계산하기	
		원가정보활용하기	
결산관리	4	결산분개하기(3)	재무회계
		장부마감하기(3)	
		재무제표 작성하기	
회계정보 시스템 운용	3	회계 관련 DB마스터 관리하기	재무회계실무능력
		회계프로그램 운용하기	
		회계정보활용하기	
재무분석	5	재무비율 분석하기(4)	
		CVP 분석하기(4)	
		경영의사결정 정보 제공하기	
회계감사	5	내부감사준비하기	
		외부감사준비하기(4)	
		재무정보 공시하기(4)	
사업결합회계	6	연결재무정부 수집하기(4)	
		연결정산표 작성하기(5)	
		연결재무제표 작성하기	
		합병 · 분할회계 처리하기	
비영리회계	4	비영리대상 판단하기	
		비영리 회계 처리하기	
		비영리 회계 보고서 작성하기	

4. 세무직무

(1) 정의

기업의 활동을 위하여 주어진 세법범위 내에서 조세부담을 최소화 시키는 조세전략을 포함하고 정확한 과세소득과 과세표준 및 세액을 산출하여 과세당국에 신고·납부하는 업무에 종사

(2) 능력단위요소

능력단위(수준)	수준	능력단위요소	교재 내용
전표처리	2	회계상 거래 인식하기	재무회계
		전표 처리하기	
		증빙서류 관리하기	
결산관리	2	손익계정 마감하기	
		자산부채계정 마감하기	
		재무제표 작성하기	
세무정보 시스템 운용	3	세무관련 전표등록하기	부가가치세, 원천징수실무
		보고서 조회·출력하기	
		마스터데이터 관리하기	
원천징수	3	근로/퇴직/이자/배당/연금/사업/기타소득 원천징수하기	소득세/ 원천징수실무
		비거주자의 국내원천소득 원천징수하기	
		근로소득 연말정산하기	
		사업소득 연말정산하기	
부가가치세 신고	3	세금계산서 발급·수취하기	부가가치세/ 부가가치세 실무
		부가가치세 부속서류 작성하기	
		부가가치세 신고하기	
종합소득세 신고	4	사업소득 세무조정하기	소득세/ 원천징수실무
		종합소득세 부속서류 작성하기	
		종합소득세 신고하기	
법인세 세무조정	3	법인세신고 준비하기	법인세/ 법인세 실무
		부속서류 작성하기	
법인세 신고	5	각사업년도소득 세무조정하기	
		부속서류 작성하기	
		법인세 신고하기	
		법인세 중간예납 신고하기	
지방세 신고	3	지방소득세 신고하기	보론 지방세
		취득세 신고하기	
		주민세 신고하기	
기타세무 신고	5	양도소득세/상속 증여세 신고하기	
		국제조세 계산하기	
		세목별 수정신고·경정 청구하기	

 # 2026년 AT 자격시험 일정

1. 시험일자

회차	종목 및 등급	원서접수	시험일자	합격자발표
88회		02.11~02.19	2.28(토)	3.06(금)
89회		04.02~04.09	4.18(토)	4.24(금)
90회		05.28~06.04	6.13(토)	6.19(금)
91회	FAT 1,2급	07.02~07.09	7.18(토)	7.24(금)
92회	TAT 1,2급	08.06~08.13	8.22(토)	8.28(금)
93회		10.01~10.08	10.17(토)	10.23(금)
94회		11.05~11.12	11.21(토)	11.27(금)
95회		12.03~12.10	12.19(토)	12.25(금)

2. 시험종목 및 평가범위

등급			평가범위
TAT 1급 (90분)	이론 (30)	재무회계	
		세무회계	부가가치세, 소득세(원천징수), 법인세
	실무 (70)	회계정보관리	• 특수 상황별 회계처리, 결산 • 적격증빙관리 및 관련서류작성
		부가가치세관리	• 전자세금계산서 관리 및 부가가치세신고
		원천징수관리	• 소득세의 원천징수신고(수정신고 포함)
		법인세 관리	• 법인세 세무조정

3. 시험방법 및 합격자 결정기준

1) 시험방법 : 이론(30%)은 객관식, 실무수행(70%)은 더존 Smart A 실무교육프로그램으로 함.
2) 합격자 결정기준 : 100점 만점에 70점 이상

4. 원서접수 및 합격자 발표

- 접수 및 합격자 발표 : 자격시험 홈페이지(http : //at.kicpa.or.kr)

차 례

Part I. TAT 1급 이론

Chapter 01 재무회계 ─────────────────────── 16

NCS회계 - 3 전표관리 / 자금관리

Chapter 02 부가가치세 ───────────────────── 123

NCS세무 - 3 부가가치세 신고

Part II. 실무능력

Chapter 01 재무회계 실무능력 ——————————————— 400

NCS회계 - 3 회계정보시스템 운용　　　　**NCS세무 - 3** 세무정보시스템 운용

Chapter 02 부가가치세 관리 ——————————————— 418

NCS세무 - 3 세무정보시스템 운용　　　　**NCS세무 - 3** 부가가치세 신고

Chapter 03 원천징수 관리 ——————————————— 435

NCS세무 - 3 세무정보시스템 운용　　**NCS세무 - 3** 원천징수　　**NCS세무 - 4** 종합소득세 신고

Chapter 04 법인세 관리 —————————————— 471

NCS세무 - 3 법인세 세무조정/세무정보시스템운용   NCS세무 - 5 법인세 신고

Part Ⅲ. 기출문제

1분강의
QR코드 활용방법

본서 안에 있는 QR코드를 통해 연결되는 유튜브 동영상이 수험생 여러분들의 학습에 도움이 되기를 바랍니다.

방법 1

❶ 스마트폰에서 다음(Daum)을 실행한 후 검색창의 오른쪽 아이콘 터치

❷ '코드검색'을 터치하면 카메라 앱이 실행됨

❸ 도서의 QR코드를 촬영하면 유튜브의 해당 동영상으로 자동 연결

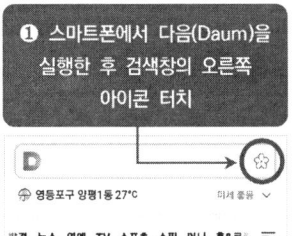

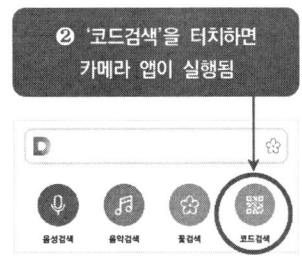

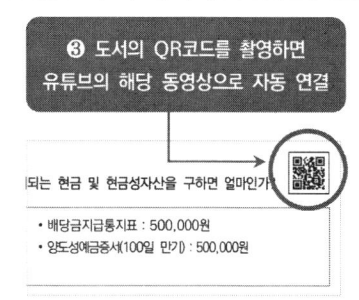

방법 2

카메라 앱을 실행하고, QR코드를 촬영하면 해당 유튜브 영상으로 이동할 수 있습니다.

개정세법 반영

유튜브 상단 댓글에 고정시켰으니, 참고하시기 바랍니다.

댓글 1개   정렬 기준

LOGIN   댓글 추가...

LOGIN   @loginat1 1년 전
<개정세법 2023> 2023년 0.8억원 2024.7.1~2025.06.30
👍 👎 ♡   답글

✔ 과도한 데이터 사용량이 발생할 수 있으므로, Wi-Fi가 있는 곳에서 실행하시기 바랍니다.

Part I

TAT 1급
이론

Log – In
Log – In

Chapter 01 재무회계

NCS회계 - 3 전표관리 / 자금관리

제1절 회계의 분류(정보이용자에 따른 분류)

	재무회계	관리회계
목 적	**외부보고**	**내부보고**
정보이용자	투자자, 채권자 등 **외부정보이용자**	경영자, 관리자 등 **내부정보이용자**
최종산출물	**재무제표**	**일정한 형식이 없는 보고서**
특 징	**과거정보의 집계보고**	**미래와 관련된 정보 위주**
법적강제력	있음	없음

제2절 재무회계 개념체계(일반기업회계기준)

재무회계 개념체계란 재무보고의 목적과 기초개념을 체계화함으로써 일관성 있는 기업회계기준을 제정케 하고, 재무제표의 성격 등에 관한 기본적 토대를 제공한다.

개념체계와 일반기업회계기준이 상충될 경우에는 일반기업회계기준이 개념체계보다 우선한다.

1. 재무제표의 작성에 필요한 기본가정(회계공준)

① **기업실체의 가정**	기업은 주주나 경영자와는 별개로 존재하는 하나의 독립된 실체이다
② **계속기업의 가능성**	재무제표를 작성시 계속기업으로서의 존속가능성을 평가하여야 한다 → **역사적 원가주의의 근간**
③ **기간별보고의 가정**	인위적인 단위(회계기간)로 분할하여 각 기간별로 재무제표를 작성하는 것

2. 유용한 재무제표가 되기 위한 질적특성

	1. 이해가능성	회계이용자에게 이해가능한 형태로 제공되어야 한다.
2. 목적 적합성	**예측역할 (예측가치)**	정보이용자가 기업실체의 미래 재무상태, 경영성과 등을 예측하는데 그 정보가 활용될 수 있는지의 여부를 말한다.
	확인역할 (피드백가치)	회계정보를 이용하여 예측했던 기대치를 확인하거나 수정함으로써 의사결정에 영향을 미칠 수 있는지의 여부를 말한다.
	적시성	적시성 있는 보고와 신뢰성 있는 정보 제공의 장점에 대한 상대적 균형을 고려할 필요
3. 신뢰성	**표현의 충실성**	기업의 재무상태나 경영성과를 초래하는 사건에 대해서 충실하게 표현되어야 한다는 속성이다.
	중립성	회계정보가 특정이용자에 치우치거나 편견을 내포해서는 안된다.
	검증가능성	다수의 독립적인 측정자가 동일한 경제적 사건이나 거래에 대하여 동일한 측정방법을 적용한다면 유사한 결론에 도달할 수 있어야 함을 의미한다.
4. 비교 가능성	기업간(통일성)	동종산업의 다른 기업과 유사한 정보와 비교할 수 있는 속성
	기간별(계속성)	기업의 재무제표를 다른 기간의 재무제표와 비교할 수 있는 속성

☞ **보수주의** : 불확실한 상황에서 추정이 필요한 경우, **자산이나 수익이 과대평가되지 않고 부채나 비용이 과소평가되지 않도록** 상당한 정도의 주의를 기울이는 것을 말한다. 논리적 일관성이 결여되어 있다.

〈가장 중요한 질적특성인 목적적합성과 신뢰성이 상충관계 예시〉

	목적적합성 高	신뢰성 高
자산측정	**공정가치**	**역사적원가(원가법)**
손익인식	발생주의	현금주의
수익인식	진행기준	완성기준
재무보고	중간보고서(반기, 분기)	연차보고서

3. 회계정보의 제약요인

① 효익과 원가간의 균형	비용 > 효익 → 그러한 정보제공은 정당화될 수 없다
② 중요성	**특정회계정보가 정보이용자의 의사결정에 영향을 미치는 정도 → 금액의 대소로 판단하지 않고** 정보이용자의 의사결정에 영향을 미치면 중요한 정보

제3절 재무제표

1. 재무제표의 종류

1. 재무상태표	일정 **시점**의 재무상태(자산, 부채, 자본)
2. (포괄) 손익계산서	일정 **기간**의 경영성과(수익, 비용, 포괄이익)
3. 자본변동표	자본의 크기와 그 변동에 관한 정보보고 → **소유주(주주)의 투자, 소유주에 대한 분배**
4. 현금흐름표	일정기간의 현금유출입 내역을 보고(**직접법, 간접법**) → **영업활동현금흐름, 투자활동현금흐름, 재무활동현금흐름**
5. 주석	재무제표상에 필요한 추가적인 정보보고(**주기는 재무제표가 아니다.**)

☞ 정태적(일정시점)보고서 : 재무상태표
  동태적(일정기간)보고서 : 손익계산서, 현금흐름표, 자본변동표

2. 재무제표 작성과 표시의 일반원칙

① 작성책임		**재무제표의 작성과 표시에 대한 책임은 경영자**
② 계속기업		**계속기업을 전제로 재무제표를 작성**
③ 중요성과 통합표시		중요하지 않은 항목은 **성격이나 기능이 유사한 항목과 통합하여 표시할 수 있다.** → **중요한 항목인 경우 주석으로 기재**
④ 공시	비교정보	−계량정보 : **전기와 비교하는 형식으로 작성** −비계량정보 : 전기 재무제표의 **비계량정보를 비교하여 주석에 기재한다.**
	표시와 분류	재무제표의 항목의 표시와 분류는 원칙적으로 매기 동일
	금액표시	금액을 천원이나 백만원 단위 등으로 표시할 수 있다.

3. 재무상태표의 작성기준

1. 구분표시의 원칙	자산·부채 및 자본을 종류별, 성격별로 적절히 분류하여 일정한 체계 하에 구분·표시한다.
2. 1년 기준	자산과 부채는 **결산일 현재 1년 또는 정상적인 영업주기를 기준으로 구분, 표시**
3. 유동성배열	**자산, 부채는 환금성이 빠른 순서로 배열한다.**
4. 총액주의	순액으로 표기하지 아니하고 총액으로 기재한다. ☞ **매출채권과 대손충당금은 순액표시가능 → 단 주석기재사항**
5. 구분과 통합표시	1. **현금 및 현금성자산 : 별도항목으로 구분표시** 2. **자본금 : 보통주자본금과 우선주 자본금으로 구분표시** 3. **자본잉여금 : 주식발행초과금과 기타자본잉여금으로 구분표시** 4. **자본조정 : 자기주식은 별도항목으로 구분하여 표시**

6. **미결산항목 및 비망계정(가수금, 가지급금 등)**은 그 내용을 나타내는 적절한 계정과목으로 표시하고 재무제표상 표시해서는 안된다.

4. 손익계산서의 작성기준

1. 발생기준	**현금 유·출입시점에 관계없이 당해 거래나 사건이 발생한 기간에 수익·비용을 인식**
2. 실현주의	수익은 **실현시기(원칙 : 판매기준)를 기준으로 계상**한다.
3. 수익·비용대응의 원칙	비용은 관련수익이 인식된 기간에 인식한다.
4. 총액주의	**수익과 비용은 총액으로 기재한다.**(이자수익/이자비용)
5. 구분계산의 원칙	손익은 매출총손익, 영업손익, 법인세비용차감전순손익, 당기순손익, 주당순손익으로 구분하여 표시한다. ☞ **제조업, 판매업 및 건설업 외의 업종에 속하는 기업은 매출총손익의 구분 표시를 생략할 수 있다.**
6. 환입금액표시	영업활동과 관련하여 비용이 감소함에 따라 발생하는 **퇴직급여충당부채 환입, 판매보증충당부채환입 및 대손충당금 환입 등은 판매비와 관리비의 부(−)의 금액으로 표시**한다.

5. 중간재무제표

1. 작성기간	3개월(분기), 6개월(반기)이 대표적이나 그 밖의 기간도 가능
2. 종류	연차재무제표와 동일
3. 공시	연차재무제표와 동일한 양식으로 작성함을 원칙으로 하나, **다만 계정과목 등은 대폭 요약하거나 일괄 표시할 수 있다.**

6. 주석

1. 정의	정보이용자가 재무제표를 이해하고 다른 기업의 재무제표와 비교하는데 도움이 되는 정보
2. 내용	① 일반기업회계기준에 준거하여 재무제표를 작성하였다는 사실의 명기 ② 재무제표 작성에 적용된 유의적인 회계정책의 요약 ③ 재무제표 본문에 표시된 항목에 대한 보충정보 ④ 기타 우발상황, 약정사항 등의 계량정보와 비계량정보

 객관식

01. 다음 중 재무보고의 정의와 목적에 대한 설명으로 옳지 않은 것은?

① 재무제표는 경영자의 수탁책임 이행 등을 평가할 수 있는 정보를 제공한다.

② 재무정보의 주된 목적은 투자 및 신용의사결정에 유용한 정보를 제공하는 것이다.

③ 재무정보를 제공하는 가장 핵심적인 수단은 재무제표이며, 주석은 포함되지 아니한다.

④ 기업가치의 평가는 미래의 기대배당과 투자위험 등에 근거하며, 재무보고는 이러한 평가에 유용한 정보를 제공하여야 한다.

02. 발생주의와 관련된 설명 중 옳지 않는 것은?

① 현금흐름표는 발생기준에 따라 작성되지 않는다.

② 발생주의 회계는 기업실체의 경제적 거래나 사건에 대해 관련된 수익과 비용을 그 현금유출입이 있는 기간이 아니라 당해 거래나 사건이 발생한 기간에 인식하는 것을 말한다.

③ 발생주의 회계에서는 재화 및 용역을 신용으로 판매하거나 구매할 때 자산과 부채를 인식하게 되고, 현금이 지급되지 않은 이자 또는 급여 등에 대해 부채와 비용을 인식하게 된다.

④ 발생주의 회계에서는 현금 유·출입이 수반되지 않는 자산과 부채 항목은 인식될 수 없다.

03. 회계정보의 질적특성에 관한 설명으로 옳지 않은 것은?

① 회계정보의 질적특성은 회계기준 제정기구가 회계기준을 제정 또는 개정할 때 대체적 회계처리 방법들을 비교·평가할 수 있는 판단기준이 된다.

② 회계정보는 기간별 비교가능성은 있어야 하나, 기업실체 간 비교가능성은 없어도 된다.

③ 회계정보의 질적특성은 경영자와 감사인이 회계정책을 선택 또는 평가할 때 판단기준을 제공한다.

④ 회계정보가 갖추어야 할 가장 중요한 질적특성은 목적적합성과 신뢰성이다.

04. 회계정보의 질적특성에 대한 다음 설명 중 옳지 않은 것은?

① 회계정보가 갖추어야 할 가장 중요한 질적 특성은 목적적합성과 신뢰성이다.

② 회계정보의 질적 특성은 일관성이 요구되므로 서로 상충될 수 없다.

③ 회계정보가 신뢰성을 갖기 위해서는 객관적으로 검증가능하여야 한다.

④ 표현의 충실성을 확보하기 위해서는 회계처리대상이 되는 거래나 사건의 형식보다는 그 경제적 실질에 따라 회계처리하고 보고하여야 한다.

05. 다음 중 회계정보의 질적특성에 대한 설명으로 옳지 않은 것은?

① 회계정보가 신뢰성을 갖기 위해서는 정보가 나타내고자 하는 대상을 충실히 표현하고 있어야 하고, 검증가능하여야 하며, 중립적이어야 한다.

② 시장성 없는 유가증권을 역사적원가로 평가하면 측정치의 검증가능성은 높으나 실제가치를 나타내지 못하여 표현의 충실성과 목적적합성은 저하될 수 있다.

③ 목적적합성이 있는 회계정보는 예측가치 또는 피드백가치를 가져야 한다.

④ 회계정보를 적시에 제공하기 위하여 거래가 확정되기 전에 보고하는 경우, 신뢰성은 향상 되나 목적적합성은 저하될 수 있다.

06. 회계정보의 예측가치에 대한 설명으로 옳지 않은 것은?

① 재무제표에 의해 발표되는 반기 이익은 올해의 연간 이익을 예측하는 데 활용될 수 있다.

② 재무제표에 의해 제공되는 회계정보는 과거에 대한 정보이기 때문에 미래에 대한 예측의 근거로 활용될 수가 없다.

③ 회계정보가 예측가치를 가져야 하는 것은 정보이용자의 투자 및 신용의사결정이 미래에 대한 예측에 근거하여 이루어지기 때문이다.

④ 예측가치란 정보이용자가 기업실체의 미래 재무상태, 경영성과, 순현금흐름 등을 예측하는 데에 그 정보가 활용될 수 있는 능력을 의미한다.

07. 다음 설명과 가장 관련된 회계정보의 질적특성 간의 상충관계로 옳은 것은?

> (주)한공은 유형자산을 역사적원가로 평가할지 아니면 공정가치로 평가할지에 대하여 논의하고 있다.

① 목적적합성과 신뢰성   ② 목적적합성과 적시성

③ 비교가능성과 신뢰성   ④ 신뢰성과 검증가능성

08. 다음 중 재무제표에 관한 설명으로 옳은 것은?

① 현금흐름표상의 영업활동으로 인한 현금흐름은 간접법만 인정된다.

② 현금및현금성자산은 사용제한기간이 보고기간종료일로부터 1년을 초과하더라도 유동 자산으로 분류한다.

③ 정상적인 영업주기내에 회수되는 매출채권은 보고기간종료일로부터 1년 이내에 회수되지 않더라도 유동자산으로 분류한다.

④ 재무제표는 발생기준에 따라 작성되므로 현금주의에 따라 작성되는 현금흐름표는 재무제표에 해당하지 않는다.

09. 재무제표 작성과 표시에 대한 설명 중 옳지 않은 것은?

① 재무제표는 경제적 사실과 거래의 실질을 반영하여 기업의 재무상태, 경영성과, 현금흐름및 자본변동을 공정하게 표시하여야 하며, 일반기업회계기준에 따라 적정하게 작성된 재무제표는 공정하게 표시된 재무제표로 본다.

② 중요한 항목은 재무제표의 본문이나 주석에 그 내용을 가장 잘 나타낼 수 있도록 구분하여 표시하며, 중요하지 않은 항목은 성격이나 기능이 유사한 항목과 통합하여 표시할 수 있다.

③ 재무제표의 기간별 비교가능성을 제고하기 위하여 당해 연도와 과거 연도를 비교하는 방식으로 작성한다.

④ 재무제표 항목의 표시나 분류방법이 변경되더라도 전기 재무제표의 신뢰성 확보를 위하여 전기의 항목은 재분류하지 않는다.

10. 다음 중 회계정보의 질적특성에 관한 설명으로 옳지 않은 것은?

① 목적적합성 있는 정보는 정보이용자가 기업실체의 과거, 현재 또는 미래 사건의 결과에 대한 예측을 하는 데 도움이 되거나 또는 그 사건의 결과에 대한 정보이용자의 당초 기대치(예측치)를 확인 또는 수정할 수 있게 함으로써 의사결정에 차이를 가져올 수 있는 정보를 말한다.

② 표현의 충실성을 확보하기 위해서는 회계처리대상이 되는 거래나 사건의 형식보다는 그 경제적 실질에 따라 회계처리하고 보고하여야 한다.

③ 검증가능성이란 동일한 경제적 사건이나 거래에 대하여 동일한 측정방법을 적용할 경우 다수의 독립적인 측정자가 유사한 결론에 도달할 수 있어야 함을 의미한다.

④ 재무정보가 신뢰성을 갖기 위해서는 편의 없이 중요성을 갖추어야 한다.

11. 다음 중 재무제표의 작성과 표시의 일반원칙에 대한 설명으로 옳지 않은 것은?

① 재무제표의 작성과 표시에 대한 책임은 경영진에게 있다.

② 재무제표는 이해하기 쉽도록 간단하고 명료하게 표시하여야 한다.

③ 재무제표 항목의 표시와 분류는 특별한 경우를 제외하고는 매기 동일하여야 한다.

④ 재무제표의 기간별 비교가능성을 제고하기 위한 표시는 계량정보만 해당된다.

12. 다음 설명과 관련된 사례로 옳지 않은 것은?

> 기업실체의 경제적 거래나 사건에 대하여 두 가지 이상의 대체적인 회계처리 방법이 있는 경우, 재무적 기초를 견고히 하는 관점에서 이익을 낮게 보고하는 방법을 선택할 수 있다.

① 저가법에 의한 재고자산의 평가

② 자본적 지출 대신 수익적 지출로 처리

③ 신규자산 취득 시 감가상각방법으로 정률법 대신 정액법 적용

④ 판매기준 대신 회수기일 도래기준에 의한 장기할부판매의 처리

13. 회계정보의 질적 특성에 대한 설명으로 옳지 않은 것은?

① 목적적합성과 신뢰성이 더 높은 회계처리방법을 선택할 때에 회계정보의 유용성이 증대된다.

② 올해의 매출액이 내년 매출액을 예측하는데 도움이 된다면 올해의 매출액은 유용한 회계정보가 된다.

③ 매출원가 정보를 전년도 매출원가 또는 다른 회사의 매출원가와 비교할 수 있다면 매출원가에 대한 회계정보의 유용성이 증가한다.

④ 경영자와 주주의 회계정보 유용성이 상충되는 경우에는 경영자 입장에서 회계정보 유용성 여부를 최종 판단한다.

14. 다음 중 회계정보의 질적특성과 관련된 설명으로 옳지 <u>않은</u> 것은?

① 목적적합한 정보가 되기 위해서는 검증가능성이 있어야 한다.

② 반기재무제표는 연차재무제표에 비해 목적적합성은 높아지나 신뢰성은 낮아진다.

③ 유형자산을 역사적원가로 평가하는 경우 검증가능성이 높아지므로 신뢰성이 제고되지만 목적적합성은 낮아진다.

④ 회계정보의 질적특성은 서로 상충될 수 있다.

 주관식

01. (주)한공은 기업의 이해관계자에게 적시성 있는 정보를 제공하기 위해 사업연도 (1년) 단위 재무제표 뿐 아니라 반기 및 분기재무제표를 작성하여 공시하고 있다. 이와 관련된 재무제표의 기본가정은 무엇인가?

02. 다음 대화에서 공통적으로 다루고 있는 회계정보의 질적 특성은 무엇인가?

> • 유옥 : 회계정책은 매년 계속 적용하고, 정당한 사유없이 이를 변경해서는 안되지
> • 윤옥 : 재무제표 작성 시에는 당해 연도와 직전연도 정보를 함께 표시하지
> • 선순 : 같은 업종의 기업들이 동일한 회계처리 기준을 사용한다면 회계정보의 유용성이 증대될 수 있지

03. 회계부서 두 직원간의 다음 대화와 관련된 회계정보의 질적특성은 무엇인가?

> A : 부장님, 재무제표는 1년에 한 번만 작성하는 건가요?
> B : 그건 회사에 따라 다르다네. **회계정보의 적시성을** 높이기 위해 6개월 또는 3개월마다 작성하기도 한다네.

04. 다음은 (주)한공의 20x1년도 재무보고에 관한 재무팀장과 사장의 대화내용이다. 이 중 사장의 대화내용과 관련 있는 회계정보의 질적특성은 무엇인가?

> • 박팀장 : 사장님! 20x1년초에는 신제품 반응이 뜨거울 것으로 예상하여 20x1년도 매출총이익은 28억원, 영업이익은 10억원으로 예측하였는데 결산 결과 실제 매출총이익은 19억원, 영업이익은 7억원으로 확정되었습니다.
> • 김사장 : 예상결과가 너무 다르지 않는가! 20x2년도의 이익 예측치는 좀 잘 추정해보도록 하게.

05. 다음과 관련된 회계정보의 질적특성은 무엇인가?

> 리스의 법적 형식은 임차계약이지만 리스이용자가 리스자산에서 창출되는 경제적 효익의 대부분을 향유하고 해당 리스자산과 관련된 위험을 부담하는 경우가 있다. 이와 같은 리스는 경제적 실질의 관점에서 자산과 부채의 정의를 충족하므로 리스이용자는 리스거래 관련 자산과 부채로 인식하여야 한다.

🔑 객관식

1	2	3	4	5	6	7	8	9	10
③	④	②	②	④	②	①	③	④	④

11	12	13	14						
④	③	④	①						

[풀이 - 객관식]

01 재무제표는 재무상태표, 손익계산서, 자본변동표, 현금흐름표로 구성되며, 주석을 포함한다.

02 발생주의 회계에서는 **현금 유·출입이 수반되지 않는 자산과 부채 항목도 거래로 인식**되어야 한다.

03 기업실체의 재무상태, 경영성과, 현금흐름 및 자본변동의 추세 분석과 기업실체 간의 상대적 평가를 위하여 회계정보는 기간별 비교가 가능해야 하고 기업실체 간의 비교가능성도 있어야 한다.

04 회계정보의 **질적 특성(예 목적적합성 VS 신뢰성)은 서로 상충**될 수 있다. 상충되는 질적 특성간의 선택은 재무보고의 목적을 최대한 달성할 수 있는 방향으로 이루어져야 한다.

05 적시성은 목적적합성의 하위속성이다. 따라서 정보를 적시에 제공하기 위하여 거래가 확정되기 전에 보고하는 경우, 목적적합성은 향상되나 신뢰성은 저하될 수 있다.

06 재무제표에 의해 제공되는 회계정보는 과거에 대한 것임에도 불구하고 정보이용자에게 유용할 수 있는 근본적 이유는 이 정보가 미래에 대한 예측의 근거로 활용될 수 있기 때문이다.

07 유형자산을 역사적원가로 평가하면 신뢰성은 제고되나 목적적합성은 저하되며, 공정가치로 평가하면 목적적합성은 제고되나 신뢰성은 저하된다. 이와 같이 자산평가방법에 따라 **회계정보의 질적특성 중 목적적합성과 신뢰성의 상충될 수 있다.**

08 ① 영업활동으로 인한 현금흐름은 직접법도 인정된다.

② 사용제한기간이 보고기간종료일로부터 1년을 초과하는 현금및현금성자산은 비유동자산으로 분류한다.

④ 현금흐름표도 재무제표에 해당한다.

09 재무제표 항목의 표시나 **분류방법이 변경**되는 경우에는 **당기와 비교하기 위하여 전기의 항목을 재분류**한다.

10 재무정보가 **신뢰성을 갖기 위해서는 편의 없이 중립적**이어야 한다.

11 전기 재무제표의 비계량정보가 당기 재무제표를 이해하는 데 필요한 경우에는 **비계량정보도 당기의 정보와 비교하여 주석에 기재**한다.

12 **보수주의**에 대한 설명으로 **이익을 낮게 보고**하려면 신규취득자산은 감가상각비 계상시 정액법 대신 정률법을 적용하여야 한다.

13 회계정보 **유용성은 궁극적으로 정보이용자에 의해서 판단**된다.

14 **검증가능성은 신뢰성의 하위 질적특성**이다.

O━ 주관식

| 01 | 기간별보고 | 02 | 비교가능성 | 03 | 목적적합성 |
| 04 | 목적적합성 중 피드백가치 | 05 | 표현의 충실성 |

[풀이 - 주관식]

01 기업실체의 이해관계자는 지속적으로 의사결정을 해야 하므로 적시성 있는 정보가 필요 하게 된다. 이러한 정보수요를 충족시키기 위하여 도입된 재무제표의 기본가정이 기간별 보고이다.

02 비교가능성은 회계정보를 다른 기간 또는 다른 기업과 비교할 수 있는 질적 특성을 의미한다.

03 회계정보가 갖추어야 할 **가장 중요한 질적특성은 목적적합성과 신뢰성**이다. 이 중 목적적합성은 정보의 적시성을 전제로 한다.

04 20x2년 예측치를 수정하도록 하는 것은 회계정보의 질적특성 중 피드백가치에 해당한다.

05 **표현의 충실성을 확보**하기 위해서는 회계처리대상이 되는 거래나 ~~사건의 형식보다는 그 경제적 실질에 따라 회계처리하고 보고~~하여야 한다. 거래나 사건의 경제적 실질은 법적 형식 또는 외관상의 형식과 항상 일치하는 것은 아니다.

제4절 | 유동자산

1. 당좌자산

(1) 현금 및 현금성자산

	통화	지폐나 주화
1. 현금	**통화대용증권**	**타인발행수표(가계수표, 당좌수표), 송금수표, 여행자수표, 우편 환증서, 배당금지급통지서, 지급기일이 도래한 공사채의 이자표, 만기도래어음** (예외) 부도수표, 선일자수표 → 매출채권(OR 미수금)
	요구불예금	당좌예금, 보통예금 등 당좌예금의 잔액을 초과하여 지급된 금액을 당좌차월이라 하며, **당좌차월은 부채로서 "단기차입금"으로 분류**
2. 현금성 자산		큰 비용없이 현금으로 전환이 용이하고 이자율변동에 따른 가치변동의 위험이 중요하지 않은 것으로서 **취득당시 만기가 3개월 이내인 금융상품**

☞ 우표, 수입인지, 수입증지 : 비용 or 선급비용, 차용증서 : 대여금

(2) 유가증권 회계처리

1. 취득시		**취득원가＝매입가액＋부대비용(수수료등)** **※ 단기매매증권은 부대비용을 수수료비용(영업외비용)** 유가증권의 단가산정방법 : 총평균법, 이동평균법		
2. 보유시	기말 평가	단기매매증권	공정가액	**단기매매증권평가손익(영업외손익)**
		매도가능증권	공정가액 (원가법)	**매도가능증권평가손익** **(자본 : 기타포괄손익누계액)**
		만기보유증권	상각후원가	–
		단기매매(매도가능)증권의 기말장부가액＝시가(공정가액)		

		2. 배당금(지분증권)	
수익	1. 이자(채무증권)	현금배당금	주식배당금
	이자수익	배당금수익	**회계처리를 하지 않고 수량과 단가를 재계산**

3. 처분시	단기매매증권처분손익 = 처분가액 – 장부가액 매도가능증권처분손익 = 처분가액 – 취득가액
4. 손상차손	**발행회사의 신용악화에 따라 증권의 가격이 폭락하는 위험** <u>유가증권 손상차손 = 장부가액 – 회수가능가액</u> ☞ **단기매매증권은 손상차손을 인식하지 않는다. 왜냐하면 단기매매증권은 기말마다 공정가치로 평가하고, 평가손익을 당기손익으로 반영하였기 때문이다.**

① 단기매매증권과 매도가능증권

	단기매매증권	매도가능증권
의 의	단기간 시세차익목적	언제 매도할지 모름
취득가액	**매입가액**	**매입가액 + 취득부대비용**
기말평가	공정가액 **미실현보유손익 : 실현됐다고 가정** **(영업외손익 – 단기매증권평가손익)**	공정가액(공정가액이 없는 경우 원가법) **미실현보유손익** **(자본 – 기타포괄손익누계액)**
처분손익	**처분가액 – 장부가액**	**처분가액 – 취득가액**(= 장부가액 + 평가손실 – 평가이익)

② 유가증권의 재분류 – 보유목적 변경

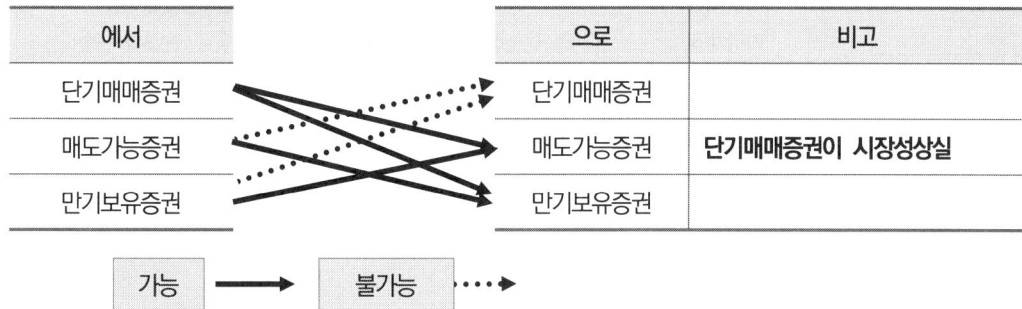

에서		으로	비고
단기매매증권		단기매매증권	
매도가능증권		매도가능증권	**단기매매증권이 시장성상실**
만기보유증권		만기보유증권	

가능 ——→ 불가능 ·····▶

(3) 채권 · 채무회계

① 매출채권 매각 및 추심

	중도매각(매각거래)	추심(만기)
	할인료	추심수수료
성격	영업외거래	영업거래
	영업외비용	판관비
회계 처리	(차) 현　　　금　　　×× 　　**매출채권처분손실(영)**　×× 　　(대) 받을어음　　　　　××	(차) 현　　　금　　　　×× 　　**수수료비용(판)**　　×× 　　(대) 받을어음　　　　　××

② 대손회계

1. 대손시	★ 대손충당금 계정잔액이 충분한 경우 (차) 대손충당금　　　　　×××　　(대) 매출채권　　　　　××× ★ 대손충당금 계정잔액이 부족한 경우 (차) 대손충당금(우선상계)　×××　　(대) 매출채권　　　　　××× 　　대손상각비(판)　　　　×××
2. 대손처리한 채권회수시	★ **대손세액공제적용 채권** (차) 현　금　등　　　　　×××　　(대) 대손충당금　　　　　××× 　　　　　　　　　　　　　　　　　　　**부가세예수금**　　　×××**[*1]** *1. 회수금액 × 10/110 ★ **대손세액공제미적용 채권** (차) 현　금　등　　　　　×××　　(대) 대손충당금　　　　　×××
3. 기말설정	**기말 설정 대손상각비＝기말매출채권잔액×대손추정율－설정 전 대손충당금잔액** ★ 기말대손추산액 〉 설정전 대손충당금잔액 (차) 대손상각비(판관비)　×××　　(대) 대손충당금　　　　　××× ★ 기말대손추산액 〈 설정전 대손충당금잔액 (차) 대손충당금　　　　　×××　　(대) **대손충당금환입(판)**　×××
4. 대손상각비의 구분	<table><tr><td></td><td>설 정</td><td>환 입</td></tr><tr><td>**매출채권**</td><td>대손상각비(판관비)</td><td>**대손충당금환입(판)**</td></tr><tr><td>**기타채권**</td><td>**기타의 대손상각비(영·비)**</td><td>대손충당금환입(영·수)</td></tr></table>
5. 대손충당금 표시	**총액법(매출채권과 대손충당금을 모두 표시)으로 할 수 있으며, 순액법(매출채권에 서 대손충당금을 차감)으로 표시한 경우 주석에 대손충당금을 기재한다.**

2. 재고자산

① 재고자산의 범위

1. 미착상품 (운송중인 상품)	① 선적지인도조건	**선적시점**에 매입자의 재고자산
	② 도착지인도조건	**도착시점**에 매입자의 재고자산
2. 위탁품(적송품)	**수탁자가 고객에게 판매한 시점**에서 위탁자는 수익을 인식	
3. 시송품(시용품)	**소비자가 매입의사를 표시한 날**에 회사는 수익을 인식	
4. 반품률이 높은 재고자산	㉠ **합리적 추정가능시**	**인도시점에서 수익을 인식**하고 예상되는 반품비용과 반품이 예상되는 부분의 매출총이익을 반품충당부채로 인식
	㉡ **합리적 추정이 불가능시**	구매자가 **인수를 수락한 시점**이나 반품기간이 종료된 시점에 수익을 인식한다.

② 재고자산의 수량 및 단가결정

수량	1. 계속기록법	2. 실지재고조사법
단가	1. 개별법	**가장 정확한 원가배분방법**
	2. 선입선출법	재고자산의 진부화가 빠른 기업이 적용
	3. 후입선출법	실제물량흐름과 거의 불일치되고 일부 특수업종에서 볼 수 있다.
	4. 평균법	**계속기록법인 이동평균법**과 **실지재고조사법인 총평균법**
	5. 소매재고법	추정에 의한 단가 산정방법(**원칙적으로 유통업에만 인정**)

③ 각방법의 비교

물가가 상승하는 경우		선입선출법		평균법		후입선출법
구입순서 **1.10원** **2.20원** **3.30원**	매출액(2개)	100원(50×2개)		100원		100원
	매출원가(2개)	30원(10+20)	<	40원(20×2개)	<	50원(30+20)
	매출이익 **(당기순이익)** **(법인세)**	70원	>	60원	>	50원
	기말재고	30원	>	20원	>	10원

〈대차평균의 원리〉
자산 ∝ 이익

〈크기 비교 : 물가상승시〉

	선입선출법	평균법(이동, 총)	후입선출법
기말재고, 이익, 법인세	>	>	>
매출원가	<	<	<

☞ 물가하락시 반대로 생각하시면 됩니다.

〈선입선출법 VS 후입선출법〉

	선입선출법	후입선출법
특징	• **물량흐름과 원가흐름이 대체적으로 일치** • 기말재고자산을 현행원가로 표시 • **수익과 비용 대응이 부적절**	• **물량흐름과 원가흐름이 불일치** • 기말재고자산이 과소평가 • **수익과 비용의 적절한 대응**

④ 재고자산의 회계처리

1. 취득시		취득원가 = 매입가격 + 매입부대비용(운반비, 보험료, 관세 등)
2. 평가	① 감모손실 (수량)	• **정상감모 : 매출원가** • **비정상감모 : 영업외비용(재고자산감모손실)**
	② 평가손실 (단가)	• **저가법적용 : 하락시 평가손실만 인식하고 회복시 최초의 장부가액을 한도로 하여 시가회복분만 환입** • **제품, 상품, 재공품 : 순실현가치(정상판매가격 − 추정판매비)** • **원재료 : 현행대체원가** → **원재료＜완성될 제품 : 저가법 미적용**
	☞ **감모손실을 먼저 인식한 후 평가손실을 인식하세요!!!!!**	

 분개연습

1. 회수가 불가능하게 되어 대손처리했던 (주)태평물산에 대한 외상매출금 3,850,000원(부가가치세 포함)이 당사 보통예금(기업은행)으로 입금되다. 회사는 전기 제2기 부가가치세 확정신고 시 해당 외상매출금에 대하여 대손세액공제를 받은 바 있다.

2. 7월 1일 관리부 김준세 대리에게 사내 대출(원금 8,000,000원, 1년후 상환조건)을 하면서 가지급금 계정으로 처리하였다. 회사는 결산시 '주·임·종 단기채권'으로 대체하기 하였으며, 사내 대출에 대한 이자는 당기말 현재 아직 수령하지 않았다.(이자수익은 월할 계산하시오.)

3. (주)태산는 (주)미도에 영업자금을 대여하고 이자는 6개월마다 받기로 하였다.

> • 대여기간 : 20x1. 10. 1. ~ 20x3. 9. 30.
> • 대 여 액 : 30,000,000원 (이자율 연 5%)

결산정리분개를 하시오.

4. 필리핀의 알라방사에서 원재료를 수입하면서 미착품(40,000,000원)에 계상하였다. 금일자로 평택세관으로 부터 수입세금계산서(공급가액 40,000,000원, 세액 4,000,000원)를 발급받고 부가가치세는 현금으로 납부하다. 미착품계상에 대한 정리분개도 하시오.

5. 다음은 재고자산 실사내역이다.

구 분	장부상내역			실사내역		
	단위당원가	수량	평가액	단위당원가	수량	평가액
원재료	20,000원	400개	8,000,000원	20,000원	380개	7,600,000원
제 품	40,000원	900개	36,000,000원	30,000원	900개	27,000,000원

재고자산 감모 및 평가에 대하여 회계처리하시오. (원재료 감모 수량은 모두 비정상 발생분이다.)

 객관식

01. 다음은 (주)한공의 외상매출금 계정과 대손에 관한 자료이다. 이에 대한 설명으로
옳은 것은?

외상매출금			(단위 : 원)
1/ 1 전기이월	300,000	5/31 대손충당금	2,000
6/18 매 출	700,000	9/28 당좌 예금	850,000
10/23 매 출	452,000	12/31 차기 이월	600,000

잔액시산표(수정 전)

(주)한공   20x1년 12월 31일   (단위 : 원)

차 변	계정과목	대 변
⋮	⋮	⋮
	대손충당금	1,000

• 외상매출금 기말잔액에 대해 1%의 대손을 추정하고 있다.

① 당기 대손발생액은 3,000원이다.
② 당기 외상매출금 회수액은 852,000원이다.
③ 전기에서 이월된 대손충당금은 1,000원이다.
④ 손익계산서에 반영되는 당기 대손상각비는 5,000원이다.

02. 도매업을 영위하는 (주)한공은 단기매매목적으로 코스닥에 상장되어 있는 (주)서울의 주식을 보유하고
있다. 주식평가로 인하여 20x1년 재무제표에 미치는 영향으로 옳은 것은?

주식보유현황

주식명	보유주식수	1주당 공정가치 (20x1.12.31.)	평가전 장부가액
(주)서울	2,000주	38,000원	70,000,000원

① 영업이익이 증가한다.   ② 영업외비용이 증가한다.
③ 당기순이익이 증가한다.   ④ 기타포괄손익누계액이 증가한다.

03. 다음은 (주)한공의 총계정원장 일부이다. 자료에 대한 설명으로 옳지 않은 것은?

매출채권				
1/1 전 기 이 월	1,000,000원	12/10 대손충당금	40,000원
12/8 상 품 매 출	3,000,000원	대손상각비	90,000원
		12/17 현 금	1,300,000원
		12/31 차 기 이 월	2,570,000원
	4,000,000원		4,000,000원

대손충당금				
12/10 매 출 채 권	40,000원	1/1 전 기 이 월	40,000원
12/31 차 기 이 월	51,400원	12/31 대손상각비	51,400원
	91,400원		91,400원

① 결산 시 매출채권에 대한 대손추정율은 2%이다.
② 매출채권에 대한 대손 발생 금액은 130,000원이다.
③ 당기 매출채권의 현금 회수액은 1,300,000원이다.
④ 손익계산서상 대손상각비는 51,400원이다.

04. 다음은 (주)한공이 취득한 (주)서울의 주식에 대한 거래내역과 회계처리이다.

20x0년 5월 30일	단기매매목적으로 100주를 주당 1,000원에 취득하였다. (차) 단기매매증권　100,000원　(대) 현금　100,000원
20x0년 12월 31일	기말 현재 시가는 주당 1,200원이었으나, 평가손익에 대한 회계처리를 누락하였다.
20x1년 3월 5일	주당 1,100원에 보유주식을 전부 처분하였다. (차) 현　금　110,000원　(대) 단기매매증권　100,000원 　단기매매증권처분이익 10,000원

20x0년분과 20x1년분 당기순이익이 각각 100,000원과 200,000원일 때, 오류를 수정한 후의 당기순이익은 얼마인가?

	20x0년	20x1년		20x0년	20x1년
①	80,000원	220,000원	②	100,000원	200,000원
③	120,000원	180,000원	④	140,000원	160,000원

05. 부가가치세 일반과세자인 (주)한공에 대한 다음 설명 중 옳지 않은 것은?(단, (주)한공은 부가가치세법에 따른 회계처리를 하고 있으며, 대손세액공제는 신청하지 않는 것으로 가정한다.)

> • 20x1년 중 영세율 적용대상 매출액은 없으며 모든 매출은 외상거래이다.
> • 20x1. 1. 1. 매출채권 1,000,000원 및 대손충당금 70,000원
> • 20x1년 매출액 : 15,000,000원(부가가치세가 포함되지 않은 금액임.)
> • 20x1년 중 회수불능으로 대손 처리된 매출채권 : 300,000원
> • 20x1. 12. 31. 매출채권 1,350,000원 및 대손충당금 100,000원

① 매출채권의 합계잔액시산표 차변 합계금액은 16,000,000원이다.
② 대손충당금의 합계잔액시산표 차변 합계금액은 70,000원이다.
③ 20x1년 중 매출채권으로부터 회수된 현금은 15,850,000원이다.
④ 손익계산서에 기록될 대손상각비는 330,000원이다.

06. 기말재고자산에 포함되지 않는 항목은?
① 수탁자의 창고에 보관 중인 적송품
② 고객이 구매의사를 표시하기 전인 시송품
③ 자금을 차입하고 담보로 제공한 상품
④ 목적지인도조건으로 주문한 운송 중인 상품

07. 다음 중 재고자산에 대한 설명으로 옳은 것은?
① 정상적으로 발생한 감모손실은 영업외비용으로 분류한다.
② 파손, 부패 등의 사유로 정상가격으로 판매가 불가한 경우의 재고자산평가손실은 영업외비용으로 처리한다.
③ 재고자산의 시가가 취득원가보다 하락한 경우에는 시가를 장부금액으로 한다.
④ 일정기간 사용한 후에 매입 여부를 결정하는 조건의 시송품은 상품의 점유가 이전된 경우 판매자의 재고에서 제외시킨다.

08. 재고자산의 평가에 관한 설명으로 옳지 않은 것은?
① 재고자산의 순실현가능가치는 추정판매가격에서 추정판매비용을 차감하여 계산한다.
② 재고자산의 순실현가능가치가 취득원가보다 낮은 경우 발생하는 재고자산평가손실은 매출 원가에 가산한다.
③ 재고자산평가손실은 재고자산의 차감계정인 재고자산평가충당금으로 표시한다.
④ 당기 기말재고가 과소평가되면 당기의 매출원가는 과소평가되고 차기의 매출원가는 과대 평가된다.

09. 다음 중 재고자산에 대해 올바르게 설명하고 있는 사람은?

> 민수 : 물가상승 시에는 선입선출법보다 후입선출법에 의한 매출원가 더 커
> 영호 : 개별법은 특정 프로젝트별로 생산되는 제품의 원가결정에 유용해
> 상호 : 저가법을 적용하는 경우에는 항목별로 적용하지 않고 모든 재고자산을 통합하여 적용하는 것이 원칙이야
> 기영 : 소매재고법은 일반기업회계기준에서 인정하고 있는 방법이 아니야

※ 1차 저작권자의 저작권 침해 소지가 있어 삽화 삽입은 어려우니 양해바랍니다.

① 민수, 영호   ② 민수, 상호

③ 상호, 기영   ④ 영호, 기영

10. 다음은 도매업을 영위하고 있는 ㈜한공의 20x1년 상품재고장과 재고자산의 시가정보이다. 20x1년 결산 후 손익계산서상 매출원가와 재무상태표상 재고자산은 얼마인가?(단, 상품은 단일품목이고 선입선출법을 적용한다)

> **자료 1. 상품재고장**
>
> | 날짜 | 적요 | 입고 | | | 출고 | 잔고 |
> |---|---|---|---|---|---|---|
> | | | 수량(개) | 단가(원) | 금액(원) | 수량(개) | 수량(개) |
> | 1/1 | 전월이월 | 200 | 200 | 40,000 | – | ××× |
> | 1/10 | 매 입 | 300 | 250 | 75,000 | – | ××× |
> | 5/15 | 매 출 | – | – | – | 300 | ××× |
> | 12/31 | 차기이월 | – | – | – | ××× | – |
>
> **자료 2. 재고자산의 시가정보**
> 기말재고자산의 단위당 시가는 220원이다.

매출원가   재고자산   매출원가   재고자산

① 75,000원   40,000원   ② 71,000원   44,000원

③ 69,000원   46,000원   ④ 65,000원   50,000원

11. 다음의 대화에서 빈칸에 들어갈 내용으로 옳은 것은?

> 정 과장 : 재고자산 구입가격은 계속 하락하고 판매부진으로 기말 재고수량이 기초 재고수량보다 많은데,
>   이 경우 재고자산 원가결정방법이 당기순이익에 영향을 주는가요?
> 이 대리 : 그러한 상황인 경우 (가)을 사용하면 (나)을 사용할 때보다 당기순이익이 크게 계상됩니다.

    (가)   (나)   (가)   (나)

① 선입선출법   후입선출법   ② 후입선출법   선입선출법

③ 선입선출법   가중평균법   ④ 가중평균법   후입선출법

12. 다음은 완구형 드론을 판매하는 (주)한공의 재고자산 거래내역이다. 20x0년 및 20x1년 기말 재고자산 평가에 대한 회계처리로 옳은 것은?

• 취득원가 : 520,000원(20x0년 중 취득하였으며, 20x1년말 현재 재고로 남아 있다.)
• 순실현가능가치 :   <u>20x0년말</u>   <u>20x1년말</u>   350,000원   600,000원

① 20x0년 (차) 재고자산평가손실   170,000원   (대) 재고자산평가충당금   170,000원
   20x1년 (차) 재고자산평가충당금   250,000원   (대) 재고자산평가충당금환입   250,000원
② 20x0년 (차) 재고자산평가손실   170,000원   (대) 재고자산평가충당금   170,000원
   20x1년 (차) 재고자산평가충당금   170,000원   (대) 재고자산평가충당금환입   170,000원
③ 20x0년 (차) 재고자산평가손실   170,000원   (대) 재고자산   170,000원
   20x1년 (차) 재고자산   250,000원   (대) 재고자산평가충당금환입   250,000원
④ 20x0년 (차) 재고자산평가손실   170,000원   (대) 재고자산   170,000원
   20x1년 (차) 재고자산   170,000원   (대) 재고자산평가충당금환입   170,000원

13. 다음은 (주)한공의 상품과 관련된 자료이다. 기말 결산 시의 회계처리로 옳은 것은?

• 장부상 수량 : 1,000개
• 실제수량 : 700개
• 장부상 단가 : @600원
• 단위당 판매가능금액 : @560원
• 재고자산의 감모는 전액 비정상적으로 발생하였다.
• 재고자산감모손실 계정과목은 영업외비용으로 분류되는 것으로 가정한다.

① (차) 재고자산감모손실   180,000원   (대) 상품   180,000원
      매출원가   28,000원   재고자산평가충당금   28,000원
② (차) 재고자산감모손실   208,000원   (대) 상품   208,000원
③ (차) 재고자산감모손실   28,000원   (대) 상품   28,000원
      매출원가   180,000원   재고자산평가충당금   180,000원
④ (차) 재고자산감모손실   180,000원   (대) 재고자산평가충당금   180,000원
      매출원가   28,000원   상품   28,000원

14. 실지재고조사법에 의한 재고자산의 평가방법을 선입선출법 및 후입선출법으로 적용 시 계산되는 매출총이익으로 옳은 것은?

일자	구분	수량	단가
12월 1일	기초재고	1,000개	500원
12월 8일	외상매입	1,000개	700원
12월 12일	외상매입	1,000개	900원
12월 16일	상품매출	1,500개	1,500원

	선입선출법	후입선출법		선입선출법	후입선출법
①	850,000원	900,000원	②	850,000원	1,000,000원
③	1,400,000원	1,000,000원	④	1,400,000원	900,000원

주관식

01. (주)한공의 20x1년 12월말 현금 및 금융상품 관련 자산은 다음과 같다. ㈜한공의 기말 재무상태표상 현금및현금성자산은 얼마인가?

• 자기앞수표	250,000원	• 타인발행수표	100,000원
• 당좌예금	50,000원	• 배당금지급통지서	30,000원
• 우표	10,000원	• 받을어음(만기 20x2년 1월 31일)	100,000원

02. 다음 자료를 이용하여 기말 매출채권 잔액을 계산하면 얼마인가?

- 기초 매출채권 잔액 150,000,000원
- 당기 대손상각비 계상액 7,000,000원
- 전기에 대손처리하고 20x1.7.25. 회수된 매출채권 1,000,000원
- 20x1.8.10. 대손처리된 매출채권 5,000,000원
- 전기와 당기 모두 기말 매출채권 잔액의 3%를 대손충당금을 설정하고 있다.

03. 다음 자료를 이용하여 당기 대손상각비를 계산하면 얼마인가?

> • 기초 대손충당금 잔액 5,000,000원
> • 기중거래
>   가. 거래처 매출채권 2,000,000원을 대손처리하였다.
>   나. 전기에 대손처리한 매출채권 1,000,000원을 당기에 회수하였다.
> • 기말 매출채권 100,000,000원
> • 당기 대손충당금은 기말 매출채권 잔액의 5%를 설정하였다.

04. (주)한공의 20x1년 1월 1일 현재 대손충당금 잔액은 50,000원이다. 그리고 20x1년 중 대손 확정된 금액은 26,000원이며, 대손 확정된 채권 중 회수된 금액은 4,000원이다. (주)한공은 대손추산액을 산정하는 방법으로 연령분석법을 사용하고 있다. 20x1년 말 현재 매출채권의 연령별 회수예상률은 다음과 같다. (주)한공이 20x1년도 손익계산서에 인식할 대손상각비는 얼마인가?

연령	금액	회수예상률
30일 이내	300,000원	95%
31일~180일	160,000원	80%
181일~365일	90,000원	50%
365일 초과	14,000원	0%

05. 다음은 (주)한공의 20x1년도 매출채권과 대손충당금 계정이다. 기중에 현금으로 회수한 매출채권이 500,000원이고, 기말 결산분개로 계상한 대손상각비가 24,000원일 때, 20x1년도 외상매출액은 얼마인가?(단, (주)한공의 거래는 모두 외상으로 이루어졌다)

매출채권

(단위 : 원)

기초	500,000원	현금	XXX
매출	XXX	대손충당금	XXX
		기말	550,000
	XXX	차기이월	XXX

대손충당금

(단위 : 원)

매출채권	XXX	기초	25,000
기말	30,000	대손상각비	XXX
	XXX	차기이월	XXX

06. 다음은 ㈜한공의 20x0년 재무상태표 일부와 20x1년 일자별 대손거래 내역이다.

자료 1. 20x0년 재무상태표 일부

재무상태표

㈜한공   20x0년 12월 31일   (단위 : 원)

〈자산〉		〈부채〉	
⋮		⋮	
매출채권	10,000,000		
대손충당금	(300,000)	〈자본〉	
⋮		⋮	

자료 2. 20x1년 일자별 대손거래 내역
· 20x1년 5월 3일 : 매출채권 500,000원이 회수불능으로 판명되다.
· 20x1년 8월 20일 : 20x0년 회수불능으로 처리된 매출채권 1,000,000원을 현금으로 회수하다.
· 20x1년 12월 31일 : 기말 매출채권 중 대손추산액은 1,500,000원이다.

20x1년 손익계산서상 대손상각비는 얼마인가?

07. ㈜한공의 20x1년 12월 31일 현재 창고에 보관 중인 재고자산은 200,000원이다. 이 금액에는 〈보기〉가 반영되지 않았다. 〈보기〉를 반영하면 기말재고자산 금액은 얼마인가?

· 20x1년 12월 29일에 선적지인도조건으로 수출한 상품(원가 70,000원)이 기말 현재 운송 중이다.
· 20x1년 12월 26일에 사용판매 조건으로 인도한 상품(원가 30,000원) 중 기말 현재 매입의사표시를 받은 상품의 원가는 20,000원이다.
· 20x1년 12월 27일에 목적지인도조건으로 주문한 상품(원가 50,000원)이 기말 현재 도착되지 않았다.

---

08. 다음은 ㈜한공의 상품매입과 상품매출에 관한 자료이다.
· 11월의 상품재고장

날짜	적요	입고			출고
		수량(EA)	단가(원)	금액(원)	수량(EA)
11/1	전월이월	600	300	180,000	
11/8	상품매입	900	330	297,000	
11/12	매 출				1,200
11/19	상품매입	300	340	102,000	

이동평균법을 적용할 경우 11월 30일 재고자산의 단위당 원가는 얼마인가?

09. 다음은 (주)한공의 20x1년 말 보유중인 상품에 대한 자료이다. 매출원가에 포함될 재고자산감모손실과 재고자산평가손실의 합계액은 얼마인가?(단, 재고자산감모손실은 정상적으로 발생하였다.)

• 장부수량	1,000개	• 실사수량	950개
• 단위당 취득원가 1,000원		• 단위당 순실현가능가치 900원	

10. 다음은 (주)한공의 20x1년 12월 31일 재고자산 현황이다. 재고자산평가손실은 얼마인가?(각 제품은 서로 상이하고 관련이 없는 것으로 가정한다)

종목	취득원가	추정판매금액	추정판매비용	현행대체원가
A제품	200,000원	210,000원	30,000원	190,000원
B제품	250,000원	280,000원	20,000원	240,000원
C제품	150,000원	160,000원	10,000원	130,000원
계	600,000원	650,000원	60,000원	560,000원

11. (주)한공의 재고자산인 상품 A와 B의 기초재고액은 1,500,000원이며, 당기매입액은 20,000,000원이다. 당기 매출원가를 계산하면 얼마인가? 단, 기말 재고자산 평가시 종목별 저가기준을 적용하고 있으며, 재고자산감모손실 중 20%는 원가성이 있는 것으로 간주한다.

상품	장부상 재고수량	실제 재고수량	단위당 원가	판매가격	단위당 추정판매비
A	1,000개	900개	900원	900원	100원
B	900개	800개	700원	850원	50원

12. 다음은 (주)한공의 4월 중 상품 거래내역이다. 이동평균법에 의한 4월의 매출원가로 옳은 것은?(단, 제시된 자료 외에는 고려하지 않는다.)

일자	내역	수량	단가	금액
4월 01일	전월이월	200개	@1,000원	200,000원
4월 10일	매출	100개	@2,000원	200,000원
4월 15일	매입	300개	@3,000원	900,000원
4월 30일	매출	200개	@4,000원	800,000원

●━ 분개

1	(차)	보통예금(기업은행)	3,850,000	(대)	대손충당금(외상)		3,500,000
					부가세예수금		350,000

2 (차) 주·임·종단기채권(김준세)   8,000,000   (대) 가지급금(김준세)   8,000,000
        미수익   200,000   이자수익   200,000
    ☞ 미수익 : 8,000,000원×5%×6개월/12개월＝200,000원

3 (차) 미수익   375,000   (대) 이자수익   375,000
    ☞ 미수익 : 30,000,000원×5%×3/12＝375,000원

4 (차) 부가세대급금   4,000,000   (대) 현금   4,000,000
        원재료   40,000,000   미착품   40,000,000

5 (차) 재고자산감모손실(영·비)   400,000   (대) 원재료(타계정)   400,000
        재고자산평가손실(매·원) 9,000,000   제품평가충당금   9,000,000

🔑 객관식

1	2	3	4	5	6	7	8	9	10
④	③	④	③	①	④	③	④	①	②

11	12	13	14						
②	②	①	③						

[풀이 - 객관식]

01 ① 당기 대손발생액은 2,000원이다.

② 당기 외상매출금 회수액은 850,000원이다.

③ 전기에서 이월된 대손충당금은 3,000원(300,000×1%)이다.

④ 당기 대손상각비 : 대손 추정액(600,000×1%) - 설정전 대손충당금 기말잔액(1,000) = 5,000원

<table>
<tr><th colspan="4" style="text-align:center">대손충당금</th></tr>
<tr><td>대손</td><td>2,000</td><td>기초</td><td>3,000</td></tr>
<tr><td>기말</td><td>6,000</td><td>대손상각비(설정)</td><td>5,000</td></tr>
<tr><td>계</td><td>8,000</td><td>계</td><td>8,000</td></tr>
</table>

02 단기매매증권평가이익(영업외수익) : (38,000원×2,000주) - 70,000,000원 = 6,000,000원

영업외수익과 당기순이익은 증가하나, 영업이익·영업외비용·기타포괄손익누계액은 변하지 않는다.

03 ① 기말대손충당금 = 매출채권×대손추정율 = 2,570,000×대손추정율(2%) = 51,400

② 대손발생금액 = 40,000 + 90,000 ← 매출채권 대변금액(12/10)

③ 매출채권 현금회수액 : 매출채권 대변 금액(12/17)

④ 당기 대손상각비 = 당기 대손발생액(12/10, 90,000) + 결산일 대손 추정액(51,400)

　　　　　= 141,400원

04

	20x0년	20x1년
1. 수정 전 당기순이익	100,000원	200,000원
수정사항 　-20x0년 : 단기매매증권평가이익 과소 계상 　-20x1년 : 단기매매증권증권처분이익 과대 계상 　　　　　단기매매증권처분손실 과소 계상	(+) 20,000원	(−) 10,000원 (−) 10,000원
2. 수정 후 당기순이익	120,000원	180,000원

05

대손충당금

대손②	70,000	기초	70,000
기말	100,000	대손상각비(설정)④	*100,000*
계	170,000	계	170,000

매출채권

기초잔액	1,000,000	대손충당금	70,000
		대손상각비④	230,000
		회수액③	15,850,000
매출(발생액 ?)	**16,500,000**	기말잔액	1,350,000
계	① 17,500,000	계	17,500,000

06 **목적지인도조건하에서 운송 중인 상품**은 목적지에서 재고자산의 소유권이 매입자에게 이전되므로 매입자의 재고자산이 아니라 **판매자의 재고자산**이다.

07 ① **정상적으로 발생한 감모손실은 매출원가에 가산**한다.

② 파손, 부채 등의 사유로 정상가격으로 판매가 불가한 경우의 **재고자산평가손실은 매출원가에 가산**한다.

④ 일정기간 사용한 후에 매입 여부를 결정하는 조건의 시송품은 상품의 점유가 이전되었더라도 매입자가 매입의사를 표시하기 전까지는 판매자의 재고에 포함시킨다.

08 **자산과 이익은 비례관계이므로 자산과 비용인 매출원가는 반비례관계**이다.

당기 기말재고가 과소평가되면 당기의 매출원가는 과대평가되고 차기 매출원가는 과소평가 된다.

09 상호 : 저가법을 적용하는 경우에는 원칙적으로 **항목별로 적용하는 것이 적절**하다.

기영 : **소매재고법은 일반기업회계기준에서 인정하고 있는 원가결정방법**이다.

10

상품(선입선출법)

기초	200개	@200	40,000	*매출원가*	*200개 @200* *100개 @250*		*65,000*
순매입액	300개	@250	75,000	*평가손실*	*(매출원가)*		*6,000*
				기말	*200개 @220*		*44,000*
계(판매가능재고)			115,000	계			115,000

기말재고 = 200개 × Min(250원, 220원) = 44,000원

45

11 원가결정방법에 관한 문제가 나오고 각 방법에 대한 **비교시 순서는** ①**선입선출법,** ②**이동평균법,** ③ **총평균법,** ④**후입선출법의 순**이 된다. 또한 반대의 경우에는 역순이 된다. 따라서 ①③④는 선입선출법>평균법>후입선출법 순이 되나. ②의 경우만 후입선출법>선입선출법이므로 쉽게 답을 찾을 수 있다.

구입순서 (물가하락) 1.30원 2.20원 3.10원		선입선출법		평균법		후입선출법
	매출액	100원		100원		100원
	매출원가	50원	>	40원	>	30원
	매출이익 (당기순이익) (법인세)	50원	<	60원	<	70원
	기말재고	10원	<	20원	<	30원

자산 ∞ 이익

12 20x0년 재고자산평가손실 = 520,000원 - 350,000원 = 170,000원

20x1년 재고자산평가충당금환입 = Min(250,000원, 170,000원) = 170,000원

재고자산의 시가가 장부금액 이하로 하락하여 발생한 **평가손실은 재고자산의 차감계정으로 표시하고 매출원가에 가산**한다. 향후 새로운 시가가 장부금액보다 상승한 경우에는 **최초의 장부금액을 초과하지 않는 범위 내**에서 평가손실을 환입하고 매출원가에 차감한다.

13 수량감소분에 대한 감모손실을 먼저 인식하여 재고자산감모손실(영업외비용)로 회계처리하고, 단가하락분에 대한 평가손실은 매출원가에 가산한다.

재고자산감모손실 = (1,000개 - 700개) × @600 = 180,000원(상품차감)

재고자산평가손실(매출원가) = (@600 - @560) × 700개 = 28,000원(재고자산평가 충당금)

14 매출액 = 1,500개 × 1,500원 = 2,250,000원

상   품(FIFO)

기초	1,000	@500	500,000	매출원가	1,000	@500	500,000
순매입액	1,000	@700	700,000		500	@700	350,000
	1,000	@900	900,000	기말			
계(판매가능재고)			2,100,000	계			2,100,000

∴ 매출총이익(FIFO) = 2,250,000원 - 850,000원 = 1,400,000원

상   품(LIFO)

기초	1,000	@500	500,000	매출원가	1,000	@900	900,000
순매입액	1,000	@700	700,000		500	@700	350,000
	1,000	@900	900,000	기말			
계(판매가능재고)			2,100,000	계			2,100,000

∴ 매출총이익(LIFO) = 2,250,000원 - 1,250,000원 = 1,000,000원

🔑 주관식

01	430,000	**02**	250,000,000	**03**	1,000,000
04	78,000	**05**	569,000	**06**	700,000
07	210,000	**08**	329	**09**	145,000
10	20,000	**11**	20,092,000	**12**	600,000

[풀이 - 주관식]

01 현금및현금성자산 = 250,000원 + 100,000원 + 50,000원 + 30,000원 = 430,000원

02

대손충당금

대손	5,000,000	기초	4,500,000
		회수	1,000,000
기말	**7,500,000**	대손상각비	7,000,000
계	12,500,000	계	12,500,000

기말 매출채권×3% = 7,500,000원   ∴기말 매출채권 잔액 = 250,000,000원

03 기말 대손충당금 예상액(잔액) = 100,000,000원×5% = 5,000,000원

대손충당금

대손	2,000,000	기초	5,000,000
		회수	1,000,000
기말(1억×5%)	5,000,000	*대손상각비(설정?)*	*1,000,000*
계	7,000,000	계	7,000,000

04

연령	금액	대손예상률	대손추산액
30일 이내	300,000원	5%	15,000원
31일~180일	160,000원	20%	32,000원
181일~365일	90,000원	50%	45,000원
365일 초과	14,000원	*100%*	*대손처리*
합계			*92,000원*

대손확정	**40,000**	기초	50,000
		회수	4,000
기말	**92,000**	*대손상각비*	*78,000*
	132,000		132,000

〈20회 당초 제시답안〉

연령	금액	대손예상률	대손추산액
30일 이내	300,000원	5%	15,000원
31일~180일	160,000원	20%	32,000원
181일~365일	90,000원	50%	45,000원
365일 초과	14,000원	100%	14,000원
합계			106,000원

대손충당금

대손확정	26,000	기초	50,000
		회수	4,000
기말	106,000	*대손상각비*	*78,000*
	132,000		132,000

⇒ 365일 초과 채권에 대해서 **회수예상률이 0%(대손추산율 100%)이므로 회수가능성이 없으므로 대손처리해야 한다.** 답안에서 대손처리하지 않고 대손추산액으로 표시한 것은 잘못된 것이다. 설정대손상각비는 동일한 답이 나오나, **기말 매출채권과 대손추산액이 14,000원만큼 과대계상된다.**

05

대손충당금

대손	19,000	기초	25,000
기말	30,000	대손상각비(설정?)	24,000
계	49,000	계	49,000

매출채권

기초잔액	500,000	대손액	19,000
		회수액	500,000
매출(발생액 ?)	*569,000*	기말잔액	550,000
계	1,069,000	계	1,069,000

06

대손충당금

대손	500,000	기초	300,000
		회수	1,000,000
기말	1,500,000	*대손상각비(설정?)*	*700,000*
계	2,000,000	계	2,000,000

☞ **대손시 대손충당금을 초과하여 제거하더라도 기말 설정시 대손상각비가 추가 반영된다.**

07 보관중인 재고자산 200,000원+매입의사표시를 받지 않은 시송품 10,000원

08 ・1/12 매출 후 상품재고액=(180,000원+297,000원)×300개/1,500개=95,400원
・11/30 상품 단위당 원가=(95,400원+102,000원)÷600개=329원

09 선감모 후 평가손
- 재고자산감모손실(정상감모) = (1,000개 - 950개) × 1,000원 = 50,000원
- 재고자산평가손실 = 950개 × (1,000원 - 900원) = 95,000원

10 재고자산 평가를 위한 **저가법은 항목별로 적용하고, 총액기준으로 적용할 수 없다.** (현행 대체원가는 일반적으로 원재료를 평가하는 경우에 사용된다)

종목	①취득원가	②순실현가능가치(판매가격 - 판매비용)	기말재고자산 Min[①, ②]
A제품	200,000원	210,000원 - 30,000원 = 180,000원	180,000원
B제품	250,000원	280,000원 - 20,000원 = 260,000원	250,000원
C제품	150,000원	160,000원 - 10,000원 = 150,000원	150,000원

재고자산평가손실은 A제품에서만 발생하고, 20,000원(200,000원 - 180,000원)이다.

11 재고자산을 저가법으로 평가하는 경우 **재고자산의 시가는 순실현가능가치**를 말한다.
[순실현가능가치 : 공정가치(판매하면 받을 수 있는 금액)에서 판매에 소용되는 비용을 차감한 금액]
- 기말재고 = 900개 × 800원(순실현가능가치) + 800개 × 700원(단위당 원가) = 1,280,000원
  재고자산감모손실(원가성 없음 - 영업외비용) = (100개 × 900원 + 100개 × 700원) × 80% = 128,000원
  재고자산감모손실(원가성 있음 - 매출원가)

상   품

기초상품	1,500,000	*매출원가*	*20,092,000*
		재고자산감모손실 (영업외비용)	128,000
순매입액	20,000,000	기말상품	1,280,000
계	21,500,000	계	21,500,000

12 4월 10일 판매된 상품의 매출원가(이동평균법) = 100,000원

일자	내역	수량	단가	금액
4월 01일	전월이월	200개	@1,000원	200,000원
4월 10일	*매출원가*	100개	@1,000원	100,000원

4월 30일 판매된 상품의 매출원가(이동평균법) = 500,000원

일자	내역	수량	단가	금액
4월 01일	전월이월	100개	@1,000원	100,000원
4월 15일	매입	300개	@3,000원	900,000원
계		400개	@2,500원	1,000,000원
4월 30일	*매출원가*	200개	@2,500원	500,000원

제5절 | 비유동자산

1. 유형자산

① 취득원가

취득가액 = 매입가액 + 부대비용(직접원가)

☞ 부대비용 : 취득세, 등록면허세, 설치비, 차입원가(건설자금이자), 전문가에게 지급하는 수수료, 시운전비 등
☞ 국공채 등을 불가피하게 매입시 **채권의 매입가액과 현재가치와의 차액은 부대비용**에 해당

1. 일괄구입	각 유형자산의 상대적 공정가치비율에 따라 안분
2. 현물출자	취득한 자산의 공정가치(유형자산의 공정가치를 신뢰성있게 측정할 수 없다면 발행하는 주식의 공정가치)
3. 자가건설	원가계산방법에 따라 산정한 제조원가(재료비, 노무비 등)
4. 무상취득	취득한 자산의 공정가치
5. 정부보조금	상환의무가 없을 경우 해당 자산의 취득가액에서 차감표시
6. 장기연불구입	미래현금유출액의 현재가치

ⓐ 철거비용

	타인건물구입후 즉시 철거	사용중인 건물철거
목 적	**토지 사용목적으로 취득**	**타용도 사용**
회계처리	**토지의 취득원가**	**당기비용(유형자산처분손실)**
폐자재매각수입	토지 또는 유형자산처분손실에서 차감한다.	
분개	(차) **토 지** ×× (대) 현금(건물구입비용) ×× **현금(철거비용)** ××	(차) 감가상각누계액 ×× **유형자산처분손실** ×× (대) 건물 ×× **현금(철거비용)** ××

ⓑ 교환취득

	동종자산	이종자산
회계처리	장부가액법	공정가액법
취득원가	**제공한 자산의 장부가액**	**제공한 자산의 공정가액**[*1]
교환손익	**인식하지 않음**	**인식(유형자산처분손익)**

*1. 불확실시 교환으로 취득한 자산의 공정가치로 할 수 있다. 또한 자산의 교환에 현금수수시 현금수수액을 반영하여 취득원가를 결정한다.
이종자산 간의 교환시 신자산의 가액 = 제공한 자산의 공정가액 + 현금지급액 - 현금수취액

〈이종자산 교환거래 – 유형자산, 수익〉

	유형자산 취득원가	수익인식
원칙	제공한 자산의 공정가치	제공받은 재화의 공정가치
예외(원칙이 불확실시)	**취득한 자산의 공정가치**	**제공한 재화의 공정가치**

ⓒ 정부보조금

1. 상환의무가 있는		부채
2. 상환 의무가 없는	자산취득	**자산의 취득원가에서 차감하여 표시한다.** 그리고 그 자산의 내용년수에 걸쳐 감가상각액과 상계하며, 해당 유형자산을 **처분시에는 정부보조금잔액을 처분손익에 반영**한다. **감가상각비(정액법)=(취득가액－잔존가치－정부보조금)/내용연수**
	기타	특정조건을 충족할 필요가 없는 경우 수익으로 처리한다. 정부보조금이 특정비용 보전 목적일 경우 그 비용과 상계처리한다.

ⓓ 차입원가(금융비용의 자본화)

1. 원칙	**기간비용(이자비용)** ☞ 선택적으로 자본화를 허용
2. 자본화대상자산	1. 재고자산 : 제조(구입)등이 개시된 날로부터 의도된 용도로 사용(판매)할 수 있는 상태가 될 때까지 1년 이상의 기간이 소요 2. 유무형자산, 투자자산, 비유동자산
3. 대상금융비용	1. 차입금과 사채에 대한 이자비용 2. 사채발행차금상각(환입)액 3. 현재가치할인차금상각액 4. 외화차입금에 대한 환율변동손익 5. 차입과 직접 관련하여 발생한 수수료 ☞ 제외 : 받을어음 매각시 매출채권처분손실, 연체이자, 운용리스료

② 유형자산 취득이후의 지출

수익적지출(비용)	자본적 지출(자산)
자본적지출 이외	**1. 자산가액 ↑ 또는 2. 내용연수 ↑**
부속품의 교체, 건물의 도색, 건물의 유리교체	냉난방장치(중앙)설치, 건축물의 증축, 엘리베이터의 설치
비용(수선비등)처리	해당 자산가액 처리

감가상각비(자본적 지출후)=(취득가액－감가상각누계액＋자본적지출액)/잔여내용연수

***잔여내용연수＝당초 내용연수－경과된 내용연수＋자본적지출로 연장된 내용연수(월할로 계산)**

③ 유형자산의 감가상각 → 취득원가의 합리적·체계적 배분

1. 감가상각대상금액(A) (취득가액 – 잔존가치)	정액법	A/내용연수
	연수합계법	A × 잔여내용연수/내용연수의 합계
	생산량비례법	A × 당기실제생산량/예상총생산량
2. 장부가액(B) (취득가액 – 기초감가상각누계액)	정률법	B × 상각률
	이중체감법	B × (2/내용연수)
초기 감가상각비	정률법(이중체감법)[1]>내용연수합계법>정액법 [1]. 정률법의 상각률과 이중체감법의 2/내용연수에 따라 달라질 수 있다.	
초기 장부가액	정액법>내용연수합계법>정률법(이중체감법)	
3. 감가상각제외자산	1. 토지 2. 건설중인자산 3. **폐기예정인 유형자산** ☞ **일시적으로 운휴 중에 있는 자산은 감가상각대상자산임(영업외비용)**	

⑤ 재평가모형

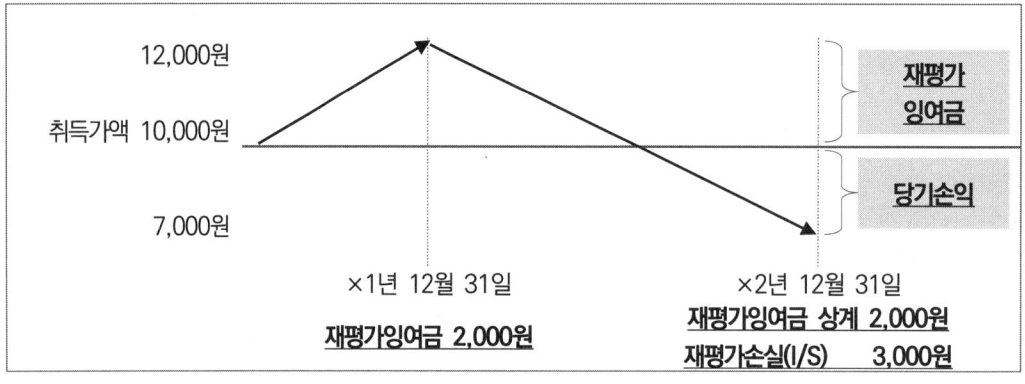

전액제거법이란 **총장부금액에서 기존의 감가상각누계액 전부를 제거하여 자산의 순장부금액이 재평가 금액이 되도록 수정하는 방법**이다.

즉 재평가일에 **공정가치에서 감가상각누계액을 차감한 재평가금액을 장부금액**으로 한다.

	(차) 감가상각누계액 ××× 　　유 형 자 산 　×××	(대) 재평가손실(I/S)[1] ××× 　　**재평가잉여금** 　××× 　　**(자본 – 기타포괄손익누계액)**
재평가증	[1]. 당기이전에 재평가손실액이 있는 경우 우선 상계한다. ☞ *재평가잉여금은 포괄손익계산서의 기타포괄손익에 반영된다.*	

재평가감	(차) 감가상각누계액 ××× **재평가잉여금**[2] ××× **재평가손실(I/S)** ×××	(대) 유 형 자 산 ×××
	*2. 재평가잉여금 잔액이 있는 경우 우선 상계한다.	

⑤ 유형자산의 손상차손

ⓐ 손상차손의 판단 기준

- 유형자산의 **시장가치가 현저하게 하락**한 경우
- 유형자산의 **사용강도나 사용방법에 현저한 변화가 있거나**, 심각한 물리적 변형이 초래
- 해당 유형자산으로부터 영업손실이나 순현금유출이 발생하고, 이 상태가 미래에도 지속될 것이라고 판단되는 경우 등

ⓑ 손상차손의 인식기준

- 유형자산의 손상차손 = 회수가능가액 – 손상전 장부금액
- **회수가능가액 = MAX[ⓐ 순매각가치, ⓑ 사용가치]**
  ⓐ **순매각가치 = 예상처분가액 – 예상처분비용**
  ⓑ **사용가치 = 해당 자산의 사용으로부터 예상되는 미래 현금흐름의 현재가치**

ⓒ 손상차손 환입

손상차손 환입으로 증가된 장부금액은 과거에 손상차손을 인식하기전 장부금액의 감가상각 또는 상각 후 잔액을 초과할 수 없다.
MIN[① 손상되지 않았을 경우 감가상각 후 장부가액, ② 회수가능액] – 장부금액

〈손상차손 환입 한도〉

장부금액 / 손상차손 / 손상차손환입 / 환입한도 / 당초장부금액 / 손상후 장부금액 / 내용연수

2. 무형자산

종 류	영업권, 산업재산권, 광업권, 어업권, **개발비, 소프트웨어** ☞ 외부구입영업권(순자산의 공정가치를 초과시)만 인정함. 자가창설영업권 불인정
취득가액	매입가액+부대비용 ☞ 내부창출무형자산의 취득가액 : 그 자산의 창출, 제조, 사용준비에 직접 관련된 지출과 <u>합</u> <u>리적이고 일관성있게 배분된 간접지출을 포함</u> 1. 인건비 2. 재료비, 용역비 3. 유형자산의 감가상각비, 무형자산의 상각비 4. 무형자산의 창출에 필요하며 합리적이고 일관된 방법으로 배분한 간접비용 5. 차입원가중 자본화를 선택한 비용
보 유 시 (상각)	<u>**무형자산은 사용가능시점부터 상각하고, 비한정무형자산은 상각하지 아니한다.**</u> ☞ 비한정인 무형자산 : 내용연수를 추정하는 시점에서 내용연수를 결정하지 못하는 무형자산
	무형자산상각비=[취득가액-0(잔존가치는 원칙적으로 "0")]/내용연수 **=미상각잔액(장부가액)/잔여내용연수**
	무형자산의 상각기간은 독점적·배타적인 권리를 부여하고 있는 관계 법령이나 계약에 의해 정해진 경우를 제외하고는 **20년을 초과할 수 없다.**
	상각방법 : 정액법, 정률법, 연수합계법, 생산량비례법 등 단, **합리적인 상각방법을 정할 수 없는 경우에는 정액법 사용(영업권은 정액법만 인정)**

〈유형자산 VS 무형자산〉

	유형자산	무형자산
측정	원가모형 또는 재평가모형 선택가능	**원가모형만 허용**
취득가액	매입가액+부대비용	좌동(간접지출도 포함)
잔존가액	처분시 예상되는 순현금유입액	**원칙적으로 "0"**
내용년수	경제적 내용연수	좌동 **원칙 : 20년 초과 불가**
상각방법	정액법, 정률법, 내용연수합계법, 생산량비례법등	좌동 **다만 합리적인 상각방법이 없는 경우 "정액법"**
재무제표 표시	간접상각법	**직접상각법, 간접상각법 가능**

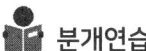 **분개연습**

1. 유가증권의 취득과 관련한 회계처리를 하시오.

자료1. 유가증권 취득 현황

유가증권 종류	보유 목적	주식수	단위당 액면금액	단위당 구입금액	구입 시 수수료
(주)뷰티	단기시세차익	180주	5,000원	10,000원	125,000원
(주)우먼	장기투자목적	120주	5,000원	12,000원	132,000원

자료2. 보통예금(우리은행) 거래내역

번호	거래일자	내용	찾으신금액	맡기신금액	잔액	거래점
		계좌번호 : 764502-01-047418 　(주)명인상사				
1	04-25	(주)뷰티의 주식 구입	1,800,000		***	용산
2	04-25	(주)우먼의 주식 구입	1,440,000		***	용산
3	04-25	유가증권 구입시 수수료	257,000		***	용산

2. 회사는 20x0년 2월 1일 장기투자목적으로 (주)한국전자의 주식 1,000주(취득단가 30,000원/주) 중 500주를 20x1년 3월 12일 주당 36,000원에 매각하였다. 매각대금은 보람은행 보통예금계좌에 입금되었다. 전기말에 공정가액 주당 37,600원으로 평가하였다.

3. 2번문제가 단기매매증권이라 가정하고 분개하시오.

4. 보유중인 유가증권의 시장가치가 급격히 하락하여 손상차손으로 회계처리 하고자 한다. 20x1.12.31 결산정리분개를 하시오.

자료1. 유가증권 취득 현황

취득일	유가증권 종류	보유 목적	주식수	주당 액면금액	주당 구입금액
20x0.1.10	(주)이지닉스	장기투자목적	1,000주	5,000원	10,000원

자료2. 유가증권 평가

평가일	20x0.12.31	20x1.12.31
공정가치	12,000원	4,000원

5. 공장에서 사용할 자동절단기를 ㈜제일기계로 구매하고 관련 정부지원금 30,000,000원을 포함한 대금을 전액 다복은행 보통예금계좌에서 이체하여 지급하고 전자세금계산서(공급가액 50,000,000 부가세 별도)를 수취하였다.

유형자산 구입과 정부보조금 관련 내역을 회계처리하시오.

　-유형자산 구입

　-정부보조금 관련

6. 정부보조금으로 구입한 공장용 기계장치에 대하여 감가상각비를 계상하시오.(월할상각, 잔존가치는 '0')

자산명	취득일	취득원가	감가상각 방 법	내용 연수	비　　고
기계장치 (절단기)	20x1.7.1	90,000,000원	정액법	5년	회사부담금　60,000,000원 정부보조금　30,000,000원

7. 당사는 중소기업청에서 주관하는 온실가스 감축설비 지원대상 기업으로 선정되어 11월 11일에 국민은행 보통예금으로 300,000,000원을 입금받고 회계처리하였다. 온실가스 감축설비 투자 일정이 지연됨에 따라 12월 1일에 정부보조금 300,000,000원을 농협은행 정기예금(만기 6개월)에 예치하였다. 12월 1일자 회계처리하시오.

8. 3월 31일 (주)천안화장품에 기계장치(절단기)를 매각(매각대금 14,300,000원, 부가가치세 포함)하고, 전자세금계산서를 발급하였고, 매각대금은 신한은행 보통예금계좌로 입금 받았으며, 매각직전까지의 감가상각비는 처분일에 적절하게 회계처리 하였다.

자료 1. 전기 12월 31일 기계장치(절단기) 내역

계 정 과 목	금 액
기 계 장 치	30,000,000
감가상각누계액	(3,000,000)
정 부 보 조 금	(10,800,000)

자료 2. 상기 자산의 당기 감가상각자료

> 감가상각비 : 30,000,000원 ÷ 10년×3/12 = 750,000원
> 정부보조금 : 12,000,000원 ÷ 10년×3/12 = 300,000원

9. 무형자산으로 계상되어 있는 개발비(장부가액 9,000,000원)는 경쟁사의 신제품 출시로 개발을 중단하기로 하였다. 당기말 회수가능 추정액은 1,000,000원이다.

10. (주)한공은 20x0년 초 20,000,000원에 취득한 토지를 20x0년 말에 25,000,000원으로 재평가하였고, 20x1년 말에 18,000,000원으로 재평가하였다. ((주)한공은 자산 재평가모형에 의해 회계처리하고 있다)

 **객관식**

01. 유가증권과 관련하여 발생한 다음 항목 중 손익계산서에 당기손익으로 반영할 수 없는 것은?
① 만기보유증권 취득 시 발생한 매입수수료
② 매도가능증권의 처분손익
③ 회수가능액을 추정하여 발생한 손상차손
④ 단기매매증권의 평가손익

02. (주)한공은 정부보조금을 수령하여 다음과 같이 기계장치를 취득하였다. 20x1년 재무상태표와 손익계산서에 계상될 감가상각누계액과 감가상각비는 얼마인가?

> • 취득원가 200,000원 　　　　　• 정부보조금 100,000원
> • 취득일자 20x0년 1월 1일 　　　• 정액법 상각, 내용연수 5년, 잔존가치는 없다

	감가상각누계액	감가상각비		감가상각누계액	감가상각비
①	100,000원	20,000원	②	200,000원	40,000원
③	80,000원	20,000원	④	80,000원	40,000원

03. 다음은 (주)한공의 20x1년 기계장치 관련 자료와 재무상태표의 일부이다. (가)와 (나)에 들어갈 금액으로 옳은 것은?

재무상태표

(주)한공　　　　　　　　　　20x1년 12월 31일　　　　　　　　　　(단위 : 원)

계정과목	금 액
⋮	⋮
기계장치	500,000
정부보조금	(가)
감가상각누계액	(나)
⋮	⋮

〈기계장치 관련 자료〉

> • 20x1년 1월 1일에 친환경 기계장치를 500,000원에 취득하고 정부보조금 200,000원을 수령하였다 (정액법 상각, 내용연수 5년, 잔존가치는 없다.)

	(가)	(나)		(가)	(나)
①	160,000	60,000	②	160,000	100,000
③	200,000	60,000	④	200,000	100,000

04. (주)한공은 20x1년 1월 1일 기계장치를 6,000,000원에 취득하였다(내용연수 5년, 잔존가치 1,000,000원, 정액법 상각). 20x1년말 이 기계장치의 회수가능액을 3,000,000원으로 보아 손상차손을 인식하였다. 20x1년에 인식해야 할 감가상각비와 손상차손은 각각 얼마인가?

① 감가상각비 1,000,000원, 손상차손 3,000,000원
② 감가상각비 1,000,000원, 손상차손 2,000,000원
③ 감가상각비 1,200,000원, 손상차손 3,000,000원
④ 감가상각비 1,200,000원, 손상차손 2,000,000원

05. 20x1년 12월 31일 현재 (주)한공의 설비자산 취득원가가 1,200,000원이며, 감가상각누계액이 700,000원이다. 20x1년 말 설비자산의 공정가치는 400,000원이다. (주)한공이 최초로 유형자산에 대한 재평가모형을 사용할 경우 회계처리로 옳은 것은?

① 100,000원을 재평가손실로 자본의 차감항목으로 보고한다.

② 100,000원을 재평가손실로 손익계산서에 보고한다.

③ 100,000원을 감가상각누계액 계정을 차변에 기입하고 설비자산 계정을 대변에 기입한다.

④ 100,000원을 재평가잉여금 과목으로 기타포괄손익으로 인식한다.

06. (주)한공은 유형자산으로 보유하고 있는 토지에 대하여 재평가모형을 적용하고 있다. 토지 관련 자료가 다음과 같을 때, 토지 재평가를 반영한 20x1년 재무제표에 대한 설명으로 옳은 것은?

- 취득일자 20x0년 5월 1일
- 취득원가 1,000,000원
- 20x0년 12월 31일 공정가치 1,100,000원
- 20x1년 12월 31일 공정가치 900,000원

① 재무상태표상 토지의 장부금액은 1,000,000원이다.

② 재무상태표상 토지의 재평가로 인한 기타포괄손익누계액은 100,000원이다.

③ 손익계산서상 재평가손실은 100,000원이다.

④ 토지의 재평가가 자본에 미치는 영향은 없다.

07. 다음은 (주)한공의 토지와 건물 재평가 관련 자료이다. 당기말 재무제표에 미치는 영향으로 옳지 않은 것은?(당기부터 재평가모형을 적용하는 것으로 가정한다.)

결산일 현재	토 지	건 물
평가전 취득원가	1,000,000원	2,000,000원
평가전 장부금액	1,000,000원	1,200,000원
당기말 공정가치	500,000원	3,000,000원

① 유형자산　1,300,000원 증가

② 기타포괄손익누계액　1,800,000원 증가

③ 자본잉여금 1,300,000원 증가

④ 당기순이익　500,000원 감소

08. (주)한공은 20x1년 1월 1일에 기계장치를 100,000원에 취득하였다. 이 기계장치의 공정가치가 20x1년 12월 31일에 125,000원으로 증가하여 재평가모형을 적용할 경우 이에 대한 회계처리로 옳지 않은 것은? (내용연수 10년, 잔존가치 없음, 정액법 상각)

① 재평가 후 기계장치의 장부금액은 125,000원이다.

② 기계장치의 취득원가는 35,000원 증가한다.

③ 포괄손익계산서에 기타포괄손익 35,000원이 보고된다.

④ 재무상태표에 기타포괄손익누계액 35,000원이 계상된다.

09. 다음 중 내부적으로 창출한 무형자산의 취득원가에 포함될 수 있는 항목은?

① 무형자산이 계획된 성과를 달성하기 전에 발생한 비효율로 인한 손실

② 무형자산 창출에 직접 관련되지 아니한 판매관리비 및 기타 일반경비 지출

③ 무형자산 창출 후 이를 운용하는 직원의 교육훈련과 관련된 지출

④ 무형자산 창출에 직접 종사한 직원에 대한 급여

10. 다음 중 무형자산에 대한 설명이 올바르지 않은 것은?

① 내부적으로 창출한 브랜드, 고객 목록 및 이와 유사한 지출은 무형자산으로 인식하지 않는다.

② 무형자산의 취득을 위한 자금에 차입금이 포함된다면 이러한 차입금에 대한 차입원가는 기간비용이 아닌 취득에 소요되는 원가로 처리해야 한다.

③ 프로젝트의 연구단계에서 발생한 지출은 발생한 기간의 비용으로 처리한다.

④ 무형자산의 상각방법은 자산의 경제적 효익이 소비되는 행태를 반영한 합리적인 방법이어야 한다.

11. (주)한공은 업무용 건물평가에 대하여 재평가모형을 적용하고 있다. 재평가 시점의 건물의 취득원가는 5,000,000원이고 감가상각누계액은 1,500,000원이다. 공정 가치가 4,000,000원일 경우 재무제표에 반영되는 결과를 바르게 설명한 것은?

① 자산이 1,5000,000원 증가

② 영업외수익이 1,500,000원 증가

③ 당기순이익이 500,000원 증가

④ 자본이 500,000원 증가

12. 다음 자료에서 (가)~(다)에 해당하는 계정과목으로 옳은 것은?

<table>
<tr><td colspan="4" style="text-align:center">연구 · 개발 활동과 관련된 프로젝트 진행 내역</td></tr>
<tr><td>구분 \ 프로젝트명</td><td>A 프로젝트</td><td>B 프로젝트</td><td>C 프로젝트</td></tr>
<tr><td>진행상황</td><td>완료</td><td>완료</td><td>진행</td></tr>
<tr><td>경비</td><td>300,000원</td><td>400,000원</td><td>200,000원</td></tr>
<tr><td>경비 발생시점</td><td>개발단계</td><td>개발단계</td><td>연구단계</td></tr>
<tr><td>미래의 경제적 효익</td><td>확실</td><td>불확실</td><td>–</td></tr>
<tr><td>계정과목</td><td>(가)</td><td>(나)</td><td>(다)</td></tr>
</table>

	(가)	(나)	(다)
①	개발비	연구비	경상개발비
②	개발비	경상개발비	연구비
③	경상개발비	개발비	연구비
④	경상개발비	연구비	개발비

13. (주)한공은 기계장치에 대해 재평가모형을 적용하고 있다. 다음 중 옳지 않은 것은?

- 20x0.1.1. 기계장치를 100,000원에 취득함.
- 기계장치는 정액법(내용연수 8년, 잔존가치는 없음) 월할상각함.
- 20x0년 말과 20x1년 말의 기계장치 공정가치는 각각 105,000원과 72,000원임.

① 20x0년 재평가 후 기계장치의 장부금액은 105,000원이다.

② 20x0년 기타포괄손익누계액은 17,500원 증가한다.

③ 20x1년 기계장치에 대한 감가상각비는 13,125원이다.

④ 20x1년 손익계산서에 기록될 재평가손실은 500원이다.

 주관식

01. 다음은 (주)한공의 유형자산 취득 관련 자료이다. 20x1년 12월 31일의 정부보조금잔액은 얼마인가? 단, 정부보조금에 부수되는 조건의 준수에 대한 합리적인 확신이 있다고 가정한다.

- (주)한공은 20x1년 1월 1일에 전기자동차 생산용 최신설비를 500,000,000원 (내용연수 5년, 잔존가치 0원, 정액법 상각)에 취득하고 정부로부터 250,000,000원을 지원받았다.
- 정부보조금은 자산에서 차감하는 형식으로 회계처리한다.

02. 다음 내용을 토대로 20x1년 말 현재 재무상태표상 정부보조금 잔액을 계산하시오.

- 20x0년 1월 1일 기계장치 취득 (취득원가 800,000원, 정부보조금 600,000원)
- 내용연수 5년, 월할상각, 정액법, 잔존가액은 없다.

03. 다음은 (주)한공이 제5기(20x1.1.1.~20x1.12.31.) 회계연도에 정부보조금을 수령 하여 취득한 기계장치와 관련된 자료이다. 기계장치의 취득 시 지원받은 정부보조금의 금액은?

- 취득원가 : 1,000,000원 (취득일 : 20x1년 7월 1일)
- 정부보조금 : [(가)]
- 내용연수 5년, 잔존가치 없음, 정액법에 의한 월할상각
- 당기 말 손익계산서의 감가상각비 : 80,000원

04. (주)한공은 사용 중인 차량운반구를 거래처의 기계장치와 교환하면서 현금 800,000원을 지급하였다. 유형자산처분손익은 얼마인가? (단, 차량운반구와 기계장치는 이종 자산에 해당한다)

구분	차량운반구	기계장치
취득원가	5,000,000원	7,000,000원
감가상각누계액	2,000,000원	3,000,000원
공정가치	3,600,000원	불확실함

05. (주)한공은 20x1년 1월 1일, 보유중인 화물차(취득원가 860,000원, 감가상각 누계액 530,000원, 공정가치 630,000원)를 (주)서울이 보유하고 있는 화물차 (공정가치 700,000원)와 교환하고 현금 170,000원을 지급하였다. 동종자산의 교환에 해당할 때, (주)한공이 취득한 화물차의 취득금액은 얼마인가?

06. 다음 자료에 의해 20x1년도 말 유형자산 손상차손을 계산하면 얼마인가?

- 취득원가 : 5,000,000원
- 취득일 : 20x0년 1월 1일
- 내용연수 : 5년, 잔존가치 : 없음, 감가상각 방법 : 정액법
- 20x1년 말 손상징후가 발생하여 확인 검사 실시
- 20x1년 기말 현재 회수가능액 : 2,100,000원

07. (주)한공은 20x0년 1월 1일에 기계장치를 1,000,000원에 취득하였다. (주)한공은이 기계장치에 대하여 원가모형을 적용하며, 연수합계법(내용연수 4년, 잔존가액 0원)으로 상각한다. 20x0년 말과 20x1년 말, 기계장치의 회수가능액이 각각 650,000원, 180,000원인 경우 20x1년 손상차손으로 인식할 금액은 얼마인가?

08. (주)한공은 20x0년 1월 1일 건물을 5,000,000원에 취득하여 정액법(잔존가치 0원, 내용연수 5년, 월할상각)으로 감가상각하고 있다. (주)한공은 20x1년 12월 31일 당기 중 예상치 못한 금융위기로 인해 부동산 가격이 폭락함에 따라 손상징후가 있다고 판단하여, 동 건물의 회수가능액을 1,600,000원으로 추정하였다. (주)한공이 20x1년도 기말에 인식해야 할 건물에 대한 손상차손은 얼마인가?(단, 건물에 대해 원가모형을 적용한다)

09. (주)한공은 게임 소프트웨어를 개발·판매하는 회사로서 새로운 게임 플랫폼을 개발하기 위한 프로젝트를 연초에 개시하여 6월말에 완료하였다. 관련 내역이 다음과 같을 경우, 12월말 현재 회사의 무형자산 상각비는 얼마인가?(단, 회사는 무형자산에 대해 10년간 정액법으로 월할상각한다.)

	연구단계	개발단계
연구원 인건비	400,000원	300,000원
재료비 및 용역비	300,000원	200,000원
기타 간접경비	200,000원	100,000원

10. 다음은 (주)한공의 20x1년 연구개발 관련 지출거래 내역이다. (주)한공이 20x1년 12월 31일 재무제표에 자산으로 표시할 금액은 얼마인가?(단, 무형자산의 내용년수는 5년, 잔존가치는 없으며 상각방법은 정액법, 월할상각을 가정한다.)

- 3월 1일 : 신제품A 개발과 관련하여 새로운 지식을 탐색하기 위하여 300,000원 지출
- 4월 1일 : 신제품B 개발과 관련하여 시제품 제작비로 500,000원 지출함(수익성은 인정되고 20x2년부터 신제품B 생산이 예상됨.)
- 9월 30일 : 신제품C 개발과 관련하여 시제품 제작비 800,000원 지출(수익성이 인정되고 20x1년 10월부터 신제품C를 생산중임.)

11. 다음은 (주)한공의 기계장치 관련 자료이다. 20x1년에 인식해야 할 손상차손환입액은 얼마인가?

- 전전기 1월 1일 방한복 제조 기계장치를 현금 5,000,000원에 취득하였다.
  (내용연수 5년, 정액법 상각, 잔존가치 0원)
- 전기 12월 31일 방한복 수요가 급감하여 기계장치의 사용을 중단하고 회수가능액을 1,800,000원으로 보아 손상차손을 인식하였다.
- 20x1년 12월 31일 방한복 수요 회복으로 기계장치의 회수가능액이 2,500,000원으로 추정되었다.

12. 다음은 (주)한공의 기계장치 관련 자료이다. 20x1년 손익계산서에 계상될 감가상각비는 얼마인가?

- 20x1년 1월 1일에 기계장치를 4,000,000원에 취득하였다.
- 기계장치의 내용연수는 5년, 잔존가치는 없고, 정액법으로 상각한다.
- 기계장치 취득과 관련하여 상환의무가 없는 정부보조금 1,000,000원을 수령하였다.

Tax Accounting Technician

세무정보처리 자격시험 1급

🔑 분 개

1 (차) 단기매매증권 1,800,000 (대) 보통예금(신한은행) 3,497,000
　　수수료비용(영·비) 125,000
　　매도가능증권(투자) 1,572,000

2 (차) 보통예금(보람은행) 18,000,000 (대) 매도가능증권(투자) 18,800,000
　　매도가능증권평가익 3,800,000 　　매도가능증권처분이익 3,000,000
　☞ **전년도 평가(1,000주)**
　　(차) 매도가능증권　7,600,000　(대) 매도가능증권평가익　7,600,000
　　매도가능증권처분손익＝처분가액−취득가액＝500주×(36,000−30,000)＝3,000,000원(처분이익)

3 (차) 보통예금(보람은행) 18,000,000 (대) 단기매매증권 18,800,000
　　단기매매증권처분손실 800,000
　☞ **단기매매증권처분손익＝처분가액−장부가액＝500주×(36,000−37,600)＝△800,000원(처분손실)**

4 (차) 매도가능증권평가익 2,000,000 (대) 매도가능증권(투자) 8,000,000
　　매도가능증권손상차손 6,000,000
　☞ **손상차손(매도가능증권)＝회수가능가액−취득가액＝4,000,000−10,000,000＝△6,000,000**
　　전년도 평가 (차) 매도가능증권 2,000,000 (대)매도가능증권평가익 2,000,000

5 (차) 기계장치 50,000,000 (대) 보통예금(다복은행) 55,000,000
　　부가세대급금 5,000,000
　(차) 정부보조금(예금차감) 30,000,000 (대) 정부보조금(기계차감) 30,000,000

6 (차) 감가상각비(제) 9,000,000 (대) 감가상각누계액(기계) 9,000,000
　　정부보조금(기계) 3,000,000 　　감가상각비(제) 3,000,000
　☞ **감가상각비＝90,000,000원/5년×6/12＝9,000,000원**
　　정부보조금상계액＝30,000,000원/5년×6/12＝3,000,000원

7 (차) 정기예금(농협은행) 300,000,000 (대) 보통예금(국민은행) 300,000,000
　　정부보조금(보통예금) 300,000,000 (대) 정부보조금(정기예금) 300,000,000
　☞ **정부보조금은 해당 계정과목을 차감하는 형식으로 회계처리하여야 한다.**

8	(차)	감가상각누계액(기계)	3,750,000	(대)	기계장치	30,000,000
		정부보조금(기계)	10,500,000		부가세예수금	1,300,000
		보통예금(신한은행)	14,300,000			
		유형자산처분손실	2,750,000			

☞ **감가상각누계액=3,000,000원+750,000원=3,750,000원**

정부보조금=10,800,000원－300,000원=10,500,000원

유형자산처분손실＝처분가액(13,000,000)－장부가액(15,750,000)＝△2,750,000원(처분손실)

9	(차)	무형자산손상차손	8,000,000	(대)	개발비	8,000,000

☞ **손상차손＝회수가능가액－장부가액＝1,000,000－9,000,000＝△8,000,000원(손상차손)**

10	(차)	재평가잉여금	5,000,000	(대)	토지	7,000,000
		재평가손실	2,000,000			

☞ **재평가시 평가금액이 감소시 재평가잉여금과 우선상계하고 잔액만 재평가손실로 처리한다.**

🔑 객관식

1	2	3	4	5	6	7	8	9	10
①	③	②	②	②	③	③	②	④	②

11	12	13							
④	②	③							

[풀이 - 객관식]

01 만기보유증권 취득 시 발생한 매입수수료는 취득원가에 가산한다.

02 20x1년 감가상각비＝(200,000원 - 100,000원)/5년＝20,000원

20x1년말 감가상각누계액＝200,000원×2년/5년＝80,000원

03 감가상각누계액＝500,000원×1년/5년＝100,000원

정부보조금 상각액＝200,000원×1년/5년＝40,000원

정부보조금 잔액＝200,000원 - 40,000원＝160,000원

1/1	(차) 기계장치	500,000원	(대) 현금 등	500,000원
	현금 등	200,000원	정부보조금	200,000원
12/31	(차) 감가상각비	100,000원	(대) 감가상각누계액	100,000원
	정부보조금	40,000원	감가상각비	40,000원

04 감가상각비＝(6,000,000원 - 1,000,000원)×1/5＝1,000,000원

손상차손＝장부금액 - 회수가능액＝5,000,000원 - 3,000,000원＝2,000,000원

05 재평가손익 = 장부가액 − 공정가액 = (1,200,000 − 700,000) − 400,000 = △100,000(재평가손실)
   최초평가시 자산의 장부금액이 재평가로 인하여 감소된 경우에 그 감소액은 **당기손실로 인식**한다.

06 20x0년 12월 31일

| (차) 토지 | 100,000 | (대) 재평가잉여금 | 100,000 |

20x1년 12월 31일

| (차) 재평가잉여금 | 100,000 | (대) 토지 | 200,000 |
| 재평가손실(I/S) | 100,000 | | |

   ① 재무상태표상 토지의 장부금액은 900,000원이다.
   ② 재무상태표상 토지의 재평가로 인한 기타포괄손익누계액(재평가잉여금)은 없다.
   ④ 토지의 재평가로 인하여 전기대비 자본은 200,000원 감소한다.

07 유형자산의 장부금액이 재평가로 인하여 감소된 경우에는 당기손익으로, 증가된 경우에는 기타포괄손익누계액으로 인식한다.

(차) 재평가손실(당기손익)	500,000원	(대) 토지	500,000원
(차) 감가상각누계액	800,000원	(대) 재평가잉여금	1,800,000원
건물	1,000,000원	(기타포괄손익누계액)	

08

x1.1.1(취득)	(차) 기계장치	100,000	(대) 현금	100,000
x1.12.31(감가상각)	(차) 감가상각비	10,000	(대) 감가상각누계액	10,000
x1.12.31(재평가)	(차) 감가상각누계액	10,000	(대) 재평가잉여금	35,000
	기계장치	25,000		

09 다음 항목은 내부적으로 창출한 무형자산의 원가에 포함하지 아니한다.
   ① 자산이 계획된 성과를 달성하기 전에 발생한 비효율로 인한 손실과 초기 영업손실
   ② 판매비, 관리비 및 일반경비 지출
   ③ 무형자산을 창출한 이후 이를 운용하는 직원의 교육훈련과 관련된 지출

10 **차입원가는 기간비용으로 처리함을 원칙**으로 하되, 유·무형자산의 취득을 위한 자금에 차입금이 포함된다면 이러한 차입금에 대한 차입원가는 자산의 취득에 소요되는 원가로 회계처리 할 수 있다.

11 건물의 재평가 : 4,000,000원(공정가치) − 3,500,000원(장부금액) = 재평가이익 500,000원
   (차) 건물(자산)   500,000원   (대) 재평가잉여금(기타포괄손익누계액 − 자본) 500,000원

12 개발비는 미래 경제적 효익을 창출 할 것임을 입증할 수 있는 개발단계의 지출이나, 연구비는 연구단계에서 발생한 지출이다. 경상개발비는 무형자산의 요건을 충족하지 못하는 개발단계의 지출이다.

13 감가상각비 = 100,000÷8년 = 12,500원/년
   전기말 장부가액 = 취득가액(100,000) − 감가상각누계액(12,500) = 87,500원
   전기말재평가손익 = 전기말공정가액(105,000,①) − 장부가액(87,500) = 17,500원(기타포괄손익누계액②)
   당기 감가상각비 = 평가액(105,000)÷잔여내용연수(7년) = 15,000원(③)
   당기말 장부가액 = 전기말공정가액(105,000) − 감가상각누계액(15,000) = 90,000원
   당기말 재평가손익 = 당기말공정가액(72,000) − 장부가액(90,000) = 18,000원(손실)
   재평가잉여금 17,500원을 제거 후 재평가손실 500원(④)이 된다.

🔑 주관식

01	200,000,000	**02**	360,000	**03**	200,000
04	처분익 600,000	**05**	500,000	**06**	900,000
07	120,000	**08**	1,400,000	**09**	30,000
10	1,260,000	**11**	800,000	**12**	600,000

[풀이 - 주관식]

01 제거되는 정부보조금 = 250,000,000원/5년 = 50,000,000원/년

정부보조금 잔액(20x1.12.31) = 250,000,000 - 50,000,000(1년) = 200,000,000원

02 정부보조금 잔액 = 600,000원 - (600,000원/5년 × 2년) = 360,000원

☞ **정부보조금도 감가상각처럼 상각하는 것처럼 계산하는게 편합니다.**

03 정부보조금(x) : 80,000원(감가상각비) = {(1,000,000원 - x)÷5년} × 6개월/12개월

x = 200,000원

04 [제시된 답안]

(차) 기계장치	3,600,000원*	(대) 차량운반구	5,000,000원
감가상각누계액	2,000,000원	현금	800,000원
유형자산처분손실	200,000원		

* 이종자산의 교환으로 취득한 유형자산의 취득원가는 교환을 위하여 제공한 자산의 공정가치로 측정한다.

[이종자산간의 교환]

이종자산 교환시 취득가액은 현금수수를 반영하여 취득가액을 결정한다.

유형자산(신) 취득가액 = 구자산 공정가치(3,600,000) + 현금지급액(800,000) - 현금수취액

= 4,400,000원

(차) 기계장치	4,400,000원	(대) 차량운반구	5,000,000원
감가상각누계액	2,000,000원	현금	800,000원
		유형자산처분이익	600,000원

따라서 제시된 답안은 현금수수를 고려하지 않고 잘못된 답안을 제시하였다.

05 동종자산의 교환으로 취득한 유형자산의 취득원가는 교환을 위하여 제공한 자산의 장부 금액을 기초로 인식하고 처분손익을 인식하지 않는다.

(차) 차량운반구(취득)	500,000원	(대) 차량운반구(처분)	860,000원
감가상각누계액(처분)	530,000원	현금	170,000원

즉 동종자산의 처분시 **신자산의 취득가액은 제공한 자산의 장부가액**으로 인식하여야 하는데, 현금을 추가 지급하였으므로, 차량(신)의 취득가액(500,000) = 차량(구)장부가액(330,000) + 현금지급액(170,000)이 된다.

06 • 20x1년도 유형자산 장부금액 계산

5,000,000원 - {(5,000,000원÷5년)×2년} = 3,000,000원

• 20x1년도 말 유형자산의 손상차손 계산

장부금액(3,000,000원) - 회수가능액(2,100,000원) = 900,000원

07 회수가능액이 장부금액에 미달하는 경우 장부금액과 회수가능액의 차이를 손상차손으로 처리한다.

일 자	감가상각비	감가상각누계액	장부금액	회수가능액	손상차손
20x0. 12. 31.	1,000,000×4/10 = 400,000	400,000	600,000	650,000	-
20x1. 12. 31.	1,000,000×3/10 = 300,000	700,000	300,000	180,000	*120,000*

08 감가상각비 = [5,000,000 - 0]÷5년 = 1,000,000원/년

손상차손전 장부금액 = 5,000,000원 - 1,000,000원×2년 = 3,000,000원

20x1년 손상차손 = 회수가능액(1,600,000) - 장부금액(3,000,000) = △1,400,000원

09 무형자산상각비 = (300,000원 + 200,000원 + 100,000원)÷10년×(6/12) = 30,000원

☞ 연구단계에서 발생한 지출은 모두 당기비용으로 처리한다.

10 신제품A : **새로운 지식 탐색은 연구단계** 지출로 당기비용으로 처리한다.

신제품B : 시제품 제작비는 개발단계 지출로 수익성이 인정되므로 자산으로 계상한다.

다만, 20x2년부터 신제품이 생산되므로 20x2년부터 감가상각비를 인식한다.

신제품C : 자산으로 계상함. 다만, 무형자산이 사용되는 시점(10월)부터 감가상각비를 인식한다.

개발비(자산)취득가액(①) = 500,000원(B) + 800,000원(C) = 1,300,000원

개발비 상각비누계액(②) = 800,000원/5년×3개월/12개월 = 40,000원

∴ 장부가액(① - ②) = 1,260,000원

11 전년도 감가상각누계액 = 5,000,000원×2년/5년 = 2,000,000원

전년도 장부금액 = 취득금액(5,000,000) - 감가상각누계액(2,000,000) = 3,000,000원

전년도 유형자산손상차손 = 장부금액(3,000,000) - 회수가능액(1,800,000) = 1,200,000원

전년도 손상차손 인식 후 장부금액 = 1,800,000원(회수가능액과 동일)

20x1년 감가상각비 = 1,800,000원÷잔여내용연수(3년) = 600,000원

20x1년말 장부금액 = 회수가능가액(1,800,000) - 감가상각누계액(600,000) = 1,200,000원

손상차손환입액의 한도 = **Min[회수가능액, 손상을 인식하지 않았을 경우의 기말장부금액]**

= Min[2,500,000원, 2,000,000원*] = 2,000,000원

 * **5,000,000(취득가액) - 5,000,000×3년/5년(감가상각누계액) = 2,000,000원**

유형자산손상차손환입액 = 2,000,000원(손상차손환입한도) - 1,200,000원(장부금액) = 800,000원

12 감가상각비(순액 계산) = **[취득가액(4,000,000) - 정부보조금(1,000,000)]**÷5년 = 600,000원

제6절 | 부채

1. 충당부채와 우발부채

확정부채		지출시기와 지출금액이 확정된 부채	
추정부채	충당부채	지출시기 또는 지출금액이 불확실한 부채	재무상태표의 부채로 기재
	우발부채		**"주석"기재 사항**

[충당부채와 우발부채의 구분]		
	신뢰성있게 추정가능	신뢰성 있게 추정불가능
가능성이 매우 높음	**충당부채로 인식**	우발부채 – 주석공시
가능성이 어느 정도 있음	우발부채 – 주석공시	
가능성이 거의 없음	공시하지 않음	

[충당부채]	
1. 측정	① 보고기간말 현재 **최선의 추정치**이어야 한다. ② 명목가액과 현재가치의 차이가 중요한 경우 **현재가치로 평가**한다.
2. 변동	보고기간마다 잔액을 검토하고, 보고기간말 현재 **최선의 추정치**를 반영하여 증감조정한다.
3. 사용	최초의 인식시점에서 **의도한 목적과 용도에만 사용**하여야 한다.

2. 퇴직연금

	확정기여형	확정급여형
운용책임	**종업원 등**	**회사**
설정	–	(차) 퇴직급여 ××× 　　　(대) 퇴직급여충당부채 ×××
납부	(차) 퇴직급여 ××× 　　(대) 현　금 ×××	(차) **퇴직연금운용자산** ××× 　　**(퇴직급여충당부채 차감)** 　　(대) 현　금 ×××
운용수익	회계처리 없음	(차) 퇴직연금운용자산 ××× 　　(대) 이자수익(운용수익) ×××
퇴직시	회계처리없음	(차) 퇴직급여충당부채 ××× 　　퇴직급여 ××× 　　(대) 퇴직연금운용자산 ××× 　　　　현　금 ×××

☞ 퇴직연금운용자산이 퇴직급여충당부채와 퇴직연금미지급금의 합계액을 초과하는 경우에는 **초과액을 투자자산의 과목으로 표시한다.**

3. 사채

(1) 발행

- **사채의 구성요소 : 액면가액, 액면(표시)이자율, 만기**
- 액면이자율 : 사채를 발행한 회사에서 지급하기로 약정한 증서에 표시된 이자율
- 시장이자율(유효이자율) : 사채가 시장에서 거래될 때 사용되는 이자율

시장이자율 = 무위험이자율 + 신용가산이자율(risk premium)		
액면발행	액면가액 = 발행가액	액면이자율 = 시장이자율
할인발행	액면가액 〉 발행가액	액면이자율 〈 시장이자율
할증발행	액면가액 〈 발행가액	액면이자율 〉 시장이자율

회계처리	할인발행	(차) 예 금 등 xxx 사채할인발행차금(선급이자) xxx	(대) 사 채 xxx
	할증발행	(차) 예 금 등 xxx	(대) 사 채 xxx 사채할증발행차금(선수이자) xxx

(2) 사채의 상각(유효이자율법)

[사채장부가액과 사채발행차금상각(환입)액]

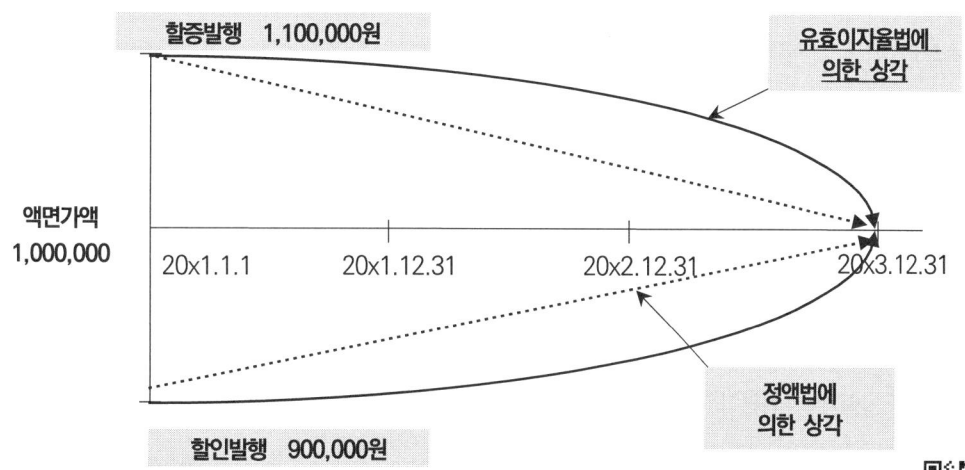

발행유형	사채장부가액	사채발행차금상각	총사채이자(I/S이자비용)
액면발행(1,000,000)	동일	0	액면이자
할인발행(900,000)	매년증가	**매년증가**	매년증가(액면이자 + 할인차금)
할증발행(1,100,000)	매년감소		매년감소(액면이자 - 할증차금)
조기상환	**사채할인(할증)발행차금을 상환비율만큼 제거하여야 하고 잔여금액을 사채상환손익으로 회계처리한다.**		

〈자산·부채의 차감 및 가산항목〉

	자산	부채
차감항목	대손충당금(채권) 재고자산평가충당금(재고자산) 감가상각누계액(유형자산) 현재가치할인차금*1(자산) 정부보조금(유무형자산)	사채할인발행차금(사채) 퇴직연금운용자산(퇴직급여충당부채) - 현재가치할인차금*1(부채) -
가산항목	-	사채할증발행차금(사채)

*1. 장기성 채권(채무)의 미래에 수취(지급)할 명목가액을 유효이자율로 할인한 현재가치와의 차액을 말한다.
현재가치할인차금＝채권(채무)의 명목가액－채권(채무)의 현재가치

 **예제** 　**사채의 할인발행 및 조기상환**

㈜로그인는 20x1년 1월 1일 다음과 같은 조건의 사채를 발행하였다.

－액면가액 : 100,000원
－액면이자율 : 5%
－이자지급 : 매년 12월 31일
－상환기일 : 20x2년 12월 31일(만기 일시 상환)
－시장이자율은 7%이고, 7%의 1년 현가계수는 0.9346이고, 7%의 2년 현가계수는 0.8734이다.

1. 사채의 발행가액을 구하시오.
2. 일자별로 발행회사와 투자회사의 입장에서 회계처리하시오.
3. 20x1.12.31자로 액면이자 지급 후 사채의 50%를 51,000원에 조기상환 했다고 가정하고 발행회사의 회계처리하시오.

해답

1. 2년 연금현가계수(1.8080) = 1년 현가계수(0.9346) + 2년 현가계수(0.8734)
　사채의 발행가액 = **액면이자의 현재가치 + 원금의 현재가치**
　　　　　　　　 = 5,000 × 1.8080 + 100,000 × 0.8734 = 96,380원

2. 사채할인발행차금 상각표(유효이자율법)

연도	유효이자(A) (BV×유효이자율)	액면이자(B) (액면가액×액면이자율)	할인차금상각 (A-B)	장부금액 (BV)
20x1. 1. 1				96,380
20x1.12.31	6,747*1	5,000	1,747	98,127*2
20x2.12.31	6,873*3	5,000	1,873	100,000
계	13,620	10,000	3,620	-

*1. 96,380 × 7%,　　*2. 96,380 + 1,747　　*3. 98,127 × 7% = 6,868(단수차이 조정)

	발행회사		투자회사	
20x1. 1. 1	(차) 현　　　금 　　　사채할인발행차금 　　　(대) 사　　　채	96,380 3,620 100,000	(차) 만기보유증권 　　　(대) 현　　　금	96,380 96,380
20x1.12.31	(차) 이자비용 　　　(대) 현　　　금 　　　　　사채할인발행차금	6,747 5,000 1,747	(차) 현　　　금 　　　만기보유증권 　　　(대) 이자수익	5,000 1,747 6,747
20x2.12.31 (이자지급)	(차) 이자비용 　　　(대) 현　　　금 　　　　　사채할인발행차금	6,873 5,000 1,873	(차) 현　　　금 　　　만기보유증권 　　　(대) 이자수익	5,000 1,873 6,873
20x2.12.31 (사채상환)	(차) 사　　　채 　　　(대) 현　　　금	100,000 100,000	(차) 현　　　금 　　　(대) 만기보유증권	100,000 100,000

☞ 상기 예제에서 이자지급일이 6개월(연 2회) 단위로 지급시
　액면이자율은 5% / 2회 = 2.5%로 연수를 2년 × 2회 = 4년으로 계산하면 된다.

3. 조기상환시 회계처리(20X1.12.31)

(차) 사채	50,000	(대) 현　　　금	51,000
사채상환손실	1,937	사채할인발행차금	937

☞ 제거되는 사채할인발행차금 = 잔액(1,873)×50% = 937원
　상환손익(20x1.12.31) = 상환가액(51,000) – 장부가액(98,127)×50% = 1,937원(손실)

제7절 | 자본

1. 자본의 분류

1. 자본금	자본금 = 발행주식총수 × 주당액면금액 **보통주자본금과 우선주자본금은 구분표시한다.**			
2. 자본잉여금	영업활동 이외 자본거래(주주와의 자본거래)에서 발생한 잉여금으로서 **주식발행초과금과 기타자본잉여금으로 구분표시한다.**			
	주식발행초과금	**감자차익**	**자기주식처분익**	**–**
3. 자본조정	자본거래 중 자본금, 자본잉여금에 포함되지 않지만 자본항목에 가산되거나 차감되는 임시적인 항목으로서, **자기주식은 별도항목으로 구분하여 표시한다.**			
	주식할인발행차금	**감자차손**	**자기주식처분손**	**자기주식**
4. 기타포괄 손익누계액	손익거래 중 손익계산서에 포함되지 않는 손익으로 **미실현손익** (예) 매도가능증권평가손익, 해외사업환산차손익, 재평가잉여금 등			
5. 이익잉여금	순이익 중 주주에게 배당하지 않고 회사 내에 유보시킨 부분			
	(1) 기처분이익 잉여금	⊙ **법정적립금(이익준비금) : 회사는 자본금의 1/2에 달할 때까지 매기 결산시 금전에 의한 이익배당액의 1/10 이상의 금액을 이익준비금으로 적립** ⓒ **임의적립금**		
	(2) 미처분이익잉여금			

2. 자본잉여금 VS 자본조정

	자본잉여금	자본조정
신주발행	주식발행초과금	주식할인발행차금
자본감소	감자차익	감자차손
자기주식	자기주식처분익 –	자기주식처분손 자기주식

자본잉여금은 발생시점에 이미 계상되어 있는 자본조정을 우선 상계하고, 남은 잔액은 자본잉여금으로 계상한다. 또한 반대의 경우도 마찬가지로 회계처리한다.

3. 배당

	현금배당	주식배당
배당선언일	(차) 이월이익잉여금　××× 　　(대) 미지급배당금　××× 　　　(유동부채) (투자자) (차) 미　수　금　××× 　　(대) 배당금수익　×××	(차) 이월이익잉여금　××× 　　(대) 미교부주식배당금　××× 　　　(자본조정) (투자자) **－회계처리없음　－**
배당지급일	(차) 미지급배당금　××× 　　(대) 현　　　금　×××	(차) 미교부주식배당금　××× 　　(대) 자　본　금　×××
재 무 상 태	**－주식발행회사의 최종분개** **(차) 이월이익잉여금　×××** **(대) 현　　　금　×××**	**(차) 이월이익잉여금　×××** **(대) 자　본　금　×××**
	순자산의 유출	**재무상태에 아무런 변화가 없다.**

〈이익잉여금의 이입 및 처분〉

	이익잉여금의 이입	이익잉여금의 처분
배당선언일	(차) 사업확장적립금　××× 　　(대) 이월이익잉여금　×××	(차) 이월이익잉여금　××× 　　(대) 사업확장적립금　×××

4. 주식배당, 무상증자, 주식분할, 주식병합

	주식배당	무상증자	주식분할	주식병합
주식수	증가	증가	증가	감소
액면금액	불변	불변	감소	증가
자본금	증가	증가	불변	불변
자　본	불변	불변	불변	불변

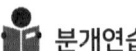 분개연습

1. 회사는 삼성보험에 종업원에 대한 퇴직연금 상품에 가입하고 확정급여형(DB형) 퇴직연금에 3,000,000원과 확정기여형(DC형) 퇴직연금에 3,500,000원(사무직 2,500,000원, 생산직 1,000,000원)을 보통예금(우리은행)에서 이체하였다.

2. (주)전주산업은 한화화재보험(주)의 확정급여형(DB) 퇴직연금에 가입하고 퇴직금 추계액의 100%를 불입하고 있다. 4월 29일 사원 정도준이 퇴사함에 따라 [근로자퇴직급여 보장법]에 의하여 퇴직금 20,000,000원을 산정하고 전액을 한화화재보험(주)에 지급 통보하였다.(단, 당사는 결산 시 퇴직금추계액의 100%를 퇴직급여충당부채로 설정하고 있다. 퇴직소득세 관련 원천징수세액은 고려하지 말 것.)

3. 한국생명에 확정급여형(DB) 퇴직연금이 가입되어 있는데 12월 30일 한국생명에서 20x1년 퇴직연금 운용결과 운용손실 3,000,000원이 발생하였음을 통보받았다.

4. 다음은 사채를 발행하기로 한 이사회의사록이다. 사채의 발행금액은 우리은행 보통예금계좌에 입금되었다. 사채발행비용은 현금으로 지급하였다. 사채발행시점(1월2일)에 회계처리하시오.

<u>이 사 회 의 사 록</u>

회사가 장기자금을 조달할 목적으로 회사채 발행을 결정하고 다음과 같이 회사채 발행에 대한 사항을 결정함.

– 다   음 –

  1. 사채의 액면금액 : 20,000,000원   2. 사채의 발행금액 : 19,114,300원
  3. 사채발행비용 : 964,300원   4. 사채의 만기 : 3년
  5. 표시이자율 : 10%

20x1년 1월 2일

---

5. 사채발행에 대한 이사회 결의 내용이다.

이 사 회 의 사 록

회사는 장기자금을 조달할 목적으로 회사채 발행을 결정하고 다음과 같이 회사채 발행에 대한
사항을 결정함.

- 다 음 -

1. 사채의 액면금액 :	20,000,000원
2. 사채의 발행금액 :	19,017,300원
3. 사 채 의 만 기 :	3년
4. 표 시 이 자 율 :	연 10%
5. 사 채 발 행 일 :	20x1년 1월 2일
6. 이 자 지 급 시 기 :	매년 이자 연2회 지급(6개월)

이하생략

6월 30일 사채의 이자를 국민은행 보통예금 계좌에서 이체하여 지급하였다.(사채할인발행차금은 유
효이자율법으로 상각하며, 사채이자에 대한 원천징수는 고려하지 않는다. 시장이자율은 연 12%이
며, 월할상각하고, 원 미만 절사할 것.)

6. 사채의 발행에 대한 내용은 자료와 같다.

1. 사채발행일 : 20x1년 1월 1일	2. 사채의 액면금액 : 30,000,000원
3. 사채의 발행금액 : 29,266,830원	4. 사채의 만기 : 3년
5. 표시이자율 : 10%	6. 시장이자율 : 11%

12월 31일 사채에 대한 이자를 현금으로 지급하였다. 사채할인발행차금은 유효이자율법으로 상각한
다.(원 미만 절사, 원천징수는 고려하지 않는다.) 이자지급시점(12월31일)의 회계처리를 하시오.

7. 회사는 20x0년 2월 1일에 중도상환가능 조건으로 액면총액 500,000,000원의 사채(만기 4년)를 발
행한 바 있다. 20x1년 2월 1일에 액면총액 100,000,000원의 사채를 99,000,000원에 중도상환하
고 대금은 우리은행 보통예금 계좌에서 이체하여 지급하였다. 조기상환시 사채할인발행차금 잔액이
10,000,000원이 있다.

8. 액면가액 80,000,000원인 사채 중 50,000,000원을 46,800,000원에 민국은행 당좌수표를 발행하여 조기에 상환하였다. 상환시 사채할인발행차금 잔액이 1,620,000원이 있다고 가정한다.

9. 다음은 20x2년 2월 28일 주주총회에 의한 임의적립금 이입액과 이익처분 자료이다.

[임의적립금 이입액]	
■ 사업확장적립금	3,000,000원
[이익잉여금 처분액]	
■ 이익준비금	(상법규정에 의해 적립)
■ 현금배당금	20,000,000원
■ 주식배당금	15,000,000원
■ 사업확장적립금	25,000,000원

20x1년 7월 25일 이사회결의에 의하여 중간배당 10,000,000원을 승인하여 현금지급하다. 처분확정일(2월 28일)에 대한 회계처리를 하시오.

10. 다음은 이사회 결의로 구미 제2공장 신축을 위하여 유상증자를 실시한 내역이다.

발행일	주당액면가	주당발행가	주식수	신주발행비
20x1.2. 23	5,000원	7,000원	8,000주	1,200,000원

주식발행대금은 전액 보람은행 보통예금계좌로 납입받고 신주발행비는 현금으로 지급하였다. 주식발행당시 주식할인발행차금 잔액이 3,200,000원이라 가정한다.

11. 7월 20일에 구입했던 자기주식을 모두 처분하고 처분대금은 당사의 국민은행 보통예금계좌로 입금받았다. 처분시점 자기주식처분손실 잔액이 2,000,000원이 있다고 가정한다.

주식의 수	액면금액	구입금액	처분금액
2,000주	1주당 5,000원	1주당 4,000원	1주당 5,500원

12. 회사는 주주총회 결의에 따라 유상감자를 실시하여 감자대가를 주주들에게 농협은행 보통예금계좌에서 16,000,000원을 이체하여 지급하였다. 감자차손 잔액이 1,000,000원이 있다.

소각 주식수	1주당 액면금액	1주당 유상 감자금액
4,000주	5,000원	4,000원

 **객관식**

01. 퇴직급여와 관련된 설명 중 옳지 않은 것은?

① 퇴직급여충당부채는 보고기간말 현재 전종업원이 일시에 퇴직할 경우 지급하여야 할 퇴직금에 상당하는 금액으로 한다.

② 확정급여형퇴직연금제도에서 퇴직급여와 관련된 자산과 부채를 재무상태표에 표시할 때에는 퇴직급여와 관련된 부채(퇴직급여충당부채와 퇴직연금미지급금)에서 퇴직급여와 관련된 자산(퇴직연금운용자산)을 차감하는 형식으로 표시한다.

③ 확정기여제도를 설정한 경우에는 당해 회계기간에 대하여 기업이 납부하여야 할 부담금을 비용으로 인식하고, 퇴직연금운용자산, 퇴직급여충당부채 및 퇴직연금미지급금은 인식하지 아니한다.

④ 급여규정의 개정과 급여의 인상으로 퇴직금소요액이 증가되었을 경우에는 당기분은 당기비용으로 회계처리하고, 전기 이전분은 이익잉여금의 감소로 회계처리한다.

02. 다음은 (주)한공의 20x1년 퇴직급여충당부채와 관련된 거래내역이다. 이에 대한 회계처리와 관련된 설명으로 옳지 않은 것은?

> • 1월 1일 : 퇴직급여충당부채(3,000,000원) 퇴직연금운용자산(3,000,000원)
> • 4월 1일 : 퇴직금 800,000원을 퇴직연금운용자산에서 지급함.
> • 12월 1일 : 퇴직연금운용자산 500,000원을 불입함.
> • 12월 31일 : 퇴직연금운용자산에 대하여 이자수익 150,000원 발생함.
> • 12월 31일 : (주)한공의 전체 임직원이 퇴직할 경우 지급할 퇴직금은 3,500,000원임.

① 퇴직연금운용자산은 퇴직급여충당부채에서 차감하는 형식으로 표시한다.

② 퇴직연금운용자산에 대한 이자수익은 영업외수익으로 기록한다.

③ 20x1년 손익계산서에 기록할 퇴직급여는 1,150,000원이다.

④ 20x1년 결산분개 후 퇴직연금운용자산은 2,850,000원이다.

03. 다음은 ㈜한공이 회사채(액면이자율 5%, 시장이자율 7%)를 발행하고 회계기간 말에 유효이자율법에 의해 상각하는 경우 사채발행차금의 상각이 당기순이익과 사채의 장부금액에 미치는 영향으로 옳은 것은?

	당기순이익	장부금액		당기순이익	장부금액
①	감소	감소	②	증가	감소
③	감소	증가	④	불변	감소

04. 다음 중 (주)한공의 사채 발행 관련 내용이다. 이에 대한 설명으로 옳지 않은 것은?

> · 20x1. 1. 1.에 3년만기 사채(액면금액 300,000원, 액면이자율 10%)를 260,000원에 발행하고 사
> 채발행비로 20,000원을 현금 지급하였다.

① 사채는 할인발행한 것이다.

② 사채발행비 20,000원은 당기비용으로 처리한다.

③ 사채는 300,000원 액면금액으로 대변에 기록한다.

④ 사채할인발행차금 60,000원을 차변에 기록한다.

05. 다음은 ㈜한공이 20x1년 1월 1일에 발행한 사채에 대한 자료이다. 사채에 대한 설명으로 옳지 않은
것은?

> · 액면금액 1,000,000원   · 3년 만기
> · 유효이자율 12%, 액면이자율 10%   · 이자는 매년말 지급한다.

① 사채가 할증발행 되었다.

② 20x1년 손익계산서 상의 이자비용은 현금으로 지급한 이자비용보다 크다.

③ 20x1년말 사채장부금액은 발행당시보다 크다.

④ 손익계산서상의 이자비용은 20x1년보다 20x2년이 크다.

06. 다음은 (주)한공의 사채 발행 관련 자료이다. 이를 통해 알 수 있는 내용으로 옳지 않은 것은?

> · 사채 발행일 : 20x1년 1월 1일
> · 사채 만기일 : 20x3년 12월 31일
> · 이자 지급일 : 매년 12월 31일(연 1회, 현금 지급)
> · 액면이자율 : 연 10%,   유효이자율 : 연 13%
> · 18,583,308원에 발행하고, 납입금은 당좌예입하였다.
>
> **사 채**
>
> | 12/31 차기이월 | 20,000,000원 | 1/1 제좌 | 20,000,000원 |
> |---|---|---|---|

① 사채 발행 시 사채의 장부금액은 18,583,308원이다.

② 사채 발행 시 사채할인발행차금은 1,416,692원이다.

③ 손익계산서에 반영되는 이자비용 금액은 2,600,000원이다.

④ 현금으로 지급한 사채이자 금액은 2,000,000원이다.

07. 다음은 (주)한공의 사채 발행 관련 자료이다. 이를 통해 알 수 있는 내용으로 옳지 않은 것은?

> • 사채 발행일 : 20x1년 1월 1일   • 사채 만기일 : 20x6년 12월 31일
> • 이자 지급일 : 매년 12월 31일(연 1회, 현금 지급)
> • 액면 이자율 : 연 8%, 유효이자율 : 연 9%
> • 액면 3,000,000원 사채를 2,883,310원에 발행하고, 납입금은 당좌예입하다.

① 사채 발행 시 사채할인발행차금은 116,690원이다.
② 20x1년도 손익계산서에 반영되는 이자비용 금액은 259,498원이다.
③ 20x1년도 사채할인발행차금 상각액은 19,498원이다.
④ 20x1년도 말 이자지급 후 사채의 장부금액은 2,863,812원이다.

08. (주)한공이 20x1년에 현금으로 수령한 임대료는 130,000원이고 현금으로 지급한 이자비용은 250,000원이다. 재무상태표 관련계정이 다음과 같을 때 20x1년 손익계산서상의 임대료수익과 이자비용은 얼마인가?

계정과목	20x0년말	20x1년말
선수임대료	20,000원	30,000원
미지급이자비용	50,000원	100,000원

	임대료수익	이자비용		임대료수익	이자비용
①	120,000원	200,000원	②	120,000원	300,000원
③	140,000원	200,000원	④	140,000원	300,000원

09. 다음 중 자본에 대한 설명으로 옳은 것은?

① 주식배당과 무상증자는 자본을 증가시킨다.
② 자기주식은 취득원가를 자기주식의 과목으로 하여 자산에 계상한다.
③ 자기주식을 처분하는 경우 처분손익은 영업외손익으로 처리한다.
④ 현금으로 배당하는 경우에는 배당액을 이익잉여금에서 차감한다.

10. 다음 중 자본에 대해 잘못 이해하고 있는 학생은 누구인가?

> ① 혜수 : 자기주식은 자본조정으로 처리하지!
> ② 민수 : 주식으로 배당을 하면 액면금액을 배당액으로 하지!
> ③ 동민 : 전환사채가 만기에 전환되면 자본으로 인식하지!
> ④ 미혜 : 유상감자 시 지급한 금액이 액면금액보다 작다면 감자차손이 발생해!

※ 1차 저작권지의 저작권 침해 소지가 있어 삽화 삽입은 이려우니 양해바랍니다.

11. 자본에 대한 설명으로 옳지 않은 것은?

① 주식의 할인발행 시 주식발행초과금 잔액이 있으면, 이를 상계처리하고 잔액은 주식할인발행차금으로 회계처리한다.

② 유상감자 시 주식의 취득원가가 액면금액보다 작다면 감자차익으로 하여 자본잉여금으로 회계처리한다.

③ 발행기업이 매입 등을 통하여 취득하는 자기주식은 취득원가를 자기주식의 과목으로 자본조정으로 회계처리한다.

④ 주식으로 배당하는 경우에는 발행주식의 시장가액(공정가치)을 배당액으로 하여 자본금의 증가와 이익잉여금의 감소로 회계처리한다.

12. (주)한공이 발행한 주식 10주(액면금액 1주당 5,000원)를 감가대가로 1주당 15,000원 현금을 지급하고 감자한 경우의 회계처리와 관련된 설명으로 옳은 것은? 단, 소각당시 재무상태표에 감자차익이 50,000원 계상되어 있다.

① 재무상태표에 감자차손 100,000원을 계상한다.

② 감자차익 50,000원과 상계하고, 재무상태표에 감자차손 50,000원을 계상한다.

③ 손익계산서에 감자차손 100,000원을 계상한다.

④ 재무상태표에 주식할인발행차금으로 50,000원을 계상한다.

13. 자본거래에 대한 설명으로 옳지 않은 것은?

① 토지(장부금액 120,000원, 공정가치 150,000원)를 현물출자 받고 1주당 액면금액 5,000원인 주식 20주를 발행하였다면 주식발행초과금 50,000원이 발생한다.

② 주식할인발행차금은 주식발행초과금 범위 내에서 상계하고 미상계된 잔액은 자본조정으로 기록하며, 이익잉여금 처분으로 상각할 수 있다.

③ 회사가 과거 5,000원에 발행했던 주식(액면금액 5,000원)을 8,000원에 자기주식으로 취득 하면 자본금 5,000원을 감소시키고 자본조정 3,000원을 기록한다.

④ 주식을 이익으로 소각하는 경우에는 자본금과 발행주식의 액면총액이 다를 수 있다.

14. 다음 중 (가)의 금액에 영향을 미치는 거래를 모두 고르시오.(단, 자본거래에 따른 비용은 없으며, 그 밖의 자본관련거래와 내용은 고려하지 않는다)

재무상태표

(주)한공   20x1년 12월 31일 현재   (단위 : 원)

자산	금액	부채및자본	금액
·		·	
·		·	
·		·	
·		부채총계	XXX
·			
·		자　본	XXX
·		자본금	XXX
·		자본잉여금	XXX
·		자본조정	
·		기타포괄손익누계액	XXX
·		**(가)**	XXX
·		자본총계	XXX
자산총계	XXX	부채 및 자본총계	XXX

가. 보통주를 발행하고 납입금은 당좌예금하다.	나. 자기주식을 취득하다.
다. 현금배당을 실시하다.	라. 주식배당을 실시하다.

① 가, 나   ② 나, 다   ③ 다, 라   ④ 가, 라

15. 다음은 (주)한공의 사채 관련 자료이다. 이를 통해 알 수 있는 내용은?

• 20x1. 1. 1. 3년 만기 조건으로 사채를 발행하다.			
(차) 당좌예금	950,263원	(대) 사　채	1,000,000원
사채할인발행차금	49,737원		
• 20x1. 12. 31. 이자를 현금으로 지급하고, 결산에 반영하다.			
(차) 이자비용	95,026원	(대) 현　금	80,000원
		사채할인발행차금	15,026원

① 이자비용은 매년 감소한다.

② 매기말 사채의 장부금액은 증가한다.

③ 유효이자율은 8%, 액면이자율은 10%이다.

④ 매기말 사채할인발행차금 상각액은 감소한다

 **주관식**

01. 다음은 (주)한공의 퇴직급여충당부채 관련 자료이다. (가)의 금액을 구하시오?

퇴직급여충당부채					
4/5	보통예금	(가)	1/1	전기이월	6,000,000

〈결산정리사항〉
12월 31일 결산시 임직원 전체에 대한 퇴직금 추계액은 8,000,000원이다.
12월 31일 (차) 퇴직급여 3,000,000원 (대) 퇴직급여충당부채 3,000,000원

02. 다음은 (주)한공의 퇴직급여충당부채 관련 자료이다. 20x1년도 결산 시 추가로 계상할 퇴직급여충당부채 금액은 얼마인가?

- 20x0년 12월 31일 : 기말 현재 퇴직급여충당부채 잔액은 36,000,000원이다.
- 20x1년 4월 30일 : 종업원이 퇴직하여 퇴직금 4,000,000원을 보통예금에서 이체하여 지급하다.
- 20x1년 12월 31일 : 기말 현재 당기 퇴직급여충당부채 추계액은 51,000,000원이다.

03. (주)한공은 20x1년 1월 1일 액면가액 1,000,000원의 사채(만기 3년, 표시이자율 연 10% 후불, 유효이자율 12%)를 발행하였다. 사채 발행금액은 얼마인가?(단, 현가표는 아래의 표를 이용한다)

구분	10%		12%	
	기간말 1원의 현재가치	연금 1원의 현재가치	기간말 1원의 현재가치	연금 1원의 현재가치
1년	0.90909	0.90909	0.89286	0.89286
2년	0.82645	1.73554	0.79719	1.69005
3년	0.75131	2.48685	0.71178	2.40183

04. (주)한공은 20x1년 1월 1일에 액면 5,000,000원의 사채(표시이자율 10%, 만기 3년)를 4,500,000원에 발행하였다. 이 사채로 인하여 (주)한공이 3년 간 인식해야 할 이자비용 총액은 얼마인가?

05. (주)한공은 20x1년 1월 1일 다음의 조건으로 사채를 발행하였다. 20x1년말 사채의 장부금액은 얼마인가?(사채할인발행차금은 유효이자율법으로 상각한다.)

• 액면금액 : 200,000,000원(3년 만기)	• 발행금액 : 194,800,000원
• 액면이자율 : 5%(매년말 지급)	• 유효이자율 : 6%

06. (주)한공은 결손금 1,000,000원을 보전하기 위하여 20x1년 12월 31일 2,000주 (액면금액 500원)의 무상감자를 실시할 예정이다. 무상감자 전 자본관련 재무상태표 내용이 다음과 같을 때 무상감자 후 자본(총계)은 얼마인가?

재무상태표

㈜한공	20x1년 12월 31일	(단위 : 원)

계정과목	금 액
⋮	⋮
자본	
자본금	5,000,000
자본잉여금	2,000,000
결손금	(1,000,000)
자본총계	6,000,000
부채및자본총계	×××

🗝 분개

1 (차) 퇴직연금운용자산(삼성보험) 3,000,000 (대) 보통예금(우리은행) 6,500,000
　　　　퇴직급여(판) 2,500,000
　　　　퇴직급여(제) 1,000,000

　　☞ **퇴직연금운용자산도 채권에 해당한다. 그러므로 프로그램입력시 거래처를 입력해야 한다.**

2 (차) 퇴직급여충당부채 20,000,000 (대) 퇴직연금운용자산 20,000,000
　　　　　　　　　　　　　　　　　　　　　　(한화화재보험(주))

3 (차) 퇴직연금운용손실 3,000,000 (대) 퇴직연금운용자산(한국생명) 3,000,000

　　☞ 퇴직연금운용자산에서 운용손실이 발생하면 '영업외비용'으로 처리한다.

4 (차) 보통예금(우리은행) 19,114,300 (대) 사채 20,000,000
　　　　사채할인발행차금 1,850,000 　　　현금 964,300

5 (차) 이자비용 1,141,038 (대) 보통예금(국민은행) 1,000,000
　　　　　　　　　　　　　　　　　　　　　사채할인발행차금 141,038

[상각표－연 2회지급시]
　☞ 이자지급이 연 2회 지급일 경우 유효이자율 12%/2＝6%, 표시이자율 10%/2＝5%로 계산하여야 한다.

연도	유효이자(A) (BV×*12%/2*)	액면이자(B) (액면가액×*10%/2*)	할인차금상각 (A－B)	장부금액 (BV)
20x1. 1. 1				19,017,300
20x1.06.30	*1,141,038*	*1,000,000*	*141,038*	*19,158,338*
20x1.12.31	1,149,500	1,000,000	149,500	19,307,838
20x1 계	2,290,538	2,000,000	290,538	－

6 (차) 이자비용 3,219,351 (대) 현금 3,000,000
　　　　　　　　　　　　　　　　　　　　　사채할인발행차금 219,351

연도	유효이자(A) (BV×11%)	액면이자(B) (액면가액×10%)	할인차금상각 (A－B)	장부금액 (BV)
20x1. 1. 1				29,266,830
20x1.12.31	3,219,351	3,000,000	219,351	29,486,181

7	(차)	사채	100,000,000	(대)	사채할인발행차금	2,000,000
		사채상환손실	1,000,000		보통예금(우리은행)	99,000,000

☞상환손익 = 상환가액(99,000,000) – 장부가액(500,000,000 – 10,000,000)×1/5 = 1,000,000원(손실)

사채할인발행차금 제거 = 10,000,000×1억/5억

8	(차)	사채	50,000,000	(대)	당좌예금(민국은행)	46,800,000
					사채할인발행차금	1,012,500
					사채상환이익	2,187,500

☞상환손익 = 상환가액(46,800,000) – 장부가액(80,000,000 – 1,620,000)×5/8 = △2,187,500원(이익)

사채할인발행차금제거 = 1,620,000×50,000,000/80,000,000 = 1,012,500원

9 [임의적립금 이입]

	(차)	사업확장적립금	3,000,000	(대)	이월이익잉여금	3,000,000

[이익잉여금 처분]

	(차)	이월이익잉여금	63,000,000	(대)	이익준비금	3,000,000
					미지급배당금	20,000,000
					미교부주식배당금	15,000,000
					사업확장적립금	25,000,000

☞ 이익준비금은 현금배당금(연차배당 20,000,000 + 중간배당금 10,000,000)의 10%를 적립한다.

10	(차)	보통예금(보람은행)	56,000,000	(대)	자본금	40,000,000
					주식할인발행차금	3,200,000
					주식발행초과금	11,600,000
					현금	1,200,000

☞ 주식발행초과금 = 발행가액 – 액면가액 – 주식할인발행차금
= (56,000,000 – 1,200,000) – 40,000,000 – 3,200,000

11	(차)	보통예금(국민은행)	11,000,000	(대)	자기주식	8,000,000
					자기주식처분손실	2,000,000
					자기주식처분이익	1,000,000

☞ 처분손익 = [처분가액(5,500) – 장부가액(4,000)]×2,000주 = 3,000,000원(이익)
→ 자기주식처분손실과 우선 상계

12	(차)	자본금	20,000,000	(대)	보통예금(농협은행)	16,000,000
					감자차손	1,000,000
					감자차익	3,000,000

●—- 객관식

1	2	3	4	5	6	7	8	9	10
④	③	③	②	①	③	④	②	④	④

11	12	13	14	15					
④	②	③	③	②					

[풀이 - 객관식]

01 급여규정의 개정과 급여의 인상으로 퇴직금소요액이 증가되었을 경우에는 **당기분과 전기 이전분을 일괄하여 당기비용으로 인식**한다.

02

퇴직급여충당부채

지 급	800,000	기초잔액	3,000,000
기말잔액	3,500,000	*설정*	*㉮1,300,000*
계	4,300,000	계	4,300,000

퇴직연금운용자산

기초잔액	3,000,000	퇴사	800,000
불입	500,000		
이자발생	150,000	*기말잔액*	*㉯2,850,000*
계	3,650,000	계	3,650,000

03 **사채가 할인발행**되었으며, **사채할인발행차금의 상각은 사채의 장부금액을 증가**시키며 **당기순이익을 감소**시킨다.

04 (차) 현금   240,000원   (대) 사채   300,000원
        사채할인발행차금   60,000원
사채발행비는 사채할인발행차금에 포함해야 함

05 **유효이자율이 액면이자율보다 크므로 할인발행**되었다.

06 ① 사채의 장부금액은 사채발행금액(18,583,308원)이다

② 사채할인발행차금 : 액면금액(20,000,000원) − 사채발행금액(18,583,308원) = 1,416,692원

③ 손익계산서상 이자비용 : 장부금액(18,583,308원) × 유효이자율(13%) = 2,415,830원

④ 현금 지급 사채이자 : 액면금액(20,000,000원) × 액면이자율(10%) = 2,000,000원

07 사채할인발행상각표

연도	유효이자(A) (BV×유효이자율)	액면이자(B) (액면가액×액면이자율)	할인차금상각 (A - B)	장부금액 (BV)
20x1. 1. 1				2,883,310
20x1.12.31	②259,498	240,000	③19,498	④*2,902,808*

▶사채 발행 분개

(차) 당좌예금   2,883,310원   (대) 사채   3,000,000원

      사채할인발행차금   ①**116,690원**

▶사채 이자지급 분개

(차) 이자비용   259,498원   (대) 현금   240,000원

                                            사채할인발행차금   19,498원

08

선수임대료

임대료수익	*120,000*	기초잔액	20,000
기말잔액	30,000	현금	130,000
계	150,000	계	150,000

미지급비용

지급	250,000	기초잔액	50,000
기말잔액	100,000	*이자비용*	*300,000*
계	350,000	계	350,000

09 ① 주식배당과 무상증자는 자본에 영향이 없다

     ② 자기주식은 취득원가를 자기주식의 과목으로 하여 자본조정에 계상한다.

     ③ 자기주식을 처분하는 경우 **처분손익은 자본잉여금 또는 자본조정으로 처리**한다.

10 유상감자 시 지급한 금액이 액면금액보다 작다면 그 차액을 감자차익으로 하여 자본잉여금으로 회계
처리한다.

11 주식으로 배당하는 경우에는 발행주식의 액면금액을 배당액으로 하여 자본금의 증가와 이익잉여금
의 감소로 회계처리한다.

12 재무상태표에 계상되어 있는 감자차익 50,000원과 먼저 상계하고 남은 차액 50,000원을 재무상태
표 자본조정항목에 감자차손으로 계상한다.

     (차) 자본금   50,000원   (대) 현금   150,000원

         감자차익   50,000원

         감자차손   50,000원

13 자기주식을 취득하면 취득원가를 자기주식 과목으로 하여 자본조정으로 처리하며, 자기 주식 취득시점에는 자본금이 감소하지 않는다.

〈이익소각④〉

(차) 자기주식	XXX	(대) 현금 등	XXX
(차) 이월이익잉여금	XXX	(대) 자기주식	XXX

따라서 **이익소각시 자본금은 발행주식의 액면총액과 일치하지 않는다.**

14 가. (차) 당좌예금　　　　　　　XX　(대) 자본금　　　　　　　XX
　　나. (차) 자기주식　　　　　　　XX　(대) 현　금　　　　　　　XX
　　다. (차) 잉여금　　　　　　　　XX　(대) 현　금　　　　　　　XX
　　라. (차) 잉여금　　　　　　　　XX　(대) 자본금　　　　　　　XX

이익잉여금에 영향을 미치는 거래는 현금배당과 주식배당이다.

15 **매기말 사채할인발행차금 상각액은 증가**하며, **상각액을 사채 장부금액에 가산**하므로 사채장부금액과 이자비용도 증가한다.

유효이자율 = 이자비용((95,026) ÷ 발행가액(950,263) = 10%

액면이자율 = 액면이자(80,000) ÷ 액면가액(1,000,000원) = 8%

🔑 주관식

01	1,000,000	**02**	19,000,000	**03**	951,963
04	2,000,000	**05**	196,488,000	**06**	6,000,000

[풀이 - 주관식]

01

퇴직급여충당부채

보통예금(지급)	*1,000,000*	기초	6,000,000
기말	8,000,000	설정	3,000,000
계	9,000,000	계	9,000,000

02

퇴직급여충당부채

지 급	4,000,000	기초	36,000,000
기말(퇴직급여추계액)	51,000,000	*설정*	*19,000,000*
계	55,000,000	계	55,000,000

03 사채 발행금액(사채의 현재가치) = 100,000원 × 2.40183 + 1,000,000원 × 0.71178

　　　　　　　　　　　　　　　　　 = 951,963원

04 ・액면이자 총액 5,000,000원(액면가액)×10%(표시이자율)×3년=1,500,000원

・사채할인발행차금 상각액 5,000,000원−4,500,000원=500,000원

・만기까지 인식할 이자비용 총액

　=액면이자 총액 1,500,000원+사채할인발행차금상각액 500,000원=2,000,000원

05

연도	유효이자(A) (BV×6%)	액면이자(B) (액면가액×5%)	할인차금상각 (A−B)	장부금액 (BV)
20x1. 1. 1				194,800,000
20x1.12.31	11,688,000	10,000,000	1,688,000	*196,488,000*

(차) 이자비용　　　　　　11,688,000원　　(대) 현　　금　　　　　　10,000,000원

　　　　　　　　　　　　　　　　　　　　　　사채할인발행차금　　　1,688,000원

06 무상감자 후 자본총계는 변하지 않는다.

(차) 자본금　　　　　　　1,000,000원　　(대) 결손금　　　　　　　1,000,000원

제8절 | 수익, 비용, 결산

1. 재화판매로 인한 수익인식 조건

1. 재화의 소유에 따른 유의적인 위험과 보상이 구매자에게 이전된다.
2. 판매자는 판매한 재화에 대하여 소유권이 있을 때 통상적으로 행사하는 정도의 관리나 효과적인 통제를 할 수 없다.
3. 수익금액을 신뢰성있게 측정할 수 있고, 경제적 효익의 유입 가능성이 매우 높다.
4. 거래와 관련하여 발생했거나 발생할 원가를 신뢰성있게 측정할 수 있다.
   만약 이러한 비용을 신뢰성 있게 측정할 수 없다면 수익으로 인식하지 못하고 부채(선수금)로 인식한다.

2. 수익인식 요약

위탁판매	수탁자가 고객에게 판매한 시점
시용판매	고객이 구매의사를 표시한 시점
상품권	재화(용역)을 인도하고 상품권을 회수한 시점
정기간행물	구독기간에 걸쳐 정액법으로 인식
할부판매(장·단기)	재화의 인도시점
반품조건부판매	반품가능성을 신뢰성있게 추정시 수익인식가능 ☞ 반품가능성이 불확실하여 추정이 어려운 경우에는 구매자가 재화의 인수를 공식적으로 수락한 시점 또는 반품기한이 종료된 시점에 수익을 인식
설치용역수수료	진행기준
공연수익(입장료)	행사가 개최되는 시점
광고관련수익	방송사 : 광고를 대중에게 전달하는 시점 광고제작사 : 진행기준
수강료	강의기간동안 발생기준
재화나 용역의 교환	동종	수익으로 인식하지 않는다.
	이종	판매기준(수익은 교환으로 취득한 재화나 용역의 공정가치로 측정하되, 불확실시 제공한 재화나 용역의 공정가치로 측정한다.)

 분개연습

1. 다음 자료를 참고로 결산정리분개를 하시오.

차입금 종류	차입처	금 액	이자율	만 기	최종이자지급일
시설자금	우리은행	250,000,000	7.3%	20x3년 12월 10일	20x1년 12월 10일
운전자금	신한은행	100,000,000	7.3%	20x4년 12월 25일	20x1년 12월 25일
합계		350,000,000			

회사는 최종이자지급일에 현금으로 지급한 이자비용까지 회계처리하였다.
1년은 365일로 가정하고 일할 계산하시오.

2. 결산일 현재 화폐성 외화자산 및 부채와 관련된 자료이다. 전기 결산시 적절하게 외화평가를 수행하였다. 결산정리분개를 하시오.

계정과목	거래처	외화금액	발생일	발생일 환 율	20x0.12.31 환 율	20x1.12.31 환 율
외상매출금	ABC.CO.,LTD	$40,000	20x1.7.16.	1,070원/$	1,080원/$	1,060원/$
외화장기차입금	ING.CO.,LTD	$50,000	20x0.10.20.	1,120원/$		

3. 장기차입금에 대해서 결산정리분개를 하시오.

항목	최초 차입금액	차입시기	비고
장기차입금 (신한은행)	50,000,000원	2022.12.29.	20x2.12.28. 일시상환
장기차입금 (기업은행)	50,000,000원	2023. 9.16.	20x3. 9.15. 일시상환
장기차입금 (웰컴투)	60,000,000원	2024.10.17.	20x1.10.16.부터 5년간 균등 분할상환
합 계	160,000,000원		

객관식

01. 다음은 일반기업회계기준의 수익 인식에 대한 대화내용이다. 설명이 옳지 않은 사람은?

> ① 현진 : 배당금수익은 배당금을 지급받는 시점에 인식해
> ② 민우 : 용역제공으로 인한 수익은 그 거래의 성과를 신뢰성 있게 추정할 수 있으면 진행기준에 따라 인식해
> ③ 경화 : 단기할부매출은 재화를 인도하는 시점에 수익으로 인식해
> ④ 진희 : 상품권은 물품이나 용역을 제공한 시점에 수익으로 인식해

※ 1차 저작권자의 저작권 침해 소지가 있어 삽화 삽입은 어려우니 양해바랍니다.

02. 다음 중 수익인식에 대한 설명으로 옳지 않은 것은?

① 반품가능한 판매의 경우 판매가격이 사실상 확정되었다고 해도 수익을 인식할 수 없다.
② 성격과 가치가 유사한 재화나 용역간의 교환은 수익을 발생시키는 거래로 회계처리하지 아니한다.
③ 배당금수익은 배당금을 받을 권리와 금액이 확정되는 시점에서 인식한다.
④ 장기간에 걸쳐 판매대가가 유입되는 경우 판매대가의 공정가치는 미래에 받을 현금의 합계액의 현재가치로 측정하고, 현재가치와 명목가치의 차이는 기간에 걸쳐 매출로 인식한다.

03. 다음 중 수익인식에 대한 설명으로 옳지 않은 것은?

① 위탁판매의 경우 수탁자에 의한 판매가 이루어진 때에 수익을 인식한다.
② 할부판매의 경우 재화가 인도되는 시점에 수익을 인식한다.
③ 시용판매의 경우 반품예상액을 합리적으로 추정할 수 없다면 재화가 인도되는 때에 수익을 인식한다.
④ 수강료는 강의기간에 걸쳐 수익으로 인식한다.

04. 다음 오류가 (주)한공의 당기순이익에 미치는 영향으로 옳은 것은?

> • 결산시 장기차입금에 대한 기간경과분 미지급이자 1,200,000원을 아래와 같이 회계처리하였다.
>   (차) 미지급비용   1,200,000원   (대) 이자수익   1,200,000원

① 당기순이익 1,200,000원 과대계상
② 당기순이익 1,200,000원 과소계상
③ 당기순이익 2,400,000원 과대계상
④ 당기순이익 2,400,000원 과소계상

05. 다음 자료에 의한 기말 결산분개로 옳은 것은?

> • 1월 3일 : 국가로부터 상환의무 없는 정부보조금 9,000,000원을 수령하여 15,000,000원의 기계장치를 구입하였다. 단, 정부보조금은 자산의 장부금액에서 차감하는 방법으로 표시하였다.
>
> 재무상태표
>
> | | | |
> |---|---:|---|
> | 기계장치 | 15,000,000 | |
> | 정부보조금 | (9,000,000) | |
>
> • 12월 31일 : 상기의 기계장치에 대하여 정액법으로 감가상각하였다. 잔존가치는 없으며, 내용연수는 5년이다.

① (차) 감가상각비　　　　　　3,000,000원　　(대) 감가상각누계액　　　3,000,000원

② (차) 정부보조금　　　　　　1,800,000원　　(대) 잡이익　　　　　　　1,800,000원

③ (차) 감가상각비　　　　　　3,000,000원　　(대) 감가상각누계액　　　3,000,000원
　　　정부보조금　　　　　　1,800,000원　　　　감가상각비　　　　　1,800,000원

④ (차) 감가상각비　　　　　　3,000,000원　　(대) 감가상각누계액　　　3,000,000원
　　　감가상각누계액　　　　1,800,000원　　　　정부보조금　　　　　1,800,000원

06. (주)한공은 20x1년 12월 1일 상품을 €(유로화) 10,000에 외상판매하고 20x2년 2월 28일에 대금을 받아 €1당 1,220원에 원화로 환전하였다. (주)한공의 회계연도는 1월 1일부터 12월 31일까지이고, 기능통화는 원화이다. 상기 거래와 관련하여 (주)한공이 20x1년 기말과 20x2년에 인식하여야 할 손익으로 옳은 것은?

> [유로화 환율]
> • 20x1년 12월　1일 : €1 = 1,190원
> • 20x1년 12월 31일 : €1 = 1,230원

	20x1년	20x2년
①	외화환산이익 400,000원	외환차손 100,000원
②	외화환산손실 400,000원	외환차익 100,000원
③	외화환산이익 400,000원	외환차손 300,000원
④	외화환산손실 400,000원	외환차익 300,000원

07. 다음은 (주)한공의 20x1년말 결산분개 전 외화로 표시된 자산 및 부채 내역이다. 20x1년말 환율을 1,000원/$으로 가정할 경우 손익계산서에 계상할 외화환산이익 및 외화환산손실은 각각 얼마인가?

외화자산·부채	외화금액($)	적용환율	원화금액(원)
정기예금	130,000	1,300원/$	169,000,000
매출채권	110,000	900원/$	99,000,000
선급금	90,000	1,200원/$	108,000,000
선수금	120,000	1,200원/$	144,000,000
선수임대료	80,000	800원/$	64,000,000
단기차입금	100,000	1,100원/$	110,000,000

	외화환산이익	외화환산손실		외화환산이익	외화환산손실
①	11,000,000원	39,000,000원	②	45,000,000원	60,000,000원
③	21,000,000원	39,000,000원	④	45,000,000원	73,000,000원

08. 다음은 이자비용과 임대료수익에 대한 총계정원장과 관련 결산조정내용이다. 재무제표와 관련된 설명으로 옳지 않은 것은?

〈자료 1〉 이자비용과 임대료수익에 대한 총계정원장

이자비용		임대료수익	
4/1 보통예금	300,000원	1/1 선수임대료	500,000원
7/1 현금	300,000원	6/1 현금	1,200,000원
10/1 보통예금	300,000원		

〈자료2〉 결산조정내용
• 20x1년 1월 1일 한국은행으로부터 10,000,000원(이자지급조건 : 12%, 월할계산, 3개월마다 후급조건)을 차입하였다.
• 본사건물 중 일부를 임대하고 있으며 임대료는 매년 6월 1일에 1년분 임대료를 수령한다. (월할계산)

① 당기 이자비용은 1,200,000원이다.
② 당기 임대료수익은 1,200,000원이다.
③ 결산조정이 누락되면 당기순이익은 800,000원 과대계상된다
④ 결산조정 후 재무상태표상 미지급이자비용은 300,000원이고 선수임대료는 700,000원이다.

09. (주)한공의 회계담당자는 20x1년도 결산 과정에서 다음과 같이 회계처리가 누락되었음을 발견하였다. 이러한 회계처리 누락이 20x1년도 재무제표에 미치는 영향으로 옳은 것은?

> • 2월 1일 소모품 100,000원을 구입하고 전액 비용 처리하였으나, 기말 현재 20,000원의 소모품이 남아 있다.
> • 3월 1일 3년분 보험료 360,000원을 지급하면서 전액 선급보험료로 처리하였다.(월할계산)
> • 12월 31일 당기 12월분 급여 500,000원을 지급하지 못함에 따라 회계처리를 하지 않았다.

① 비용 580,000원 과소계상, 자산 80,000원 과대계상

② 자본 580,000원 과소계상, 부채 500,000원 과소계상

③ 수익 580,000원 과대계상, 자산 80,000원 과소계상

④ 자산 80,000원 과대계상, 부채 500,000원 과대계상

10. 도매업을 영위하고 있는 (주)한공은 20x1년 결산 마감 전 다음의 사항이 재무제표에 미반영되어 있음을 발견하였다.

> • 20x1년 귀속 상여금 1,000,000원을 20x2년 1월에 지급하기로 결정하였다.
> • 20x1년 9월 보험료로 처리한 금액 300,000원 중 100,000원은 20x2년에 대한 보험료 선납분이다.
> • 20x1년 12월 10일 선적지 인도조건으로 외상 매입한 상품 400,000원이 기말현재 운송 중에 있다.

미반영사항이 재무제표에 미치는 영향으로 옳지 않은 것은?

① 당기순이익이 900,000원 감소한다.　　② 매출원가가 400,000원 감소한다.

③ 자산이 500,000원 증가한다.　　④ 부채 1,400,000원 증가한다.

11. 다음 중 수익인식에 관한 설명으로 옳은 것은?

① 장기할부매출에 대한 수익은 원칙적으로 각 회계연도에 회수할 금액으로 인식한다.

② 용역의 제공으로 인한 수익은 용역제공거래의 성과를 신뢰성 있게 추정할 수 있을 때 진행기준으로 인식한다.

③ 위탁판매에 대한 매출은 위탁자가 수탁자에게 상품을 인도한 시점에 인식한다.

④ 상품판매로 상품권을 수령하는 경우에는 상품권 판매 시점에 매출을 인식한다.

 **주관식**

01. (주)한공은 20x0년 11월 1일 미국소재 거래처에 1,000달러의 상품을 판매하고, 대금은 20x1년 1월 31일에 회수하였다. 20x1년 손익계산서에 계상될 외환차손익은 얼마인가?

일자	20x0년 11월 1일	20x0년 12월 31일	20x1년 1월 31일
환율	1,000원/$	1,100원/$	900원/$

02. 다음은 (주)한공의 20x1년 12월 31일 수정전 잔액시산표 중 손익계산서 계정과 결산정리 사항을 나타낸 것이다.

자료 1. 수정전 잔액시산표

잔액시산표

20x1년 12월 31일

(주)한공   (단위 : 원)

차변	계정과목	대변
	⋮	
	매 출 액	1,000,000
300,000	매 출 원 가	
250,000	급 여	
	임 대 수 익	240,000
200,000	법 인 세 비 용	
	⋮	

자료 2. 결산정리 사항

가. 20x1년 7월 1일 1,000,000원에 취득한 본사 건물의 감가상각비가 반영되지 않았다. (정액법, 내용연수 5년 월할상각, 잔존가치 없음)

나. 임대수익은 1년분을 선수한 것으로 기간 미도래분 180,000원이 포함되어 있다.

결산정리 사항을 반영한 후 당기순이익은 얼마인가?

03. (주)한공은 20x1년 결산 마감전 다음의 사항이 재무제표에 미반영되어 있음을 발견하였다.

- 기말 매출채권에 외화매출채권 12,000,000원($10,000)이 포함되어 있다.(기말환율 1,100원/$)
- 20x1년 임차료로 처리한 금액 300,000원 중 100,000원은 선납분이다.
- 20x1년 5월에 가입한 정기예금 미수이자 200,000원이 계상되지 않았다.(만기 : 20x2년 6월 30일)

결산 마감전 당기순이익이 10,000,000원일 때, 미반영사항을 반영한 당기순이익은 얼마인가?

04. 도매업을 영위하는 (주)한공의 제5기 사업연도(20x1.1.1.~20x1.12.31.) 당기순이익은 8,000,000원
이었다. 그런데 경리부장이 최종검토를 하는 과정에서 당기순이익 계산에 다음과 같은 오류가 있음을
발견하였다.

> 가. 20x1년 4월 1일에 납입한 화재보험료 400,000원(보험기간 1년)을 전액 비용으로 회계처리하고
> 결산조정을 누락하였다.
> 나. 20x1년 7월 1일에 차량운반구를 2,000,000원에 구입하고 이를 전액 수선비로 회계처리하였다.
> 차량운반구의 감가상각방법은 정액법, 잔존가액은 없으며 내용연수는 5년이다.

오류 수정 후의 당기순이익은 얼마인가?(단, 오류를 수정할 때 기간 계산이 필요한 경우 월할계산할 것)

05. (주)한공은 다음의 기말정리사항이 누락된 상태에서 당기순이익을 1,000,000원 으로 보고하였다. 누락
된 기말정리사항을 반영하여 정확한 당기순이익을 계산 하면 얼마인가?

> • 매도가능증권평가이익 : 10,000원
> • 당기 보험료비용으로 계상한 현금 지급액 중 차기 귀속분 : 20,000원
> • 당기 수입수수료로 계상한 현금 수입액 중 차기 귀속분 : 50,000원
> • 당기에 발생한 이자수익 중 현금 미수취분 : 30,000원

06. (주)한공의 결산정리사항 반영전 법인세차감전순이익은 3,000,000원이다. (주)한공은 기중 현금을 수령
하거나 지급할 경우 전액 수익 또는 비용으로 처리한다. 다음 결산정리사항을 반영한 후 법인세차감전순
이익은 얼마인가?

| • 미수이자 | 200,000원 | • 선급비용 | 100,000원 |
| • 미지급이자 | 300,000원 | • 선수수익 | 400,000원 |

📑 분개

1 (차) 이자비용   1,170,000   (대) 미지급비용   1,170,000

차입금 종류	차입금	이자율	결산일	최종이자지급일	경과일수	미지급이자
	a	b	c	d	e=c-d	a×b×e/365
시설자금	250,000,000	7.3%	12월 31일	12월 10일	21일	1,050,000
운전자금	100,000,000	7.3%	12월 31일	12월 25일	6일	120,000
합계	350,000,000	·		·	·	1,170,000

2 (차) 외화환산손실   400,000   (대) 외상매출금(ABC)   400,000
    (차) 외화장기차입금(ING)   1,000,000   (대) 외화환산이익   1,000,000

    ☞ **외상매출금＝$40,000×(1,060원－1,070원)＝△400,000원(환산손실)**
      외화장기차입금＝$50,000×(1,060원－1,080원)＝△1,000,000원(환산이익)

3 (차) 장기차입금(신한은행)   50.000,000   (대) 유동성장기부채(신한은행)   50,000,000
    장기차입금(웰컴투)   12.000,000   (대) 유동성장기부채(웰컴투)   12,000,000

    ☞ **결산일(20x1.12.31) 현재 20x2년도에 상환할 금액에 대하여 유동성대체**

🔑 객관식

1	2	3	4	5	6	7	8	9	10
①	④	③	③	③	①	③	④	①	②

11									
②									

[풀이 - 객관식]

01 배당금수익은 **배당금을 받을 권리와 금액이 확정되는 시점에 인식**한다.

02 장기간에 걸쳐 판매대가가 유입되는 경우 판매대가의 공정가치는 **미래에 받을 현금의 합계액의 현재가치로 측정**하고, **현재가치와 명목가치의 차이는 기간에 걸쳐 이자수익**으로 인식한다.

03 반품예상액을 합리적으로 추정할 수 없는 경우 : 구매자가 재화의 **인수를 공식적으로 수락한 시점** 또는 재화가 인도된 후 **반품기간이 종료된 시점**에 인식

반품예상액을 합리적으로 추정할 수 있는 경우 : **제품 등의 인도시점**에 인식

04 올바른 분개 (차) 이자비용   1,200,000원   (대) 미지급비용   1,200,000원

수익의 1,200,000원 과대 계상으로 당기순이익이 1,200,000원 과대 계상됨

비용의 1,200,000원 과소 계상으로 당기순이익이 1,200,000원 과대 계상됨

따라서 당기순이익 2,400,000원 과대 계상됨

05 먼저 감가상각비를 계산한 후, 감가상각비에 감가상각대상금액 중 **정부보조금이 차지하는 비율을 곱한 금액을 정부보조금과 상계**한다.

- 감가상각비 : 15,000,000원÷5년 = 3,000,000원
- 감가상각비와 정부보조금의 상계 : 감가상각비×(정부보조금/감가상각대상금액)
  = 3,000,000원×(9,000,000원/15,000,000원) = 1,800,000원

06 20x1. 12. 31. 외화평가손익 €10,000×(1,230 - 1,190) =   400,000원

20x2. 2. 28. 외환 차손익 €10,000×(1,220 - 1,230) = △100,000원

07 선급금, 선수금, 선수임대료는 비화폐성자산·부채로서 외화환산 대상이 아니다.

외화자산·부채	외화금액($)	적용환율	원화금액	환산금액	환산손익
정기예금	130,000	1,300원/$	169,000,000	130,000,000	△39,000,000
매출채권	110,000	900원/$	99,000,000	110,000,000	+11,000,000
단기차입금	100,000	1,100원/$	110,000,000	100,000,000	+10,000,000

08 결산조정분개

① 이자비용   (차) 이자비용   300,000   (대) 미지급비용   300,000

☞ 미지급이자비용=**10,000,000원×12%×3월/12월=300,000원**

② 임대료수익   (차) 임대료수익   500,000   (대) 선수임대료   500,000

☞ 기말선수임대료=**1,200,000원×5월/12월=500,000원**

③ 조정내역

이자비용과소계상(미지급이자비용)   (−)300,000원

임대료과대계상(선수임대료)   (−)500,000원

당기순이익에 미치는 영향   (−)800,000원

④ 미지급이자비용은 300,000원, 기말선수임대료는 500,000원이다.

09 수정분개   (차) 소모품   20,000원   (대) 소모품비   20,000원

(차) 보험료   100,000원   (대) 선급보험료   100,000원

(차) 급 여   500,000원   (대) 미지급급여   500,000원

비용 580,000원 과소계상, 자산 80,000원 과대계상, 부채 500,000원 과소계상, 자본 580,000원 과대계상, 수익과는 무관하다.

10 누락된 거래에 대해서는 매출원가와는 무관하다.

분개	자산·부채에 미치는 영향	손익에 미치는 영향
(차) 상여금 1,000,000원 (대) 미지급비용1,000,000원	부채 1,000,000원 증가	순이익 1,000,000원 감소 (판매비와관리비의 증가)
(차) 선급비용 100,000원 (대) 보험료 100,000원	자산 100,000원 증가	순이익 100,000원 증가 (판매비와관리비의 감소)
(차) 상품 400,000원 (대) 외상매입금 400,000원	자산·부채 400,000원 증가	영향없음
합계	자산 500,000원 증가 부채 1,400,000원 증가	순이익 900,000원 감소

11 ① **장기할부매출**에 대한 수익은 원칙적으로 **상품을 인도한 시점에 인식**한다.

③ 위탁판매에 대한 매출은 **수탁자가 위탁상품을 매매한 날 인식**한다.

④ 상품판매로 상품권을 수령하는 경우에는 **상품을 판매하여 상품권을 회수한 때 매출을 인식**한다.

🔑 주관식

01	외환차손 200,000원	**02**	210,000원	**03**	9,300,000원
04	9,900,000원	**05**	1,000,000원	**06**	2,600,000원

[풀이 - 주관식]

01 외환차손익 = $1,000×(900−1,100)=△200,000(외환차손)

02 감가상각비 = 1,000,000원÷5년×6월/12월 = 100,000원

임대수익 = 240,000원 - 180,000원 = 60,000원

당기순이익 = 매출액 - 매출원가 - 급여 - 감가상각비 + 임대수익 - 법인세비용 = 210,000원

1. 수정전 당기순이익	490,000	(1,000,000+240,000)−(300,000+250,000 +200,000)
① 감가상각비	−100,000	1,000,000÷5년×6/12
② 선수수익	−180,000	(차) 임대료 xx (대) 선수수익 xx
2. 수정후 당기순이익	210,000	

03

1. 수정전 당기순이익	10,000,000	
① 외화환산손실	−1,000,000	(차) 환산손실 xx (대) 매출채권 xx
② 선납임차료	100,000	(차) 선급비용 xx (대) 임차료 xx
③ 미수이자	200,000	(차) 미수이자 xx (대) 이자수익 xx
2. 수정후 당기순이익	9,300,000	

☞ 환산손실 1,000원×$10,000−12,000,000원=(−)1,000,000원

04

구 분	계산내역	금액
1. 수정 전 당기순이익		8,000,000원
가. 화재보험료 수정	(400,000원×3월/12월)	(+) 100,000원
나. 차량운반구	차량취득가액	(+) 2,000,000원
다. 차량운반구 감가상각비	2,000,000원÷5년×6월/12월	(−) 200,000원
2. 수정 후 당기순이익		9,900,000원

05

수정 전 당기순이익						1,000,000원
(차)	선급비용	20,000원	(대)	보험료	20,000원	20,000원
(차)	수입수수료	50,000원	(대)	선수수익	50,000원	(50,000원)
(차)	미수수익	30,000원	(대)	이자수익	30,000원	30,000원
수정 후 당기순이익						1,000,000원

☞ **매도가능증권평가이익은 자본을 증가시키지만 손익계산서 이익에는 영향을 미치지 않는다.**

06 결산정리후 법인세차감전순이익 = 반영전 법인세차감전순이익(3,000,000)+미수이자(200,000) +선급비용(100,000) - 미지급이자(300,000) - 선수수익(400,000) = 2,600,000원

제9절 회계변경, 현금흐름표, 리스회계, 내부통제제도

1. 회계변경

1. 의의		인정된 회계기준 → 다른 인정된 회계기준 적용
2. 이론적근거와 문제점		표현의 충실성 확보 → 회계정보의 유용성의 증가 ☞ 기업간 비교가능성 및 특정기업의 기간별 비교가능성이라는 회계정보의 질적특성을 저해
3. 정당한 사유	비자발적 회계변경	기업회계기준의 변경 (세법의 변경은 정당한 사유가 아니다)
	자발적 회계변경	1. 기업환경의 중대한 변화 2. 업계의 합리적인 관행 수요
4. 회계변경의 유형	1. 정책의 변경	1. 재고자산의 평가방법의 변경(선입선출법 → 평균법) 2. 유가증권의 취득단가 산정방법(총평균법 → 이동평균법) 3. 표시통화의 변경 4. 유형자산의 평가모형(원가법에서 재평가법으로 변경)
	2. 추정의 변경	발생주의 회계(추정)에 필연적으로 수반되는 과제 1. 유형자산의 내용연수/잔존가치 변경 또는 감가상각방법 변경 2. 채권의 대손설정률 변경 3. 제품보증충당부채의 추정치 변경 4. 재고자산의 순실현가능가액

〈기업회계기준상 회계처리〉

1. 정책의 변경	원칙	소급법	
	예외	전진법(누적효과를 계산할 수 없는 경우)	
2. 추정의 변경	전진법		
3. 동시발생	1. 누적효과를 구분할 수 있는 경우	정책의 변경에 대하여 소급법 적용 후 추정의 변경에 대해서 전진법 적용	
	2. 구분할 수 없는 경우	전체에 대하여 전진법 적용	

2. 오류수정

1. 의의	잘못된 회계기준 → 올바른 회계기준	
2. 유형	1. 당기순이익에 영향을 미치지 않는 오류 : 과목분류상의 오류 2. 당기순이익에 영향을 미치는 오류 　① **자동조정오류** : 1기(오류발생) → 2기(반대작용) → 2기말(오류소멸) 　　– 기말재고자산의 과대(과소)평가 　　– 결산정리항목의 기간배분상 오류(선급비용, 선수수익 등) 　② **비자동조정오류** 　　– 자본적지출과 수익적지출의 구분 오류 　　– 감가상각비의 과대(소)계상	

3. 회계처리		중대한 오류	중대하지 아니한 오류
	회계처리	**소급법** (이익잉여금 – 전기오류수정손익)	**당기일괄처리법** **(영업외손익 – 전기오류수정손익)**
	비교재무제표	재작성(주석공시)	해당없음(주석공시)

3. 현금흐름표

현금흐름표는 기업의 현금흐름을 나타내는 표로서 현금의 유입과 유출내용을 표시하는 보고서이다. 이러한 현금흐름표는 기업의 자금동원능력을 평가할 수 있는 자료를 제공해 준다.

재무상태표

유동자산	유동부채	⇒ 운전자본(유동자산 – 유동부채)
	비유동부채	
설비투자 ⇐ 비유동자산	자본	⇒ 자본조달

(1) 영업활동현금흐름

구매 → 생산 → 판매로 이어지는 기업의 본질적 수익창출활동을 말하는데, 운전자본을 구성하는 **유동자산과 유동부채는 대부분 영업활동**과 관련된다.

(2) 투자활동현금흐름

미래수익을 창출할 자원의 확보를 위하여 관련된 지출을 말하는데, **비유동자산의 증감을 가져오는 거래는** 대부분 투자활동이다.

105

(3) 재무활동현금흐름

납입자본과 차입금에서 발생하여 나타나는 활동을 말하는데, **비유동부채나 자본을 증가시키는 거래는** 대부분 재무활동이다.

4. 리스회계

리스란 리스회사가 특정 자산의 사용권을 일정기간 동안 리스이용자에게 이전하고 이용자는 그 대가로 사용료(리스료)를 리스회사에게 지급하는 계약을 말한다.

〈리스거래의 절차〉

리스은 금융리스와 운용리스로 분류하는데, 금융리스는 **리스이용자가 리스제공자로부터 자금을 차입하여 리스자산을 구입한 것**과 동일한 거래로 보는 것이다. 따라서 **금융리스의 리스자산에 대한 감가상각은 리스이용자**가 한다.

운용리스는 자산의 임대차계약과 동일한 거래로 보아, **리스제공자가 리스자산을 자산으로 인식**하며 수수하는 리스료를 수익으로 인식하고, 리스이용자는 지급하는 리스료를 비용으로 인식한다.

(1) 금융리스 분류기준

	내용
1. 소유권이전약정기준	종료시점에 리스이용자에게 소유권 이전
2. 염가매수선택권약정기준	염가(싼 가격)매수할 수 있는 선택권이 있는 경우
3. 리스기간 기준	리스기간이 기초자산의 경제적 내용연수의 상당부분(75% 이상)을 차지하는 경우
4. 공정가치회수기준	리스료의 현재가치가 기초자산의 공정가치의 대부분에 해당하는 경우
5. 범용성 기준	리스이용자만이 주요한 변경없이 사용할 수 있는 특수한 용도의 자산

(2) 운용리스의 회계처리

운용리스는 자산의 임대차계약과 동일한 거래로 본다.

	리스제공자		리스이용자	
수익 또는 비용인식	(차) 현금등	xxx	(차) 지급리스료(임차료)	xxx
	(대) 수입리스료	xxx	(대) 현금 등	xxx
	☞ **리스료를 매기 정액기준으로 수취 또는 지급되지 않더라도 리스기간에 걸쳐 정액기준으로 인식한다.**			
감가상각비 인식	(차) 감가상각비	xxx	–	
	(대) 감가상각누계액	xxx		

(3) 금융리스의 회계처리(리스이용자)

1.리스 실행	**(차) 금융리스자산(기계장치)**	**xx**	**(대) 금융리스부채(차입금)**	**xx**
2. 리스료 지급	**(차) 금융리스부채(차입금)** **이자비용**	**xx** **xx**	**(대) 현 금**	**xx**
3.결산	(차) 감가상각비	xx	(대) 감가상각누계액	xx

금융리스의 법적 형식은 임차계약이지만 경제적 실질의 관점에서 자산과 부채의 정의를 충족하므로 리스이용자는 리스거래 관련 자산과 부채로 인식하여야 한다.

 **예제** **금융리스**

㈜무궁은 ㈜리스와 기계장치에 대해서 다음과 같은 금융리스계약을 체결하였고, 리스기간 종료 후 자산의 소유권을 이전한다.

① 리스료 총액 : 1,200,000원(매년 말 400,000 원씩 3회 후불지급)
② 리스내재이자율 : 연 12 %
③ 리스기간 : 3년(리스기간 종료시점에 리스자산을 55,169원에 매수할 수 있는 염가매수선택권이 있으며, 행사될 것이 확실하다.)
④ ㈜리스는 리스자산을 현금 취득했으며 취득금액은 리스약정일인 20x1년 1월 1일 현재 공정가치와 일치함.
⑤ 리스자산의 내용연수는 5년(잔존가치 0)
⑤ 현가계수(3년, 12%) : 0.71178, 연금현가계수(3년, 12%) : 2.40183

리스상각표를 작성하고 리스제공자와 리스이용자의 20x1년말 까지 회계처리를 수행하시오.

해답

1. 미래현금흐름

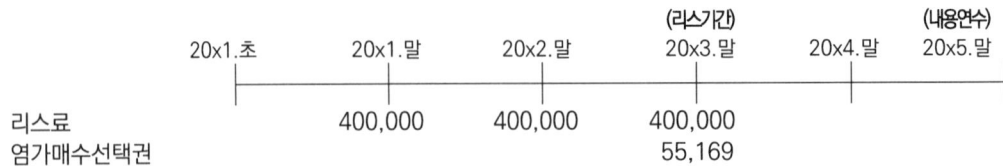

2. 현재가치 : 400,000×2.40183＋55,169×0.71178＝1,000,000원(리스부채, 리스자산 취득가액)

연도	리스료(A)	리스이자(B) (BV×12%)	원금상환액 (B－A)	장부금액 (BV)
20x1. 1. 1				1,000,000
20x1.12.31	400,000	120,000	280,000	720,000
20x2.12.31	400,000	86,400	313,600	406,400
20x3.12.31	400,000	48,769(단수차이)	351,231	55,169(염가선택)

3. 감가상각비(소유권이전) : 1,000,000/5년(내용연수)＝200,000원
4. 회계처리(리스이용자)

20x1.초	(차) 리스자산(기계장치)	1,000,000	(대) 리스부채(차입금)	1,000,000
20x1.말	(차) 리스부채 　　이자수익	280,000 120,000	(대) 현　금	400,000
	(차) 감가상각비	200,000	(대) 감가상각누계액	200,000

5. 내부통제제도

1. 정의	① __재무보고의 신뢰성__ ② __경영의 효과성 및 효율성__ ③ __법규준수 등의 설계, 실행, 유지되고 있는 절차__		
2. 구성요인	① 통제환경 ④ 정보 및 의사소통	② 위험평가 ⑤ 모니터링	③ 통제활동
3. 경영진책임	경영진이 필요하다고 결정한 내부통제에 대해서는 경영진에게 책임존재		
4. 내부통제의 한계	① 의사결정시 판단이 잘못될 가능성 및 인적오류 ② 2명이상이 공모 ③ 경영진이 내부통제를 무시		

6. 내부회계관리제도

1. 범위	__재무제표의 신뢰성 확보를 목적__으로 하며 여기에 자산의 보호 및 부정방지 프로그램이 포함된다. ☞*내부회계관리제도는 내부통제제도의 일부분으로 운영된다.*
2. 운영주체	① 이사회 : 경영진이 설계·운영하는 __내부회계관리제도 전반에 대한 감독책임__을 진다 ② 감사 또는 감사위원회 : 경영진과는 __독립적으로 내부회계관리제도에 대한 평가 기능__을 수행→운영실태를 평가하고 그 결과를 이사회에 보고하여 문제점을 시정 ③ 경영진 : __경영진(대표이사)는 내부회계관리제도의 설계 및 운영에 대한 최종 책임을 지며, 내부회계관리제도의 운영을 담당할 내부회계관리자를 지정한다.__
3. 설계 및 운영	① 통제환경 : 조직단위별로 통제에 관한 역할과 책임을 적절히 부여 ② 위험평가 : 위험을 식별하고 지속적으로 평가하는 공식적인 체계 구축필요 ③ 통제활동 : 통제목적에 따라 유형 및 세부 운영수준을 달리하여 통제활동을 설계 ④ 정보 및 의사소통 : __임직원/외부이해관계자와의 의사소통__ 경로 마련 ⑤ 모니터링 : __정기적이고 독립적인 상시 모니터링__체제 구축
4. 평가	내부회계관리자가 매 반기마다 이사회 및 감사(위원회)에게 내부회계관리제도의 운영실태를 보고하고 *감사(위원회)는* 매 사업연도마다 내부회계관리제도의 운영실태를 평가하여 이사회에 보고
5. 평가절차	① 전사적 수준에서의 내부회계관리제도 파악 ② 유의한 계정과목 및 주석정보의 파악 ③ 경영자 주장의 식별 ④ 유의한 업무프로세스 파악 및 평가 대상 사업단위의 결정 ⑤ 내부회계관리제도 설계 및 운영의 효과성 평가

 분개연습

1. 회사는 금융리스계약을 체결하면서 리스자산의 취득원가는 계약체결일 현재 공정가치를 적용하였다.
회사는 **금융리스부채에 대하여 '금융리스미지급금' 계정**을 사용하고 있다.
자료 1. 금융리스 계약서

금융리스 계약서

대한리스(주)와 (주)개성유리는 다음과 같은 조건으로 금융리스 계약을 체결함.
  1. 리스자산명 : 기계장치
  2. 리스료 총액 : 3,000,000원
  3. 리스료 지급 조건 : 1,000,000원(연), 3회 분할 후불지급조건
  4. 리스기간 : 3년
  5. 이자율 : 10%
  6. 계약체결일 : 20x1년 1월 1일

자료 2. 리스원리금 상환표

회차	일자	리스료	리스이자	원금상환액	금융리스미지급금 장부금액
리스계약일	20x1.01.01.	–	–	–	2,486,850
1	20x1.12.31.	1,000,000	248,685	751,315	1,735,535
2	20x2.12.31.	1,000,000	173,554	826,446	909,089
3	20x3.12.31.	1,000,000	90,911	909,089	0
합계		3,000,000	513,150	2,486,850	–

〈기계장치 취득 1.1 〉

〈1회차 리스료 12.31〉

2. 회사는 (주)태양리스와 기계장치에 대한 리스계약을 체결하고, 해당 기계장치를 성심기계(주)로부터 직접 인도받고, 전자세금계산서(공급가액 40,000,000원, 부가세 별도)를 수취하였다. 부가가치세는 당사가 현금으로 지급하였고 이 기계장치에 대한 리스계약은 금융리스조건을 충족한다. 회사는 **금융리스부채에 대하여 '금융리스차입금' 계정**을 사용하고 있다.

다음은 (주)태양리스로부터 수령한 리스원리금 상환표 일부이다.

회차	납기일	원금	이자	리스료	미상환원금잔액
1	20x1. 7. 1.	4,000,000	–	4,000,000	36,000,000
2	20x1.10. 1.	3,546,310	453,690	4,000,000	32,453,690
3	20x2. 1. 1.	3,591,000	409,000	4,000,000	28,862,690
4	20x2. 4. 1.	3,644,160	355,840	4,000,000	25,218,530
5	20x2. 7. 1.	3,685,640	314,360	4,000,000	21,532,890

성심기계(주)로부터 취득한 기계장치와 ㈜태양리스에게 지급한 1,2회분 리스료(우리은행 보통예금에서 계좌이체)에 대해 회계처리하시오.

〈기계장치 취득〉

〈1회차 리스료〉

〈2회차 리스료〉

3. 회사는 ㈜KB캐피탈과 3년전 운용리스 계약을 체결한 주요 내역이다.

> • 리스제공자 : (주)KB캐피탈 　　　　　　• 리스대상 : 조립기(기계장치)
> • 리스대상금액 : 120,000,000원 　　　　• 계약기간 : 3년(36개월)
> • 리스보증금 : 리스대상금액의 30% 　　　• 잔존가치 : 50,000,000원

리스계약 만료로 리스대상자산을 인수하고 전자계산서(공급가액 50,000,000원)를 발급받고, 리스보증금을 차감한 인수대금(14,000,000원)을 국민은행 보통예금계좌에서 이체하였다. 운용리스자산에 인수에 따른 회계처리하시오.

 객관식

01. 다음 중 정당한 회계정책 및 회계추정 변경이 아닌 것은?

① 합병으로 기업 환경의 중대한 변화가 생겨서 총자산이나 매출액, 제품 구성 등이 현저히 변동됨에 따라 종전의 회계정책을 적용하면 재무제표가 왜곡되는 경우

② 동종 산업에 속한 대부분의 기업이 채택한 회계정책 또는 추정방법으로 변경함에 있어 새로운 회계정책 또는 추정방법이 종전보다 더 합리적이라고 판단되는 경우

③ 세법이 변경됨에 따라 세법의 규정을 따르기 위해 회계변경을 하는 경우

④ 일반기업회계기준의 제정·개정 및 해석에 따라 회계변경을 하는 경우

02. 다음 중 회계변경에 대해 잘못 알고 있는 사람은?

> ① 철희 : 우발부채 금액을 새로운 정보에 따라 수정하는 것은 회계추정의 변경이야.
> ② 선미 : 재고자산 평가방법의 변경은 회계정책의 변경이지.
> ③ 영석 : 회계정책의 변경은 합리적인 근거가 있어야 해.
> ④ 소연 : 회계추정의 변경은 소급법으로 처리해.

※ 1차 저작권자의 저작권 침해 소지가 있어 삽화 삽입은 어려우니 양해바랍니다.

03. 다음의 회계변경과 회계추정의 변경에 대한 설명 중 옳지 않은 것은?

① 회계정책 변경으로 인한 누적효과는 당기손익에 반영한다.

② 동종 산업에 속한 대부분의 기업이 채택하고 있는 회계정책으로 변경함에 있어서 새로운 회계정책이 종전보다 더 합리적이라고 판단되는 경우에는 정당한 회계변경에 해당한다.

③ 회계추정의 변경은 전진적으로 처리하여 그 효과를 당기와 당기이후의 기간에 반영한다.

④ 기업환경의 중대한 변화로 종전 회계처리기준을 적용할 때 재무제표가 왜곡되는 경우는 정당한 회계변경 사유에 해당한다.

04. 다음 중 회계변경과 오류수정에 대한 설명으로 옳지 않은 것은?

① 회계변경은 회계정책의 변경과 회계추정의 변경이 있으며, 감가상각방법의 변경은 회계추정의 변경에 해당한다.

② 회계정책의 변경은 전진적으로 처리하고 회계추정의 변경은 소급적용하되, 회계정책의 변경과 회계추정의 변경으로 구분하기 어려운 경우에는 회계추정의 변경으로 본다.

③ 회계정책의 변경은 일반기업회계기준 등의 개정이나 새로운 회계정책을 적용하는 것이 회계정보의 유용성을 향상시킬 수 있는 경우에 한하여 허용한다.

④ 당기에 발견한 전기이전의 오류는 당기손익으로 반영하는 것을 원칙으로 하되, 중대한 오류인 경우에는 기초금액에 반영한다.

05. 다음 중 회계오류 수정의 사례에 해당하는 것은 무엇인가?

① 유가증권의 취득단가 산정방법의 변경

② 현금주의의 회계처리에서 발생주의로의 변경

③ 유형자산의 원가모형 적용에서 재평가모형으로의 변경

④ 재고자산 평가방법의 변경

06. 다음 중 전기오류수정손익으로 회계처리할 대상이 아닌 것은?

① 전기에 법인세를 잘못 계산하였다.

② 전기에 건물의 도색비용을 건물의 취득원가에 가산하였다.

③ 전기에 발생한 사채의 이자비용을 계상하지 않았다.

④ 전기에 대손처리한 외상매출금을 당기에 회수하였다.

07. 다음은 전기오류수정손익사항에 대한 (주)한공 회계부서 직원들 간의 대화내용 이다. (가)와 (나)에 들어갈 내용으로 옳은 것은?

> 이차장 : 김대리. 중대한 전기오류수정손익사항에 대해서는 (가)을 적용하였나요?
> 김대리 : 네, 차장님. (가)을 적용하였습니다.
> 이차장 : 그럼 중요하지 않은 전기오류수정손익사항은 어떻게 처리하였나요?
> 김대리 : 중요하지 않은 전기오류수정손익사항은 (나)으로 회계처리하였습니다.

	(가)	(나)		(가)	(나)
①	전진법	당기손익	②	소급법	당기손익
③	전진법	자본조정	④	소급법	자본조정

08. (주)한공은 회계기간 말 매출채권 대손충당금 100,000원을 10,000원으로 과소 계상한 오류를 발견하였다. 이러한 오류가 재무제표에 미치는 영향으로 옳지 않은 것은?

① 당기순이익의 과대계상   ② 자본의 과대계상

③ 유동자산의 과대계상   ④ 유동자산의 과소계상

09. 다음 회계오류 중 회계연도 말의 유동자산과 자본을 모두 과대계상하는 것은?

① 선급비용을 과소계상하였다.

② 미지급비용을 과소계상하였다.

③ 매출채권에 대한 대손충당금을 과소계상하였다.

④ 유형자산인 기계장치에 대한 감가상각비를 과소계상하였다.

10. (주)한공은 20x1년 기말재고를 과대 계상하였다. 이 오류가 (주)한공의 재무제표에 미치는 영향으로 옳은 것은?

① 20x2년도 기초재고자산이 과소 계상된다.

② 20x2년도 매출액이 과소 계상된다.

③ 20x2년도 매출원가가 과대 계상된다.

④ 20x1년도 당기순이익이 과소 계상된다.

11. 다음 중 금융리스에 대한 설명으로 옳지 않은 것은?

① 리스기간 종료시 리스자산의 소유권이 리스이용자에게 이전되는 경우면 금융리스로 분류 한다.

② 리스이용자만이 중요한 변경 없이 사용할 수 있는 특수한 용도의 리스자산은 금융리스로 분류한다.

③ 금융리스이용자는 유효이자율법을 적용하여 이자비용을 인식한다.

④ 금융리스제공자가 리스자산에 대한 감가상각비를 인식한다.

12. 다음 중 금융리스에 대한 설명으로 옳지 않은 것은?

① 금융리스제공자가 리스자산에 대한 감가상각비를 인식한다.

② 리스자산을 소유함으로써 발생하는 위험과 보상이 리스이용자에게 대부분 이전된다고 판단되면 금융리스로 분류한다.

③ 금융리스이용자는 유효이자율법을 적용하여 이자비용을 인식한다.

④ 리스기간 종료시 리스자산의 소유권이 리스이용자에게 이전되는 경우면 금융리스로 분류한다.

13. 내부통제제도의 목적으로 옳지 않은 것은?

① 기업운영의 효율성 및 효과성 확보 ② 재무정보의 신뢰성 확보

③ 우수한 신용등급 유지 ④ 관련 법규 및 정책의 준수

14. 재무제표에 대한 신뢰성과 내부통제제도에 대한 설명으로 옳지 않은 것은?

① 재무제표에 대한 신뢰성은 표현의 충실성과 검증가능성, 중립성으로 구성된다.

② 효과적인 내부통제제도는 재무제표의 신뢰성을 제고한다.

③ 내부통제제도는 기업 내 모든 구성원들과 외부 회계감사인에 의해 공동으로 운영된다.

④ 경영진은 재무제표의 신뢰성을 확보하기 위하여 재무정보뿐만 아니라 법규준수활동정보와 외부 환경정보와 같은 비재무정보도 적절하게 수집·유지·관리하여야 한다.

15. 내부회계관리제도의 운영 목적에 대한 설명으로 옳지 않은 것은?

① 외부에 공시되는 재무제표의 신뢰성 확보를 목적으로 한다.

② 내부통제제도의 목적 중 재무정보의 신뢰성 확보를 위하여 운영한다.

③ 자산보호 또는 부정방지 목적과 관련하여 통제절차를 포함할 수 있다.

④ 내부통제제도의 한계점을 보완하여 완벽한 위험 통제가 가능하도록 운영한다.

16. 다음 중 내부회계관리제도에 대한 설명으로 옳은 것은?

① 경영진이 설계·운영하는 내부회계관리제도 전반에 대한 감독책임은 감사(위원회)가 진다.

② 경영진은 효과적인 내부회계관리제도에 대한 독립적인 평가기능을 수행한다.

③ 내부회계관리제도는 이사회와 경영진에 의해서만 실행되는 과정으로서 구성원들과는 관계가 없다.

④ 경영진은 재무제표에 영향을 미칠 수 있는 비재무정보도 적절하게 수집 유지 관리한다.

17. 다음 중 내부통제제도와 내부회계관리제도에 대한 설명으로 옳지 않은 것은?

① 회사의 회계담당자는 효과적인 내부회계관리제도의 설계 및 운영에 대한 최종책임을 진다.

② 내부회계관리제도는 내부통제제도의 세 가지 목적 중 재무정보의 신뢰성 확보를 목적으로 한다.

③ 아무리 잘 설계된 내부통제제도라도 제도를 운영하는 과정에서 발생하는 집행위험을 피할 수 없다.

④ 내부통제제도는 기업운영의 효율성 및 효과성 확보, 재무정보의 신뢰성 확보, 관련법규 및 정책의 준수를 목적으로 한다.

18. 다음 중 내부회계관리제도에 대한 설명으로 옳지 않은 것은?

① 경영진은 내부회계관리제도를 문서화·공식화하여 회사의 각 계층 및 기능별로 내부회계관리제도상의 역할과 통제를 명확히 이해하고 수행할 수 있도록 한다.

② 경영진은 내부회계관리제도의 효과적 운영과 이와 관련된 효율적 의사결정을 위해 신뢰할 수 있는 회계정보를 제공할 수 있는 정보시스템을 구축한다.

③ 경영진은 하향의 의사소통경로 중심으로 통제장치를 마련하여야 한다.

④ 경영진은 재무제표의 신뢰성을 확보하기 위하여 재무정보 뿐만 아니라 비재무정보도 적절하게 수집·유지·관리한다.

19. 다음 중 내부통제제도와 내부회계관리제도에 대한 설명으로 옳지 않은 것은?

① 회사의 대표이사는 효과적인 내부회계관리제도의 설계 및 운영에 대한 최종책임을 진다.

② 내부통제제도는 기업운영의 효율성 및 효과성 확보, 재무정보의 신뢰성 확보, 관련법규 및 정책의 준수를 목적으로 한다.

③ 내부회계관리제도는 내부통제제도의 세 가지 목적 중 관련 법규 및 정책의 준수를 목적으로 한다.

④ 아무리 잘 설계된 내부통제제도라도 제도를 운영하는 과정에서 발생하는 집행위험을 피할 수 없다.

20. 다음 중 회계오류 수정에 대한 설명으로 옳은 것은?

① 오류수정은 당기의 재무제표에 포함된 회계적 오류를 당기에 발견하여 이를 수정하는 것을 말한다.

② 중대한 오류는 재무제표의 신뢰성을 심각하게 손상할 수 있는 매우 중요한 오류를 말한다.

③ 당기에 발견한 전기 또는 그 이전 기간의 중대한 오류는 당기 손익계산서에 영업외손익중 전기오류수정손익으로 보고한다.

④ 전기 또는 그 이전기간에 발생한 중대한 오류의 수정을 위해 전기 또는 그 이전기간의 재무제표를 재작성하는 경우 각각의 회계기간에 발생한 중대한 오류의 수정금액을 해당 기간의 재무제표에 반영할 필요는 없다.

 주관식

01. 다음 중 외화환산 시 화폐성 항목에 해당하는 것을 모두 고른 것은?

| 가. 매출채권 | 나. 선급금 | 다. 미수금 |
| 라. 재고자산 | 마. 건물 | 바. 차입금 |

02. (주)한공이 외부감사인에게 제시한 20x1년의 손익계산서상 당기순이익은 1,000,000원 이다. 외부감사인은 (주)한공의 20x0년 기말재고자산이 300,000원 과대 계상되고 20x1년 기말재고자산이 200,000원 과소 계상된 것을 발견하였다. 이러한 재고자산의 오류를 반영한 후 (주)한공의 당기순이익은 얼마인가?

03. 다음은 내부회계관리제도 담당 임직원의 대화내용이다. (가)와 (나)에 들어갈 내용을 적으시오.

김대리 : 내부회계관리제도 전반에 대한 감독책임은 (가)에게 있는 것이 맞는지요?
김이사 : 맞네. 그리고 내부회계관리제도에 대한 최종적인 책임을 지는 것은 (나)지.

04. 다음에서 설명하고 있는 내부통제제도의 구성요소는 무엇인가?

회사의 목적달성과 영업성과에 영향을 미칠 수 있는 내·외부의 **위험을 식별하고 평가·분석**하는 활동을 의미하며, 전사적 수준 및 업무프로세스 수준의 위험식별, 위험의 분석·대응방안 수립, 위험의 지속적 관리 등이 포함된다.

05. (가)에 들어갈 내용을 적으시오.

(가)은(는) 내부통제제도 전체의 기초를 이루는 개념으로서 조직체계·구조, 내부통제를 유인하는 상벌 체계, 인력운용 정책, 교육정책, 경영자의 철학, 윤리, 리더십 등을 포함한다.

06. 다음에서 설명하고 있는 내부통제제도의 구성요소는 무엇인가?

> 내부통제의 효과성을 지속적으로 평가하는 과정을 의미하며, 일반적으로 상시적인 **모니터링과 독립적인 평가** 또는 이 두가지의 결합에 의해서 수행된다.

07. 경영진과 독립적으로 내부회계관리제도에 대한 평가기능을 수행하는 담당조직은 무엇인가요?

08. 다음은 (주)한공의 외부감사인이 발견한 재고자산 관련 오류이다. 재고자산의 오류를 반영한 후 (주)한공의 당기순이익은 얼마인가?

• 20x1년 수정 전 당기순이익 :	2,000,000원
• 20x0년말 기말재고자산 과대계상 :	400,000원
• 20x1년말 기말재고자산 과소계상 :	300,000원

🗝️ 분개

1 [기계장치취득]
(차)	기계장치	2,486,850	(대)	금융리스미지급금 (대한리스(주))	2,486,850

[1회차 리스료]
(차)	금융리스미지급금(대한리스(주))	751,315	(대)	보통예금(국민은행)	1,000,000
	이자비용	248,685			

2 [기계장치취득]
(차)	기계장치	40,000,000	(대)	현금	4,000,000
	부가세대급금	4,000,000		금융리스차입금((주)태양리스)	40,000,000

[1회차 리스료]
(차)	금융리스차입금((주)태양리스)	4,000,000	(대)	보통예금(우리은행)	4,000,000

[2회차 리스료]
(차)	금융리스차입금((주)태양리스)	3,546,310	(대)	보통예금(우리은행)	4,000,000
	이자비용	453,690			

3
(차)	기계장치	50,000,000	(대)	리스보증금	36,000,000
				보통예금(국민은행)	14,000,000

☞운용리스 자산을 매입하고 기존의 리스보증금이 대체되는 분개를 해야 한다.

객관식

1	2	3	4	5	6	7	8	9	10
③	④	①	②	②	④	②	④	③	③
11	**12**	**13**	**14**	**15**	**16**	**17**	**18**	**19**	**20**
④	①	③	③	④	①	③	③	②	②

[풀이 - 객관식]

01 단순히 **세법의 규정을 따르기 위한 회계변경**은 정당한 회계변경으로 보지 아니한다.

02 **회계추정의 변경은 전진적**으로 처리하여 그 효과를 **당기와 당기 이후의 기간에 반영**한다.

03 **회계정책의 변경은 소급법**을 적용한다. 즉 회계정책 변경으로 인한 누적효과를 회계변경 연도의 기초이익잉여금에서 조정한다.

04 회계정책의 변경은 소급적용하고 회계추정의 변경은 전진적으로 처리한다.

05 회계오류는 계산상 실수, 회계기준의 잘못된 적용, 과실 또는 사실의 누락 등으로 발생 나머지 보기들은 모두 회계정책의 변경 사례임

06 전기에 대손처리한 외상매출금을 당기에 회수한 것은 오류가 아니며 대손충당금을 증가 시키는 회계처리를 한다.

07 **중대한 오류수정은 소급법을 적용**하고, 중요하지 않은 오류수정은 발견 연도의 당기손익에 반영하는 것을 원칙으로 한다.

08 대손충당금 과소계상은 대손상각비를 과소계상하여 당기순이익을 과대계상하게 된다.
당기순이익 과대계상은 자본을 과대계상하게 한다. 대손충당금 과소계상은 매출채권을 과대계상하게 되어 유동자산이 과대계상하게 된다.
〈누락된 회계처리〉

(차) 대손상각비	90,000	(대) 대손충당금(매출채권 차감)	90,000

09 대손충당금의 과소계상은 대손상각비를 과소계상하게 하여 당기순이익이 과대계상되고, 당기순이익의 과대계상으로 인해 자본이 과대계상된다.
대손충당금의 과소계상은 매출채권을 과대계상하게 하여 유동자산이 과대계상된다.

10 ① 20x2년도 기초재고자산이 과대 계상된다.
② 20x2년도 매출액과는 무관하다.
④ 20x1년도 기말재고자산이 과대 계상되었으므로 매출원가가 과소 계상되고 당기순이익이 과대계상된다.

11 **금융리스에서 감가상각비는 리스이용자가 인식**한다.

12 금융리스에서 **감가상각비는 리스이용자가 인식**한다.

13 내부통제제도의 세 가지 목적은 **기업운영의 효율성 및 효과성 확보(운영목적), 재무정보의 신뢰성 확보(재무보고목적), 관련 법규 및 정책의 준수(법규준수목적)**임.

14 내부통제제도의 운영은 조직내 구성원에 의해 운영되는 것이지 외부 회계감사인에 의해 운영되는 것은 아니다.

15 내부회계관리제도를 운영하더라도 모든 위험을 **완벽히 통제할 수는 없다.**

16 ① 경영진이 설계·운영하는 내부회계관리제도 전반에 대한 감독책임은 이사회가 진다.

② 경영진은 효과적인 내부회계관리제도의 설계 및 운영에 대한 최종 책임을 지지만, **독립적인 평가 기능은 감사(위원회)가 수행**한다.

③ 내부회계관리제도는 회사의 이사회와 경영진을 포함한 모든 구성원들에 의해 지속적으로 실행되는 과정이다.

17 회사의 **대표이사**가 효과적인 내부회계관리제도의 설계 및 운영에 대한 **최종책임을 진다.**

18 경영진은 하향의 의사소통경로 뿐만 아니라 중요한 정보에 대한 상향의 의사소통경로도 마련하여야 한다.

19 내부회계관리제도는 내부통제제도의 세가지 목적 중 **재무정보의 신뢰성 확보를 목적**으로 한다.

20 ① 오류수정은 전기 또는 그 이전의 재무제표에 포함된 회계적 오류를 당기에 발견하여 이를 수정하는 것을 말한다. 당기의 재무제표의 오류수정은 오류수정사항에 해당하지 않는다.

③ 당기에 발견한 전기 또는 그 이전 기간의 중대하지 않은 오류는 당기 손익계산서에 영업외손익 중 전기오류수정손익으로 보고한다. **중대한 오류는 이익잉여금에 반영**한다.

④ 전기 또는 그 이전기간에 발생한 중대한 오류의 수정을 위해 전기 또는 그 이전기간의 재무제표를 재작성하는 경우 각각의 회계기간에 발생한 중대한 오류의 수정금액을 해당기간의 재무제표에 반영한다.

🔑 주관식

01	가,다,바	**02**	1,500,000	**03**	(가)이사회 (나)대표이사(경영진)
04	위험평가	**05**	통제환경	**06**	모니터링
07	감사위원회	**08**	2,700,000		

[풀이 - 주관식]

01 **화폐성 항목은 지급받거나 지급할 금액이 일정한 화폐단위로 고정되어 있는 자산과 부채**를 말한다. 매출채권과 미수금, 차입금은 화폐성 항목이나 선급금, 재고자산과 건물은 비화폐성 항목 이다.

02 자산(기말)과 이익은 비례관계이다. 기말재고자산이 과소계상되어 있으므로 이익이 과소계상되어 있으므로 이익을 증가시키고, 기초재고는 반대로 생각하시면 된다. 기초자산이 과대계상되었으므로 이익이 과소계상되었고 이익을 증가시키면 된다.

1. 수정전 당기순이익	1,000,000
(+)기초재고 과대계상(이익과소계상)	+300,000
(+)기말재고 과소계상(이익과소계상)	+200,000
2. 수정후 당기순이익	1,500,000

03 이사회는 경영진이 설계·운영하는 내부회계관리제도 전반에 대한 감독책임을 지며, 대표이사는 내부회계관리제도의 설계 및 운영에 대한 최종적인 책임을 진다.

04 경영진과 독립적으로 내부회계관리제도에 대한 **평가기능을 수행하는 역할은 감사위원회가 담당**한다.

08 **자산과 이익은 비례관계**이다. 기말재고자산의 과소계상은 **이익이 과소계상된 것**이고, 기초재고의 과대계상은 매출원가를 과대계상하므로 이익이 과소 계상되어 있다.

수정전 당기순이익	2,000,000원
(+)기초재고 과대계상(이익과소계상)	400,000원
(+)기말재고 과소계상(이익과소계상)	300,000원
수정후 당기순이익	2,700,000원

Chapter 02

부가가치세

NCS세무 - 3 부가가치세 신고

제1절 기본개념

1. 납세의무자 - 사업자

☞ ① 사업적   & ② 독립성(인적, 물적) & ③ **영리목적유무 불구**

2. 납세지 : 사업장별 과세원칙

1. 정 의	부가가치세는 사업자별로 합산과세하지 않고 **사업장별로 과세**한다. (예외) **주사업장총괄납부, 사업자단위 과세제도**	
2. 사업장	제조업	최종제품을 완성하는 장소
	광 업	광업사무소의 소재지
	부동산임대업	**부동산의 등기부상의 소재지**
	건설업, 부동산매매업, 운수업	1. 법인 : 법인의 등기부상소재지 2. 개인 : 업무를 총괄하는 장소
	무인판매기에 의한 공급	**무인판매기에서 현금을 인취하는 때**
	• 직매장 : 사업장에 해당함 • 하치장 : 사업장에 해당하지 아니함 • **임시사업장 : 기존사업장에 포함됨**	

〈사업장별과세원칙의 예외〉 주사업장 총괄납부, 사업자단위과세제도

구 분	주사업장총괄납부	사업자단위과세
주사업장 또는 사업자단위과세사업장	– 법인 : 본점 또는 지점 – 개인 : 주사무소	– 법인 : 본점 – 개인 : 주사무소
효 력	**– 총괄납부**	**– 총괄신고 · 납부** **– 사업자등록, 세금계산서발급, 결정 등**
	– 판매목적 타사업장 반출에 대한 공급의제 배제	
신청 및 포기	– 계속사업자의 경우 과세기간 개시 20일전(승인사항이 아니다)	

3. 과세기간

과세기간			신고납부기한
일반	제1기	예정 : 1월 1일 – 3월 31일, 확정 : 4월 1일 – 6월 30일	**과세기간의 말일** **(폐업 : 폐업일이** **속하는 달의** **말일)부터** **_25일_** 이내 신고납부
	제2기	예정 : 7월 1일 – 9월 30일, 확정 : 10월 1일 – 12월 31일	
신규사업자		사업개시일 ~ 당해 과세기간의 종료일	
폐업		당해 과세기간 개시일 ~ **폐업일**	

4. 사업자등록

1. 신청기한	사업장마다 **사업개시일로부터 20일 이내**에 사업자등록을 신청 다만, 신규로 사업을 개시하는 자는 **사업개시일전이라도 사업자등록 신청을 할 수 있다.**
2. 사업개시일	**1. 제조업 : 제조장별로 재화의 제조를 개시하는 날** 2. 광업 : 사업장별로 광물의 채취 · 채광을 개시하는 날 **3. 기타 : 재화 또는 용역의 공급을 개시하는 날**
3. 정정사유	**상호변경, 상속으로 명의 변경시 등(증여는 폐업사유이고, 수증자는 신규사업등록 사항임.)**

☞ 사업자등록신청을 받은 세무서장은 그 신청내용을 조사한 후 <u>사업자등록증을 2일 이내에 신청자에게 발급</u>하여야 한다.

제2절 과세거래

1. 과세대상

1. 재화의 공급	계약상 또는 법률상의 모든 원인에 의하여 재화를 인도/양도하는 것 1. 재화를 **담보를 제공**하거나 2. 소정 법률에 의한 **경매, 공매** 3. **조세의 물납** 4. 수용시 받는 대가 5. **사업장 전체를 포괄양도**하는 것은 재화의 공급으로 보지 않는다.
2. 용역의 공급	계약상 또는 법률상의 모든 원인에 의하여 역무를 제공하거나 재화·시설물 또는 권리를 사용하게 하는 것 ☞ **부동산업 및 임대업은 용역에 해당하나 전, 답, 과수원, 목장용지, 임야 또는 염전 임대업은 과세거래 제외**
3. 재화의 수입	외국으로부터 우리나라에 도착된 물품 등

〈가공계약〉

용역의 공급	재화의 공급
상대방으로부터 인도받은 재화에 대하여 **자기가 주요자재를 전혀 부담하지 않고** 단순히 가공만 하여 주는 것	자기가 주요자재의 **전부 또는 일부를 부담하고** 상대방으로부터 인도받은 재화에 공작을 가하여 새로운 재화를 만드는 것

☞ 예외(건설업) : 건설자재의 전부 또는 일부를 부담하는 경우에도 용역의 공급으로 본다.

2. 재화의 무상공급(간주공급)

구 분		공급시기	과세표준
1. 자가공급	1. 면세전용	사용 · 소비되는 때	시가
	2. 비영업용소형승용차와 그 유지를 위한 재화		
	3. 직매장반출 → **세금계산서 발행** (예외 : 주사업장총괄납부 등)	반출하는 때	**취득가액** **(+가산)**
2. 개인적공급	사업과 직접 관련없이 자기가 사용 · 소비하는 경우 → **작업복, 직장체육비, 직장문화비는 제외** → **다음의 구분별로 각각 사용인 1명당 연간 10만원** **이하는 제외** ① 경조사, ② 설날 · 추석, ③ 창립기념일 · 생일	사용 · 소비되는 때	시가
3. 사업상증여	자기의 고객이나 불특정다수에게 증여하는 경우 → **견본품, 광고선전물은 제외**	**증여하는 때**	
4. 폐업시잔존재화	사업자가 사업을 폐지하는 때에 잔존재화	**폐업시**	
기　타	**용역무상공급은 과세대상에서 제외(특수관계자간 부동산무상임대는 과세)**		

☞ 당초매입세액 불공제시 공급의제 배제(예외 : 직매장반출)

3. 재화와 용역의 공급시기

재화	일반적기준	1. 재화의 이동이 필요한 경우 : **재화가 인도되는 때** 2. 재화의 이동이 필요하지 아니한 경우 : 재화가 이용가능하게 되는 때 3. 이외의 경우는 재화의 공급이 확정되는 때
	거래형태별 공급시기	1. 현금판매, 외상판매, 단기할부판매 : 재화가 인도되거나 이용가능하게 되는 때 2. **장기할부판매 : 대가의 각 부분을 받기로 때** 3. **수출재화 : 수출재화의 선적일** 4. **위탁판매수출 : 공급가액이 확정되는 때** 5. **위탁가공무역방식 수출, 외국인도수출 : 재화가 인도시** 6. **무인판매기에 의한 공급 : 무인판매기에서 현금을 인취하는 때**
용역	일반적 기준	역무가 제공되거나 재화, 시설물 또는 권리가 사용되는 때
	거래형태별 공급시기	1. 통상적인 경우 : 역무의 제공이 완료되는 때 2. 완성도기준지급, 중간지급, 장기할부 또는 기타 조건부 용역공급 : 대가의 각 부 분을 받기로 한 때 3. 이외 : 역무의 제공이 완료되고 그 공급가액이 확정되는 때 4. **간주임대료 : 예정신고기간 또는 과세기간의 종료일**

4. 공급시기 특례

폐업시	폐업 전에 공급한 재화 또는 용역의 공급시기가 폐업일 이후에 도래하는 경우에는 그 **폐업일**을 공급시기로 한다.
세금계산서 선발급시 **(선세금계산서)**	**재화 또는 용역의 공급시기가 되기 전**에 재화 또는 용역에 대한 **대가의 전부 또는 일부를 받고, 그 받은 대가에 대하여 세금계산서 또는 영수증을 발급하면 그 세금계산서 등을 발급하는 때**를 각각 그 재화 또는 용역의 공급시기로 본다.
	공급시기가 도래하기 전에 대가를 받지 않고 세금계산서를 발급하는 경우에도 그 발급하는 때를 재화 또는 용역의 공급시기로 본다. ① 장기할부판매 ② 전력 기타 공급단위를 구획할 수 없는 재화 또는 용역을 계속적으로 공급하는 경우

5. 거래장소(공급장소)

재화	① 재화의 이동이 필요한 경우	재화의 이동이 개시되는 장소
	② 재화의 이동이 필요하지 아니한 경우	재화의 공급시기에 재화가 소재하는 장소
용역	① 원칙	역무가 제공되거나 재화·시설물 또는 권리가 사용되는 장소
	② 국내외에 걸쳐 용역이 제공되는 국제운송의 경우에 사업자가 비거주자 또는 외국법인일 때	여객이 탑승하거나 화물이 적재되는 장소
	③ 전자적 용역[1]	용역을 공급받는 자의 사업장 소재지·주소지·거소지

*1. 이동통신단말장치 또는 컴퓨터 등에 저장되어 구동되거나, 저장되지 아니하고 실시간으로 사용할 수 있는 것(게임, 동영상파일, 소프트웨어 등 저작물 등으로 전자적 방식으로 처리하여 음향 및 영상 등의 형태로 제작된 것)

제3절 영세율과 면세

1. 영세율

대상거래	1. 수출하는 재화(일반수출, 내국신용장에 의한 공급등) 2. 국외에서 제공하는 용역(해외건설용역) 3. 선박, 항공기의 외국항행용역 등 4. 수출업자와 직접 도급계약에 의하여 수출재화를 임가공하는 수출재화임가공용역 　☞ 임가공 : 재화의 주요 자재를 전혀 부담하지 않고 타인의 의뢰한 바에 따라 재화를 단순히 가공해 주는 것

　☞ 상호면세주의 : 외국에서 대한민국의 <u>거주자 또는 내국법인에게 동일한 면세를 하는 경우에 한하여 비거주자 또는</u>
　<u>외국법인인 사업자에게 영의 세율을 적용</u>한다.

2. 면세대상

기초생활 필수품	㉠ 미가공 식료품 등(–국내외 불문) ㉡ 국내 생산된 식용에 공하지 아니하는 미가공 농·축·수·임산물 |	국내생산	해외수입
식용	면세	면세
비식용		**과세** | ㉢ 수돗물(**생수는 과세**) ㉣ 연탄과 무연탄(**유연탄, 갈탄, 착화탄은 과세**) ㉤ 여성용 생리처리 위생용품, 영유아용 기저귀·분유(액상형 분유 포함) ㉥ 여객운송용역[**시내버스, 시외버스, 지하철, 마을버스, 고속버스(우등 제외)** 등](**전세버스, 고속철도, 택시는 과세**) ㉦ 주택과 이에 부수되는 토지의 임대용역
---	---
국민후생 용역	㉠ 의료보건용역과 혈액(질병 치료 목적의 동물 혈액 포함) 　→ 약사가 판매하는 일반의약품은 과세, 미용목적 성형수술 과세, <u>산후조리원은 면세</u> ㉡ **수의사가 제공하는 동물진료 용역(가축 등에 대한 진료용역, 기초생활수급자가 기르는 동물에 대한 진료용역, 기타 질병예방 목적의 동물 진료용역)** ㉢ 교육용역(허가분) ⇒ <u>운전면허학원은 과세</u> 　☞ 미술관, 박물관 및 과학관에서 제공하는 교육용역도 면세
문화관련 재화용역	㉠ 도서[도서대여 및 실내 도서 열람용역 포함]·신문(**인터넷신문 구독료**)·잡지·관보· 뉴스통신(**광고는 과세**) ㉡ 예술창작품·예술행사·문화행사·비직업운동경기 ㉢ 도서관·과학관·박물관·미술관·동물원·식물원에의 입장

부가가치 구성요소	㉠ 금융 · 보험용역 – **리스회사가 제공하는 리스용역 포함**
	㉡ **토지의 공급(토지의 임대는 과세)**
	㉢ **인적용역(변호사 · 공인회계사 · 세무사 · 관세사 등의 인적용역은 제외)**
기타	㉠ 우표 · 인지 · 증지 · 복권 · 공중전화(**수집용 우표는 과세**)
	㉡ 국가 등이 공급하는 재화 · 용역(제외 : 국가등이 운영하는 주차장 운영용역
	㉢ **국가 등에 무상공급하는 재화 · 용역**

부동산의 공급(재화의 공급)	부동산의 임대(용역의 제공)
1. **토지의 공급 : 면세**	1. 원칙 : 과세
2. 건물의 공급 : 과세(예외 : 국민주택)	2. 예외 : 주택 및 부수토지의 임대는 면세

3. 면세 VS 영세율

구 분	내 용	
	면 세	영 세 율
기본원리	면세거래에 납세의무 면제 ① 매출세액 : 징수 없음(결국 "0") ② **매입세액 : 환급되지 않음**	일정 과세거래에 0%세율 적용 ① 매출세액 : 0 ② **매입세액 : 전액환급**
면세정도	**부분면세(불완전면세)**	**완전면세**
대상	기초생활필수품 등	수출 등 외화획득재화 · 용역의 공급
부가가치세법상 의무	부가가치세법상 각종 의무를 이행할 필요가 없으나 다음의 협력의무는 있다. – **매입처별세금계산서합계표제출, 대리납부**	영세율 사업자는 부가가치세법상 사업자이므로 부가가치세법상 제반의무를 이행하여야 한다.
사업자여부	**부가가치세법상 사업자가 아님**	**부가가치세법상 사업자임**
취지	**세부담의 역진성 완화**	**국제적 이중과세의 방지 수출산업의 지원**

4. 면세포기

1. 대 상	① **영세율적용대상이 되는 재화 용역** ② **학술연구단체 또는 기술연구단체가 실비 또는 무상으로 공급하는 재화용역**
2. 승 인	**승인을 요하지 않는다.**
3. 재적용	**신고한 날로부터 3년간 면세를 적용받지 못한다.**

제4절 | 과세표준

1. 공급유형별 과세표준

(1) 기본원칙

대원칙(과세표준) : 시가	
① 금전으로 대가를 받는 경우	그 대가
② 금전 외의 대가를 받는 경우	자기가 공급한 재화 또는 용역의 **시가**
③ 특수관계자간 거래	자기가 공급한 재화 또는 용역의 **시가**

(2) 과세표준계산에 포함되지 않는 항목/포함하는 항목

과세표준에 포함되지 않는 항목	① **매출에누리와 환입액, 매출할인** ② 구매자에게 도달하기 전에 파손 · 훼손 · 멸실된 재화의 가액 ③ 재화 또는 용역의 공급과 직접 관련되지 않는 국고보조금과 공공보조금 ④ 반환조건부 용기대금 · 포장비용 ⑤ 용기 · 포장의 회수를 보장하기 위하여 받는 보증금 등 ⑦ 계약 등에 의하여 확정된 대가의 지연지급으로 인해 지급받는 연체이자
과세표준에 포함하는 항목	① 할부판매의 이자상당액 ② 대가의 일부분으로 받는 운송비, 포장비, 하역비, 운송보험료, 산재보험료 등
과세표준에서 공제하지 않는 것	① **대손금(대손세액공제사항임)** ② 판매장려금 ③ 하자보증금

2. 거래형태별 과세표준

외상판매 및 할부판매의 경우	공급한 재화의 총가액
장기할부판매 완성도기준지급 · 중간지급조건부, 계속적공급	**계약에 따라 받기로 한 대가의 각 부분**

3. 대가를 외국통화 등으로 받은 경우의 과세표준

공급시기 도래 전에	환가	**그 환가한 금액**
외화수령	미환가	**공급시기(선적일)**의 외국환거래법에 의한 **기준환율 또는 재정환율**에 의하여 계산한 금액
공급시기 이후에 외국통화로 지급받은 경우		

4. 재화의 수입에 대한 과세표준

수입재화의 경우	관세의 과세가격＋관세＋개별소비세, 주세, 교통·에너지·환경세＋교육세, 농어촌특별세

5. 간주공급

1. **원칙 : 재화의 시가**
2. **직매장반출 : 재화의 취득가액 또는 세금계산서 기재액**
3. **감가상각자산 : 취득가액×(1 − 감가율×경과된 과세기간의 수)**
   * 감가율 : 건물, 구축물＝5%   기타＝25%

제5절   세금계산서

1. 세금계산서

1. 보관기간	5년

2. 발급시기	1. **일반적 : 공급한 때에 발급**
	2. 공급시기전 발급 :
	  ① 원칙 : 대가의 전부 또는 일부를 받고 당해 받은 대가에 대하여 세금계산서 발급시
	  ② 예외 : 세금계산서를 교부하고 그 세금계산서 발급일로부터 7일 이내 대가를 지급받은 경우 등
	3. 공급시기후 : **월합계세금계산서는 말일자를 발행일자로 하여 익월 10일까지 교부**

3. 발급면제	1. 부가가치세법에서 규정한 영수증발급대상사업
	  ① **목욕, 이발, 미용업**
	  ② **여객운송업(전세버스운송사업은 제외)**
	  ③ **입장권을 발행하여 영위하는 사업**
	2. 재화의 간주공급 : 직매장반출은 발급의무
	  (다만, 주사업장총괄납부사업자, 사업자단위과세사업자는 발급면제)
	3. **간주임대료**
	4. **영세율적용대상 재화, 용역**
	  −국내수출분(내국신용장, 구매확인서 등)은 발급대상

4. 수 정	1. **공급한 재화가 환입시** : 환입된 날을 작성일자로 하여 비고란에 당초 세금계산서 작성일자로 부기한 후 (−)표시 2. **착오시** : 경정전까지 수정하여 발행가능 3. **공급가액의 증감시** : 증감사유가 발생한 날에 세금계산서를 수정하여 발급 4. **계약해제시** : 계약해제일을 공급일자로 하여 수정발급한다. 5. **이중발급** 6. **내국신용장(구매확인서)의 사후 개설** ☞ **수정세금계산서의 발급(매입매출전표 입력)은 매회 기출된다.**
5. 매입자발행 세금계산서	−**거래건당 5만원 이상**인 거래에 대해 관할세무서장의 확인을 받아 세금계산서를 발행 −**과세기간의 종료일부터 1년 이내** 발급신청가능

2. 전자세금계산서

1. 의무자	① **법인사업자(무조건 발급)** ② **개인사업자(일정규모 이상)**		
	공급가액(과세+면세) 기준년도	기준금액	발급의무기간
	20x0년	8천만원	20x1. 7. 1~ 계속
	☞ 개인사업자가 사업장별 재화 등의 공급가액이 일정규모 이상인 해의 **다음해 제 2기 과세기간부터**이며, 한번 전자세금계산서 발급 의무 대상자가 되면 공급가액 합계액이 미달하더라도 계속하여 전자세금계산서 의무발급 개인사업자로 본다.		
2. 발급기한	공급시기(월합계세금계산서의 경우 다음달 10일까지 가능)		
3. 전송	**발급일의 다음날**		
4. 혜택	−**세금계산합계표 제출의무면제** −세금계산서 5년간 보존의무면제 −직전년도 공급가액 3억원 미만인 개인사업자 전자세금계산서 발급 세액공제(건당 200원, 한도 연간 100만원)		

연습문제

 객관식

01. 부가가치세에 대한 설명으로 옳지 않은 것은?

① 사업목적이 영리이든 비영리이든 관계없이 사업상 독립적으로 재화와 용역을 공급하는 사업자는 납세의무를 진다

② 부가가치세는 조세부담이 전가되어 최종소비자에게 귀착될 것으로 예정된 조세이므로 간접세에 해당한다.

③ 사업자가 부가가치세가 과세되는 재화 또는 용역을 공급하고 부가가치세를 거래징수하지 않은 경우에는 부가가치세 납세의무가 없다.

④ 소비지국 과세원칙에 따라 수출재화에는 부가가치세를 과세하지 않으며, 수입하는 재화에는 내국산과 동일하게 부가가치세를 과세하고 있다.

02. 다음 중 부가가치세법상 과세기간과 납세지에 대한 설명으로 옳은 것은?

① 건설업을 영위하는 법인사업자의 경우 사업장은 건설현장 소재지로 한다.

② 폐업하는 경우의 과세기간은 폐업일이 속하는 과세기간의 개시일부터 폐업일 전일까지로 한다.

③ 부동산임대업을 영위하는 사업자의 경우 사업장은 그 사업에 관한 업무를 총괄하는 장소로 한다.

④ 사업자단위과세사업자는 각 사업장을 대신하여 그 사업자의 본점 또는 주사무소의 소재지를 부가가치세 납세지로 한다.

03. 다음 중 부가가치세법상 납세지에 관한 설명으로 옳지 않은 것은?

① 기존사업장이 있는 사업자가 각종 경기대회나 박람회 등 행사가 개최되는 장소에 임시 사업장 개설신고를 하면 이는 독립된 사업장에 해당한다.

② 부가가치세는 사업장마다 신고 납부함을 원칙으로 한다.

③ 건설업, 운수업과 부동산매매업에 있어서는 사업자가 법인인 경우에는 그 법인의 등기부 상의 소재지, 개인인 경우에는 그 업무를 총괄하는 장소가 사업장에 해당한다.

④ 무인자동판매기를 통하여 재화 용역을 공급하는 사업의 경우에는 그 사업에 관한 업무를 총괄하는 장소가 사업장에 해당한다.

04. 다음 중 부가가치세법상 납세지에 대한 설명으로 옳은 것은?

① 주사업장 총괄납부의 경우 지점은 총괄사업장이 될 수 없다.

② 직매장은 사업장에 해당하지 않는다.

③ 주사업장 총괄납부의 경우 세금계산서의 발급은 사업장별로 적용한다.

④ 사업자단위 과세의 경우 과세표준 및 세액의 계산을 사업장별로 적용한다.

05. 다음 중 부가가치세법상 과세기간과 납세지에 대해 바르게 설명하고 있는 사람은?

> ① 희정 : 폐업하면 과세기간은 폐업일이 속하는 과세기간의 개시일부터 폐업일이 속하는 달의 말일까지야.
> ② 성훈 : 일반과세자가 1월 15일에 신규로 사업을 개시하고 1월 20일에 사업자 등록을 신청하면 최초과세기간은 1월 1일부터 6월 30일이야.
> ③ 유미 : 부동산임대업자의 사업장은 그 사업에 관한 업무를 총괄하는 장소야.
> ④ 영진 : 사업자가 사업장을 두지 않으면 사업자의 주소 또는 거소를 사업장으로 해.

※ 1차 저작권자의 저작권 침해 소지가 있어 삽화 삽입은 어려우니 양해바랍니다.

06. 다음 중 부가가치세법상 사업장과 납세지에 대한 설명으로 옳지 않은 것은?

① 주사업장총괄납부의 신청을 한 경우에는 부가가치세를 주된 사업장에서 총괄하여 납부 하지만, 신고는 각 사업장별로 하여야 한다.

② 사업자단위과세사업자는 부가가치세액을 본점 또는 주사무소에서 총괄하여 신고 납부를 하지만, 사업자등록은 각 사업장별로 하여야 한다.

③ 임시사업장의 설치기간이 10일 이내인 경우에는 임시사업장 개설신고를 하지 아니할 수 있다.

④ 부동산임대업의 사업장은 그 부동산의 등기부상의 소재지이다.

07. 다음 중 부가가치세법상 과세 거래에 해당하지 않는 것은?

① 조세를 납부하기 위하여 부동산을 물납하는 경우

② 과세사업과 관련하여 생산한 재화를 고객에게 접대 목적으로 무상으로 공급하는 경우

③ 특허권을 타인에게 대여하는 경우

④ 과세사업과 관련하여 생산한 재화를 자신의 면세사업을 위해 직접 사용하는 경우

08. 다음 중 부가가치세법상 과세대상 거래에 대한 설명으로 옳지 않은 것은?

① 과세대상 재화의 범위에는 유체물 뿐만 아니라 전기, 가스, 열 등의 자연력도 포함된다.

② 건설업의 경우 건설업자가 건설자재의 전부를 부담하는 것은 재화의 공급에 해당한다.

③ 고용관계에 따라 근로를 제공하는 것은 용역의 공급으로 보지 아니한다.

④ 사업자가 과세사업과 관련하여 생산한 재화를 자신의 면세사업을 위해 직접 사용하는 것은 재화의 공급에 해당한다.

09. 과세사업자인 (주)한공(탄산수 제조업)의 다음 거래 중 부가가치세 과세거래에 해당하는 것은? 단, 제품 제조에 사용된 원재료에 대하여는 매입세액공제를 받았다.

① 판매 대리점에 탄산수를 증정하였다.

② 사채업자로부터 자금을 차입하고 공장건물을 담보로 제공하였다.

③ 제품 홍보를 위한 시음회에서 탄산음료를 한 컵씩 제공하였다.

④ 명절 때 농협에서 사과를 면세로 구입하여 거래처에 선물하였다.

10. 다음 중 부가가치세 과세거래에 대한 설명으로 옳지 않은 것은?(재화의 구입 시 부담한 매입세액을 매출세액에서 공제하였다.)

① 사업자가 과세사업을 위하여 생산한 재화를 다른 사업장에서 원료로 사용하기 위하여 반출하는 경우 재화의 공급으로 보지 않는다.

② 사업자가 제품 운반용으로 사용하던 화물차를 매각하는 경우에는 부가가치세가 과세되지 않는다.

③ 종업원의 생일선물(연간 인당 10만원 이하는 제외)로 과세사업을 위하여 생산한 재화를 무상으로 공급하는 경우 부가가치세 과세대상이다.

④ 판매실적에 따라 판매대리점에 지급하는 판매장려물품은 부가가치세 과세대상이다.

11. 과세사업자인 ㈜한공물산(신발 제조업)의 다음 거래 중 부가가치세 과세거래에 해당하는 것은? 단, 제품 제조에 사용된 원재료에 대하여는 매입세액공제를 받았다.

① 거래처인 판매대리점에 신발을 증여하였다.

② 사후무료 서비스 제공을 위하여 신발을 사용하였다.

③ 종업원의 작업화로 사용하기 위해 신발을 제공하였다.

④ 신제품 진열을 위해 직매장으로 신발을 반출하였다.

12. 다음 중 부가가치세 과세거래에 대한 설명으로 옳지 않은 것은?

① 자기가 주요자재의 전부 또는 일부를 부담하고 상대방으로부터 인도받은 재화를 가공하여 인도하는 것은 재화의 공급이다.

② 다른 재화를 인도받는 교환계약에 따라 재화를 인도하는 것은 재화의 공급이다.

③ 건설업의 경우 건설업자가 건설자재의 전부 또는 일부를 부담하는 것은 용역의 공급이다.

④ 사업자가 사업을 위하여 다른 사업자에게 무상으로 견본품을 인도하는 것은 재화의 공급이다.

13. 부가가치세 영세율과 면세에 대한 설명으로 옳지 않은 것은?

① 영세율은 소비지국과세원칙을 구현하는 것을 주된 목적으로 하나, 면세는 역진성 완화를 주된 목적으로 한다.

② 영세율 적용 사업자와 면세사업자는 모두 부가가치세법상 납세의무자에 해당한다.

③ 영세율은 완전면세제도, 면세는 부분면세제도에 해당한다.

④ 영세율 적용 사업자는 부가가치세를 공제·환급받을 수 있으나, 면세사업자는 부가가치세를 공제·환급받을 수 없다.

14. 부가가치세법상 면세와 영세율에 대한 설명으로 옳지 않은 것은?

① 면세대상 재화를 수출하는 경우 영세율을 적용받기 위해서는 면세포기 신고를 하여야 한다.

② 면세사업자는 매입처별 세금계산서합계표 제출의무와 대리납부의무 외에는 부가가치세법의 의무가 없다.

③ 영세율이 적용되는 경우에는 이전 단계까지 과세된 부가가치세를 전액 환급해 준다.

④ 사업자가 비거주자인 경우 그 외국에서 우리나라의 거주자에게 동일한 면세를 적용하는 경우에도 영세율이 적용되지는 않는다.

15. 다음 중 부가가치세법상 영세율과 면세에 대한 설명으로 옳은 것은?

① 영세율 적용 사업자는 재화 또는 용역을 공급받을 때 부담한 매입세액을 일부 환급받음으로써 부가가치세의 부분면세를 적용 받는다.

② 영세율 적용 사업자는 부가가치세법상 면세사업자에 해당한다.

③ 면세사업자는 재화 또는 용역을 공급받으면서 거래징수당한 매입세액을 공제받을 수 없다.

④ 면세사업자는 부가가치세법상 사업자에 해당한다.

16. 다음 중 부가가치세법상 영세율과 면세에 대한 설명으로 옳지 않은 것은?

① 주택임대용역과 국민주택건설용역에 대해서는 면세가 적용된다.

② 약사가 단순히 의약품을 판매하는 경우에도 면세가 적용된다.

③ 직수출과 대행위탁수출에 대해서는 영세율이 적용된다.

④ 면세사업자도 면세를 포기하면 영세율을 적용받을 수 있다.

17. 다음 중 면세포기에 대한 설명으로 옳은 것은?

① 모든 재화나 용역의 공급에 대하여 면세를 포기할 수 있다.

② 부가가치세법상 둘 이상의 사업 또는 종목을 영위하는 면세사업자는 면세포기를 하고자 하는 재화 또는 용역의 공급만을 구분하여 면세포기를 할 수 있다.

③ 부가가치세법상 면세포기를 한 이후에도 언제든지 면세사업자로 전환할 수 있다.

④ 면세포기는 관할세무서장의 승인을 받아야 한다.

18. 다음은 부가가치세법상의 과세표준과 세액에 대한 설명이다. 옳지 않은 것은?

① 부가가치세 포함여부가 불분명한 경우 110분의 100을 곱한 금액을 과세표준으로 한다.

② 대가의 지급지연으로 받는 연체이자는 과세표준에 포함된다.

③ 당해 사업자가 대손금의 전부 또는 일부를 회수한 경우에는 회수한 대손금에 관련한 대손세액을 회수한 날이 속하는 과세기간에 매출세액에 가산한다.

④ 대가를 외국환으로 받고 이를 공급시기 이전에 환가한 경우 환가한 금액을 과세표준으로 세액을 계산한다.

19. 다음 중 부가가치세법상 세금계산서에 대한 설명으로 옳은 것은?

① 수입하는 재화에 대하여는 국세청장이 세금계산서를 수입업자에게 발급한다.

② 위탁매입의 경우에는 공급자가 수탁자를 공급받는 자로 하여 세금계산서를 발급하며, 이 경우에는 위탁자의 등록번호를 부기하여야 한다.

③ 직전연도의 사업장별 재화 및 용역의 공급가액(과세+면세)의 합계액이 0.8억원 이상인 개인사업자는 해당연도 제1기와 제2기 과세기간에 전자세금계산서 의무발급대상자에 해당한다.

④ 여객운송업(전세버스운송업 제외)을 영위하는 사업자는 해당 용역을 공급받은 거래상대방이 세금계산서 발급을 요구하는 경우에도 세금계산서를 발급할 수 없다.

20. 다음 중 세금계산서(또는 전자세금계산서)에 대하여 옳은 설명을 하는 사람은?

> ① 최　택 : 당초 공급한 재화가 환입된 경우 수정세금계산서 작성일자는 재화가 환입된 날이지!
> ② 성덕선 : 공급받는 자의 성명 또는 명칭은 세금계산서의 필요적 기재사항이야!
> ③ 성보라 : 영세율 적용 대상 거래는 모두 세금계산서의 발급의무가 면제되는 거야!
> ④ 김정환 : 발급일이 속하는 달의 다음 달 10일까지 전자세금계산서 발급명세를 국세청장에게 전송하여
> 　　　　　야 해!

※ 1차 저작권자의 저작권 침해 소지가 있어 삽화 삽입은 어려우니 양해바랍니다.

21. 다음 중 세금계산서(또는 전자세금계산서)에 대한 설명으로 옳지 <u>않은</u> 것은?

> ① 법인사업자는 모두 전자세금계산서 의무발급대상이나, 개인사업자는 일정한 요건에 해당하는 경
> 　우에만 전자세금계산서 의무발급대상이다.
> ② 전자세금계산서를 발급한 경우 발급일이 속하는 달의 다음 달 11일까지 발급명세를 국세청장에
> 　게 전송하여야 한다.
> ③ 작성연월일은 세금계산서의 필요적 기재사항이나, 공급연월일은 임의적 기재사항이다.
> ④ 전자세금계산서 발급의무자가 종이세금계산서를 발급하는 경우에는 공급가액의 1%의 가산세를
> 　부담하게 된다.

 주관식

01. 다음 재화 또는 용역의 공급 중 면세가 적용되는 것을 모두 고르시오.

> 가. 「철도건설법」에 따른 고속철도에 의한 여객운송 용역
> 나. 주무관청의 등록된 자동차운전학원에서 공급하는 교육용역
> 다. 국가 또는 지방자치단체에 유상으로 공급하는 재화 및 용역
> 라. 도서판매 및 도서대여용역
> 마. 우등고속버스
> 바. 택시

02. 다음 자료에 의하여 주사업장 총괄납부를 적용하는 (주)한공(의류도매업)의 20x1년 제2기 예정신고기간 (7. 1. ~ 9. 30.)의 부가가치세 과세표준을 계산하면 얼마인가?

거래일자	거 래 내 용	공급가액(원)
7/15	직매장 반출액 (세금계산서 미발급)	5,000,000
8/12	하치장 반출액	12,000,000
8/17	대가를 받지 않고 매입처에 증여한 견본품(시가 1,000,000원)	500,000
9/14	사업용 건물 매각액	10,000,000
9/26	대리점에 증정한 상품(시가)	3,000,000

03. 다음의 자료에 의하여 20x1년 제1기 예정신고기간의 부가가치세 과세표준을 계산하면 얼마인가? 단, 제시된 금액에는 부가가치세가 포함되지 아니하였다.

일자	거래내용	금액
1월 8일	국내 거래처 상품 판매액	150,000,000원
1월 26일	매출채권 조기회수에 따른 매출할인	2,000,000원
3월 16일	매출채권 회수지연에 따른 연체이자	1,000,000원
3월 25일	수출액	100,000,000원

04. 다음의 자료에 의하여 20x1년 **제1기 예정신고기간**의 부가가치세 과세표준을 계산하면? 단, 주어진 자료의 금액은 부가가치세가 포함되지 아니한 금액이다.

일 자	거 래 내 용	금 액
1월 8일	현금매출액	20,000,000원
2월 16일	사업상 증여한 장려품 (매입세액공제분으로 시가는 2,000,000원)	1,500,000원
3월 25일	비영업용 소형승용차 매각액	6,000,000원
4월 20일	외상매출액	5,000,000원

05. 부가가치세 과세사업을 영위하고 있는 (주)한공의 다음 자료에 의한 제1기 예정신고기간의 부가가치세 과세표준은?

| 가. 손익계산서상 국내매출액 : 50,000,000원 (부가가치세 별도) |
| 나. 하치장 반출액 : 원가 20,000,000원(시가 30,000,000원) |
| 다. 제품 직수출액 : US$ 10,000을 수령하여, 즉시 원화로 환가함. |

구 분	일자	환율
대금 수령일 및 환가일	3월 18일	1,200원/US$
수출 신고일	3월 19일	1,100원/US$
선적일	3월 20일	1,000원/US$

06. 다음 자료로 과세사업자인 (주)한공의 제1기 부가가치세 예정신고기간의 부가 가치세 과세표준을 구하면 얼마인가?

거래일자	내 용
1. 6.	갑에게 TV를 10,000,000원에 판매하고 3%의 마일리지(300,000원)를 적립해 주었다.
2.20.	갑에게 냉장고를 3,000,000원에 판매하고 현금 2,700,000원과 적립된 마일리지 300,000원으로 결제받았다.
3.31.	갑에게 그 동안의 거래에 대한 감사의 표시로 판매용 스팀청소기(장부가액 100,000원, 시가 200,000원)를 증정하였다.

07. 다음 자료에 의하여 화장품 제조업을 영위하는 (주)한공의 20x1년 제2기 예정 신고기간의 부가가치세 과세표준을 계산하면 얼마인가?

거래일자	거래내용	공급가액(원)
7/20	제품 매출액	200,000,000원
7/24	하치장 반출액	50,000,000원
8/1	거래처에 무상제공한 제품(견본품이 아님)	30,000,000원
8/10	사업용 토지 매각액	60,000,000원
8/10	사업용 건물 매각액	100,000,000원

08. 다음 자료를 이용하여 (주)한공(컴퓨터부품 제조업)의 부가가치세 과세표준을 계산하면 얼마인가?(단, 주어진 자료에는 부가가치세가 포함되지 아니하였다.)

> 가. 국내의 일반 공급가액 : 10,000,000원(매출에누리 500,000원이 포함되었음)
> 나. 공장건물을 특수관계인에게 임대하고 받은 대가 : 4,000,000원(시가 8,000,000원)
> 다. 국가에게 무상으로 공급한 제품의 시가 : 3,000,000원(원가 2,500,000원)
> 라. 비영업용 소형승용차 매각액 : 6,000,000원

09. 다음 자료를 토대로 (주)한공의 20x1년 제1기 확정신고기간의 부가가치세 과세표준을 계산하면 얼마인가?

거래일자	거래내용	공급가액(원)
4.24.	상품 외상 판매액	32,000,000
5.16.	대가의 일부로 받은 운송비와 운송보험료	5,000,000
6.11.	거래처에 무상으로 제공한 견본품(시가)	4,000,000
6.19.	대가의 지급지연으로 인해 받은 연체이자	4,500,000
6.29.	업무용 중고 승용차(2,000cc) 매각액	7,500,000

연습답안

Tax Accounting Technician
세무정보처리 자격시험 1급

🔑 객관식

1	2	3	4	5	6	7	8	9	10
③	④	①	③	④	②	①	②	①	②

11	12	13	14	15	16	17	18	19	20
①	④	②	④	③	②	②	②	④	①

21									
②									

[풀이 - 객관식]

01 사업자가 부가가치세가 과세되는 재화 또는 용역을 공급하고 부가가치세를 거래징수하지 않은 경우에도 부가가치세 납세의무가 있다.

02 ① **건설업**을 영위하는 법인사업자의 경우 사업장은 **해당법인의 등기부상 소재지**로 한다.

② 폐업하는 경우의 과세기간은 폐업일이 속하는 과세기간의 개시일부터 폐업일까지로 한다.

③ **부동산임대업**을 영위하는 사업자의 경우 사업장은 **해당 부동산의 등기부상 소재지**로 한다.

03 기존사업장이 있는 사업자가 각종 경기대회나 박람회 등 행사가 개최되는 장소에 **임시 사업장 개설신고를 하면 기존사업장에 포함**된다.

04 ① 주사업장총괄납부의 경우 **지점도 총괄사업장이 될 수 있다.**

② 직매장은 사업장에 해당한다.

④ 사업자단위 과세의 경우 과세표준 및 세액의 계산을 사업자단위 과세적용 사업장에서 적용한다.

05 ① 폐업하는 경우의 과세기간은 **폐업일이 속하는 과세기간의 개시일부터 폐업일**까지로 한다.

② 일반과세자가 1월 15일에 신규로 사업을 개시하고 1월 20일에 사업자 등록을 신청한 경우 최초 과세기간은 1월 15일부터 6월 30일까지이다.

③ 부동산임대업을 영위하는 사업자의 경우 사업장은 해당 부동산의 등기부상 소재지로 한다.

06 사업자단위과세사업자는 **본점 또는 주사무소 한 곳에서 사업자등록**을 하고, 사업자단위로 부가가치세의 모든 업무를 처리한다.

07 조세의 물납은 재화의 공급으로 보지 아니한다.

08 건설업자의 **건설자재 부담은 용역의 공급**으로 본다.

09 ① 판매 대리점에 탄산수 증정 : 사업상 증여이므로 과세대상임.

② 공장건물 담보제공 : 실질공급이 아니므로 과세대상이 아님.

③ 홍보 목적으로 불특정다수에게 탄산음료 제공 : 광고 선전 목적이므로 과세대상이 아님.

④ 사과 선물 : 사과가 면세이므로 선물로 줄 때 과세하지 않음.

10 화물차의 매각은 재화의 공급으로 부가가치세 과세대상이다.

11 ① 거래처에 신발 증여 : 사업상 증여이므로 과세대상임.

② 사후 무료 서비스 제공 : 과세대상이 아님.

③ 작업화로 사용 : 개인적 공급으로 보지 않으므로 과세대상이 아님.

④ 신제품 진열목적의 신발 반출 : 과세대상이 아님.

12 사업을 위한 무상 견본품의 인도는 재화의 공급으로 보지 아니한다.

13 면세사업자는 부가가치세법상 납세의무자에 해당하지 아니한다

14 사업자가 **비거주자 또는 외국법인인 경우에는 상호주의에 따라 영세율 적용여부**를 판단한다.

15 ① 영세율을 적용하면 재화 또는 용역을 공급받을 때 부담한 매입세액을 환급받음으로써 부가가치세가 완전면세가 된다.

② 영세율은 부가가치세법상 과세사업자에게 적용한다. 면세사업자는 면세를 포기하지 않는 한 영세율을 적용받을 수 없다.

④ 면세사업자는 부가가치세법상 사업자에 해당하지 않는다.

16 약사가 **단순히 의약품을 판매하는 경우**에는 **부가가치세가 과세**된다.

17 ① 영세율이 적용되는 재화 또는 용역 등 일정한 재화나 용역에 한하여 면세포기를 할 수 있다.

③ 부가가치세법상 면세포기를 한 이후에는 **면세포기를 신고한 날부터 3년간은 면세를 적용받지 못한다.**

④ 면세포기는 **관할세무서장의 승인을 필요로 하지 아니하다.**

18 대가의 지급지연으로 받는 연체이자는 과세표준에 포함하지 않는다.

19 ① 수입하는 재화에 대하여는 세관장이 세금계산서를 수입업자에게 발급한다.

② 위탁매입의 경우에는 공급자가 위탁자를 공급받는 자로 하여 세금계산서를 발급하며, 이 경우에는 수탁자의 등록번호를 부기하여야 한다.

③ **직전연도의 사업장별 재화 및 용역의 공급가액의 합계액(과세＋면세)이 0.8억원 이상**인 개인사업자는 해당연도 제 2기부터 전자세금계산서 의무발급대상자에 해당한다.

20 ② 공급받는 자의 성명 또는 명칭은 세금계산서의 임의적 기재사항이다.

③ 내국신용장 또는 구매확인서에 의하여 공급하는 재화 등 일정한 영세율 거래는 세금계산서 발급대상이다.

④ 전자세금계산서 발급명세는 **발급일의 다음날까지 국세청장에게 전송**하여야 한다.

21 전자세금계산서를 발급한 경우 **발급일의 다음 날까지 발급명세를 전송**해야 한다.

☞ 주관식

01	라	02	13,000,000	03	248,000,000
04	28,000,000	05	62,000,000	06	12,900,000
07	330,000,000	08	23,500,000	09	44,500,000

[풀이 - 주관식]

01 **고속철도, 자동차운전학원의 교육용역**, 국가 등에 유상으로 공급하는 재화 및 용역, 우등고속버스,택시는 과세이다.

02 사업용 건물 매각액 10,000,000원+대리점에 증정한 상품(시가) 3,000,000원
= 13,000,000

03 과세표준=상품판매(150,000,000) - 매출할인(2,000,000)+수출액(100,000,000)=248,000,000원
매출채권 회수지연에 따른 연체이자는 부가가치세 과세표준에 포함되지 아니하고, 매출채권 조기회수에 따른 매출할인은 부가가치세 과세표준의 차감항목이다.

04 과세표준=현금매출(20,000,000)+사업상 증여(2,000,000,시가)+승용차매각(6,000,000)
= 28,000,000원
4/20일 외상매출액은 1기 확정신고기간의 과세표준이다.

05 하치장 반출액은 과세표준에 포함되지 않는다.
공급시기 도래 전에 원가로 환가한 경우에는 환가한 금액을 과세표준으로 한다.
과세표준=50,000,000원+US$10,000×1,200원=62,000,000원

06 과세표준=TV판매액(10,000,000)+냉장고판매(2,700,000 - 자기적립마일리지는 과세표준에서 제외)+사업상 증여(200,000) = 12,900,000원

07 제품매출액(200,000,000)+사업상증여(30,000,000)+건물 매각액(100,000,000)
= 330,000,000원
하치장 반출액은 과세표준에 포함되지 않고, 토지 매각은 면세이다.

08 과세표준 = 국내 공급(10,000,000) - 매출에누리(500,000)
+특수관계인에게 임대한 건물(8,000,000, 시가)+소형승용차 매각액(6,000,000)
= 23,500,000원
매출에누리는 차감하고, 특수관계인에게 임대한 대가는 시가로 과세한다.
국가에 무상으로 공급한 재화는 면세가 적용된다.

09 과세표준=상품판매(32,000,000)+대가일부(5,000,000)+승용차매각(7,500,000)
= 44,500,000원
거래처에 무상으로 제공한 견본품과 대가의 지급지연으로 인해 받은 연체이자는 과세표준에 포함하지 아니한다.

 **제6절** 납부세액의 계산

1. 대손세액공제

1. 대손사유	1. 파산, 강제집행, 사망, 실종 2. 회사정리인가 3. 부도발생일로부터 **6월 이상 경과한 어음·수표** 및 외상매출금(중소기업의 외상매출금으로서 부도발생일 이전의 것) 4. **중소기업의 외상매출금 및 미수금으로서 회수기일로부터 2년이 경과한 외상매출금 등(특수관계인과의 거래는 제외)** 5. **소멸시효 완성채권** 6. **회수기일이 6개월 경과한 30만원 이하 채권** 7. 신용회복지원 협약에 따라 면책으로 확정된 채권	
2. 공제시기	대손사유가 발생한 과세기간의 **확정신고시 공제** ☞ 대손기한 : 공급일로 부터 **10년**이 되는 날이 속하는 과세기간에 대한 확정신고기한까지	
3. 공제액	대손금액(VAT포함) × 10/110	

4. 처리	구　분	공급자	공급받는 자
	1. 대손확정	**대손세액(−)**	**대손처분받은세액(−)**
		매출세액에 **차감**	매입세액에 차감
	2. 대손금 회수 　또는 변제한 경우	**대손세액(+)**	**변제대손세액(+)**
		매출세액에 **가산**	매입세액에 가산

2. 매입세액 불공제

협력의무 불이행	① 세금계산서 미수취 · 불명분 매입세액	
	② 매입처별세금계산합계표 미제출 · 불명분매입세액	
	③ 사업자등록 　전 매입세액	공급시기가 속하는 과세기간이 끝난 후 20일 이내에 등록을 신청한 경우 등록신청일부터 공급시기가 속하는 과세기간 개시일(1.1 또는 7.1)까지 역산한 기간 내의 것은 제외

부가가치 미창출	④ 사업과 직접 관련 없는 지출	
	⑤ 비영업용소형승용차 구입·유지·임차	8인승 이하, 배기량 1,000cc 초과(1,000cc 이하 경차는 제외), 지프형승용차, 캠핑용자동차, 이륜자동차(125cc 초과) 관련 세액
	⑥ 기업업무추진비 및 이와 유사한 비용의 지출에 대한 매입세액	
	⑦ 면세사업과 관련된 매입세액	
	⑧ 토지관련 매입세액	토지의 취득 및 조성 등에 관련 매입세액

3. 신용카드매출전표등 수령금액합계표

매입세액 공제대상에서 제외	1. 세금계산서 발급불가 사업자 : 면세사업자 2. 영수증발급 대상 간이과세자 : 직전 공급대가 합계액이 4,800만원 미만 등 3. 세금계산서 발급 불가업종 　① 목욕, 이발, 미용업 　② 여객운송업(전세버스운송사업자 제외) 　③ 입장권을 발행하여 영위하는 사업 4. 공제받지 못할 매입세액

4. 의제매입세액공제

1. 요건	면세농산물을 과세재화의 원재료로 사용(적격증빙 수취) 제조업 : 농어민으로부터 직접 공급받는 경우에도 공제가능(영수증도 가능)			
2. 계산	구입시점에 공제(예정신고시 또는 확정시 공제) 면세농산물등의 매입가액(구입시점)×공제율			
	업 종			공제율
	음식점업	과세유흥장소		2/102
		위 외 음식점업자	법인	6/106
			개인사업자	8/108
	제조업	일반		2/102
		중소기업 및 개인사업자		4/104
	위 외의 사업			2/102
	매입가액은 순수구입가액(운임 등 제외), 수입농산물은 관세의 과세가격을 말한다.			
3. 한도	과세표준(면세농산물관련)×한도비율(법인 50%)×의제매입세액공제율			

5. 겸영사업자의 공통매입세액 안분계산

1. 내용	겸영사업자(과세+면세사업)의 공통매입세액에 대한 면세사업분에 대하여 매입세액은 불공제임
2. 안분방법	1. **당해 과세기간의 공급가액 기준** 2. 공급가액이 없는 경우(건물인 경우 ③①②) 　① 매입가액 비율 　② 예정공급가액의 비율 　③ 예정사용면적의 비율 3. 안분계산 생략 　① 당해 과세기간의 총공급가액중 면세공급가액이 5% 미만인 경우의 공통매입세액 　　(단, 공통매입세액이 5백만원 이상인 경우 안분계산해야 함) 　② 당해 과세기간중의 공통매입세액합계액이 5만원 미만인 경우 　③ 신규사업으로 인해 직전 과세기간이 없는 경우
3. 안분계산 및 정산	매입세액불공제분 = 공통매입세액 × 해당 과세기간의 $\dfrac{\text{면세공급가액}}{\text{총공급가액}}$ (= 면세비율) **1. 예정신고시 안분계산 → 2. 확정신고시 정산**

6. 겸영사업자의 납부·환급세액의 재계산

1. 재계산 요건	1. **감가상각자산** 2. 당초 안분계산 대상이 되었던 매입세액에 한함 3. **면세공급가액비율의 증가 또는 감소 : 5% 이상(과세기간기준)**
2. 계산	**공통매입세액×(1−감가율×경과된 과세기간의 수)×증감된 면세비율** 　☞ 감가율 : 건물, 구축물 5%, 기타 25%
3. 신고납부	**확정 신고시에만 재계산(예정신고시에는 계산하지 않는다)**

제7절 | 자진납부세액의 계산

1. 경감공제세액

1. 신용카드매출전표 발행공제	직전연도공급가액 10억원 이하 개인사업자만 해당(연간 한도액 1,000만원)
2. 전자신고세액공제(확정신고시)	5,000원(개정세법 26)
3. 전자세금계산서 발급세액공제	직전년도 공급가액 3억 미만인 **개인사업자**(건당 200원, 연간 한도 1백만원)

2. <u>가산세</u>

(1) 가산세의 감면(국세기본법)

	〈법정신고기한이 지난 후 수정신고시〉					
1. <u>수정신고</u>	*~1개월 이내*	*~3개월 이내*	~6개월 이내	~1년 이내	~1년6개월 이내	~2년 이내
	90%	*75%*	50%	30%	20%	10%
	1. 신고불성실가산세 *2. 영세율과세표준신고불성실가산세*					

	〈법정신고기한이 지난 후 기한후 신고시〉		
2. 기한후 신고	*~1개월 이내*	~3개월 이내	~6개월 이내
	50%	30%	20%

3. 세법에 따른 제출 등의 의무	법정신고기한 후 **1개월 이내** 의무 이행시 → **매출처별세금계산서합계표 제출 등**	50%

(2) 부가가치세법상 가산세

1. 세금계산서 불성실	1. 가공세금계산서	**공급가액 4%** **(개정세법 26)**
	2. 미발급, 타인명의 발급 ☞ 전자세금계산서 발급대상자가 종이세금계산서 발급시	**공급가액 2%** (1%)
	3. 과다기재	**과다 기재금액의 2%**
	4. 부실기재 및 **지연발급**	**공급가액 1%**
2. 전자세금계산서 전송	**1. 지연전송**(7/25, 익년도 1/25까지 전송)	**공급가액 0.3%**
	2. 미전송 : 지연전송기한까지 미전송	**공급가액 0.5%**
3. 매출처별 세금계산서 합계표불성실	1. 미제출(1개월 이내 제출시 50%감면) 2. 부실기재(사실과 다른)	**공급가액 0.5%**
	3. 지연제출(예정신고분 → 확정신고제출)	**공급가액 0.3%**
4. 매입처별세금계산서 합계표에 대한 가산세	1. 공급가액을 과다기재하여 매입세액공제 (차액분에 대해서 가산세)	공급가액(차액분) 0.5%
	2. 가공·허위 수취분	공급가액 2%
5. 신고불성실 (부당의 경우 40%)	**1. 무신고가산세** **2. 과소신고가산세**(초과환급신고가산세) **3. 영세율과세표준 신고불성실가산세**	**일반 20%** **일반 10%** **공급가액 0.5%**
	2년 이내 수정신고시 신고불성실가산세 90%~10% 감면	
6. 납부지연가산세	**미납·미달납부세액**(초과환급세액)×일수×이자율[1]	

*1. 시행령 정기개정(매년 2월경)시 결정

➡참고 **국세징수절차**

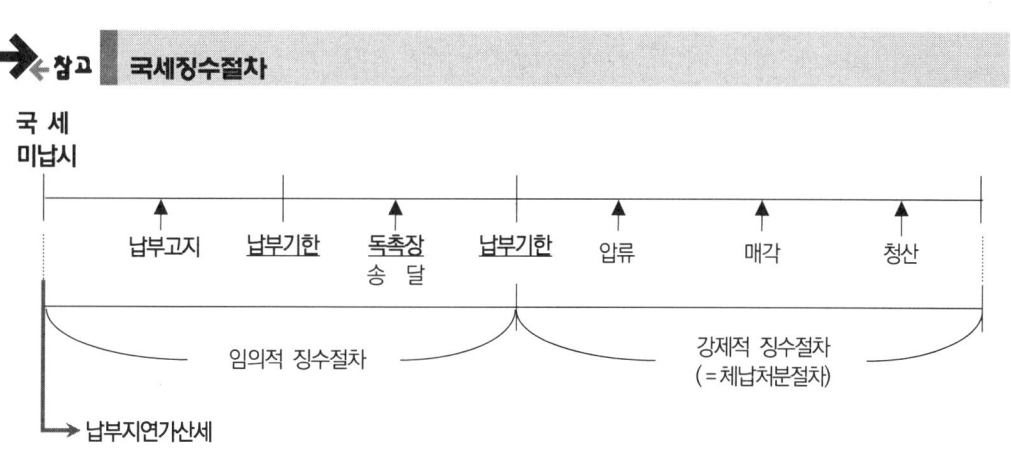

(3) 매출·매입세금계산서 누락신고

① 확정신고 및 수정신고

			확정신고	수정신고
대 상			예정신고누락분을 확정신고시 제출	확정(예정)신고누락분을 수정신고시
신고기한			확정신고시(7/25, 1/25)	관할세무서장이 결정/경정전까지
신고서 작성			부가가치세확정신고서 예정신고 누락분에 기재	기존 확정신고서에 수정기재 (누락분을 합산)
가산세	매출	*전자 세금계산서*	*–미발급 : 2%(종이세금계산서 발급시 1%)* *–지연발급 : 1%*	
		전자세금 계산서전송	–지연전송 : 0.3%(~7/25, ~익년도 1/25까지 전송시) –미전송 : 0.5% (지연전송까지 미전송시)	
	매입	지연수취	–0.5%(확정신고기한의 다음날부터 6개월 이내까지 수취)	
		세금계산서 합계표불성실	–부실기재 : 0.5%(과다기재액)	
	신고 불성실	일반	–미달신고세액의 10%(75%감면)	–미달신고세액의 10%[*1]
		영세율 과세표준	–공급가액의 0.5%(75%감면)	–공급가액의 0.5%[*1]
			*1. 2년 이내 수정신고시 90%, 75%, 50%, 30%, 20%, 10% 감면	
	납부지연		–미달납부세액×미납일수×이자율	

[공급시기에 따른 전자세금계산서 발급 관련 가산세] TAT1급 시험에서는 매년 출제된다.

공급시기	발급기한	**지연발급(1%)**	**미발급(2%)**
3.11	~4.10	4.11~7.25	*7.25(확정신고기한)까지 미발급*

[공급받는자의 지연수취가산세 및 매입세액공제여부]

	4.11~7.25	7.26~익년도 7.25	익년도 7.26 이후 수취
매입세액공제	○	○	×
지연수취가산세(0.5%)	○	○	×

[전자세금계산서 전송관련 가산세]

발급시기	전송기한	**지연전송(0.3%)**	**미전송(0.5%)**
4.05	~4.06	4.07~7.25	7.25까지 미전송시

② *기한후신고(TAT1급에서 자주 기출됩니다.)*

대 상			확정(예정)신고까지 과세표준신고서를 제출하지 아니한 경우
신고기한			관할세무서장이 결정하여 통지하기 전까지
신고서 작성			새로 작성
가산세	매출	**전자세금계산서 미발급등**	− 미발급 : 2%(종이세금계산서 발급시 1%) − 지연발급 : 1%
		전자세금계산서 전송관련	− 지연전송 : 0.3%(~7/25, ~익년도 1/25까지 전송시) − 미전송 : 0.5%(지연전송 기한까지 미전송시)
	신고 불성실	일 반	− 무신고세액의 20%
		영세율과세표준	− 공급가액의 0.5%
		☞ 1월 이내 신고시 **50%**, 6개월 이내 신고시 30%, 20% 감면	
	납부지연		− 무납부세액×미납일수×이자율
과세표준 명세			신고구분에 기한후과세표준을 선택하고, 기한후신고일 입력

전자세금계산서 미발급(5,500,000)

⟨매출매입신고누락분 − 전자세금계산서 발급 및 전송⟩

구 분				공급가액	세액
매출	과세	세 금	종이	4,000,000	400,000
			전자	1,000,000	100,000
		기 타		2,000,000	200,000
	영세	세 금	종이	1,500,000	−
			전자	3,500,000	−
		기 타		2,000,000	−
매입	세금계산서 등			3,000,000	300,000
미달신고(납부)					400,000

영세율과세표준신고불성실(7,000,000원)

신고, 납부지연(400,000원)

 **예제** 가산세(기한후 신고)

(주)지구는 제1기 부가가치세 확정신고를 기한(7월 25일) 내에 하지 못하여 7월 31일에 기한후신고로 신고 및 납부하려고 한다. 일반무신고에 의한 가산세율을, 납부지연가산세 계산시 **1일 2/10,000로 가정하고**, 가산세를 계산하시오.

매출누락분(VAT 미포함)		매입누락분(VAT 미포함)
– ⓐ전자세금계산서[1]	: 700,000원	
종이세금계산서	: 300,000원	– ⓕ매입전자세금계산서(원재료) : 1,000,000원
– ⓑ신용카드영수증	: 500,000원	– ⓖ매입전자영세율세금계산서 : 500,000원
– ⓒ현금영수증발행분	: 1,500,000원	
– ⓓ영세율전자세금계산서[2]	: 2,000,000원	
– ⓔ직수출	: 1,000,000원	

[매출전자세금계산서 내역]

번호	작성일자	발급일자	전송일자	상호	공급가액	세액	종류
1	3.11	4.9	4.14	㈜설악	700,000	70,000	일반
2	4.30	5.20	5.21	㈜계룡	2,000,000	0	영세율

[해답]

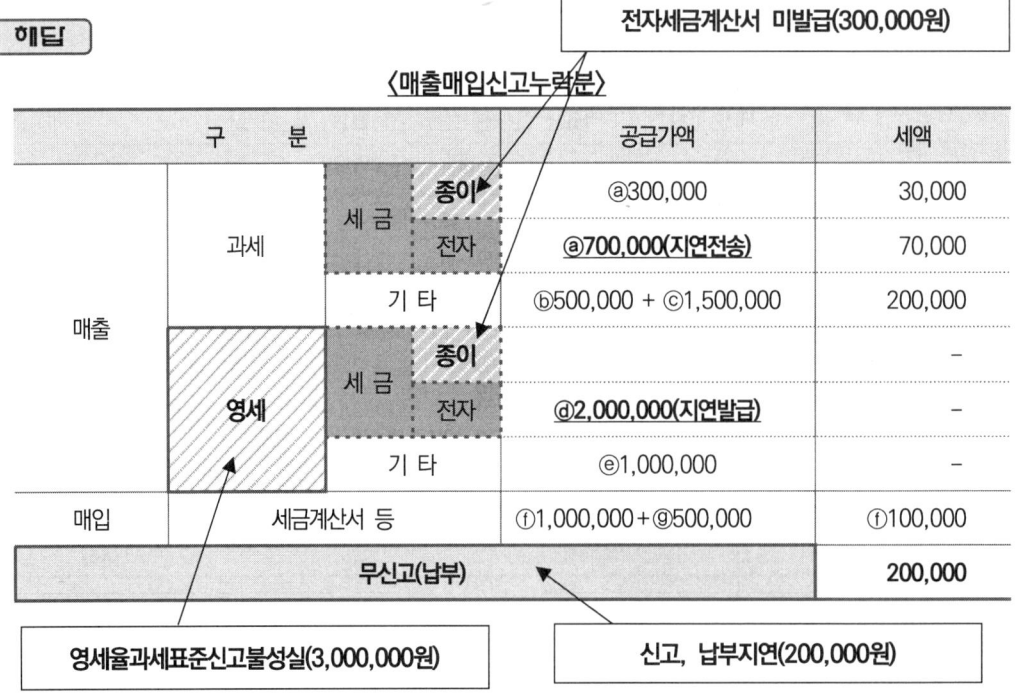

전자세금계산서 미발급(300,000원)

〈매출매입신고누락분〉

구 분				공급가액	세액
매출	과세	세금	종이	ⓐ300,000	30,000
			전자	**ⓐ700,000(지연전송)**	70,000
		기 타		ⓑ500,000 + ⓒ1,500,000	200,000
	영세	세금	종이		–
			전자	**ⓓ2,000,000(지연발급)**	–
		기 타		ⓔ1,000,000	–
매입	세금계산서 등			ⓕ1,000,000+ⓖ500,000	ⓕ100,000
무신고(납부)					200,000

영세율과세표준신고불성실(3,000,000원)

신고, 납부지연(200,000원)

☞ 세금계산서 발급 및 전송

공급시기	발급기한	지연발급(1%)	미발급(2%)
3.11	~4.10	**4.11~7.25**	7.25까지 미발급
	발급일자	**지연전송(0.5%)**	미전송(1%)
	4.9	**4.11~7.25**	7.25까지 미전송

공급시기	발급기한	**지연발급(1%)**	**미발급(2%)**
4.30	~5.10	**5.11~7.25**	7.25까지 미발급

1. 전자세금계산서 미발급	**300,000원**×1%**(종이세금계산서발급시)**=3,000원
2. 전자세금계산서 지연발급	**2,000,000원**×1%=20,000원 ☞ **전자세금계산서 전송관련가산세가 중복적용배제**
3. 전자세금계산서 지연전송	**700,000원**×0.3%=2,100원 ☞ **전자세금계산서 전송관련가산세가 적용되면, 매출처별세금계산서 합계표 불성실가산세는 중복적용배제**
4. 영세율과세표준신고불성실	**3,000,000원**×0.5%×(1-50%)=7,500원 ☞ **1개월 이내 기한후신고시 50% 감면**
5. 신고불성실(무신고 20%)	**200,000원**×20%×(1-50%)=20,000원 ☞ **1개월 이내 기한후신고시 50% 감면**
6. 납부지연	**200,000원**×6일×2(가정)/10,000=240원 ☞ **일수 : 7월 26일~7월 31일**
계	**52,840원**

 **예제** | 가산세(확정신고)

1기 예정 부가가치세 신고 시에 누락된 다음 자료를 포함하여 1기 확정 부가가치세 신고시 가산세를 계산하시오. 납부지연 가산세 적용 시 **미납일수는 91일, 1일 2/10,000로 가정**하며 **일반과소신고가산세율**을 적용하기로 한다.

- 2/28 : 나임대로부터 받은 공장임차료 1,000,000원(부가가치세 별도)을 현금지급하고 교부받은 종이세금계산서
- 3/30 : 제품 2,000,000원(부가가치세 별도)을 (주)누리상사에 현금매출하고 교부한 전자세금계산서(**4월 30일에 지연 발급함**)
- 3/31 : 제품 3,000,000원을 (주)영세에 현금매출하고 교부한 **영세율전자세금계산서(익일 국세청에 전송**했으나, 예정신고서에는 미포함하였다.)

해답

공급시기	세금계산서 발급기한	지연발급가산세(1%)	미발급가산세(2%)
3.30	~4.10	4.11~7.25	7.25까지 미발급시

〈매출매입신고누락분〉

구 분			공급가액	세액
매출	과세	세금(전자)	2,000,000(지연발급)	200,000
		기 타		
	영세	세금(전자)	3,000,000(적법전송)	-
		기 타		-
매입	세금계산서 등		1,000,000	100,000
미달신고(납부) → 신고·납부지연가산세				100,000

1. 전자세금계산서 지연발급(1%)	2,000,000원×1%=20,000원
2. 영세율과세표준신고 불성실	3,000,000원×0.5%×(1-75%)=3,750원 ☞ 3개월 이내 수정신고시 75% 감면
3. 신고불성실	100,000원×10%×(1-75%)=2,500원 ☞ 3개월 이내 수정신고시 75% 감면
4. 납부지연	100,000원×91일×2(가정)/10,000=1,820원
계	28,070원

제8절 신고 및 납부(환급)

1. 예정신고와 납부

1. 원 칙		법 인	신고의무. 다만, 영세법인사업자(직전과세기간 과세표준 1.5억원 미만)에 대하여는 고지징수
		개 인	고지납부
2. 고 지 납 부	대상자		예정고지세액이 **50만원 미만인 경우 징수안함**[1] 고지금액 : 직전 과세기간에 대한 납부세액의 50%
	선택적 예정신고		1. 휴업/사업부진 등으로 인하여 직전과세기간 대비 공급가액(또는 납부세액)이 1/3에 미달하는 자 2. 조기환급을 받고자 하는 자

*1. 재난 등의 사유로 납부할 수 없다고 인정하는 경우 고지징수안함

2. 확정신고와 납부

① **예정신고 및 조기환급 신고시 기 신고한 부분은 확정신고대상에서 제외한다.**

② 확정신고시는 가산세와 공제세액(신용카드매출전표 발행세액공제, 예정신고 미환급세액, 예정고지세액)이 모두 신고대상에 포함된다.

3. 환급

1. 일반환급		확정신고기한 경과 후 **30일 이내에 환급** (예정신고의 환급세액은 확정신고시 납부세액에서 차감)
2. 조기환급	대 상	**1. 영세율 적용 대상이 있는 때** **2. 사업설비를 신설, 취득, 확장, 증축(감가상각자산)** **3. 재무구조개선계획을 이행중인 사업자**
	기 한	조기환급 신고기한(매월 또는 2개월 단위로 신고가능) 경과 후 **15일 이내에 환급**
3. 경정시 환급		지체없이 환급

4. 대리납부

① 국내사업자가 공급하는 용역에 대해서 부가가치세가 과세되나, 국내사업장이 없는 비거주자 또는 외국법인이 국내에서 용역을 공급하는 경우 공급자가 부가가치세법에 따른 사업자가 아니므로 과세거래에 해당하지 않는다. 따라서 **공급자를 대신하여 공급받는 자가 그 대가에서 부가가치세를 징수하여 납부**하도록 하고 있는데 이를 '대리납부'라 한다.

② 대리납부의무자 : 면세사업자나 사업자가 아닌 자

제9절 간이과세자

1. 간이과세자 일반

1. 판정방법	1. 일반적 : 직전 1역년의 공급대가의 합계액이 **1억 4백만원 미만인 개인사업자**로서 각 사업장 매출액의 합계액으로 판정 2. 신규사업개시자(임의 선택)
2. 적용배제	**1. 일반과세 적용** **·사업자가 일반과세가 적용되는 사업장을 보유시** **·직전연도 공급대가 합계액이 4,800만원 이상인 부동산임대업 및 과세유흥장소**
	2. 적용배제업종 ① 광업 ② 도매업 ③ 제조업 ④ 부동산매매업 및 일정한 부동산임대업 ⑤ 건설업 ⑥ 전문적 인적용역제공사업(변호사등) ⑦ 소득세법상 복식부기의무자 등
3. 세금계산서 발급의무	1. **원칙 : 세금계산서 발급의무** 2. 예외 : 영수증 발급 ① 간이과세자 중 신규사업자 및 직전연도 공급대가 합계액이 4,800만원 미만 ② 주로 사업자가 아닌 자에게 재화 등을 공급하는 사업자(소매업, 음식점업 등) 다만 소매업, 음식점업, 숙박업 등은 공급받는 자가 요구하는 경우 세금계산서 발급의무
4. 과세기간	**1기 : 1.1~12.31(1년간)** ☞ 예정부과제도 ① 예정부과기간 : 1.1~6.30 다만, 세금계산서를 발급한 간이과세자는 예정부과 기간에 대하여 신고 및 납부(7/25)해야 한다. ② 고지징수 : 직전납부세액의 1/2을 고지징수(7/25), 50만원 미만은 소액부징수 ③ 예외 : 사업부진시 신고·납부할 수 있다.

5. **납부의무 면제**	**공급대가 4,800만원 미만**
6. 포기	**포기하고자 하는 달의 전달 마지막날까지 신고** ☞ 간이과세를 포기하고 일반과세자가 될 수 있고, <u>다시 포기신고의 철회가 가능</u>
7. 변경	간이과세가 적용되거나 적용되지 않게 되는 기간은 1역년의 공급대가가 기준금액(1억 4백만원)에 미달되거나 그 이상의 되는 해의 **다음해 7월 1일을 과세유형전환의 과세 기간**으로 한다.

2. 부가세 계산구조 - 간이과세자

공 급 대 가	공급가액 + 부가가치세
(×) 부가가치율	해당 업종의 부가가치율(15~40%)
(×) 세 율	10%
납 부 세 액	
(-) 공 제 세 액	세금계산서 등을 발급받은 매입액(공급대가)×0.5%(= 매입세액×5.5%) 신용카드매출전표발행세액공제, 전자세금계산서 발급세액공제 등
(+) 가 산 세	세금계산서 발급 및 미수취가산세 적용
자진납부세액	**환급세액이 없다**

3. 일반과세자와 간이과세자의 비교

구 분	일반과세자	간이과세자
적용대상자	–개인, 법인 불문	**–개인사업자에 한함** **–공급대가 1억 4백만원 미만**
납부세액	매출세액 – 매입세액	공급대가×부가가치율×10%
신고기간	1, 2기	**1기 : 1.1~12.31**
세금계산서	세금계산서 또는 영수증발급	원칙 : 세금계산서 발급 예외 : 영수증 발급
대손세액공제	적용됨	규정없음.
매입세액	매입세액으로 공제	공급대가×0.5%(= 매입세액×5.5%)
의제매입세액	업종제한없음	배제
신용카드매출전표 발행세액공제	발행금액의 1.3% (개인사업자만 해당)	발행금액의 1.3%
납부의무면제	없음	**공급대가 4,800만원 미만**
포기제도	없음	간이과세를 포기하고 일반과세자가 될 수 있고, **다시 포기신고의 철회가 가능**
기장의무	장부비치기장의무가 있음	발급받은 세금계산서와 발급한 영수증을 보관한 때에는 장부비치기장의무를 이행한 것으로 봄
가산세	–미등록가산세 : 공급가액의 1%	–미등록가산세 : 공급대가의 0.5%

세무정보처리 자격시험 1급

 객관식

01. 다음 중 부가가치세 신고·납부 및 환급에 대한 설명으로 옳은 것은?

① 폐업하는 경우 폐업일이 속한 달의 다음달 25일 이내에 과세표준과 세액을 신고 납부하여야 한다.

② 각 예정신고기간의 환급세액은 예정신고기한 경과 후 15일 이내에 환급하여야 한다.

③ 영세율을 적용받는 경우에만 조기환급을 받을 수 있다.

④ 각 과세기간이 끝난 후 30일 이내에 과세표준과 세액을 신고 납부하여야 한다.

02. 다음 중 부가가치세법상 개인 일반사업자의 신고·납부에 대한 설명으로 옳은 것은?

① 휴업 등으로 인하여 각 예정신고기간의 공급가액이 직전 과세기간의 공급가액의 1/2에 미달하는 경우 예정신고 할 수 있다.

② 각 예정신고기간분에 대하여 조기환급을 받으려는 개인사업자는 예정신고 할 수 있다.

③ 예정신고를 한 사업자도 확정신고시 이미 신고한 과세표준을 포함하여 신고한다.

④ 폐업하는 경우 폐업일이 속한 달의 다음 달 말일 이내에 신고 납부하여야 한다.

03. 다음 중 부가가치세법상 신고와 납부절차에 대한 설명으로 옳은 것은?

① 예정신고시 대손세액공제와 신용카드매출전표 등 발행공제는 신고대상이다.

② 예정고지세액으로 징수하여야 할 금액이 20만원 미만인 경우에는 징수하지 않는다.

③ 예정신고기간에 고지납부한 경우에는 확정신고시 6개월분에 대하여 신고하고, 고지납부 세액은 확정신고시 납부세액에서 공제한다.

④ 일반과세자는 예정신고 또는 조기환급 신고시에 이미 신고한 내용을 포함하여 과세표준과 납부세액을 확정신고 하여야 한다.

04. 다음 중 부가가치세 신고 · 납부 및 환급에 대한 설명으로 옳은 것은?

① 국내사업장이 없는 비거주자로부터 용역을 공급받은 면세사업자는 대리납부의무가 있다.

② 납세의무자가 재화의 수입에 대하여 관세를 세관장에게 신고 납부하는 경우에는 관련 부가가치세의 신고 납부 의무를 면제한다.

③ 영세율을 적용받는 경우에는 조기환급을 받을 수 없다.

④ 각 과세기간 종료 후 30일 이내에 과세표준과 세액을 신고 납부하여야 한다.

05. 다음 중 간이과세자에 대한 설명으로 옳지 않은 것은?

① 간이과세자의 경우에도 영세율과 면세가 적용될 수 있으며, 이에 따른 환급을 적용받을 수 있다.

② 직전 1역년의 공급대가가 1억 4백만원 미만인 개인사업자는 간이과세를 적용받을 수 있다.

③ 광업, 부동산매매업, 전문직 및 일정기준에 해당하는 과세유흥장소영위업 등은 간이과세를 적용받을 수 없다.

④ 간이과세자는 해당 과세기간의 공급대가 합계액을 과세표준으로 한다.

06. 다음 중 부가가치세법상 간이과세자에 대한 설명으로 옳지 않은 것은?

① 간이과세자가 20x1년 1월 31일에 간이과세포기신고를 하는 경우에는 20x1년 2월 1일부터 일반과세자가 된다.

② 간이과세가 적용되지 아니하는 다른 사업장을 보유하고 있는 사업자는 직전 1역년의 공급대가가 1억 4백만원에 미달하는 경우에도 원칙적으로 간이과세를 적용받을 수 없다.

③ 간이과세자는 의제매입세액공제를 적용받을 수 없다.

④ 직전 1역년의 재화와 용역의 공급에 대한 공급대가가 1억 4백만원에 미달한 개인 및 법인사업자는 간이과세를 적용받을 수 있다.

07. 다음 중 부가가치세법상 간이과세와 관련된 설명으로 옳은 것은?

① 20x0년의 공급대가가 1억 4백만원에 미달하는 경우 간이과세가 적용되는 기간은 20x1년 1월 1일부터 20x1년 12월 31일까지로 한다.

② 간이과세자의 경우 예정신고기간의 납부세액을 자진신고하는 것이 원칙이다.

③ 부동산매매업을 경영하는 자는 공급대가의 규모와 관계없이 간이과세자가 될 수 없다.

④ 과세기간의 공급대가가 8,000만원 미만인 경우 해당 과세기간의 납부의무를 면제한다.

160

08. 다음 중 부가가치세 신고와 납부에 관한 설명으로 옳지 않은 것은?

① 법인사업자는 예정신고기간이 끝난 후 25일 이내에 예정신고기간에 대한 과세표준과 납부세액 또는 환급세액을 납세지관할 세무서장에게 신고하여야 한다.

② 개인사업자는 관할 세무서장이 각 예정신고기간마다 직전 과세기간에 대한 납부세액의 1/2에 해당하는 금액을 결정하여 해당 예정신고기간이 끝난 후 25일까지 징수한다.

③ 개인사업자는 휴업 또는 사업부진 등으로 인하여 각 예정신고기간의 공급가액 또는 납부 세액이 직전 과세기간의 공급가액 또는 납부세액의 1/3에 미달하는 경우 예정신고 납부를 할 수 있다.

④ 폐업일의 경우 폐업일이 속한 달의 25일 이내에 신고·납부하여야 한다.

09. 다음 중 부가가치세법상 간이과세자에 대한 설명으로 옳은 것은?

① 간이과세를 포기하고 일반과세자가 될 수 있다.

② 상대방이 요청하는 경우에는 세금계산서를 발급하여야 한다.

③ 매입처별세금계산서 합계표를 제출하면 매입시 부담한 세액전부를 납부세액에서 공제 받을 수 있다.

④ 과세기간의 공급대가가 8,000만원 미만인 경우 해당 과세기간의 납부의무를 면제한다.

10. 다음 중 부가가치세법상 신고와 납부에 대한 설명으로 옳은 것은?

① 주사업장총괄납부를 신청한 경우 주사업장에서 총괄하여 신고 및 납부해야 한다.

② 사업자가 확정신고를 함에 있어 부가가치세 신고서를 사업장 관할세무서장 외의 세무서장에게 제출한 경우 무신고로 본다.

③ 직전 과세기간 공급가액의 합계액이 1억 5천만원 미만인 법인사업자는 예정고지를 적용한다.

④ 사업자는 각 과세기간에 대한 과세표준과 납부세액 또는 환급세액을 그 과세기간 종료일의 다음 달 10일까지 신고·납부해야 한다.

11. 부가가치세법상 일반과세자의 예정신고납부에 관련하여 옳지 않은 것은?

① 직전 과세기간 공급가액의 합계액이 1억 5천만원 이상인 법인사업자는 예정신고 납부의무가 있다.

② 휴업 또는 사업부진으로 인하여 각 예정신고기간의 공급가액 또는 납부세액이 직전 과세기간의 공급가액 또는 납부세액의 1/3에 미달하는 일반과세자는 예정신고·납부를 선택할 수 있다.

③ 예정고지세액이 50만원 미만인 경우 징수하지 아니한다.

④ 개인사업자는 예정신고시 신용카드매출전표 발행세액공제를 적용받을 수 없다.

 주관식

01. 다음은 부가가치세법상 과세사업자인 (주)한공의 20x1년 제1기 과세자료이다. 대손세액공제를 반영한 후의 부가가치세 매출세액은 얼마인가? 단, 별도의 언급이 없는 한 주어진 금액은 부가가치세가 포함되어 있지 않은 금액이며, 세금계산서 등 필요한 증빙서류는 적법하게 발급하였거나 수령하였다.

가. 제품의 외상판매액	15,000,000원
나. 매출채권의 조기회수 따른 매출할인액	300,000원
다. 거래처에 무상제공한 견본품	1,000,000원
라. 법인세법 시행령에 따른 회수불능으로 인한 외상매출액 대손확정분 　　(부가가치세 포함)	2,200,000원

02. 다음은 의류 제조업을 영위하는 (주)한공의 20x1년 제2기 부가가치세 확정신고와 관련된 매입세액 자료이다. 이 중 매출세액에서 공제받지 못할 매입세액은 모두 얼마인가?(단, 필요한 세금계산서는 적법하게 수취하였다.)

가. 의류 제조용 원재료 구입관련 매입세액	5,000,000원
나. 공장부지 자본적 지출 관련 매입세액	3,000,000원
다. 대표이사 업무용승용차 구입관련 매입세액(3,500cc)	10,000,000원
라. 거래처 설날선물 구입관련 매입세액	1,500,000원
마. 사무용 비품구입 관련 매입세액	2,500,000원

03. 다음 자료는 2기 부가가치세 예정 신고시 누락된 자료이다. 20x2년 1월 24일에 신고 납부하며, 신고불성실가산세는 일반과소신고에 의한 가산세율 및 감면을 적용하고 **납부지연가산세 미납일수는 91일, 1일 2.5/10,000로 가정**한다. 제 2기 부가가치세 확정신고시 가산세를 계산하시오.

자료 1. 매출(제품) 전자세금계산서 발급 목록

번호	작성일자	승인번호	발급일자	전송일자	상호	공급가액	세액	전자세금계산서 종류
1	20x10723	생략	20x10820	20x10820	(주)바스라이프	18,000,000	1,800,000	일반
2	20x10729	생략	20x10729	20x10729	퍼센스(주)	10,000,000		영세

자료 2. 매입(비품) 신용카드매출전표 수취 내역

번호	작성일자	가맹점명	공급가액	세액
1	20x0817	㈜종로기계	3,000,000	300,000

04. 다음 자료는 1기 부가가치세 확정 신고시 누락된 전자세금계산서 및 현금영수증이다. 20x1년 8월 10일에 수정신고 및 납부하려고 하며, 신고불성실가산세는 일반과소신고를 적용하고 **미납일수는 16일, 1일 2/10,000로 가정**한다. 제 1기 부가가치세 확정신고에 대한 수정신고시 가산세를 계산하시오.

자료 1. 매출(제품) 전자세금계산서 및 현금영수증 누락분

매출전자세금계산서 목록								
번호	작성일자	승인번호	발급일자	전송일자	상호	공급가액	세액	전자세금계산서 종류
1	20x10505	생략	20x10728	20x10728	(주)서울상사	15,000,000	1,500,000	일반

현금영수증(매출) 목록				
번호	작성일자	승인번호	공급가액	세액
1	20x0616	생략	200,000	20,000

자료 2. 매입전자세금계산서 수취 목록(매출거래처 접대품 구입)

매입전자세금계산서 목록								
번호	작성일자	승인번호	발급일자	전송일자	상호	공급가액	세액	전자세금계산서 종류
1	20x10610	생략	20x10625	20x10625	농민마켓	1,000,000	100,000	일반

05. 제1기 확정 부가가치세 신고를 기한 내에 하지 못하여 20x1년 8월 5일에 기한후신고납부하려고 한다. 신고불성실가산세는 일반무신고에 의한 가산세율을 적용하며, **미납일수는 11일, 1일 2/10,000로 가정**하고, 신고시 차가감납부세액을 계산하시오.

자료 1. 제품매출 전자세금계산서 발급 목록

					매출전자세금계산서 목록			
번호	작성일자	승인 번호	발급일자	전송일자	상호	공급가액	세액	전자세금 계산서종류
1	20x10520	생략	20x10520	20x10521	(주)한공산업	30,000,000	3,000,000	일반
2	20x10610	생략	20x10610	20x10611	(주)한공무역	10,000,000	–	영세율

자료 2. 원재료매입 전자세금계산서 및 현금영수증수취(관리부 회식) 목록

					매입전자세금계산서 목록			
번호	작성일자	승인 번호	발급일자	전송일자	상호	공급가액	세액	전자세금 계산서종류
1	20x10512	생략	20x10512	20x10513	(주)한공테크	20,000,000	2,000,000	일반

		현금영수증(매입) 목록			
번호	작성일자	승인번호	공급가액	세액	가맹점명
1	20x10420	생략	300,000	30,000	황우정

06. 제1기 확정 부가가치세 신고를 기한 내에 하지 못하여 20x1년 8월 1일에 기한후신고납부하려고 한다. 신고불성실가산세는 일반무신고에 의한 가산세율을 적용하며, **미납일수는 7일, 1일 2.5/10,000로 가정**하고, 신고시 차가감납부세액을 계산하시오.

자료 1. 매출 전자세금계산서 누락분(제품 매출)

					매출전자세금계산서 목록			
번호	작성일자	승인 번호	발급일자	전송일자	상호	공급가액	세액	전자세금 계산서종류
1	20x1-5-31	생략	20x1-7-31	20x1-8-1	(주)러블리가구	15,000,000원	1,500,000원	일반
2	20x1-6-15	생략	20x1-7-31	20x1-8-1	(주)화이트가구	20,000,000원	2,000,000원	일반

자료 2. 매입전자세금계산서 누락분(차량운반구 1,600cc 승용차)

					매입전자세금계산서 목록			
번호	작성일자	승인 번호	발급일자	전송일자	상호	공급가액	세액	전자세금 계산서종류
1	20x1-4-20	생략	20x1-4-20	20x1-4-21	(주)현대차	18,000,000	1,800,000	일반

🗝️ 객관식

1	2	3	4	5	6	7	8	9	10
①	②	③	①	①	④	③	④	①	③

11									
④									

[풀이 - 객관식]

01 ② 각 예정신고기간의 환급세액은 조기환급의 경우를 제외하고는 확정신고시 납부할 세액에서 차감한다.

③ 사업 설비를 신설·취득·확장 또는 증축하는 경우와 재무구조개선계획을 이행 중인 경우에도 조기환급을 받을 수 있다.

④ 사업자는 각 과세기간에 대한 과세표준과 세액을 그 과세기간이 끝난 후 25일 이내에 납세지 관할 세무서장에게 신고·납부하여야 한다.

02 ① 휴업 등으로 인하여 각 예정신고기간의 공급가액이 **직전 과세기간의 공급가액의 1/3에 미달하는 경우 예정신고** 할 수 있다.

③ 예정신고를 한 사업자는 확정신고시 이미 신고한 과세표준과 납부한 납부세액 또는 환급받은 환급세액은 신고하지 아니한다.

④ 폐업하는 경우 폐업일이 속한 달의 다음 달 25일 이내에 신고·납부하여야 한다.

03 ① **예정신고시 대손세액공제는 신고대상이 아니다.**

② 예정고지세액으로 징수하여야 할 금액이 **50만원** 미만인 경우에는 징수하지 않는다.

④ 일반과세자는 예정신고 또는 조기환급 신고시에 이미 신고한 내용을 제외하고 과세 표준과 납부세액을 확정신고 하여야 한다.

04 ② 납세의무자가 재화의 수입에 대하여 「관세법」에 따라 관세를 세관장에게 신고하고 납부 하는 경우에는 재화의 수입에 대한 부가가치세를 함께 신고하고 납부하여야 한다.

③ 영세율을 적용받는 경우에는 조기환급을 받을 수 있다.

④ 사업자는 각 과세기간에 대한 과세표준과 세액을 그 과세기간이 끝난 후 25일 이내에 납세지 관할 세무서장에게 신고·납부하여야 한다.

05 **간이과세자는 환급이 적용되지 않는다.**

06 법인사업자는 간이과세를 적용받을 수 없다.

07 ① 간이과세자에 관한 규정이 적용되거나 적용되지 아니하게 되는 기간은 1역년(歷年)의 공급대가의 합계액이 1억 4백만원에 미달하거나 그 이상이 되는 해의 다음 해의 7월 1일부터 그 다음 해의 6월 30일까지로 한다.

   ② 간이과세자는 **예정부과기간의 납부세액을 결정고지하는 것이 원칙이다.**

   ④ 간이과세자는 **공급대가가 4,800만원인 경우 납부의무를 면제**한다.

08 폐업일의 경우 **폐업일이 속한 달의 다음 달 25일 이내에 신고 납부**하여야 한다.

09 ② 간이과세자는 원칙적으로 세금계산서를 발급해야 하고, 일정규모 이하의 간이과세자는 예외적으로 영수증을 발급한다.

   ③ 매입처별세금계산서 합계표를 제출할 경우 **매입가액(공급대가)의 0.5%를 납부세액에서 공제한다.**

   ④ 간이과세자는 과세기간의 공급대가가 **4,800만원 미만인 경우 해당 과세기간의 납부의무를 면제**한다.

10 ① 주사업장총괄납부를 신청한 경우에도 **신고는 각 사업장별로 해야** 한다.

   ② 사업자가 부가가치세신고서를 **사업장 관할세무서장 외의 세무서장에게 신고서를 제출**한 경우 **무신고로 보지 않는다.**

   ④ 사업자는 각 과세기간에 대한 과세표준과 납부세액 또는 환급세액을 그 **과세기간 종료 후 25일 이내에 사업장 관할세무서장에게 신고·납부**해야 한다.

11 **예정신고시에도 개인사업자는 신용카드매출전표 발행세액공제를 적용**받을 수 있다.

🔑 **주관식**

01	1,270,000	02	14,500,000	03	264,125
04	321,280	05	1,094,667	06	4,556,125

[풀이 - 주관식]

01 과세표준 = 외상판매액(15,000,000) - 매출할인(300,000) = 14,700,000원

   견본품의 무상제공은 과세대상에 해당하지 않음

   매출세액 = 과세표준(14,700,000)×10% - 대손세액공제(200,000) = 1,270,000원

02 부지(3,000,000)+승용차(10,000,000)+기업업무추진(1,500,000) = 14,500,000원

   공장부지 자본적 지출 관련 매입세액, 대표이사 업무용승용차 구입관련 매입세액(3,500cc), 거래처 설날선물 구입관련 매입세액은 공제받지 못한다.

03. 예정신고누락분에 대한 확정신고

〈세금계산서 발급시기〉

공급시기	발급기한	지연발급(1%)	미발급(2%)
7.23, 7.29	~8.10	8.11~익년도 1.25	익년도 1.25까지 미발급

〈매출매입신고누락분〉

구 분			공급가액	세액
매출	과세	세 금(전자)	18,000,000(지연발급)	1,800,000
		기 타		
	영세	세 금(전자)	10,000,000	
		기 타		
매입	세금계산서 등		3,000,000	300,000
미달신고(납부)←신고·납부지연 가산세				1,500,000

1. 전자세금계산서 지연발급(1%)	18,000,000원 × 1% = 180,000원
2. 영세율과세표준신고 불성실	10,000,000원 × 0.5% ×(1－75%) = 12,500원 * 3개월 이내 수정신고시 75% 감면
3. 신고불성실	1,500,000원 × 10% × (1－75%) = 37,500원 * 3개월 이내 수정신고시 75% 감면
4. 납부지연	1,500,000원 × 91일 ×2.5(가정)/10,000 = 34,125원 * 일수 : 10월 26일 ~ 익년도 1월 24일(납부일자)
계	264,125원

04. 수정신고(확정신고 누락분, 1개월 이내)

〈세금계산서 발급시기〉

공급시기	발급기한	지연발급(1%)	미발급(2%)
5.05	~6.10	6.11~7.25	7.25까지 미발급

〈매출매입신고누락분〉

구 분			공급가액	세액
매출	과세	세 금(전자)	15,000,000(미발급)	1,500,000
		기 타	200,000	20,000
	영세	세 금(전자)		
		기 타		
매입	세금계산서 등			
미달신고(납부) – 신고/납부지연				1,520,000

1. 전자세금계산서 미발급(2%)	**15,000,000원** × 2% = 300,000원
2. 신고불성실	**1,520,000원** × 10% × (1 − 90%) = 15,200원 * 1개월 이내 수정신고시 90% 감면
3. 납부지연	**1,520,000원** × 16일 × 2(가정)/10,000 = 4,864원
계	320,064원

05. 기한후 신고서

구 분			공급가액	세 액	비고
매출세액(A)	과세분(10%)	세금	30,000,000	3,000,000	
		기타			
	영세분(0%)	세금	10,000,000		
		기타			
	합 계		40,000,000	3,000,000	
매입세액(B)	세금계산서 수취분	일반	20,000,000	2,000,000	
		고정			
	그 밖의 공제 매입세액		300,000	30,000	
	불공제				
	합 계			2,030,000	
공제세액(C)	전자신고				
가산세(D)				124,667	
납부세액				*1,094,667*	(A − B − C + D)

〈매출매입신고누락분〉

구 분			공급가액	세액
매출	과세	세 금(전자)	30,000,000	3,000,000
		기 타		
	영세	세 금(전자)	10,000,000	
		기 타		
매입	세금계산서 등		20,300,000	2,030,000
미달신고(납부)←신고 · 납부지연 가산세				970,000

1. 영세율과세표준신고 불성실	**10,000,000원** × 0.5% × (1 − 50%) = 25,000원 * 1개월 이내 기한후신고시 50% 감면
2. 신고불성실	**970,000원** × 20% × (1 − 50%) = 97,000원 * 1개월 이내 기한후신고시 50% 감면
3. 납부지연	**970,000원** × 11일 × 2(가정)/10,000 = 2,134원
계	124,134원

168

06. 기한후 신고서

구 분			공급가액	세 액	비고
매출세액(A)	과세분(10%)	세금	35,000,000	3,500,000	
		기타			
	영세분(0%)	세금			
		기타			
	합 계		35,000,000	3,500,000	
매입세액(B)	세금계산서 수취분	일반			
		고정	18,000,000	1,800,000	
	그 밖의 공제 매입세액				
	불공제		18,000,000	1,800,000	
	합 계			0	
공제세액(C)	전자신고				
가산세(D)				1,056,125	
납부세액				*4,556,125*	(A − B − C + D)

〈세금계산서 발급시기〉

공급시기	발급기한	지연발급(1%)	미발급(2%)
5.31	~06.10	06.11~7.25	*7.25까지 미발급*
6.15	~07.10	07.11~7.25	

구 분			공급가액	세액
매출	과세	세 금(전자)	35,000,000(미발급)	3,500,000
		기 타		
	영세	세 금(전자)		
		기 타		
매입	세금계산서 등			
미달신고(납부) − 신고납부지연 가산세				3,500,000

1. 전자세금계산서미발급	**35,000,000** × 2% = 700,000원
2. 신고불성실	**3,500,000원** × 20% × (1 − 50%) = 350,000원 * 1개월 이내 기한후신고시 50% 감면
3. 납부지연	**3,500,000원** × 7일 × 2.5(가정)/10,000 = 6,125원
계	**1,056,125원**

Chapter
03

소득세

제1절 기본개념

1. 납세의무자

1. 거주자 (무제한 납세의무자)	국내에 주소를 두거나 **1과세기간 중 183일 이상** 거소를 둔 개인(계속하여 183일 이상 거소를 둔 경우 포함) (개정세법 26)	**국내+국외 원천소득**
2. 비거주자(제한납세의무자)	거주자가 아닌 개인	**국내원천소득**

☞ 거소 : 주소지 외의 장소 중 상당기간에 걸쳐 거주하는 장소로서 주소와 같이 밀접한 일반적 생활관계가 형성되지 않는 장소를 말한다.

2. 과세기간

구 분	과세기간	확정신고기한
1. 원칙	1.1~12.31(신규사업시, 폐업시도 동일함)	**익년도 5.1~5.31**
2. 사망시	**1.1~사망한 날**	**상속개시일이 속하는 달의 말일부터 6개월이 되는 날**
3. 출국시	**1.1~출국한 날**	출국일 전일

3. 납세지

1. 일반	1. 거주자	**주소지(주소지가 없는 경우 거소지)**
	2. 비거주자	주된 국내사업장 소재지(if not 국내원천소득이 발생하는 장소)
2. 납세지지정		사업소득이 있는 거주자가 사업장 소재지를 납세지로 신청가능

제2절 금융소득(이자 · 배당소득)

1. 이자소득

(1) 범위 및 수입시기

구 분		수 입 시 기
1. 채권 등의 이자와 할인액	**무기명**	**그 지급을 받는 날**
	기 명	약정에 의한 지급일
2. 예금의 이자		**원칙 : 실제로 이자를 지급받는 날** 1. 원본에 전입하는 뜻의 특약이 있는 이자 : 원본전입일 2. 해약시 : 해약일 3. 계약기간을 연장 : 연장일
3. 통지예금의 이자		인출일
4. 채권 또는 증권의 환매조건부 매매차익		약정에 따른 환매수일 또는 환매도일. 다만, 기일 전에 환매수 또는 환매도하는 경우에는 그 환매수 또는 환매도일
5. 저축성보험의 보험차익		지급일(기일전 해지시 해지일) ☞ **보장성보험에 대한 보험금은 비열거소득에 해당한다.**
6. 직장공제회의 초과반환금		약정에 따른 공제회 반환금의 지급일
7. 비영업대금의 이익		**약정에 따른 이자지급일(약정일 전 지급시 지급일)**

	자금대여	성 격	소득구분
금융업	영업대금의 대여	사업적	사업소득
금융업이외	비영업대금의 대여	일시우발적	이자소득

구 분	수 입 시 기
8. 유형별 포괄주의	약정에 의한 상환일로 함. 다만, 기일 전에 상환시 상환일

☞ 기명채권 : 채권에 투자자의 성명을 기재하는 채권
☞ 통지예금 : 현금을 인출할 때에 사전 통지가 요구되는 예금
☞ 환매조건부채권 : 금융기관이 고객에게 일정기간 후에 금리를 더해 되사는 조건으로 발행하는 채권
☞ 직장공제회 : 법률에 의하여 설립된 공제회 · 공제조합(이와 유사한 단체를 포함)으로서 동일직장나 직종에 종사하는 근로자들의 생활안정, 복리증진 또는 상호부조 등을 목적으로 구성된 단체

(2) 이자소득이 아닌 것

① 사업관련 소득 : 매출할인 등

② 손해배상금에 대한 법정이자

	손해배상금	법정이자
법원의 판결 또는 화해에 의하여 지급받을 경우 (육체적 · 정신적 · 물리적 피해)	과세제외	과세제외
계약의 위약 · 해약	기타소득	기타소득

(3) 비과세이자소득 : 공익신탁의 이익
☞ 공익신탁 : 재산을 공익목적(종교, 자선, 학술등)에 사용하기 위하여 신탁하는 것

2. 배당소득

1. 일반배당	1. 무기명주식 : 지급일 2. **기명주식 : 잉여금처분결의일** ☞ 기명주식 : 주주의 이름이 주주명부와 주권에 기재된 주식 	공동사업 이익배분	공동사업자(경영참가시)	사업소득	 		출자공동사업자(경영미참가시)	배당소득	
2. 인정배당	당해 사업년도의 결산 확정일

3. 금융소득의 과세방법

과세방법	범 위	원천징수세율
1. 무조건 분리과세	– 비실명 이자 · 배당소득 – 직장공제회 초과반환금 – 법원보관금의 이자소득	45% 기본세율 14%
2. 무조건종합과세	– 국외에서 받은 이자 · 배당소득 – 원천징수되지 않는 금융소득 – **출자공동사업자의 배당소득**	– – 25%
3. 조건부종합과세	– 일반적인 이자소득 · 배당소득 – **비영업대금이익**	14% 25%

① **2천만원(출자공동사업자의 배당소득제외)을 초과하는 경우 … 종합과세**
② **2천만원 이하인 경우 … 분리과세(조건부 종합과세만)**

4. 금융소득의 Gross-up 금액 계산 및 종합소득금액 확정

원천징수세율(14%) 적용순서	Gross-up대상 배당소득 총수입금액
① 이자소득금액	1. 내국법인으로부터 수령
② Gross-up제외 배당소득총수입금액	2. 법인세가 과세된 잉여금으로 배당을 받을 것
③ Gross-up대상 배당소득총수입금액×110%	3. 종합과세되고 기본세율(2천만원 초과)이 적용되는
=종합소득금액(①+②+③)	배당소득

원천징수세율(14%) 적용순서				
			– 2,000만원 –	
① 이자소득금액	–14%		–국내정기예금이자	4,000,000
			–비영업대금이익	6,000,000
			–국외원천이자소득	8,000,000
② Gross-up제외 배당소득총수입금액			–	–
			–주권상장법인 배당금	2,000,000
③ Gross-up대상 배당소득총수입금액	–기본세율		–주권상장법인 배당금	3,000,000

Gross-up금액

제3절 │ 사업소득

1. 사업소득 중 부동산임대업

1. 부동산 또는 부동산상의 권리(전세권, 지역권, 지상권)의 대여
2. 공장재단 또는 광업재단의 대여 소득
3. 채굴권의 대여소득
   ☞ 공익사업과 관련된 지역권, 지상권의 대여 : 기타소득

2. 비과세

1. 농지대여소득 : 다만 타용도로 사용 후 발생하는 소득은 과세
2. 작물재배업에서 발생하는 소득(10억원 이하의 작물재배)
   ☞ 곡물 및 기타 식량작물재배업은 사업소득에서 과세제외
3. <u>1개의 주택을 소유하는 자의 주택임대소득(고가주택[1]의 임대소득은 제외)</u>
4. <u>3,000만원 이하 농어가부업소득 등</u>
5. 어업소득(어로어업 · 양식어업 소득) : 5천만원 이하
6. 1,200만원 이하의 전통주 제조소득
7. 조림기간이 5년 이상인 임지의 임목 벌채 · 양도로 인한 <u>소득금액 연 3천만원(개정세법 26)</u>

*1. 고가주택 기준시가 12억 초과

3. 사업소득금액의 계산

기업회계	세무조정		소득세법
수익	(+)총수입금액산입	(−)총수입금액불산입	**총수입금액**
−			−
비용	(+)필요경비 산입	(−)필요경비 불산입	**필요경비**
=	**+가산 : 총수입금액산입+필요경비 불산입**		=
당기순이익	**−차감 : 총수입금액불산입+필요경비산입**		**사업소득금액**

4. 총수입금액

총수입금액산입	총수입금액불산입
ⓐ 사업수입금액 　– 매출에누리와 환입, 매출할인 제외 　**– 임직원에 대한 재화 등의 할인금액은 사업수입** 　**금액에 포함** ⓑ 판매장려금 등 ⓒ 사업과 관련된 자산수증이익 · 채무면제이익 ⓓ **사업과 관련하여 생긴 보험차익(퇴직연금운용자산)** ⓔ 가사용으로 소비된 재고자산 ⓕ **사업용 유형자산(부동산 제외)양도가액(복식부기** 　**의무자)**	ⓐ 소득세 등의 환급액 ⓑ 부가가치세 매출세액 ⓒ **재고자산 이외(고정자산)의 자산의 처분이익** 　**(복식부기의무자 제외)** ⓓ 국세환급가산금[*1]

*1. 국세환급금에 가산되는 법정이자 상당액

5. 필요경비

필요경비산입	필요경비불산입
ⓐ 판매한 상품 등에 대한 원료의 매입가액과 그 　부대비용 ⓑ 종업원의 급여 　**– 임직원에 대한 재화 · 용역 등 할인금액** ⓒ 사업용자산에 대한 비용 및 감가상각비 ⓓ **복식부기의무자의 사업용 유형자산 양도 시 장** 　**부가액** ⓔ 상대편에게 지급하는 장려금 등 ⓕ 한도이내의 기부금(**법인세법과 동일**)	ⓐ **소득세와 지방소득세** ⓑ **벌금 · 과료와 과태료와 강제징수비[*1]** ⓒ **감가상각비 중 상각범위액을 초과하는 금액** ⓓ **대표자의 급여와 퇴직급여** ⓔ **재고자산 이외(고정자산)의 자산의 처분손실** 　**(복식부기의무자 제외)** ⓕ 가사(집안일)관련경비 ⓖ 한도 초과 업무용 승용차 관련비용등(복식부기 　의무자)

*1. 강제징수비 : 국세를 체납시 강제징수에 관한 규정에 의한 재산의 압류와 압류한 재산의 보관등에 소요된 비용

6. 수입시기

1. 상품등의 판매	인도한 날
2. 1이외의 자산 매매	대금청산일
3. 시용판매	상대방이 구입의사를 표시한 날
4. 위탁판매	수탁자가 위탁품을 판매하는 날
5. 인적용역제공[*1]	용역대가를 지급받기로 한 날 또는 용역제공을 완료한 날 중 빠른 날

*1. 연예인 및 직업운동선수 등이 계약기간을 초과하는 일신 전속계약에 대한 대가를 일시에 받는 경우에는 계약
기간에 따라 해당 대가를 균등하게 안분한 금액을 각 과세기간 종료일에 수입한 것으로 한다.

7. 법인세법과 차이

(1) 제도의 차이

구 분	법인세법	소득세법
1.과세대상소득	– 각사업연도소득, 청산소득, 토지등 양도소득	– 종합 · 퇴직 · 양도소득
2.과세원칙 및 방법	– 순자산증가설(포괄주의) – 종합과세	– 소득원천설(열거주의) – 종합 · 분류 · 분리과세
3.과세기간	– 정관등에서 정하는 기간	1.1~12.31
4.납세지	본점, 실질적 관리장소의 소재지 등	거주자의 주소지 등

(2) 각사업연도소득과 사업소득금액의 차이

구 분	법인세법	소득세법
1. 이자수익과 배당금수익	– 각 사업연도 소득에 포함	– 사업소득에서 제외(이자, 배당소득)
2. 유가증권처분손익	– 익금 또는 손금	– 사업소득에 해당 안됨. ☞ 처분익 발생 시 양도소득으로 과세될 수 있음
3. 고정자산처분손익	– 익금 또는 손금	– 과세제외(기계 · 비품 등) ⇒ 복식부기의무자는 과세 ☞ 부동산등의 처분익 발생 시 양도소득으로 과세될 수 있음
4. 자산수증이익, 채무면제익	사업관련 여부에 관계없이 익금	사업과 관련이 있는 경우에만 총수입금액산입
5. 대표자급여 및 퇴직급여	손금	필요경비불산입
6. 기업업무추진비	법인 전체로 계산함.	각 사업장별로 기업업무추진비한도액을 계산하여 적용함.
7. 현물기부금 (특례, 일반)	장부가액	MAX[시가, 장부가액]
8. 소득 처분	사외유출	귀속자의 소득세 납세의무 유발	귀속자의 소득으로 처분하지 않고 사업주가 인출하여 증여한 것으로 본다.
	유보	세무조정금액이 사내에 남아있는 경우 유보로 처분하여 별도 관리한다.	

제4절 근로소득

1. 근로소득의 범위

① 근로의 제공으로 인하여 받는 봉급 · 급료 · 상여 · 수당 등의 급여
② 법인의 주주총회 · 사원총회 등 의결기관의 결의에 의하여 상여로 받는 소득
③ 법인세법에 의하여 상여로 처분된 금액(인정상여)
④ 퇴직함으로써 받는 소득으로서 퇴직소득에 속하지 아니하는 소득
⑤ 종업원등 또는 대학의 교직원이 지급받는 직무발명보상금(고용관계 종료 전 지급되는 보상금에 한정)
　☞ 퇴직 후 지급받으면 기타소득으로 과세
⑥ 종업원 등에 대한 할인 금액
　자사 및 계열사의 종업원으로 일반소비자의 시가보다 할인하여 공급받는 경우

2. 근로소득이 아닌 것

1. 근로의 대가로서 현실적 퇴직을 원인으로 지급받는 소득 : 퇴직소득
2. 퇴직 후에 받는 직무발명보상금 : 기타소득
3. 주식매수선택권을 퇴직 후 행사하여 얻은 이익 : 기타소득
4. 사회 통념상 타당한 범위내의 경조금
5. 업무와 무관한 사내원고료와 강연료 : 기타소득

3. 비과세 근로소득

1. 실비변상적인 급여	1. 일직료, 숙직료 또는 여비로서 실비변상정도의 금액
	2. **자가운전보조금(회사업무사용시) 중 월 20만원 이내의 금액 :**
	① 종업원소유차량(임차차량 포함)&　② 업무사용&　③ 소요경비를 미지급
	3. 작업복 등
	4. 교육기관의 교원이 받는 연구보조비 중 월 20만원
	5. 근로자가 천재, 지변 기타 재해로 인하여 받는 급여
	6. 연구보조비 또는 연구활동비 중 월 20만원 이내의 금액
2. 생산직 근로자의 연장근로수당	**월정액급여가 2.6백만원이고 직전년도 총급여액 3,700만원 이하 근로자(개정세법 26)**
	1. 광산근로자 · 일용근로자 : 전액
	2. 생산직근로자, 어선근로자 : 연 240만원까지

3. 식사와 식사대	현물식사 또는 **식사대(월 20만원 이하)** → **현물제공+식대 지급시 과세**		
4. 복리후생적 성격의 급여	**1. 사택제공 및 주택자금 대여 이익**		
		사택제공이익	주택자금대여이익
	출자임원	근로소득	근로소득 **(중소기업 종업원은 비과세)**
	소액주주임원, 비출자임원	**비과세** 근로소득	
	종업원		
	2. 단체순수보장성 보험 및 단체환급부보장성 보험 중 70만원 이하의 보험료		

5. 기타	1. 본인의 학자금
	2. 고용보험료 등 사용자 부담금
	3. 출산지원금 : 전액 비과세(출생일 이후 2년 이내, 지급 2회 이내)
	4. 보육수당 : 과세기간 개시일 기준으로 6세 이하(취학 전 영유아)의
	    자녀보육과 관련된 급여 월 20만원/인(개정세법 26)
	5. 배우자 출산휴가 급여
	6. 국외(북한포함)소득 월 100만원 이내
	    ☞ 외항선박과 해외건설근로자는 월 500만원
	7. 직무발명보상금 7백만원 이하의 보상금
	8. 임직원 할인 금액 : MAX(시가의 20%, 연 240만원)
	    ① 임직원 등이 직접 소비목적으로 구매
	    ② 일정기간(1년 또는 2년) 동안 재판매 금지
	    ③ 공통지급기준에 따라 할인금액 적용		

4. 일용근로자 - 분리과세소득

1. 대상	**동일한 고용주에게 3개월(건설공사 종사자는 1년)미만 고용된 근로자**
2. 일 원천징수세액	**[일급여액－150,000원]×6%×(1－55%)** ☞ 근로소득세액공제 : 산출세액의 **55%**

5. 근로소득금액의 계산

> 근로소득금액＝근로소득 총수입금액－근로소득공제(일정 산식－공제한도 2천만원)

6. 근로소득의 수입시기

1. 급 여	근로를 제공한 날
2. 잉여금 처분에 따른 상여	잉여금 처분결의일
3. 인정상여	해당 사업연도 중의 근로를 제공한 날
4. 주식 매수 선택권	**행사한 날**

제5절 연금소득

1. 공적연금	1. 국민연금 2. 공무원연금 등	2. 연금계좌 (사적연금)	1. 퇴직연금 2. 개인연금 3. 기타연금
3. 비 과 세	국민연금법에 의한 유족연금, 장애연금 등		
4. 연금소득	총연금액(비과세 제외) – 연금소득공제**(소득공제 900만원 한도)** 〈연금소득공제〉 <table><tr><td>총연금액</td><td>공제액</td></tr><tr><td>350만원 이하</td><td>총연금액</td></tr><tr><td>350만원 초과 700만원 이하</td><td>350만원＋350만원 초과금액의 40%</td></tr><tr><td>700만원 초과 1,400만원 이하</td><td>490만원＋700만원 초과금액의 20%</td></tr><tr><td>1,400만원 초과</td><td>630만원＋1,400만원 초과금액의 10%</td></tr></table>		
5. 과세방법	1. **원칙(공적연금) : 종합과세** 2. **연금계좌에서 연금수령시** 　① **1,500만원　이하 : 저율·분리과세(5%~3%)** 　② **1,500만원　초과 : (세액계산시) 종합과세 또는 15% 분리과세**		
6. 수입시기	① **공적연금 : 연금을 지급받기로 한 날** ② **연금계좌에서 받는 연금소득 : 연금수령한 날** ③ 기타 : 연금을 지급받은 날		

제6절 | 기타소득

1. 비과세

① 국가보안법 등에 의한 받는 상금 등
② 퇴직 후에 지급받는 **직무발명보상금으로 5백만원 이하의 금액**(근로소득에서 비과세되는 직무발명보상금 차감)
③ 상훈법에 의한 훈장과 관련하여 받는 상금과 부상 등
④ **서화·골동품을 박물관 또는 미술관에 양도함으로써 발생하는 소득**

2. 필요경비

1. 원칙	실제지출된 비용	
2. 예외	1. 승마투표권 등의 환급금	단위투표금액의 합계액
	2. 슬롯머신 등의 당첨금품 등	당첨직전에 투입한 금액
	3. 일정요건의 상금 및 부상 4. **위약금과 배상금 중 주택입주 지체상금** 5. 서화·골동품의 양도로 발생하는 소득[1](양도가액 6천만원 이상인 것)	**MAX [①수입금액의 80%, ②실제 소요경비]**
	6. **인적용역을 일시적으로 제공하고 지급받는 대가** 7. **일시적인 문예창작소득** 8. 산업재산권, 영업권, **토사석 채취권리** 등 양도 또는 대여 9. 공익사업과 관련된 지상권의 설정·대여소득 　　☞ **지상권·지역권 설정·대여소득은 사업소득**	**MAX [①수입금액의 60%, ②실제 소요경비]**

*1. 양도가액이 1억원 이하 또는 보유기간이 10년 이상 경우 90% 필요경비

3. 과세방법

1. 원천징수	**원칙 : 20%***(복권 등 당첨금품의 경우 3억 초과시 초과분은 30%)*
2. 무조건 분리과세	1. 복권등 당첨소득 2. 승마투표권의 구매자가 받는 환급금 3. 슬러트머신 등의 당첨금 **4. 연금계좌의 연금외 수령시** **5. 서화·골동품의 양도로 발생하는 소득**
3. 무조건종합과세	**뇌물, 알선수재 및 배임수재에 의하여 받는 금품**
4. 선택적분리과세	**연 300만원 이하의 기타소득금액**
5. 수입시기	일반적 : 지급을 받은 날(현금주의) 광업권 등의 양도소득 : 대금청산일, 사용수익일, 인도일 중 빠른 날
6. 과세최저한 규정	**– 일반적 : 5만원 이하이면 과세제외** – 복권당첨금, 슬롯머신 등의 당첨금품 등이 **건별로 200만원 이하**인 경우

Tax Accounting Technician
세무정보처리 자격시험 1급

 객관식

01. 다음 중 소득세에 대한 설명으로 옳지 않은 것은?

① 국내에 주소를 두거나 계속하여 183일 이상의 거소를 둔 개인이 거주자이고, 그 밖의 개인이 비거주자이다.

② 거주자는 국내외원천소득에 대하여 소득세의 납세의무를 지나, 비거주자는 국내원천소득에 대한 소득세의 납세의무를 진다.

③ 거주자가 사망한 경우의 과세기간은 1월 1일부터 사망 신고를 한 날까지로 한다.

④ 곡물 및 기타 식량작물재배업에서 발생하는 소득은 소득세 과세대상이 아니다.

02. 다음 중 소득세에 대하여 잘못 설명하고 있는 사람은?

- ① 길동 : 우리나라 소득세는 신고납세제도를 취하고 있어.
- ② 지수 : 퇴직소득과 양도소득은 종합과세하지 않고 소득별로 따로 과세하는데 이를 분리과세라고 해.
- ③ 종민 : 거주자는 국내외 모든 소득에 대하여 과세하기 때문에 무제한 납세의무자라고 해
- ④ 나현 : 소득을 지급하는 자가 소득자로부터 일정한 세액을 징수하여 국가에 납부하는 제도를 원천징수라고 해.

※ 1차 저작권자의 저작권 침해 소지가 있어 삽화 삽입은 어려우니 양해바랍니다.

03. 다음 중 소득세법에 대한 설명으로 옳은 것은?

① 거주자는 국내원천소득에 대해서만 소득세의 납세의무를 진다.

② 거주자가 주소 또는 거소의 국외 이전을 위하여 출국한 경우 출국하는 날에 비거주자가 된다.

③ 거주자가 사망한 경우의 과세기간은 1월 1일부터 사망일까지로 한다.

④ 국내에 주소를 두거나 90일 이상의 거소를 둔 개인은 거주자에 해당한다.

04. 다음 중 소득세법상 소득구분에 대한 설명을 틀리게 하고 있는 사람은?

① 민석 : 토사석의 채취허가에 따른 권리의 양도로 인하여 발생한 소득은 기타소득이야.

② 소현 : 장소를 일시적으로 대여하고 사용료로서 받는 금품은 사업소득에 해당해.

③ 대범 : 퇴직 전에 부여받은 주식매수선택권을 퇴직 후에 행사함으로써 얻은 이익은 기타소득이야.

④ 소민 : 채권의 환매조건부 매매차익은 이자소득에 해당해.

※ 1차 저작권자의 저작권 침해 소지가 있어 삽화 삽입은 어려우니 양해바랍니다.

05. 다음 중 소득세법상 소득구분에 대한 설명으로 옳지 않은 것은?

① 연예인의 광고모델 전속계약금은 기타소득에 해당한다.

② 광업권을 대여하고 그 대가로 받은 금품은 기타소득에 해당한다.

③ 개인사업자의 공장건물 양도로 인한 소득은 양도소득에 해당한다.

④ 퇴직함으로써 받는 소득으로 퇴직소득에 속하지 아니하는 소득은 근로소득에 해당한다.

06. 소득세법상 소득구분에 대한 설명이다. 옳지 않은 것은?

① 종업원이 여비의 명목으로 받은 연액 또는 월액의 급여는 근로소득에 해당한다.

② 토사석의 채취허가에 따른 권리의 양도로 인하여 발생한 소득은 양도소득으로 본다.

③ 물품 또는 장소를 일시적으로 대여하고 사용료로서 받는 금품은 기타소득에 해당한다.

④ 퇴직 전에 부여 받은 주식매수선택권을 퇴직 후에 행사함으로써 얻은 이익은 기타소득에 해당한다.

07. 다음 중 소득세법상 종합소득의 구분으로 옳지 않은 것은?

① 집합투자기구로부터의 이익은 배당소득에 해당한다.

② 계약의 위약으로 인한 손해배상금은 기타소득에 해당한다.

③ 근로자가 부여받은 주식매수선택권을 퇴직 후에 행사함으로써 얻는 이익은 근로소득에 해당한다.

④ 직장공제회 초과반환금은 이자소득에 해당한다.

08. 다음 중 이자소득과 배당소득에 대한 설명으로 옳지 않은 것은?

① 무기명채권의 이자는 그 지급을 받은 날을 수입시기로 한다.

② 비영업대금의 이익은 금액에 상관없이 항상 종합과세한다.

③ 실지명의가 확인되지 아니하는 이자소득은 무조건 분리과세대상이다.

④ 잉여금의 처분에 의한 배당은 해당 법인의 잉여금처분결의일을 수입시기로 한다.

09. 다음 중 금융소득에 대한 설명으로 옳지 않은 것은?

① 무기명채권의 이자는 그 지급을 받은 날을 수입시기로 한다.

② 비영업대금의 이익은 그 금액에 상관없이 항상 종합과세된다.

③ 직장공제회 초과반환금은 무조건 분리과세대상이다.

④ 법인세법에 의하여 처분된 배당은 해당 법인의 해당 사업연도의 결산확정일을 수입시기로 한다.

10. 거주자의 종합소득에 반드시 합산하는 소득은?

① 주권상장법인의 주주가 받은 배당소득 1,000만원

② 동일한 고용주에게 18개월간 고용된 건설현장 노무자가 지급받은 금액

③ 광산근로자가 받은 야간근로수당

④ 고용관계가 없는 자가 다수인에게 강연하고 지급받은 300만원의 강사료

11. 다음 중 기타소득에 대한 설명으로 옳지 않은 것은?

① 뇌물로 받는 금품은 기타소득으로 과세한다.

② 상가입주 지체상금은 실제필요경비 대신에 총수입금액의 80%를 필요경비로 적용받을 수 있다.

③ 법인세법에 따라 기타소득으로 처분된 소득의 수입시기는 그 법인의 해당 사업연도의 결산확정일이다.

④ 복권에 당첨되어 받는 금품은 원천징수로 과세가 종결된다.

12. 다음 중 기타소득에 대한 설명으로 옳지 않은 것은?

① 복권당첨소득은 무조건 분리과세되는 기타소득이다.

② 뇌물 및 알선수재로 받은 금품은 무조건 종합과세되는 기타소득이다.

③ 소유자가 없는 물건의 점유로 소유권을 취득한 자산은 비과세 기타소득에 해당한다.

④ 연금계좌세액공제를 받은 금액과 연금계좌의 운용실적에 따라 증가된 금액을 연금외 수령한 소득은 기타소득으로 본다.

13. 다음 중 소득세법상 비과세소득으로만 이루어진 것을 고르면?

> 가. 종업원의 수학중인 자녀가 사용자로부터 받는 학자금
> 나. 조림기간 5년 이상인 임목의 양도로 발생하는 연간 3,000만원 이하의 소득
> 다. 논·밭을 작물 생산에 이용하게 함으로써 발생하는 소득
> 라. 종업원이 본인의 차량을 회사 업무에 이용하고 실제 여비를 받는 대신에 지급받는 월 20만원 이내의 자가운전보조금
> 마. 식사 등을 제공받지 아니하는 근로자가 받는 월 30만원 이하의 식사대

① 가, 나, 다   ② 나, 다, 라   ③ 가, 라, 마   ④ 다, 라, 마

 주관식

01. 다음은 거주자 갑의 국내소득 자료이다. 20x1년도에 귀속되는 소득을 모두 고르시오.

종 류	이자지급 약정일	이자 수령일
가. 정기예금이자	20x0년 12월 23일	20x1년 1월 11일
나. 기명식 회사채이자	20x0년 12월 26일	20x1년 1월 14일
다. 비영업대금의 이익	20x1년 12월 27일	20x2년 1월 15일

02. 다음 중 소득세법상 무조건 분리과세대상인 금융소득을 고르시오

> 가. 비실명이자소득   나. 법인세법에 따라 배당으로 처분된 금액
> 다. 비영업대금의 이익   라. 직장공제회 초과반환금

03. 다음 자료에 의하여 종합과세되는 금융소득금액을 계산하면 얼마인가?

> 가. 출자공동사업자의 배당소득 : 4,000,000원
> 나. 국내에서 원천징수 되지 아니한 이자소득 : 5,000,000원
> 다. 비실명 금융소득 : 10,000,000원
> 라. 상장내국법인으로부터의 현금배당액 : 1,500,000원

04. 다음 중 소득세법상 비과세소득으로만 이루어진 것을 고르시오

> 가. 어업에서 발생하는 소득
> 나. 조림기간 5년 이상인 임목의 양도로 발생하는 연간 3,000만원 이하의 소득
> 다. 논·밭을 작물 생산에 이용하게 함으로써 발생하는 소득
> 라. 종업원이 본인의 차량을 회사 업무에 이용하고 실제 여비를 받는 대신에 지급받는 월 20만원 이내의 자가운전보조금
> 마. 식사 등을 제공받지 아니하는 근로자가 받는 월 20만원 이하의 식사대

05. 다음 자료에 의하여 제조업을 영위하는 개인사업자인 한공회 씨의 제10기(20x1.1.1.~20x1.12.31.) 사업소득 총수입금액을 계산하면 얼마인가?

가. 총매출액	30,000,000원
나. 거래상대방으로부터 받은 판매장려금	1,000,000원
다. 예금이자수입	2,000,000원
라. 사업용 유형자산인 토지의 처분이익	5,000,000원

06. 다음 자료는 제조업을 영위하는 개인사업자 김한공이 운영하는 한공산업의 제10기(20x1.1.1.~20x1.12.31.)의 주요 자료이다. 사업소득 총수입금액은 얼마인가?

가. 총매출액(매출에누리 2,000,000원 차감 전)	20,000,000원
나. 가사(家事)용으로 소비한 재고자산(원가 1,000,000원)의 시가	1,500,000원
다. 공장(토지와 건물)의 매각대금	2,000,000원
라. 업무와 관련하여 기증받은 사무용 비품의 시가	4,000,000원

07. 다음은 제조업을 영위하는 개인사업자 김한공 씨의 제10기 손익계산서에 반영된 자료이다. 소득세 차감 전 순이익이 50,000,000원인 경우, 김한공 씨의 제10기 사업 소득금액은 얼마인가?

> 가. 교통사고벌과금 3,000,000원
> 나. 외국법인으로부터 받은 배당금 10,000,000원
> 다. 토지처분이익 2,000,000원
> 라. 사업과 관련된 자산수증이익(이월결손금 보전에 충당하지 아니함.) 6,000,000원

08. 제조업을 영위하는 거주자인 사업자 김한공 씨의 제5기(20x1.1.1.~20x1.12.31.)의 손익계산서에 반영되어 있는 수익항목에 관한 자료이다. 제5기 사업소득의 총수입금액은 얼마인가?

가. 총매출액	120,000,000원
나. 거래상대방인 (주)서울로부터 받은 판매장려금	5,000,000원
다. 이자수익	4,000,000원
라. 사업과 관련 없이 기증받은 물품(시가)	3,000,000원

09. 다음은 (주)한공의 경리과장인 김한공 씨가 20x1년에 근로제공 대가로 지급받은 내역이다. 김한공 씨의 총급여액은 얼마인가? 단, 제시된 자료의 금액은 원천징수하기 전의 금액이다.

가. 매월 지급된 급여합계액 : 40,000,000원
나. 자녀학자금 수령액 : 10,000,000원
다. 식사대(월 20만원) : 2,400,000원(회사에서는 식사를 별도로 제공하였음)
라. 사회통념상 타당한 범위 내의 경조금 : 1,000,000원

10. 다음의 거주자 김한공 씨의 기타소득 내역 중 필요경비가 최소한 100분의 60에 해당하는 항목들의 합계액은 얼마인가?

가. 사례금 : 5,000,000원
나. 「상훈법」에 따른 훈장과 관련하여 받은 상금 : 1,800,000원
다. 공익사업과 관련된 지역권을 설정하고 받는 금품 : 4,500,000원
라. 고용관계 없이 다수인에게 강연을 하고 받은 금품 : 3,500,000원

11. 다음 중 최소한 총수입금액의 60%에 상당하는 금액을 필요경비로 하는 기타 소득의 합계액을 구하면 얼마인가?

가. 상훈법에 따른 훈장과 관련하여 받은 상금	3,000,000원
나. 공익사업과 관련하여 지상권을 설정하고 받는 금품	5,000,000원
다. 산업재산권을 양도하고 받은 금품	20,000,000원
라. 사례금	7,000,000원

12. 대학교수인 김회계 씨가 20x1년에 지급받은 기타소득 관련 자료이다. 주어진 자료로 기타소득금액을 계산하면 얼마인가?

구 분	기타소득 총수입금액	실제필요경비
신문원고료	10,000,000원	500,000원
재산권에 대한 알선수수료	1,000,000원	–
아마추어 바둑대회 우승상금*	4,000,000원	200,000원

* 아마추어 바둑대회는 다수가 순위경쟁하는 대회이다.

13. 다음은 (주)한공에 근무하는 거주자 김한공 씨의 20x1년도 소득자료이다. 김한공 씨의 종합과세대상 기타소득금액은 얼마인가?(단, 필요경비는 확인되지 않았다.)

- 주택입주 지체상금 : 3,000,000원
- 상표권 대여료 : 10,000,000원
- 복권당첨금 : 2,000,000원

14. 다음 자료를 이용하여 거주자 김한공 씨의 20x1년도 종합과세되는 금융소득금액을 계산하면 얼마인가? (단, 아래의 금액은 원천징수하기 전의 금액이며, 원천징수는 적법하게 이루어졌다.)

가. 국내은행 정기예금이자 2,000,000원
나. 타인에게 금전을 대여하고 받은 이자(사업성 없음) 8,000,000원
다. 주권상장법인으로부터 받은 현금배당 9,000,000원
라. 집합투자기구로부터의 이익 4,000,000원

15. 건설업을 영위하는 (주)한공이 20x1년 9월 11일 일용근로자를 고용하고 지급한 보수의 내역이다. 원천 징수하여야 할 금액의 합계액은 얼마인가?

성명	지급금액
김현철	300,000원
이수만	150,000원
박진영	200,000원

16. 다음의 자료를 토대로 대표자인 김한공씨의 20x1년도 사업소득금액을 계산하면 얼마인가?(단, 20x1년 중 부채의 합계가 자산의 합계액을 초과하지 않았고, 소득세비용은 고려하지 않는다.)

〈손익계산서 일부 항목〉
- 급여(김한공 씨의 급여 80,000,000원 포함)   150,000,000원
- 사업용 자산 수선비   25,000,000원
- 배당금 수익   10,000,000원
- 이자비용(은행으로부터 사업용자금을 대출받음)   5,000,000원
- 당기순이익   30,000,000원

🔑 객관식

1	2	3	4	5	6	7	8	9	10
③	②	③	②	①	②	③	②	②	②

11	12	13							
②	③	②							

[풀이 - 객관식]

01 거주자가 사망한 경우의 과세기간은 1월 1일부터 사망일까지로 한다.

02 퇴직소득과 양도소득은 종합과세하지 않고 소득별로 따로 과세하는데, 이를 분류과세라고 한다.

03 ① 거주자는 국내·외원천소득에 대해서 소득세의 납세의무를 진다.

② 거주자는 주소 또는 거소의 국외 이전을 위하여 **출국하는 날의 다음날에 비거주자가** 된다.

③ **국내에 주소를 두거나 계속하여 183일 이상의 거소를 둔 개인**은 거주자에 해당한다.

04 장소를 일시적으로 대여하고 사용료로서 받는 금품은 기타소득에 해당한다.

05 연예인의 광고모델 **전속계약금은 사업소득**으로 한다.

06 토사석의 채취허가에 따른 권리의 양도로 인하여 발생한 소득은 기타소득으로 본다.

07 근로자가 부여받은 주식매수선택권을 퇴직 후에 행사함으로써 얻는 이익은 기타소득에 해당한다.

08 비영업대금의 이익은 조건부 종합과세대상이다.

09 비영업대금의 이익은 조건부 종합과세대상이므로 금융소득의 합계액이 2,000만원을 초과하는 경우에만 종합과세된다.

10 ① 배당소득 1,000만원은 조건부 종합과세금융소득이므로 분리과세 될 수 있다.

② 동일한 고용주에게 계속하여 **1년 이상(건설) 고용된 자는 일용근로자가 아니므로**, 당해 급여는 종합소득에 합산하여야 한다.

③ 광산근로자가 받은 야간근로수당은 비과세근로소득이다.

④ 기타소득금액이 **60만원(300만원 - 300만원×80%)이므로, 선택적 분리과세 대상**에 해당한다.

11 상가입주 지체상금이 아닌 **주택입주 지체상금**은 실제필요경비 대신에 **총수입금액의 80%**에 해당하는 금액을 필요경비로 적용받을 수 있다.

12 소유자가 없는 물건의 점유로 소유권을 취득한 자산은 기타소득에 범위에 포함되며 과세 소득 대상이다.

13 종업원의 수학중인 자녀가 **사용자로부터 받는 학자금은 과세대상 근로소득**이다. 식사 등을 제공받지 아니하는 근로자가 받는 **월 20만원 이하의 식사대는 비과세**한다.

⚷ 주관식

01	가,다	02	가,라	03	9,000,000
04	나,다,라,마	05	31,000,000	06	23,500,000
07	41,000,000	08	125,000,000	09	52,400,000
10	8,000,000	11	25,000,000	12	5,800,000
13	4,600,000	14	23,300,000	15	5,400
16	100,000,000				

[풀이 - 주관식]

01 가. 정기예금이자 : 실제 수령일(20x1년)
  나. 기명식 회사채이자 : 약정일(20x0년)
  다. 비영업대금의 이익 : 약정일(20x1년)

02 **비실명이자소득, 직장공제회 초과반환금은 무조건 분리과세대상인 금융소득**이다.

03 무조건 종합과세만 종합과세한다.

가. 출자공동사업자의 배당소득	*무조건종합과세*	*4,000,000*
나. 국내에서 원천징수 되지 아니한 이자소득	*무조건종합과세*	*5,000,000*
다. 비실명 금융소득	무조건분리과세	10,000,000
라. 상장내국법인으로부터의 현금배당액	조건부종합과세	1,500,000

04 어업에서 발생하는 소득은 과세대상이다. 식사 등을 제공받지 아니하는 근로자가 받는 월 20만원 이하의 식사대는 비과세한다.

05 총수입금액 = 총매출액(30,000,000) + 장려금(1,000,000) = 31,000,000원
  이자수입은 이자소득에 해당하고, **토지처분이익은 양도소득에 해당**한다.

06 총수입금액 = 순매출액(20,000,000 - 2,000,000) + 가사용으로 소비 재고(1,500,000, 시가)
        + 자산수증이익(4,000,000) = 23,500,000원

07 사업소득금액 = 처분전순이익(50,000,000) + 벌과금(3,000,000) - 배당금(10,000,000)

　　　　　　　　 - 토지처분(2,000,000) = 41,000,000원

교통사고벌과금은 필요경비에 산입하지 않는다.

외국법인으로부터 받은 배당금은 배당소득, 토지처분이익은 양도소득에 해당한다.

사업과 관련된 자산수증이익은 총수입금액에 해당하므로 별도의 조정을 하지 않는다.

08 총수입금액 = 총매출액(120,000,000) + 판매장려금(5,000,000) = 125,000,000원

이자수익과 사업과 무관한 기증품은 총수입금액에 포함하지 않으므로 나머지 금액들을 총수입금액에 포함한다.

09 총급여액 = 급여(40,000,000) + 자녀학자금(10,000,000) + 식사대(2,400,000) = 52,400,000원

식사를 제공받은 경우 식사대는 과세대상으로 총급여액에 포함한다. **사회통념상 타당한 범위 내의 경조금**은 총급여액에 포함되지 않는다.

10 필요경비 60% 기타소득 = 공익사업관련 지역권설정(4,500,000) + 강연료(3,500,000) = 8,000,000원

공익사업과 관련된 지역권 설정, **금품과 고용관계 없이 강연을 하고 받은 금품은 최소한 60%**의 필요경비를 인정한다.

11 필요경비 60% 기타소득 = 공익사업관련 지상권설정(5,000,000) + 산업재산권양도(20,000,000)

　　　　　　　　　 = 25,000,000원

공익사업과 관련하여 지상권을 설정하고 받는 금품과 산업재산권을 양도하고 받은 금품은 최소한 총수입금액의 60%에 상당하는 금액의 필요경비가 인정된다.

가.는 비과세소득이고 라.의 필요경비는 실제발생경비만 인정된다.

12 신문원고료 60% 필요경비 추정, **아마추어 바둑대회 우승상금은 80%필요경비 추정** 기타소득에 해당한다.

구분	기타소득 총수입금액	필요경비	기타소득금액
신문원고료	10,000,000원	6,000,000원	4,000,000원
재산권에 대한 알선수수료	1,000,000원	-	1,000,000원
아마추어 바둑대회 우승상금	4,000,000원	3,200,000원	800,000원
계	15,000,000원		5,800,000원

13 종합과세대상 기타소득금액 = 주택입주지체상금[3,000,000 × (1 - 80%)]

　　　　　　　　　　 + 상표권 대여[10,000,000 × (1 - 60%)] = 4,600,000원

14

가. 정기예금이자	조건부종합과세		2,000,000
나. 비영업대금이익	조건부종합과세		8,000,000
라. 집합투자기구로 부터의 이익	조건부종합과세		*4,000,000*
다. 주권상장법인 현금배당금	조건부종합과세		*9,000,000*
금융소득 합계			23,000,000

조건부 종합과세대상 금융소득이 20,000,000원을 초과하므로 모두 종합과세한다.

원천징수세율(14%) 적용순서		−2,000만원 −	
① 이자소득금액	− 14% (25%)	−정기예금이자 −비영업대금이익	2,000,000 8,000,000
② Gross−up제외 배당소득총수입금액		−집합투자기구	4,000,000
③ Gross−up대상 배당소득총수입금액		−주권상장법인 배당금	6,000,000
	−기본세율	−주권상장법인 배당금	3,000,000

종합과세 금융소득금액 : 20,000,000(14%적용)+**3,000,000×1.10**=23,300,000원

15 김현철 : [(300,000원−150,000원)×6%]×(1−55%)=4,050원

이수만 : 150,000원 이하는 비과세

박진영 : [(200,000원−150,000원)×6%]×(1−55%)=1,350원

원천징수세액(일용근로소득) = 4,050원+1,350원=5,400원

16 사업소득금액 = 당기순이익(30,000,000)+대표자급여(80,000,000)−배당금수익(10,000,000)

= 100,000,000원

제7절 | 종합소득 과세표준 계산

1. 종합소득 과세표준 및 세액의 계산구조

```
        종 합 소 득 금 액
   (-) 종 합 소 득 공 제    인적공제(기본, 추가), 물적공제(주택자금 및 신용카드소득)
       종 합 소 득 과 세 표 준
   (×) 세                율
       종 합 소 득 산 출 세 액
   (-) 세 액 공 제 · 감 면   배당세액공제, 외국납부세액공제, 근로소득세액공제, 특별세액공제 등
       종 합 소 득 결 정 세 액
   (+) 가        산        세
   (-) 기 납 부 세 액       중간예납세액, 원천징수세액, 수시부과세액
       차 감 납 부 할 세 액
```

2. 종합소득 인적공제

(1) 기본공제(인당 150만원)

	공제대상자	요 건		비 고
		연 령	연간소득금액	
1. 본인공제	해당 거주자	–	–	
2. 배우자공제	거주자의 배우자	–	100만원 이하 (종합+퇴직+양도소득 금액의 합계액) 다만 근로소득만 있는 경우 총급여 5백만원 이하	장애인은 연령제한을 받지 않는다. 그러나 소득금액의 제한을 받는다.
3. 부양가족공제	직계존속 (계부계모 포함)	60세 이상		
	직계비속(의붓자녀)과 입양자	20세 이하		
	형제자매	20세 이하/ 60세 이상		
	국민기초생활보호대상자	–		
	위탁아동(6개월 이상)	18세 미만[1]		

*1. 보호기간이 연장된 위탁아동 포함(20세 이하인 경우)

☞ 직계비속(또는 입양자)과 그 직계비속의 그 배우자가 모두 장애인에 해당하는 경우에는 그 배우자도 기본공제 대상자에 포함된다.

(2) 추가공제 → 기본공제 대상자를 전제(추가공제는 중복하여 적용가능)

1. 경로우대공제	기본공제 대상자가 **70세 이상**인 경우	100만원/인
2. 장애인공제	기본공제대상자가 **장애인**인 경우	200만원/인
3. 부녀자공제	**해당 과세기간의 종합소득금액이 3천만원 이하인 거주자** 1. 배우자가 없는 여성으로서 기본공제대상인 부양가족이 있는 세대주인 경우 or 2. 배우자가 있는 여성인 경우	50만원
4. 한부모소득공제	**배우자가 없는 자**로서 기본공제대상자인 직계비속 또는 입양자가 있는 경우 ☞ **부녀자공제와 중복적용배제**	100만원

(3) 인적공제 판단

㉠ 공제대상가족인 생계를 같이하는 자의 범위

해당 과세기간 종료일 현재 주민등록표상의 동거가족으로서 당해 거주자와 현실적으로 생계를 같이하는 자이어야 한다. 다만 **다음의 경우는 동거하지 않아도 생계를 같이하는 것으로 본다.**

> ① 배우자 및 직계비속, 입양자(항상 생계를 같이하는 것으로 본다)
> ② 이외의 동거가족의 경우에는 취학, 질병의 요양, 근무상·사업상 형편 등으로 본래의 주소에서 일시 퇴거한 경우
> ③ 주거의 형편에 따라 별거하고 있는 직계존속(국외거주는 인정하지 않음)

㉡ 공제대상자의 판정시기

해당 연도의 과세기간 종료일 현재의 상황에 따르는데, 다만, **과세기간 종료일전에 사망 또는 장애가 치유된 자는 사망일 전일 또는 치유일 전일의 상황**에 따른다.

또한 **연령기준이 정해진 공제의 경우 해당 과세기간 중에 기준연령에 해당하는 날이 하루라도 있는 경우 공제대상자**가 된다.

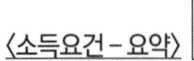

<소득요건 - 요약>

		종합+퇴직+양도소득금액의 합계액으로 판단	소득요건 충족여부
1. 근로소득	상용근로자	**총급여액 5,000,000원 이하자**	충족
		총급여액 5,000,000원(근로소득금액 1,500,000원) 초과자	**미충족**
	일용근로자	**무조건 분리과세**	**충족**
2. 금융소득	국내예금이자 등 (무조건+조건부)	*2천만원 이하(분리과세)*	**충족**
		2천만원 초과(종합과세)	미충족
3. 기타소득	**복권 등**	**무조건 분리과세**	**충족**
	뇌물 등	**무조건 종합과세(1백만원 초과)**	**미충족**
	기타소득금액	**1백만원 이하**	**충족**
		1백만원 초과~3백만원 이하	**선택적 분리과세**
		3백만원 초과자	미충족

예제 인적공제

다음은 관리직 직원 이은영(여성근로자, 총급여액 30,000,000원)씨 부양가족내용이다. 기본공제 및 추가공제, 자녀세액공제여부를 판단하시오.

가족	이름	연령	소득현황	비 고
배우자	김길동	48세	총급여 6,000,000원	
부친	이무식	75세	이자소득금액 8,000,000원	국외이자소득 (원천징수대상소득이 아님)
모친	박정금	71세	사업소득금액 900,000원	
시어머니	이미영	63세	일용근로소득 10,000,000원	–
딸	김은정	22세	대학원생	장애인
아들	김두민	12세	고등학생	
동생	이두리	19세	퇴직소득금액 500,000원 양도소득금액 700,000원	장애인

해답

1. 인적공제 판단

가족	이름	요 건		기본공제	추가공제 (자녀)	판 단
		연령	소득			
본인	이은영	–	–	○	부녀자	
배우자	김길동	–	×	×	–	**총급여액이 5백만원초과자**
부친	이무식(75)	○	×	×	–	**국외이자소득은 무조건 종합과세이므로 종합소득금액 1백만원 초과자**
모친	박정금(71)	○	○	○	경로우대	종합소득금액 1백만원 이하자로서 추가공제는 기본공제대상자에 한함
시어머니	이미영(63)	○	○	○	–	**일용근로소득은 무조건분리과세소득임.**
딸	김은정(22)	×	○	○	장애인, 자녀	**장애인은 연령요건을 따지지 않음**
아들	김두민(12)	○	○	○	자녀	
동생	이두리(19)	○	×	×	–	종합+퇴직+양도소득금액으로 판단

[참고] 인적공제액 계산

가족	대상자	세법상 공제액	인적공제액
1. 기본공제	본인, 모친, 시어머니, 딸, 아들	1,500,000원/인	7,500,000원
2. 추가공제			
① 부녀자	본인	500,000원	500,000원
② 장애인	딸	2,000,000원/인	2,000,000원
③ 경로	모친	1,000,000원/인	1,000,000원
합 계			11,000,000원

3. 종합소득 물적공제

(1) 연금보험료 등의 소득공제 : 공적연금보험료(국민연금보험료) 전액

(2) 주택담보노후연금비용에 대한 소득공제 : 한도 200만원(연금소득자)

(3) 특별소득공제

  ㉠ 보험료공제 : 근로소득이 있는 거주자

건강보험료 · 고용보험료 + 노인장기요양보험료	전액공제

  ㉡ 주택자금공제

무주택세대주(세대구성원도 요건 충족시 가능)로서 국민주택 규모이하	
1. 주택임차자금 원리금상환액	40%
2. 장기주택(기준시가 6억이하)저당차입금의 이자상환액	전액

(4) 신용카드등 소득공제(조세특례제한법)

1. 공제대상자	**연령요건 ×(미충족), 소득요건 ○(충족), 형제자매의 신용카드 사용분은 제외**
2. 사용금액제외	**해외사용분 제외** 1. 사업소득과 관련된 비용 또는 법인의 비용 2. 보험료, 리스료 3. 교육비 4. 제세공과금(국세, 지방세, **아파트관리비**, 고속도로 통행료 등) 5. 리스료 6. 상품권 등 유가증권구입비 7. 취득세 등이 부과되는 재산의 구입비용**(중고자동차 구입은 10% 공제)** 8. 국가 등에 지급하는 사용료 등 9. 면세점(시내 · 출국장 면세점, 기내면세점 등) 사용금액
3. 중복공제허용	1. **의료비특별세액공제** 2. **교육비특별세액공제(취학전 아동의 학원비 및 체육시설수강료, 중고등학생 교복구입 비용)**
4. 추가공제	1. **전통시장** 2. **대중교통비** 3. **총급여액 7천만원 이하자의 신문(종이신문만 대상) · 공연비, 박물관 · 미술관, 영화관람료**, 수영장 · 체력단련장 시설이용료 등

(5) 개인연금저축 및 주택마련저축소득공제(조세특례제한법)

(6) 우리사주 조합 출연금 소득공제(한도 4백만원, 조세특례제한법)

4. 종합소득 공제 한도 : 2,500만원

 제8절   세액공제

1. 종합소득 기본세율

과세표준	세 율
1,400만원이하	**6%**
1,400만원 초과 5,000만원이하	84만원[1] + 1,400만원을 초과하는 금액의 15%
5,000만원 초과 8,800만원 이하	624만원[2] + 5,000만원을 초과하는 금액의 24%
8,800만원 초과 1.5억 이하	1,536만원 + 8,800만원을 초과하는 금액의 35%
1.5억 초과 3억 이하	3,706만원 + 1.5억원 초과하는 금액의 **38%**
3억 초과 5억 이하	9,406만원 + 3억원 초과하는 금액의 **40%**
5억 초과 10억 이하	1억7천406만원 +5억원 초과하는 금액의 **42%**
10억 초과	3억8천406만원+10억초과하는 금액의 **45%**

[1]. $14,000,000 \times 6\% = 840,000$ [2]. $840,000 + (50,000,000 - 14,000,000) \times 15\% = 6,240,000$

2. 세액공제

구 분	공제요건	세액공제
1. 배당세액	배당소득에 배당가산액을 합산한 경우	**배당가산액(10%)**
2. 기장세액	**간편장부대상자가 복식부기에 따라 기장시**	기장된 사업소득에 대한 산출세액의 20%(연간 100만원 한도)
3. 외국납부세액	외국납부세액이 있는 경우 **미공제시 10년간 이월공제**	
4. 재해손실세액	**재해상실비율이 20% 이상**	
5. 근로소득세액	근로소득자	−산출세액의 55%, 30%
6-1. 자녀세액공제	종합소득이 있는 거주자의 기본공제대상 자녀 및 손자녀 중 8세 이상(입양자 및 위탁아동 포함)	1. 1명인 경우 : 25만원 2. **2명인 경우 : 55만원** 3. 2명 초과 : 55만원+40만원/초과인
6-2. 출산입양	**기본공제대상 자녀**	**첫째 30만원 둘째 50만원 셋째 이상 70만원**
7. 연금계좌세액공제	종합소득이 있는 거주자	연금계좌납입액의 12%,15%
8. 특별세액공제	근로소득이 있는 거주자	1. 보험료세액공제 2. 의료비세액공제 3. 교육비세액공제 4. 기부금세액공제

구 분	공제요건	세액공제
9. **월세세액공제**[*1]	해당 과세기간 총급여액이 8천만원 이하(종합소득금액 7천만원 이하)인 근로자와 기본공제대상자	– 월세액의 15%, 17% (공제대상 월세액 한도 1,000만원) ☞ 국민주택 규모(85㎡) 이하 또는 기준시가 4억원 이하 주택 임차
10. **기부정치자금세액공제**	– 본인이 정치자금을 기부시	– <u>10만원 이하 : 100/110 공제</u> – 10만원 초과 : 15% 공제
11. 고향사랑 기부금 (개정세법 26)	**주민등록상 거주지를 제외한 지방자치단체에 기부한 경우**	– <u>10만원 이하 : 100/110</u> – 10만원 초과~20만원 이하 : 40% – 20만원 초과~2천만원 이하 : 15% **[단, 특별재난지역 기부시(선포일로부터 3개월 이내) 30%]**
12. **결혼세액공제**	– 혼인 신고를 한 거주자(생애 1회)	– 50만원(혼인신고를 한 해)
13. 성실사업자	– 의료비 및 교육비 세액공제	– 해당액의 일정률

*1. **무주택 주말부부와 다자녀 가구에 대한 월세 세액공제 추가 혜택(개정세법 26)**

1. 무주택 주말 부부	세대주의 배우자로서 총급여 8천만원 이하 근로자 ① 각기 다른 시군구에 주소가 있을 것 ② 배우자와 동거하는 직계존비속등이 무주택자	세대주＋배우자월세 합산 한도 : 1천만원
2. 다자녀 자구	기본공제 대상 자녀 3인 이상	주택면적 100㎡이하 또는 시가 4억원 이하

3. 특별세액공제

(1) 표준세액공제 : 특별소득공제와 특별세액공제 미신청

근로소득이 있는 자	<u>**13만원**</u>
근로소득이 없는 거주자	7만원(성실사업자 12만원)

<u>(2) 특별세액공제 공통적용요건</u>

구 분	보장성보험료		의료비	교육비	기부금
	일반	장애인			
연령요건	○(충족)	×(미충족)	×	×	×
소득요건	○	○	×	×(개정세법 26)	○
세액공제액	12%	15%	15~30%	15%	15%, 30%

☞ <u>**근로기간 지출한 비용만 세액공제대상**</u>이(예외 : 기부금세액공제는 1년 동안 지출한 금액이 대상이 된다.)되며, 일정사유발생(혼인, 이혼, 별거, 취업등)한 날까지 지급금액만 대상이다.

(3) 보장성보험료세액공제 : 대상액의 12%, 15%

① 보장성보험료와 **주택임차보증금(3억 이하)반환 보증보험료**	연100만원 한도	12%
② 장애인전용보장성보험료	연100만원 한도	15%

예제 보험료 세액공제

다음 보험료 납부 자료에 대하여 세액공제대상여부를 판단하시오
(아래 내용은 모두 생계를 같이하는 부양가족에 해당한다).

명세	공제여부
1. 배우자(소득없음)의 저축성 보험료 납입액	
2. 모친(64세, 소득없음)의 상해보험료(당해연도 8월에 해약)	
3. 배우자(근로소득 총급여액 6,000,000원)를 피보험자로 하는 생명보험료	
4. 본인의 현직장 근무전에 납부한 암 보장 보험료	
5. 장남(기타소득금액 : 350만원)의 장애인 전용 보장성보험료	

해답

공제이유	공제여부
1. 보장성보험만 대상임	×
2. 해약하더라도 해당 연도에 불입한 보험료는 세액공제가능	○
3. 소득요건을 충족하지 않아 대상에서 제외(근로소득 총급여액 5백만원 초과자)	×
4. 보험료는 근로소득이 발생한 기간에 불입한 보험료만 대상임.	×
5. 장애인 전용 보장성보험료는 연령요건을 충족하지 않아도 되나 소득요건은 충족하여야 한다.	×

(4) 의료비세액공제 : 대상액의 15~30%

		세액공제율
난임시술비	**임신을 위하여 지출하는 시술비용**	30%
미숙아 등	**미숙아 · 선천성 이상아에 대한 의료비**	20%
특정	⊙ 본인 ⓒ (과세기간 개시일) 6세 이하 ⓒ (과세기간 종료일) 65세 이상인 자 ⓔ 장애인 ⓜ 중증질환자, 희귀난치성질환자 또는 결핵환자 등	15%
일반	난임, 미숙아 등, 특정의료비 이외	
의료비 공제대상액	난임시술비＋미숙아등＋특정의료비＋MIN[①일반의료비－총급여액의 3%, ② 7백만원]*1 *1. MIN[① 일반의료비－총급여액의 3%, ② 7백만원]이 (－)인 경우에는 의료비공제대상액에서 차감한다.	
대상	• 질병의 예방 및 치료에 지출한 의료비 • 장애인보장구 구입 · 임차비용, 보청기 구입비용 • **시력보정용안경 · 콘택트렌즈 구입비용(1인당 50만원 이내)** • **임신관련비용**(초음파검사, 인공수정을 위한 검사 · 시술비) • **출산관련분만비용**(의료법상 의료기관이어야 한다.) • 보철비, 임플란트와 **스케일링비** • **예방접종비, 의료기관에 지출한 식대, 건강검진비** • **산후조리원에 지출한 비용(출산 1회당 2백만원 한도)**	
제외 의료비	• **국외의료기관에 지출한 의료비** • 건강증진을 위한 의약품 구입비 • 미용목적 성형수술비 • 간병인에 대한 간병비용 • **시력보정용 안경 등(50만원 초과금액)** • 보전받은 실손의료보험금	

〈의료비 세액공제액 계산방법〉

	공제대상액	공제율	총급여액 0.5억	총급여 2억
난임의료비	5,000,000	30%	5,000,000	5,000,000
특정의료비	5,000,000	15%	5,000,000	4,000,000
일반의료비 (한도 7백만원)	5,000,000	15%	3,500,000 *총급여액 3% : 1,500,000*	*총급여액 3% : 6,000,000*
총급여액 0.5억	(3,500,000＋5,000,000)×15%＋5,000,000×30%＝2,775,000원			
총급여액 2억	4,000,000×15%＋5,000,000×30%＝2,100,000원			

 **예제** | **의료비세액공제**

다음 의료비자료에 대하여 세액공제대상여부를 판단하고 특정, 난임, 일반의료비로 구분하시오(아래 내용은 모두 생계를 같이하는 부양가족에 해당한다).

명 세	난임/미숙아/특정/일반
1. 장녀(25세, 사업소득금액 500만원)의 건강증진약품구입	
2. 자(15세, 소득없음)의 쌍꺼풀 수술비용	
3. 처(장애인, 기타소득금액 1억원)의 보청기 구입비용	
4. 부(58세, 복권당첨소득 1억)의 수술 후 간병인(미인가)에 대한 비용	
5. 형(50세)의 신종플루 검사비	
6. 자(22세)의 콘텍트 렌즈구입비 100만원	
7. 총급여액 8천만원의 근로자 배우자의 1회 출산 산후조리비용 4백만원	
8. 부(60세)의 미국 병원에서 대장암치료비	
9. 처(근로소득금액 5백만원)의 장애인 보장구 구입비용	
10. 자(6세, 소득없음)의 진료비용을 보험회사로부터 수령한 보험금으로 지급한 경우	
11. 본인의 사고로 일반응급환자이송업체 소속 구급차 이용비	
12. 본인의 의료기관에서 발급받은 진단서 발급비용	
13. 배우자의 임신을 위하여 지출한 체외수정시술비	
14. 아버지(결핵환자)의 병원 치료비	
15. 본인 암 치료비 5백만원(실손의료보험금 2백만원을 보전받음)	
16. 자(0세)의 미숙아 의료비	
17. 자(과세기간 개시일 현재 6세)의 독감예방접종비	

해답

공제이유	난임/미숙아/특정/일반
1. 건강증진 약품구입은 의료비세액공제대상에서 제외	×
2. **미용목적 성형수술비용**은 의료비세액공제대상에서 제외	×
3. 보청기 구입비용 세액공제대상이고, 장애인(특정) 의료비임. * 의료비세액공제는 소득요건, 연령요건의 제한을 받지 아니함.	특정(장애인)
4. 미인가간병인에게 지급한 **간병비는 의료비세액공제대상에서 제외**	×
5. **의료비세액공제는 소득요건, 연령요건의 제한을 받지 아니함.**	일반
6. **시력보정용 지출비용은 연간 1인당 50만원 한도**	일반
7. 급여액 관계없이 **산후조리비용(한도 2,000,000원)**	일반
8. 국외 의료기관에 지출한 의료비는 대상에서 제외	×
9. **의료비세액공제는 소득요건, 연령요건의 제한을 받지 아니함.**	특정(장애인)
10. 근로자가 부담한 의료비가 아니므로 공제대상의료비가 아님	×
11. 의료기관이 아닌 구급차 이용료는 공제대상에서 제외	×
12. 진단서 발급비용은 의료비 공제대상에서 제외	×
13. **난임부부가 임신을 위하여 지출하는 체외수정시술비는 난임시술비임.**	난임
14. 결핵환자일 경우 전액공제 적용된다.	특정(중증환자)
15. 실손의료보험금 2백만원을 차감한 3백만원만 공제대상의료비.	특정(본인)
16. **미숙아와 선천성 이상아에 대한 의료비는 20% 세액공제율이 적용**된다.	미숙아
17. 6세 이하의 의료비는 특정의료비임.	특정(6세 이하)

(5) 교육비세액공제 : 대상액의 15%

1. 본인	1) **전액(대학원 교육비는 본인만 대상)** 2) 직무관련수강료
2. 기본공제대상자 **(직계존속 제외)**	학교, 보육시설 등에 지급한 교육비(대학원제외) 1) **대학생 : 900만원/인** 2) **취학전아동, 초 · 중 · 고등학생 : 300만원/인** ☞ **취학전아동의 학원비도 공제대상**
3. 장애인특수교육비	한도없음**(직계존속도 가능)**

공제대상교육비	공제불능교육비
㉠ 수업료, 입학금, 보육비용, 수강료 및 급식비등 ㉡ **방과후 학교(어린이집, 유치원 포함) 수강료와 방과후 도서구입비** ㉢ **중 · 고등학생의 교복구입비용(연 50만원 한도)** ㉣ **국외교육기관에 지출한 교육** ㉤ **본인 든든학자금 및 일반 상환학자금 대출의 원리금 상환액** ㉥ **초 · 중 · 고등학생의 수련활동, 수학여행 등 현장체험학습비 (한도 30만원)** ㉦ **대학입학 전형료, 수능응시료** ㉧ **과세기간 종료일 현재 9세 미만 또는 초등 2학년 이하의 예능학원 및 체육시설 교육비(개정세법 26)**	㉠ **직계존속의 교육비 지출액** (장애인특수교육비 제외) ㉡ **소득세 또는 증여세가 비과세 되는 학자금(= 장학금)** ㉢ **학원수강료(취학전 아동은 제외)** ㉣ **학자금 대출을 받아 지급하는 교육비**

예제 교육비 세액공제

다음 교육비자료에 대하여 세액공제대상여부를 판단하시오
(아래 내용은 모두 생계를 같이하는 부양가족에 해당한다).

명　　　　　　세	공제여부
1. 배우자 대학원 수업료	
2. 모친(근로소득 총급여액 310만원)에 대한 사이버대학 등록금	
3. 자(17세, 소득없음)의 고등학교 급식비	
4. 배우자의 혼인 전 대학교 등록금(혼인 전에는 장인의 기본공제대상자임)	
5. 자(6세)의 태권도장 수업비(교습과정 법정요건 충족)	
6. 자(15세, 고등학생)의 방과후 학교 수업료 및 방과후 도서구입대(학교 이외에서 구입)	
7. 자(6세)의 학습지 비용	
8. 부(60세, 장애인)의 장애인 특수 교육비	
9. 자(만18세)의 고등학교 기숙사비	
10. 동생(만 25세, 소득없음)의 대학교 등록금	
11. 자(만 15세)의 수학여행 현장체험학습비 50만원	
12. 본인 든든학자금 원리금 상환액(대학 학자금 대출로 교육비공제를 받지 않음)	
13. 자(만 18세)의 대학 입학전형료와 수능응시료	
14. 자(8세, 초등학생 2학년)의 예능학원 및 체육시설 교육비	

해답

명　　　　세	공제여부
1. **대학원수업료는 본인만 해당**됨.	×
2. 직계존속의 교육비지출액은 공제불가이나 **장애인 특수교육비는 공제가능**	×
3. 급식비도 교육비 공제대상임	○
4. **혼인 전 교육비는 공제대상에서 제외**됨. 장인이 세액공제를 받을 수 있음.	×
5. **취학전아동의 학원비(보육시설, 유치원, 학원, 체육시설)는 공제대상임.**	○
6. 방과후 학교 수강료도 공제대상임 **(초중고등학교의 방과후 도서구입비는 학교이외에서 구입한 것도 대상임.)**	○
7. 학습지는 교육비공제대상에서 제외됨.	×
8. **직계존속의 장애인특수교육비는 공제대상임.**	○
9. 학교기숙사비, 학생회비, 학교버스이용료는 제외됨.	×
10. **교육비는 연령요건을 충족하지 않아도 됨.**	○
11. **수련활동 등 현장체험학습비(한도 30만)**	○
12. **든든 학자금 및 일반 상환 학자금 대출의 원리금 상환액도 대상**	○
13. **대학입학전형료와 수능응시료도 세액공제대상임.**	×
14. **과세기간 종료일 현재 9세 미만 또는 2학년 이하인 초등학생의 예체능 학원비도 공제대상**(개정세법 26)	○

(6) 기부금세액공제 : 대상액의 15%, 30%

1. 특례기부금	1. 국가 등에 무상으로 기증하는 금품/국방헌금과 위문금품 2. 이재민구호금품(천재 · 지변) 3. 사립학교등에 지출하는 기부금 4. **사회복지공동모금회에 출연하는 금액** 5. **특별재난지역을 복구하기 위하여 자원봉사한 경우 그 용역의 가액**
2. 우리사주조합에 지출하는 기부금 – 우리사주조합원이 아닌 거주자에 한함	
3. 일반기부금	1. 종교단체 기부금 2. 종교단체외 　① **노동조합에 납부한 회비**, 사내근로복지기금에 지출기부금 　② 사회복지등 공익목적의 기부금 　③ **무료 · 실비 사회복지시설 기부금** 　④ 공공기관 등에 지출하는 기부금
4. 이월공제	10년

 **예제** ## 기부금 세액공제

다음 기부금자료에 대하여 세액공제대상여부를 판단하고, 기부금을 분류하시오. (모두 생계를 같이하는 부양가족에 해당한다).

명 세	특례	일반
1. 본인 명의로 사회복지시설 기부		
2. 본인 명의로 대학교동창회 후원금		
3. 동생 명의로 교회 건축헌금		
4. 부인 명의로 특별재난지역을 복구하기 위하여 자원봉사한 경우		
5. 부인 명의로 종친회 기부금		
6. 아버님(58세) 명의로 이재민 구호금품		
7. 아들(23세)명의로 국방헌금 지출액		
8. 본인 명의의 정당에 기부한 정치자금		
9. 노사협의회에 납부한 회비		
10. 본인(천안 거주)의 고향인 충북 옥천에 기부(10만원)		
11. 특별재난(산불) 지역 선포로 해당 지방자치 단체에 본인 명의로 기부(선포일로부터 3개월 이내)		

해답

명 세	특례	일반
1. 사회복지시설에 대한 기부금은 일반기부금		○
2. 대학교동창회 기부금은 비지정기부금임.	–	–
3. 직계존속, 형제자매 기부금도 세액공제 대상임.		○
4. 특별재난지역의 자원봉사 용역은 특례기부금임.	○	
5. 종친회 기부금은 비지정기부금임.	–	–
6. 연령요건을 충족하지 않아도 됨.	○	
7. 연령요건을 충족하지 않아도 되며, 국방헌금지출액은 특례(법정)기부금임.	○	
8. **본인 정치기부자금은 10만원 이하 100/110 세액공제를 적용하고, 초과분은 15% 세액공제 적용**	조특법상 세액공제 (정치자금)	
9. 노사협의회에 납부한 회비는 기부금에서 제외(노동조합비는 일반기부금)	×	
10. 고향사랑기부금 : **10만원이하는 100/110**	조특법상 세액공제 (고향사랑)	
11. 특별재난 지역 선포일로부터 3개월 이내에 기부시 고향사랑 기부금에 해당함		

〈특별세액공제와 신용카드공제 중복적용 여부〉

구 분			특별세액공제	신용카드 공제
보장성보험료			○	×
의료비	공제대상		○	○
	공제제외		×	○
교육비	학원비	취학전 아동	○	○
		이외	×	○
	(중·고등학생)교복구입비		△(한도 50만원)	○
기부금			○	×

〈근로소득자와 사업소득자〉

구 분		근로소득자	사업소득자
인적공제		○	○
물적소득공제	공적연금보험료	○	○
	특별소득공제	○	×
	신용카드 소득공제	○	×
연금계좌납입세액공제		○	○
표준세액공제		13만원	7만원(성실사업자 : 12만원)
특별세액공제	보장성보험료세액공제	○	×
	의료비세액공제	○	△*1
	교육비세액공제	○	△*1
	기부금세액공제	○	×*2(필요경비 산입)
월세세액공제		○	△*1
결혼세액공제		○	○

*1. 성실사업자(일정요건을 충족한 사업자) 등은 공제가 가능하다.

*2. 연말정산대상 사업소득자등은 기부금세액공제가능

 객관식

01. 다음 중 종합소득공제에 대한 설명으로 옳은 것은?

① 기본공제대상자인 형제자매의 신용카드 등 사용금액은 소득공제대상 사용액에 포함된다.

② 소득이 없는 직계비속이 해당 과세기간 중 20세가 된 경우 해당 과세기간에는 기본공제대상자에 해당하지 않는다.

③ 양도소득금액 150만원이 있는 배우자는 기본공제대상자에 해당하지 않는다.

④ 사업소득만 있는 거주자도 주택자금공제를 적용 받을 수 있다.

02. 다음 중 소득세법상 종합소득공제에 대한 설명으로 옳지 않은 것은?

① 부양가족이 장애인에 해당하는 경우에는 기본공제 적용 시 나이의 제한을 받지 않는다.

② 추가공제 중 부녀자공제와 한부모공제 대상에 모두 해당하는 경우는 한부모공제를 적용한다.

③ 소득자와 재혼한 배우자의 자녀도 공제대상이 될 수 있다.

④ 퇴직소득금액 200만원이 있는 배우자도 거주자의 기본공제대상이 된다.

03. 다음 중 종합소득공제와 관련된 설명으로 옳은 것은?

① 과세기간 또는 부양기간이 1년 미만인 경우 종합소득공제는 월할계산한다.

② 부녀자공제와 한부모공제에 동시에 해당하는 경우에는 둘 다 적용할 수 있다.

③ 거주자의 부양가족 중 거주자(그 배우자 포함)의 직계존속이 주거 형편에 따라 별거하고 있는 경우에는 생계를 같이 하는 사람으로 본다.

④ 소득공제대상인지 여부는 과세기간 종료일 현재의 상황에 따르므로 과세기간 종료일 전에 사망한 사람은 기본공제대상이 아니다.

04. 다음 중 소득세법상 종합소득공제에 대한 설명으로 옳은 것은?

① 경로우대자공제를 받기 위한 최소한의 나이는 65세이다.

② 일용근로소득만 있는 배우자에 대해서는 기본공제를 적용받을 수 없다.

③ 동거 부양가족인 장애인은 소득요건을 충족하더라도 나이요건을 충족하지 못하면 기본 공제를 적용받을 수 없다.

④ 기본공제대상자가 아닌 자는 추가공제대상자가 될 수 없다.

05. 다음 대화 내용 중 20x1년 소득세 연말정산을 잘못한 사람은 누구인가?

> ① 철수 : 저는 단독세대주라서 기본공제 150만원과 표준세액공제 7만원을 공제 받았어요.
> ② 영자 : 저는 함께 살고 있는 손녀(2세, 소득 없음)도 기본공제 대상자에 포함했어요.
> ③ 민수 : 저는 20x1년 5월에 이혼한 배우자를 기본공제 대상자에 포함했어요.
> ④ 은서 : 저는 20x1년 11월에 출산한 아들에 대해 부양가족공제 외에 자녀세액공제(출산입양)도 적용받았어요.

※ 1차 저작권자의 저작권 침해 소지가 있어 삽화 삽입은 어려우니 양해바랍니다.

06. 다음 중 소득세법상 인적공제에 대한 설명으로 옳지 않은 것은?

① 한부모공제와 부녀자공제에 모두 해당되는 경우 한부모공제만 적용한다.

② 경로우대공제를 받기 위한 최소한의 나이는 70세이다.

③ 기본공제대상 직계비속과 그 직계비속의 배우자가 모두 장애인인 경우, 그 직계비속의 배우자에 대하여 기본공제는 적용받지만 장애인공제는 적용받을 수 없다.

④ 해당 과세기간의 소득금액이 100만원 이하인 거주자의 자녀가 과세기간 종료일인 12월 31일 현재 20세 6개월인 경우, 기본공제대상자가 될 수 있다.

07. 다음 중 신용카드 등 사용금액에 대한 소득공제에 대한 설명으로 옳지 않은 것은?

① 고등학생의 교복을 신용카드로 구입한 경우 신용카드 등 사용금액에 대한 소득공제는 교육비세액공제와 중복적용이 가능하다.

② 기본공제대상인 형제자매가 사용한 신용카드 사용액도 신용카드 등 사용금액에 포함한다.

③ 국외에서 사용한 금액은 신용카드 등 사용금액에 포함하지 아니한다.

④ 신용카드를 사용하여 의료비를 지출한 경우 신용카드 등 사용금액에 대한 소득공제는 의료비세액공제와 중복적용이 가능하다.

08. 조세특례제한법상 신용카드 등 사용금액에 대한 소득공제에 대한 설명으로 옳지 않은 것은?

① 소득은 없으나 나이가 20세를 초과하여 기본공제대상이 아닌 직계비속이 사용한 신용카드 사용금액은 근로자 본인이 공제받을 수 있다.

② 다른 거주자의 기본공제대상자가 사용한 신용카드 등의 사용금액은 소득공제대상이 아니다.

③ 중학생의 교복을 신용카드로 구입한 경우 교육비세액공제를 받은 금액도 신용카드공제를 받을 수 있다.

④ 신용카드로 지급한 의료비에 대하여 의료비세액공제를 받은 경우에는 신용카드 등 사용금액에 대한 소득공제를 받을 수 없다.

09. 다음 중 소득세법 상 세액공제에 대한 설명으로 옳은 것은?

① 근로자가 기본공제대상자를 피보험자로 지출한 보장성보험의 보험료(연 100만원 한도)는 보험료 세액공제의 적용대상 금액이다.

② 근로자 본인의 미용목적 성형수술비용을 의료기관에 지출한 비용은 의료비세액공제 적용 대상 금액이다.

③ 근로자가 기본공제대상자인 배우자를 위하여 지출한 대학원 등록금은 교육비 세액공제의 적용대상 금액이다.

④ 근로자 본인이 지출한 10만원 이하의 정치자금은 전액 정치자금기부금 세액공제가 가능하다.

10. 다음 중 소득세법상 세액공제를 적용받을 수 없는 경우는?

① 간편장부대상자가 복식부기장부로 기장한 경우

② 사업자가 자연재해로 자산총액의 20% 이상을 상실하여 납세가 곤란한 경우

③ 근로자의 기본공제 대상자인 배우자가 부담한 정치자금 기부금 중 10만원 이하의 금액

④ 근로자의 기본공제 대상자인 자녀의 연간 200만원에 해당하는 고등학교 수업료

11. 다음 중 소득세법상 세액감면 및 세액공제에 대한 설명으로 옳지 않은 것은?

① 비치·기장한 장부에 의하여 신고해야 할 소득금액의 100분의 20 이상을 누락하여 신고한 경우에는 기장세액공제를 허용하지 않는다.

② 세액감면과 세액공제가 중복될 경우 세액감면, 이월공제되지 않는 세액공제, 이월공제되는 세액공제 순서로 세액감면과 세액공제를 적용한다.

③ 사업소득에 대한 외국납부세액은 외국납부세액공제를 적용하거나 사업소득의 필요경비에 산입할 수 있다.

④ 대학원생인 자녀에게 지출한 교육비는 교육비세액공제를 적용받을 수 있다.

12. 다음 중 소득세법상 세액공제에 대한 설명으로 옳은 것은?

① 기장세액공제는 모든 사업자가 적용대상자이며, 복식부기에 따라 기장하여 신고서를 제출한 경우 산출세액에서 공제한다.

② 자녀세액공제는 종합소득이 있는 자가 적용대상자이며, 기본공제대상자에 해당하는 8세이상 자녀(입양자 및 위탁아동 포함)에 대해서 산출세액에서 공제한다.

③ 연금계좌세액공제는 근로소득자만 적용대상자이며, 연금저축계좌와 퇴직연금계좌에 납입한 금액이 있는 경우 산출세액에서 공제한다.

④ 특별세액공제는 근로소득자에게만 적용된다.

13. 다음 중 근로소득이 있는 자만 적용받을 수 있는 세액공제는?

① 표준세액공제 ② 기부금세액공제

③ 자녀세액공제 ④ 보험료세액공제

14. 다음 중 소득세법상 세액공제에 대한 설명으로 옳지 않은 것은?

① 종합소득세 계산시 외국납부세액공제액이 공제한도를 초과하는 경우 해당 과세기간의 다음 과세기간부터 10년 이내에 이월공제가 가능하다.

② 일용근로자의 근로소득에 대한 소득세 계산시 산출세액의 6%에 상당하는 근로소득세액 공제를 적용한다.

③ 사업자가 해당 과세기간에 천재지변이나 그 밖의 재해로 자산총액의 20% 이상에 상당하는 자산을 상실한 경우 재해손실세액공제를 적용할 수 있다.

④ 건강증진을 위한 의약품 구입비용은 의료비세액공제대상금액에 해당하지 않는다.

15. 다음 중 소득세법상 연말정산에 대한 설명으로 옳지 않은 것은?

① 일용근로자의 근로소득은 원천징수로 납세의무가 종결되므로 연말정산의 절차를 거치지 않는다.

② 근로소득을 지급하는 자는 해당 과세기간의 다음연도 2월분의 근로소득을 지급할 때에 연말정산을 해야 한다.

③ 근로소득자의 경우 항목별 세액공제 · 특별소득공제 · 월세 세액공제와 표준세액공제(연 13만원) 중 선택하여 적용할 수 있다.

④ 근로소득과 공적연금소득이 있는 자는 연말정산에 의하여 납세의무가 종결되므로 과세표준확정신고를 할 필요가 없다.

16. 다음 중 소득세법상 세액공제에 대하여 옳지 <u>않은</u> 설명을 하는 사람은?

> • 김과장 : 종합소득세 계산시 외국납부세액공제액이 공제한도를 초과하는 경우 해당 과세기간의
> 다음 과세기간부터 10년 이내에 이월공제가 가능해.
> • 이대리 : 일용근로자의 근로소득에 대한 소득세 계산시 산출세액의 6%에 상당하는 근로소득세액
> 공제를 적용해.
> • 박사원 : 사업자가 해당 과세기간에 천재지변이나 그 밖의 재해로 자산총액의 20% 이상에 상당
> 하는 자산을 상실한 경우 재해손실세액공제를 적용할 수 있어.
> • 한주임 : 건강증진을 위한 의약품 구입비용은 의료비세액공제대상금액에 해당하지 않아.

※ 1차 저작권자의 저작권 침해 소지가 있어 삽화 삽입은 어려우니 양해바랍니다.

① 김과장   ② 이대리   ③ 박사원   ④ 한주임

 주관식

01. 다음은 거주자 김한공씨의 20x1년도 소득 내역이다. 종합소득에 합산하여 과세표준 신고를 하여야 하는
소득은 얼마인가?(다음의 소득 이외에 다른 소득은 없다)

• 사업소득금액	40,000,000원
• 일용근로소득금액	6,000,000원
• 보유 중이던 주식 처분에 따른 양도소득금액	20,000,000원
• 복권당첨소득금액	10,000,000원

02. 다음은 거주자 한공회 씨의 20x1년도 소득자료이다. 이 자료를 이용하여 종합 소득세 확정신고시 신고
해야 하는 종합소득금액은?

가.	근로소득금액	14,000,000원
나.	퇴직소득금액	15,000,000원
다.	양도소득금액	30,000,000원
라.	사업소득금액	20,000,000원
마.	기타소득금액	3,500,000원
바.	이자소득금액(정기예금이자)	18,500,000원

   * 기타소득금액은 강사료 수입금액으로 필요경비를 공제한 후의 금액임.

03. 다음은 20x1년말 현재 거주자인 김한공씨와 생계를 같이하는 사람들이다. 김한공씨가 20x1년도 소득세 신고시 적용받을 수 있는 기본공제대상자는 몇 명인가?

이름(나이)	관계	소득내역	비고
김한공(33세)	본인	총급여 45,000,000원	
정현진(31세)	배우자	총급여 4,500,000원	
김정준(65세)	아버지	퇴직금 수령액 100,000,000원	
김한성(29세)	동생	총급여 12,000,000원	장애인
김민수(3세)	자녀	소득없음	

04. 다음 자료에 의하여 거주자 갑의 20x1년의 인적공제액을 계산하면 얼마인가?

> 가. 갑(남, 50세)의 총급여액 : 50,000,000원
> 나. 부양가족 현황 : 처(48세), 아들(22세, 장애인), 딸(15세), 장인(71세)
> 다. 부양가족은 생계를 같이 하며 소득이 없다.

05. 다음은 (주)한공에서 근무하는 근로자 김한공 씨의 20x1년도 신용카드 사용내역이다. 신용카드 등 소득공제 대상 사용금액은 얼마인가?

> • 해외여행경비 1,500,000원   • 이동통신장비 구입비 1,000,000원
> • 자녀 대학교 등록금 3,500,000원   • 라섹수술 비용 1,300,000원
> • KTX 승차권 구입비용 700,000원

06. 다음은 (주)서울에서 근무하는 한공회 씨(총급여액 70,000,000원)의 연말정산 자료의 일부이다. 20x1년 연말정산시 적용하여야 할 의료비세액공제액은 얼마인가?

> 가. 본인의 콘택트렌즈 구입비 700,000원
> 나. 70세 어머니(기본공제 대상자임)의 병원 치료비 5,000,000원
> 다. 대학생인 자녀의 미용목적 성형수술비 4,000,000원

07. 다음은 (주)한공에서 근무하는 한공회 씨(총급여액 60,000,000원)의 연말정산 자료의 일부이다. 20x1 년 연말정산시 적용하여야 할 의료비세액공제액은 얼마인가?

> 가. 본인의 안경구입비 : 600,000원
> 나. 배우자의 산후조리원 비용 : 2,000,000원
> 다. 67세 아버지(동거 중)의 병원 치료비 : 3,000,000원
> 라. 대학생인 자녀의 성형수술비(미용목적) : 4,000,000원

08. 다음은 (주)한공의 영업부장인 김공인 씨(남성, 50세)의 부양가족 현황이다. 이 자료를 토대로 20x1년 인적공제금액을 계산하면 얼마인가?

구 분	나 이	비 고
배우자	47세	소득 없음
부 · 친	75세	20x1년 4월 7일 사망하였으며, 소득 없음
모 · 친	69세	주거형편상 별거하고 있으며, 소득 없음
자 · 녀	21세	장애인, 정기예금이자 100만원 있음

연습답안

Tax Accounting Technician
세무정보처리 자격시험 1급

🔑 객관식

1	2	3	4	5	6	7	8	9	10
③	④	③	④	③	③	②	④	①	③

11	12	13	14	15	16				
④	②	④	②	④	②				

[풀이 - 객관식]

01 ① 기본공제대상자인 형제자매의 신용카드 등 사용금액은 소득공제대상 사용액에 포함되지 않는다.

② 소득이 없는 직계비속이 해당 과세기간 중 20세가 된 경우 해당 과세기간에는 기본공제 대상자에 해당한다.

④ **주택자금공제는 근로소득(일용근로소득 제외)이 있는 자만 적용**받을 수 있다.

02 배우자의 퇴직소득금액이 100만원을 초과하므로 배우자공제를 적용받을 수 없다.

03 ① 과세기간 또는 부양기간이 1년 미만인 경우에도 **종합소득공제는 월할계산하지 아니하고 연액으로 공제**한다.

② **부녀자공제와 한부모공제는 중복적용이 불가**하다.

④ 소득공제대상인지 여부는 **과세기간 종료일 현재의 상황**에 따르나, 과세기간 종료일 전에 사망한 사람은 사망일 전날의 상황에 따른다.

04 ① 경로우대자공제를 받기 위한 최소한의 나이는 70세이다.

② 일용근로소득만 있는 배우자는 분리과세로 종결되므로 기본공제를 적용받을 수 있다.

③ 동거 부양가족인 장애인은 소득요건을 충족하면 기본공제를 적용받을 수 있다.

05 기본공제는 과세기간 종료일 현재의 상황에 의하므로 **과세기간 중에 이혼한 배우자에 대하여 기본공제를 적용받을 수 없다.**

06 직계비속 및 직계비속의 배우가 모두 장애인 경우 그 배우자에 대하여 기본공제 및 추가 공제가 모두 적용된다.

07 신용카드 등 사용금액에 거주자의 형제자매가 사용한 금액은 포함하지 아니한다.

08 신용카드로 지급한 의료비에 대하여 의료비세액공제를 받은 경우에도 신용카드 등 사용금액에 대한 소득공제를 적용받을 수 있다.

09 ② 미용목적 성형수술비용은 의료비세액공제 적용대상 금액이 아니다.

③ 배우자를 위하여 지출한 대학원 등록금은 교육비 세액공제 적용대상 금액이 아니다.

④ **10만원 이하의 정치자금은 100/110에 대해 정치자금기부금 세액공제**가 가능하다.

10 **본인의 정치자금 기부금만 정치자금기부금 세액공제 대상**이다.

11 **본인의 대학원 학비 지출액만 세액공제**를 적용받을 수 있다.

12 ① **기장세액공제의 적용대상은 간편장부대상자이다.**

③ 연금계좌세액공제는 종합소득이 있는 자가 적용대상자이다.

④ 특별세액공제 중 기부금공제와 표준세액공제는 근로소득자 외에 종합소득자도 적용 받을 수 있다.

13 표준세액공제, 기부금세액공제, 자녀세액공제는 근로소득이 없는 자도 공제되나, **보험료세액공제는 근로소득이 있는 자만 공제**된다.

14 일용근로자의 근로소득에 대한 소득세 계산시 **산출세액의 55%에 상당하는 근로소득 세액공제**를 적용한다.

15 근로소득 또는 공적연금소득 중 어느 하나의 소득만이 있는 자는 연말정산으로 납세의무가 종결되므로 과세표준확정신고를 할 필요가 없지만, 근로소득과 공적연금소득이 동시에 있는 자는 과세표준확정신고를 해야 한다.

16 일용근로자의 근로소득에 대한 소득세 계산시 **산출세액의 55%에 상당하는 근로소득세액공제**를 적용한다.

🔑 주관식

01	40,000,000	02	37,500,000	03	3
04	10,500,000	05	3,000,000	06	510,000
07	555,000	08	10,500,000		

[풀이 - 주관식]

01 김한공씨의 소득 중 사업소득만이 종합과세대상이며, **일용근로소득과 복권당첨소득은 무조건분리과세소득**, 양도소득은 분류과세소득이다.

02 퇴직소득과 양도소득은 분류과세되고, 이자소득금액은 2,000만원 이하이므로 분리과세 된다. **기타소득금액은 300만원을 초과하므로 종합과세**한다.

종합소득금액 = 근로소득금액(14,000,000원) + 사업소득금액(20,000,000원)
+ 기타소득금액(3,500,000원) = 37,500,000원

03

관계	요 건		기본공제	추가	판 단
	연령	소득			
본 인	-	-	○		
배우자	-	○	○		총급여액 5백만원 이하자
부(65)	○	×	부	-	소득금액 1백만원 초과자
동생(29)	×	×	부		총급여액 5백만원 초과자
자(3)	○	○	○		

04

구 분		대 상 자	인적공제액
기본공제		갑, 처, 아들, 딸, 장인	7,500,000원
추가공제	장애인공제	아들	2,000,000원
	경로우대자공제	장인	1,000,000원
합 계			10,500,000원

05 **해외여행경비와 대학교 등록금은 신용카드 소득공제 대상 사용금액에서 제외됨.**

1,000,000원+1,300,000원+700,000원=3,000,000원

06 **콘택트렌즈 구입비는 1인당 50만원이 한도**이고, 미용목적 성형수술비는 공제대상 의료비에 포함되지 않는다.

[(500,000원+5,000,000원)−70,000,000원×3%]×15%=510,000원

07 **안경구입비는 1인당 50만원이 한도**, 성형수술비(미용목적)는 공제대상 의료비에서 제외한다.

[(500,000원+2,000,000원+3,000,000원)−60,000,000원×3%]×15%=555,000원

산후조리비용(1회 2백만원 한도)은 의료비세액공제대상이다.

08

관계	요 건		기본공제	추가공제	판 단
	연령	소득			
본인	-	-	○		
배우자	-	○	○		
부(75)	○	○	○	경로	사망일 전일로 판단
모친(69)	○	○	○		주거상 별거도 인정
자녀(21)	×	○	○	장애	장애인은 연령요건을 따지지 않는다. 금융소득 2천만원이하자

- 기본공제(4명)=1,500,000×5=7,500,000원
- 경로우대공제(1명)=1,000,000원
- 장애인공제(1명)=2,000,000원
- 계 : 10,500,000원

제9절 | 퇴직소득

1. 범위

① 공적연금 관련법에 따라 받는 일시금[*1]

② 사용자 부담금을 기초로 하여 현실적인 퇴직을 원인으로 지급받는 소득

③ 위 ①의 소득을 지급하는 자가 퇴직소득의 일부 또는 전부를 지연하여 지급하면서 지연지급에 대한 이자를 함께 지급하는 경우 해당 이자

④ 「과학기술인공제회법」에 따라 지급받는 과학기술발전장려금

⑤ 「건설근로자의 고용개선 등에 관한 법률」에 따라 지급받는 퇴직공제금

⑥ 소기업·소상공인이 폐업·법인해산 등 법정사유로 공제부금에서 발생하는 소득(예 : 노란우산공제)

*1. 퇴직일시금 : '근로자퇴직급여 보장법' 등에 따라 지급받는 일시금

    Ⓐ 퇴직연금제도 및 개인퇴직계좌에서 지급받는 일시금

    Ⓑ 확정기여형퇴직연금 및 개인퇴직계좌에서 중도인출되는 금액

    Ⓒ 연금을 수급하던 자가 연금계약의 중도해지 등을 통하여 받는 일시금

연금수령시	연금소득
일시금수령시	퇴직소득

☞ <u>해고예고수당</u> : 사용자가 30일 전에 예고를 하지 아니하고 근로자를 해고하는 경우 근로자에게 지급하는 해고예고수당은 퇴직소득으로 본다.

2. 퇴직소득세 계산구조

퇴 직 소 득 금 액	퇴직급여액
환 산 급 여 액	**(퇴직소득금액 – 근속연수공제)÷근속연수×12**
(-) 환 산 급 여 차 등 공 제	
퇴 직 소 득 과 세 표 준	
× 세 율	**기본세율**
= 퇴 직 소 득 산 출 세 액	과세표준×기본세율÷12×근속연수
- 외 국 납 부 세 액 공 제	이월공제가 되지 않는다.(종합소득세는 5년간 이월공제 적용)
퇴 직 소 득 결 정 세 액	⇨ 원천징수세액

3. 과세방법 : 분류과세

4. 퇴직소득의 수입시기

1. 일반적인 퇴직소득	– 퇴직한 날
2. 잉여금처분에 따른 퇴직급여	– 해당 법인의 잉여금 처분 결의일
3. 이외의 퇴직소득	– **소득을 지급받은 날**

제10절 | 납세절차

1. 원천징수세율

구　분			원천징수 여부	비　　고
종합소득	금융소득	이자	○	– **지급액의 14%(비실명 45%)** – **비영업대금의 이익과 출자공동사업자 배당소득은 25%**
		배당		
	특정사업소득		○	– **인적용역과 의료·보건용역의 3%** – **봉사료의 5%**
	근 로 소 득		○	– 간이세액표에 의하여 원천징수 – **일용근로자의 근로소득에 대해서는 6%**
	연 금 소 득		○	– 공적연금 : 간이세액표에 의하여 원천징수 – 사적연금 : 3%~5%
	기 타 소 득		○	**기타소득금액의 20%(3억 초과 복권당첨소득 30%)**
퇴 직 소 득			○	기본세율
양 도 소 득			×	

2. 원천징수신고납부

1. 원칙	징수일이 속하는 다음 달의 10일
2. 예외	1. 조건 ① **상시 고용인원이 20인 이하인 소규모 업체(금융·보험업 제외)** ② 관할세무서장의 승인 2. 납부 : 반기별신고 및 납부

3. 지급시기의제

다음의 소득을 미지급시 지급한 것으로 의제하여 원천징수를 하여야 한다.

1. 이자소득	총수입금액의 수입시기

2. 배당소득	**잉여금처분에 의한 배당 : 처분결의일부터 3월이 되는 날**
	다만 11.1~12.31결의분은 다음연도 2월말
	(예) 2월 28일 주주총회에서 현금 배당 100원 지급결의
	        5월 28일 결의일부터 3개월 내에 미지급 ⇒ 지급한 것으로 의제(원천징수 14원)
	        6월 10일 원천징수이행상황신고서 신고 및 납부

3. 근로소득 및 퇴직소득	1. **1~11월분 : 12/31** 2. **12월분 : 익년도 2월말** 3. 잉여금처분상여 및 잉여금처분 퇴직소득 : 결의일부터 3월 다만 11.1~12.31결의분은 다음연도 2월말
4. 법인세법상 인정 배당·상여 등	1. 법인이 신고 : 신고일 또는 수정신고일 2. 정부가 결정·경정하는 경우 : 소득금액 변동통지서 수령일

4. 소득세 신고절차

구 분	내 용		신고여부	신고납부기한
1. 중간예납	**사업소득이 있는 거주자**가 상반기(1월 ~ 6월)의 소득세를 미리 납부하는 절차 → **소액부징수 : 50만원 미만**		고지납부	11월 30일
2. 간이지급 명세서 제출	**상용근로소득**		반기단위제출	**반기말 다음달 말일**
	원천징수대상사업소득/인적용역관련 기타소득		매월단위제출	**다음달 말일**
3. 사업장 현황신고	**면세사업자(개인)**의 총수입금액을 파악하기 위한 제도		자진신고	**다음연도 2월 10일까지**
4. 지급명세서 제출	다만, 근로소득, 퇴직소득, 원천징수대상사업소득은 익년도 3월 10일까지		제출	다음연도 2월말까지
5. 확정신고	소득세법상 소득이 있는 자가 소득세를 확정신고·납부 하는 것(**성실신고확인대상자는 6월 30일까지 연장신고**)		자진신고	다음연도 5월말까지
6. 양도소득세	예정신고	주식 : 양도일이 속하는 반기의 말일부터 2 개월 이내	자진신고	자진납부
		부동산 : **양도일이 속하는 달의 말일부터 2 개월 이내**		
	확정신고	결손금액이 있는 경우에도 신고	자진신고	다음연도 5월말까지

5. 확정신고와 납부

1. 대상자	종합소득, 퇴직소득 또는 양도소득금액이 있는 자
2. 확정신고의무가 없는 자	1. **연말정산 한 자(근로소득, 공적연금소득, 연말정산 사업소득)** 2. **퇴직소득만 있는 자** 3. **분리과세 소득이 있는 자 등**

6. 소액부징수

① 원천징수세액이 **1천원 미만**인 경우(**이자소득과 인적용역 사업소득으로서 계속적·반복적 활동을 통해 얻는 소득**은 제외)

② 납세조합의 징수세액이 1천원 미만인 경우

③ *중간예납세액이 50만원* 미만인 경우

7. 소득세법상 주요 가산세

종 류	적 용 대 상	가 산 세 액
1. 지급명세서 불성실 가산세	미제출 또는 제출된 지급명세서의 내용이 불분명한 경우	미제출·불분명 지급금액×1% **(기한후 3개월 이내에 제출시에는 50% 감면)**

2. **계산서 등 또는
계산서합계표
불성실가산세**
	− 미발급
	− 가공 및 위장계산서 등
	  (현금영수증 포함)을 수수한 경우
		− **미발급, 가공 및 위장수수×2%**
		− 지연발급×1%
		− **계산서 합계표 미제출×0.5%
		  (지연제출 0.3%)**

3. 원천징수납부 지연 가산세	원천징수세액의 미납부·미달납부	MIN[①, ②] ① **미달납부세액×3%＋미달납부세액× 미납일수×이자율** ② **미달납부세액의 10%**
4. **지출증빙미수취 가산세**	**건당 3만원 초과분에 지출하고 임의 증빙서류를 수취**한 경우	**미수취금액 중 필요경비 인정금액×2%**
5. 영수증수취명세서제출불성실가산세(3만원 초과분)		미제출·불분명금액×1%
6. 사업용계좌 관련가산세	복식부기의무자가 사업용계좌를 미사 용 또는 미신고한 경우	미사용금액×0.2%

 객관식

01. 다음 중 소득세법상 퇴직소득의 범위에 해당하지 않는 것은?

① 사용자 부담금을 기초로 하여 현실적인 퇴직을 원인으로 지급받은 소득

② 소득세법상 임원퇴직금 한도초과액

③ 건설근로자의 고용개선 등에 관한 법률에 따라 지급받는 퇴직공제금

④ 종교관련 종사자가 현실적인 퇴직을 원인으로 종교단체로부터 지급받은 소득

02. 다음 중 근로소득 및 퇴직소득과 관련된 설명으로 옳은 것은?

① 중소기업 종업원이 아닌 주택 구입자금을 저리로 대여받음으로써 얻는 이익은 근로소득에 해당하지 아니한다.

② 기자가 받는 취재수당은 한도없이 전액 비과세한다.

③ 퇴직소득의 수입시기는 퇴직금을 실제로 지급한 날로 한다.

④ 퇴직함으로써 받는 소득으로서 퇴직소득에 속하지 아니하는 소득은 근로소득이다.

03. 다음 중 원천징수와 관련된 설명으로 옳지 않은 것은?

① 다수가 순위경쟁하는 대회의 입상자에게 상금 10,000,000원을 지급하는 경우 원천징수할 소득세는 400,000원이다.

② 근로소득에 대해서는 매월 원천징수 후 다음연도 1월분 근로소득 지급시 연말정산을 해야 한다.

③ 출자공동사업자의 배당소득은 원천징수로써 납세의무가 종결되지 않는다.

④ 분리과세대상소득은 원칙적으로 별도의 확정신고절차 없이 원천징수로써 납세의무가 종결된다.

04. 다음 중 원천징수에 대한 설명으로 옳지 않은 것은?

① 근로소득에 대해서는 매월 원천징수 후 다음연도 2월분 근로소득 지급 시 연말정산한다.

② 금융소득이 연간 1,000만원을 초과하는 경우에는 원천징수 후 종합소득에 합산된다.

③ 분리과세대상소득은 원칙적으로 별도의 확정 신고 절차 없이 원천징수로써 납세의무가 종결된다.

④ 일용근로자는 급여지급 시 원천징수로써 납세의무가 종결된다.

05. 내국법인이 거주자에게 다음의 소득을 지급하는 경우 원천징수대상이 아닌 것은? (단, 제시된 소득은 과세최저한이나 비과세대상은 아니라고 가정한다.)

① 비영업대금의 이익   ② 상표권의 양도소득

③ 강연료   ④ 토지의 양도소득

06. 다음 중 소득세법상 원천징수에 대한 설명으로 옳은 것은?

① 비영업대금의 이익은 25%의 세율로 원천징수하고 무조건 분리과세한다.

② 원작자의 원고료가 기타소득에 해당하는 경우 그 기타소득금액에 20%의 원천징수세율을 적용한다.

③ 일용근로자도 원천징수와는 별도로 종합소득 과세표준확정신고를 하여야 한다.

④ 사업소득 중에서 원천징수대상이 되는 소득은 없다.

07. 다음 중 소득세법상 원천징수에 대한 설명으로 옳지 않은 것은?

① 근로소득에 대해서는 매월 원천징수 후 다음연도 2월분 근로소득 지급시 연말정산한다.

② 일시적으로 강연을 하고 받은 대가가 1,000만원(필요경비는 확인되지 아니함)인 경우 원천징수로써 납세의무가 종결된다.

③ 분리과세대상소득은 원칙적으로 별도의 확정신고절차 없이 원천징수로써 납세의무가 종결된다.

④ 일용근로자는 급여지급 시 원천징수로써 납세의무가 종결된다.

08. 다음 중 소득세법상 근로소득의 원천징수에 대한 설명으로 옳은 것은?

① 원천징수의무자는 해당 연도의 다음 연도 1월분의 근로소득 또는 퇴직하는 달의 근로소득을 지급할 때에 연말정산을 하여야 한다.

② 일용직 근로자가 2인 이상으로부터 근로소득을 지급받는 경우 해당 근로소득을 지급받기 전에 주된 근무지의 원천징수 의무자에게 근무지신고서를 제출해야 한다.

③ 원천징수의무자는 연말정산에 의하여 원천징수한 소득세를 그 징수일이 속하는 달의 다음달 말일까지 납부해야한다.

④ 원천징수의무자가 12월분의 근로소득을 다음 연도 2월 말일까지 지급하지 아니한 경우 그 근로소득을 다음 연도 2월 말일에 지급한 것으로 보아 소득세를 원천징수한다.

09. 다음 중 소득의 종류와 원천징수세율이 잘못 짝지어진 것은?

① 출자공동사업자의 배당소득 : 20%

② 시중은행의 정기적금 이자소득 : 14%

③ 서화 골동품의 양도로 발생한 기타소득 : 20%

④ 의료보건용역을 제공함에 따라 발생한 사업소득 : 3%

10. 다음 중 소득세법상 연말정산에 대한 설명으로 옳지 않은 것은?

① 간편장부대상자인 보험모집인에게 사업소득을 지급하는 원천징수의무자는 사업소득금액에 대해 연말정산을 하여야 한다.

② 공적연금을 지급하는 원천징수의무자는 20x1년 연금소득에 대하여 20x2년 2월분 공적 연금을 지급할 때 연말정산을 하여야 한다.

③ 중도 퇴직자에게 근로소득을 지급하는 원천징수의무자는 퇴직한 달의 급여를 지급할 때 연말정산을 하여야 한다.

④ 일용근로소득을 지급하는 원천징수의무자는 해당 소득에 대한 연말정산을 하지 않는다.

11. 다음 중 소득세의 신고 · 납부 및 원천징수에 대한 설명으로 옳은 것은?

① 비영업대금에 대한 이자소득의 원천징수세율은 14%이다.

② 슬롯머신 등을 이용하는 행위에 참가하여 받는 당첨금품은 무조건 종합과세되는 기타소득에 해당한다.

③ 거주자가 국외이전을 위하여 출국하는 경우 출국일의 전날까지 확정신고를 하여야 한다.

④ 공적연금소득만 있는 자는 확정신고의 의무가 있다.

12. 다음 중 소득세의 신고와 납부에 대한 설명으로 옳은 것은?

① 당해 과세기간의 종합소득과세표준이 없거나 결손금이 있는 때에는 소득세법상 신고 의무가 없다.

② 비거주자의 신고와 납부에 관하여는 거주자의 신고와 납부에 관한 규정을 준용하며, 인적 공제 뿐 아니라 특별소득공제·자녀세액공제 및 특별세액공제도 적용된다.

③ 중간예납세액은 중간예납기간 종료일부터 2개월 이내에 납부하여야 한다.

④ 근로소득(일용근로소득 아님)과 사업소득이 있는 거주자는 종합소득과세표준 확정신고를 하여야 한다.

13. 다음 중 소득세법상 과세표준확정신고를 하지 않아도 되는 거주자는?

① 원천징수되지 않는 사업소득만 있는 거주자

② 예정신고를 하지 아니한 양도소득만 있는 거주자

③ 종합과세대상 이자소득만 있는 거주자

④ 연말정산을 한 근로소득만 있는 거주자

14. 다음의 거주자 중 종합소득세 확정신고를 하지 않아도 되는 사람은?(단, 제시된 소득 이외의 다른 소득은 없다.)

① 로또복권에 당첨되어 원천징수된 금액을 제외하고 1억원을 수령한 김영미 씨

② 과세기간 중 다니던 회사를 퇴사하고 음식점을 개업하여 소득이 발생한 이승훈 씨

③ 소유 중인 상가에서 임대소득이 발생한 윤성빈 씨

④ 개인사업을 영위하여 사업소득이 발생한 이상화 씨

15. 다음 중 소득세의 신고와 납부에 대한 설명으로 옳지 않은 것은?

① 국내사업장이 있고 국내원천소득이 있는 비거주자는 종합소득 과세표준 확정신고의무가 있다.

② 과세표준 확정신고기한은 해당 연도의 다음 연도 5월 1일부터 5월 31일(성실신고확인대상자는 6월 30일)까지이다.

③ 연말정산한 근로소득과 퇴직소득만 있는 거주자는 확정신고를 하지 않아도 된다.

④ 신규로 사업을 개시한 자는 중간예납신고를 해야 한다.

16. 다음 중 소득세의 신고 및 납부에 대한 설명으로 옳은 것은?

① 종합소득과세표준이 없거나 결손금이 있는 거주자는 신고의무를 면제한다.

② 연말정산되는 사업소득만 있는 거주자도 종합소득세 확정신고를 하여야 한다.

③ 부동산을 양도한 거주자는 그 양도일이 속하는 달의 말일부터 2개월 내에 양도소득과세 표준 예정신고를 하여야 한다.

④ 주식을 양도한 거주자는 그 양도일이 속하는 달의 말일부터 2개월 내에 양도소득과세표준 예정신고를 하여야 한다.

17. 다음 중 소득세 신고납부절차에 대한 설명으로 옳지 않은 것은?

① 공적연금소득과 연말정산 대상 사업소득이 있는 경우 종합소득과세표준 확정신고를 할 필요가 없다.

② 거주자가 사망한 경우 그 상속인은 상속개시일이 속하는 달의 말일부터 6개월이 되는 날까지 사망일이 속하는 과세기간에 대한 해당 거주자의 과세표준을 신고하여야 한다.

③ 근로소득을 지급하여야 할 원천징수의무자가 1월부터 11월까지의 급여액을 해당연도 12월 31일까지 지급하지 아니한 때에는 그 급여액을 해당연도 12월 31일에 지급한 것으로 본다.

④ 성실신고 확인서를 제출한 성실신고확인대상 사업자의 종합소득 과세표준 확정신고 기한은 다음 연도 5월 1일부터 6월 30일까지이다.

18. 다음 중 소득세법상 종합소득 확정신고 및 납부에 대한 설명으로 옳은 것은?

① 사업소득이 결손이거나 과세표준이 영(0)인 경우에는 신고의무가 면제된다.

② 연말정산 대상 근로소득과 일용근로소득만 있는 경우 확정신고를 하지 않아도 된다.

③ 납부할 세액이 500만원을 초과하는 경우에는 납부기한이 지난 후 2개월 이내에 분납할 수 있다.

④ 성실신고확인대상 사업자의 종합소득과세표준 확정신고기한은 다음연도 6월 1일부터 7월 31일까지이다.

19. 다음 중 소득세법상 근로소득의 원천징수 및 연말정산에 관한 설명으로 옳은 것은?

① 원천징수의무자가 매월분의 근로소득을 지급할 때에는 6%의 세율로 소득세를 원천징수한다.

② 원천징수의무자는 해당 과세기간의 다음 연도 1월분의 급여 지급시 연말정산을 해야 한다.

③ 원천징수의무자가 12월분의 근로소득을 다음 연도 2월 말일까지 지급하지 아니한 경우에는 그 근로소득을 다음 연도 2월 말일에 지급한 것으로 보아 소득세를 원천징수한다.

④ 일용근로자의 근로소득은 소득 지급 시 원천징수된 후 다음 연도에 연말정산을 통하여 확정된다.

20. 다음 중 종합소득세 확정신고의무가 있는 경우로 옳은 것은?(분리과세를 선택할 수 있는 경우 분리과세를 선택한다고 가정한다.)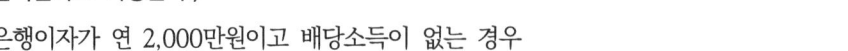

① 은행이자가 연 2,000만원이고 배당소득이 없는 경우

② 사적연금소득이 연 1,500만원인 경우

③ 로또복권 당첨금이 10억원인 경우

④ 기타소득금액이 연 400만원인 경우

 주관식

01. 다음은 거주자인 김한공 씨의 20x1년도 금융소득 내역이다. 소득의 지급자가 김한공 씨에게 소득세법에 따라 원천징수해야할 소득세는 얼마인가?

가. 비영업대금의 이익	40,000,000원
나. 출자공동사업자로서 지급받은 배당	20,000,000원
다. 국내에서 받은 정기적금이자	10,000,000원

02. 다음 중 소득세법에 따라 반드시 종합소득과세표준 확정신고를 하여야 하는 것은? 단, 연말정산 대상소득은 소득세법에 따라 연말정산되었다고 가정한다.

가. 근로소득과 퇴직소득만 있는 경우

나. 근로소득과 재산권에 관한 알선수수료(필요경비 확인되지 않음) 500만원이 있는 경우

다. 근로소득과 상가임대소득만 있는 경우

라. 퇴직소득과 공적연금소득만 있는 경우

03. 다음 자료로 거주자 김한공 씨의 소득세 원천징수세액을 계산하면 얼마인가? 단, 필요경비는 확인되지 않는다.

가. 영리내국법인으로부터 받은 비영업대금의 이익 :	10,000,000원
나. 고용관계 없이 일시적으로 대학에서 특강을 하고 받은 강연료 :	3,000,000원
다. 영리내국법인으로부터 받은 현금배당금 :	5,000,000원

04. 다음 자료로 거주자 김한공 씨의 소득세 원천징수세액을 계산하면 얼마인가?단, 필요경비는 확인되지 않는다.

> 가. 상가임대소득 : 10,000,000원(사업성 있음)
> 나. 고용관계 없이 일시적으로 대학에서 특강을 하고 받은 강연료 : 3,000,000원
> 다. 일간지에 글을 1회 기고하고 받은 원고료 : 2,000,000원

05. 연말정산

공제받을 수 있는 공제는 모두 공제받도록 하고 세부담이 최소화되도록 한다.
또한 **분리과세를 선택할 수 있는 경우 분리과세를 선택하기로 한다.**

〈부양가족사항(모두 생계를 같이하고 있음)〉

이름	연령	관계	참 고 사 항
김선미	33세	본 인	여성근로자 당해연도 종합소득금액은 28,000,000원이다.
배우자	28세	배우자	원고료(기타소득) 수입 6,000,000원이 있다.
김부친	61세	부 친	학원강사이며 단순경비율(70%)을 적용받는 사업소득자로서 연간 총수입금액은 3,000,000원이다.
박모친	60세	모 친	장애인 복지법에 따른 장애인이며, 사적연금 수령액 10,000,000원이 있다.
배시부	59세	시 부	복권당첨소득 1억
이일민	25세	자1	상장주식 배당소득 18,000,000원이 있으며, 항시 치료를 요하는 중증환자임
이이민	15세	자2	장애인 복지법에 따른 장애인임. 고등학생임.
이삼민	4세	자3	
김선진	30세	자매	총급여액 4,900,000원

<연말정산 추가자료>

항 목	내 용		
장기주택 저당차입금	• 배우자와 공동명의(7월 1일)로 구입한 아파트에 대한 본인명의 장기주택저당차입금 이자 상환액 : 5,000,000원		
신용카드	• 본인명의 신용카드 사용액총액 : 30,000,000원 　- 회사의 업무 기업업무추진비 2,000,000원, 자2 안경구입비 1,000,000원 포함 　- 전통시장 2,000,000원, 대중교통 3,000,000원, 신문구독료 1,000,000원 포함 • 모친명의 신용카드 사용액총액 : 20,000,000원 • 자1(이일민) 직불카드 사용액 : 3,000,000원 • 자매(김선진) 현금영수증사용액 : 4,000,000원		
연금저축	• 본인 연금 저축 : 3,000,000원		
보 험 료	• 본인 주택임차보증금(3억) 반환 보증보험료 : 500,000원 • 시부 보장성 보험료 : 600,000원 • 모친 장애인전용보험료 : 1,700,000원		
의 료 비	• 본인 미용목적 성형수술비 : 2,000,000원 • 본인 임신을 위한 체외수정시술비용 : 3,000,000원 • 본인 산후조리비용(1회 출산) : 3,500,000원 • 부친 대장암 치료비 : 1,500,000원 　(실손의료보험금 500,000원 보전받음.) • 모친 화상치료 목적의 성형수술비 : 4,000,000원 • 자2 안경구입비 : 1,000,000원 (본인 신용카드 사용) • 자3(**과세기간 개시일 현재 6세 이하**)의 치료비 : 5,000,000원		
교 육 비	• 본인의 대학원 등록금 : 8,000,000원 • 본인의 학자금 대출 원리금 : 6,000,000원 　(대학재학시 든든학자금 차입 상환액, 교육비공제를 받지 않음) • 고등학생 자2(이이민) 등록금 : 4,000,000원 * 　(* 방과후 도서구입비 80,000원, 교복구입비용 600,000원, 체험학습비 500,000원, 　수능응시료 700,000원 포함)		
기 부 금	• 본인명의 정치자금기부금 : 500,000원 • 부친명의 사회복지공동모금회 기부 : 600,000원 • 모친명의 사회복지법인 기부 : 700,000원 • 시부명의 종교단체 기부금 : 800,000원		
월세	• 배우자 명의로 계약한 월세 지급액(1.1~6.30) : 3,000,000원		

① 인적공제 및 자녀세액공제를 판단하시오.

관계	이름	요 건		기본 공제	추가공제 /세액공제	판 단
		연령	소득			
본인(여성)	김선미	–	–			
배우자	배우자	–				
부친(61)	김부친					
모친(60)	박모친					
시부(59)	배시부					
자1(25)	이일민					
자2(15)	이이민					
자3(4)	이삼민					
자매(30)	김선진					

② 연말정산대상금액을 입력하시오.

[소득공제]		
1. 주택자금		
2. 신용카드	① 신용카드 ② 현금영수증 ③ 직불카드 ④ 전통시장 ⑤ 대중교통비 ⑥ 도서 · 공연비, 미술관, 영화관람료, 수영장 이용료 등	
[연금계좌납입 세액공제]		
[특별세액공제]		
1. 보장성 보험료	① 일반 ② 장애인전용	
2. 의료비	① 난임시술비 ② 특정(본인, 장애, 65세 이상, 6세 이하, 중증환자 등) ③ 일반의료비	
3. 교육비	① 본인 ② 대학생 ③ 취학전아동 ④ 초중고	
4. 기부금	① 정치자금 　－10만원 이하 　－10만원 초과 ② 특례기부금 ③ 일반기부금 ④ 일반기부금(종교단체)	
[월세 세액공제]		

06. 수정신고서(원천징수이행상황신고서)

당사는 10월 귀속분 원천징수이행상황 신고시(11월 10일) 근로소득의 일부를 누락하였다.

다음 자료에 의해서 11월 30일에 수정신고를 하려고 한다. 수정신고서 작성 시 당초 신고분의 입력은 생략한다.

[10월 귀속분 급여자료]

구 분	소득구분	인원	총지급액	소득세
수정신고 전	근로소득 간이세액	3명	10,000,000원	150,000원
수정신고 후	근로소득 간이세액	5명	40,000,000원	2,250,000원

납부지연가산세 계산시 1일 2.5/10,000로 가정하여 원천징수이행상황신고서(수정신고)의 서식을 작성하시오.

[수정신고서]

구분		코드	소득지급(과세미달,비과세포함)		징수세액			
			4.인원	5.총지급액	6.소득세 등	7.농어촌특별세	8.가산세
	간 이 세 액	A01	3	10,000,000	150,000			
	중 도 퇴 사	A02						
	일 용 근 로	A03						

객관식

1	2	3	4	5	6	7	8	9	10
②	④	②	②	④	②	②	④	①	②

11	12	13	14	15	16	17	18	19	20
③	④	④	①	④	③	①	②	③	④

[풀이 - 객관식]

01 퇴직급여지급규정상 **퇴직급여 한도초과액은 근로소득에 해당**한다.

02 ① 중소기업 종업원이 아닌 주택 구입자금을 저리로 대여받음으로써 얻는 이익은 근로소득에 해당한다.

　　② 기자가 받는 취재수당은 월 20만원 이내의 금액을 비과세한다.

　　③ **퇴직소득의 수입시기는 퇴직한 날**로 한다.

03 근로소득에 대해서는 매월 원천징수 후 **다음연도 2월분 근로소득 지급시 연말정산**한다.

04 금융소득이 연간 2,000만원을 초과하는 경우에는 원천징수 후 종합소득에 합산된다.

05 비영업대금의 이익, 상표권의 양도소득, 강연료는 원천징수대상이나, 토지의 양도소득은 원천징수대상이 아니다.

06 ① 비영업대금의 이익은 조건부 종합과세 대상이다.

　　③ 일용근로자는 원천징수로써 납세의무가 종결된다.

　　④ 부가가치세 면세대상인 **의료보건용역과 일정한 인적용역은 원천징수대상 사업소득**이다.

07 1,000만원(강연료) – 1,000만원×60%(필요경비율) = 400만원

　　이 경우 기타소득금액이 300만원을 초과하므로 종합과세 대상이 된다.

08 ① 원천징수의무자는 해당 연도의 다음 연도 2월분의 근로소득 또는 퇴직하는 달의 근로소득을 지급할 때에 연말정산을 하여야 한다.

　　② 일용직 근로자를 제외하고, 2인 이상으로부터 근로소득을 지급받는 경우 해당 **근로소득을 지급받기 전에 주된 근무지의 원천징수 의무자에게 근무지신고서를 제출**해야 한다.

　　③ 원천징수의무자는 연말정산에 의하여 원천징수한 소득세를 그 징수일이 속하는 달의 다음달 10일까지 납부해야한다.

09 **출자공동사업자의 배당소득에 대한 원천징수세율은 25%**이다.

10 공적연금을 지급하는 원천징수의무자는 20x1년 연금소득에 대하여 **20x2년 1월분 공적연금을 지급**할 때 연말정산을 하여야 한다.

11 ① 비영업대금에 대한 이자소득의 원천징수세율은 25%이다.

② 슬롯머신 등을 이용하는 행위에 참가하여 받는 **당첨금품은 무조건 분리과세되는 기타소득에** 해당한다.

④ 공적연금소득만 있는 자는 연말정산으로 인하여 확정신고 의무가 면제된다.

12 ① 당해연도의 종합소득과세표준이 없거나 **결손금액이 있는 때에도 소득세법상 신고의무**는 있다.

② 비거주자의 신고와 납부에 관하여는 거주자의 신고와 납부에 관한 규정을 준용한다. 단, 종합소득공제의 경우 **인적공제 중 비거주자 본인 외의 자에 대한 공제와 특별소득 공제·자녀세액공제 및 특별세액공제는 적용하지 않는다.**

③ 소득세 중간예납세액은 11월말까지 납부하여야 한다.

13 연말정산을 한 근로소득만 있는 거주자는 과세표준확정신고를 하지 아니할 수 있다.

14 기타소득은 원칙적으로 종합소득과세표준에 합산하여 신고하여야 하지만 예외적으로 복권당첨소득은 무조건 분리과세가 적용된다.

15 **신규로 사업을 개시한 자는 중간예납의무가 없다.**

16 ① 종합소득과세표준이 없거나 결손금이 있는 거주자도 소득세 과세표준 신고의무가 있다.

② 연말정산되는 사업소득(보험모집인 등의 사업소득)만 있는 자는 과세표준확정신고를 하지 아니할 수 있다.

④ 주식을 양도한 경우에는 그 **양도일이 속하는 반기의 말일부터 2개월 내에 양도소득과세표준 예정신고**를 하여야 한다.

17 근로소득, 연금소득, 연말정산이 되는 사업소득이 각각 한 종류만 있는 경우에는 연말정산으로 과세가 종결되지만 이 중 둘 이상이 있는 경우에는 종합소득으로 합산하여 과세표준 확정신고를 하여야 한다.

18 ① **과세표준이 영(0)이거나 결손**인 경우에도 종합소득 과세표준 **신고의무가 있다.**

③ **납부할 세액이 1천만원을 초과**하는 경우에는 납부기한이 지난 후 **2개월 이내에 분납**할 수 있다.

④ **성실신고확인대상 사업자**의 종합소득과세표준 확정신고기한은 **다음연도 5월 1일부터 6월 30일까지**이다.

19 ① 원천징수의무자가 매월분의 근로소득을 지급할 때에는 **근로소득 간이세액표**에 따라 소득세를 원천징수한다.

② 원천징수의무자는 해당 과세기간의 **다음 연도 2월분의 급여 지급 시 연말정산**을 한다.

④ 일용근로자의 근로소득은 분리과세되므로 연말정산의 절차를 거치지 않는다.

20 ①은 분리과세대상, ②는 **분리과세대상 (1,500만원 이하)**, ③은 분리과세대상이므로 확정신고의무가 없다. 그러나 기타소득은 소득금액이 연 300만원 이하인 경우에만 분리과세를 선택할 수 있으므로 ④는 종합과세대상으로 확정신고를 해야 한다.

●━ 주관식

01	16,400,000	02	나,다	03	3,440,000
04	400,000	05	해설참고	06	해설참고

[풀이 - 주관식]

01 40,000,000원×25%+20,000,000원×25%+10,000,000원×14%=16,400,000원

02 가. 근로소득만 있는 거주자는 연말정산으로 납세의무가 종결되며, 퇴직소득은 종합소득에 합산되지 아니한다.

　　라. **공적연금소득만 있는 거주자는 연말정산으로 납세의무가 종결**되며, 퇴직소득은 종합소득에 합산되지 아니한다.

03 가. 비영업대금의 이익은 25%로 원천징수한다.

　　나. 일시적 강연료는 필요경비가 60% 인정되고, 20%로 원천징수한다.

　　다. 영리내국법인의 현금배당은 14%로 원천징수한다.

　　10,000,000원×25%+3,000,000원×(100%-60%)×20%+5,000,000원×14%=3,440,000원

04 ・사업성 있는 **상가임대소득은 사업소득이므로 원천징수대상이 아니다.**

　　・(3,000,000원+2,000,000원)×(1-60%)×20%=400,000원

05 연말정산

　　① 인적공제 판단

관계	요 건		기본 공제	추가공제/ 세액공제	판 단
	연령	소득			
본인(33)	–	–	○	부녀자	**종합소득금액 30백만원 이하이므로 부녀자 공제 대상**
배우자	–	○	○	–	**원고료는 60%추정 필요경비 기타소득이므로 기타소득금액 3백만원 이하인 경우 선택적 분리과세**
부친(61)	○	○	○		소득금액 900,000원(3,000,000×30%) 이하자
모친(60)	○	○	○	장애	**사적연금액이 15백만원 이하의 연금소득은 선택적 분리과세**
시부(59)	×	○	부		복권당첨소득은 분리과세소득
자1(25)	×	○	○	장애, 자녀	20백만원 이하의 상장주식 배당소득금액은 분리과세소득. 장애인은 연령요건을 충족하지 않아도 됨.
자2(15)	○	○	○	장애, 자녀	
자3(4)	○	○	○		
자매(30)	×	○	부		**총급여액 5백만원 이하자**

〈연말정산 대상 판단〉

항 목	요건		내 용	대 상
	연령	소득		
주택 자금		–	• 배우자와 공동명의 주택에 대해 **본인 명의의 차입금은 공제 가능**	5,000,000
신용 카드	×	○	• 신용카드사용액 : 30,000,000(본인) – 2,000,000원 (회사비용) = 28,000,000원(**의료비는 중복가능**) • 모친 신용카드 용액 • 자1 직불카드 사용액 • **형제자매는 공제대상 제외**	28,000,000 20,000,000 3,000,000 ×
연금 저축	본인		• **본인 연금저축**	3,000,000(연금저축)
보험료	○ (×)	○	• 본인 주택임차보증금 반환 보증보험료 • 시부 보장성보험료(연령요건 미충족) • 모친 장애인전용보험료	500,000(보장) × 1,700,000(장애)
의료비	×	×	• 본인 **미용목적 성형수술은 제외** • 본인 체외수정시술비 • 본인 **산후조리비용(한도 2,000,000원)** • 부친 대장암 치료비 (**보전받은 실손의료보험금 차감.**) • 모친 **치료목적 성형수술비는 대상** • 자2 **안경구입비(한도 500,000)** • 자3 6세 이하 치료비는 특정의료비	× 3,000,000(난임) 2,000,000(본인) 1,000,000(일반) 4,000,000(장애) 500,000(장애) 5,000,000(특정)
교육비	×	× (개정 26)	• 본인대학원등록금(**대학원은 본인만 대상**) • **본인 학자금대출 상환원리금 상환액** • 고등학생 자녀 등록금 : 방과후도서구입비도 포함(**교복구입비는 50만원, 체험학습비는 30만원 한도, 수능응시료도 대상**)	8,000,000(본인) 6,000,000(본인) 3,700,000(고등)
기부금	×	○	• **정치지금기부금은 본인명의만 가능** • 부친명의 사회복지공동모금회 • 모친명의 사회복지법인 기부금 • 시부명의(연령요건 미충족도 가능) 종교단체 기부금	100,000(10만원이하) 400,000(10만원초과) 600,000(특례) 700,000(일반) 800,000(종교)
월세	기본공제 대상자		• **배우자(무주택–상반기)가 계약을 체결한 경우도 대상**	3,000,000(월세)

[연말정산대상금액]

[소득공제]		
1. 주택자금	장기주택 저당차입금 이자 공제	5,000,000
2. 신용카드	① 신용카드	42,000,000
	② 현금영수증	–
	③ 직불카드	3,000,000
	④ 전통시장	2,000,000
	⑤ 대중교통비	3,000,000
	⑥ 도서·공연비, 미술관, 영화관람료, 수영장 이용료 등	1,000,000
[연금계좌납입 세액공제]		3,000,000
[특별세액공제]		
1. 보장성 보험료	① 일반	500,000
	② 장애인전용	1,700,000
2. 의료비	① 난임시술비	3,000,000
	② 특정(본인, 장애, 65세 이상,6세 이하, 중증환자 등)	11,500,000
	③ 일반의료비	1,000,000
3. 교육비	① 본인	14,000,000
	④ 초중고	3,700,000
4. 기부금	① 정치자금	
	－10만원 이하	100,000
	－10만원 초과	400,000
	② 특례기부금	600,000
	③ 일반기부금	700,000
	④ 일반기부금(종교단체)	800,000
[월세 세액공제]		3,000,000

06 수정신고서(원천징수이행상황신고서)

① 원천징수납부지연(불성실)가산세 = 미납세액의 3% + 일미납세액의 2.5(가정)/10,000

= (2,100,000원 × 3%) + [2,100,000원 × 20일(11.11~11.30) × 2.5(가정)/10,000] = 73,500원

☞ **한도 = 미납세액(2,100,000원)의 10% = 210,000원**

② 원천징수이행상황신고서

구분		코드	소득지급(과세미달,비과세포함)		징수세액		
			4.인원	5.총지급액	6.소득세 등	7.농어촌특별세	8.가산세
간이세액		A01	3	10,000,000	150,000		
			5	40,000,000	2,250,000		73,500
중도퇴사		A02					
일용근로		A03					

Chapter 04

법인세

제1절 | 총설

1. 법인의 과세소득

1. 각사업연도소득 (일반적인 법인세)	각사업연도 익금총액(≒수익)에서 손금총액을(≒비용) 공제한 금액을 말한다.
2. 토지 등 양도소득	비사업용토지와 투기지역 안의 토지 등을 양도
3. 청산소득	청산시 각사업연도소득에 과세되지 못한 소득에 대하여 마지막으로 청산시 과세하는 것
4. 미환류소득	투자, 임금증가, 상생협력출연금이 당기소득금액의 일정비율 이하인 경우 미달액에 대하여 20% 법인세를 추가적으로 부과한다. 대상기업은 상호출자제한 기업소속 집단법인이다.

2. 법인종류별 납세의무

구 분		각 사업연도소득	토지 등 양도소득	청산소득
내국 법인	영리법인	국내+국외원천소득	○	○
	비영리법인	국내+국외 원천소득 중 수익사업	○	×
외국 법인	영리법인	국내원천소득	○	×
	비영리법인	국내원천소득 중 수익사업소득	○	
국가 · 지방자치단체		**비과세법인**		

3. 사업연도

1. 정관·법령에 규정		법령 또는 법인의 정관 등에서 정하는 규정
2. 정관·법령에 규정이 없는 경우	신 고	사업연도를 정하여 법인설립신고(**설립등기일로 부터 2개월 이내**) 또는 사업자등록(**사업개시일로 부터 20일 이내**)과 함께 납세지 관할세무서장에게 이를 신고하여야 한다.
	무신고	**매년 1월 1일부터 12월 31일까지를 그 법인의 사업연도**로 한다.
3. 변경		**법인의 직전 사업연도 종료일부터 3월 이내**에 납세지 관할세무서장에게 이를 신고

구 분	최초 사업연도의 개시일
내국법인	**원칙 : 설립등기일** 예외 : 당해 법인에 귀속시킨 손익이 최초로 발생한날
외국법인	국내사업장을 가지게 된 날(국내사업장이 없는 경우에는 부동산소득·양도소득이 최초로 발생한 날)

4. 납세지

구 분		납 세 지
1.원칙	내국법인	당해 법인의 **등기부상의 본점 또는 주사무소의 소재지**
	외국법인	국내사업장의 소재지(**2 이상의 국내사업장이 있는 경우에는 주된 사업장의 소재지** – 사업수입금액이 ↑)
	법인 아닌 단체	① 사업장이 있는 경우 : (주된) 사업장 소재지 ② 주된 소득이 부동산소득인 경우 : (주된) 부동산소재지
2.원천징수한 법인세		**원천징수의무자의 소재지**
3. 납세지 변경		**변경된 날부터 15일 이내에 변경 후의 납세지 관할세무서장에게 이를 신고**(부가가치세법의 규정에 의하여 그 변경된 사실을 신고한 경우에는 납세지 변경신고를 한 것으로 본다.)

제2절 세무조정

　결산서상 당기순이익과 법인세법에 따른 각 사업연도의 소득금액 사이의 차이를 조정하는 과정, 즉 당기순이익에서 출발하여 각 사업년도의 소득금액에 산출하는 과정을 '세무조정'이라고 한다.

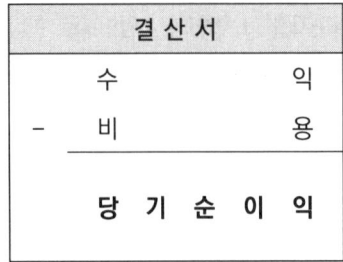

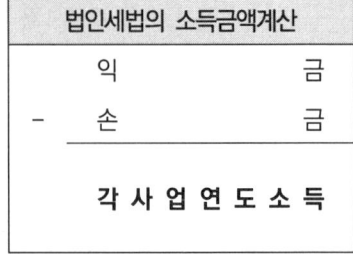

1. 세무조정의 방법

*1. 직접법 : 익금총액에서 손금총액을 차감하여 계산하는 방법을 직접법이라 한다. 그러나 기업에서는 100개의 거래 중 95개 이상이 법인세법과 기업회계가 일치한다.

*2. 간접법 : 결산서상 당기순이익에서 출발하여 기업회계와 법인세법의 차이내용을 조정하는 것을 간접법이라 한다.

　기업은 간접법에 따라 평소에는 기업회계기준대로 당기순이익을 산출하고 연말 법인세 계산시 세무조정을 통하여 각사업연도소득금액을 산출한다.

　<u>익금산입과 손금불산입은 모두 소득금액에 가산하는 세무조정이라는 점에서 일치하며 양자의 구별은 중요하지 않다.</u> 그리하여 이들을 **가산조정**이라 하고, 손금산입과 익금불산입은 **차감조정**이라 한다.

가 산 조 정	익 금 산 입	회계상 수익으로 계상되어 있지 않지만 법인세법상 익금에 해당하는 것
	손 금 불 산 입	회계상 비용으로 계상되어 있지만 법인세법상 손금에 해당하지 않는 것
차 감 조 정	손 금 산 입	회계상 비용으로 계상되어 있지 않지만 법인세법상 손금에 해당하는 것
	익 금 불 산 입	회계상 수익으로 계상되어 있지만 법인세법상 익금에 해당하지 않는 것

2. 세무조정의 주체

신고	법 인
결정·경정하는 경우	과세관청

☞ 결정 : 법인이 무신고시 과세관청이 납세의무를 확정하는 것
경정 : 법인이 신고한 금액에 오류가 있어 과세관청이 재확정하는 것

3. 결산조정과 신고조정

(1) 신고조정

① 정의 : 결산서에 과소계상된 경우에 반드시 신고조정을 하여야 하는 익금·손금항목을 말한다. 즉 **귀속시기가 강제된 사항으로서 회사의 객관적인 외부거래로 인해 반드시 익금 또는 손금에 산입되어야 하는 사항**들을 말한다.

② 대상 : **결산조정사항 이외의 모든 외부거래**를 말한다.

(2) 결산조정

① 정의 : 결산서에 비용으로 계상 시에만 손금으로 인정되는 항목으로서 결산서에 과소계상된 경우에 신고조정을 할 수 없는 손금항목을 말한다. 즉 **귀속시기를 선택할 수 있는 사항**으로서 회사의 내부거래로 손금산입여부가 법인 자신의 의사에 맡겨져 있는 사항들(감가상각비, 퇴직급여충당금, 대손충당금 등)을 말한다.

② 대상 : **손금항목 중 일정 열거항목(감가상각비, 대손충당금 등)**

구분	내용	비고
자산의 상각	**고정자산의 감가상각비**	
충당금	**대손충당금, 퇴직급여충당금,**	※ 퇴직연금부담금은 신고조정도 허용된다.
준비금	법인세법상준비금, 조특법상 준비금	※ 신고조정도 허용된다.
자산의 감액손실등	**재고자산, 고정자산 및 주식 등의 감액손실**	
	대손금	※ **소멸시효완성분 등 일정한 대손금은 신고조정사항이다.**

(3) 신고조정과 결산조정

	결산서	법인세법	세무조정
인건비 (신고조정)	20,000원	20,000원	없음
	15,000원	**20,000원**	**손금산입 5,000원** ←
	25,000원	20,000원	손금불산입 5,000원
감가상각비 (결산조정)	20,000원	20,000원	없음
	15,000원	**20,000원**	**없음** ←
	25,000원	20,000원	손금불산입 5,000원

차이점

결산서에 과소(과대)계상한 경우에는 **반드시 세무조정을 통해서 각사업연도소득금액에 반영하는 것을 신고조정사항**이라 하고, 결산서에 과소계상한 경우에는 손금산입할 수 없지만 과대계상한 경우에는 반드시 세무조정을 통해서 각사업연도소득금액에 반영하는 것을 **결산조정사항**이라 한다.

구분	결산조정	신고조정
특징	**내부거래(현금지출없는)**	**외부거래**
손금산입방법	**귀속시기 선택**	**귀속시기 강제**
	결산서에 비용으로 계상하여야만 손금인정	① 장부에 비용계상하거나 ② 세무조정을 통하여 손금산입
경정청구(수정신고)가능여부	경정청구(수정신고)대상에서 제외	경정청구(수정신고)대상
추후손금 인정여부	추후 결산상 비용으로 계상하면 손금인정됨.	결산상 비용 또는 세무조정도 누락시 이후 사업연도의 손금으로 인정되지 아니함.

제3절 소득처분

1. 유형

법인세법상 소득처분도 상법상의 이익처분과 유사하게 사외유출과 유보(또는 △유보)로 크게 나누어진다. 세무조정금액이 **사외에 유출된 것이 분명한 경우에는 사외유출로 처분하고, 사외에 유출되지 않은 경우에는 유보(또는 △유보), 기타**로 처분한다.

구 분	기업 외부의 자에게 귀속된 경우	기업 내부에 남아있는 경우	
		결산서상 자본(순자산)≠ 세무상 자본(순자산)	결산서상 자본= 세무상 자본
익금산입(손금불산입)	사외유출	유 보	기타(또는 잉여금)
손금산입(익금불산입)	–	△유 보	기타(또는 △잉여금)

2. 유보(또는 △ 유보)

〈사례1〉 3기에 (주)무궁은 토지를 1,000원에 매입하고 취득세 20원을 지출하였다.

회계처리(오류)	(차) 토 지 세금과공과금	1,000원 20원	(대) 현 금	1,020원
세무상분개	(차) 토 지	1,020원	(대) 현 금	1,020원

회사가 잘못처리한 회계처리에 대해서 토지의 취득가액이 △20원 적게 계상되었다. 이러한 경우에 유보란 소득처분을 한다.

즉 **회계상 순자산(1,000)<세무상 순자산(1,020) → 유보**
반대의 경우 회계상 순자산(1,200)>세무상 순자산(1,020) → △유보

〈세무조정 방법〉

① 회계상분개	(차) 토 지 세금과공과	1,000 20	(대) 현 금	1,020
② 세무상분개	(차) 토 지	1,020	(대) 현 금	1,020
③ 수정분개 (②-①)	회계상 분개를 세무상 분개로 바꾸기 위한 분개를 수정분개라 할 수 있다.			
	(차) 토 지	20	**(대) 세금과공과**	20
	자산증가	20	비용감소	20
⇩	⇩		⇩	
	토 지	20유보	손금불산입 (세금과공과)	20
세무조정	〈손금불산입〉 토지 20(유보)			

〈사례2〉 4기에 (주)무궁은 토지를 1,300원에 처분하였다.

〈세무조정방법〉

① 회계상분개	(차) 현 금	1,300	(대) 토 지	1,000
			유형자산처분익	300
② 세무상분개	(차) 현 금	1,300	(대) 토 지	1,020
			유형자산처분익	280
③ 수정분개 (②-①)	(차) **유형자산처분익**	**20**	(대) **토 지**	**20**
	수익감소	20	자산감소	20
⇩	⇩		⇩	
	익금불산입	20	**토 지**	20 △ 유보
세무조정	〈익금불산입〉 토지 20(△유보)			

사례 1,2를 보듯이 사례 1에서 발생한 유보가 미래(사례2)에 △유보로 조정되거나 반대의 경우에도 마찬가지로서, 이것을 유보의 추인이라고 한다.

당기	차기이후(미래)	유보의 관리
유보	△유보	**'자본금과 적립금조정명세서(을)'에서 유보의 잔액을 관리하고,**
△유보	유보	**세무상 자기자본은 '자본금과 적립금조정명세서(갑)' 표에서 관리된다.**

3. 기타(잉여금)

기타는 가산조정 또는 차감조정된 세무조정사항의 효과가 사내에 남아있으나, 그럼에도 불구하고 **결산서상의 자산·부채가 적정하다고 인정하는 처분**이다.

〈사례3〉 (주)무궁은 자기주식(장부가액 1,000원)을 1,200원에 현금처분하였다.

회계처리	(차) 현 금	1,200	(대) 자기주식	1,000
			자기주식처분익(자본잉여금)	200
세무상분개	그러나 법인세법상 자기주식처분이익은 익금에 해당한다.			
	(차) 현 금	1,200	(대) 자기주식	1,000
			익금	200

자기주식처분이익은 법인세법상 익금에 해당함에도 불구하고 회사는 회계상 수익으로 인식하지 않았기 때문에 그 금액을 익금산입하여야 한다. 그러나 회계적으로 바로 자본을 증가시켰기 때문에 **회계상과 세법상 자본은 동일**하므로 소득처분을 '기타'로 처분하여야 한다.

〈세무조정 방법〉

1.회계상분개 (자본거래로 인식)	(차)	현 금	1,200	(대)	자기주식	1,000
					자기주식처분익(자본)	200
2.세무상분개 (손익거래로 인식)	(차)	현 금	1,200	(대)	자기주식	1,000
					익금(자기주식처분익)	200
3.수정분개	**(차)**	자기주식처분이익 (자본잉여금)	200	(대)	익 금	200
		잉여금감소	200		수익증가	200
⇩		⇩			⇩	
		잉여금(기타)	200		익금산입	200
세무조정		**〈익금산입〉 자기주식처분익 200(기타)**				

4. 사외유출

"사외유출"이란 <u>가산조정(익금산입·손금불산입)한 금액이 기업 외부의 자에게 귀속</u>된 것으로 인정하는 처분이다

〈사례4〉 (주)무궁은 주주의 개인차량에 1,000원의 휘발유를 주유하고 회계상 비용으로 처리하였다.

회계처리	(차) 차량유지비	1,000	(대) 현 금	1,000
세무상분개	그러나 **법인세법에서는 사업과 관련없는 지출에 대해서 비용으로 인정되지 않는다.**			
	(차) 사외유출	1,000	(대) 현 금	1,000

회계적으로도 자본을 감소시켰기 때문에 회계상자본과 세법상 자본은 동일하므로 소득처분을 '사외유출'로 처분하여야 한다. 그리고 회사의 자산이 주주에게 부당한 유출이 되었으므로 주주에게는 소득세를 부담하게 한다. 이러한 **사외유출은 귀속자에 따라 소득처분이 달라진다.**

〈세무조정 방법〉

1.회계상분개 (손익거래로 인식)	(차)	차량유지비	1,000	(대)	현 금	1,000
2.세무상분개 (자본거래로 인식)	(차)	잉 여 금	1,000	(대)	현 금	1,000
3.수정분개	**(차)**	잉여금	1,000	(대)	차량유지비	1,000
		<u>잉여금의 부당한 감소</u>			비용감소	1,000
⇩		⇩			⇩	
		사외유출	1,000		손금불산입	1,000
세무조정		**〈손금불산입〉 주주의 차량유지비 1,000(사외유출)**				

(1) 귀속자가 분명한 경우

귀 속 자	소 득 처 분	귀속자에 대한 과세	당해 법인의 원천징수의무
(1) 주주 등	배당	소득세법상 배당소득	○
(2) 임원 또는 사용인	상여	소득세법상 근로소득	○
(3) 법인 또는 사업자	기타사외유출	이미 각사업연도소득 또는 사업소득에 포함되어 있으므로 추가적인 과세는 없음	×
(4) 그 외의 자	기타소득	소득세법상 기타소득	○
(5) 중복되는 경우 ① 주주+법인 ② 주주+임원(출자임원)	기타사외유출 상여	☞ 배당소득세율(14%)보다 근로소득세율(최고세율 45%)이 높으므로 상여처분	

(2) 사외유출된것은 분명하나 귀속자가 불분명한 경우

귀속자를 밝히도록 강제하기 위하여 **대표자에 대한 상여로 처분**한다.

(3) 추계의 경우

추계에 의해 결정된 과세표준과 결산서상 법인세비용차감전순이익과의 차액도 대표자에 대한 상여로 처분한다. 다만, 천재·지변 기타 불가항력으로 장부 기타 증빙서류가 멸실되어 추계 결정하는 경우에는 기타사외유출로 처분한다.

☞ 추계 : 소득금액을 계산할 때에 필요한 장부나 증명서류가 없는 경우 등 일정한 사유에 대해서 과세표준과 세액을 추정해서 계산하는 것을 말한다.

(4) 반드시 기타사외유출로 처분하여야 하는 경우

다음에 해당하는 항목은 귀속자를 묻지 않고 반드시 기타사외유출로 처분하여야 한다. 그 취지는 그 성격상 실질귀속자를 밝히기 어려운 점등을 감안하여 사후 관리의무를 면제하기 위한 배려이다.

① 임대보증금 등의 간주익금
② 업무용승용차 임차료 중 감가상각비상당액 한도초과액과 업무용승용차의 처분손실 한도초과액
③ 기업업무추진비의 손금불산입액(건당 3만원 초과 영수증 기업업무추진비, 기업업무추진비 한도초과액의 손금불산입액)
④ 기부금의 손금산입한도액을 초과하여 익금에 산입한 금액
⑤ 손금불산입한 채권자 불분명 사채이자 및 비실명 채권·증권이자에 대한 원천징수세액 상당액
⑥ 업무무관자산 등 관련 차입금 이자

⑦ 사외유출된 금액의 귀속이 불분명하여 대표자에 대한 상여로 처분한 경우 당해 법인이 그 처분에 따른 소득세 등을 대납하고 이를 손비로 계상하거나 그 대표자와의 특수관계가 소멸될 때까지 회수하지 않음에 따라 익금에 산입한 금액

예제 세무조정

㈜ 무궁의 다음 자료를 보고 세무조정을 하시오.

1. 손익계산서에 계상된 비용에 대해서 법인세법상 한도초과액은 다음과 같다.

	법인세법상 한도 초과액
출자임원에게 지급한 상여금	1,000,000
감가상각비	1,200,000
기업업무추진비	1,400,000
대손충당금	1,600,000

2. 손익계산서상 수선비 중에는 대표이사의 별장 수선비가 2,000,000원이 있다.

3. 주주로부터 채무를 면제받았는데, 다음과 같이 회계처리하였다.

    (차) 차입금   3,000,000원   (대) 기타자본잉여금   3,000,000원
    ☞ 채무면제이익과 자산수증이익은 원칙적으로 법인세법상 익금에 해당한다.

4. 법인세비용은 4,000,000원이 있다.

해답

〈1-1. 임원상여금 한도초과〉

1. 회계상분개	(차) 상 여 금	1,000,000	(대) 현 금	1,000,000
2. 세무상분개	(차) 잉 여 금	1,000,000	(대) 현 금	1,000,000
3. 수정분개	(차) 잉 여 금	1,000,000	(대) 상 여 금	1,000,000
⇩	잉여금 감소(부당)	1,000,000	비용감소(손금불산입)	1,000,000
세무조정	〈손금불산입〉 임원상여금 한도 초과 1,000,000(상여)			

〈1-2. 감가상각비 한도초과〉

1. 회계상분개	(차)	감가상각비	1,200,000	(대)	감가상각누계액	1,200,000
2. 세무상분개	(차)	–		(대)	–	
3. 수정분개	**(차)**	**감가상각누계액**	**1,200,000**	**(대)**	**감가상각비**	**1,200,000**
⇩		자산증가(유보)	1,200,000		비용감소(손금불산입)	1,200,000
세무조정		〈손금불산입〉 감가상각비 한도초과　1,200,000(유보)				

〈1-3. 기업업무추진비 한도초과〉

1. 회계상분개	(차)	접대비(기업업무추진비)	1,400,000	(대)	현　금	1,400,000
2. 세무상분개	(차)	잉여금	1,400,000	(대)	현　금	1,400,000
3. 수정분개	**(차)**	**잉여금**	**1,400,000**	**(대)**	**접대비(기업업무추진비)**	**1,400,000**
⇩		무조건기타사외유출	1,400,000		비용감소(손금불산입)	1,400,000
세무조정		〈손금불산입〉 기업업무추진비한도 초과　1,400,000(기타사외유출)				

〈1-4. 대손충당금 한도초과〉

1. 회계상분개	(차)	대손상각비	1,600,000	(대)	대손충당금	1,600,000
2. 세무상분개	(차)	–		(대)	–	
3. 수정분개	**(차)**	**대손충당금**	**1,600,000**	**(대)**	**대손상각비**	**1,600,000**
⇩		자산증가(유보)	1,600,000		비용감소(손금불산입)	1,600,000
세무조정		〈손금불산입〉 대손충당금한도초과　1,600,000(유보)				

〈2. 업무무관경비〉

1. 회계상분개	(차)	수 선 비	2,000,000	(대)	현　금	2,000,000
2. 세무상분개	(차)	잉여금	2,000,000	(대)	현　금	2,000,000
3. 수정분개	**(차)**	**잉여금**	**2,000,000**	**(대)**	**수 선 비**	**2,000,000**
⇩		잉여금＋부당유출	2,000,000		비용감소(손금불산입)	2,000,000
세무조정		〈손금불산입〉 업무무관경비　2,000,000(상여)				

〈3. 채무면제이익〉

1. 회계상분개	(차)	차 입 금	3,000,000	(대)	잉여금	3,000,000
2. 세무상분개	(차)	차 입 금	3,000,000	(대)	익　금	3,000,000
3. 수정분개	**(차)**	**잉여금**	**3,000,000**	**(대)**	**익　금**	**3,000,000**
⇩		잉여금 감소(기타)	3,000,000		수익증가(익금산입)	3,000,000
세무조정		〈익금산입〉 채무면제이익　3,000,000(기타)				

248

〈4. 법인세비용〉

1. 회계상분개	(차)	법인세비용	4,000,000	(대)	미지급세금	4,000,000
2. 세무상분개	(차)	잉 여 금	4,000,000	(대)	미지급세금	4,000,000
3. 수정분개	**(차)**	**잉 여 금**	**4,000,000**	**(대)**	**법인세비용**	**4,000,000**
⇩		잉여금+사외유출	4,000,000		비용감소(손금불산입)	4,000,000
세무조정		**〈손금불산입〉 법인세비용**		**4,000,000(기타사외유출)**		

☞ 법인세(지방소득세 등) 는 무조건 손금불산입(기타사외유출)하여 법인세를 차감하기 전의 상태로 복귀시켜야 한다. 왜냐하면 법인세를 도출하기 위해서는 법인세가 차감되기 전의 금액으로 만들어야 하기 때문이다.

제4절 | 익금 및 익금불산입

1. 익금

당해 법인의 순자산을 증가시키는 거래로 인하여 발생하는 수익(이익 또는 수입)의 금액을 말한다. 다만, **자본·출자의 납입과 익금불산입항목은 제외**한다. 원칙적으로 **모든 순자산증가액은 익금(포괄주의)에 해당**한다.

(1) 본래의 익금 항목

① 사업의 수입금액(매출환입, 에누리, 할인은 제외)
  – 법인의 임직원에 대한 재화·용역의 할인금액은 사업수입금액에 포함
② 자산**(자기주식 포함)**의 양도금액
③ 자산의 임대료
④ 자산수증이익과 채무면제이익**(이월결손금보전에 충당한 금액은 제외)**
⑤ 손금에 산입한 금액 중 환입된 금액(이월손금)

구 분	사 례	환 입 액
(1) 지출 당시 손금에 산입된 금액	재산세, 자동차세 등	익금에 해당함
(2) 지출 당시 손금에 산입되지 않은 금액	법인세 등	익금불산입

⑥ 기타의 수익으로서 그 법인에 귀속되었거나 귀속될 금액(예 : 국고보조금)

(2) 특수한 익금 항목②

① 유가증권의 저가매입에 따른 이익

법인이 ⓐ**특수관계에 있는 개인으로 부터** ⓑ**유가증권을** ⓒ**저가 매입한 경우**에는 매입시점에 시가와 그 매입가액의 차액을 익금으로 본다.

〈자산의 저가매입에 대한 취득가액 산정〉

구 분	저가 매입시	비 고
1. 원칙	**저가를 취득가액으로 인정**	처분 또는 상각시 그 차액이 과세소득에 포함된다.
2. 예외 : 특수관계에 있는 개인으로부터 유가증권을 저가매입시	시가와 매입가액의 차액을 익금으로 본다.	유가증권의 특성상 미실현이익을 조기에 과세할려는 법의 취지입니다.

② 임대보증금 등에 대한 간주익금

부동산 등을 임대하고 받는 임대료는 익금에 해당하지만, 임대보증금이나 전세금을 받는 경우 그 금액은 부채에 해당할 뿐 익금이 될 수 없다. 그러나 이것을 방치한다면 임대보증금등의 운용수입이 포착되어 과세되지 않는 한, 임대료를 받는 경우와 임대보증금 등을 받는 경우 사이에 과세형평이 맞지 않게 된다. 그리하여 법인세법은 임대보증금 등에 대하여는 그 정기예금이자 상당액을 임대료로 간주하여 익금에 산입하도록 하고 있는데 이것을 간주임대료, 즉 간주익금이다.

㉠ 추계하는 경우 : 상여

장부 기타 증빙서류가 없거나 미비하여 소득금액을 계산할 수 없는 경우에는 소득금액을 추정하여 계산하게 되는데, 이것을 "추계"라고 한다.

$$
간주익금(수입금액) = 보증금등의적수 \times \frac{1}{365/366일} \times 정기예금이자율
$$

☞ 적수란 매일의 수치를 일정기간 단위로 합산한 것을 말한다.

㉡ 추계하지 않는 경우 : **기타사외유출**

다음의 요건을 모두 충족한 경우에 한하여 임대보증금 등에 대한 간주익금 규정이 적용된다.
  ⓐ **부동산임대업을 주업으로 하는 법인**(자산총액 중 임대사업에 사용되는 자산가액이 50% 이상)
  ⓑ **영리내국법인**일 것
  ⓒ **차입금 과다법인**일 것

$$
간주익금 = \left\{ 보증금등의적수 - \frac{임대용부동산의}{건설비상당액의 적수} \right\} \times \frac{1}{365/366} \times 정기예금이자율 - 금융수익
$$

☞ 임대용부동산 건설비 적수 계산시 토지는 제외한다.

 **예제** **임대보증금 간주익금**

㈜무궁의 다음 자료를 보고 세무조정을 하시오.

1. 임대보증금 변동내역은 다음과 같다.

일 자	적 요	임대면적	차 변	대 변	잔 액
전기이월		110㎡		6,000,000원	6,000,000원
4. 1.	201호 퇴실	10㎡ 감소	500,000원		5,500,000원

2. 건물 및 부속토지 내역은 다음과 같다.

계정과목	적 요	20x1. 12. 31.	20x0. 12. 31.	비 고
토 지	건물 부속토지	10,000,000원	10,000,000원	면적 50㎡
건 물	건 물	5,000,000원	5,000,000원	연면적 200㎡
	감가상각누계액	(1,500,000원)	(1,400,000원)	

3. 이자수익 300,000원 중 30,000원은 임대보증금에서 발생된 운용수익이다.

4. 정기예금이자율 1.8%, 1년은 365일로 가정한다.

해답

1. 보증금적수	2,052,500,000	6,000,000×90일(1.1~3.31)+5,500,000×275일
2. 건설비상당액 적수	935,000,000	5,000,000×90일×110㎡/200㎡ +5,000,000×275일×100㎡/200㎡
3. 보증금등에서 발생한 운용수익	30,000	
4. 간주익금	25,109	(1-2)×1.8%÷365일-3

〈세무조정〉

익금산입	임대보증금 간주익금	25,109원	기타사외유출

사업 연도	· · ~ · · ·	임대보증금등의 간주익금조정명세서	법인명	
			사업자등록번호	

4 ❶ 임대보증금 등의 간주익금조정

①임대보증 금등적수	②건설비 상당액적수	③보증금 잔액 [(①-②)÷365 또는 366]	④이자율	⑤익금 상당액(③×④)	⑥보증금 운용수입	⑦익금산입금액 (⑤-⑥)
2,052,500,000	935,000,000	3,061,643	1.8%(가정)	55,109	30,000	25,109

1 ❷ 임대보증금 등 적수계산

⑧일 자	⑨적 요	⑩임대보증금누계	⑪일 수	⑫적수(⑩×⑪)
01/01	전기이월	6,000,000	90	540,000,000
04/01	반환	5,500,000	275	1,512,500,000
	합 계			2,052,500,000

2 ❸ 건설비 상당액 적수계산
가. 건설비의 안분계산

⑬건설비총액적수 (⑳의 합계)	⑭임대면적적수 (㉔의 합계)	⑮건물 연면적적수 (㉘의 합계)	⑯건설비상당액적수 (⑬×⑭÷⑮)
1,825,000,000	37,400	73,000	935,000,000

나. 임대면적 등 적수계산

⑰건설비총액적수			㉑건물 임대면적 적수			㉕건물연면적 적수		
⑱건설비 총액누계	⑲임대 일수	⑳적수 (⑱×⑲)	㉒임대 면적누계	㉓임대 일수	㉔적수 (㉒×㉓)	㉖건물연면적 누계	㉗임대 일수	㉘적수 (㉖×㉗)
5,000,000	365	1,825,000,000	110	90	9,900	200	365	73,000
			100	275	27,500			
합 계		1,825,000,000	합 계		37,400	합 계		73,000

3 ❹ 임대보증금 운용수입금액 명세

㉙과 목	㉚계정금액	㉛보증금운용수입금액	㉜기타 수입금액	비 고
이자수익	300,000	30,000	270,000	
계				

☞작성순서 : **1** **2** **3** **4**

③ 의제배당

법인세법은 형식상 배당이 아니더라도 사실상 회사의 이익이 주주에게 귀속되는 경우에는 이를 배당으로 의제하여 주주에게 소득세 또는 법인세를 과세하고 있다.

법인세법은 **무상증자도 현금배당과 동일하게 법인의 소득이 주주에게 이전된 것으로 보아 주주에게 배당으로 과세한다. 그러나 주식발행초과금의 자본전입으로 인하여 무상주를 수령시 의제배당**으로 보지 않는다. 왜냐하면 주식발행초과금은 법인의 소득이 아니라 주주가 출자한 금액이고 이에 대해서 무상주 지급시 주주에게 자본의 환급으로 보기 때문이다.

<잉여금의 자본전입이 배당에 해당하는지의 여부>

		의제배당여부
법인세가 과세된 잉여금	– 이익잉여금 – 자기주식처분이익 등	**의제배당 ○**
법인세가 과세되지 않는 잉여금	– 주식발행초과금(채무면제이익 제외) – 감자차익(예외규정이 있다)	**의제배당 ×**

2. 익금불산입

(1) 자본거래	① 주식발행액면초과액 다만, **채무의 출자전환으로 주식 등을 발행하는 경우 주식의 발행가액이 당해 주식 등의 시가를 초과하는 금액은 채무면제이익(익금)으로 본다.** ② 감자차익 ③ 합병차익 및 분할차익 ④ **자산수증이익(국고보조금은 제외)·채무면제이익 중 이월결손금의 보전에 충당된 금액** ⑤ 출자전환시 채무면제이익 중 결손금 보전에 충당할 금액
(2) 이중과세방지	⑥ **이월익금(각 사업연도의 소득으로 이미 과세된 소득)** ⑦ **법인세 또는 지방소득세의 환급액** ⑧ 지주회사 및 일반법인의 수입배당금액 중 일정액
(3) 기타	⑨ 자산의 평가차익(일정한 평가차익은 제외) <table><tr><td>㉠ **임의평가차익**</td><td>**익금불산입**</td></tr><tr><td>㉡ **보험업법 기타 법률의 규정에 의한 고정자산의 평가차익**</td><td>**익금**</td></tr></table>⑩ 부가가치세 매출세액 ⑪ **국세·지방세 과오납금의 환급금에 대한 이자**

제5절 손금 및 손금불산입

1. 손금일반원칙(손금의 증빙요건)

법인은 모든 거래에 관한 증빙서류를 작성 또는 수취하여 **과세표준 신고기한이 경과한 날부터 5년간 이를 보관**하여야 한다. 이 경우 법인이 재화 또는 용역을 공급받고, 그 대가를 지급하는 경우에는 **적격증빙(신용카드매출전표·현금영수증·세금계산서·계산서 등)**을 수취하여 이를 보관하여야 한다.

영수증을 수취한 경우(적격증빙 미수취)		법인세법상 규제
1. 기업업무 추진비	① **건당 3만원 초과**	**손금불산입** ☞ 증빙미수취가산세가 부과되지 않음
	② 건당 경조금 20만원초과	
2.기타의 지출	**건당 3만원 초과**	**증빙미수취가산세(2%) 부과** ☞ 객관적으로 지급사실이 확인되면 손금은 인정되고, 손금인정금액에 대해서 가산세 부과

2. 손비의 범위

그 법인의 사업과 관련하여 발생하거나 지출된 손실 또는 비용으로서 일반적으로 용인되는 통상적인 것이거나 수익과 직접 관련된 것으로 한다. 특수한 경우의 손비를 보면 다음과 같다.

① **영업자가 조직한 단체로서 법인이거나 주무관청에 등록된 조합 또는 협회에 지급한 일반 회비**
② 장식 등의 목적으로 사무실 등 여러 사람이 볼 수 있는 공간에 항상 전시하는 미술품의 취득가액을 그 **취득한 날이 속하는 사업연도의 손금으로 계상한 경우에는 그 취득가액[1,000만원 이하인 것에 한정**한다.]
③ 광고선전목적으로 기증한 물품의 구입비용[특정인에게 기증한 물품[개당 3만원 이하의 물품은 제외한다.]의 경우에는 연간 5만원이내의 금액에 한정한다.

3. 손금불산입항목

특수한 경우의 손금불산입 사항을 보면 다음과 같다.

① 자본거래 등으로 인한 손비의 손금불산입(주식할인발행차금)
② 징벌적 성격의 손해배상금(예 : 제조물책임법에 따른 손해배상등) 및 화해결정에 따른 지급 금액 중 실손해를 초과하여 지급한 금액
③ **법인의 임직원이 아닌 지배주주 등(특수관계자 포함)에게 지급한 여비 또는 교육훈련비는 손금에 산입하지 않는다.**

4. 인건비

		사용인	임원
1. 급여		○	○
2. 상여금	① **일반상여**	○	상여지급기준 내
	② **이익처분에 의한 상여**	×	×
3. 퇴직급여		○	정관규정[1] 한도 내
4. 복리후생비		열거된 것 및 유사한 것	

[1]. 정관규정이 없는 경우(법인세법상 한도액)

> **임원퇴직금한도 = 퇴직전 1년간 총급여액[*] × 10% × 근속년수(월미만 절사)**
> **[*] 손금불산입된 급여·상여 및 비과세 근로소득은 제외한다.**

법인이 임직원에게 지급하는 퇴직급여는 **임직원이 현실적으로 퇴직하는 경우에 지급하는 것에 한정하여 이를 손금에 산입**한다.

현실적 퇴직	현실적 퇴직에 해당하지 않는 경우
① **사용인이 임원으로 취임한 경우** ② 임직원이 그 법인의 조직변경·합병·분할 또는 사업양도에 따라 퇴직한 때 ③ **법에 따라 퇴직급여를 중간 정산하여 지급** ④ 임원에게 정관 등의 규정에 의하여 법에 따른 사유(장기요양 등)로 중간 정산하여 퇴직급여를 지급한 경우	① 임원이 연임된 경우 ② 법인의 대주주의 변동으로 인하여 계산의 편의, 기타사유로 전사용인에게 퇴직급여를 지급한 경우 ③ 외국법인의 국내지점 종업원이 본점(본국)으로 전출하는 경우 등
손금	**업무무관가지급금으로 간주**

5. 세금과공과금

(1) 조세

		종 류	소득처분
1. 원칙: **손금**	당기손금	**재산세, 자동차세, 주민세, 종합부동산세 등**	–
	미래손금(자산원가)	취득세 등	
2.예외 : 손금불산입		① **법인세 및 지방소득세(법인), 농어촌특별세**	기타사외유출
		② **간접세** : 부가가치세매입세액, 개별소비세, 교통세등	유보
		③ **징벌효과 : 가산세와 징수불이행 세액**	기타사외유출

(2) 공과금

	종 류	소득처분
1. 원칙 : 손금	교통유발부담금[1], 폐기물처리부담금[2], 환경개선부담금[3]	–
	개발부담금[4], 재건축부담금[5]	유보
2. 예외 : 손금불산입	**폐수배출부담금[6]**	기타사외유출
3. 협회비나 조합비	**영업자가 조직한 단체로서 법인이거나 주무관청에 등록된 조합 또는 협회에 지급한 일반회비는 전액 손금사항**	

[1]. 교통혼잡완화를 위하여 원인자부담의 원칙에 따라 혼잡을 유발하는 시설물에 대하여 부과하는 공과금

[2]. 특정유해물질 등을 함유하고 있거나, 재활용이 어렵고 폐기물관리상 문제를 일으킬 수 있는 제품 등에 대해 그 폐기물의 처리에 소요되는 비용을 해당 제품 등의 제조업자 등에게 부담하도록 하는 제도.

[3]. 유통·소비부문을 대상으로 『오염원인자부담원칙』에 의거 오염원인자에게 오염물질 처리비용을 부담토록 하여 오염 저감을 유도하고 환경투자재원을 안정적으로 확보하기 위한 간접규제 제도

[4]. 개발사업 대상 토지에 대한 투기를 방지하고 그 토지의 효율적인 이용을 촉진하기 위해 법규에 의한 해당사업의 개발이익에 대해 부과·징수되는 환수금이 개발부담금

[5]. 재건축 아파트의 과도한 가격상승을 막기 위해 법에 따라 부과되는 부담금

[6]. 폐수배출관련의무를 불이행시 제재 목적으로 부과되는 부담금

(3) 벌금·과료·과태료 및 강제징수비 : 손금불산입

벌금 등 해당하는 것	벌금등에 해당하지 않는 것
① 관세법을 위반하고 지급한 벌과금 ② 업무와 관련하여 발생한 **교통사고벌과금** ③ **산재보험료의 가산금** ④ 국민건강보험법의 규정에 의하여 징수하는 **연체금** ⑤ 외국의 법률에 의하여 국외에서 납부한 벌금	① **사계약상의 의무불이행으로 인하여 부과하는 지체상금** ② **산재보험료의 연체료** ③ **전기요금의 납부지연으로 인한 연체가산금**

6. 업무무관 경비

(1) 업무무관 경비 → 손금불산입

① **업무무관자산을 취득·관리에 따른 비용·유지비·수선비와 이에 관련된 비용**
② **출자자(소액주주 제외)나 출연자인 임원 또는 그 친족이 사용하고 있는 사택의 유지비·사용료와 이에 관련되는 지출금**
③ **노동조합의 전임자에게 지급하는 급여 등**

☞ 소액주주 : 발행주식 총수의 1%에 미달하는 주식을 소유한 주주

(2) 업무무관자산

① 업무에 직접 사용하지 않는 부동산 및 자동차 등
② 서화 및 골동품(**취득가액 1천만원 이하로서 장식·환경미화 등의 목적으로 사무실·복도 등 여러 사람이 볼 수 있는 공간에 상시 비치되는 것**은 제외)
③ 기타 유사한 자산으로서 법인의 업무에 직접 사용하지 않는 자산

〈업무무관자산의 세무처리〉

취득시	보유시	처분시
취득원가 = 매입가액＋취득부대비용	감가상각비 : 손금불산입 유보	손금산입 △유보
	유지비용 : 손금불산입 사외유출	–

7. 업무용승용차 관련

1. 적용대상	**부가세법상 매입세액 불공제 대상 승용차**
2. 비용인정기준	① 임직원전용 자동차 보험가입 및 법인업무용 전용번호판 부착 등 일정요건 충족 　－운행기록 작성 : 업무사용비율에 따라 손금산입 　－운행기록 미작성 : <u>1,500만원</u>을 한도로 손금산입 ② **감가상각비(내용연수 5년, 정액법) : 800만원을 한도로 강제상각** ③ **처분손실 매년 800만원을 한도로 손금산입**

 객관식

01. 다음 중 법인세에 대한 설명으로 옳지 않은 것은?

① 영리내국법인은 법령에서 열거한 소득만 과세된다.

② 법인세는 납세자와 담세자가 일치할 것으로 예정된 직접세이다.

③ 법인격 없는 단체도 법인세 납세의무를 지는 경우가 있다.

④ 비영리내국법인과 외국법인은 청산소득에 대해서 법인세 납세의무가 없다.

02. 다음 중 법인세에 대한 설명으로 옳지 않은 것은?

① 외국의 국가는 비영리외국법인으로서 법인세 납세의무를 진다.

② 사업연도는 법령이나 정관에 정한 1회계기간으로 하되, 그 기간은 1년을 초과할 수 없다.

③ 내국법인은 등기상 본점 · 주사무소(사업의 실질적 관리장소) 소재지를 납세지로 한다.

④ 비영리법인과 외국법인은 청산소득에 대한 법인세와 토지 등 양도소득에 대한 법인세의 납세의무를 지지 아니한다.

03. 법인세의 납세의무에 관한 다음 설명 중 옳지 않은 것은?

① 내국법인은 국외원천소득에 대하여 각 사업연도의 소득에 대한 법인세 납세의무를 지지만, 외국법인은 그러하지 아니하다.

② 모든 영리내국법인은 미환류소득에 대하여 10%의 법인세 납세의무를 진다.

③ 중소기업이 아닌 법인의 주택, 별장과 비사업용 토지의 양도소득에는 법인세 외에 추가로 토지 등 양도소득에 대한 법인세를 과세한다.

④ 비영리내국법인과 외국법인의 청산소득에 대하여는 법인세가 과세되지 않는다.

04. 다음 중 법인세법상 납세의무에 대한 설명으로 옳지 않은 것은?

① 외국정부나 지방자치단체는 비영리외국법인으로서 납세의무를 진다.

② 비영리내국법인은 수익사업소득에 대한 법인세의 납세의무가 있다.

③ 외국법인은 청산소득에 대한 법인세의 납세의무가 없다.

④ 우리나라의 지방자치단체는 비영리내국법인으로서 납세의무를 진다.

05. 다음 중 법인세법상 납세의무에 대한 설명으로 옳지 않은 것은?

① 비영리내국법인은 청산소득에 대한 법인세의 납세의무가 있다.

② 내국법인 중 국가와 지방자치단체에 대하여는 법인세를 부과하지 않는다.

③ 외국정부는 비영리외국법인으로서 법인세의 납세의무를 진다.

④ 외국법인은 청산소득에 대한 법인세의 납세의무가 없다.

06. 다음 중 법인세법상 소득처분에 대한 설명으로 옳지 않은 것은?

① 사외유출된 소득의 귀속자가 개인주주인 경우 배당으로 처분한다.

② 사외유출된 소득의 귀속이 불분명한 경우 기타사외유출로 처분한다.

③ 유보금액의 사후관리를 위한 서식은「자본금과 적립금 조정명세서(을)」이다.

④ 배당 상여 및 기타소득으로 소득처분하는 경우 처분하는 법인에게 원천징수의무가 있다.

07. 법인세법상 세무조정과 소득처분에 대한 설명으로 옳은 것은?

① 법인의 세무상 자기자본총액은 「자본금과 적립금조정명세서(갑)」을 통하여 파악할 수 있다.

② 사외유출된 금액의 귀속이 불분명한 경우 기타사외유출로 소득처분한다.

③ 결산조정사항과 달리 신고조정사항은 손금산입시기를 조절할 수 있다.

④ 기업업무추진비 한도초과액은 유보로 소득처분한다.

08. 다음 중 법인세법상 소득처분에 대한 설명으로 옳은 것은?

① 소득의 귀속자가 출자임원인 경우에는 배당으로 처분한다.

② 사외유출된 것은 분명하나 그 귀속자가 불분명한 경우에는 기타로 처분한다.

③ 임대보증금 등의 간주익금은 기타사외유출로 처분한다.

④ 업무무관자산 구입 관련 차입금이자는 상여로 처분한다.

09. 현금매출누락, 증빙불비 경비 등으로 소득이 사외로 유출되었으나 그 귀속자가 불분명한 경우의 소득처분으로 옳은 것은?

① 배당
② 기타사외유출
③ 기타소득
④ 상여

10. 다음 법인세법상 세무조정사항에 대한 소득처분 중 기타사외유출이 아닌 것은?

① 기업업무추진비 한도초과액
② 귀속자가 불분명한 증빙불비 경비
③ 기부금한도초과액
④ 업무무관자산 등에 대한 지급이자 손금불산입액

11. 다음 중 법인세법상 세무조정 및 소득처분으로 옳지 않은 것은?(단, 해당 항목은 손익계산서에 계상되어 있음)

① 상각범위액을 초과하는 감가상각비 : 손금불산입(유보)
② 국세·지방세 과오납금에 대한 환급금 이자 : 익금불산입(기타)
③ 채권자불분명사채이자 중 원천징수세액을 제외한 금액 : 손금불산입(기타사외유출)
④ 임원에게 급여규정상 한도액을 초과하여 지급한 상여금 : 손금불산입(상여)

12. 법인세법상 세무조정에 관한 설명 중 옳은 것은?

① 출자임원과 비출자임원에게 지출한 복리후생비 해당액을 비용계상한 경우 별도의 세무조정이 필요없다.
② 업무와 관련하여 발생한 교통사고벌과금을 잡손실로 회계처리한 경우에 별도의 세무조정이 필요없다.
③ 직원에게 급여지급기준을 초과하여 지급한 상여금을 비용계상한 경우에 손금불산입의 세무조정이 필요하다.
④ 법인이 감가상각비를 세법상의 상각범위액보다 과대계상하고 전년도에 상각부인액이 있는 경우 손금산입의 세무조정이 필요하다.

13. 다음 중 법인세 신고 시 소득금액조정합계표의 작성과 관련이 없는 항목은?

① 기업업무추진비한도 초과액
② 일반기부금한도 초과액
③ 수입배당금액의 익금불산입액
④ 업무무관 자산 등에 대한 지급이자 손금불산입액

14. 다음 중 익금불산입항목이 아닌 것은?

① 이월익금
② 감자차익
③ 업무용 건물의 재산세 환급액
④ 이월결손금의 보전에 충당한 자산수증이익

15. 다음 중 법인세법상 익금에 대한 설명으로 옳지 않은 것은?

① 각 사업연도 소득으로 이미 과세된 것을 다시 당해 사업연도의 소득으로 계상한 것은 익금에 산입한다.
② 지방세 과오납금의 환급금에 대한 이자는 익금에 산입하지 않는다.
③ 자기주식의 처분으로 인한 이익은 익금에 산입한다.
④ 특수관계인인 개인으로부터 유가증권을 저가로 매입한 경우, 시가와 매입가액의 차액은 익금에 산입한다.

16. 다음 중 법인세법상 익금불산입 항목이 아닌 것은?

① 경정청구를 통해 환급받은 법인세
② 이월결손금의 보전에 충당한 자산수증이익
③ 이월익금
④ 손금에 산입한 금액 중 환입된 금액

17. 다음 중 법인세법상 손금에 해당하지 않는 것은?

① 공장기계의 임차료
② 대표이사의 급여
③ 업무용으로 사용 중인 화물자동차에 대한 수선비
④ 업무용 토지에 대한 공인감정기관의 평가에 의한 평가차손

18. 다음 중 법인세법상 손금 항목에 대하여 잘못 알고 있는 사람은?

① 선미 : 재산세나 자동차세가 업무와 관련있다면 손금항목에 해당돼.
② 형진 : 업무와 관련된 교통사고 벌과금도 손금항목이야.
③ 유진 : 전기요금의 납부지연으로 인한 연체가산금도 손금항목이야.
④ 동호 : 건강보험료의 납부지연으로 인한 연체금도 손금불산입 항목에 해당돼.
※ 1차 저작권자의 저작권 침해 소지가 있어 삽화 삽입은 어려우니 양해바랍니다.

19. 다음 중 법인세법상 전액 손금불산입되는 항목이 아닌 것은?

① 벌금, 과료, 과태료, 가산금 및 강제징수비

② 대표이사를 위하여 지출한 비지정기부금

③ 거래처 직원에게 선물로 지출한 법인카드사용기업업무추진비

④ 업무무관자산에 대한 재산세

20. 다음 중 법인세 신고를 위한 각 사업연도 소득금액계산 시 세무조정을 하지 않아도 되는 것은?

① 주식발행초과금을 자본잉여금으로 회계처리한 경우

② 토지 취득세를 세금과공과로 회계처리한 경우

③ 지분법평가(손익부분)로 인해 지분법이익을 계상한 경우

④ 미지급기부금을 영업외비용으로 회계처리한 경우

21. 법인세법상 업무용승용차의 감가상각과 관련된 설명으로 옳지 않은 것은?

① 업무용승용차의 감가상각 방법은 정액법만 가능하다.

② 업무용승용차의 감가상각 내용연수는 5년만 적용하여야 한다.

③ 업무용승용차의 감가상각 손금산입 방법은 강제상각제도를 적용하여야 한다.

④ 업무용승용차의 감가상각 손금산입 한도는 매년 1,000만원이다.

22. 다음 중 법인세법상 업무용승용차 관련비용에 대한 내용으로 옳지 않은 것은?(단, 해당 승용차는 업무전용자동차보험에 가입한 것으로 가정한다)

① 업무용 승용차는 5년 정액법으로 상각한다.

② 업무용승용차 관련비용이 1.5천만원(12개월 기준) 이하인 경우에는 운행기록부의 작성없이도 전액이 업무사용금액인 것으로 인정받을 수 있다.

③ 업무용승용차 관련비용 중 업무사용금액에 해당하지 아니하는 비용은 손금불산입하고 기타사외유출로 소득처분한다.

④ 업무사용비율은 총주행거리에서 업무용 사용거리가 차지하는 비율로 계산하는데, 출퇴근 거리는 업무용 사용거리로 인정받을 수 있다.

23. 다음 중 법인세법상 업무용승용차와 관련된 설명으로 옳지 <u>않은</u> 것은?

① 업무전용자동차보험을 가입하지 않은 경우 업무용승용차 관련비용 전액을 손금불산입하고 상여로 소득처분한다.

② 업무전용자동차보험을 가입하고 운행기록을 작성하지 아니한 경우, 업무용승용차 관련비용이 1,500만원 이하인 경우에는 전액을 손금으로 인정한다.

③ 업무용차량 중 리스차량은 리스료 중 보험료·자동차세·수선유지비를 차감한 잔액을 감가상각비 상당액으로 하고, 업무용차량 중 렌트차량은 렌트료의 70%를 감가상각비 상당액으로 한다.

④ 업무사용 감가상각비와 임차료 중 감가상각비 상당액이 1,000만원을 초과하는 경우, 그 초과하는 금액은 손금불산입하고 유보로 소득처분한다.

 **주관식**

01. 다음 중 익금에 해당하지 않는 항목들을 고르시오.

가. 주식발행초과금	나. 부가가치세 매출세액
다. 부가가치세가 면세되는 재화 매출액	라. 관계기업 투자주식 처분이익
마. 보험업법에 따른 고정자산 평가이익	
바. 이월결손금 보전에 충당한 채무면제이익	

02. 다음은 도소매업을 영위하는 (주)한공의 제21기 사업연도(20x1.1.1.~20x1.12.31.)의 손익계산서상 수익항목의 일부이다. 법인세법상 익금은 얼마인가?

• 현금매출액	50,000,000원
• 이자수익	5,000,000원
(국세환급금이자 1,000,000원이 포함되어 있으며, 미수이자는 없다.)	
• 지분법평가이익	3,000,000원
• 외환차익	1,500,000원

03. 다음 중 법인세법상 익금항목을 고르시오.

> 가. 손금에 산입된 금액 중 환입된 금액
> 나. 보험업법 등 법률에 따른 고정자산의 평가이익
> 다. 자기주식의 양도금액
> 라. 국세·지방세 과오납금의 환급금에 대한 이자

04. 다음 중 법인세법상 손금 항목을 고르시오.

> 가. 교통위반 범칙금
> 나. 업무와 관련 있는 해외시찰비
> 다. 우리사주조합에 출연하는 자사주의 장부가액
> 라. 주식할인발행차금

05. 다음은 (주)한공의 제5기 사업연도(20x1.1.1.~20x1.12.31.) 손익계산서상 세금과공과의 내역이다. 제5기 사업연도 세무조정시 손금불산입 해야할 금액은 얼마인가?

> • 법인차량 주차위반 과태료 :   500,000원
> • 공장용 토지 구매에 따른 취득세 :   4,000,000원
> • 본사건물에 대한 재산세 :   2,000,000원
> • 국민연금 회사부담분 납부액 :   3,000,000원

06. (주)한공의 제10기(20x1.1.1.~20x1.12.31.) 다음 자료에 의해 상여로 소득처분 할 금액은 얼마인가?

> 가. 발행주식총수의 10%를 소유하고 있는 대표이사(갑)가 개인적으로 부담하여야 할 기부금을 법인이 지출한 금액 1,000,000원
> 나. 퇴직한 주주임원(을)의 퇴직금 한도초과액 2,000,000원
> 다. 소액주주인 직원(병)에 대한 채무면제액 2,500,000원
> 라. 특수관계법인인 (주)세무와 공동행사에 사용한 비용으로서, 세법상 한도초과액 3,500,000원

07. 다음은 제조업을 영위하는 내국법인인 (주)한공이 제5기 사업연도(20x1.1.1.~20x1.12.31.)에 계상한 비용이다. 각 사업연도 소득금액 계산 시 손금에 산입되지 아니하는 금액을 구하면 얼마인가?

> 가. 지배주주 갑에게 지급한 여비 1,000,000원(갑은 (주)한공의 임원 또는 직원이 아님)
> 나. 대표이사 을에게 지급한 상여금 2,500,000원(주주총회에서 결의된 급여지급기준 내의 금액임)
> 다. 제5기 사업연도에 납부할 법인지방소득세 1,200,000원
> 라. 판매한 제품의 판매장려금으로서 사전약정 없이 지급한 금액 1,400,000원

08. 임대보증금 간주익금 조정

간주익금 대상금액을 계산하고, 세무조정을 하시오(정기예금이자율 2%, 1년은 365일로 가정한다.)

자료 1. 건물 및 부속토지 관련 자료

구 분	건 물	토 지
취득일	2016.7.1.	2016.7.1.
면적	1,500㎡(연면적)	500㎡
취득원가	300,000,000원	200,000,000원
당기말 감가상각누계액	100,000,000원	–

자료 2. 임대현황

임대기간	임대보증금	월임대료	임대건물면적
20x0.7.1.~20x2.6.30.	400,000,000원	5,000,000원	500㎡

자료 3. 임대보증금 등 운용현황

계정과목	임대보증금운용수입	기타수입금액	합계
이자수익	1,600,000원	800,000원	2,400,000원
배당금수익	800,000원	100,000원	900,000원

09. 세금과공과금명세서

다음 세금과공과에 대해서 세무조정하시오.

No	일자	적요	지급처	금 액
1	01 – 30	자동차분 면허세 납부	강남구청	100,000
2	03 – 10	폐기물 처리 부담료	강남구청	200,000
3	04 – 15	계산서합계표 미제출 가산세		300,000
4	04 – 30	법인세지방소득세	강남구청	400,000
5	05 – 21	주식발행비용(등록면허세)		500,000
6	05 – 27	부가가치세 수정신고 가산세		600,000
7	07 – 25	자동차세	강남구청	700,000
8	07 – 25	간주임대료 부가가치세	이철민	800,000
9	07 – 31	인지세		900,000
10	08 – 05	상공회의소 회비	대한상공회의소	1,000,000
11	08 – 30	법인균등분주민세	강남구청	1,100,000
12	09 – 20	교통유발분담금	강남구청	1,200,000
13	09 – 25	토지취득세(출자자 소유분)		1,300,000
14	10 – 20	전기요금연체료		1,400,000
15	12 – 20	본사건물 재산세	강남구청	1,500,000
16	12 – 27	폐수배출분담금	군포시청	1,600,000

연습답안

Tax Accounting Technician
세무정보처리 자격시험 1급

🔑 **객관식**

1	2	3	4	5	6	7	8	9	10
①	④	②	④	①	②	①	③	④	②

11	12	13	14	15	16	17	18	19	20
③	①	②	③	①	④	④	②	③	①

21	22	23
④	③	④

[풀이 - 객관식]

01 영리내국법인에 대하여는 포괄주의 과세방식을 적용하고 있으므로 법령에 열거하지 않은 소득도 과세될 수 있다.

02 **비영리법인과 외국법인은 토지 등 양도소득에 대한 법인세의 납세의무**를 진다.

03 미환류소득에 대한 법인세는 상호출자제한기업집단에 소속된 법인만 납세의무를 진다.

04 내국법인 중 **국가와 지방자치단체에 대하여는 법인세를 부과하지 않는다.**

05 비영리내국법인은 청산소득에 대한 법인세의 납세의무가 없다.

06 사외유출된 금액의 귀속이 불분명한 경우 대표자 상여로 처분한다.

07 ② 사외유출된 금액의 귀속이 불분명한 경우 대표자 상여로 소득처분한다.

　③ 신고조정사항은 손금산입시기를 조절할 수 없으나, 결산조정사항은 손금산입시기를 조절할 수 있다.

　④ **기업업무추진비 한도초과액은 기타사외유출로 소득처분**한다.

08 ① 소득의 귀속자가 출자임원인 경우에는 상여로 처분한다.

　② 사외유출된 것은 분명하나 그 귀속자가 불분명한 경우에는 대표자에 대한 상여로 처분한다.

　④ 업무무관자산 구입 관련 차입금이자는 기타사외유출로 처분한다.

09 현금매출누락, 증빙불비 경비 등으로 소득이 사외로 유출되었으나 그 귀속자가 불분명한 경우 대표자상여로 소득처분한다.

10 귀속자가 불분명한 증빙불비 경비는 대표자에 대한 상여로 소득처분한다

11 채권자불분명사채이자는 손금불산입하여 원천징수세액은 기타사외유출로, 잔액은 대표자상여로 소득처분한다.

268

12 ② 교통사고벌과금은 손금불산입항목이므로 손금불산입의 세무조정이 필요하다.

　③ 직원에게 급여지급기준을 초과하여 지급한 상여금은 손금으로 인정된다.

　④ 감가상각비를 세법상의 상각범위액보다 과대계상한 경우 손금불산입의 세무조정을 한다.

13 ①, ③, ④는 소득금액조정합계표에 작성되는 항목이나, ②**일반기부금 한도초과액**은 소득금액조정합계표에 작성하지 않고 바로 **법인세과세표준 및 세액조정계산서에 기록되는 항목**이다.

14 업무용 건물의 재산세 환급액은 익금항목이나 그 외의 것은 익금불산입항목이다.

15 각 사업연도 소득으로 이미 과세된 것을 다시 당해 사업연도의 소득으로 계상한 것(이월익금)은 익금에 산입하지 않는다.

16 손금에 산입한 금액 중 환입된 금액은 익금에 해당한다.

17 **자산의 평가차손은 원칙적으로 손금불산입항목**이다. 다만, 천재지변, 화재 등으로 인한 고정자산의 감액손실 등 일정한 결산조정사항은 손금산입할 수 있다.

18 업무와 관련된 교통사고 벌과금은 손금불산입 항목임.

19 거래처 직원에게 선물로 지출한 기업업무추진비는 기업업무추진비 한도액의 범위 내에서 손금으로 인정 된다.

20 ① 주식발행초과금을 자본잉여금으로 회계처리한 경우는 세무조정은 필요 없다.

　② 손금불산입 유보의 세무조정이 필요하다.

　③ 익금불산입 △유보의 세무조정이 필요하다.

　④ 손금불산입 유보의 세무조정이 필요하다.

21 업무용승용차의 **감가상각비 중 업무에 사용한 금액은 매년 800만원을 한도로 손금산입** 한다.

22 업무용승용차 관련비용 중 업무사용금액에 해당하지 아니하는 비용은 손금불산입하고 상여로 소득처분한다.

23 업무사용 **감가상각비와 임차료 중 감가상각비 상당액이 800만원을 초과**하는 경우, 그 초과하는 금액은 손금불산입한다, 그리고, **감가상각비 한도초과액은 유보(임차료 중 감가상각비 상당액은 기타사외유출)로 소득처분**한다.

●━ 주관식

01	가,나,바	02	55,500,000원	03	가,나,다
04	나,다	05	4,500,000원	06	5,500,000원
07	2,200,000원	08	해설참고	09	해설참고

[풀이 - 주관식]

01 주식발행초과금, 부가가치세 매출세액, 이월결손금 보전에 충당한 채무면제이익은 익금으로 보지 않는다.

02 국세환급금이자 및 지분법평가이익은 법인세법상 익금에 해당하지 않는다.

50,000,000원+4,000,000원+1,500,000원=55,500,000원

03 손금에 산입된 금액 중 환입된 금액, 보험업법 등 법률에 따른 고정자산의 평가이익, 자기 주식의 양도금액은 익금이다. 그러나 국세·지방세 과오납금의 환급금에 대한 이자는 익금이 아니다.

04 **교통위반 범칙금과 주식할인발행차금은 손금불산입 항목**이다.

05 과태료는 손금불산입 대상이다. 토지 취득에 따른 취득세는 손금불산입하여 토지의 취득가액에 가산하여야 한다.

06 공동행사비 한도초과액은 기타사외유출이고, 나머지 금액들은 상여로 소득처분한다.

07 손금불산입 = 지배주주 지급여비(1,000,000)+법인지방소득세(1,200,000)=2,200,000원

지배주주 갑에게 지급한 여비와 법인지방소득세는 손금불산입 항목이다.

08 간주익금 조정

1. 보증금적수	146,000,000,000	4억×365일
2. 건설비 상당액 적수	36,500,000,000	300,000,000×500㎡/1,500㎡×365일
3. 운용수익	2,400,000	1,600,000+800,000,000
4. 간주익금	3,600,000	(1-2)/365일×2%-3

〈세무조정〉

| 익금산입 | 임대보증금 간주익금 | 3,600,000원 | 기타사외유출 |

09 세금과공과금명세서

손금불산입	계산서합계표 미제출 가산세	300,000원	기타사외유출
손금불산입	법인지방소득세	400,000원	기타사외유출
손금불산입	**주식발행비용(등록면허세)**	500,000원	기타
손금불산입	부가가치세 수정신고 **가산세**	600,000원	기타사외유출
손금불산입	토지취득세(출자자 김철수 소유분)	1,300,000원	배당
손금불산입	**폐수배출부담금**	1,600,000원	기타사외유출

제6절 손익의 귀속

1. 자산의 판매손익

	기업회계	법인세법
1. 상품 등의 판매	인도기준	좌동
2. 상품 등의 시용판매	구매자가 구입의사를 표시한 날	좌동
3. 자산양도손익	법적소유권이 구매자에게 이전되는 시점	원칙 : ⓐ 대금청산일 ⓑ 소유권이전등기일 ⓒ 인도일(사용수익일) 중 빠른 날
4. 자산의 위탁판매	수탁자가 해당 재화를 판매시	좌동

2. 할부판매

	기업회계	법인세법
1. 단기할부판매	인도기준	좌동
2. 장기할부판매	(현재가치)인도기준 * 비상장중소기업 등의 경우 회수기일도래기준 적용가능	원칙 : (명목가액)인도기준 특례 : 현재가치 인도기준 수용 회수기일도래기준 수용

3. 용역매출

> * 작업진행률 = $\dfrac{\text{당해 사업연도말까지 발생한 총공사비 누적액}}{\text{총공사 예정비}}$
> * 익금 = (도급금액×작업진행율) – 직전사업연도말까지의 수익계상액
> * 손금 = 당해 사업연도에 발생한 총비용

	기업회계	법인세법
1. 단기 건설등	진행기준 * 비상장중소기업은 인도기준·완성기준 가능	* 원칙 : 진행기준 * 특례 : 중소기업은 인도기준으로 신고조정가능
2. 장기건설 등	진행기준	진행기준

4. 이자수익과 이자비용

1. 이자수익	발생주의	* 원칙 : 수령일 또는 약정일 * 특례 : 원천징수되지 않는 경우 기간경과분 수익을 인정
2. 이자비용		* 원칙 : 지급일 또는 지급약정일 * 특례 : 발생주의 수용

5. 임대손익

1. 단기(1년이하)	발생주의	* 원칙 : 계약상 지급일(없는 경우 실제 지급일)
		* 예외 : 발생주의 수용
2. 장기(1년초과)		* 발생주의 강제

 **예제** ┃ **장기도급공사의 손익**

㈜ 무궁의 다음 자료에 의하여 7기와 8기의 세무조정을 행하시오.

기말 현재 진행중인 A건물 신축공사는 다음과 같다.

공사기간	도급금액	총공사예정비	7기공사비
7기 10.5~ 8기 12.31	10,000,000	8,000,000	2,000,000

* 총공사비는 총공사예정비와 일치하였으며 나머지 공사비는 8기에 투입되었다.

  회사는 인도기준으로 회계처리하였다.

[해답]

장기도급공사(공사기간 1년이상)을 인도기준으로 회계처리하였으므로, 진행기준과의 차이를 세무조정하여야
한다.

구분		결산서	세무상	세무조정	
공사수익	7기	–	2,500,000[*1]	익금산입	2,500,000(유보)
	8기	10,000,000	7,500,000[*2]	익금불산입	2,500,000(△유보)
공사원가	7기	–	2,000,000	손금산입	2,000,000(△유보)
	8기	8,000,000	6,000,000	손금불산입	2,000,000(유보)

*1 제7기 : ① 작업진행률=2,000,000/8,000,000=25%

　　　　② 공사수익=10,000,000×25%=2,500,000원

　　　　③ 공사원가=2,000,000원

*2 제8기 : ① 작업진행률=8,000,000/8,000,000=100%

　　　　② 공사수익=10,000,000×100%−2,500,000(7기공사수익)=7,500,000원

　　　　③ 공사원가=6,000,000원

6. 수입금액조정명세서

'**수입금액**'은 **기업회계기준에 따라 계산한 매출액**을 말하는데, 회사의 장부와 기업회계기준의 차이로 인한 금액은 가감해 주어야 한다. 즉, 기업회계기준에 따라 누락한 매출 등을 포함시켜야 한다. 이러한 <u>수입금액은 향후 기업업무추진비 한도 계산에 영향을 미친다.</u>

수입금액에 포함되는 것	수입금액에 포함되지 않는 것
1. 상품 · 제품매출액 2. **반제품 · 부산물 · 작업폐물 매출액** 3. 중단사업부문의 매출액	1. 영업외수익 2. 임대보증금에 대한 간주익금

 **수입금액조정명세서**

㈜ 무궁(일반법인)의 다음 자료에 의하여 7기의 세무조정을 행하시오.

1. 결산서상 수입금액 내역

상 품 매 출	60,000,000원
제 품 매 출	100,000,000원
공 사 수 입 금	20,000,000원

2. 공사현황(건물A신축)

도 급 자	(주)한라
공 사 기 간	6기 5.1 ~ 8기 7. 31
도 급 금 액	100,000,000원
예 정 총 원 가	80,000,000원
전 기 공 사 원 가	15,000,000원
당 기 공 사 원 가	35,000,000원
전 기 말 수 익 계 상	20,000,000원
결 산 서 상 수 익 계 상	20,000,000원

* 전기의 세무조정사항은 없었고, 공사원가는 비용으로 계상하였다. 또한 예정총원가는 실제발생원가와 일치하였다.

3. 위탁상품누락

회사는 (주)한라에 상품일부를 위탁판매하고 있다. 수탁회사는 7기 12월 27일 (주)영산에서 상품을 판매하였으나 8기 1월 10일에 이 사실을 알려왔다. 위탁상품의 판매가는 1,200,000원이며, 원가는 800,000원이다.

4. 매출할인의 처리
회사의 제품 매출에 대한 매출할인 1,000,000원을 영업외비용으로 처리하였다.

5. 잡이익에는 작업폐물 매각액 2,000,000원이 있다.

[해답]

1. 공사수익

구분		결산서	세무상	세무조정
공사수익	6기	20,000,000	20,000,000	–
	7기	20,000,000	42,500,000[*1]	**익금산입 22,500,000(유보)**
	8기	60,000,000	37,500,000	익금불산입 22,500,000(△유보)
공사원가	6기	15,000,000	15,000,000	–
	7기	35,000,000	35,000,000	–
	8기	30,000,000	30,000,000	–

*1 제7기 : ① 작업진행률 = 50,000,000/80,000,000 = 62.5%

② 공사수익 = 100,000,0000(총도급금액)×62.5% – 20,000,000(전기수익) = 42,500,000원

2. 적송품 누락은 매출누락과 원가도 누락했으므로 7기에 세무조정을 해주어야 한다.

　〈익금산입〉 위탁상품 매출　1,200,000원 (유보)

　〈손금산입〉 위탁상품 원가　　800,000원 (△유보)

　☞ 이러한 세무조정사항은 8기에 유보추인을 하면 된다.

3. 매출할인은 기업회계기준상 총매출액 차감항목이다. 따라서 매출할인만큼 수입금액에서 조정해야 한다. 그러나 영업외비용처리나 총매출액에서 차감하나 손금항목으로 기재되었으므로 별도 세무조정은 필요가 없으나 수입금액조정명세서에 반영하여야 한다.

4. 작업폐물매각액은 기업회계상 매출액에 해당되지 않으나, 법인세법상 수입금액으로 본다.

※ 본 서적 마지막 부분에 각종 서식을 첨부했으니, 독자들께서는 반드시 수기로 연습하시면 나중에 실무 입력이 편합니다.

[수입금액조정명세서 작성]

수입금액조정명세서는 **1**작업진행율에 의한 수입금액, 기타수입금액 ⇒ **2**수입금액조정계산 순서로 작성한다.

■ 법인세법 시행규칙 [별지 제16호서식]　　　　　　　　　　　　　　　　　　　　　　(앞 쪽)

사 업 연 도	· · · ~ · · ·	수입금액조정명세서			법 인 명	
					사업자등록번호	

2 1. 수입금액 조정계산

계 정 과 목		③결산서상 수입금액	조　정		⑥조정 후 수입금액 (③+④-⑤)	비 고
①항 목	②과 목		④가 산	⑤차 감		
매출	상품매출	60,000,000	1,200,000		61,200,000	
매출	제품매출	100,000,000		1,000,000	99,000,000	
매출	공사수입금	20,000,000	22,500,000		42,500,000	
영업외수익	잡이익	2,000,000			2,000,000	
계					204,700,000	

(④가산 22,500,000 ← 작업진행율차이)
(⑤차감 1,000,000 ← 매출할인액)
(④가산 1,200,000 ← 위탁매출)

1 2. 수입금액 조정명세

가. 작업진행률에 의한 수입금액

⑦ 공사명	⑧ 도급자	⑨ 도급 금액	작업진행률계산			⑬누적익금 산입액 (⑨×⑫)	⑭전기말 누적수입 계상액	⑮당기회 사수입 계상액	⑯조정액 (⑬-⑭-⑮)
			⑩해당사업 연도말 총공사비 누적액	⑪ 총공사 예정비	⑫ 진행률 (⑩/⑪)				
건물A 신축	(주)한라	100,000,000	15,000,000+ 35,000,000 = 50,000,000	80,000,000	62.5%	62,500,000	20,000,000	20,000,000	22,500,000
계									

(⑯조정액 22,500,000 → 익금산입)

나. 중소기업 등 수입금액 인식기준 적용특례에 의한 수입금액

계 정 과 목		⑲세법상당기 수입금액	⑳당기 회사수입금액 계상액	㉑조정액(⑲-⑳)	㉒근거법령
⑰항 목	⑱과 목				
계					

다. 기타 수입금액

㉓구 분	㉔근 거 법 령	㉕수 입 금 액	㉖대 응 원 가	비 고
위탁매출누락		1,200,000	800,000	
계				

(㉕수입금액 1,200,000 → 익금산입)
(㉖대응원가 800,000 → 손금산입)

210mm×297mm[일반용지 70g/㎡(재활용품)]

7. 조정후 수입금액명세서

조정후 수입금액명세서는 법인세법상 수입금액과 부가가치세법상 신고한 과세표준과의 차액을 설명하는 서식이다. **법인세법상 수입금액에서 출발하여 부가가치세법상 과세표준과 일치시키면 된다.**

	수입금액 (법인세법)	과세표준 (부가가치세법)	차액조정 수입금액 → 과세표준
간주공급	×	○	(+)
간주임대료	×	○	(+)
고정자산매각	×	○	(+)
진행율 차이	(+) (−)	× ×	(−) (+)
부산물매출	○	○	−
매출누락	○	×	(−)
		○(수정신고)	×

부가가치세과세표준 = 조정후 수입금액 ± 차액조정

 **조정후수입금액명세서**

㈜ 무궁(일반법인)의 다음 자료에 의하여 7기의 조정후수입금액명세서를 작성하시오.

[자료1] 손익계산서상 수익계상 내역

구	분		기준경비율코드	금 액(원)
매출액	공사수익	건설/토목	452101	480,000,000
	제품매출	제조/철구조물	289302	700,000,000[1]
영업외 수 익	유형자산처분이익			5,000,000
	부산물매각익	제조/철구조물	289302	20,000,000
합 계				1,205,000,000

[1] 제품매출에는 200,000,000원이 수출이다.

[자료2] 수입금액조정명세서

- ■ 공사수익 : 작업진행률에 의한 수입금액으로 20,000,000원이 가산되었다.
- ■ 제품매출 : 동 위탁매출(적송매출)누락분(7,200,000원)에 대해서는 부가가치세 수정신고를 하였으나, 결산서에는 반영하지 못하였다.

[자료3] 부가가치세법상의 과세표준내역

구 분	금 액(원)	비 고
일 반	1,122,200,000	부가가치세법상의 관련규정은 모두 준수하였으며,
영세율	200,000,000	**수정신고내용도 반영되어 있음.**
합 계	1,322,200,000	

1. 사업용 고정자산 매각대금 100,000,000원이 포함되어 있다.
2. 선세금계산서 : 10,000,000원(부가세별도)을 결제받고 공급시기 전 세금계산서를 발행하였다. 결산서에 선수금으로 처리하였다.
3. 거래처에 선물로 제공한 상품이 포함되어 있으며, 원가는 4,000,000원, 시가는 5,000,000원이다.

해답

1. 수입금액조정명세서

구 분		결산서상수입금액	가산 또는 차감	조정후수입금액
매출액	공사수익	480,000,000	20,000,000	500,000,000
	제품매출	700,000,000	7,200,000	707,200,000
영업외수익	부산물매각익	20,000,000		20,000,000
합 계		1,200,000,000	27,200,000	1,227,200,000

2. 차액검토 및 수입금액과 차액내역

차액 = 부가가치세법상 과세표준(1,322,200,000) - 조정후수입금액 (1,227,200,000) = 95,000,000원

[차액내역]

구 분	부가세법상 과세표준(A)	법인세법상 수입금액(B)	**±차액조정(A - B)**
사 업 상 증 여	5,000,000	0	5,000,000
고 정 자 산 매 각 액	100,000,000	0	100,000,000
작 업 진 행 율 차 이	0	20,000,000	-20,000,000
거래시기차이 가산[*1]	10,000,000	0	10,000,000
위 탁 매 출	7,200,000[*2]	7,200,000	0
합 계	122,200,000	27,200,000	95,000,000

*1 구분은 부가가치세법상 기준(선세금계산서)으로 생각하세요.

*2 위탁매출은 부가가치세법상 수정신고를 하였고, 수입금액에 가산하였으므로 조정할 게 없다.

[조정후 수입금액명세서 작성]

조정후 수입금액명세서는 **1** 1. 업종별 수입금액명세서 ⇒ **2** 2.(1) 부가가치세 과세표준과 수입금액 차액 ⇒ **3** 2.(2) 수입금액과의 차액내역 순서로 작성한다.

사업 연도	· · ~ · ·	조정후수입금액명세서	법 인 명	
			사 업 자 등 록 번 호	

1 1.업종별 수입금액명세서

①업태	②종목	코드	③기준 (단순)경비율번호	수입금액			
				④계(⑤+⑥+⑦)	내수		⑦수출
					⑤국내생산품	⑥수입상품	
제조업	일반철물	01	289302	727,200,000	527,200,000		200,000,000
건설업	토목	02	452101	500,000,000	500,000,000		
〈103〉		03					
〈104〉		04					
〈111〉기타		11					
〈112〉합계		99		1,227,200,000	1,027,200,000		200,000,000

2. 부가가치세 과세표준과 수입금액 차액 검토

2 (1) 부가가치세 과세표준과 수입금액 차액

⑧과세(일반)	⑨과세(영세율)	⑩면세수입금액	⑪합계(⑧+⑨+⑩)	⑫수입금액	⑬차액(⑪-⑫)
1,122,200,000	200,000,000		1,322,200,000	1,227,200,000	95,000,000

3 (2) 수입금액과의 차액내역

⑭구분		⑮코드	〈16〉금액	비고	⑭구분	⑮코드	〈16〉금액	비고
자가공급		21			거래시기차이감액	30		
사업상증여		22	5,000,000		주세·특별소비세	31		
개인적공급		23			매출누락	32		
간주임대료		24				33		
자산 매각	고정자산매각액	25	100,000,000			34		
	그 밖의 자산매각액	26				35		
잔존재고재화		27				36		
작업진행률차이		28	-20,000,000			37		
거래시기차이가산		<u>29</u>	<u>10,000,000</u>		〈17〉차액계	50	95,000,000	

제7절 자산·부채의 평가

1. 자산의 취득가액

1. 원칙		1. 타인으로부터 매입한 자산	매입가액＋취득부대비용(단기매매금융자산등은 제외)
		2. 자기가 제조·생산·건설등에 의하여 취득한 자산	제작원가＋취득부대비용
		3. 단기매매금융자산	매입가액(부대비용은 당기비용처리한다)
		4. 기타 자산	<u>취득당시의 시가</u>
2. 예외	1. 저가매입	원칙	인정
		예외	특수관계자(개인)으로부터 유가증권을 저가 매입시 차액(시가－매입가액)은 취득가액에 포함
	2. 고가매입	원칙	인정
		예외	① 특수관계자로 부터 고가매입시 시가 초과액은 취득가액에서 제외된다. ② 특수관계 없는 자로부터 고가매입시 정상가액(시가의 130%)을 초과하는 금액은 기부금의제(간주기부금)

2. 자산·부채의 평가기준

1.원칙				<u>임의평가 불인정</u>	
2.예외	1. 감액 (평가감)		구 분		평가액
		재고 자산	① 파손·부패 등으로 평가차손을 계상한 경우 ② 저가법으로 신고한 법인이 평가손실을 계상시		시가
		고정 자산	천재지변·화재, 법령에 의한 수용 등의 사유로 파손되거나 멸실된 것		시가
		주 식	부도 등	주권 상장법인 또는 특수관계에 있지 않는 비상장법인이 발행한 주식 등으로서 발행한 법인이 부도가 발생한 경우 또는 소정의 법률에 따른 회생계획인가의 결정을 받았거나 부실징후 기업이 된 경우	시가(시가로 평가한 가액이 1,000원 이하인 경우 1,000원으로 한다.)
			파산	주식발행법인이 파산한 경우	
		화폐성 외화자산등	<u>평가하는 방법(마감환율 평가방법)을 신고한 경우에 평가손익을 인정</u>		기말 매매기준율
	2. 평가증	① 고정자산에 대해서 보험법 등 법률에 따른 평가증 인정 ② 화폐성 외화자산·부채(마감환율 평가방법 신고시)			

3. 재고자산의 평가[☞실무 : 재고자산평가조정명세서]

1. 평가방법	1. 원가법	① 개별법 ② 선입선출법 ③ 후입선출법 ④ 총평균법 ⑤ 이동평균법 ⑥ 매출가격환원법(소매재고법) 중 하나의 방법
	2. 저가법	• 원가법/시가법에 의하여 평가한 가액 중 낮은 가액을 평가액
2. 적용대상		① **제품·상품**, ② **반제품·재공품**, ③ **원재료**, ④ **저장품** ☞ 영업장별, 재고자산 종류별로 각각 다른 방법에 의하여 평가가능
3. 신고	1. 최초신고	• 설립일이 속하는 사업연도의 법인세 과세표준의 신고기한
	2. 변경신고	• 변경할 평가방법을 적용하고자 하는 **사업연도의 종료일 이전 3개월(9/30)이 되는 날까지** 신고하여야 한다. ☞ 무신고후 무신고시 평가방법을 적용받는 법인이 그 평가방법을 변경하고자 하는 경우에도 마찬가지이다.
4. 세법상 평가	1. 무신고	• **선입선출법**
	2. 임의변경	MAX[① **무신고시 평가방법(FIFO)** ② **당초신고한 평가방법**] ☞ 기장 또는 계산착오는 임의 변경으로 보지 않는다.
5. 세무조정	1. 전기	• 전기 유보금액을 당기에 추인 ☞ 전기의 세무조정이 그 다음 사업연도에 반대조정으로 소멸되는 이유는 당기말 재고자산가액의 과대(과소)평가액은 자연적으로 차기의 매출원가를 통해 자동적으로 차이가 해소되기 때문이다.
	2. 당기	세무상 재고자산 〉 B/S상 재고자산 익금산입재고자산평가감[*1](유보) 세무상 재고자산 〈 B/S상 재고자산 손금산입(재고자산평가증[*2]△유보)

*1 장부기준으로 장부의 재고자산이 과소평가되어 있다는 표현입니다.
*2 장부기준으로 장부의 재고자산이 과대평가되어 있다는 표현입니다.

4. 유가증권의 평가

1. 평가방법 (원가법)	1.주식	① 총평균법 ② 이동평균법 중 선택
	2.채권	① **개별법** ② 총평균법 ③ 이동평균법 중 선택
		* 주식의 평가차익, 평가차손 불인정
2. 신고		재고자산과 **동일하다.**
3. 세법상 평가	1. 무신고	• **총평균법**
	2. 임의변경	MAX[① **무신고시 평가방법(총평균법)** ② **당초신고한 평가방법**]

[이중세무조정의 이해]

1. 총액법과 순액법

총액법은 자산·부채의 증감 총액을 수익·비용의 발생으로 회계처리하는 방법이고, 순액법은 자산·부채의 증감 총액을 수익·비용의 순액(또는 차액)을 이익 또는 손실로 인식하는 방법을 말한다.

예를 들어 상품(원가 7,000원)을 10,000원에 현금판매하였다고 가정하고, 총액법과 순액법의 회계처리를 보자.

구 분	총액법	순액법
(수익인식)	(차) 현　　　금　　　10,000원 　　(대) 상 품 매 출　　　　10,000원	(차) 현　　　금　　　10,000원 　　(대) 상　　품　　　　7,000원 　　　　상품매매이익　　　3,000원
(비용인식)	(차) 상품매출원가　　　7,000원 　　(대) 상　　품　　　　7,000원	
기업회계기준	기업회계기준은 **상품매출(제품매출)에 대해서는 총액법으로 표시하여야 하고 이외의 자산(유형자산처분손익)은 순액법으로 회계처리**한다.	
법인세법	기업회계기준과 달리 순자산의 증감원인을 세법적으로 판단하여 과세소득에 포함시킬것인지 여부를 판단하여야 하므로 **모든 거래에 대해서 총액법을 원칙으로 하고 있다. 또한 총액법으로 인식하면 세무조정이 편리하다.**	

2. 이중세무조정

세무조정은 회계상의 분개를 세법상의 분개로 수정하는 것으로 수정분개는 세법상 관점으로 표현한 것이다.

회계상의 분개는 재무상태표 계정(자산, 부채, 자본)의 변화를 순액법으로 회계처리하므로 이러한 수정분개는 2개 이상의 재무상태계정의 변화를 한 줄로서 표현할 수 있으나,

세법은 재무상태표계정의 변화를 총액법으로 회계처리하므로, 세무조정은 재무상태표계정 변화시마다 그에 대응하는 손익계정의 변화를 함께 동반하여 표현한다.

따라서 수정분개가 **2개 이상의 재무상태 계정의 변화가 있으면 재무상태계정이 변화된 수만큼 세무조정이 필요**하게 된다. 따라서, 수정분개의 차대변이 모두 재무상태 계정인 경우에는 이중세무조정을 수반하게 된다.

결산서	(차) XX	10,000	(대) ZZ	10,000
세무상	(차) XX	10,000	(대) WW	10,000
수정분개	**(차) ZZ(재무상태계정)**	**10,000**	**(대) WW(재무상태계정)**	**10,000**
세무조정	**이중세무조정**			

상기와 같이 수정분개가 차변, 대변 공히 재무상태계정이 나타나면 이중세무조정이 나타난다. 그러면 아래와 같이 **재무상태표계정을 손익계정으로 변화시켜 2개의 세무조정을 수행**하면 된다.

수정분개	(차) ZZ(재무상태계정) 10,000 (대) <u>수익 또는 비용</u> 10,000	익금산입 또는 손금불산입
	(차) <u>수익 또는 비용</u> 10,000 (대) WW(재무상태계정) 10,000	손금산입 또는 익금불산입

 **예제** **이중세무조정**

㈜ 무궁의 다음 사항에 대해서 세무조정하시오.

1. 기말에 단기매매증권 평가이익을 1,000원 계상하다.

2. 기말에 매도가능증권 평가이익을 2,000원 계상하다.

3. 토지의 취득세에 대한 가산세 3,000원을 현금납부하고, 토지의 취득원가로 계상하다.

4. 개발부서 임원의 상여금을 4,000원 지급하고, 개발비로 회계처리하다.(회사는 임원상여지급규정이 없다)

5. 특수관계자인 대주주로부터 토지(시가 5,000원)를 9,000원에 현금매입하다.

해답

1. 단기매매증권평가익 : 법인세법은 주식의 평가손익을 불인정한다.

결산서	(차) 단기매매증권 1,000 (대) 단기매매증권평가이익 10,000
세무상	세법은 불인정한다.
수정분개	(차) 단기매매증권평가이익 1,000 (대) 단기매매증권 1,000 (손익계정) (재무상태계정)
세무조정	〈익금불산입〉 단기매매증권평가이익 1,000원(△유보)

2. 매도가능증권평가이익 : 법인세법은 주식의 평가손익을 불인정한다.

결산서	(차) 매도가능증권	2,000	(대) 매도가능증권평가익	2,000
세무상		세법은 불인정한다.		
수정분개	순액법	(차) 매도가능증권평가익 (재무상태계정)	2,000	(대) 매도가능증권 (재무상태계정)	2,000
	총액법	(차) 비 용 (손익계정)	2,000	(대) 매도가능증권 (재무상태계정)	2,000
		(차) 매도가능증권평가익 (재무상태계정-잉여금)	2,000	**(대) 수 익** **(손익계정)**	**2,000**
세무조정	〈손금산입〉 매도가능증권 2,000(△유보) 〈익금산입〉 매도가능증권평가익 2,000(기타) * 상기의 예에서 가산조정과 차감조정이 동시에 나타나므로 당기 과세소득에는 영향이 없다.				

3. 토지의 가산세 : **가산세는 자산의 취득원가가 아니고, 가산세는 기타사외유출 사항이다.**

결산서	(차) 토 지	3,000	(대) 현 금	3,000
세무상	(차) 잉여금(사외유출)	3,000	(대) 현 금	3,000
수정분개	순액법	(차) 잉여금(사외유출) (재무상태계정)	3,000	(대) 토 지 (재무상태계정)	3,000
	총액법	**(차) 비 용** **(손익계정)**	**3,000**	(대) 토 지 (재무상태계정)	3,000
		(차) 잉여금(사외유출) (재무상태계정-잉여금)	3,000	**(대) 비 용** **(손익계정)**	**3,000**
세무조정	〈손금산입〉 토지 3,000(△유보) 〈손금불산입〉 토지가산세 3,000(기타사외유출)				

4. 개발비 : **상여지급규정이 없는 임원의 상여는 사외유출사항이고, 또한 자산의 취득원가를 구성하지 않는다.**

결산서	(차) 개 발 비	4,000	(대) 현　금	4,000
세무상	(차) 잉여금(사외유출)	4,000	(대) 현　금	4,000
수정분개	순액법	(차) 잉여금(사외유출) (재무상태계정)	4,000	(대) 개 발 비 (재무상태계정)	4,000
	총액법	**(차) 비　용** **(손익계정)**	**4,000**	(대) 개 발 비 (재무상태계정)	4,000
		(차) 잉여금(사외유출) (재무상태계정−잉여금)	4,000	**(대) 비　용** **(손익계정)**	**4,000**
세무조정	〈손금산입〉 개발비　4,000(△유보) 〈손금불산입〉 임원상여한도초과　4,000(상여)			

5. 자산의 고가매입 : **특수관계자로 부터 자산의 고가매입시 시가초과액은 자산의 취득원가가 아니고, 고가매입액 만큼 사외유출사항이다.**

결산서	(차) 토　지	9,000	(대) 현　금	9,000
세무상	(차) 토　지 　잉여금(사외유출)	5,000 4,000	(대) 현　금	9,000
수정분개	순액법	(차) 잉여금(사외유출) (재무상태계정)	4,000	(대) 토　지 (재무상태계정)	4,000
	총액법	**(차) 비　용** **(손익계정)**	**4,000**	(대) 토　지 (재무상태계정)	4,000
		(차) 잉여금(사외유출) (재무상태계정−잉여금)	4,000	**(대) 비　용** **(손익계정)**	**4,000**
세무조정	〈손금산입〉 토지　4,000(△유보) 〈손금불산입〉 토지의 고가매입　4,000(배당)			

[이중세무조정요약]

수정분개					세무조정
(차) 손익계정	XXX	(대) 재무상태계정	XXX		세무조정 1줄
		또는			
(차) 재무상태계정	XXX	(대) 손익계정	XXX		
(차) 재무상태계정	**XXX**	**(대) 재무상태계정**	**XXX**		**세무조정 2줄**
(차) 손익계정	XXX	(대) 손익계정	XXX		세무조정 없음

 **예제** 재고자산의 평가

㈜ 무궁의 다음 자료에 의하여 7기(20×1)의 세무조정을 행하시오.

1. 재고자산에 대한 회계상 평가액과 각각의 평가방법에 의한 금액은 다음과 같다.

(백만원)

구 분	장부상 평가액	총 평 균 법	후입선출법	선입선출법
제 품	20	20	17	19
재 공 품	12	12	11	13
원 재 료	7	9	8	7
저 장 품	6	7	6	8

2. 제7기 9월 10일에 제품의 평가방법을 총평균법에서 후입선출법으로 변경신고하였으나, 실제로 총평균법에 따른 평가액을 장부에 기록하였다.

3. 재공품과 원재료의 평가방법은 각각 총평균법과 후입선출법으로 신고되어 있다.
원재료는 계산실수로 1,000,000원을 과소 계상하였다.

4. 저장품은 재고자산 평가방법을 신고하지 않았다.

해답

	계산근거	장부상 평가액	세법상 평가액	세무조정
제품	임의변경에 해당함. MAX[①선입선출법, ②후입선출법]	20	19	〈손금산입〉 제품평가증 1(△유보)
재공품	총평균법	12	12	
원재료	후입선출법 **계산착오는 임의변경으로 보지 않는다.**	7	8	〈익금산입〉 원재료평가감 1(유보)
저장품	무신고 – 선입선출법	6	8	〈익금산입〉 저장품평가감 2(유보)

[재고자산평가조정명세서 작성]

재고자산평가조정명세서는 **1** 재고자산평가방법검토 ⇒ **2** 평가조정계산 순서로 작성한다.

사업연도		■재고자산 □유가증권	평가조정명세서		법인명	(주)무궁

※관리번호 [ ][ ] - [ ][ ]   사업자등록번호 [ ][ ][ ] - [ ][ ] - [ ][ ][ ][ ][ ]
※ 표시란은 기입하지 마십시오.

1 1. 재고자산평가방법검토

①자산별		②평가방법 신고연월일	③신고방법	④평가방법	⑤적부	⑥비고
제품및상품		20X1.9.10	후입선출법	총평균법	부	
반제품및재공품		20Y0.3.31	총평균법	총평균법	적	
원재료		20Y0.3.31	후입선출법	후입선출법	적	
저장품		–	무신고	후입선출법	부	
유가증권	채권					
	기타					

2 2. 평가조정계산

⑦ 과목	⑧ 품명	⑨ 규격	⑩ 단위	⑪ 수량	회사계산 ⑫ 단가	회사계산 ⑬ 금액	신고방법 ⑭ 단가	신고방법 ⑮ 금액	선입선출법 ⑯ 단가	선입선출법 ⑰ 금액	⑱조정액(⑮ 또는 ⑮와 ⑰중 큰 금액-⑬)
제품						20,000,000		17,000,000		19,000,000	– 1,000,000
재공품						12,000,000		12,000,000			–
원재료						7.000,000		8,000,000			1,000,000
저장품						6,000,000				8,000,000	2,000,000
계									계정과목별로 세무조정해야 한다.	→	2,000,000

익금산입

5. 외화자산 · 부채의 평가[☞실무 : 외화자산등평가차손익조정명세서]

평가대상이 되는 화폐성항목		평가대상이 아닌 비화폐성 항목
① 외화현금, 외화예금, 외화보증금 ② 외화채권 · 채무 ③ 현금 등으로 상환하는 충당부채 등		① 재화와 용역에 대한 선급금, 선수금 ② 주식, 유 · 무형자산, 재고자산 등
1. 외화채권 · 채무 외환차손익		익 · 손금으로 인정
2. 외화자산 · 부채 평가손익	일반법인	① **거래일 환율평가방법** ② **마감환율평가방법 중 신고**
	금융회사	사업연도 종료일 현재의 매매기준율로 평가

예제 외화자산 · 부채 평가손익

㈜ 무궁의 다음 사항에 대해서 세무 조정하시오.

계정과목	발생일자	외화종류	외화금액	발생시 적용환율	기말 매매기준율
외상매출금	20x1. 4. 5.	USD	$5,000	$당 1,100원	$당 1,200원
장기차입금	20x1. 9. 10.	USD	$1,000	$당 1,000원	$당 1,200원

• 회사는 외화자산과 외화부채에 대하여 마감환율 평가방법으로 관할 세무서에 신고하였다.
• 회사는 결산시 대고객외국환매입율[1]인 $1 = 1,300원을 적용하여 외화채권, 채무를 평가하였다.

  *1. 대고객외국환매입율 : 은행이 고객으로부터 외환을 살 때 적용하는 환율

해답

마감환율 평가방법(매매기준율)으로 평가하여야 하는데 대고객외국환매입율로 평가했으므로 세무조정을 하여야 한다.

1. 외화환산이익

결산서	(차)	외상매출금	1,000,000	(대)	외화환산이익	1,000,000
세무상	(차)	외상매출금	500,000	(대)	외화환산이익	500,000
수정분개	**(차)**	**외화환산이익**	**500,000**	**(대)**	**외상매출금**	**500,000**
세무조정		《익금불산입》 외환환산이익 500,000원 (△유보)				

2. 외화환산손실

결산서	(차)	외화환산손실	300,000	(대)	외화장기차입금	300,000
세무상	(차)	외화환산손실	200,000	(대)	외화장기차입금	200,000
수정분개	**(차)**	**외화장기차입금**	**100,000**	**(대)**	**외화환산손실**	**100,000**
세무조정		《손금불산입》 외환환산손실 100,000원 (유보)				

☞ 평가내역

계정과목	발생일 기준 환율	장부상 평가환율	외화금액 ($)	장부상 평가손익 (A)	세무상 평가환율	세무상 평가손익(B)	차이 (B-A)
외상매출금	1,100	1,300	5,000	1,000,000	1,200원	500,000	-500,000
장기차입금	1,000		1,000	-300,000		-200,000	+100,000
회계상 손익금계상액				700,000	세무상 손익금	300,000	-400,000

[외화자산등 평가차손익조정명세서] 을표, 갑표순으로 작성한다.

〈외화자산등 평가차손익조정명세서(을)〉

외화자산 부채별로 작성한다.

■ 법인세법 시행규칙 [별지 제40호서식(을)]   (앞 쪽)

사 업 연 도	· · · ~ · · ·	외화자산 등 평가차손익조정명세서(을)					법 인 명	
							사업자등록번호	

①구분	②외화종류	③외화금액	④장부가액		⑦평가금액		⑩평가손익
			⑤적용환율	⑥원화금액	⑧적용환율	⑨원화금액	자산(⑨-⑥) 부채(⑥-⑨)
외화 자산	USD	$5,000	1,100	5,500,000	1,200	6,000,000	500,000
	합 계						
외화 부채	USD	$1,000	1,000	1,000,000	1,200	1,200,000	-200,000
	합 계						

당기 : 발생일
전기 : 직전년도 평가환율

평가손익합계
(300,000)

〈외화자산등 평가차손익조정명세서(갑)〉

■ 법인세법 시행규칙 [별지 제40호서식(갑)]   (앞 쪽)

사 업 연 도	· · · ~ · · ·	외화자산 등 평가차손익조정명세서(갑)	법인명	
			사업자등록번호	

1. 손익 조정금액

①구 분	②당기손익금 해 당 액	③회사손익금 계 상 액	조 정		⑥손익 조정금액 ((②-③))
			④차익조정 (③-②)	⑤차손조정 (②-③)	
가. 화폐성 외화자산· 부 채 평가손익	300,000	700,000			-400,000
나.통화선도·통화스왑·환변동 보험 평가손익					
다. 환 율 조 정 차익 계 정 손 익 차손					
계					

 객관식

01. 다음 중 법인세법상 손익의 귀속시기로 옳지 않은 것은?

① 자산의 위탁매매 : 수탁자가 그 위탁자산을 매매한 날

② 장기용역매출 : 진행기준(단, 작업진행률을 계산할 수 없는 경우에는 완성기준)

③ 재고자산인 부동산의 판매 : 그 재고자산을 인도한 날

④ 단기할부조건부 판매 : 그 자산을 인도한 날

02. 다음은 법인세법상 거래형태에 따른 손익귀속시기에 대한 설명이다. 옳지 않은 것은?

① 자산을 위탁 판매하는 경우 : 수탁자에게 자산을 위탁하는 날

② 단기할부판매의 경우 : 자산을 인도한 날

③ 부동산을 판매하는 경우 : 대금을 청산한 날, 소유권이전 등기일, 인도일 또는 사용수익일 중
빠른 날

④ 증권시장에서 유가증권을 매매하는 경우 : 매매계약을 체결한 날

03. 다음 중 법인세법상 손익의 귀속시기로 옳은 것은?

① 자산의 위탁매매는 위탁자가 수탁자에게 그 자산을 인도한 날이다.

② 사채할인발행차금은 기업회계기준에 따른 사채할인발행차금의 상각방법에 따라 이를 손금에 산
입한 날이다.

③ 부동산의 판매는 그 부동산을 인도한 날이다.

④ 잉여금의 처분에 따른 배당은 해당 법인이 실제로 배당금을 지급한 날이다.

04. 법인세법상 손익의 귀속시기에 대한 설명으로 옳은 것은?

① 부동산매매업을 영위하는 법인이 부동산을 판매한 경우 당해 판매손익의 귀속사업연도는 그 부동산을 인도하는 날이 속하는 사업연도이다.

② 계약기간이 1년 미만인 건설·제조 기타 용역을 제공하는 경우 원칙적으로 인도기준을 적용하여 손익의 귀속사업연도를 인식한다.

③ 자산의 위탁매매로 인한 익금 및 손금의 귀속사업연도는 위탁자가 수탁자에게 자산을 위탁하는 날이 속하는 사업연도로 한다.

④ 중소기업인 법인은 장기할부조건으로 자산을 판매하거나 양도한 경우 회수하였거나 회수할 금액을 해당 사업연도의 익금에 산입할 수 있다.

05. 다음 중 법인세법상 손익의 귀속시기에 대한 설명으로 옳지 않은 것은?

① 자산을 위탁매매하는 경우 수탁자가 그 위탁자산을 매매한 날을 귀속사업연도로 한다.

② 장기할부조건에 의하여 자산을 판매함으로써 발생한 채권에 대하여 기업회계기준이 정하는 바에 따라 계상한 현재가치할인차금은 그에 따라 환입하거나 환입할 금액을 각 사업연도의 익금에 산입한다.

③ 증권시장에서 보통거래방식으로 유가증권을 매매한 경우 매매계약을 체결한 날을 귀속사업 연도로 한다.

④ 부동산매매업을 영위하는 법인이 재고자산인 부동산을 판매하는 경우 그 부동산을 인도한 날을 귀속사업연도로 한다.

06. 다음은 내국법인 (주)한공의 제10기 사업연도(20x1.1.1.~20x1.12.31.)의 회계처리 내역이다. 제10기의 각사업연도 소득금액을 계산할 때 반드시 세무조정해야 하는 것은?

① 장식 목적으로 사무실에 항시 전시하기 위한 미술품을 800만원에 취득하고, 그 취득가액을 손익계산서에 비용으로 계상하였다.

② 자기주식을 양도하고 기업회계기준에 따라 자기주식처분이익을 계상하였다.

③ 토지의 취득과 함께 공채를 매입하고, 기업회계기준에 따라 그 공채의 매입가액과 현재가치와의 차액을 해당 토지의 취득가액으로 계상하였다.

④ 은행이 신용을 공여하는 기한부신용장방식(Banker's Usance)에 따라 원재료를 구입하고, 그 연지급수입이자 부담분을 손익계산서에 비용으로 계상하였다.

07. 다음 중 법인세법상 손익귀속시기에 대한 설명으로 옳은 것은?

① 증권시장에서 보통거래방식으로 유가증권을 판매한 경우 대금을 정산한 날

② 자산의 위탁매매의 경우 수탁자에게 그 자산을 위탁한 날

③ 단기할부판매의 경우 자산을 인도한 날

④ 상품 등 외의 자산의 양도의 경우 세금계산서를 발급한 날

08. 다음 중 법인세법상 손익의 귀속시기에 대한 설명으로 옳지 않은 것은?

① 제조업을 영위하는 법인이 이자지급일 이전에 기간 경과분을 이자비용으로 계상하는 경우에는 해당 사업연도의 손금으로 인정된다.

② 중소기업의 단기 건설용역의 경우에는 그 목적물이 인도되는 사업연도의 익금과 손금에 산입할 수 있다.

③ 국내소재 자회사의 잉여금 처분에 따른 배당금은 실제로 지급받은 사업연도의 익금으로 한다.

④ 중소기업이 장기할부조건으로 자산을 판매하고 재무제표에 인도기준으로 계상한 경우에도 신고 조정에 의해 회수기일도래기준을 적용할 수 있다.

09. 다음의 토지재평가와 관련된 세무조정으로 옳은 것은?

> • 제조업을 영위하는 (주)한공은 제8기 사업연도(20x1.1.1.~20x1.12.31.)에 유형자산 평가와 관련하여 기존의 원가모형에서 재평가모형으로 회계변경하였다.
> • 이에 따라 제8기말 장부가액 500,000,000원인 토지를 800,000,000원으로 재평가하였다.
> • (주)한공은 재평가차액 300,000,000원을 재무상태표의 기타포괄손익누계액(재평가잉여금)으로 회계처리하였다.

① 세무조정 없음

② 〈손금산입〉 토지 300,000,000원(△유보)

③ 〈익금산입〉 재평가잉여금 300,000,000원(기타)
　 〈손금산입〉 토지 300,000,000원(△유보)

④ 〈익금산입〉 재평가잉여금 300,000,000원(유보)
　 〈손금산입〉 토지 300,000,000원(△유보)

10. 법인세법상 손익의 귀속시기와 자산·부채의 평가에 대한 설명으로 옳은 것은?

① 부동산매매업을 영위하는 법인이 부동산을 판매한 경우 해당 판매손익의 귀속사업연도는 그 부동산을 인도하는 날이 속하는 사업연도이다.

② 계약기간이 1년 미만인 건설·제조 기타 용역을 제공하는 경우 원칙적으로 인도기준을 적용하여 손익의 귀속사업연도를 인식한다.

③ 특수관계법인으로부터 부동산을 저가로 매입하는 경우 시가와 매입가액과의 차액을 취득가액에 포함한다.

④ 유형자산의 취득과 함께 국·공채를 매입하는 경우 기업회계기준에 따라 그 국·공채의 매입가액과 현재가치와의 차액을 해당 유형자산의 취득가액으로 계산한 금액은 유형자산의 취득가액에 포함한다.

 주관식

01. 수입금액조정명세서

(1) 결산서상 수입금액은 다음과 같다.

제품매출	1,400,000,000원
상품매출	600,000,000원
공사수입금	500,000,000원
계	2,500,000,000원

(2) (주)청운테크와 체결한 공사내용은 다음과 같다.

구분	내용	구분	내용
공사명	아산공장 신축공사	도급자	(주)청문테크
도급금액	1,000,000,000원	총공사비누적액	600,000,000원
총공사예정비	800,000,000원	공사계약일	20x0.10.1.
도급계약기간	20x0.10.1.~2020.3.31.		
손익계산서	20x0년	280,000,000원	
수입금액	20x1년	450,000,000원	

(3) 회사는 제품판매를 촉진하기 위하여 상품권을 발행하고 있다. 20x1.4.1.에 상품권 30,000,000원을 발행하고 제품매출로 회계처리 하였으나, 20x1.12.31.까지 회수된 상품권은 없다.

(4) 20x0.12.30. 거래처 자연상사㈜로부터 시용판매분에 대한 구입의사표시를 받았으나, 이를 20x0년 재무제표에 반영하지 못하고 당기 1월 2일 회계처리하였다. 단, 매출(50,000,000원)과 매출원가(30,000,000원)에 대하여 전기의 세무조정은 적법하게 이루어졌다.

(5) 제품매출 중 20x1.10.13. 거래는 ㈜차이나무역에 제품을 인도하고 제품매출(판매가 10,000,000원, 원가 6,000,000원)로 회계처리하였으나, 20x1.12.31.까지 ㈜차이나무역은 동 제품 전부를 보관하고 있다. (회사는 중국시장 진출을 위해 ㈜차이나무역과 위탁판매계약을 체결하였다.)

(6) 당기수입금액을 계산하고 세무조정을 하시오.

02. 조정후 수입금액명세서

(1) 수입금액에 대한 상세내역이다.

구분	업태	종목	총수입금액
제품매출	제조업	컴퓨터	1,400,000,000
상품매출	도매 및 상품중개업	컴퓨터 및 주변장치	200,000,000

(2) 제품매출금액 중 62,000,000원은 해외수출분이고 나머지는 내수(국내생산품) 분이다.

(3) 수입금액과의 차액내역

코드	구분(내용)	금액	비고
22	사업상증여	1,000,000원	
24	간주임대료	6,000,000원	
25	고정자산매각	10,000,000원	
30	거래시기차이감액	12,000,000원	공급시기 전에 선수금 수령 시 세금계산서 발급분
32	매출누락	5,000,000원	수입금액조정명세서에 반영된 위탁판매 누락분으로 당해연도 회계장부 및 부가세 신고서에 반영되지 않았다.

(3) 총수입금액과 차액내역을 보고 당기 부가가치세법상 과세표준을 구하시오.

03. 재고자산평가조정명세서

(1) 재고자산에 대한 자료는 다음과 같다.

(단위 : 원)

과목	장부상 금액	총평균법	선입선출법	후입선출법
제품	141,700,000	145,200,000	148,000,000	141,700,000
재공품	25,000,000	26,000,000	27,000,000	25,000,000
원재료	832,700,000	834,520,000	836,750,000	832,700,000

(2) 제품은 2013.3.31.에 총평균법으로 신고하였으나, 20x1.11.1.에 후입선출법으로 변경신고 하였고 후입선출법으로 평가하였다.

(3) 재공품은 평가방법을 신고하지 않고 후입선출법으로 평가하였다.

(4) 원재료는 2013. 3. 31.에 총평균법으로 신고하였으나, 재고자산 평가방법 변경 신고 없이 후입선출법으로 평가하였다.

(5) 재고자산에 대해서 세무조정을 하시오.

04. 외화자산 등 평가차손익조정명세서

(1) 외화자산 및 부채 내역

분류	계정과목	외화금액	발생시 환율	회사적용 환율	당기말 장부금액	당기말현재 매매기준율
자산	외상매출금	US$5,000	1,100원/US$	1,000원/US$	5,000,000원	1,050원/US$
부채	외상매입금	US$8,000	980원/US$	1,000원/US$	8,000,000원	1,050원/US$
	장기차입금	US$3,500	1,130원/US$	1,000원/US$	3,500,000원	1,050원/US$

(2) 외화자산과 외화부채는 사업연도 종료일 현재의 매매기준율로 평가하는 방법을 선택하여 신고하였다.

(3) 외화자산과 외화부채는 해당 사업연도 중에 발생하였다. 회사는 결산시 임의로 환율을 적용하여 화폐성외화자산·부채를 평가하였고, 이에 따라 외화평가차손익을 인식하였다.

(4) 외화자산 등에 대해서 세무조정을 하시오.

🔑 객관식

1	2	3	4	5	6	7	8	9	10
③	①	②	④	④	②	③	③	③	④

[풀이 - 객관식]

01 부동산 판매 시 손익의 귀속시기는 **대금청산일, 소유권이전등기일(등록일), 인도일 또는 사용수익일 중 빠른 날**이다.

02 자산을 위탁판매하는 경우의 손익귀속시기는 수탁자가 위탁받은 자산을 매매한 날이다.

03 ① 자산의 위탁매매는 수탁자가 그 위탁자산을 매매한 날이다.

③ **부동산의 판매는 대금청산일, 소유권이전등기일(등록일), 인도일 또는 사용수익일 중 빠른 날**이다.

④ 법인세법에서 배당소득의 귀속시기는 소득세법의 수입시기를 따르며, 소득세법에서 **잉여금의 처분에 따른 배당은 해당 법인의 잉여금처분결의일이 귀속시기**이다.

04 ① 부동산 판매 손익의 귀속 사업연도는 그 대금을 청산한 날, 소유권 등의 이전등기일·인도일 또는 사용수익일 중 빠른 날로 한다.

② 건설·제조 기타 용역의 제공으로 인한 익금과 손금은 원칙적으로 **작업진행률을 기준**으로 하여 계산한 수익과 비용을 각각 해당 사업연도의 익금과 손금에 산입한다.

③ 자산의 위탁매매로 인한 익금 및 손금의 귀속사업연도는 수탁자가 그 **위탁자산을 매매한 날이 속하는 사업연도**로 한다.

05 부동산매매업을 영위하는 법인이 재고자산인 부동산을 판매하는 경우의 손익 귀속사업 연도는 대금을 청산한 날, 소유권 등의 이전등기(등록)일, 인도일 또는 사용수익일 중 빠른 날로 한다.

06 ① 장식·환경미화 등의 목적으로 사무실·복도 등 여러 사람들이 볼 수 있는 공간에 항시 전시하는 미술품(**취득가액이 거래단위별로 1,000만원 이하**인 것에 한함)의 취득가액을 그 취득일이 속하는 사업연도에 비용으로 계상한 경우에는 그대로 인정한다. 따라서 지문의 경우에는 세무조정 하지 않는다.

② 익금항목인 자기주식처분이익을 기업회계기준에 따라 자본잉여금으로 계상하면 익금산입으로 세무조정 하여야 한다.

③ 국공채의 매입가액과 현재가치와의 차액은 유형자산의 취득원가에 포함하지 않는 것이 법인세법의 입장이지만, 유형자산의 취득가액으로 계상한 경우에는 그대로 인정한다. 따라서 지문의 경우에는 세무조정 하지 않는다.

④ **연지급수입이자 부담분은 해당 자산의 취득원가에 포함**하는 것이 법인세법의 입장이지만, **비용으로 계상한 경우에는 그대로 인정**한다. 따라서 지문의 경우에는 세무조정 하지 않는다.

07 ① 증권시장에서 보통거래방식으로 유가증권을 판매한 경우 **매매계약을 체결한 날**이다.

② 자산의 위탁매매에 따른 손익은 **수탁자가 그 위탁자산을 매매한 날**이다.

④ 상품 등 외의 자산의 양도의 경우 그 **대금을 청산한 날, 이전등기일(등록일 포함)·인도일 또는 사용수익일 중 빠른 날**이다.

08 국내소재 자회사의 잉여금 처분에 따른 배당금은 해당 회사의 **잉여금 처분결의일이 속하는 사업연도의 익금**으로 한다.

09 재평가모형으로 자산을 평가하는 경우 법률에 따른 평가증이 아니므로 법인세법은 이를 적절한 평가증으로 인정하지 않고 이중세무조정사항임.

결산서	(차) 토 지(B/S)	3억	(대) 재평가잉여금(B/S)	3억
세무상			–	
수정분개	**(차) 비 용**	**3억**	(대) 토 지	3억
	(차) 재평가잉여금(자본)	3억	(대) 비 용	**3억**
세무조정	〈손금산입〉 토지 재평가 3억(△유보), 〈손금불산입〉 재평가잉여금 3억(기타)			

10 **부동산 판매 손익의 귀속 사업연도는 그 대금을 청산한 날**, 소유권 등의 이전등기일·인도일 또는 사용수익일 중 빠른 날로 한다.

건설·제조 기타 용역의 제공으로 인한 익금과 손금은 원칙적으로 작업진행률을 기준으로 하여 계산한 수익과 비용을 각각 해당 사업연도의 익금과 손금에 산입한다.

특수관계인인 개인으로부터 유가증권을 저가로 매입하는 경우 시가와 매입가액과의 차액을 취득가액에 포함하고, **그 이외의 저가매입의 경우 시가와 매입가액과의 차액을 취득가액에 포함하지 않는다.**

🔑 주관식 - 풀이

01 수입금액 조정

① 공사수입에 대한 세무조정

1. 도급금액	1,000,000,000	
2. 누적진행율	75%	600,000,000/800,000,000
3. 공사수익누적액	750,000,000	1×2
4. 회사계상수익누적액	730,000,000	
5. 세무조정	20,000,000	3-4 → 익금산입(유보)

② 상품권판매

익금불산입	제품매출(상품권 판매분 미회수)	30,000,000원	△유보

③ 시용판매

익금불산입	전기 제품매출	50,000,000원	△유보
손금불산입	전기 제품매출원가	30,000,000원	유보

④ 위탁매출

익금불산입	위탁매출	10,000,000원	△유보
손금불산입	위탁매출원가	6,000,000원	유보

⑤ 수입금액

2,500,000,000(결산서상 수입금액)+공사수입금(20,000,000)-상품권판매분 (30,000,000)
- 전기제품매출(50,000,000)-위탁매출(10,000,0000)=2,430,000,000원

02 조정후수입금액명세서

	수입금액 (법인세법)	과세표준 (부가가치세법)	차액조정 수입금액 → 과세표준
간주공급	×	1,000,000	(+)1,000,000
간주임대료	×	6,000,000	(+)6,000,000
고정자산매각	×	10,000,000	(+)10,000,000
거래시기차이	×	12,000,000	(+)12,000,000
매출누락	○	×	(-)5,000,000
계			(+)24,000,000

부가가치세 과세표준=수입금액(1,600,000,000)+차액조정(24,000,000)=1,624,000,000원

03 재고자산평가조정명세서

	계산근거	장부상 평가액	세법상평가액	조정액
제품	임의변경에 해당함. MAX[①선입선출법, ②총평균법]	141,700,000	148,000,000	6,300,000
재공품	무신고→선입선출법	25,000,000	27,000,000	2,000,000
원재료	임의변경에 해당함. MAX[①선입선출법, ②총평균법]	832,700,000	836,750,000	4,050,000

〈세무조정〉

익금산입	제품평가감	6,300,000원	유보
익금산입	재공품평가감	2,000,000원	유보
익금산입	원재료평가감	4,050,000원	유보

04 외화자산 등 평가차손익조정명세서

계정과목	발생일 환율	장부상 평가환율	외화금액($)	장부상 평가손익(A)	세무상 평가환율	세무상 평가손익(B)	차이 (B-A)
외상매출금	1,100		5,000	-500,000		-250,000	+250,000
외상매입금	980	1,000	8,000	-160,000	1,050	-560,000	-400,000
장기차입금	1,130		3,500	455,000		280,000	-175,000
회계상 손익금계상액				-205,000	세무상 손익금	-530,000	-325,000

〈세무조정〉

손금불산입	외상매출금 외화평가이익	250,000원	유보
손금산입	외상매입금 외화평가손실	400,000원	△유보
익금불산입	장기차입금 외화평가손실	175,000원	△유보

 **제8절** 기업업무추진비

1. 범위

1. 사용인이 조직한 단체(법인)에 지출한 복리시설비(예 : 노동조합)
2. 사업상증여에 따른 부가가치세 매출세액과 기업업무추진(접대)관련 불공제 매입세액
3. 채권 포기

불가피한 사유가 아닌 경우	업무관련	특정인	기업업무추진비
	업무무관		기부금
불가피한 사유(대손사유)			손금

2. *현물기업업무추진비의 평가* = MAX[① 시가 ② 장부가액]

3. 손금귀속시기 : 기업업무추진 행위가 이루어진 날(발생주의)

4. 세무조정

I. 직부인	1. 개인사용경비		사외유출
	2. 증빙불비 기업업무추진비		대표자상여
	3. 건당 3만원(경조금은 20만원) 초과 적격증빙미수취분		기타사외유출
II. 한도규제	4. 직부인 기업업무추진비를 제외한 기업업무추진비중	4-1. 한도초과액	기타사외유출
		4-2. 한도내 금액	손금

[법인카드 및 개인카드]

	기업업무추진비		기타경비	
법인신용카드	기업업무추진비 한도계산		–	
개인(임직원) 신용카드	3만원초과	손금불산입, 기타사외유출	3만원초과	–
	3만원이내	기업업무추진비 한도계산	3만원이하	–

5. 손금산입한도액(1 + 2)

1. 기본한도	**1,200만원(중소기업 : 3,600만원)**×해당사업연도의 월수/12
2. 수입금액한도	일반수입금액×적용률＋특정수입금액×적용률×10%
3. 문화기업업무추진비한도	일반기업업무추진비 한도의 20% 추가
4. 전통시장 및 지역사랑 상품권 지출분 한도	일반기업업무추진비 한도의 20%(개정세법 26) 추가

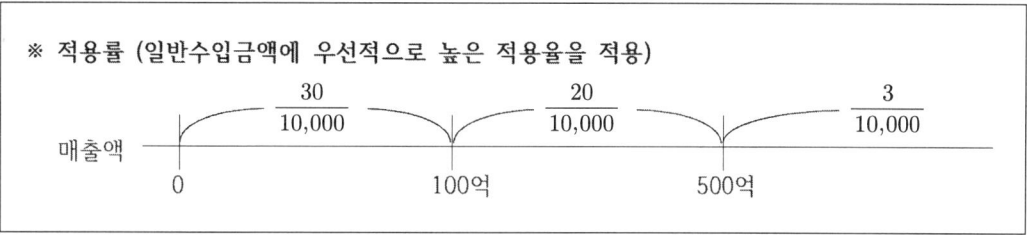

※ 적용률 (일반수입금액에 우선적으로 높은 적용율을 적용)

$$\frac{30}{10,000} \qquad \frac{20}{10,000} \qquad \frac{3}{10,000}$$

매출액 ├─────────────────┼─────────────────┼─────────────────
　　　 0　　　　　　　　　100억　　　　　　　　 500억

① 수입금액 : 수입금액조정명세서 상의 금액(**반제품·부산물·작업폐물의 매출액을 포함한다.**)

② 특정수입금액 : 특수관계자와의 거래에서 발생한 수입금액

문화 및 전통시장 사용 기업업무추진비 　　　참고

1. 문화 기업업무추진비
   ① 공연·전시회·박물관 입장권 구입비용
   ② 체육활동의 관람을 위한 입장권 구입비용
   ③ 비디오물, 음반·음악영상물, 간행물 구입비용
   ④ <u>관광공연장 입장권 구입비용 전액</u>
   ⑤ 100만원 이하 증정용 미술품 구입비용

2. 전통시장에서 사용하는 기업업무추진비

 **예제** **기업업무추진비**

㈜ 무궁(중소기업)의 다음 자료에 의하여 7기의 세무조정을 행하시오.

1. 손익계산서상의 매출액과 영업외수익은 다음과 같다.

구 분	매출액	기타
제품매출액	7억원	특수관계자간 거래분 2억원
상품매출액	3억원	
영업외수익	1억원	부산물매출액

또한 법인세 세무조정시 익금산입한 간주임대료는 50,000,000원이다.

2. 기업업무추진비 계정의 총금액은 50,000,000원으로서 그 내역은 다음과 같다.

구 분	금액	비 고
증빙미수취(증빙불비)	3,000,000원	1건임
전무이사 개인사용경비	6,000,000원	1건임
신용카드 사용분	37,800,000원	전액 3만원초과분임
현물기업업무추진비	1,200,000원	제품(원가 1,000,000원 시가 2,000,000원)으로 원가와 부가세 예수금만 기업업무추진비로 회계처리함.
일반영수증사용분	2,000,000원	일 반 : 3만원 초과 500,000원(3만원 이하 1,200,000원) 경조사비*1 : 20만원 초과 300,000원
기업업무추진비 계	50,000,000원	

*1. 경조사비의 증빙은 청첩장, 부고장등을 의미한다.

해답

세무조정순서		금 액	소득처분
I.직부인 기업 업무추진비	1. 개인사용경비	6,000,000	상여(전무)
	2. 증빙불비(증빙미수취)기업업무추진비	3,000,000	상여(대표자)
	3-1. 건당 3만원 초과 적격증빙미수취분	500,000	기타사외유출
	3-2. 건당 20만원초과 적격증빙미수취	300,000	기타사외유출
II.한도규제 기업 업무추진비	4. **직부인기업업무추진비** **제외** 4-1. 한도초과액	2,440,000*	기타사외유출
	4-2. 한도내 금액	38,760,000	손금
계		51,000,000	

현물기업업무추진비 1,000,000원 가산

[기업업무추진비 한도 초과액계산(법인세법)]

1. 수입금액 : 1,100,000,000원

　① 제품, 상품매출액 : 1,000,000,000원(특정수입금액 200,000,000원 포함)

　② 부산물매출액 : 100,000,000원(작업폐물, 부산물매출액은 법인세법상 수입금액에 해당한다.)

　③ 간주임대료는 기업회계상 매출액이 아니다.

2. 기업업무추진비 한도액(①+②) : 38,760,000원

　① 기본금액 : 36,000,000원(중소기업)

　② 수입금액 : 1,840,000원

　　ⓐ 일반수입금액 : 900,000,000원×30/10,000＝2,700,000원

　　ⓑ 특정수입금액 : 200,000,000원×30/10,000×10%＝60,000원

3. 기업업무추진비해당액 : 41,200,000원

　50,000,000원＋1,000,000원(현물기업업무추진비)－9,800,000원(직부인기업업무추진비 계)

4. 기업업무추진비 초과액(3-2) : 2,440,000원(손금불산입, 기타사외유출)

[기업업무추진비조정명세서] 을표, 갑표순으로 작성한다.

〈기업업무추진비조정명세서(을)〉

■ 1. 수입금액명세 ⇒ ② 2. 기업업무추진비 해당 금액 순으로 작성한다.

사 업 연 도	. . . ~ . . .	기업업무추진비조정명세서(을)	법 인 명	
			사업자등록번호	

■ 1. 수입금액명세

구 분	①일반수입금액	②특수관계인간 거래금액	③합 계 (①+②)
금 액	900,000,000	200,000,000	1,100,000,000

② 2. 기업업무추진비 해당 금액

④계 정 과 목			접대비(판)			합 계
⑤계 정 금 액			51,000,000 ◀	현물기업업무추진비		
⑥기업업무추진비계상액 중 사적사용경비			9,000,000 ◀	개인사용경비＋증비불비		
⑦기업업무추진비 해당 금액 (⑤ −⑥)			42,000,000			
⑧신 용 카 드 등 미사용 금 액	경조사비 중 기준 금액 초과액	⑨신용카드 등 미사용금액	300,000	분자 : 분모중 신용카드미사용액 분모 : 20만원 초과		
		⑩총 초과금액	300,000			
	국외지역 지출액 (「법인세법 시행령」 제41조제2항제1호)	⑪신용카드 등 미사용금액				
		⑫총 지출액				
	농어민 지출액 (「법인세법 시행령」 제41조제2항제2호)	⑬송금명세서 미제출금액				
		⑭총 지출액				
	기업업무추진비 중 기준금액초과액	⑮신용카드 등 미사용금액	500,000 ◀	분자 : 분모중 신용카드미사용액 분모 : 3만원초과 기업업무추진비		
		⑯총 초과금액	40,500,000*1			
	⑰신용카드 등 미사용 부인액(⑨+⑪+⑬+⑮)		800,000 ◀	신용카드미사용액중 분자금액 합계(300,000＋500,000)		
⑱기업업무추진비 부인액(⑥+⑰)			9,800,000 ◀	손금불산입, 사외유출		

*1. ⑯ 총초과금액은 3만원 초과 기업업무추진비 총액으로 ⑥의 사적사용경비를 포함하지 않는다.
　　[40,500,000＝51,000,000−9,000,000−1,200,000(3만원이하 기업업무추진비)−300,000(경조사비)]

〈기업업무추진비조정명세서(갑)〉

사 업 연 도	· · · ~ · · ·	기업업무추진비조정명세서(갑)	법 인 명	
			사업자등록번호	

구 분				금 액
①기업업무추진비 해당 금액			을표⑦	42,000,000
②기준금액 초과 기업업무추진비 중 신용카드 등 미사용으로 인한 손금불산입액			을표 ⑰	800,000
③차감 기업업무추진비 해당 금액(①-②)				41,200,000
일반 기업업무추진비 한도	④ 1,200만원 (중소기업 3,600만원) × 해당 사업연도 월수(12) / 12			**36,000,000**
	총수입금액 기준	100억원 이하의 금액×30/10,000		3,300,000
		100억원 초과 500억원 이하의 금액×20/10,000		
		500억원 초과 금액×3/10,000		
		⑤소계		3,300,000
	일반수입금액 기준	100억원 이하의 금액×30/10,000		2,700,000
		100억원 초과 500억원 이하의 금액×20/10,000		
		500억원 초과 금액×3/10,000		
		⑥소계		2,700,000
	⑦ 기타수입금액 기준	(⑤-⑥)×10/100(**특정수입금액 한도 : 10%**)		60,000
	⑧일반기업업무추진비 한도액(④+⑥+⑦)			38,760,000
문화기업업무 추진비 한도	⑨문화기업업무추진비 지출액			
	⑩문화기업업무추진비 한도액 (⑨과 (⑧×20/100) 중 작은 금액)			
전통시장 기업업무 추진비 한도	⑪ 전통시장 기업업무추진비 지출액			
	⑫ 전통시장 기업업무추진비 한도액 [⑪과 (⑧×20/100)에 해당하는 금액 중 적은 금액]			
⑬ 기업업무추진비 한도액 합계(⑧+⑩+⑫)				38,760,000
⑭ 한도초과액(③-⑬)			기타사외유출	2,440,000
⑮ 손금산입 한도 내 기업업무추진비 지출액(③과 ⑬에 해당하는 금액 중 적은 금액)				38,760,000

제9절 | 감가상각비

1. 시부인원리

법인세법상 **감가상각비 한도가 100원**이라 가정하자.

			상각부인액	시인부족액
회사계상 상각비			120	70
(−)법인세법상 한도			(−)100	(−)100
(=)	+XX	(상각부인액)	20	−30
	−YY	(시인부족액)		
세무조정			〈손금불산입〉 20 유보	1. 원칙 : 세무조정 없음[1] (차기 이후에 영향을 미치지 않는다.) 2. 전기상각부인액 존재시 〈손금산입〉　30[2] △유보

[1]. 국제회계기준을 적용하는 내국법인의 경우에는 예외적으로 신고조정이 가능한 경우도 있다.
[2]. 법인이 감가상각비를 손금으로 계상하지 않는 경우에도 상각범위액을 한도로 하여 전기상각부인액을 손금 추인한다.

2. 상각방법

구　분			선택가능한 상각방법	**무신고시 상각방법**
유형 자산	일	반	정률법 또는 정액법	**정률법**
	건　축　물		정액법	**정액법**
무형 자산	일	반	정액법	**정액법**
	개　발　비		20년 이내 정액법	**5년간 균등상각(월할상각)**

3. 즉시상각의제

1. 의의	자본적 지출에 해당하는 금액을 수익적 지출로 회계처리한 경우에는 이를 감가상각한 것으로 보아 상각범위액을 계산한다. → 세무상 취득가액 가산＋감가상각비 가산

2. 특례	1. 소액자산	취득가액이 **거래단위별로 100만원 이하인 감가상각자산**
		− 다음의 것은 제외한다.
		① <u>그 고유업무의 성질상 대량으로 보유하는</u> 자산
		② <u>그 사업의 개시 또는 확장을 위하여 취득한</u> 자산
	2. 단기 사용자산	① 대여사업용 비디오테이프 등 취득가액이 30만원 미만인 것
		② **전화기(휴대용전화기 포함) 및 개인용컴퓨터(주변기기 포함)**
	3. 소액 수선비	① 개별자산별로 수선비로 지출한 금액이 **600만원 미만**인 경우
		② 개별자산별로 수선비 지출한 금액이 **전기말 현재 재무상태표상 자산의 장부가액의 5%에 미달**하는 경우
		③ 3년 미만의 기간마다 주기적인 수선을 위하여 지출하는 경우
	4. 폐기손실 (비망가액 1,000원)	시설의 개체 또는 기술의 낙후로 인하여 생산설비의 일부를 폐기한 경우
		사업의 폐지 또는 사업장의 이전으로 임대차계약에 따라 임차사업장의 원상회복을 위하여 시설물을 철거하는 경우

4. 감가상각 의제(강제상각 및 조세회피방지)

1. 대상법인	**법인세를 면제, 감면받는 법인**
2. 효과	당해연도 : 과소상각액은 신고조정으로 손금산입, 이후연도는 상각범위액 축소

5. 세무조정

	정액법	정률법
1. 계산구조	<u>세무상 취득가액[*1] × 상각률</u> *1. B/S 취득가액 　+즉시상각의제액(전기) 　+즉시상각의제액(당기)	<u>세무상 미상각잔액[*2] × 상각률</u> *2. B/S상 장부가액+즉시상각의제액(당기) 　+전기이월상각부인액(유보) 　= 기말B/S상 취득가액−기초B/S상 감가상각누계액+즉시상각의제액(당기)+전기이월상각부인액(유보)
2. 회사계상 상각비	당기 감가상각누계액 증가액+당기 즉시상각의제	
3. 세무조정	한도초과　〈손불〉 유보	
	한도미달　원칙 : 세무조정 없음. 다만 전기상각부인액이 있을 경우 손금추인	

 **예제** 감가상각비(정률법)

㈜ 무궁의 다음 자료에 의하여 7기의 세무조정을 행하시오.

1. 회사가 보유하고 있는 감가상각대상자산은 다음과 같다.

계정 과목	항목	취득년월일	취득가액	전기말감가 상각누계액	전기말감가 상각시부인액	기 준 내용연수
기계 장치	기계A	2010.3.20	100,000,000	39,219,249	(10,000,000)	8년
	기계B	2010.10.2	50,000,000	20,000,000	1,662,113	8년

2. 기계장치인 기계A에 발생한 전기분 시인부족액 10,000,000원에 대하여 당기에 다음과 같이 수정분개하였다.

   (차) 이익잉여금   10,000,000원   (대) 감가상각누계액   10,000,000원

3. 재무제표에 반영된 감가상각비는 다음과 같다.

구분	감가상각비
기계A	15,000,000원
기계B	9,000,000원

4. 당사는 감가상각 방법을 신고한 적이 없다.

5. 내용연수 8년의 상각률은 다음과 같다.(정액법 0.125, 정률법 0.313)

해답

1. 감가상각방법을 신고하지 않았으므로 정률법(일반 유형자산)을 적용한다.

2. 정률법은 세무상미상각잔액을 구하는게 핵심입니다.

3. 이익잉여금으로 처리한 감가상각누계액

결산서	(차)	이익잉여금	10,000,000	(대)	감가상각누계액	10,000,000
세무상	(차)	감가상각비	10,000,000	(대)	감가상각누계액	10,000,000
수정분개	**(차)**	**감가상각비**	**10,000,000**	**(대)**	**이익잉여금**	**10,000,000**
세무조정	《손금산입》 기계A에 대한 감가상각비　 10,000,000(기타) 동시에 회사 계상 감가상각비에 10,000,000원을 가산한다.					

4. 감가상각비에 한도 계산 및 세무조정

① 기계A

세무상취득가액(A)		세무상 기초감가상각누계액(B)	
= 기말B/S상 취득가액 + 즉시상각의제액(당기)	100,000,000원	기초B/S상 감가상각누계액 (−) 전기상각부인누계액	39,219,249원 0원
100,000,000원		39,219,249원	
미상각잔액(C = A − B) = 60,780,751원			
상각범위액(D)	세무상미상각잔액(C) × 상각률(0.313) = 19,024,375원		
회사계상상각비(E)	15,000,000원 + 10,000,000원(잉여금) = 25,000,000원		
시부인액(D − E)	부인액 5,975,625원		
세무조정	〈손금불산입〉 감가상각비 한도 초과 5,975,625원(유보)		

② 기계B

세무상취득가액(A)		세무상 기초감가상각누계액(B)	
= 기말B/S상 취득가액 + 즉시상각의제액(당기)	50,000,000원	기초B/S상 감가상각누계액 (−) 전기상각부인누계액	20,000,000원 1,662,113원
50,000,000원		18,337,887원	
미상각잔액(C = A − B) = 31,662,113원			
상각범위액(D)	세무상미상각잔액(C) × 상각률(0.313) = 9,910,241원		
회사계상상각비(E)	9,000,000원		
시부인액(D − E)	시인부족액 910,241원(전기 상각부인액 한도 손금추인)		
세무조정	〈손금산입〉 전기상각부인액 추인 910,241원(△유보)		

[감가상각비 조정명세서(정률법)]

■ 법인세법 시행규칙 [별지 제20호서식(1)]

(앞 쪽)

사 업 연 도	. . . ~ . . .	유형자산감가상각비 조정명세서(정률법)		법 인 명	
				사업자등록번호	

자산 구분	①종류또는업종명		총계		
	②구조(용도)또는자산명			기계A	기계B
	③취득일			2010.3.20	2010.10.2
④내용연수(기준·신고)				8	8
상각 계산의 기초가액	재무상태표 자산가액	⑤기말현재액		100,000,000	50,000,000
		⑥감가상각누계액		64,219,249	29,000,000
		⑦미상각잔액(⑤-⑥)		35,780,751	21,000,000
	⑧회사계산감가상각비			**25,000,000**	9,000,000
	⑨자본적지출액				
	⑩전기말의제상각누계액				
	⑪전기말부인누계				1,662,113
	⑫가감계(⑦+⑧+⑨-⑩+⑪)			60,780,751	31,662,113
⑬일반상각률·특별상각률				0.313	0.313
상각범위액계산	당기산출 상각액	⑭일반상각액		19,024,375	9,910,241
		⑮특별상각액			
		⑯계(⑭+⑮)		19,024,375	9,910,241
	취득가액	⑰전기말현재취득가액		100,000,000	50,000,000
		⑱당기회사계산증가액			
		⑲당기자본적지출액			
		⑳계(⑰+⑱+⑲)		100,000,000	50,000,000
	㉑잔존가액(⑳×5/100)			5,000,000	2,500,000
	㉒당기상각시인범위액 {⑯, 단 (⑫-⑯)≤㉑인 경우 ⑫}			19,024,375	9,910,241
㉓회사계상상각액(⑧+⑨)				25,000,000	9,000,000
㉔차감액(㉓-㉒)				5,975,625	-910,241
㉕최저한세적용에 따른 특별상각부인액					
조정액	㉖상각부인액(㉔+㉕)		손금불산입 ▶	5,975,625	
	㉗기왕부인액중 당기 손금추인액 (⑪, 단 ⑪≤ |△㉔|)		손금산입 ▶		-910,241
㉘당기말부인액누계(⑪+㉖-|㉗|)				5,975,625	751,872
당기말의 제상각액	㉙당기의제상각액(|△㉔|-|㉗|)				
	㉚의제상각누계(⑩+㉙)				
신고조정감가 상각비계산 (2013.12.31 이전 취득분)	㉛기준상각률				
	㉜종전상각비				
	㉝종전감가상각비 한도[㉜-{㉓-(㉘-⑪)}]		국제기업회계기준적용		
	㉞추가손금산입대상액				
	㉟동종자산 한도계산 후 추가손금산입액				
신고조정감가 상각비계산 (2014.1.1 이후 취득분)	㊱기획재정부령으로 정하는 기준내용연수				
	㊲기준감가상각비 한도				
	㊳추가손금산입액				
㊴추가 손금산입 후 당기말부인액 누계 (㉘-㉟-㊳)				5,975,625	751,872

 **예제** 감가상각비(정액법)

㈜ 무궁의 다음 자료에 의하여 7기의 세무조정을 행하시오.

1. 감가상각자료

	건 물	건 물
자산명	제조공장	본사사옥
취득연월일	2010년 11월 7일	2010년 4월 7일
상각방법	정액법	정액법
내용연수	35년	40년
당기말 B/S 취득가액	350,000,000원	100,000,000원
전기말 B/S 감가상각누계액	94,500,000원	?
당기말 B/S 감가상각누계액	?	11,875,000원
당기 I/S 감가상각비	20,500,000원	2,500,000원
전기감가상각부인액	–	26,325,000원
상각률(정액법)	0.029	0.025

2. 세법상 자본적지출에 해당하는 금액 중 수선비로 처리한 금액은 다음과 같다.

구 분	제조공장	본사사옥
전 기	30,000,000원	27,000,000원
당 기	–	34,000,000원

해답

1. 정액법은 세무상 취득가액을 구하는게 핵심입니다.

2. 감가상각비에 한도 계산 및 세무조정

① 제조공장

세무상취득가액(A)		상각범위액(B)	
=기말B/S상 취득가액 +즉시상각의제액(전기) +즉시상각의제액(당기)	350,000,000원 30,000,000원 –	상각률	11,020,000원
380,000,000원		0.029	
회사계상상각비(C)	20,500,000원		
시부인액(B – C)	부인액 9,480,000원		
세무조정	〈손금불산입〉 감가상각비 한도 초과 9,480,000원(유보)		

② 본사사옥

세무상취득가액(A)		상각범위액(B)	
=기말B/S상 취득가액 +즉시상각의제액(전기) +즉시상각의제액(당기)	100,000,000원 27,000,000원 34,000,000원	상각률	4,025,000원
161,000,000원		0.025	
회사계상상각비(C)	2,500,000원(I/S)+34,000,000원(당기즉시상각의제액)=36,500,000원		
시부인액(B – C)	부인액 32,475,000원		
세무조정	〈손금불산입〉 감가상각비 한도 초과 32,475,000원(유보)		

〈소액수선비 요건 검토〉

수선비가 6,000,000원 이상인 경우 다음과 같이 소액수선비 요건을 검토하여야 한다.

전기말 장부가액 = [전기말 취득가액(100,000,000) – 전기말감가상각누계액(11,875,000 – 2,500,000)]

= 90,625,000원

소액수선비 = 전기말 장부가액(90,625,000)×5% = 4,531,250원 미만

소액수선비 = Max[① 6백만원 미만, ② 4,531,250미만] = 6백만원 미만

따라서 본사사옥 당기 수선비(34백만원)은 소액수선비에 해당하지 않는다.

전기말장부가액 = 6,000,000(소액수선비 요건)÷5% = 120,000,000원 이상일 경우 소액수선비 여부를 검토하여야 한다.

[감가상각비 조정명세서(정률법)]

감가상각비 조정명세서는 전문가도 작성하기 힘든 조정명세서입니다. 법인세를 처음 배우시는 분은 한번만 수기로 작성해 보십시오. 그러면 실무편에서는 작성하기가 쉽습니다. 기본적인 이론을 습득하셔야 회계프로그램에 입력하기 편합니다.

■ 법인세법 시행규칙 [별지 제20호서식(2)]　　　　　　　　　　　　　　　　　　　　(앞 쪽)

사 업 연 도	· · ~ · ·	유형 · 무형자산감가상각비 조정명세서(정액법)		법 인 명	
				사업자등록번호	

자산 구분	①종류또는업종명		총계	건물	건물
	②구조(용도)또는자산명			제조공장	본사사옥
	③취득일			2010.11.7	2010.4.7
④내용연수(기준 · 신고)				35	40
상각 계산의 기초 가액	재무상태표 자산가액	⑤기말현재액		350,000,000	100,000,000
		⑥감가상각누계액		115,000,000	11,875,000
		⑦미상각잔액(⑤-⑥)		235,000,000	88,125,000
	회사계산 상각비	⑧전기말누계		94,500,000	9,375,000
		⑨당기상각비		20,500,000	2,500,000
		⑩당기말누계(⑧+⑨)		115,000,000	11,875,000
	자본적 지출액	⑪전기말누계		30,000,000	27,000,000
		⑫당기지출액			34,000,000
		⑬합계(⑪+⑫)		30,000,000	61,000,000
⑭취득가액(⑦+⑩+⑬)				380,000,000	161,000,000
⑮일반상각률 · 특별상각률				0.029	0.025
상각 범위액 계산	당기산출 상각액	⑯일반상각액		11,020,000	4,025,000
		⑰특별상각액			
		⑱ 계(⑯+⑰)		11,020,000	4,025,000
	⑲당기상각시인범위액 {⑱, 단 ⑱≤⑭-⑧-⑪+㉕-전기㉘}			11,020,000	4,025,000
⑳회사계상상각액(⑨+⑫)				20,500,000	36,500,000
㉑차감액(⑳-⑲)				9,480,000	32,475,000
㉒최저한세적용에따른특별상각부인액					
조정액	㉓상각부인액(㉑+㉒)			9,480,000	32,475,000
	㉔기왕부인액중 당기 손금 추인액 (㉕, 단 ㉕≤∣△㉑∣)			손금불산입	
부인액누계	㉕전기말부인액누계(전기㉖)				26,325,000
	㉖당기말부인액누계(㉕+㉓-∣㉔∣)			9,480,000	58,800,000
당기말의 제상각액	㉗당기의제상각액(∣△㉑∣-∣㉔∣)				
	㉘의제상각의누계(전기㉘+㉗)				
신고조정감가 상각비계산 (2013.12.31 이전 취득분)	㉙기준상각률				
	㉚종전상각비				
	㉛종전감가상각비 한도[㉚-{⑳-(㉖-㉕)}]				
	㉜추가손금산입대상액				
	㉝동종자산 한도계산 후 추가손금산입액				
신고조정감가 상각비계산 (2014.1.1 이후 취득분)	㉞기획재정부령으로 정하는 기준내용연수				
	㉟기준감가상각비 한도				
	㊱추가손금산입액				
㊲추가 손금산입 후 당기말부인액 누계 (㉖-㉝-㊱)				9,480,000	58,800,000

제10절 지급이자

1. 세무조정순서 [☞실무 : 업무무관부동산등에 관련한 차입금이자 조정명세서]

세무조정순서	소득처분
1. 채권자불분명이자	대표자상여(**원천징수세액은 기타사외유출**)
2. 비실명증권 · 증권이자	
3. 건설자금이자(특정차입금이자)	원칙 : 유보
4. 업무무관자산 등에 대한 지급이자	기타사외유출

2. 건설자금이자[☞실무 : 건설자금이자조정명세서]

대상		고정자산의 취득에 소요된 것이 분명한 차입금에 대한 건설기간 동안의 이자	
계산		취득기간의 지급이자 – 일시 예금으로 인한 수입이자	
세무조정		당 기	차 기 이 후
	비상각자산(토지)	손금불산입(유보)	처분시 손금추인(△유보)
상각 자산	건설 완료	**즉시상각의제**	–
	건설중	손금불산입(유보)	**건설완료 후 상각부인액으로 의제**

3. 업무무관자산 등의 관련이자

대상	업무무관 자산과 특수관계자에 대한 업무무관 가지급금
계산	지급이자× $\dfrac{(업무무관자산적수＋업무무관가지급금적수)}{차입금적수}$
제외되는 업무무관 가지급금	① 사용인에 대한 월정액 급여액의 범위 안에서의 일시적인 급료의 가불금 ② 대표자 인정상여에 대한 소득세 대납 ③ 사용인에 대한 경조사비의 대여액 ④ 사용인(사용인의 자녀 포함)에 대한 학자금의 대여액 등 ⑤ **중소기업의 근로자에 대한 주택구입 · 전세자금 대여금**

 예제   지급이자

㈜ 무궁(중소기업)의 다음 자료에 의하여 7기의 세무조정을 행하시오.

1. 손익계산서상의 지급이자의 내역은 다음과 같다. (1년은 365일이다.)

연이자율	지급이자	차입금적수[1]	기 타
25%	1,000,000원	1,460,000,000원	채권자불분명사채이자로서 원천징수세액은 418,000원
20%	2,000,000원	3,650,000,000원	
15%	3,000,000원	7,300,000,000원	
10%	2,500,000원	9,125,000,000원	특정차입금으로 미완공인 건물
합 계	8,500,000원	21,535,000,000원	

[1]. 차입금적수＝지급이자 ÷ 연이자율 × 365일로 계산된다.

2. 건설중인 자산내역

자산명	대출기관	차입일	차입금액	이자율	준공예정일
공장건물	국민은행	20X1.1.1	25,000,000원	10%	20X3.12.31

3. 업무무관자산내역

구 분	금 액	비 고
골동품	3,000,000원	전기에 취득(대표이사 집무실에 비치)

4. 가지급금내역

　(1) 대표이사에 가지급금에 대한 명세는 다음과 같다.

일 자	적 요	차 변	대 변	잔 액
1. 1	전기이월	10,000,000원		10,000,000원
7. 1	지 급	10,000,000원		20,000,000원
10.1	회 수		10,000,000원	10,000,000원

(2) 임직원의 가지급금에 대한 명세는 다음과 같다.

지급대상자	지급일	금 액	비 고
전무이사	10.01	10,000,000원	미지급근로소득에 대한 소득세를 법인이 대납한 금액
상무이사	6.01	5,000,000원	주택임차자금 대여액
경리과장	7.01	15,000,000원	우리사주취득시 소요된 자금대여액
영업부대리	9.01	20,000,000원	자녀학자금 대여
합 계		60,000,000원	

[해답]

세무조정순서	손금불산입액	세무조정
1. 채권자불분명이자	582,000원	〈손금불산입〉 대표자상여
	418,000원	〈손금불산입〉 기타사외유출
2. 비실명채권·증권이자	–	
3. 건설자금이자(특정차입금이자)	2,500,000원	〈손금불산입〉 유보 * 건설이 완료 후 상각부인액의제(감가상각비편에서 언급)
4. 업무무관자산 등에 대한 지급이자	**3,075,342원**[*1]	〈손금불산입〉 기타사외유출

*1 [업무무관자산등에 대한 지급이자] :
① 업무무관자산 적수 : 3,000,000원 × 365일＝1,095,000,000원
② 업무무관가지급금 적수 : 5,640,000,000원
    ㉠ 대표이사에 대한 가지급금 적수 : 10,000,000원
      10,000,000원×(181일[*2] : 1.1～6.30)＋20,000,000원×(92일 : 7.1 ～ 9.30) ＋
      10,000,000원×(92일 : 10.1～12.31)＝4,570,000,000원
    ㉡ 임직원에 대한 가지급금 적수
      5,000,000원×214일(30일＋184일[*2])＝1,070,000,000원
    *2. 1년은 365일이며, 상반기 181일, 하반기 184일이다.
    ☞ **미지급 근로소득에 대한 소득세를 법인이 대납한 금액, 우리사주취득시 소요된 자금대여액, 자녀학자금 대여액은 업무무관가지급대상에서 제외되나 임원의 주택자금대여액은 대상임.**
③ 지급이자 : 선순위 부인된 이자를 제외한다.
    5,000,000원 [8,500,000원－1,000,000원 (채권자불분명사채이자)－2,500,000원 (건설자금이자)]
④ 차입금적수 : 10,950,000,000원(선부인된 채권자불분명사채이자, 건설자금이자 제외)
⑤ 손금불산입액 : $5,000,000원 \times \dfrac{(1,095,000,000원＋5,640,000,000원)}{10,950,000,000원} ＝ 3,075,342원$

[업무무관부동산등에 관련한 차입금이자조정명세서]

을표, 갑표순으로 작성한다.

〈업무무관부동산등에 관련한차입금 이자조정명세서(을)〉

업무무관 자산에 대하여 적수를 구한다.

[별지 제26호서식(을)]   (앞쪽)

| 사업
연도 | · · ·
~
· · · | 업무무관부동산등에 관련한 차입금
이자조정명세서(을) | | 법 인 명 | | |
| | | | | 사업자등록번호 | | |

		①연월일	②적요	③차변	④대변	⑤잔액	⑥일수	⑦적수
1. 업무무관부동산의적수								
2. 업무무관동산의 적수		1.1	전기이월	3,000,000		3,000,000	365	1,095,000,000
		계		3,000,000		3,000,000	365	1,095,000,000
3. 가 지 급 금 등 의 적 수	⑧가지급 금등의 적수	1.1	전기이월	10,000,000		10,000,000	151	1,510,000,000
		6.1	지급	5,000,000		15,000,000	30	450,000,0000
		7.1	지급	10,000,000		25,000,000	92	2,300,000,000
		10.1	회수		10,000,000	15,000,000	92	1,380,000,000
		계		25,000,000	10,000,000	15,000,000	365	5,640,000,000
	⑨가수금 등의적수							
		계						
4. 그 밖의 적수								
		계						
5. 자기자본 적수계산								

⑩대차대조표자산총계	⑪대차대조표 부채총계	⑫자기자본 (⑩ - ⑪)	⑬사업연도일수	⑭적수

317

〈업무무관부동산등에 관련한 차입금 이자조정명세서(갑)〉

▣ 2. 지급이자 및 차입금 적수계산 ⇒ ▣ 1. 업무무관부동산 등에 관련한 차입금 지급이자 순으로 작성한다.

[별지 제26호서식(갑)]   (앞쪽)

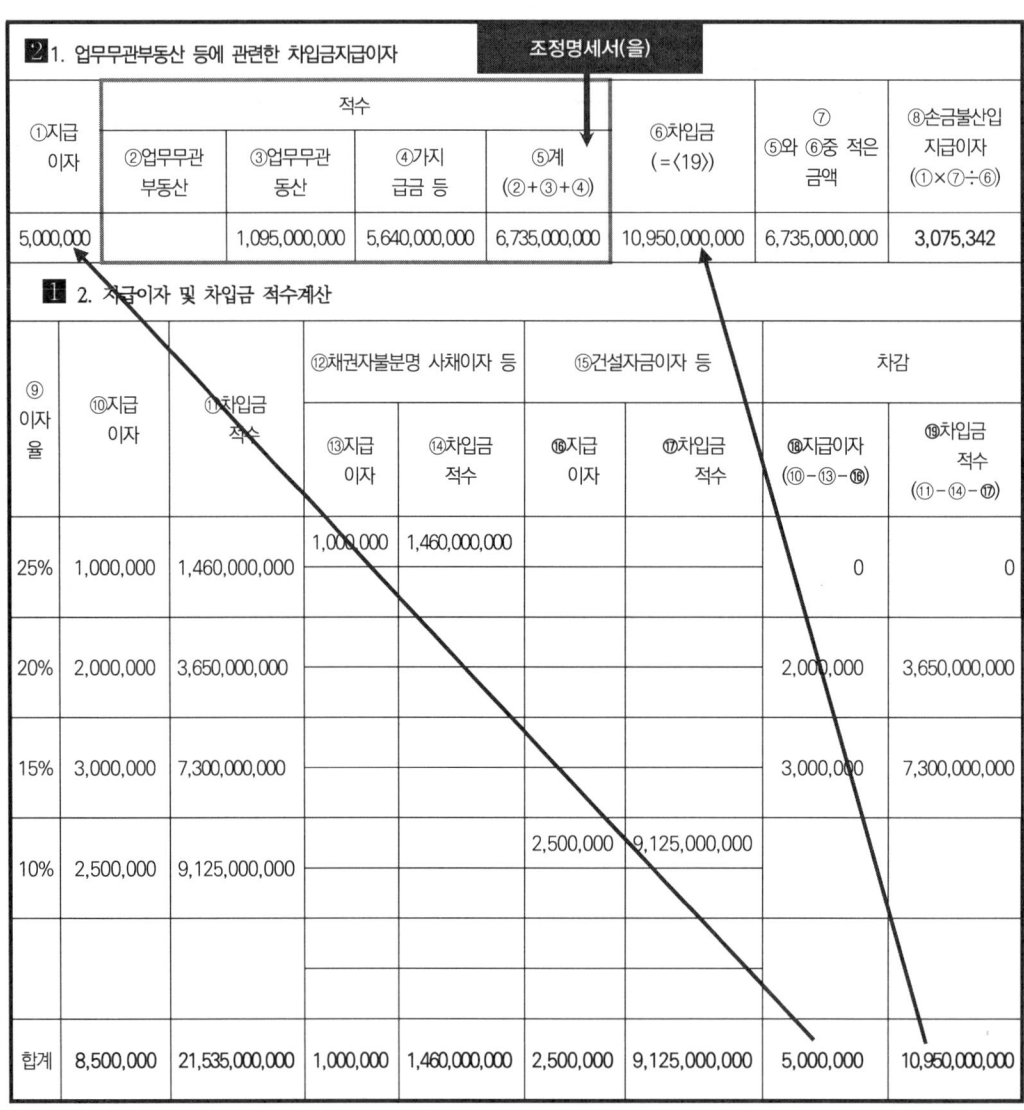

사업 연도	· · · ~ · · ·	업무무관부동산등에관련한 차입금이자조정명세서(갑)	법 인 명	
			사업자등록번호	

▣ 1. 업무무관부동산 등에 관련한 차입금지급이자 [조정명세서(을)]

①지급 이자	적수				⑥차입금 (=〈19〉)	⑦ ⑤와 ⑥중 적은 금액	⑧손금불산입 지급이자 (①×⑦÷⑥)
	②업무무관 부동산	③업무무관 동산	④가지 급금 등	⑤계 (②+③+④)			
5,000,000		1,095,000,000	5,640,000,000	6,735,000,000	10,950,000,000	6,735,000,000	3,075,342

▣ 2. 지급이자 및 차입금 적수계산

⑨ 이자 율	⑩지급 이자	⑪차입금 적수	⑫채권자불분명 사채이자 등		⑮건설자금이자 등		차감	
			⑬지급 이자	⑭차입금 적수	⑯지급 이자	⑰차입금 적수	⑱지급이자 (⑩-⑬-⑯)	⑲차입금 적수 (⑪-⑭-⑰)
25%	1,000,000	1,460,000,000	1,000,000	1,460,000,000			0	0
20%	2,000,000	3,650,000,000					2,000,000	3,650,000,000
15%	3,000,000	7,300,000,000					3,000,000	7,300,000,000
10%	2,500,000	9,125,000,000			2,500,000	9,125,000,000		
합계	8,500,000	21,535,000,000	1,000,000	1,460,000,000	2,500,000	9,125,000,000	5,000,000	10,950,000,000

[건설자금이자 조정명세서]

1 2. 특정차입금 건설자금이자계산 명세 ⇒ **2** 1. 건설자금이자 조정순으로 작성한다.

■ 법인세법 시행규칙 [별지 제25호서식]　　　　　　　　　　　　　　　　　　　　(앞 쪽)

사 업 연 도	·　·　· ~ ·　·　·	건설자금이자조정명세서	법　인　명	
			사업자등록번호	

2 1. 건설자금이자 조정

구분	①건설자금이자	②회사계상액	③상각대상자산분	④차감조정액 (①-②-③)
건설완료자산분				
건설중인자산분	2,500,000	0		2,500,000
계				

1 2. 특정차입금 건설자금이자계산 명세

⑤건설자 산명	⑥대출기 관명	⑦ 차입일	⑧차입 금액	⑨ 이자율	⑩당기 지급이자	⑪준공일또는 준공예정일	⑫건설자금 이자계산 대상일수	⑬건설자금 이자계상 대상금액
공장 건물	국민 은행	20X1.1.1	25,000,000	10%	2,500,000	20X3.12.31	365	2,500,000
계			25,000,000		2,500,000			2,500,000

3. 일반차입금 건설자금이자계산 명세

⑭해당 사업연도 중 건설등에 소요된 기간에 실제로 발생한 일반차입금의 지급이자 등 합계				
⑮해당 건설등에 대하여 해당 사업연도에 지출한 금액의 적수	⑯해당 사업연도의 특정차입금의 적수	⑰사업연도 일수	⑱계산대상금액 (⑮/⑰-⑯/⑰)	
⑲일반차입금 지급이자 등의 합계	⑳해당 사업연도의 일반차입금의 적수	㉑자본화이자율 (⑲÷⑳/⑰)	㉒비교대상금액 (⑱×㉑)	
㉓일반차입금 건설자금이자계상 대상금액[Min (⑭, ㉒)]				

 객관식

01. 다음 중 법인세법상 감가상각과 관련한 설명으로 옳은 것은?

① 기계장치의 감가상각방법을 신고하지 아니한 경우 상각범위액 계산 시 정액법을 적용한다.

② 업무용승용차의 감가상각비 계상액이 법인세법상 상각범위액에 미달하는 경우 그 미달액을 손금 산입으로 세무조정한다.

③ 상각범위액 계산 시 유형자산의 잔존가액은 취득가액의 10%, 무형자산의 잔존가액은 영(0)으로 하는 것이 원칙이다.

④ 취득가액이 100만원을 초과하는 감가상각자산을 비용계상하는 경우 전액 손금불산입으로 세무 조정한다.

02. 다음은 해상운송업을 영위하는 (주)한공의 제15기(20x1.1.1.~20x1.12.31.) 손익 계산서상 수선비 및 소모품비 계정의 내역이다. 법인세법상 즉시상각의제 규정에 따라 감가상각한 것으로 보아야 하는 금액은?

계정과목	금액	내역
수선비	50,000,000원	(주)한공의 본사건물(전기말 재무상태표상 장부가액 500,000,000원)에 대한 엘리베이터의 설치비임
	40,000,000원	선박(전기말 재무상태표상 장부가액 700,000,000원)에 대하여 2년마다 주기적인 수선을 위하여 지출한 금액으로, 이로 인하여 성능이 향상됨
소모품비	1,500,000원	영업사원의 업무상 편의를 위하여 노트북 1대를 구입하고, 그 취득가액을 비용으로 계상함
	1,200,000원	관리부서의 시내출장의 편의를 위하여 중고자동차 1대를 구입하고, 그 취득가액을 비용으로 계상함

① 51,200,000원　　　　　　　　② 52,700,000원

③ 91,500,000원　　　　　　　　④ 92,700,000원

03. 법인세법상 세무조정에 관한 설명 중 옳은 것은?

① 출자임원과 비출자임원에게 지출한 복리후생비 해당액을 비용계상한 경우 별도의 세무조정이 필요없다.

② 업무와 관련하여 발생한 교통사고벌과금을 잡손실로 회계처리한 경우에 별도의 세무조정이 필요 없다.

③ 직원에게 급여지급기준을 초과하여 지급한 상여금을 비용계상한 경우에 손금불산입의 세무조정이 필요하다.

④ 법인이 감가상각비를 세법상의 상각범위액보다 과대계상하고 전년도에 상각부인액이 있는 경우 손금산입의 세무조정이 필요하다.

04. 법인세법상 세무조정에 관한 설명 중 옳은 것은?

① 임원에게 지출한 복리후생비 해당액을 비용계상한 경우 별도의 세무조정이 필요없다.

② 업무와 관련하여 발생한 교통사고벌과금을 잡손실로 회계처리한 경우 별도의 세무조정이 필요없다.

③ 직원에게 급여지급기준을 초과하여 지급한 상여금을 비용계상한 경우 손금불산입의 세무조정이 필요하다.

④ 기업업무추진비(접대비)를 법인세법상의 한도액보다 과소계상하고 전년도에 기업업무추진 한도 초과액이 있는 경우 손금산입의 세무조정이 필요하다.

05. 다음은 (주)한공의 당기 감가상각비와 관련된 자료이다. 이 자료를 토대로 계산한 (주)한공의 당기 감가상각비 세무조정은?

전기말 부인누계액	당기 상각범위액	당기 회사상각 계상액
5,000,000원	20,000,000원	18,000,000원

① 손금산입(△유보) 2,000,000원   ② 손금산입(△유보) 4,000,000원
③ 손금불산입(유보) 2,000,000원   ④ 손금불산입(유보) 4,000,000원

📖 주관식

01. 다음은 중소기업인 (주)한공의 제10기(20x1년 1월 1일~20x1년 12월 31일)의 자료이다. 이를 토대로 법인세법상 기업업무추진비한도 초과액을 계산하시오

> 가. 손익계산서상 판매비와관리비의 기업업무추진비 계상액은 51,000,000원이다.
> 나. 위의 판매비와관리비 중의 기업업무추진비에는 회사의 제품(원가 4,000,000원, 시가 6,000,000 원)을 거래처에 증정한 금액이 포함되어 있다. 이에 대한 회사의 회계처리는 다음과 같다.
>   (차) 접대비   4,600,000원   (대) 제 품   4,000,000원
>   부가세 예수금   600,000원
> 다. 기업회계기준에 따른 매출액은 50억원이며, 이 금액에는 특수관계인과의 거래에서 발생한 매출액은 없다.

02. 기업업무추진비조정명세서

(1) 총수입금액은 1,500,000,000원이고 특수관계인과의 거래금액이 50,000,000원이 포함되어 있다.

(2) 기업업무추진비 내역

계정과목	금액	비고
판매관리비	40,000,000원	• 전무이사 개인사용분 800,000원이 포함되어 있다. • 증명서류 미수취분 900,000원이 포함되어 있다. • 3만원초과분에 적격증빙 미수취분 1,000,000원이 포함되어 있다.
제조경비	3,400,000원	당사의 제품(원가 3,000,000원, 시가 4,000,000원)을 매출처에 무상으로 제공한 것이다. (차) 접대비 3,400,000원 (대) 제품 3,000,000원 부가세예수금 400,000원
복리후생비	600,000원	매출처에 기업업무추진(접대)한 식대이다.

(3) 회사는 중소기업에 해당하며 법인세법상 기업업무추진비에 대하여 세무조정하시오.

03. 감가상각비조정명세서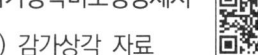

(1) 감가상각 자료

고정자산 내역	자산명	경비 구분	취득일	취득금액	전기말 상각누계액	당기 회사 감가상각비	비고
건물 (정액법 40년)	공장 건물	제조	2016.3.1.	180,000,000원	8,250,000원	4,500,000원	
기계장치 (정률법 5년)	포장기	제조	2019.7.29	100,000,000원	39,355,000원	27,350,895원	상각률 0.451
영업권 (정액법 5년)	매수 영업권	판관	20x0.7.1.	30,000,000원	3,000,000원	6,000,000원	

(2) 당기 고정자산 관련 비용처리 내역

일자	계정과목	금액	비고
9.1.	수선비	30,000,000원	공장건물 용도변경 개조를 위한 비용으로 자산요건을 충족하나 회사는 전액 비용 처리함.
1.1.	이익잉여금 (기계장치)	3,000,000원	전년도 감가상각 시인부족액 3,000,000원에 대하여 당기에 다음과 같이 회계처리 하였다.(전년도 감가상각에 대한 세무조정은 없었다) (차) 전기오류수정손실(이익잉여금) 3,000,000원 (대) 감가상각누계액 3,000,000원
12.1.	경상연구 개발비	10,000,000원	회사는 기업회계기준상 개발비요건을 충족하지 않아 비용으로 계상함.

(3) 개별자산별로 세무조정하시오.

04. 업무무관부동산등에 관련한 차입금이자 조정명세서

(1) 업무무관 자산현황

계정과목	금액	참 고 사 항
토지	150,000,000원	2015년 9월 1일에 비업무용으로 취득하였다.
비품	70,000,000원	20x1년 4월 5일에 업무무관 자산인 서화를 취득하였다.

(2) 업무무관 가지급금현황

일자	금액	참 고 사 항
1. 1.	30,000,000원	대표이사에 대한 업무무관 가지급금
2. 5	25,000,000원	상무이사 주택자금 대여액

(3) 이자비용 현황

이자율	이자비용	참 고 사 항
8%	9,200,000원	3,000,000원은 채권자 불분명 사채이자이다. (원천징수세액 825,000원 포함)
6%	12,400,000원	1,700,000원은 건설 중인 공장건물(완공예정일 20x2.9.30.)에 대한 차입금 이자이다.
4%	6,700,000원	

(4) 1년은 365일로 가정하고, 지급이자에 대하여 세무조정을 하시오.

05. 다음은 중소기업인 (주)한공의 제10기(20x1년 1월 1일~20x1년 12월 31일)의 자료이다. 이를 토대로 법인세법상 기업업무추진비한도 초과액을 계산하면?

> 가. 손익계산서상 판매비와관리비의 기업업무추진비 계상액은 51,000,000원이다.
> 나. 위의 판매비와관리비 중의 기업업무추진비에는 회사의 제품(원가 4,000,000원, 시가 6,000,000원)을 거래처에 증정한 금액이 포함되어 있다. 이에 대한 회사의 회계처리는 다음과 같다.
> 　　(차) 접대비(기업업무추진비)　　4,600,000원　　(대) 제 품　　　　4,000,000원
> 　　　　　　　　　　　　　　　　　　　　　　　부가세 예수금　　600,000원
> 다. 기업회계기준에 따른 매출액은 50억원이며, 이 금액에는 특수관계인과의 거래에서 발생한 매출액은 없다.
> 라. 100억 이하 수입금액 적용률은 30/10,000을 적용한다.

연습
답안

Tax Accounting Technician

세무정보처리 자격시험 1급

🔑 객관식

1	2	3	4	5				
②	①	①	①	①				

[풀이 - 객관식]

01 ① 기계장치의 **감가상각방법을 신고하지 않은 경**우 상각범위액 계산 시 **정률법을 적용**한다.

③ 상각범위액 계산시 잔존가액은 영(0)으로 하는 것이 원칙이다. 다만 정률법을 적용하는 경우 잔존가액은 5%를 적용하여 상각범위액을 계산한다.

④ **취득가액이 100만원을 초과하는 감가상각자산**을 비용계상하는 경우 **즉시상각의제가 적용**된다.

02 ① 수선비 50,000,000원 : **수선비 지출금액이 600만원 이상** 이고 전기말 **장부가액의 5% 이상이므로 즉시상각의제**에 해당한다.

② 수선비 40,000,000원 : **3년 미만의 기간마다 주기적인 수선**을 위하여 지출하는 금액이므로 즉시상각의제에 해당하지 않는다.

③ 소모품비 1,500,000원 : **개인용 컴퓨터(노트북)의 취득가액을 비용으로 계상**하면 즉시 상각의제에 해당하지 않는다.

④ 소모품비 1,200,000원 : **취득가액이 1,000,000만원을 초과하는 감가상각자산을 비용계상**하는 경우 즉시상각의제에 해당한다.

03 ② 교통사고벌과금은 손금불산입항목이므로 손금불산입의 세무조정이 필요하다.

③ 직원에게 급여지급기준을 초과하여 지급한 상여금은 손금으로 인정된다.

④ 감가상각비를 세법상의 상각범위액보다 과대계상한 경우 손금불산입의 세무조정을 한다.

04 ② 교통사고벌과금은 손금불산입항목이므로 손금불산입의 세무조정이 필요하다.

③ 직원에게 급여지급기준을 초과하여 지급한 상여금은 손금 인정되므로 세무조정이 필요없다.

④ 기업업무추진비(접대비)를 세법상의 한도액보다 **과소계상한 경우 세무조정이 필요없다.**

05 감가상각비 시인부족액 = 18,000,000원 - 20,000,000원 = △2,000,000원

감가상각비 부인 누계액은 당기 **시인부족액(△2,000,000원)을 한도로 손금추인**하며, 차액 3,000,000원은 차기이월한다.

주관식 - 풀이

01. 가. 기업업무추진비 해당액 : 51,000,000원 + 2,000,000(현물기업업무추진비 과소계상액)

= 53,000,000원

나. 기업업무추진비 한도액(중소기업) : 51,000,000원

① 기본한도 = 36,000,000원(1년)

② 수입금액한도 = 5,000,000,000원 × 30/10,000 = 15,000,000원

다. 기업업무추진비 한도초과액(법인세법) : 53,000,000원 - 51,000,000원 = ___2,000,000원(한도초과)___

02. 기업업무추진비 조정명세서(법인세법)

기업업무추진비총금액 = 판관비(40,000,000) + 제조경비(3,400,000) + 현물기업업무추진비

(1,000,000) + 복리후생비(600,000) = 45,000,000원

세무조정순서		금 액	소득처분
Ⅰ.직부인 기업업무추진비	1. 개인사용경비	800,000	상여(전무)
	2. 증빙불비(증빙미수취) 기업업무추진비	900,000	상여(대표자)
	3-1. 건당 3만원초과 적격증빙미수취분	1,000,000	기타사외유출
	3-2. 건당 20만원초과 적격증빙미수취	0	기타사외유출
Ⅱ.한도규제 기업업무추진비	4. 직부인 기업업무 추진비 제외 / 4-1. 한도초과액	1,935,000	기타사외유출
	4-2. 한도내 금액	40,365,000	손금
계		45,000,000	

① 수입금액 : 1,500,000,000원(특정수입금액 50,000,000원 포함)

② 기업업무추진비 한도액(①+②) : 40,365,000원

㉠ 기본금액 : 36,000,000원(중소기업)

㉡ 수입금액

ⓐ 일반수입금액 : 1,450,000,000원 × 3/1,000 = 4,350,000원

ⓑ 특정수입금액 : 50,000,000원 × 3/1,000 × 10% = 15,000원

③ 기업업무추진비해당액 = 45,000,000 - 800,000 - 900,000 - 1,000,000 = 42,300,000원

손금불산입	개인사용기업업무추진비	800,000원	상여
손금불산입	증빙불비 기업업무추진비	900,000원	상여
손금불산입	신용카드등 미사용 기업업무추진비	1,000,000원	기타사외유출
손금불산입	기업업무추진비 한도초과액	1,935,000원	기타사외유출

03. 감가상각비 조정명세서

① 건물(정액법)

세무상취득가액(A)		상각범위액(B)	
= 기말B/S상 취득가액 + 즉시상각의제액(전기) + 즉시상각의제액(당기)	180,000,000 30,000,000	상각률	5,250,000
210,000,000		0.025	
회사계상상각비(C)	34,500,000 = 4,500,000 + 30,000,000(즉시상각의제액)		
시부인액(B − C)	부인액 29,250,000		

②기계장치(정률법)

세무상취득가액(A)		세무상 기초감가상각누계액(B)	
= 기말B/S상 취득가액 + 즉시상각의제액(당기)	100,000,000	기초B/S상 감가상각누계액 (−) 전기상각부인누계액	39,355,000 0
미상각잔액(C = A − B) = 60,645,000			
상각범위액(D)	세무상미상각잔액(C) × 상각률(0.451) = 27,350,895		
회사계상상각비(E)	27,350,895 + 3,000,000(잉여금)		
시부인액(D − E)	부인액 3,000,000		

③ 영업권(정액법)

세무상취득가액(A)		상각범위액(B)	
= B/S상 취득가액	30,000,000	상각률	6,000,000
30,000,000		0.2	
회사계상상각비(C)	6,000,000		
시부인액(B − C)	0		

손금불산입	건물 감가상각비 상각부인액	29,250,000원	유보발생
손금산입	기계장치 감가상각비(전기오류수정손실)	3,000,000원	기타
손금불산입	기계장치 감가상각비 상각부인액	3,000,000원	유보발생

04. 업무무관부동산등에 관련한 차입금이자 조정명세서

세무조정순서	손금불산입액	세무조정
1. 채권자불분명이자	2,175,000원	〈손금불산입〉 대표자상여
	825,000원	〈손금불산입〉 기타사외유출
2. 비실명채권·증권이자	–	
3. 건설자금이자(특정차입금이자)	1,700,000원	〈손금불산입〉 유보
4. 업무무관자산 등에 대한 지급이자	14,192,074원	〈손금불산입〉 기타사외유출

① 차입금적수

이자율	이자비용(A)	선부인이자(B)	지급이자(A－B)	차입금적수	비고
8%	9,200,000	3,000,000	6,200,000	28,287,500,000	차입금적수 = 지급이자 ÷이자율×365일
6%	12,400,000	1,700.000	10,700,000	65,091,666,667	
4%	6,700,000	0	6,700,000	61,137,500,000	
합계			23,600,000	154,516,666,667	

② 업무무관자산적수 : 92,920,000,000원

　㉠ 토지 : 150,000,000×365일 = 54,750,000,000원

　㉡ 비품 : 70,000,000× 271일(4.5~12.31) = 18,970,000,000원

　㉢ 가지급금 : 30,000,000×365일+25,000,000×330일(2.5~12.31) = 19,200,000,000원

③ 손금불산입액 : 23,600,000×(92,920,000,000÷154,516,666,667) = 14,192,074원

손금불산입	채권자 불분명 사채이자 원천징수분	825,000원	기타사외유출
손금불산입	채권자 불분명 사채이자	2,175,000원	상여
손금불산입	건설자금이자	1,700,000원	유보발생
손금산입	업무무관지급이자	14,192,074원	기타사외유출

05 가. 기업업무추진비 해당액 : 51,000,000원＋2,000,000(현물기업업무추진비 과소계상액)

　　　　　　　　　　　　　　= 53,000,000원

나. 기업업무추진비 한도액(중소기업) : 51,000,000원

　① 기본한도 = 36,000,000원(1년)

　② 수입금액한도 = 5,000,000,000원×30/10,000(적용률) = 15,000,000원

다. 기업업무추진비 한도초과액 = 해당액(53,000,000) - 한도액(51,000,000)

　　　　　　　　　　　　　= 2,000,000원(한도초과)

제11절 퇴직급여충당금 및 퇴직연금부담금

1. 퇴직급여충당금[☞실무 : 퇴직급여충당금조정명세서]

1. 회사설정액	장부상 퇴직급여충당금 설정액
2.세무상 한도	MIN[①, ②] ① 급여액기준 : 총급여액의×5% ☞ 퇴직금규정 조작 방지차원 ② 추계액기준 : (퇴직급여추계액×0% + 퇴직전환금) - 설정전세무상퇴충잔액
3.세무조정	**결산조정사항으로 한도 초과액에 대해서만 손금불산입**
4.유의사항	① **확정기여형 퇴직연금대상자와 퇴사자 제외** ② 총급여액에 이익처분에 의한 상여포함, 비과세근로소득 및 손금불산입 급여제외 ③ 1년 미만 임직원의 경우 퇴직금을 지급시 포함하여 계산한다,

퇴직급여충당금(회계)

지 급 ②	20,000,000	기 초 ①	100,000,000
			(유보 10,000,000)
기말잔액	110,000,000	설 정	30,000,000
계	130,000,000	계	130,000,000

세무상 설정전
퇴충잔액
①-②

회사계상액

☞ 설정전 세무상 퇴충잔액이 (-)인 경우 : 손금추인해주시고 설정전 세무상 퇴충잔액은 0으로 보시면 됩니다.

 **예제** **퇴직급여충당금**

㈜ 무궁의 다음 자료에 의하여 7기의 세무조정을 행하시오.

1. 기말 재무상태표상의 퇴직급여충당금 계정 변동내역은 다음과 같다.

차 변		대 변	
당기지급	20,000,000원	전기이월	100,000,000원
차기이월	110,000,000원	당기설정	30,000,000원

　　퇴직급여충당금 기초잔액과 관련된 퇴직급여충당금한도초과액이 10,000,000원이 있다. 또한 확정기여형 퇴직연금 종업원의 퇴직급여충당금 설정액이 8,000,000원이 포함되어 있다.

2. 당기 말 현재 퇴직급여추계액은 800,000,000원(확정기여형 퇴직연금 가입자 추계액이 100,000,000원 포함)이다.

3. 결산서상에 반영된 인건비내역은 다음과 같다.(확정기여형 퇴직연금가입자 제외)

구 분	1년 이상 근속자		1년 미만 근속자	
	인원	급 여	인원	급 여
생산부	15명	150,000,000원	1명	20,000,000원
판매부	7명	50,000,000원	2명	30,000,000원
계	22명	200,000,000원	3명	50,000,000원

판매부 급여 총액(임원포함)중 임원상여금 10,000,000원이 상여규정을 초과하여 지급한 것이다.

4. 1년미만 근무한 임원, 사용인에 대해서도 당해 법인의 퇴직급여지급규정에 의하여 퇴직 시 퇴직급여를 지급한다.

5. 퇴직금전환금이 3,000,000원이 있다.

[해답]

1. 임원상여금 한도 초과액 : 10,000,000원(손금불산입, 상여)

2. **T계정을 그려서 생각하셔야 합니다. 그래야 빨리 풀 수 있습니다.**

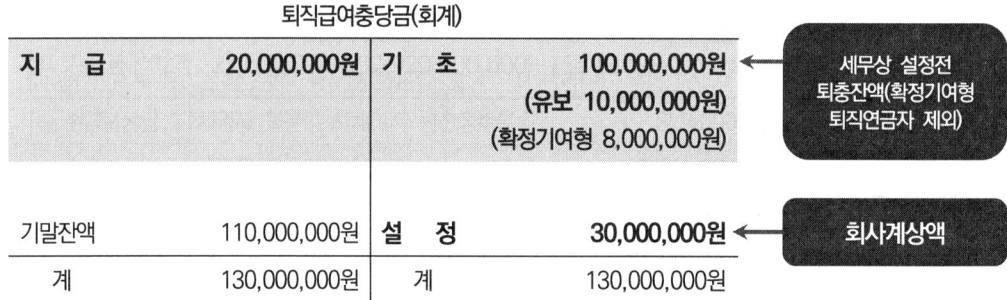

퇴직급여충당금(회계)

지 급	20,000,000원	기 초	100,000,000원	세무상 설정전 퇴충잔액(확정기여형 퇴직연금자 제외)
		(유보 10,000,000원)		
		(확정기여형 8,000,000원)		
기말잔액	110,000,000원	설 정	30,000,000원	회사계상액
계	130,000,000원	계	130,000,000원	

3. 한도계산 및 세무조정

① 회사계상액 : 30,000,000원

② 한도액 : MIN[㉠ 총급여액기준 ㉡ 추계액기준] = 0원

㉠ [250,000,000원 − 10,000,000원(손부 임원상여)] × 5% = 12,000,000원

☞ 1년 미만 근속자도 퇴직금 지급대상이므로 총급여액에 포함한다.

㉡ [(800,000,000원 − 100,000,000원) × 0% + 3,000,000원(퇴직금전환금)

− (100,000,000원 − 10,000,000원 − 20,000,000원 − 8,000,000원(확정기여형퇴직연금가입자)]

= △59,000,000원

③ 한도초과액(①−②) : 30,000,000원

④ 세무조정 : 〈손금불산입〉 퇴직급여충당금 한도 초과   30,000,000원(유보)

[퇴직급여충당금 조정명세서]

① 2. 총급여액 및 퇴직급여 추계액명세 ⇒ ② 1. 퇴직급여충당금 조정 순으로 작성한다.

■ 법인세법 시행규칙 [별지 제32호서식]　　　　　　　　　　　　　　　　　　　　　　　　(앞 쪽)

사 업 연 도	·　·　· ~ ·　·　·	퇴직급여충당금 조정명세서	법 인 명	
			사업자등록번호	

■ 1. 퇴직급여충당금 조정

세무상설정전 충당금잔액

「법인세법 시행령」 제60조제1항에 따른 한도액	①퇴직급여 지급대상이 되는 임원 또는 사용인에게 지급한 총급여액(⑲의 계)		②설정률	③한도액 (①×②)	비　고
	240,000,000		5/100	12,000,000	

「법인세법 시행령」 제60조 제2항및제3항에 따른 한도액	④장부상 충당금 기초잔액	⑤확정기여형 퇴직연금자의 퇴직급여충당금	⑥기중 충당금 환입액	⑦기초충당금 부인누계액	⑧기중 퇴직금 지급액	⑨차감액 (④-⑤-⑥ -⑦-⑧) (△　　) 62,000,000
	100,000,000	8,000,000		10,000,000	20,000,000	
	⑩추계액 대비 설정액 (㉒×설정률)	⑪퇴직금전환금		⑫설정률 감소에 따른 환입을 제외하는 금액 MAX(⑨-⑩-⑪, 0)		⑬누적한도액 (⑩-⑨+⑪+⑫)
	0	3,000,000		59,000,000		0

한도초과액 계　산	⑭한도액 MIN(③, ⑬)	⑮회사계상액		⑯한도초과액 (⑮-⑭)
	0	30,000,000		30,000,000

■ 2. 총급여액 및 퇴직급여추계액 명세

구 분 계정명	⑰총급여액		⑱퇴직급여 지급대상이 아닌 임원 또는 사용인에 대한 급여액		⑲퇴직급여 지급대상이 되는 임원 또는 사용인에 대한 급여액		⑳기말현재 임원 또는 사용인 전원의 퇴직시 퇴직급여 추계액	
	인원	금 액	인원	금　액	인원	금　액	인원	금　액
임금(제)	16	170,000,000			16	170,000,000	25	700,000,000
급여(판)	9	70,000,000			9	70,000,000	㉑「근로자퇴직급여 보장법」 에 따른 추계액	
							인원	금　액
							㉒세법상 추계액 MAX(⑳, ㉑)	
계	25	240,000,000			25	240,000,000	25	700,000,000

총급여액　　　　　　퇴직급여추계액

2. 퇴직연금부담금[☞실무 : 퇴직연금부담금등조정명세서]

임원과 사용인에 대한 퇴직급여의 안정적 보장을 위하여 퇴직급여충당금의 내부적립은 폐지되고 퇴직연금 부담금 등의 외부적립을 한 경우에 한하여 손금으로 인정하고 있다.

1. 회사설정액	일반적으로 "0"
2. 세무상 한도	MIN[①, ②] ① 추계액기준 : [기말퇴직급여추계액 – 기말세무상퇴직급여충당금잔액] 　－기손금산입퇴직연금부담금 – 확정기여형 퇴직연금손금인정액[1] 　*1. 퇴직급여추계액에 확정기여형 설정자도 포함되어 있으면 차감 ② 예치금기준 : 기말 퇴직연금운용자산잔액 – 기손금산입퇴직연금부담금

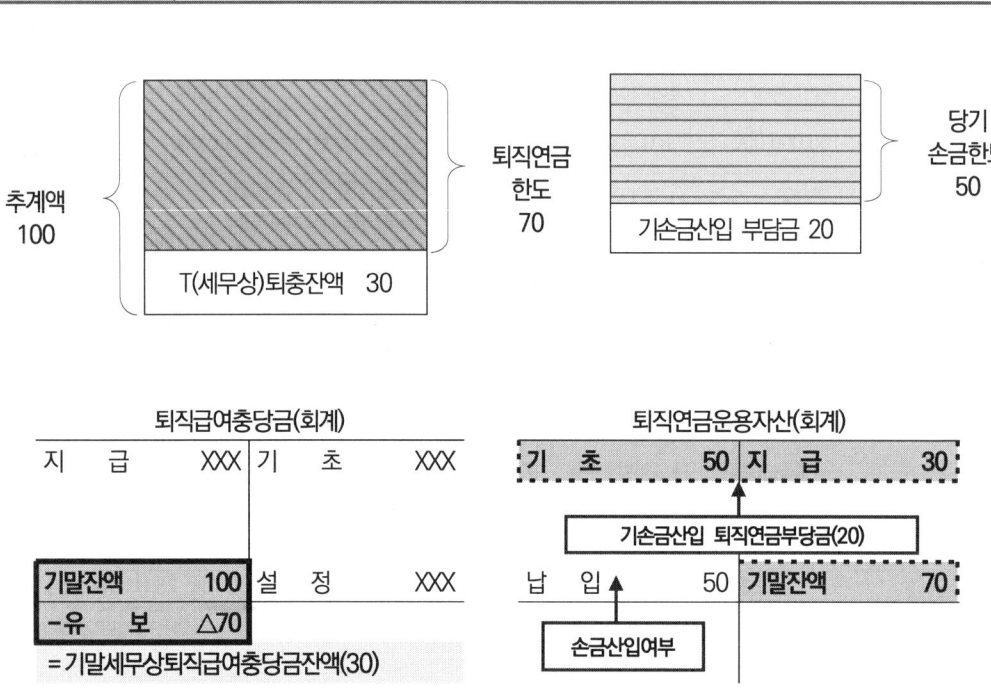

 **퇴직연금부담금**

㈜ 무궁의 다음 자료에 의하여 7기의 세무조정을 행하시오.

당사는 확정급여형 퇴직연금제도를 운영하고 있다. 단, 퇴직연금기여금에 대한 세무조정만을 행하고 퇴직급여충당금 등 기타 세무조정은 이미 적정하게 이루어졌다고 가정한다.

1. 당기 퇴직급여충당금의 계정내역은 다음과 같다.

퇴직급여충당금

		기초잔액	70,000,000원
기말잔액	130,000,000원	당기증가	60,000,000원
	130,000,000원		130,000,000원

당기말 퇴직급여충당금에 대한 손금불산입 누계액은 60,900,000원으로 가정하며, 당기말 현재 퇴직금 추계액은 157,000,000원이다.

2. 당기 퇴직연금부담금의 계정내역은 다음과 같다.

퇴직연금운용자산

기초잔액	49,000,000원	해 약	10,000,000원
당기불입액	38,900,000원	기말잔액	77,900,000원
	87,900,000원		87,900,000원

기초잔액에 대한 손금산입액은 49,000,000원이다.

[해답]

1. T계정을 그려서 생각하시면 편합니다.

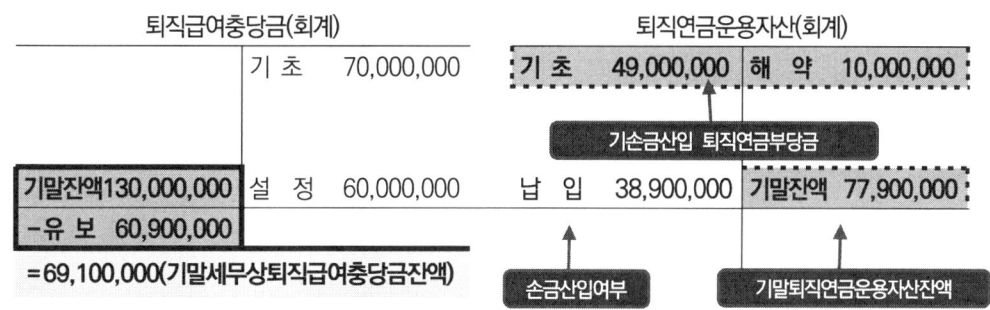

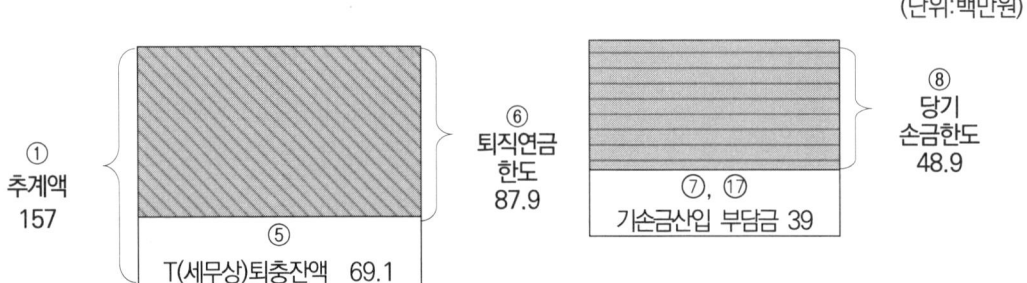

(단위:백만원)

2. **퇴직시 연금해약분에 대한 세무조정**

　〈손금불산입〉 퇴직연금부담금 지급 10,000,000(유보)

3. 한도계산 및 세무조정

　① 회사계상액 : 0원(신고조정사항으로 결산서에 비용으로 반영되지 않았음)

　② 한도액 : MIN[㉠ 추계액기준 ㉡ 예치금기준] = 38,900,000원

　　㉠ [157,000,000원 - 69,100,000원] - [49,000,000원 - 10,000,000원](기손금산입퇴직연금)

　　　= 48,900,000원

　　㉡ [77,900,000원 - 39,000,000원] = 38,900,000원

　③ 한도초과액(① - ②) : -38,900,000원

　④ 세무조정 : 〈손금산입〉 퇴직연금부담금 38,900,000원(△유보)

　☞ 기말퇴직연금부담금 유보잔액 = 49,000,000원 - 10,000,000원 + 38,900,000원 = 77,900,000원

[퇴직연금부담금 조정명세서]

1 2.나 기말퇴직연금예치금등의 계산 ⇒ **2** 2.가 손금산입대상 부담금등 계산 ⇒

3 1.퇴직연금 등의 부담금 조정 순으로 작성한다.

사 업 연 도	· · · ~ · · ·	퇴직연금부담금 조정명세서	법 인 명	
			사업자등록번호	

3 1. 퇴직연금 등의 부담금 조정

①퇴직급여추계액	당기말 현재 퇴직급여충당금(세무상)				⑥퇴직부담금등 손금산입 누적 한도액 (①-⑤)
	②장부상 기말잔액	③확정기여형 퇴직연금자의 퇴직급여충당금	④당기말 부인 누계액	⑤차감액 (②-③-④)	
157,000,000	130,000,000		60,900,000	69,100,000	87,900,000

⑦이미 손금 산입한 부담금 등(⑰)	⑧손금산입한도액 (⑥-⑦) 〈추계액기준한도〉	⑨손금산입대상 부담금 등(⑱)	⑩손금산입범위액 (⑧과 ⑨ 중 작은 금액)	⑪회사손금 계상액	⑫조정금액 (⑩-⑪)
39,000,000	48,900,000	38,900,000	38,900,000	0	38,900,000

2. 이미 손금산입한 부담금 등의 계산

[회사계상액] [손금산입]

2 가. 손금산입대상 부담금 등 계산 ← [퇴직연금운용자산 T계정
(기손금산입퇴직연금 부담금)]

⑬퇴직연금 예치금등 계(㉒)	⑭기초퇴직연금 충당금등 및 전기말신고조정에 의한 손금산입액	⑮퇴직연금충당금 등 손금부인 누계액	⑯기중퇴직연금등	⑰이미 손금산입한 부담금등 (⑭-⑮-⑯)	⑱손금산입대상 부담금 등 (⑬-⑰) 〈예치금기준한도〉
77,900,000	49,000,000		10,000,000	39,000,000	38,9000,000

1 나. 기말 퇴직연금 예치금 등의 계산 ← [퇴직연금운용자산 T계정]

⑲기초퇴직연금예치금 등	⑳기중 퇴직연금예치금 등 수령 및 해약액	㉑당기 퇴직연금예치금 등의 납입액	㉒퇴직연금예치금 등 계 (⑲-⑳+㉑)
49,000,000	10,000,000	38,900,000	77,900,000

제12절 | 대손금 및 대손충당금

1. 대손금

대손금이란 회수할 수 없는 채권금액을 말하는데, 이는 법인의 순자산을 감소시키는 손금에 해당한다. 그러나 법인세법은 대손금의 범위를 엄격하게 규정하고 있다.

(1) 대손요건

1. 신고조정 (대손요건을 구비한 사업연도)	① 소멸시효완성채권(상법·어음법·수표법·민법) ② 회생계획인가의 결정 또는 법원의 면책결정에 따라 회수불능 확정 채권 ③ 채무자의 재산에 대한 경매가 취소된 압류채권 (민사집행법) ④ 채무의 조정을 받아 신용회복지원협약에 따라 면책으로 확정된 채권
2. 결산조정(대손요건을 구비하고 결산상 회계처리한 사업연도)	① 채무자의 파산, 강제집행, 형의 집행, 사업의 폐지, 사망등 회수불능채권 ② **부도발생일부터 6개월이상 지난 수표 또는 어음상의 채권 및 외상매출금** (중소기업의 외상매출금으로서 부도발생일 이전의 것) – **비망가액 1,000원** ③ **중소기업의 외상매출금 및 미수금으로서 회수기일로부터 2년이 경과한 외상매출금 등**(특수관계인과의 거래는 제외) ④ 민사소송법상 재판상 화해 및 화해권고결정에 따라 회수불능으로 확정된 채권 ⑤ **회수기일이 6개월 경과한 30만원 이하(채무자별 합계액)채권** ⑥ 채권의 일부 회수를 위해 일부를 불가피하게 포기한 채권 등

(2) 대손처리할 수 없는 채권

① **특수관계자에 대한 업무무관가지급금**
② **보증채무 대위변제로 인한 구상채권**
③ **대손세액공제를 받은 부가가치세 매출세액 미수금**

2. 대손충당금

법인세법은 **전기에 설정한 비용(대손충당금) 잔액을 모두 환입하고 다시 설정하는 방법을 요구**한다. 이것을 **총액법**이라 하는데, 전기에 **대손충당금 한도초과액(손금불산입, 유보)이 있으면, 당기 초에 손금추인**한다.

1. 전기대손충당금 부인액 손금추인 : 〈손금산입〉 전기대손충당금 부인액 AAA(△유보)		
2. 대손충당금 한도 계산	① 회사설정액 : 대손충당금 기말잔액(총액법) ② 한도 계산 : 세무상 기말 대상 채권×설정율 　설정율＝MAX[① 1%, ② 대손실적율] 　대손실적율＝$\dfrac{\text{세무상 당기대손금}}{\text{세무상 전기말대상채권}}$ 　설정제외 채권 : ① 대손처리할 수 없는 채권(전술한 채권) 　　　　　　　　　② 할인어음, 배서양도어음	
3. 세무조정	－ 한도초과	〈손금불산입〉 대손충당금 한도 초과 XXX
	－ 한도미달	세무조정없음

대손충당금(회계)

대　손		400,000	기　　초		1,000,000
	(시인액 : 100,000)		(유보 300,000)		← 전기대손충당금 손금추인
	(부인액 : 300,000)				
회사설정액 → 기말잔액		2,600,000	설　　정		2,000,000 ← 당기설정충당금 보충액 (2,600,000−2,000,000)
계		3,000,000	계		3,000,000

예제 대손금 및 대손충당금

㈜ 무궁의 다음 자료에 의하여 7기의 세무조정을 행하시오.

1. 회사가 계상한 대손상각내역은 다음과 같다.
   (1) 대손처리한 금액은 대손충당금과 상계되었다.
      ① 10월　1일 : 거래처의 파산으로 회수불가능한 외상매출금 300,000원
      ② 10월　3일 : 거래처의 부도로 6월 경과한 받을어음　1,700,000원
      ③ 10월 10일 : 거래처의 부도로 1월 경과한 받을어음　　600,000원
   (2) 다음의 대손처리한 금액은 대손상각비로 처리하였다.
      10월 15일 : 회수기일이 6개월이상 경과한 외상매출금 200,000원

2. 10월 25일 : 소멸시효 완성채권(외상매출금)이 500,000원이 있는데 회계처리하지 않았다.

3. 기초 대손충당금은 5,500,000원이었고, 기말에 대손충당금　5,000,000원을 추가 설정하였다.
   (전기말 대손충당금 부인액은 300,000원이 있다)

4. 기말 외상매출금과 받을어음 잔액은 각각 180,000,000원과 110,000,000원이며, 그 외의 채권은 없는 것으로 한다. 받을어음금액 중 46,601,000원은 할인어음에 해당한다.

5. 전기말 세무상 대손충당금 설정 채권장부가액은 134,950,000원이다.

해답

1. 대손금 검토(세무상 대손요건)

대손내역	신고/결산	회사대손계상액	세법상 시인액	세법상부인액
1. 파산등	결산조정	300,000원	300,000원	
2. 6월경과부도어음*1	결산조정	1,700,000원	1,699,000원	**1,000원**
3. 6월미경과부도어음	–	600,000원		**600,000원**
4. 회수실익이 없는 채권	결산조정	200,000원	200,000원	손금불산입
5. 소멸시효완성채권	신고조정	0원	500,000원	
계		2,800,000원	2,699,000원	**601,000원**

*1. 어음, 수표 1매당 **1,000원**의 비망가액을 남겨두어야 한다.

〈손금불산입〉　6월 경과 부도어음 비망가액　　1,000원(유보)

〈손금불산입〉　6월 미경과 부도어음　　600,000원(유보)

〈손금산입〉　　소멸시효완성채권　　500,000원(△유보)

2. 대손충당금 한도초과계산 ⇒**T계정을 그려서 문제를 푸십시오.**

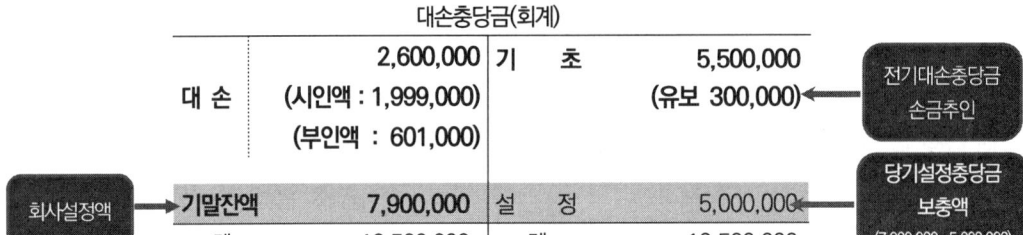

대손충당금(회계)

대 손	2,600,000 (시인액 : 1,999,000) (부인액 : 601,000)	기 초 5,500,000 (유보 300,000) → 전기대손충당금 손금추인
회사설정액 → 기말잔액	7,900,000	설 정 5,000,000 → 당기설정충당금 보충액 (7,900,000-5,000,000)
계	10,500,000	계 10,500,000

(1) 전기대손충당금 한도 초과

　　〈손금산입〉 전기대손충당금 한도 초과　300,000원(△유보)

(2) 당기 대손충당금 한도 초과

　　① 회사설정액 : 7,900,000원

　　② 한도액 : 4,870,000원

　　　　㉠ 설정율 : MAX[① 1%, ② 대손실적율; 2%]=2%

$$\text{대손실적율} = \frac{\text{세무상 당기대손}^{*1}}{\text{세무상 전기말대상채권}} = \frac{2,699,000}{134,950,000} = 2\%$$

*1. [300,000원+1,699,000원+200,000원+500,000원]=2,699,000원

ⓒ 한도액 : 세법상기말대손충당금설정대상채권×설정율

= [180,000,000원 + 110,000,000원 - 46,601,000원(할인어음) + 601,000원(대손부인채권)

- 500,000원(소멸시효완성채권)] × 2% = 4,870,000원

③ 한도초과액(①-②) : 3,030,000원

〈손금불산입〉 대손충당금 한도 초과　3,030,000원(유보)

[대손충당금 및 대손금조정명세서]

1 2. 대손금조정 ⇒ **2** 1. 대손충당금조정(　채권잔액) ⇒ **3** 1. 대손충당금조정(손금산입액조정/익금산입액조정) 순으로 작성한다.

사 업 연 도	· · ~ · ·	대손충당금 및 대손금조정명세서	법 인 명	
			사업자등록번호	

1. 대손충당금조정

3 손 금 산입액 조 정	①채권잔액 (㉑의 금액)	②설정률			③ 한도액 (①×②)	회사계상액			⑦한도초과액 (⑥-③)
		(ㄱ) 1(2) ─── 100 ( )	(ㄴ) 실적률 (2)	(ㄷ) 적립 기준 ( )		④당기계상액	⑤보충액	⑥계	
	243,500,000				4,870,000	5,000,000 (보충법 설정금액)	2,900,000 (기말잔액 -당기계상)	7,900,000	3,030,000

익 금 산입액 조 정	⑧장부상 충당금 기초잔액	⑨기중 충당금 환입액	⑩충당금 부 인 누계액	⑪당기대손 상 계 액 (㉗의 금액)	⑫당기 설정충당금 보 충 액 (=⑤보충액)	⑬환입할 금 액 (⑧-⑨-⑩ -⑪-⑫)	⑭회사 환입액	⑮과소환입·과다환입(△)(⑬-⑭)
	5,500,000		300,000	2,600,000	2,900,000	-300,000		-300,000

2 채 권 잔 액	⑯계정과목	⑰채권잔액의 장부가액	⑱기말현재 대손금부인누계	⑲합계 (⑰+⑱)	⑳충당금 설정제외 채 권	㉑채권잔액 (⑲-⑳)	비 고
	외상매출금	180,000,000	-500,000	179,500,000		179,500,000	
	받을어음	110,000,000	601,000	110,601,000	46,601,000	64,000,000	
	계	290,000,000	101,000	290,101,000	46,601,000	243,500,000	

↑
전기부인누계액 + 당기부인액 - 당기손금액

1 2. 대손금조정

㉒ 일자	㉓ 계정 과목	㉔ 채권 내역	㉕ 대손 사유	㉖ 금액	대손충당금상계액			당기손금계상액			비 고
					㉗ 계	㉘ 시인액	㉙ 부인액	㉚ 계	㉛ 시인액	㉜ 부인액	
10/01	외상매출금	매출채권	파산	300,000	300,000	300,000					
10/03	받을어음	매출채권	부도	1,700,000	1,700,000	1,699,000	1,000				
10/10	받을어음	매출채권	부도	600,000	600,000		600,000				
10/15	외상매출금	매출채권	소액채권	200,000				200,000	200,000		
	계			2,800,000	2,600,000	1,999,000	601,000	200,000	200,000		

↑
손금불산입

제13절 부당행위계산 부인

1. 부당행위계산 부인

1. 요건	① 특수관계자간 거래 & ② 부당한 감소 & ③ 현저한 이익의 분여
	※ 현저한 이익의 분여 : [시가−거래가] ≥ MIN[1. 시가×5%, 2. 3억원]
2. 유형	1. 자산의 고가매입/저가양도
	2. 금전(임대)의 고가차용/저가대부
	3. 불균등자본 거래등

3. 시가	1. 본래의 시가		
	2. 자산의 시가가 불분명시	주식 등	상증세법상 평가액
		주식이외	감정가액 → 상증세법상 평가액 순
	3. 금전대여	1. 원칙 : 가중평균차입이자율	
		2. 예외 : 당좌대출이자율	
	4. 임대차의 시가	(자산의 시가×50%−임대보증금)×정기예금이자율×임대일수/365(366)	

4. 부인의 효과	1. 부인액의 익금산입과 소득처분 : 시가거래로 보아 소득 재계산(사외유출)
	2. 사법상의 효력은 유지됨.

2. 가지급금 인정이자[☞실무 : 가지급금등의인정이자조정명세서]

1. 범위	지급이자 손금불산입의 가지급금과 같다.
2. 인정이자 계산	1. 익금산입액＝가지급금적수×인정이자율×$\dfrac{1}{365(366)}$−실제수령이자
	2. 가지급금 적수 : 동일인에 대한 가지급금과 가수금이 함께 있는 경우에는 원칙적으로 상계
3. 가지급금 관련 제재규정	1. 가지급금 인정이자
	2. 업무무관자산관련이자 손금불산입
	3. 대손금 부인 및 대손충당금 설정대상채권 제외

 **예제** 가지급금인정이자

㈜ 무궁의 다음 자료에 의하여 7기의 가지급금 인정이자에 대한 세무조정을 행하시오.

1. 차입금의 내용 : 차입금은 전년도로부터 이월된 자료이다.

이자율	차입처	차입금	연간지급이자	비 고
연 14%	국민은행	10,000,000원	1,400,000원	
연 10%	국민은행	20,000,000원	2,000,000원	
연 8%	신한은행	50,000,000원	4,000,000원	
연 4%	(주)두산	50,000,000원	2,000,000원	특수관계자
계		130,000,000원	9,400,000원	

2. 가지급금 및 관련 이자수령내역

직책	성명	금전대여일	가지급금	약정이자율	이자수령액 (이자수익계상)
대표이사	김수현	20x0.10.23	100,000,000원	무상	0원
관계회사	(주)혜성	20x1.07.01	50,000,000원	연3%	750,000원
경리과장	김시온	20x1.05.23	20,000,000원	무상	0원

* 금전대여일로부터 현재까지 변동이 없으며 (주)혜성은 당사의 최대주주이다.
  경리과장에 대한 대여액은 본인의 대학원학자금 대여액이다.

3. 국세청장이 정한 당좌대출이자율은 연 4.6%, 1년은 365일이라 가정한다.

[해답]

1. 가지급금적수 계산 : **학자금대여액은 업무무관가지급금대상에서 제외된다.**

성명	대여일	가지급금	일수	적 수
김수현	1.1	100,000,000원	365일	36,500,000,000원
(주)혜성	7.1	50,000,000원	184일	9,200,000,000원

2. 인정이자율(가중평균차입이자율)
   특수관계자 차입금은 대상에서 제외한다.

$$가중평균차입이자율 = \frac{\Sigma(개별\ 차입금\ 잔액 \times 해당\ 차입금\ 이자율)}{차입금\ 잔액의\ 합계액}$$

$$= \frac{[14\% \times 10,000,000원 + 10\% \times 20,000,000원 + 8\% \times 50,000,000원]}{[10,000,000원 + 20,000,000원 + 50,000,000원]} = 9.25\%$$

3. 인정이자 계산

$$익금산입액 = 가지급금적수 \times 인정이자율 \times \frac{1}{365(366)} - 실제수령이자$$

성명	가지급금적수	인정이자	수령이자	익금산입액
김수현	36,500,000,000원	9,250,000원	0원	9,250,000원
(주)혜성	9,200,000,000원	2,331,506원	750,000원	1,581,506원
계		11,581,506원	750,000원	10,831,506원

4. 5% 차이가 나는지 여부

① 대표이사

$$\frac{인정이자 - 수령이자}{인정이자} = \frac{(9,250,000원 - 0원)}{9,250,000원} = 100\% \geq 5\%$$

② (주)혜성

$$\frac{(2,331,506원 - 750,000원)}{2,331,506원} = 67.8\% \geq 5\%$$

5. 세무조정

〈익금산입〉 가지급금 인정이자(대표이사)　9,250,000원(상여)

〈익금산입〉 가지급금 인정이자((주)혜성)　1,581,506원(기타사외유출)

[가지급금등의 인정이자조정명세서] 을표, 갑표순으로 작성한다.

〈가지급금등의 인정이자조정명세서(을)〉

인명별/회사별로 각각 작성한다. ■ 3.가수금 적수 ⇒ ② 1,2 가중평균차입이자율(당좌대출이자율)에 의한 가지급금 등 적수 및 인정이자 계산순으로 작성한다.

인명별로 작성해야하나 편의상 대표이사/(주)혜성을 한 장에 작성한다.

사 업 연 도	· · · ~ · · ·	가지급금 등의 인정이자 조정명세서(을)	법 인 명	
			사업자등록번호	

직책( )　성명( )

② 1. 가중평균차입이자율에 따른 가지급금 등의 적수, 인정이자 계산

대여기간		③ 연월일	④ 적요	⑤차 변	⑥ 대 변	⑦잔 액 (⑤-⑥)	⑧ 일수	⑨가지급금 적수 (⑦×⑧)	⑩ 가수금 적수	⑪ 차감적수 (⑨-⑩)	⑫ 이자 율	⑬인정 이자 (⑪×⑫)
①발생 연월일	②회수 연월일											
20x1.1.1	차기 이월	20x1.1.1	전기 이월	100,000,000		100,000,000	365	36,500,000,000		36,500,000,000	9.25	**9,250,000**
20x1.7.1	차기 이월	20x1.7.1	대여	50,000,000		50,000,000	184	9,200,000,000		9,200,000,000	9.25	**2,331,506**
계												

② 2. 당좌대출이자율에 따른 가지급금 등의 적수 계산

⑭연월일	⑮적 요	⑯차 변	⑰대 변	⑱잔 액	⑲일수	⑳가지급금 적수(⑱×⑲)	㉑가수금적수	㉒차감적수 (⑳-㉑)
계								

■ 3. 가수금 등의 적수 계산

㉓연월일	㉔적 요	㉕차 변	㉖대 변	㉗잔 액	㉘일수	㉙가수금적수 (㉗×㉘)
계						

〈가지급금등의 인정이자조정명세서(갑)〉

1 1.적용이자율 선택 ⇒ **2** 2,3 가중평균차입이자율(당좌대출이자율)에 따른 가지급금등의 인정이자 조정 순으로 작성한다.

사 업 연 도	· · · ~ · · ·	가지급금 등의 인정이자 조정명세서(갑)	법 인 명	
			사업자등록번호	

1 1. 적용 이자율 선택

[0] <u>원칙 : 가중평균차입이자율</u>

[ ]「법인세법 시행령」제89조제3항제1호에 따라 해당 사업연도만 당좌대출이자율을 적용

[ ]「법인세법 시행령」제89조제3항제1호의2에 따라 해당 대여금만 당좌대출이자율을 적용

[ ]「법인세법 시행령」제89조제3항제2호에 따른 당좌대출이자율

익금산입

2 2. 가중평균차입이자율에 따른 가지급금 등의 인정이자 조정

① 성명	②가지급금 적수	③가수금 적수	④차감적수 (②-③)	⑤ 인정이자	⑥회사 계상액	시가인정범위		⑨조정액(=⑦) ⑦≥3억이거나 ⑧≥5%인경우
						⑦차액 (⑤-⑥)	⑧비율(%) (⑦/⑤)×100	
김수현	36,500,000,000	0	36,500,000,000	9,250,000	0	9,250,000	100%	**9,250,000**
(주)혜성	9,200,000,000	0	9,200,000,000	2,331,506	750,000	1,581,506	67.8	**1,581,506**
계	45,700,000,000	0	45,700,000,000	11,581,506	750,000			10,831,506

2 3. 당좌대출이자율에 따른 가지급금 등의 인정이자 조정

⑩ 성명	⑪가지급금 적수	⑫가수금 적수	⑬차감적수 (⑪-⑫)	⑭ 이자율	⑮인정이자 (⑬×⑭)	⑯회사 계상액	시가인정범위		⑲조정액(=⑰) ⑰≥3억이거나 ⑱≥5%인경우
							⑰차액 (⑮-⑯)	⑱비율(%) (⑰/⑮)× 100	
계									

 **제14절** **기부금[☞실무 : 기부금조정명세서]**

1. 기부금의 의의

기부금은 ①특수관계가 없는 자에게 ②사업과 직접 관련없이 ③무상으로 지출하는 재산적 증여의 가액을 말한다.

〈기부금과 기타유사비용의 비교〉

구 분		세무상처리
업무무관		기부금
업무관련	특정인에 대한 지출	기업업무추진비
	불특정다수인에 대한 지출	광고선전비

2. 간주(의제)기부금

특수관계없는 자에게 정당한 사유없이 **자산을 정상가액보다 낮은가액(70% 미만)으로 양도하거나 정상가액보다 높은 가액(130% 초과)으로 매입함**으로써 실질적으로 증여한 것으로 인정되는 금액은 이를 기부금으로 간주한다.

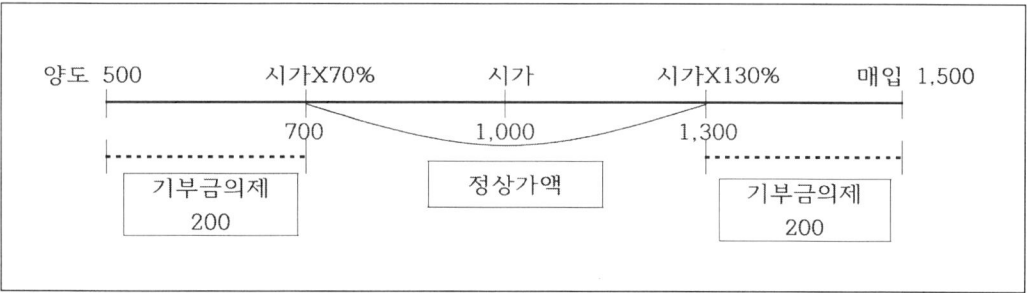

〈간주기부금과 부당행위계산부인의 비교〉

구 분	간주기부금	부당행위계산부인
거래상대방	특수관계없는자	특수관계자
세무상 양도/취득가액	시가 ± 30%	무조건 시가

3. 기부금 분류

특례	① **국가·지자체(국립, 공립학교 포함)에 무상기증하는 금품**
	② 국방헌금과 국군장병 위문금품(향토예비군 포함)
	③ **천재·지변 이재민 구호금품(해외이재민 구호금품 포함)**
	④ **사립학교(초·중·고, 대학교) 등에의 시설비, 교육비, 연구비, 장학금 지출**
	⑤ **사회복지공동모금회**
	⑥ 한국장학재단에 대한 기부금
일반	① 비영리법인의 고유목적사업비
	② **학교 등의 장이 추천하는 개인에게 교육비·연구비·장학금으로 지출**
	③ **사회복지시설 중 무료 또는 실비로 이용할 수 있는 것**
	④ 공공기관 등에 지출하는 기부금
비지정	① **향우회, 종친회, 새마을금고, 신용협동조합에 지급한 기부금**
	② **정당에 지출하는 기부금**

3. 기부금 평가 및 귀속시기

(1) 현물 기부금의 평가

① 특례기부금·**일반기부금** : 장부가액

② **일반(특수관계자)·비지정기부금 : MAX[시가, 장부가액]**

(2) 귀속시기 : 현금주의(어음 : 결제일, 수표 : 교부일)

4. 기부금의 손금산입한도

특례기부금	[기준소득금액 – 이월결손금] × 50%
일반기부금	[기준소득금액 – 이월결손금 – 특례기부금 손금산입액]] × 10%

(1) 기준소득금액

= 차가감소득금액(결산서상 당기순이익 + 가산조정 + 차감조정) + 기부금

☞ 차가감소득금액은 기부금 한도계산의 결과를 제외한 모든 세무조정이 반영된 후의 금액이므로 비지정기부금, 귀속시기, 간주기부금 등의 기부금 자체에 대한 세무조정을 반영해야 한다.

(2) 이월결손금

세무상 결손금으로서 각사업연도의 과세표준 계산시 공제가능한 이월결손금을 말한다.
[각사업연도의 개시일 전 15년(2019.12.31.이전 개시 사업연도 발생분은 10년)이내 발생분]
다만 비중소기업은 기준소득금액의 80%를 한도로 한다.

5. 기부금이월공제 계산방법

(1) 이월된 기부금을 우선 공제

(2) 남은 기부금 공제한도 내에서 각사업연도에 지출한 기부금 공제

(3) 기부금 한도 초과액이월액의 손금산입

기부금의 한도초과액은 해당 사업연도의 다음 사업연도 개시일부터 10년[1] 이내에 끝나는 각
사업연도에 이월하여 이월된 각 사업연도의 해당 기부금 한도액 범위에서 그 한도초과액을 손금
에 산입한다.

[기업업무추진비와 기부금]

구 분	기업업무추진비	기부금
정의	업무관련+특정인	업무무관
손익귀속시기	발생주의	현금주의
현물	MAX[① 시가 ② 장부가액]	특례, 일반 : 장부가액
		일반(특수관계인),비지정 : MAX[① 시가 ② 장부가액]
한도초과액 이월손금	없음	10년간 이월

 **예제** **기부금**

㈜ 무궁(중소기업)의 다음 자료에 의하여 7기(20x1년)의 세무조정과 각사업연도 소득금액을 계산하시오.

1. 결산서상 당기순이익 : 120,000,000원

2. 기부금 반영전
 ① 익금산입 및 손금불산입 : 25,000,000원
 ② 손금산입 및 익금불산입 : 10,000,000원

3. 결산서에 반영된 기부금은 다음과 같다.

기부일	지급처	금액(원)	적 요
4월 1일	향우회	3,000,000	대표이사 고향향우회 행사시 기부
5월 10일	천안시청	2,000,000	이재민구호를 위한 성금
12월 3일	광진장학회	7,000,000	장학단체에 고유목적사업비로 기부[1]
12월 30일	사회복지	32,000,000	사회복지법인 기부[2]

 *1. 기부금을 지출한 광진장학회는 주무관청에 인가를 신청하여 20x2년 1월 20일에 인가를 획득하였다.
 *2. 사회복지법인 기부금 32,000,000원 중 12,000,000원은 현금으로 나머지는 약속어음을 발행하여 지급하였다. 약속
  어음의 만기일은 20x2년 1월 31일이다.

4. 10월 6일에 당사와 특수관계 없는 종교를 목적으로 하는 공공기관인 (재)광명의 고유목적사업을 위하여
 시가가 1,000,000원이고 장부금액이 800,000원인 비품을 기부차원에서 100,000원에 저가로 양도하
 고 다음과 같이 회계처리 하였다.

(차) 현 금	100,000원	(대) 비 품	800,000원
유형자산처분손실	700,000원		

5. 당기말 현재 남아 있는 세무상 이월결손금의 명세는 다음과 같다.

구 분	2019년도	2020년
이월결손금	5,000,000원	35,000,000원

6. 전기 이전의 일반기부금에 대한 자료는 다음과 같다.

연도	일반기부금한도초과액	기공제액	공제가능잔액
2022	40,000,000원	30,000,000원	10,000,000원

해답

1. 기부금 한도 계산전 세무조정

〈향우회 기부금〉

결산서	(차) 기 부 금	3,000,000	(대) 현 금	3,000,000
세무상	(차) 잉 여 금	3,000,000	(대) 현 금	3,000,000
수정분개	**(차) 잉 여 금**	**3,000,000**	**(대) 기 부 금**	**3,000,000**
세무조정	〈손금불산입〉 비지정기부금 3,000,000원(상여)			

〈인가전 기부금〉

결산서	(차) 기 부 금	7,000,000	(대) 현 금	7,000,000
세무상	(차) 선급기부금	7,000,000	(대) 현 금	7,000,000
수정분개	**(차) 선급기부금**	**7,000,000**	**(대) 기 부 금**	**7,000,000**
세무조정	〈손금불산입〉 선급기부금 7,000,000원(유보) ← X2년도 기부금			

〈어음지급 기부금〉

결산서	(차) 기 부 금	32,000,000	(대) 현 금 어음지급기부금	12,000,000 20,000,000
세무상	(차) 기 부 금	12,000,000	(대) 현 금	12,000,000
수정분개	**(차) 어음지급기부금**	**20,000,000**	**(대) 기 부 금**	**20,000,000**
세무조정	〈손금불산입〉 어음지급기부금 20,000,000원(유보) ← 기부금은 현금주의			

〈현물기부금〉 비품의 정상가액 : 700,000~1,300,000 양도가액 100,000 기부금의제 : 600,000

결산서	(차) 현 금 유형자산처분손	100,000 700,000	(대) 비 품	800,000
세무상	(차) 현 금 기 부 금 유형자산처분손	100,000 600,000 100,000	(대) 비 품	800,000
수정분개	**(차) 기 부 금**	**600,000**	**(대) 유형자산처분손**	**600,000**
세무조정	세무조정 없음 → 일반기부금에 600,000원 가산			

2. 기부금 분류

지 급 처	특례기부금	일반기부금		비지정 기부금	비 고
		2018	당기		
향우회 천안시청 사회복지 (재)광명	2,000,000	–	12,000,000 <u>600,000</u>	3,000,000	
계	2,000,000	10,000,000	12,600,000	3,000,000	

3. 기준소득금액 계산

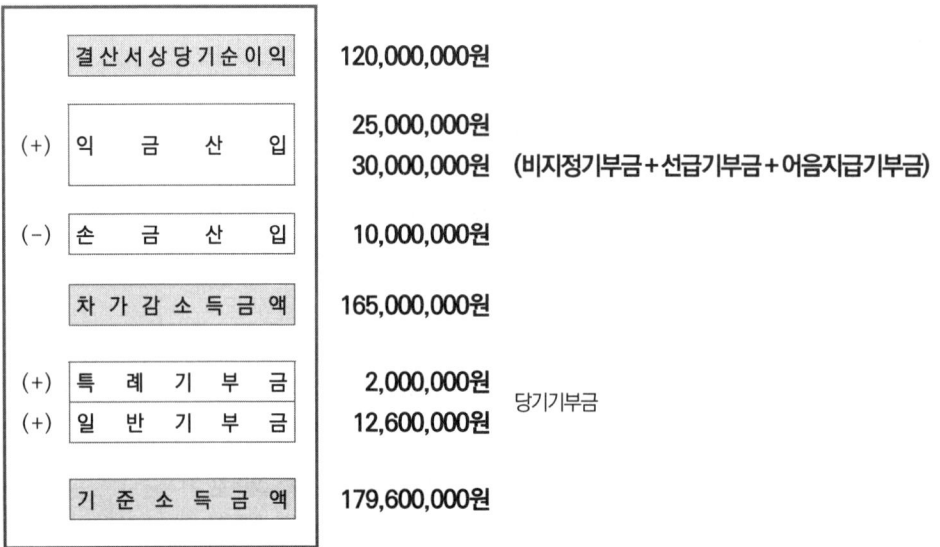

결산서상당기순이익	120,000,000원	
(+) 익 금 산 입	25,000,000원	
	30,000,000원	(비지정기부금＋선급기부금＋어음지급기부금)
(−) 손 금 산 입	10,000,000원	
차 가 감 소 득 금 액	165,000,000원	
(+) 특 례 기 부 금	2,000,000원	당기기부금
(+) 일 반 기 부 금	12,600,000원	
기 준 소 득 금 액	179,600,000원	

4. 기부금한도 계산
  (1) 특례기부금
    ① 해당액 : 2,000,000원
    ② 한도액 : (179,600,000원 − 40,000,000원[*1])×50% = 69,800,000원
      *1. 2019년 이월결손금은 10년간, 2020년 이월결손금은 15년간 공제한다.
    ③ 한도초과액 : ①−② = −67,800,000원(한도이내 − 세무조정없음)
  (2) 일반기부금
    ① 해당액 : 10,000,000(2018)＋12,600,000(당기) = 22,600,000원
    ② 한도액 : (179,600,000원 − 40,000,000원 − 2,000,000원[*1])×10% = 13,760,000원
      *1. 특례기부금 손금용인액
      ⓐ 이월된 기부금(2022년 분) → ⓑ 당해지출기부금 순으로 공제

일반기부금 한도	2022년 이월분	당기(12,600,000)	
13,760,000	10,000,000	3,760,000	8,840,000
	(손금산입)	(손금산입)	(차기로 이월)

5. 각사업연도 소득금액의 계산

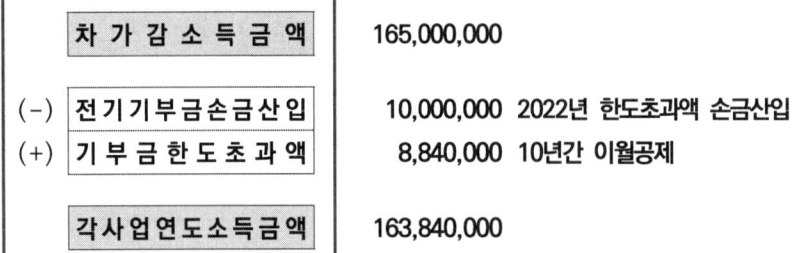

차 가 감 소 득 금 액	165,000,000	
(−) 전 기 기 부 금 손 금 산 입	10,000,000	2022년 한도초과액 손금산입
(+) 기 부 금 한 도 초 과 액	8,840,000	10년간 이월공제
각 사 업 연 도 소 득 금 액	163,840,000	

[기부금명세서/기부금조정명세서]

기부금명세서를 작성하고 기부금조정명세서를 작성한다.

〈기부금명세서〉

■ 법인세법 시행규칙 [별지 제22호서식] (앞쪽)

사 업 연 도	. . . ~ . . .		기부금명세서				법 인 명		
							사업자등록 번 호		

구 분		③과 목	④연 월	⑤적 요	기 부 처		⑧금 액	비 고
① 유형	②코드				⑥법인명 등	⑦사 업 자 등록번호 등		
특례	10	기부금	5.10	이재민구호금품	천안시청		2,000,000	
일반	40	유형자산 처분손실	10.6	현물기부	(재)광명		600,000	
일반	40	기부금	12.30	사회복지법인 기부	사회복지		12,000,000	
기타	50	기부금	4.1	향우회기부	지역향우회		3,000,000	
기타	50	기부금	12.30	사회복지법인 기부	사회복지		20,000,000	
기타	50	기부금	12.03	고유목적사업	광진장학회		7,000,000	
						특례		
	일반기부금							
⑨소계		가.「법인세법」 제24조제2항제1호의 특례기부금(코드 10)					2,000,000	
		나.「법인세법」 제24조제3항제1호의 일반기부금(코드 40)					12,600,000	
		다.「조세특례제한법」 제88조의4제13항의 우리사주조합 기부금(코드 42)						
		라. 그 밖의 기부금(코드 50)					30,000,000	
		계					44,600,000	

〈기부금조정명세서〉

1 5.기부금이월액명세,6.당해년도 기부금 지출액 명세 ⇒ **2** 1.특례기부금 ⇒ **3** 3.일반기부금 ⇒ **4** 4.기부금한도초과 ⇒ **5** 5.기부금이월액명세서, 6.당해년도 기부금 지출액 명세순으로 작성한다.

■ 법인세법 시행규칙 [별지 제21호서식] (앞쪽)

사업 연도	· · · ~ · · ·	기부금조정명세서	법 인 명	
			사업자 특례기부금 한도계산	

1. 「법인세법」 제24조제2항제1호에 따른 특례기부금 손금산입액 한도액 계산

① 소득금액 계	179,600,000	⑤ 이월잔액 중 손금산입액 MIN[④ , ㉓]		
② 「법인세법」 제13조제1항제1호에 따른 이월결손금 합계액 (「기준소득금액의 80% 한도)	40,000,000	⑥ 해당연도지출액 손금산입액 MIN[(④-⑤)>0, ③]	2,000,000	
③ 「법인세법」 제24조제2항제1호에 따른 특례기부금 해당 금액	2,000,000	⑦ 한도초과액[(③-⑥)>0]		
④ 한도액 {[(①-②)>0]×50%}	69,800,000	⑧ 소득금액 차감잔액 [(①-②-⑤-⑥)>0]	137,600,000	

2. 「조세특례제한법」 제88조의4에 따라 우리사주조합에 지출하는 기부금 손금산입액 한도액 계산

⑨ 「조세특례제한법」 제88조의4 제13항에 따른 우리사주조합 기 부금 해당 금액 기부금한도초과이월액의 손금산입		⑪ 손금산입액 MIN(⑨, ⑩)	일반기부금 한도계산
⑩ 한도액 (⑧)×30%		⑫ 한도초과액[(⑨-⑩)>0]	

3. 「법인세법」 제24조제3항제1호에 따른 일반기부금 손금산입 한도액 계산

⑬ 「법인세법」 제24조제3항제1호 에 따른 일반기부금 해당 금액	12,600,000	⑯ 해당연도지출액 손금산입액 MIN[(⑭-⑮)>0, ⑬]	3,760,000
⑭ 한도액((⑧-⑪)×10%, 20%)	13,760,000	⑰ 한도초과액[(⑬-⑯)>0]	8,840,000
⑮ 이월잔액 중 손금산입액 MIN(⑭, ㉓)	10,000,000	당기 기부금한도초과초과액	

4. 기부금 한도초과액 총액

⑱ 기부금 합계액(③+⑨+⑬)	⑲ 손금산입 합계(⑥+⑪+⑯)	⑳ 한도초과액 합계 (⑱-⑲) = (⑦+⑫+⑰)
14,600,000	5,760,000	8,840,000

5. 기부금 이월액 명세

사업 연도	기부금 종류	㉑한도초과 손금불산입액	㉒기공제액	㉓공제가능 잔액(㉑-㉒)	㉔해당사업연도 손금추인액	㉕차기 이월액 (㉓-㉔)
합계	「법인세법」 제24조제2항제1 호에 따른 특례기부금					
	「법인세법」 제24조제3항제1 호에 따른 일반기부금	40,000,000	30,000,000	10,000,000	10,000,000	0
2022	「법인세법」 제24조제2항제1 호에 따른 특례기부금					
	「법인세법」 제24조제3항제1 호에 따른 일반기부금	40,000,000	30,000,000	10,000,000	**10,000,000**	0
	「법인세법」 제24조제2항제1 호에 따른 특례기부금					
	「법인세법」 제24조제3항제1 호에 따른 일반기부금					

6. 해당 사업연도 기부금 지출액 명세

사업 연도	기부금 종류	㉖지출액 합계금액	㉗해당 사업연도 손금산입액	㉘차기 이월액 (㉖-㉗)
20x1	「법인세법」 제24조제2항제1 호에 따른 특례기부금	2,000,000	2,000,000	0
	「법인세법」 제24조제3항제1 호에 따른 일반기부금	12,600,000	3,760,000	8,840,000

 객관식

01. 다음 중 법인세법상 세무조정 단위와 세무조정 방법에 대한 설명으로 옳지 <u>않은</u> 것은?

① 감가상각비는 개별자산 단위별로 시부인 계산을 하므로 한 자산의 상각부인액을 다른 자산의 시인부족액과 상계할 수 없다.

② 대손충당금을 채권별로 설정한 경우에도 채권에 관계없이 대손충당금 기말잔액 합계액과 대손충당금 한도액을 비교하여 세무조정한다.

③ 공익성이 있는 기부금은 특례기부금·일반기부금 종류별로 일정한도 내에서 손금으로 인정하고, 특례기부금·일반기부금으로 열거되지 않은 비지정기부금은 전액 손금불산입한다.

④ 기업업무추진비는 비용계상 기업업무추진비와 자산계상 기업업무추진비로 구분하여 각각의 한도액과 비교하여 세무조정한다.

02. 다음 중 법인세 신고를 위한 각 사업연도 소득금액계산시 세무조정을 하지 않아도 되는 경우는?

① 급여지급기준을 초과하여 직원에게 지급한 상여금을 급여(판매비와관리비)로 회계처리한 경우

② 토지 취득세를 세금과공과(판매비와관리비)로 회계처리한 경우

③ 지분법적용투자주식 지분법평가로 인한 이익을 지분법이익(영업외수익)으로 회계처리한 경우

④ 미지급기부금을 기부금(영업외비용)으로 회계처리한 경우

 주관식

01. 퇴직급여충당금조정명세서

(1) 전기 자본금과 적립금 조정명세서(을) 내역

[별지 제50호 서식(을)]					(뒤 쪽)
사업 연도	20x0.01.01. ~ 20x0.12.31.	**자본금과 적립금 조정명세서(을)**		법인명	㈜로그인

세무조정유보소득계산					
① 과목 또는 사항	② 기초잔액	당 기 중 증감		⑤ 기말잔액 (익기초현재)	비고
		③ 감 소	④ 증 가		
퇴직급여충당부채	57,000,000	12,000,000	15,000,000	60,000,000	

(2) 퇴직급여충당금 변동내역

계정과목	기초잔액	당기증가	당기감소	기말잔액
퇴직급여충당부채	85,300,000원	43,000,000원	33,000,000원	95,300,000원

(3) 급여지급 내역

계정과목	인원수	총급여액	1년 미만 근속자	
			인원수	총급여액
급여(판)	19명	456,000,000	2명	28,000,000
임금(제)	12명	330,500,000	2명	35,000,000
계	31명	786,500,000	4명	63,000,000

(4) 1년 미만 근속자에 대한 급여액 자료는 자료 2와 같으며, 퇴직급여 지급규정에 따라 1년 미만 근속자는 퇴직급여 지급대상에 포함되지 않는다.

(5) 일시퇴직시 퇴직급여추계액은 400,000,000원, 「근로자퇴직급여 보장법」에 따른 퇴직급여추계액은 378,000,000원이다.

(6) 퇴직급여충당금 관련 세무조정을 하시오.

02. 퇴직연금부담금조정명세서

(1) 전기 자본금과 적립금 조정명세서(을) 내역

[별지 제50호 서식(을)]						(뒤 쪽)
사업 연도	20x0.01.01. ~ 20x0.12.31.	**자본금과 적립금 조정명세서(을)**			법인명	㈜로그인
세무조정유보소득계산						
① 과목 또는 사항	② 기초잔액	당 기 중 증감		⑤ 기말잔액 (익기초현재)	비고
		③ 감 소	④ 증 가		
퇴직급여충당부채	40,000,000		38,000,000	78,000,000	
퇴직연금			−54,000,000	−54,000,000	

(2) 당기 퇴직급여충당부채와 관련된 세무조정사항

〈소득금액조정합계표〉

익금산입 및 손금불산입			손금산입 및 익금불산입		
과목	금액	처분	과목	금액	처분
퇴직급여충당부채	209,630,000	유보	퇴직급여충당부채	34,000,000	유보

(3) 당기말 현재 퇴직금추계액

• 기말 현재 임직원 전원의 퇴직시 퇴직급여추계액(12명)	404,580,000원
• 근로자퇴직급여 보장법에 따른 퇴직급여추계액(12명)	428,400,000원

(4) 퇴직연금운용자산 원장내역

계정과목	기초잔액	당기증가	당기감소	기말잔액
퇴직연금운용자산	54,000,000원	95,300,000원	34,000,000원	115,300,000원

(5) 퇴직 연금관련 세무조정을 하시오.

03. 대손충당금 및 대손금조정명세서

(1) 전기 자본금과 적립금 조정명세서(을) 내역

[별지 제50호 서식(을)]					(뒤 쪽)	
사업 연도	20x0.01.01. ~ 20x0.12.31.	**자본금과 적립금 조정명세서(을)**			법인명	(주)로그인
세무조정유보소득계산						
① 과목 또는 사항	② 기초잔액	당 기 중 증감		⑤ 기말잔액 (익기초현재)	비고	
		③ 감 소	④ 증 가			
대손충당금 한도초과액	3,000,000	3,000,000	1,000,000	1,000,000		
외상매출금(대손금)			8,000,000	8,000,000		
중 략						

→ 전기 외상매출금(대손금) 부인액은 20x2년 2월 3일에 소멸시효가 완성된다.

(2) 대손에 관한 사항

일자	계정과목	금액	대손사유
20x1.10.16.	외상매출금	5,000,000원	법원의 회생인가결정으로 회수불능으로 확정됨
20x1.10.26.	받을어음	2,000,000원	경영상태 악화로 부도 가능성이 높음
20x1.10.30.	받을어음	3,000,000원	부도확인일 20x1.10.27

→ 외상매출금에 대해서만 대손충당금과 상계했으며, 나머지는 비용처리하였음.

(3) 대손충당금(매출채권) 원장내역

계정과목	기초잔액	당기증가	당기감소	기말잔액
대손충당금	5,000,000원	26,000,000원	5,000,000원	26,000,000원

(4) 회사는 매출채권(외상매출금 기말잔액 20억, 받을어음 기말잔액 2억)에 대해서만 대손충당금을 설정한다.

(5) 회사의 대손실적률은 1/100 이다.

(6) 대손충당금 관련 세무조정을 하시오.

04. 가지급금 등의 인정이자 조정명세서

(1) 업무무관 가지급금 내역

직책	성명	금액	대여일	계정과목	비 고
대표이사	강석우	10,000,000원	20x1.1.1.	가지급금	업무무관
대표이사	강석우	20,000,000원	20x1.7.1.	가지급금	업무무관
과장	이성실	3,000,000원	20x1.8.5.	주·임·종단기채권	경조사비 대여액

① 주·임·종단기채권계정 금액은 이성실과장에게 무이자로 경조사비를 대여한 내역이다.

② 가지급금에 대한 약정된 이자는 없는 것으로 한다.

(2) 차입금 내역

은행	차입일자	차입액	상환액	잔 액	이자율
국민은행	전기이월	300,000,000원		300,000,000원	연 3%
신한은행	전기이월	500,000,000원		500,000,000원	연 4%

(3) 가지급금과 관련하여 세무조정을 하시오.

05. 기부금조정명세서(중소기업)

(1) 기부금 내역

구분	적요	법인명	금액	비고
특례	국방헌금(특례)	육군 제1111부대	10,000,000원	
특례	수재민돕기	KBS	20,000,000원	
일반	기아아동돕기	굿네이버스	30,000,000원	당기에 약속어음으로 지급한 금액으로 어음만기일은 20x2.5.3.이다.
기타	향우회 회비	강원 향우회	40,000,000원	대표이사 고향 향우회

(2) 전년도 이월결손금은 50,000,000원이며, 기부금의 한도초과 이월명세는 다음과 같다.

사업연도	기부금의 종류	한도초과액	기공제액
2018	일반기부금	7,000,000원	3,000,000원

(3) 기부금 조정 전 세무조정

① 당기순이익 : 200,000,000원

② 가산조정 : 50,000,000원

③ 차감조정 : 20,000,000원

(4) 기부금관련 세무조정을 하고 각사업년도 소득금액을 계산하시오.

객관식

1	2							
④	①							

[풀이 - 객관식]

01 기업업무추진비(접대비)는 **비용계상 기업업무추진비와 자산계상 기업업무추진비를 합하여 회사의 세법상 한도액과 비교**하여 세무조정한다.

02 ① 급여지급기준을 초과하여 **직원에게 지급한 상여금은 손금으로 인정하므로 세무조정을 하지 않는다.**
② 손금불산입 유보의 세무조정이 필요하다.
③ 익금불산입 △유보의 세무조정이 필요하다.
④ 손금불산입 유보의 세무조정이 필요하다.

주관식 - 풀이

01 퇴직급여충당금조정명세서

퇴직급여충당금(회계)

지 급	33,000,000원	기 초	85,300,000원	세무상 설정전 퇴충잔액 → (−)인 경우 손금산입
			(유보 60,000,000원)	
기말잔액	95,300,000원	설 정	43,000,000원	회사계상액
계	128,300,000원	계	128,300,000원	

① 회사계상액 : 43,000,000원

② 한도액 : MIN[㉠ 총급여액기준 ㉡ 추계액기준] = 0원

㉠ [786,500,000 − 63,000,000(1년 미만근속자)] × 5% = 36,175,000원

㉡ [(400,000,000원) × 0% − (85,300,000 − 60,000,000 − 33,000,000)] = 0원

③ 한도초과액(① − ②) : 43,000,000원

손금불산입	퇴직급여충당금한도초과액	43,000,000원	유보
손금산입	전기퇴직급여충당부채	7,700,000원	△유보
	☞ 세무상 설정전 퇴충잔액이 (−)이므로 손금추인		

359

02 퇴직연금부담금조정명세서

퇴직급여충당금(회계)		퇴직연금운용자산(회계)			
		기 초	54,000,000	해 약	34,000,000
기말잔액	**428,400,000**	납 입	95,300,000	기 말	115,300,000
-유 보	**253,630,000**				
=174,770,000(세무상퇴직급여충당금잔액)					

☞ 퇴충유보잔액=78,000,000+209,630,000-34,000,000=253,630,000원

① 회사계상액 : 0원(신고조정사항으로 결산서에 비용으로 반영되지 않았음)

② 한도액 : MIN[㉠ 추계액기준 ㉡ 예치금기준] = 95,300,000원

  ㉠ [428,400,000 - 174,770,000] - [54,000,000 - 34,000,000](기손금산입퇴직연금)

   = 233,630,000원

  ㉡ [115,300,000원 - 20,000,000원] = 95,300,000원

③ 한도초과액(① - ②) : - 95,300,000원

손금불산입	퇴직연금지급액	34,000,000원	유보
손금산입	퇴직연금불입액	95,300,000원	△유보

03 대손충당금 및 대손금조정명세서

① 대손금 검토

대손내역	신고/결산	금액	세법상 시부인
1. 회생인가결정	신고	5,000,000원	대손요건 충족
2. 부도가능성높음	–	2,000,000원	부인(손금불산입, 유보)
3. 6개월미경과 부도어음	–	3,000,000원	부도확인일 20x1.10.27

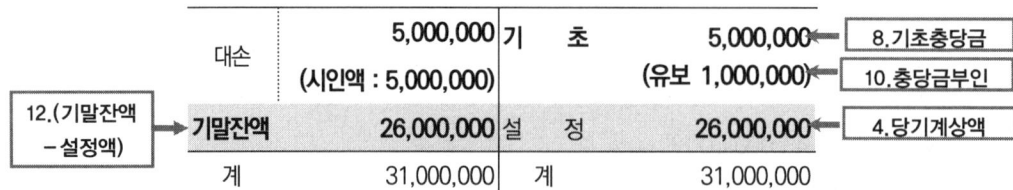

대손충당금(외상매출금+받을어음)

	대손	5,000,000	기 초	5,000,000	←	8.기초충당금
	(시인액 : 5,000,000)			(유보 1,000,000)	←	10.충당금부인
12.(기말잔액-설정액) →	**기말잔액**	**26,000,000**	설 정	26,000,000	←	4.당기계상액
	계	31,000,000	계	31,000,000		

② 당기 대손충당금 한도 초과

  ㉠ 회사설정액 : 26,000,000원

  ㉡ 한도액 = 세법상기말대손충당금설정대상채권×설정율

   = [2,200,000,000+8,000,000(20x2년 소멸시효완성)+2,000,000(부도가능성)

   +3,000,000(6개월 미경과부도어음)]×1% = 22,130,000원

ⓒ 한도초과액(㉠ – ㉡) : 3,870,000원(손불, 유보)

손금산입	전기 대손충당금 손금추인	1,000,000원	△유보
손금불산입	대손금 부인액(받을어음)	2,000,000원	유보
손금불산입	대손금 부인액(6개월미경과어음)	3,000,000원	유보
손금불산입	대손충당금 한도초과	3,870,000원	유보발생

04 가지급금 등의 인정이자 조정명세서

① 가지급금적수 계산 : 사용인에 대한 경조사비 대여액은 제외된다.

성명	대여일	가지급금	일수	적 수
대표이사	1.1	10,000,000원	365일	3,650,000,000원
대표이사	7.1	20,000,000원	184일	3,680,000,000원
계				7,330,000,000원

② 인정이자율(가중평균차입이자율)

$$\text{가중평균차입이자율} = \frac{\Sigma \text{대여시점(개별 차입금 잔액×해당 차입금 이자율)}}{\text{차입금 잔액의 합계액}}$$

$$= \frac{[3\% \times 300,000,000원 + 4\% \times 500,000,000원]}{[300,000,000원 + 50,000,000원]} = 3.625\%$$

③ 인정이자 계산

$$\text{익금산입액} = \text{가지급금적수} \times \text{인정이자율} \times \frac{1}{365(366)} - \text{실제수령이자}$$

$$= 7,330,000,000 \times 3.625\% \times \frac{1}{365} - 0 = 727,979원$$

④ 5% 차이가 나는지 여부

$$\frac{\text{인정이자} - \text{수령이자}}{\text{인정이자}} = \frac{(727,979원 - 0원)}{727,979원} = 100\% \geq 5\%$$

익금산입	가지급금인정이자(대표자)	727,979원	상여

05 기부금조정명세서

(1) 기부금 분류

① 특례기부금 : 10,000,000 + 20,000,000 = 30,000,000원

② 일반기부금 : 0(20x2년 기부금, 손불, 유보)

③ 비지정기부금 : 40,000,000원(손불, 상여)

　☞ 대표이가가 부담하여야 기부금이므로 귀속자에게 소득처분

(2) 기부금 한도계산

① 기준소득금액	차가감소득금액 + 특례기부금 + 일반기부금 = (200,000,000 + 50,000,000 + 30,000,000 + 40,000,000 − 20,000,000) 　+ 30,000,000 = 330,000,000원
② 특례기부금	㉠ 해당액 : 30,000,000원 ㉡ 한도액 : (330,000,000 − 50,000,000) × 50% = 140,000,000원 ㉢ 한도초과액 : ㉠ − ㉡ = − 140,000,000원(한도이내 − 세무조정없음)
③ 일반기부금	㉠ 해당액 : 0원 ㉡ 한도액 : (330,000,000 − 50,000,000 − 30,000,000[*1]) × 10% = 25,000,000원 ***1. 특례기부금 손금용인액** ㉢ 한도초과액 : ㉠ − ㉡ = △25,000,000원(전기 기부금손금산입 4,000,000)

(3) 각사업연도소득금액계산

결산서상당기순이익	200,000,000	
(+) 익 금 산 입	120,000,000	50,000,000 + 30,000,000(일반) + 40,000,000 (비지정기부금)
(−) 손 금 산 입	20,000,000	
차 가 감 소 득 금 액	300,000,000	**(+)특례기부금, 일반기부금 = 기준소득금액**
(−) 전기기부금손금산입	4,000,000	
각사업년도소득금액	296,000,000	

손금불산입	어음지급기부금	30,000,000원	유보
손금불산입	비지정기부금(향우회)	40,000,000원	상여

제15절 과세표준과 세액의 계산

1. 과세표준의 계산[☞실무 : 법인세과세표준 및 세액조정계산서]

> 각사업연도소득금액
>
> (−) 이 월 결 손 금   * **15년(10년, 5년) 이내 발생한 세무상 결손금**
>   * 이월결손금 공제한도 : 당해연도 소득의 일반 80%, 중소기업 100%
>
> (−) 비 과 세 소 득   * **비과세의 미공제분은 다음연도 이월되지 않는다.**
>
> (−) 소   득   공   제   * 소득공제의 미공제(예외 규정 있음)는 원칙적으로 다음연도로 이월되지 않는다.
>
> 과   세   표   준

(1) 결손금의 소급공제와 이월공제

각 사업연도의 손금총액이 익금총액을 초과하는 경우 그 초과하는 금액을 각 사업연도의 결손금이라 한다. 이러한 세무상 결손금은 그것이 발생한 사업연도에 있어서 법인의 순자산 감소를 나타내는 것이므로 다른 사업연도의 소득에서 공제되어야 한다.

따라서 **법인세법은 소급공제(이전 사업연도의 소득금액에서 공제)하거나 이월공제(이후 사업연도의 소득에서 공제)를 규정**하고 있다.

(2) 이월결손금의 공제

① 15년간 이월하여 공제함을 원칙으로 한다.(강제공제)

〈결손금의 공제기간〉

2020년 이후	2009년~2019년	2008년 이전
15년	10년	5년

② 이월결손금공제 한도

일반기업	**당해연도 소득의 80%**
	예외) ① 법원결정에 의한 회생계획이나 경영정상화계획을 이행중인 기업
	       ② 지급배당소득공제를 통하여 법인세를 사실상 비과세하는 명목회사
	       ③ 사업재편계획을 이행중인 법인

중소기업	당해연도 소득의 100%

③ 미소멸 세무상 이월결손금만 대상이다. 따라서 **자산수증이익, 채무면제이익으로 충당된 이월
결손금은** 각 사업연도의 과세표준을 계산할 때 공제된 것으로 본다.

④ 추계결정·경정시 이월결손금은 공제를 배제한다.(**예외 : 천재·지변으로 추계시**)

(3) 결손금소급공제

⑦ **중소기업**
ⓒ **직전사업연도에 납부한 법인세액이 있어야 한다.**
ⓒ **법정신고기한내에 신고(직전사업연도와 결손금이 발생한 해당 사업연도)**

☞ 법인세 신고기한 내에 결손금소급공제신청서를 제출하지 못한 경우에는 경정청구할 수 없다.

환급세액 = MIN[⑦, ⓒ]
⑦ **환급대상액 = 직전사업연도의 법인세산출세액**
　　　　　– [직전사업연도 법인세과세표준 – 소급공제결손금액] × 직전 사업연도 법인세율
ⓒ **한도액 = 직전 사업연도[법인세산출세액 – 공제감면세액]**

2. 산출세액 및 총부담세액의 계산[☞실무 : 법인세과세표준 및 세액조정계산서]

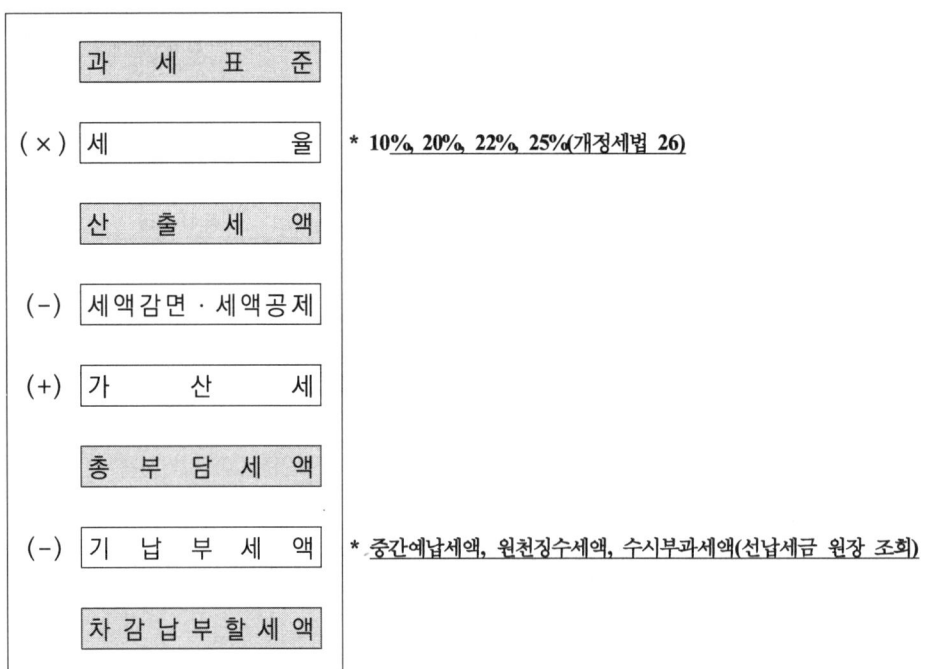

	과　세　표　준	
(×)	세　　　　율	* **10%, 20%, 22%, 25%**(개정세법 26)
	산　출　세　액	
(–)	세액감면·세액공제	
(+)	가　　산　　세	
	총　부　담　세　액	
(–)	기　납　부　세　액	* 중간예납세액, 원천징수세액, 수시부과세액(선납세금 원장 조회)
	차감납부할세액	

(1) 산출세액

① 법인세의 세율

반드시 암기하세요!

과세표준	산 출 세 액(개정세법 26)
2억원 이하	**과세표준×10%**
2억원 초과 200억원 이하	**20,000,000원＋(과세표준－2억원)×20%**
200억원 초과~3,000억원 이하	39.8억＋(과세표준－200억원)×22%
3,000억원 초과	655.8억＋(과세표준－3,000억원)×25%

☞ 성실신고확인대상 소규모 법인(부동산 임대업 등)에 대한 법인세율 : 0~200억원 이하 20%(개정세법 26)

② 사업연도가 1년 미만인 경우

－ <u>과세표준을 1년으로 환산하여 세율로 곱하여 1년간 산출세액을 계산</u>하고, 월단위 세액을 계산하여 월수를 곱하여 1년 미만 월수의 세액을 계산한다.

$$\text{산출세액} = \left\{ \text{과세표준} \times \frac{12}{\text{사업연도 월수}^{*1}} \right\} \times \text{세율} \times \frac{\text{사업연도 월수}^{*1}}{12}$$

*1. 1월 미만의 일수는 1월로 한다.

(2) 세액감면(조세특례제한법)

세액감면이란 특정한 소득에 대해 사후적으로 세금을 완전히 면제해 주거나 또는 일정한 비율만큼 경감해 주는 것을 말한다.(법인세법에는 규정되어 있지 않고 조특법에 규정되어 있음)

$$\text{감면세액} = \text{산출세액} \times \frac{\text{감면소득}}{\text{과세표준}}(100\% \ \text{한도}) \times \text{감면율}$$

① 세액감면의 종류

일반감면	감면대상소득이 발생하면 시기의 제한이 없이 감면한다.
기간감면	감면대상사업에서 최초로 소득이 발생한 과세연도와 그 다음 과세연도의 개시일부터 3년 이내에 끝나는 과세연도에 법인세의 50%를 감면한다.

② 조세특례제한법[*1]에 따른 세액감면

구 분	면제대상	감면내용	감면대상소득
1. 창업중소기업에 대한 세액 감면(기간감면)	수도권 과밀억제권역 외의 지역에서 창업한 중소기업, 창업벤처 중소기업등	4년간 50%	해당 사업에서 발생한 소득
2. 중소기업에 대한 특별세액감면(일반감면)	제조업 등을 경영하는 중소기업	5%~30%	

*1. 조세특례제한법은 조세의 감면 또는 중과 등 조세의 특례와 이의 제한에 관한 사항을 규정하여 과세의 공평을 기하고 조세정책을 효율적으로 수행함으로써 국민경제의 건전한 발전에 이바지함을 목적으로 한다.

☞ 조세감면의 중복지원배제 : **기간감면과 중소기업특별세액감면규정이 중복되는 경우에는 그 중 하나만을 선택하여 이를 적용받을 수 있다.**

(3) 세액공제

세액공제란 산출세액에서 일정액을 공제하는 것을 말한다. 법인세법 및 조세특례제한법에 따른 세액공제는 다음과 같다.

구 분	종 류	이월공제	최저한세
1. 법인세법	① 외국납부세액공제 ② 재해손실세액공제 ③ 사실과 다른 회계처리로 인한 경정에 따른 세액공제[*1]	10년간 – 기간제한없음	적용대상이 아님
2. 조세특례 제한법	① **연구·인력개발비에 대한 세액공제** ② 통합투자세액공제 등	10년간 10년간	**적용대상임.[*2]**

*1. 분식회계(이익과대)로 인하여 과다납부한 법인세를 경정청구한 경우 관할 세무서장이 경정시 경정한 세액을 세액공제로 법인에게 돌려주는 것(매년 납부한 세액의 20%를 한도로 세액공제)

*2. *중소기업의 연구·인력개발비 세액공제는 적용대상에서 제외됨*

① 외국납부세액공제

국외소득이 있는 경우 원천지국의 법인세와 우리나라의 법인세를 동시에 부담하게 되므로 이러한 국제적 이중과세를 조정하기 위한 제도로 **세액공제를 받을 수 있다. 이러한 세액공제는 10년간 이월공제**되고, 미공제 분에 대해서 공제기간 종료 다음 과세연도에 손금에 산입한다.

〈외국납부세액 공제액 계산〉

$$\text{MIN}[①, ②] = \left[① \text{ 외국납부세액}, \ ② \text{ 법인세 산출세액} \times \frac{\text{과세표준에 삽입된 국외원천소득}}{\text{과세표준}} \right]$$

☞ 국가별한도방식도 인정

366

② 재해손실세액공제

사업연도 중 천재지변, 기타 재해로 인하여 **자산총액의 20% 이상(토지 제외)을 상실**하여 납세가 곤란하다고 인정되는 경우에는 다음의 금액을 산출세액에서 공제한다.

MIN[①, ②] = [① 공제대상법인세액×재해상실비율, ② 한도액=상실된 자산가액]

③ 연구·인력개발비에 대한 세액공제(조세특례제한법)

　　㉠ 신성장동력연구개발비등 : 당기발생비용의 20%~30% (중소기업은 최대 40%)

　　㉡ **일반 연구·인력개발비**

선택[①, ②] =
① **[당기연구 및 인력개발비 지출액−전기발생액**[*1]**]×30% (중소기업 : 50%)**
② **당기연구 및 인력개발비 지출액×공제율(0~2%)(중소기업 : 25%, 중견기업 15~8%)**

*1. 다만, **직전년도 R&D비용이 직전 4년평균 R&D비용보다 적은 경우 증가분 방식 적용배제** → 4년간 입력
☞ 인건비공제대상에서 연구관리직원 제외

④ 통합투자세액공제(조세특례제한법)

㉠ 적용대상 : 소비성 서비스업, 부동산임대업 및 공급업 외의 사업을 경영하는 내국인 공제대상
　　　　자산에 투자(**중고품 및 금융리스 이외의 리스에 의한 투자는 제외**)

㉡ 공제대상

　ⓐ 기계장치 등 사업용 유형자산

　ⓑ 위 ⓐ에 해당하지 아니하는 유·무형자산(연구, 직업훈련, 근로자 복지 관련 사업용자산 등)

㉢ 공제액 : 당기분 기본공제(Ⓐ)+투자증가분 추가공제(Ⓑ)

　・기본공제(Ⓐ) = 당해연도 투자액×기본공제율

　　(일반투자분 : **중소 10%**)

　・추가공제(Ⓑ) = [당해년도 투자액−직전 3년 평균투자액]×추가공제율(10%)

　　추가공제한도 : 기본공제액의 200%

☞ <u>조특법상 세액감면(일정기간만 적용되는 감면과 중소기업에 대한 특별세액감면)과 통합투자세액공제를 동시에 적 용받을 수 있는 경우에는 그 중 하나만을 선택하여 적용받을 수 있다.</u>

 **예제** 연구 및 인력개발비 세액공제

㈜무궁의 다음 자료에 의하여 7기(20x1년)의 연구인력개발비 세액공제를 구하시오. (주)무궁은 중소기업이라 가정한다.

1. 당해연도 자체 연구개발과 관련하여 지출한 내역은 다음과 같다.

	인건비	재료비	기타	계
개발비	32,000,000	18,000,000		50,000,000
수수료비용(판)			5,000,000	5,000,000

2. 최근 4년간 지출한 내역은 다음과 같다.
   ① 직전 1년 1월 1일 ~ 12월 31일 : 32,000,000
   ② 직전 2년 1월 1일 ~ 12월 31일 : 20,500,000
   ③ 직전 3년 1월 1일 ~ 12월 31일 : 26,500,000
   ④ 직전 4년 1월 1일 ~ 12월 31일 : 26,000,000

해답

1. 일반연구·인력개발비 세액공제 계산(중소기업)
   선택[①, ②] = 13,750,000원

   ① [55,000,000원 – 32,000,000원[*1]] × 50% = 11,500,000원
   ② 55,000,000원 × 25% = 13,750,000원

   *1. 직전년도 발생액
   직전년도 R&D비용(32,000,000)이 직전 4년평균 R&D비용(26,250,000)보다 크므로 중가분방식 적용이 가능하나, 당기분 지출액에 대한 세액공제가 크므로 발생기준을 선택한다.

[일반 연구 및 인력개발비 명세서]

1 **❸**해당 연도의 연구 및 인력개발비 발생명세 ⇒ **2** 연구 및 인력개발비의 증가발생액의 계산 ⇒ **3** **❹**공제세액 순으로 작성한다.

일반연구 및 인력개발비 명세서

(제1쪽)

1 **❸** 해당 연도의 연구 및 인력개발비 발생 명세

구 분 계정과목	자체 연구개발비					
	인건비		재료비 등		기 타	
	인원	금액	건수	금액	건수	금액
개발비		32,000,000		18,000,000		
수수료비용						5,000,000
합 계		⑥32,000,000		⑦18,000,000		⑧5,000,000

구 분 계정과목	위탁 및 공동 연구개발비		인력개발비	총 계
	건수	금액		
				50,000,000
				5,000,000
합 계	⑨		⑩	⑪55,000,000

2 연구 및 인력개발비의 증가발생액의 계산

⑭ 해당과세연도 발생액	⑮ 직전4년 발생액 계 (⑯+⑰+⑱+⑲)	⑯(직전 1년)	⑰(직전 2년)	⑱(직전 3년)	⑲(직전 4년)
55,000,000		32,000,000	20,500,000	26,500,000	26,000,000

⑳ 직전 4년간 연평균발생액(⑮/4)	㉑ 직전3년간 연평균발생액 (⑯+⑰+⑱)/3		㉒ 직전 2년간 연평균발생액 (⑯+⑰)/2	
㉓ 증가발생액(2013년⑭−㉑, 2014년⑭−㉒, 2015년 이후 ⑭−⑯)			23,000,000	**발생액기준**

3 **❹** 공제세액

해당 연도 총발생 금액 공제	중소기업	㉔ 대상금액(=⑬)	㉕ 공 제 율			㉖ 공제세액
		55,000,000	25%			13,750,000
	중소기업 유예기간 종료 이후 5년 내 기업	㉗ 대상금액(=⑬)	㉘유예기간 종료연도	㉙유예기간 종료이후 년차	㉚ 공 제 율	㉛ 공제세액
					종료 이후 1~3년차 15% 종료 이후 4~5년차 10%	
	중견 기업	㉜ 대상금액(=⑬)	㉝ 공제율			㉞ 공제세액
			8%			
	일반 기업	㉟ 대상금액(=⑬)	공제율			㊴ 공제세액
			㊱ 기본율	㊲ 추가	㊳ 계	
			3%			

증가발생금액 공제 (직전 4년간 연구·인력개발비가 발생하지 않은 경우 또는 ⑯<⑳경우 공제 제외)	㊵ 대상금액(=㉓)	㊶ 공제율	㊷ 공제세액	*공제율 −중소기업 : 50% −중소기업 외의 기업 : 25%
	23,000,000	50%	11,500,000	

㊸ 해당 연도에 공제받을 세액	중소기업 (㉖과 ㊷ 중 선택)	
	중소기업 유예기간 종료 이후 5년 내 기업 (㉛과 ㊷ 중 선택)	**증가액기준** 13,750,000
	중견기업(㉞와 ㊷ 중 선택)	
	일반기업(㊴와 ㊷ 중 선택)	

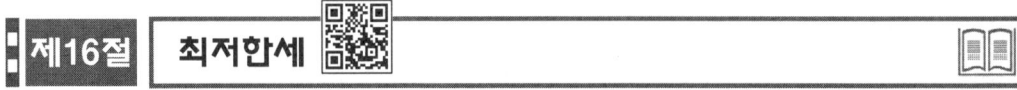

제16절 │ 최저한세

조세감면을 적용받는 경우라도 과다한 조세감면은 과세형평에 어긋나며 국가의 조세수입을 감소시키므로 **일정한도의 세액은 납부하도록** 하고 있는데 이것을 최저한세라 한다.

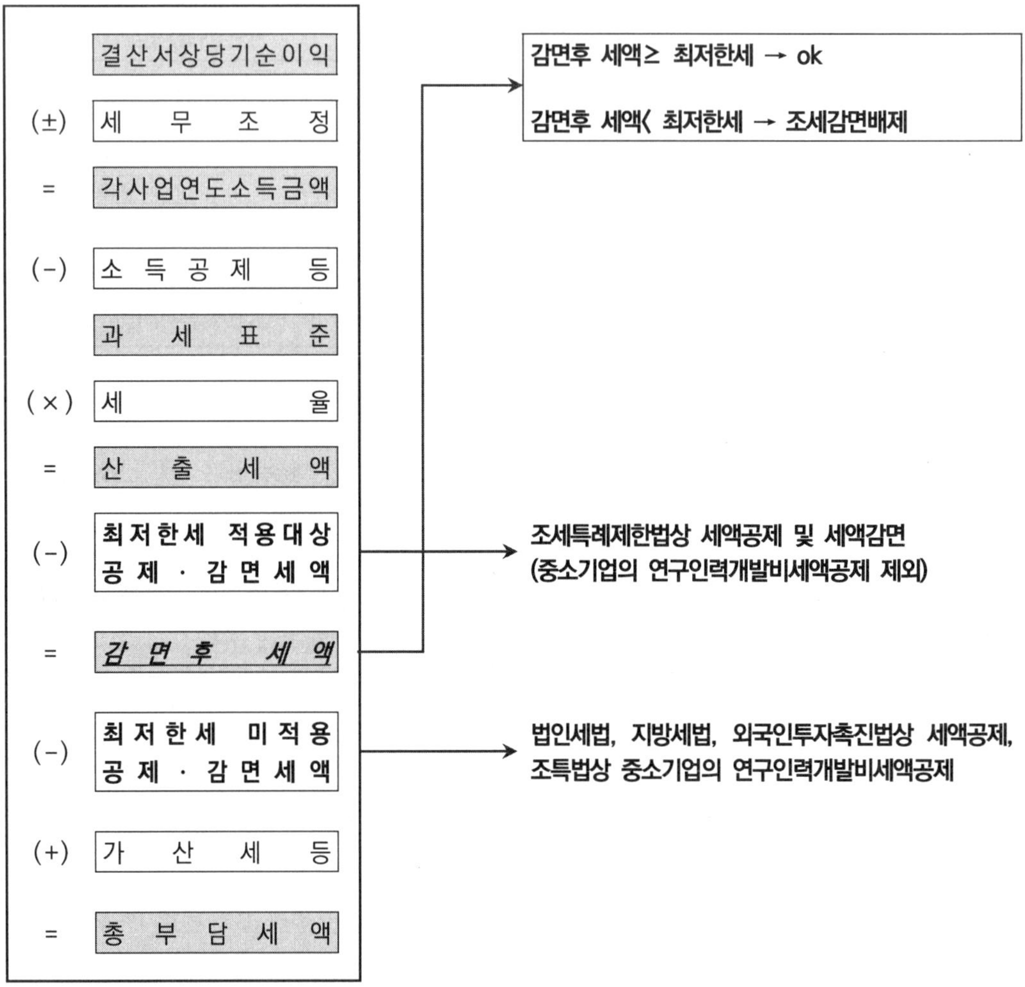

	결산서상당기순이익	
(±)	세 무 조 정	
=	각사업연도소득금액	
(−)	소 득 공 제 등	
	과 세 표 준	
(×)	세 율	
=	산 출 세 액	
(−)	최 저 한 세 적 용 대 상 공 제 · 감 면 세 액	
=	*감 면 후 세 액*	
(−)	최 저 한 세 미 적 용 공 제 · 감 면 세 액	
(+)	가 산 세 등	
=	총 부 담 세 액	

감면후 세액≥ 최저한세 → ok

감면후 세액〈 최저한세 → 조세감면배제

조세특례제한법상 세액공제 및 세액감면
(중소기업의 연구인력개발비세액공제 제외)

법인세법, 지방세법, 외국인투자촉진법상 세액공제,
조특법상 중소기업의 연구인력개발비세액공제

1. 최저한세의 계산

최저한세(중소기업) = 최저한세 적용대상인 비과세 등을 적용하지 않는 과세표준×7%(중소기업)

2. 최저한세의 적용대상

1. 최저한세 적용대상	조세특례제한법상 각종 조세 특례 및 감면사항
	제외 : 중소기업의 연구·인력개발비 세액공제, 사회적 기업 및 장애인표준 사업장에 대한 세액감면
2. 최저한세 적용제외	법인세법(외국납부세액공제 등), 지방세법, 외국인투자촉진법상의 조세 특례 및 감면사항

3. 조세감면배제순위

납세의무자가 **신고시 납세의무자의 임의선택에 따라 배제**하지만, 경정하는 경우에는 다음의 순서에 따라 감면을 배제하여 추징세액을 계산하도록 하고 있다.

① 특례감가상각비의 손금산입

② 조특법상 준비금의 손금산입

③ 손금산입 및 익금불산입

④ 세액공제

⑤ 세액감면

⑥ 소득공제 및 비과세

예제 | 최저한세 계산

㈜ 무궁(**중소기업**)의 다음 자료에 의하여 7기(20x1년)의 최저한세를 적용하여 총부담세액을 산출하시오.

1. 결산서상 당기순이익은 200,000,000원이다.

2. 익금산입·손금불산입은 40,000,000원이다.

3. 손금산입·익금불산입은 5,000,000원이다.

4. 기부금한도초과액은 6,000,000원이다.

5. 공제받을 수 있는 이월결손금은 45,000,000원이다.

6. 세액공제 및 감면세액은 다음과 같다.

① 중소기업특별세액감면 : 10,000,000원

② 연구인력개발세액공제 : 5,000,000원

③ 외국납부세액공제 : 3,000,000원

해답

1. 최저한세 적용대상 세액공제 및 감면세액 체크

   중소기업특별세액감면(조특법)은 최저한세 대상이고, 중소기업의 연구인력개발세액공제(조특법상 예외)
   와 법인세법상 세액공제는 최저한세 대상이 아니다.

2. 감면후 세액계산 및 총부담세액

   (1) 감면후 세액계산

   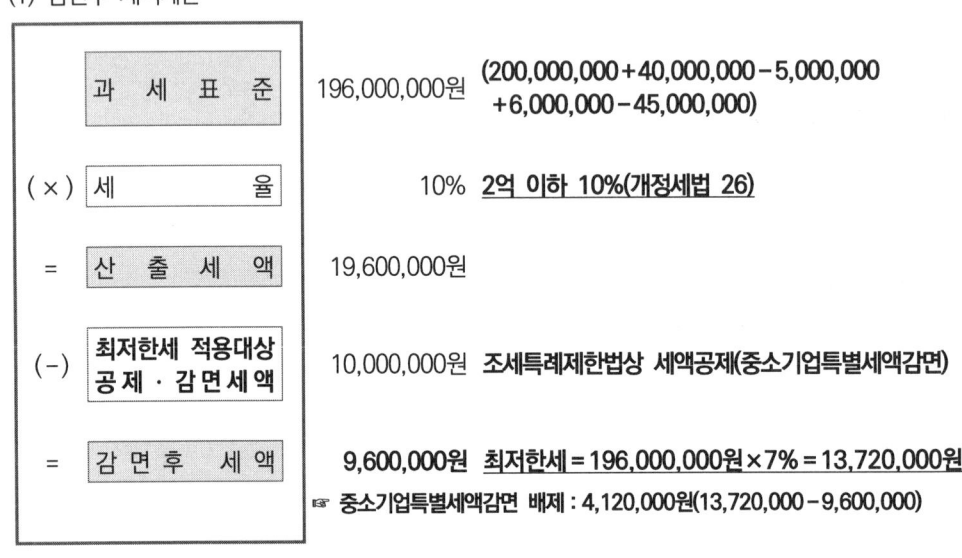

과 세 표 준	196,000,000원	(200,000,000+40,000,000−5,000,000 +6,000,000−45,000,000)
(×) 세 율	10%	**2억 이하 10%(개정세법 26)**
= 산 출 세 액	19,600,000원	
(−) 최저한세 적용대상 공제·감면세액	10,000,000원	**조세특례제한법상 세액공제(중소기업특별세액감면)**
= 감 면 후 세 액	9,600,000원	**최저한세 = 196,000,000원×7% = 13,720,000원**

   ☞ **중소기업특별세액감면 배제 : 4,120,000원(13,720,000−9,600,000)**

   (2) 총부담세액계산

   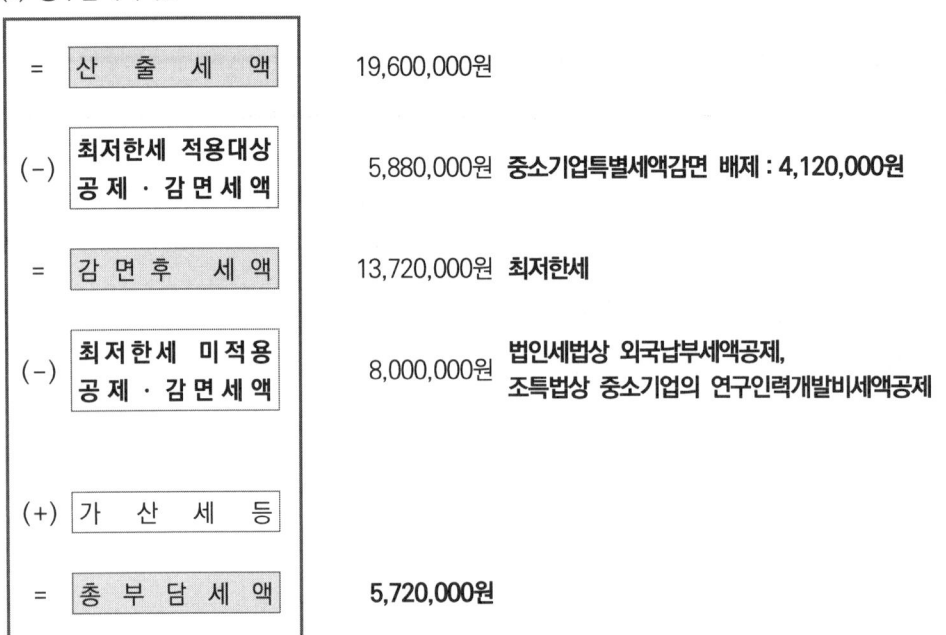

= 산 출 세 액	19,600,000원	
(−) 최저한세 적용대상 공제·감면세액	5,880,000원	**중소기업특별세액감면 배제 : 4,120,000원**
= 감 면 후 세 액	13,720,000원	**최저한세**
(−) 최저한세 미적용 공제·감면세액	8,000,000원	**법인세법상 외국납부세액공제, 조특법상 중소기업의 연구인력개발비세액공제**
(+) 가 산 세 등		
= 총 부 담 세 액	5,720,000원	

[최저한세조정계산서]

③ 최저한세의 산출세액과 ⑤조정후세액의 차감후 세액이 일치하여야 한다.

사 업 연 도	· · · ~ · · ·	최저한세조정계산서			법 인 명	
					사업자등록번호	

1. 최저한세 조정 계산 내역

① 구 분	코드	②감면 후 세액	③최저한세	④조정감	⑤조정 후 세액
⑩ 결 산 서 상 당 기 순 이 익	01	200,000,000			
소 득 ⑩ 익 금 산 입	02	40,000,000			
조 정 금 액 ⑩ 손 금 산 입	03	5,000,000			
⑭ 조 정 후 소득금액(⑩ + ⑩ − ⑩)	04	235,000,000	235,000,000		235,000,000
최 저 한 세 ⑩ 준 비 금	05				
적 용 대 상 ⑩ 특별상각 및 특례자 특 별 비 용 산 감 가 상 각 비	06				
⑰ 특별비용 손금산입 전 소득금액 (⑭ + ⑩ + ⑩)	07	235,000,000	235,000,000		235,000,000
⑱ 기 부 금 한 도 초 과 액	08	6,000,000	6,000,000		6,000,000
⑩기부금 한도초과 이월액 손금산입	09				
⑩ 각 사 업 연 도 소 득 금 액 (⑰ + ⑱ − ⑩)	10	241,000,000	241,000,000		241,000,000
⑪ 이 월 결 손 금	11	45,000,000	45,000,000		45,000,000
⑫ 비 과 세 소 득	12				
⑬ 최 저 한 세 적 용 대 상 비 과 세 소 득	13				
⑭ 최 저 한 세 적 용 대 상 익 금 불 산 입	14				
⑮ 차 가 감 소 득 금 액 (⑩ − ⑪ − ⑫ + ⑬ + ⑭)	15	196,000,000	196,000,000		196,000,000
⑯ 소 득 공 제	16				
⑰ 최 저 한 세 적 용 대 상 소 득 공 제	17				
⑱ 과 세 표 준 금 액 (⑮ − ⑯ + ⑰)	18	196,000,000	196,000,000		196,000,000
⑲ 선 박 표 준 이 익	24				
⑳ 과 세 표 준 금 액 (⑱ + ⑲)	25	196,000,000	196,000,000 ←	최저한세 과세표준	196,000,000
㉑ 세 율	19	10%	7%		10%
㉒ 산 출 세 액	20	19,600,000	13,720,000		19,600,000
㉓ 감 면 세 액	21	10,000,000	최저한세	4,120,000	5,880,000
㉔ 세 액 공 제	22				
㉕ 차 감 세 액 (㉒ − ㉓ − ㉔)	23	9,600,000		감면배제금액	13,720,000

최저한세와 일치

2. 최저한세 세율 적용을 위한 구분 항목

㉖ 중소기업 유예기간 종 료 연 월		㉗ 유예기간 종료후 연 차		㉘ 사회적기업 여부	1. 여, 2. 부

제17절 | 가산세

종 류	적 용 대 상	가산세액
1. 무기장가산세	장부를 비치·기장의무를 이행하지 아니한 경우	MAX[①, ②] ① 무신고납부세액×20% ② 수입금액×0.07%
2. **무신고가산세**	법정신고기한까지 과세표준 신고서를 제출하지 않는 경우	MAX[①, ②] ① 무신고납부세액× $\frac{일반무신고\ 과세표준}{결정과세표준}$×20%(부당 : 40%) ② 수입금액 × 0.07%(부당 : 0.14%)
3. 과소신고가산세	과세표준신고서를 제출한 경우로서 신고한 과세표준이 신고하여야 할 과세표준에 미달	과소신고납부세액× $\frac{과소신고\ 과세표준}{경정과세표준}$×10%
4. **원천징수납부 지연 가산세**	원천징수세액의 미납부·미달납부	MIN[①, ②] ① **미달납부세액×3%＋미달납부세액** **×2.2/10,000×미납일수** ② **미달납부세액의 10%**
5. 지급명세서 불성실가산세	지급명세서 기한 내에 미제출 또는 제출된 지급명세서의 내용이 불분명한 경우 **－일용근로소득 지급명세서** **(매월 단위 제출, 다음 달 말일 기한)**	미제출·불분명 지급금액×1% **(기한후 3개월 이내에 제출 0.5%)** **－미제출 금액×0.25%** **(기한후 1개월 이내에 제출 0.125%)**
6. 간이지급명세서 불성실가산세	간이 지급명세서 기한 내에 미제출 (상용근로소득, 원천징수대상 사업소득, 인적용역 관련 기타소득)	지급금액의 1만분의 25 **(기한후 1개월 이내에 제출시에는 50% 감면－10만분의 125)**
7. **계산서 등 또는 계산서합계표 불성실가산세**	－계산서(합계표)를 미교부, 부실기재한 경우등 －가공 및 위장계산서 등 (현금영수증 포함)을 수수	**－미발급, 가공 및 위장수수×2%** **－지연발급×1%** **－계산서 합계표 미제출×0.5%** **(지연제출 0.3%)**
8. **지출증명서류 미수취가산세**	**건당 3만원 초과분에 해당하는 경비 등을 지출하고 임의증빙서류를 수취한 경우**	미수취금액 중 손금으로 인정되는 금액×2%
9. 주식등 변동상황 명세서 미제출 가산세	미제출 또는 변동상황을 누락하여 제출한 경우와 필요적 기재사항이 불분명한 경우	미제출·불분명 주식의 액면금액×1% **(기한후 1개월 이내에 제출시에는 50% 감면)**
10. 업무용승용차 관련 비용명세서	－미제출 －불성실	미제출 금액(손금산입액)×1% 사실과 다르게 제출한 금액×1%

 예제 **가산세**

㈜ 무궁의 다음 자료에 의하여 20x1년의 가산세를 산출하시오. 법인세 과세표준신고를 20x2년 3월 31일에 하지 않아 4월 4일에 기한후신고를 이행한다고 가정하고 계산하시오.

1. 신고납부가산세 관련

    ① 무기장가산세는 대상이 아니며 일반무(과소)신고가산세를 적용하고, **납부지연가산세 계산시 미납일 수는 4일, 1일 2/10,000로** 가정한다.

    ② 산출세액 및 미납세액은 20,000,000원이고 수입금액은 6,000,000,000원이다.

2. 미제출가산세 관련

    ① 지출한 경비 중 다음의 7,000,000원을 제외한 모든 경비는 법인세법에서 요구하는 법정증빙을 갖추고 있다.

구 분	금 액	비 고
수수료비용	1,000,000	공인중개사 수수료로서, 경비 등 송금명세서를 제출하였다.
판매장려금	2,000,000	전부 현금으로 지급하다.
사무용품비	2,500,000	전부 거래건당 3만원 이하 금액이다.
복리후생비	1,500,000	전부 거래건당 3만원 초과 금액이다.

    ② 회계담당자의 실수로 3월분의 일용근로자에 대한 지급조서(일용근로자 임금 총액 : 200,000,000원)를 법정제출기한까지 제출하지 못하고 6월 10일 제출하였다.

    ③ 20x1년 중 주주가 변동된 액면금액 50,000,000원에 대한 주식등변동상황명세서 및 부속서류를 기한후 신고시 제출하기로 한다.

[해답]

1. 신고납부가산세

① 무신고가산세	MAX[①, ②] = 2,100,000원 ① 20,000,000×20%×50%^{*1} = 2,000,000원 ② 6,000,000,000×0.07%×50%^{*1} = 2,100,000원 *1. 1개월 내 기한후 신고시 50% 감면
② 납부지연가산세	20,000,000×2(가정)/10,000×4일 = 16,000원

2. 미제출가산세

구 분	가산세액	내 역
① 적격증빙미수취가산세 (미수취금액의 2%)	30,000원	* 거래건당 3만원을 초과하는 시 적격증빙을 수취하여야 한다. * 현금으로 지급한 판매장려금의 경우에는 세금계산서등의 수취 의무가 없다. * 중개업자에게 수수료를 지급하고 송금명세서를 제출한 경우 증빙불비가산세에서 제외된다.
② 지급명세서 미제출 (미제출 금액의 0.25%)	500,000원	일용근로자에 대한 지급명세서는 매월말로부터 익월 말일까지 제출하여야한다. 다만 제출기한 경과 후 1개월 내에 제출하면 50% 감면
③ 주식등 변동상황명세서 미제출 가산세(1%)	250,000원	50,000,000×1%×50% (1개월이내제출시 50% 감면)

예제 법인세 과세표준 및 세액조정계산서

㈜ 무궁(**중소기업**)의 다음 자료에 의하여 17기(20x1년)의 차가감납부할세액과 분납세액을 산출하시오.

1. 손익계산서의 일부분이다.

손익계산서 20x1.1.1~20x1.12.31　　　　　　　　　　　　　　　　　　　　(원)	
– 중간생략 –	
Ⅷ 법인세차감전순이익	210,000,000
Ⅸ 법인세등	10,000,000
Ⅹ 당기순이익	200,000,000

2. 위의 자료를 제외한 세무조정 자료는 다음과 같다.
  ① 기업업무추진비한도초과액 :　3,000,000원
  ② 국세환급가산금 :　　　　　　　500,000원
  ③ 감가상각부인액 :　　　　　　　1,000,000원
  ④ 임원상여금 한도초과 :　　　　26,000,000원
  ⑤ 단기매매증권평가이익 :　　　　3,000,000원
  ⑥ 일반기부금한도초과액 :　　　　6,000,000원
  ⑦ 재고자산평가증 :　　　　　　　1,500,000원

3. 이월결손금의 내역은 다음과 같다.

발생연도	2008년	2019년	2020년
금　　액	20,000,000원	4,000,000원	6,000,000원

4. 세액공제 및 감면세액은 다음과 같다.
   ① 중소기업특별세액감면 : 　　　500,000원
   ② 연구인력개발세액공제 : 　　2,000,000원
   ③ 외국납부세액공제 : 　　　　3,000,000원

5. 기납부세액내역은 다음과 같다.
   ① 중간예납세액 : 　　　　　　200,000원
   ② 이자수익에 대한 원천징수세액 : 100,000원

6. 가산세 해당사항
   – 법인세 신고시점에 매출액 중 계산서를 미교부한 매출액 5,000,000원이 있음을 발견하였다.

7. 최저한세는 고려하지 않는다.

[해답]

1. 세무조정 및 소득금액조정합계표

익금산입 손금불산입			손금산입 익금불산입		
과 목	금 액	처 분	과 목	금 액	처 분
법인세비용	10,000,000	기타사외유출	국세환급가산금	500,000	기타
기업업무추진비 한도초과	3,000,000	기타사외유출	단기매매증권평가익	3,000,000	유보
감가상각부인액	1,000,000	유보	재고자산평가증	1,500,000	유보
임원상여한도초과	26,000,000	상여			
합계	40,000,000		합계	5,000,000	

　☞ 기부금한도초과액은 소득금액조정합계표에 반영하지 않고, 법인세과세표준 및 세액조정계산서에 직접 반영한다.

2. 이월결손금대상 체크 : 10,000,000원

   2008년도는 5년간, 2019년은 10년간, 2020년 이후 분은 15년간 이월결손금공제대상이 된다.

3. 가산세 계산

   – 계산서 미발급가산세 = 5,000,000 × 2% = 100,000원

4. 법인세계산

결산서상당기순이익	200,000,000원	
(+) 익 금 산 입	40,000,000원	
(−) 손 금 산 입	5,000,000원	
= 차 가 감 소 득 금 액	235,000,000원	
(−) 전기기부금손금산입 (+) **기부금한도초과액**	6,000,000원	
각사업연도소득금액	241,000,000원	
(−) 이 월 결 손 금	10,000,000원	
= 과 세 표 준	231,000,000원	
(×) 세 율		10%, 20% 2억 이하 10%, 2억 초과 20%(개정세법 26)
산 출 세 액	26,200,000원	
(−) 세액감면 · 세액공제	5,500,000원	☞ **최저한세 적용대상 : 500,000원(중소기업특별세액감면)** **최저한세 적용제외 : 5,000,000원(외국납부세액, 연구인 력개발비세액공제)**
(+) 가 산 세	100,000원	
총 부 담 세 액	20,800,000원	
(−) 기 납 부 세 액	300,000원	☞ 중간예납세액(200,000) 및 원천징수세액(100,000)
차 가 감 납 부 할 세 액	*20,500,000원*	

※ 분납할 세액(20,000,000원 초과) = [20,500,000 − 100,000(가산세)] × 50% = 10,200,000원

☞가산세는 분납대상에서 제외

■ 법인세법 시행규칙 [별지 제3호서식] (앞쪽)

사 업 연 도	· · ~ · ·		법인세 과세표준 및 세액조정계산서	법인명	
				사업자등록번호	

①	⑩ 결 산 서 상 당 기 순 손 익	01	200,000,000		⑬ 감 면 분 추 가 납 부 세 액	29		
각	소득 조정 금액	⑩ 익 금 산 입	02	40,000,000		차 감 납 부 할 세 액 ⑬ (⑱ - ⑫ + ⑬)	30	20,500,000
사		⑬ 손 금 산 입	03	5,000,000					
업	⑭ 차 가 감 소 득 금 액 (⑩ + ⑪ - ⑬)	04	235,000,000		양 도	⑬ 등 기 자 산	31		
연 도					차 익	⑬ 미 등 기 자 산	32		
소	⑮ 기 부 금 한 도 초 과 액	05	6,000,000		⑬ 비 과 세 소 득	33		
득	⑯ 기부금한도초과이월액 손 금 산 입	54			⑬	과 세 표 준 (⑬ + ⑬ - ⑬)	34		
계 산	⑰ 각 사 업 연 도 소 득 금 액 (⑭ + ⑮ - ⑯)	06	241,000,000		⑬ 세 율	35		

②	⑱ 각 사 업 연 도 소 득 금 액 (⑱ = ⑰)		241,000,000	⑤ 토지 등양 도소 득에 대한 법인 세 계산	⑩ 산 출 세 액	36		
과	⑲ 이 월 결 손 금	07	10,000,000		⑪ 감 면 세 액	37		
세 표	⑩ 비 과 세 소 득	08			⑫ 차 감 세 액 (⑩ - ⑪)	38		
준	⑪ 소 득 공 제	09			⑬ 공 제 세 액	39		
계 산	⑫ 과 세 표 준 (⑱ - ⑲ - ⑩ - ⑪)	10	231,000,000		⑭ 동업기업 법인세 배분액 (가 산 세 제 외)	58		
	⑬ 선 박 표 준 이 익	55			⑮ 가 산 세 액 (동업기업 배분액 포함)	40		

③	⑬ 과 세 표 준 (⑫ + ⑬)	56	231,000,000		⑯ 가 감 계(⑫ - ⑬ + ⑭ + ⑮)	41		
산	⑭ 세 율	11	20%	기 납 부 세 액	⑰ 수 시 부 과 세 액	42		
출	⑮ 산 출 세 액	12	26,200,000		⑱ ( ) 세 액	43		
세	⑯ 지 점 유 보 소 득 「법 인 세 법」 제 9 6 조	13			⑲ 계 (⑰ + ⑱)	44		
액	⑰ 세 율	14			⑩ 차감납부할세액(⑯ - ⑲)	45		
계 산	⑱ 산 출 세 액	15						
	⑲ 합 계 (⑮ + ⑱)	16						

④ 납 부 할 세 액 계 산	⑳ 산 출 세 액 (⑫ = ⑲)		26,200,000		미환류소득법인세
	⑪ 최 저 한 세 적 용 대 상 공 제 감 면 세 액	17	500,000		
	⑫ 차 감 세 액	18	25,700,000		
	⑬ 최 저 한 세 적 용 제 외 공 제 감 면 세 액	19	5,000,000		
	⑭ 가 산 세 액	20	100,000		
	⑮ 가 감 계(⑫ - ⑬ + ⑭)	21	20,800,000		

	기 한 내 납 부 세 액	⑯ 중 간 예 납 세 액	22	200,000	⑮ 차 가 감 납 부 할 세 액 계 (⑬ + ⑮ + ⑯)	46	20,500,000
기 납 부 세 액		⑰ 수 시 부 과 세 액	23		⑮ 사실과 다른 회계처리 경정 세액 공제	57	
		⑱ 원 천 납 부 세 액	24	100,000	⑮ 분 납 세 액 계 산 범 위 액 (⑮ - ⑫ - ⑬ - ⑯ - ⑱ + ⑬)	47	20,400,000
		⑲ 간접투자회사등의 외국납 부 세 액	25		⑦ 세 액 계	분 납 할 세 액	⑭ 현 금 납 부	48	10,200,000
		⑬ 소 계 (⑯ + ⑰ + ⑱ + ⑲)	26	300,000			⑮ 물 납	49	
	⑬ 신 고 납 부 전 가 산 세 액	27				⑯ 계 (⑭ + ⑮)	50	10,200,000
	⑬ 합 계 (⑬ + ⑬)	28	300,000		차 가 감 납 부 세 액	⑰ 현 금 납 부	51	10,300,000
						⑱ 물 납	52	
						⑲ 계 (⑰ + ⑱) (⑯ = (⑮ - ⑮ - ⑯)	53	10,300,000

제18절 | 납세절차

1. 법인세의 확정신고

각사업연도종료일이 속하는 달의 말일부터 3개월(**성실신고확인대상 내국법인은 4개월**)이내에 신고하여야 한다. **각사업연도소득금액이 없거나 결손금이 있는 경우에도 마찬가지이다.** 외부회계 감사대상 내국법인이 감사가 종결되지 아니하여 결산이 확정되지 아니하였다는 사유로 신고기한의 연장을 신청한 경우에는 <u>1개월의 범위에서 신고기한을 연장</u>할 수 있다.(신고기한의 종료일의 3일 전까지 신고기한 연장신청서를 관할 세무서장에게 제출하여야 함.)

필수제출서류 *(미첨부시 무신고)*	① 재무상태표 ② 손익계산서 ③ 이익잉여금처분계산서 ④ 법인세과세표준 및 세액조정계산서(세무조정계산서) ⑤ 현금흐름표(외부감사 대상법인)

2. 법인세의 자진납부 - 분납

납부할 세액(중간예납 포함)이 1천만원(**가산세 제외**)을 초과하는 경우에는 다음의 세액을 납부기한이 경과한 날로부터 1월(중소기업은 2월) 이내에 분납할 수 있다.

구 분	분납가능금액
① 납부할 세액이 2천만원 이하인 경우	1천만원을 초과하는 금액
② 납부할 세액이 2천만원을 초과하는 경우	그 세액의 50% 이하의 금액

〈중소기업에 대한 세제지원〉

구 분	중소기업	일반기업
1. 기업업무추진비기본한도	36,000,000원	12,000,000원
2. 대손금 인정	– 부도발생일로부터 6개월이상 경과한 외상매출금 – 회수기일로부터 2년이 경과한 외상매출금등	–
3. 업무무관가지급금	근로자에 대한 주택구입 · 전세자금 대여금은 제외	
4. 이월결손금공제한도	당해연도 소득의 100%	60%
5. 결손금소급공제	허용	–
6. 분납기간	2월 이내	1월이내
7. 최저한세 세율	7%	10%~
8. 중간예납의무	중간예납세액 50만원 미만 배제	–
9. 세액감면	창업중소기업 및 중소기업에 대한 특별세액감면	–
10. 통합투자세액공제	기본공제율 10%	대기업 : 1%

3. 법인세의 중간예납

(1) 중간예납의무자 : 각 사업연도의 기간이 6개월을 초과하는 법인

☞ 중간예납제외자
① 사립학교를 경영하는 법인
② **신설법인(다만, 합병이나 분할에 따라 신설된 법인은 중간예납의무가 있다.)**
③ 청산법인
④ 중간예납세액 50만원(직전연도 실적기준 법인세액의 1/2) 미만인 중소기업

(2) 중간예납세액의 계산

전년도 실적기준과 가결산방법 중 선택하여 중간예납세액을 계산할 수 있으나, **직전연도의 산출세액이 없는 법인은 반드시 가결산방법에 의해 중간예납세액을 계산하여 납부**하여야 한다.

(3) 중간예납세액의 납부

중간예납세액은 그 중간예납기간(12월말법인의 경우 1.1~6.30)이 지난날부터 2개월 이내(8월 31일)에 납세지 관할세무서장에 납부하여야 한다. **1천만원 초과시 분납도 가능하다.**

4. 법인세의 원천징수

1. 이자소득	14%(비영업대금이익 25%)
2. 배당소득(집합투자기구의 이익)	14%

📖 객관식

01. 법인세법상 결손금(또는 이월결손금)은 다음의 사유가 발생하면 소멸되어 그 후에는 공제되지 아니한다. 다음 중 법인세법상 결손금(또는 이월결손금) 소멸사유가 아닌 것은?

① 결손금을 소급공제한 경우
② 결손금을 이월시켜 과세표준 계산상 공제한 경우
③ 자산수증이익과 채무면제이익으로 이월결손금을 보전한 경우
④ 이익준비금으로 결손금을 보전한 경우

02. 다음 중 법인세법상 결손금에 관한 설명으로 옳지 않은 것은?

① 결손금 소급공제는 중소기업에 한하여 적용받을 수 있다.
② 채무의 면제 또는 소멸로 인한 부채의 감소액 중 「채무자 회생 및 파산에 관한 법률」에 의한 회생계획인가의 결정을 받고 법원이 확인한 이월결손금의 보전에 충당된 금액은 익금에 산입하지 아니한다.
③ 특례(특례)기부금의 손금산입한도액을 계산함에 있어 공제하는 이월결손금은 발생시점에 제한이 없다.
④ 둘 이상 사업연도에서 결손금을 그 후의 사업연도의 각 사업연도 소득금액에서 공제하는 경우 먼저 발생한 사업연도의 결손금부터 공제된다.

03. 다음 중 법인세법상 결손금 소급공제 및 이월공제에 대한 설명으로 옳지 않은 것은?

① 결손금 소급공제는 상장법인을 대상으로 하므로 비상장법인은 소급공제를 적용할 수 없다.
② 공제대상 이월결손금은 먼저 발생한 사업연도의 결손금부터 순차로 공제한다.
③ 소급공제를 받은 결손금은 소멸되므로 그 후 이월공제를 할 수 없다.
④ 자산수증이익으로 보전에 충당하는 이월결손금은 발생연도의 제한이 없는 세무상 이월결손금이다.

04. 다음은 각 사업연도 소득금액에서 법인세 과세표준을 계산하는 절차와 관련한내용이다. 옳지 않은 것은?

① 과세표준은 각 사업연도 소득금액에서 이월결손금 · 비과세소득 · 소득공제액을 순차로 공제한 금액이 된다.

② 각 사업연도 개시일 전 15년(2009년 1월1일 이전 발생분은 5년, 2019년 이전 발생분은 10년) 이내에 개시한 사업연도에서 발생한 결손금은 그 후의 각 사업연도의 과세표준 계산할 때 공제할 수 있다.

③ 이월결손금은 공제기한 내에 임의로 선택하여 공제받을 수 없으며, 공제 가능한 사업연도의 소득금액범위 안에서 80%(중소기업은 100%) 공제하여야 한다.

④ 과세표준 계산 시 공제되지 아니한 비과세소득 및 소득공제는 다음 사업연도 개시일부터 5년간 이월하여 공제 받을 수 있다.

05. 다음 중 법인세법상 결손금 소급공제에 대한 설명으로 옳지 않은 것은?

① 조세특례제한법에 의한 중소기업만 적용할 수 있다.

② 소급공제받은 결손금은 법인세의 과세표준을 계산할 때 이미 공제받은 결손금으로 본다.

③ 결손금이 발생한 사업연도의 개시일부터 10년 이내의 사업연도에 대하여 적용이 가능하다.

④ 결손금이 발생한 사업연도와 그 직전사업연도의 법인세 과세표준과 세액을 법정신고기한 내에 각각 신고한 경우에 적용이 가능하다.

06. 법인세 세액감면과 세액공제에 대한 설명으로 옳지 않은 것은?

① 외국납부세액공제는 해당 사업연도의 다음 사업연도 개시일부터 10년 이내에 끝나는 사업연도에 이월공제가 가능하다.

② 재해손실세액공제를 적용받기 위해서는 재해상실비율이 20% 이상이어야 한다.

③ 법인세법상 세액공제는 최저한세의 적용대상이 아니다.

④ 법인세의 감면에 관한 규정과 세액공제에 관한 규정이 동시에 적용되는 경우에 세액감면을 가장 나중에 적용한다.

07. 다음 중 법인세법상 세액공제에 해당하지 않는 것은?

① 외국납부세액공제   ② 재해손실세액공제

③ 사실과 다른 회계처리로 인한 경정에 따른 세액공제   ④ 통합투자세액공제

08. 다음은 법인세상 세액공제에 대한 설명으로 옳은 것은?

① 외국납부세액공제는 국가별 한도방식과 일괄한도방식 중 납세자가 선택하여 적용할 수 있다.

② 외국납부세액공제 한도를 초과하는 외국납부세액은 다음 사업연도 개시일부터 10년간 이월공제 가능하다.

③ 재해손실세액공제는 천재지변 기타 재해로 인하여 사업용 자산가액의 10% 이상을 상실하는 경우에 적용받을 수 있다.

④ 사실과 다른 회계처리로 인한 경정에 따른 세액공제와 재해손실세액공제는 이월공제가 허용되지 않는다.

09. 다음 중 법인세 계산시 적용되는 세액감면과 세액공제에 대한 설명으로 옳은 것은?

① 외국납부세액공제는 5년간 이월하여 공제받을 수 있다.

② 현행 법인세법에는 세액감면 규정이 없다.

③ 사실과 다른 회계처리로 인한 경정에 따른 세액공제는 별도의 공제한도가 없다.

④ 외국납부세액공제는 최저한세 적용대상이다.

10. 다음 중 영리내국법인의 법인세 신고 및 납부에 대한 설명으로 옳지 않은 것은?

① 사업연도의 종료일이 속하는 달의 말일부터 3개월 이내에 신고 및 납부하여야 한다.

② 중간예납세액은 중간예납기간이 지난 날부터 2개월 이내에 신고 및 납부하여야 한다.

③ 과세표준과 세액을 신고하면서 재무상태표를 첨부하지 않으면 무신고로 본다.

④ 각 사업연도의 소득금액이 없거나 결손금이 있는 법인은 과세표준과 세액을 신고할 의무가 없다.

11. 다음 중 영리내국법인의 법인세 신고 및 납부에 대한 설명으로 옳지 않은 것은?

① 사업연도가 6개월을 초과하지 아니하는 법인도 중간예납의무가 있다.

② 납세의무가 있는 법인은 각 사업연도의 종료일이 속하는 달의 말일부터 3개월 이내에 해당 사업연도의 소득에 대한 법인세 과세표준과 세액을 신고하여야 한다.

③ 내국법인이 법인세 과세표준 신고를 할 때 재무상태표·포괄손익계산서·이익잉여금처분 계산서 및 「법인세과세표준 및 세액조정계산서」를 첨부하지 않으면 무신고로 본다.

④ 자진납부할 법인세액이 1,000만원을 초과하는 경우에는 세액을 분납할 수 있다.

12. 다음 중 영리내국법인의 법인세 신고 및 납부에 대한 설명으로 옳지 않은 것은?

① 납세의무가 있는 내국법인은 각 사업연도의 종료일이 속하는 달의 말일부터 3개월 이내에 그 사업연도의 소득에 대한 법인세의 과세표준과 세액을 신고하여야 한다.

② 각 사업연도의 소득금액이 없거나 결손금이 있는 법인은 법인세의 과세표준과 세액을 신고할 의무가 있다.

③ 중간예납세액은 중간예납기간이 지난 날부터 3개월 이내에 납부하여야 한다.

④ 납부할 세액이 2천만원을 초과하는 경우에는 그 세액의 50% 이하의 금액을 분납할 수 있다.

13. 다음 중 법인세의 신고와 납부에 대한 설명으로 옳지 않은 것은?

① 내국법인에게 비영업대금의 이익에 해당하는 소득을 지급하는 자는 14% 세율을 적용하여 법인세를 원천징수하여야 한다.

② 각 사업연도의 기간이 6개월을 초과하는 법인은 사업연도 개시일부터 6개월간을 중간예납기간으로 하여 중간예납기간이 경과한 날부터 2개월 이내에 그 기간에 대한 법인세를 신고·납부해야 한다.

③ 외부회계감사대상 법인의 회계감사가 종결되지 아니하여 결산이 확정되지 아니한 경우로서 신고기한 종료일 이전 3일 전까지 신고기한연장신청서를 제출한 경우 신고기간을 1개월의 범위에서 연장 할 수 있다.

④ 자진납부할 세액이 1천만원을 초과하는 경우에는 납부기한이 지난 날부터 1개월(중소기업은 2개월)이내에 분납할 수 있다.

14. 다음 중 법인세법상 중간예납에 대한 설명으로 옳은 것은?

① 합병 또는 분할에 의해 신설된 경우를 제외하고는 신설법인의 최초사업연도에는 중간예납을 하지 않는다.

② 중간예납세액은 중간예납기간이 경과한 날부터 3월 이내에 자진 납부하여야 한다.

③ 중간예납 시 납부할 세액이 1천만원을 초과하는 경우에는 분납이 허용되지 않는다.

④ 중간예납세액의 미납에 대하여 납부불성실가산세를 적용하지 않는다.

15. 다음은 (주)한공의 박사장과 재무팀장인 최부장의 법인세와 관련된 대화 내용이다. 이 중 (   )안에 해당하는 단어를 순서대로 나열한 것으로 옳은 것은?

> • 박사장 : 20x1년 2월에 발생한 회사 창고 화재로 인하여 20x1년 4월에 수령한 보험차익의 법인세 과세 문제를 알아 보았나요?
> • 최부장 : 예. 법인세법은 (㉮)에 의하여 과세가 되기 때문에 보험차익에도 법인세 납세의무가 있습니다.
> • 박사장 : 그러면 화재가 발생한 창고가 있는 지역의 관할세무서에 법인세를 납부해야겠네요?
> • 최부장 : 법인세는 법인의 (㉯) 소재지에 납부하는 것이 원칙이므로 화재가 발생한 창고가 있는 지역의 관할세무서에 납부하는 것은 아닙니다.
> • 박사장 : 그렇군요. 그러면 언제까지 보험차익과 관련한 법인세를 신고 · 납부해야 되나요?
> • 최부장 : 보험차익이 속하는 사업연도 종료일이 속하는 달의 말일로부터 (㉰) 이내에 신고 · 납부하면 되겠습니다.

	㉮	㉯	㉰		㉮	㉯	㉰
①	소득원천설	본점	3개월	②	순자산증가설	본점	3개월
③	순자산증가설	지점	5개월	④	소득원천설	지점	5개월

※ 1차 저작권자의 저작권 침해 소지가 있어 삽화 삽입은 어려우니 양해바랍니다.

 **주관식**

01. 다음은 제조업을 영위하는 (주)한공의 제17기 사업연도(20x1.1.1.~20x1.12.31.)의 법인세 신고를 위한 자료이다. 법인세법상 각 사업연도 소득금액은 얼마인가?

> 가. 손익계산서상 법인세비용차감전순이익 : 10,000,000원
> 나. 세무조정자료
>   - 자기주식처분이익 500,000원을 자본잉여금으로 계상하였다.
>   - 손익계산서에 폐수배출부담금 2,000,000원이 계상되어 있다.
>   - 손익계산서에 외환차익 3,000,000원이 계상되어 있다.

02. 다음은 (주)한공의 제11기(20x1.1.1.~20x1.12.31.) 사업연도 법인세 신고를 위한자료이다. (주)한공의 각사업연도 소득금액은 얼마인가?

> 가. 손익계산서상 당기순이익 9,000,000원
> 나. 세무조정자료
> • 손익계산서상 계상된 법인세비용 2,000,000원
> • 당기 기업업무추진비한도초과액 500,000원
> • 손익계산서상 계상된 단기매매증권평가이익 700,000원
> • 손익계산서에 누락된 매출액 600,000원
> • 손익계산서에 누락된 매출원가 400,000원

03. 다음은 (주)한공의 제5기(20x1.1.1.~20x1.12.31.) 과세자료이다. 법인세 과세표준및 세액조정계산서 상 각 사업연도 소득금액을 계산하면 얼마인가?

결산서상 당기순이익 1,000,000원			
• 기업업무추진비 한도초과액	400,000원	• 대손충당금 한도초과액	200,000원
• 일반기부금 한도초과액	110,000원	• 전기 특례기부금한도초과 이월분 손금산입액	100,000원
• 법인세비용	40,000원	• 이월결손금	70,000원

04. 다음 자료를 이용하여 중소기업인 (주)한공의 20x1년 사업연도(20x1.1.1.~ 20x1.12.31.) 법인세 과세표준을 계산하면 얼마인가?

> 가. 각사업연도 소득금액 : 200,000,000원
> 나. 이월결손금
> • 2006년 발생분 : 5,000,000원　　　　　• 2008년 발생분 : 20,000,000원
> • 2018년 발생분 : 30,000,000원　　　　　• 2020년 발생분 : 40,000,000원
> 다. 비과세소득 : 2,000,000원
> 라. 소득공제 : 10,000,000원

05. 중소기업인 (주)한공은 해당 사업연도(20x1.1.1.~12.31.)에 결손금이 120,000,000원 발생하였다. 20x0년 법인세신고 자료에 근거하여 (주)한공이 최대로 받을 수 있는 결손금소급공제에 의한 환급세액은 얼마인가?

(주)한공의 전년도 법인세신고현황	
법인세 과세표준	300,000,000원
법인세 산출세액	40,000,000원
법인세 세율(가정)	2억원 초과 200억 이하 20%(2억원 이하 10%)

06. 중소기업인 (주)한공은 제9기 사업연도(20x1년 1월 1일~20x1년 12월 31일)에 결손금 150,000,000원이 발생하였다. (주)한공이 결손금소급공제에 따른 환급 세액을 신청한 경우 최대한 환급받을 수 있는 금액은 얼마인가? (단, (주)한공의 제8기 법인세 신고내역은 다음과 같으며, 결손금소급공제에 필요한 모든 요건은 충족한다고 가정한다.)

〈제8기 법인세 신고내역〉

과 세 표 준	300,000,000원
산 출 세 액	37,000,000원*
세액감면	△5,000,000원
세액공제	△15,000,000원
가산세액	2,000,000원
기납부세액	△7,000,000원
차감납부세액	12,000,000원

* 전기 법인세율 : 과세표준 2억원 이하 10%, 2억원 초과 20%으로 가정한다.

07. 다음은 베트남에 지사를 두고 있는 (주)한공의 제10기 사업연도(20x1.1.1. ~20x1.12.31.)에 대한 자료이다. (주)한공이 외국납부세액과 관련하여 제10기 법인세 산출세액에서 공제할 외국납부세액공제액을 계산하면 얼마인가?

국 가	소득금액	외국납부세액
국 내	180,000,000원	–
베 트 남	120,000,000원	17,000,000원

(1) 각 나라에서 발생한 소득금액 및 외국납부세액은 다음과 같다.

(2) 외국납부세액은 소득금액을 계산할 때 손금불산입된 것이다.
(3) 이월결손금, 비과세소득 및 소득공제액은 없다.
(4) 적용할 법인세율은 과세표준 2억원 이하는 10%, 2억원 초과 200억원 이하는 20%라 가정한다.

08. 다음은 중소기업인 (주)한공의 제10기 사업연도(20x1.1.1.~12.31.)의 법인세액의 계산에 관련된 자료이다. 법인세 차감납부할세액은 얼마인가?

가. 각 사업연도 소득금액	100,000,000원
나. 이월결손금(제9기 발생분)	10,000,000원
다. 외국납부세액공제액(한도내의 금액임)	2,000,000원
라. 기납부세액	1,000,000원
마. 세율(과세표준 2억원 이하)	10%(가정)

09. 소득금액조정합계표 및 자본금과 적립금 조정명세서(을)

(1) 전기 자본금과 적립금 조정명세서(을) 내역

[별지 제50호 서식(을)]					(뒤 쪽)
사업 연도	20x0.01.01. ~ 20x0.12.31.	**자본금과 적립금 조정명세서(을)**		법인명	㈜로그인
세무조정유보소득계산					
① 과목 또는 사항	② 기초잔액	당 기 중 증감		⑤ 기말잔액 (익기초현재)	비고
		③ 감 소	④ 증 가		
기부금			3,000,000	3,000,000	
선급비용	2,500,000	2,500,000	560,000	560,000	
합계	2,500,000	2,500,000	3,560,000	3,560,000	

(2) 전기의 기부금 3,000,000원은 미지급분으로 당해연도에 현금으로 지급하였다.

(3) 전기의 선급비용 560,000원은 전액 당기 중에 해당기간이 경과하였다.

(4) 시장성이 있는 주식에 대한 단기매매증권평가손실 2,000,000원이 있다.

(5) 20x1년 10월 1일 100,000,000원을 대여하고 6개월 후에 원금과 이자를 회수하기로 하였다. 결산시 발생주의에 따라 이자수익 1,500,000원을 인식하였다.(원천징수 대상 소득임)

(6) **당기말 유보잔액을 구하시오.**

10. 가산세액계산서

(1) 3만원 초과 지출에 대한 지출증명서류 미수취 내역

계정과목	금액	참고사항
소모품비	600,000원	일반과세자로부터 소모용 자재를 구입하고 영수증 수취
비품	4,000,000원	일반과세자로부터 온풍기를 구입하고 영수증 수취
교육훈련비	1,500,000원	소득세법상 원천징수 대상 기타소득으로서 적절하게 원천징수하여 세액을 신고납부
운반비	300,000원	개인용달에 제품 운송을 의뢰하고 운송비는 금융기관을 통하여 송 금(경비 등 송금명세서 제출)

(2) 기타 가산세 대상 내역

구분	해당금액	참고사항
일용직 지급명세서(3월분) 미제출	12,000,000원	제출기한으로부터 2개월 경과 후 제출
주식등 변동상황명세서 미제출	50,000,000원	제출기한 경과 후 1개월 이내 제출
계산서 합계표 미제출	30,000,000원	제출기한 경과 후 1개월 이내 제출

(3) 가산세액을 계산하시오.

11. 법인세과세표준 및 세액조정계산서

(1) 결산서상 당기순이익은 800,000,000원이고 가산조정은 200,000,000원 차감조정은 300,000,000원이다.

(2) 일반기부금 한도초과액은 20,000,000원이다.

(3) 이월결손금 내역은 다음과 같다. 회사는 중소기업에 해당한다.

발생연도	2004년	2017년
이월결손금	30,000,000원	50,000,000원

(4) 세액공제감면내역

－중소기업에 대한 특별세액 감면액은 10,000,000원이다.

－중소기업 통합투자세액공제액(당해발생분)은 8,000,000원이다.

－연구·인력개발비공제액은 6,000,000원이다.

(5) 영수증수취명세서에 지출증명서류 미수취분 3,000,000원이 입력되어 있다.

(6) 결산 시 법인세계정으로 대체한 선납세금계정에는 중간예납(20,000,000원)과 원천납부세액(10,000,000원)이 포함되어 있다.

(7) 법인세 신고시 차감납부 세액을 구하시오. 세율은 2억 이하 10%, 2억 초과 20%로 가정한다.

12. 세액공제조정명세서(3) 및 최저한세조정명세서

(1) 중소기업인 회사는 중소기업특별세액 감면 35,000,000원과 연구·인력개발비 세액공제 10,000,000원을 공제받으려고 한다.

(2) 다음을 가정하여 최저한세를 계산하시오.

－당기순이익 300,000,000원, 가산조정 200,000,000원, 차감조정 100,000,000원

－세율은 2억 이하 10%, 2억 초과 20%로 가정한다.

연습답안

Tax Accounting Technician

세무정보처리 자격시험 1급

🔑 객관식

1	2	3	4	5	6	7	8	9	10
④	③	①	④	③	④	④	②	②	④

11	12	13	14	15					
①	③	①	①	②					

[풀이 - 객관식]

01 이익준비금으로 결손금을 보전하는 것은 회계상 결손금 보전이므로 세무상 결손금은 소멸되지 아니한다.

02 특례기부금의 손금산입한도액을 계산함에 있어 공제하는 **이월결손금은 일정기한(15년,10년,5년)이 경과되지 않는 결손금**을 의미한다.

03 **결손금 소급공제는 중소기업**을 대상으로 한다.

04 각 사업연도 소득에 대한 법인세 과세표준을 계산 시 공제되지 아니한 비과세소득 및 소득공제액은 다음 사업연도에 이월하여 공제할 수 없다.

05 소급공제 대상기간은 **결손금이 발생한 사업연도의 직전사업연도**에 한한다.

06 법인세의 감면규정과 세액공제에 관한 규정이 동시에 적용되는 경우의 적용순서

　① **세액감면**

　② **이월되지 않는 세액공제**

　③ **이월되는 세액공제**

　④ 사실과 다른 회계처리로 인한 경정에 따른 세액공제

07 통합투자세액공제는 조세특례제한법상 세액공제이다.

08 ① 외국납부세액공제한도는 국가별 한도방식만을 적용한다.

　③ 재해손실세액공제는 **사업용 자산가액의 20% 이상을 상실하는 경우**에 적용받을 수 있다.

　④ 사실과 다른 회계처리로 인한 **경정에 따른 세액공제는 기간제한 없이 이월공제 가능하다.**

09 ① **외국납부세액공제는 10년간 이월**하여 공제받을 수 있다.

　③ 사실과 다른 회계처리로 인한 경정에 따른 세액공제는 **매년 납부세액의 100분의 20을 한도**로 공제받을 수 있다.

　④ 외국납부세액공제는 최저한세 적용대상이 아니다.

10 각 사업연도의 소득금액이 없거나 결손금이 있는 법인도 법인세의 과세표준과 세액을 신고할 의무가 있다.

11 **사업연도가 6개월을 초과하지 아니하는 법인은 중간예납의무가 없다.**

12 **중간예납기간이 지난 날부터 2개월 이내에 납부**하여야 한다.

13 내국법인에게 비영업대금의 이익의 소득을 지급하는 자는 25% 세율을 적용하여 법인세를 원천징수하여야 한다.

14 ② 중간예납세액은 **중간예납기간이 경과한 날부터 2월 이내에 자진 납부**하여야 한다.

　② 중간예납 시 납부할 세액이 **1천만원을 초과하는 경우에는 이를 분납**할 수 있다.

　④ 중간예납세액의 미납에 대하여 납부지연가산세를 적용한다.

15 법인세법은 순자산증가설을 채택하고 있으며, 본점 소재지가 납세지가 된다.

　법인세는 사업연도 종료일이 속하는 달의 말일부터 3개월 이내 신고·납부의무가 있다.

🗝 주관식

01	12,500,000	**02**	11,000,000	**03**	1,650,000
04	118,000,000	**05**	22,000,000	**06**	20,000,000
07	16,000,000	**08**	6,000,000	**09**	500,000
10	447,000	**11**	68,060,000	**12**	28,000,000

[풀이 - 주관식]

01 10,000,000원+500,000원+2,000,000원=12,500,000원

　자기주식처분이익은 익금산입으로, 폐수배출부담금은 손금불산입으로 세무조정을 한다.

02 당기순이익(9,000,000)+법인세(2,000,000)+기업업무추진비한도초과(500,000)-단기매매증권

　평가익(700,000)+누락매출액(600,000)-누락매출원가(400,000)=11,000,000원

03 각 사업연도 소득금액=당기순이익(1,000,000)+기업업무추진비 한도초과액(400,000)+대손충당

　　　　금 한도초과액(200,000)+일반기부금 한도초과액(110,000)-전기 특례기

　　　　부금한도초과 이월분 손금산입액(100,000)+법인세비용(40,000)

　　　　=1,650,000원

04

각사업연도소득금액	200,000,000	
(-) 이 월 결 손 금	-70,000,000	**2018년 10년간, 2020년 이후 15년간 공제**
(-) 비 과 세 소 득	-2,00,000	
(-) 소 득 공 제	-10,000,000	
과 세 표 준	118,000,000	

05 환급대상세액 = 직전연도 법인세 산출세액 - (직전사업연도 과세표준 - 해당 사업연도의 소급공제
　　　　　　　　결손금액) × 법인세율

　　　　　　= 40,000,000원 - (300,000,000원 - 120,000,000원) × 법인세율

　　　　　　= 40,000,000원 - (180,000,000원 × 10%) = 22,000,000원

06 결손금 소급공제 환급세액 = MIN[㉠, ㉡] = 20,000,000원

　　㉠ 환급대상액 = **전기법인세산출세액 - [전기과세표준 - 소급공제결손금액] × 전기법인세율**

　　　　　　= 40,000,000 - [300,000,000 - 150,000,000] × 전기 법인세율(10%)

　　　　　　= 25,000,000원

　　㉡ 한도액 = 전기법인세산출세액(40,000,000) - 전기공제감면세액(5,000,000 + 15,000,000)

　　　　　　= 20,000,000원

07 외국납부세액공제액 : Min(①, ②) = 16,000,000원

　　① 외국납부세액 : 17,000,000원

　　② 한도액 : 40,000,000원(산출세액) × $\dfrac{120,000,000원}{300,000,000원}$ = 16,000,000원

　　　☞ 산출세액 = 20,000,000원 + (300,000,000원 - 200,000,000원) × 20%(가정) = 40,000,000원

08 [100,000,000원(각사소득) - 10,000,000원(이월결손금 - 중소기업은 100% 공제)] × 10%(세율)

　　- 2,000,000원(외국납부세액) - 1,000,000원(기납부세액) = 6,000,000원(차감납부할세액)

09 〈당기세무조정〉

손금산입	전기 기부금	3,000,000원	△유보
손금산입	전기 선급비용	560,000원	△유보
손금불산입	단기매매증권평가손실	2,000,000원	유보
익금불산입	미수수익(미수이자)	1,500,000원	△유보
유보 계		-3,060,000원	

기말 유보잔액 = 3,560,000(기초) - 3,060,000 = 500,000원

10 가산세액계산서

　(1) [지출증명서류 미수취 가산세 계산]

　※ 가산세 : 4,600,000원 × 2% = 92,000원

계정과목	금액	가산세 대상여부
소모품비	600,000원	가산세 대상
비품	4,000,000원	가산세 대상
교육훈련비	1,500,000원	법정증빙제외 대상(가산세 제외)
운반비	300,000원	금융기관에 송금하고 송금명세서 제출(가산세 제외)

(2) [기타 가산세 계산]

구분	해당금액	계산내역
일용직 지급명세서 미제출 (매월 단위 제출)	12,000,000원	12,000,000원×0.25%=30,000원 **(1개월을 초과하여 제출하였으므로 0.25% 적용)**
주식등변동상황명세서 미제출	50,000,000원	50,000,000원×1%×50%감면 =250,000원**(1개월 이내에 제출한 경우 50% 감면)**
계산서 합계표 미제출	30,000,000원	30,000,000원×0.5%×50%=75,000원 **(1개월 이내에 제출한 경우 50% 감면)**

11 법인세과세표준 및 세액조정계산서

결산서상당기순이익	800,000,000원	
(+) 익 금 산 입	200,000,000원	
(−) 손 금 산 입	300,000,000원	
= 차 가 감 소 득 금 액	700,000,000원	
(+) **기부금한도초과액**	20,000,000원	
각사업연도소득금액	720,000,000원	
(−) 이 월 결 손 금	50,000,000원	2009년~2019년은 10년간 이월결손금이 공제가능하고, 중소기업은 각사업연도소득금액 100%범위 안에서 공제
= 과 세 표 준	670,000,000원	
(×) 세 율	10%, 20% (가정)	
산 출 세 액	114,000,000원	☞**20,000,000원＋(670,000,000원−200,000,000원)×20%**
(−) 세액감면·세액공제	16,000,000원	☞ **최저한세 적용대상** : 중소기업특별세액감면과 통합투자세액공제는 중복 적용이 배제되므로 큰 금액인 중소기업특별세액감면을 선택한다. **최저한세 적용제외 : 6,000,000원(연구개발비세액공제)**
(+) 가 산 세	60,000원	☞**3,000,000원×2%(지출증명서류 미수취가산세)**
총 부 담 세 액	98,060,000원	
(−) 기 납 부 세 액	30,000,000원	☞ 중간예납세액 및 원천징수세액
차 감 납 부 할 세 액	*68,060,000원*	

12 (1) 중소기업특별세액 감면 35,000,000(최저한세 적용대상)

  (2) 감면후 세액계산

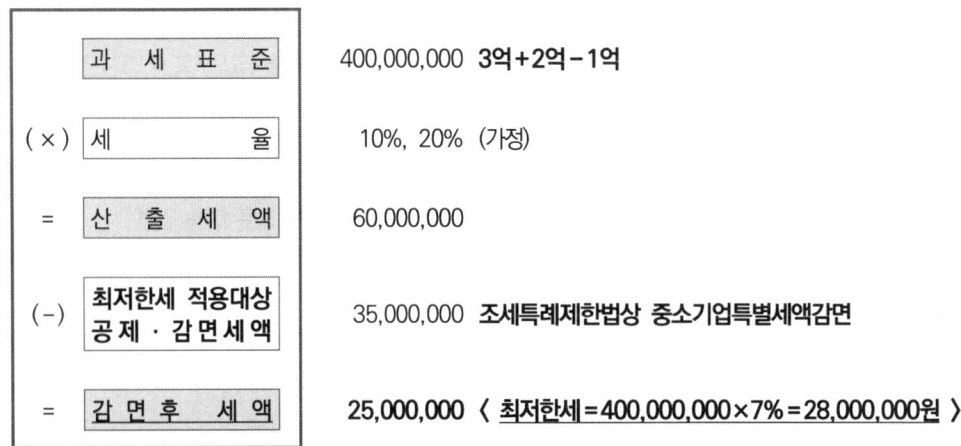

과 세 표 준	400,000,000	**3억+2억-1억**
(×) 세 율	10%, 20% (가정)	
= 산 출 세 액	60,000,000	
(-) 최저한세 적용대상 공 제 · 감 면 세 액	35,000,000	**조세특례제한법상 중소기업특별세액감면**
= 감 면 후 세 액	25,000,000	〈 <u>최저한세=400,000,000×7%=28,000,000원</u> 〉

   ☞ 중소기업특별세액 감면=35,000.000-최저한세로 배제(3,000,000)=32,000,000원

Part Ⅱ
실무능력

Log — In
Log — In

<TAT1급 실무시험 출제내역 >

1. 거래자료입력	일반전표 및 매입매출전표
2. 부가가치세관리	**수정전자세금계산서 발급(매회 출제)** **신고서 작성(확정, 수정, 기한후신고서)**
3. 결산	수동결산 또는 자동결산 1문항
4.원천징수관리	**사원등록(인적공제)** / 급여자료입력 / 원천징수이행상황신고서 **연말정산, 기타소득, 사업소득, 금융소득 자료 입력**
5. 법인세관리	**수입금액조정, 감가상각비조정** **과목별세무조정** **공제감면추납세액** **세액계산 및 신고서**

SMART-A 회계프로그램은 케이렙(Kc-Lep) 프로그램과 입력방법이 95% 이상 동일합니다.

그리고 TAT1급은 법인세를 잘하셔야 쉽게 합격할 수 있습니다.

〈TAT 1급 실무시험〉

			문항수	방법	점수
수행 과제	회계정보관리	1. 거래자료입력	2	*수행과제 입력 후 수행평가 답안 작성*	-
		2. 결산	1		
	부가가치세관리	3. 부가가치세	2		
	원천징수관리	4. 원천징수	2		
	법인세관리	5. 법인세무조정	5		
수행 평가	재무회계관리	1. 회계정보 및 부가가치세 신고서 조회	10		70
	원천징수관리	2. 원천징수정보 조회	2~4		
	법인세관리	3. 법인세세무조정 조회	15		

백데이타 다운로드 및 설치

1 도서출판 어울림 홈페이지(www.aubook.co.kr)에 접속한다.

2 홈페이지에 상단에 자료실 – 백데이타 자료실을 클릭한다.

3 자료실 – 백데이터 자료실 – LOGIN TAT1급 백데이터를 선택하여 다운로드 한다.

4 압축이 풀린 데이터는 "내컴퓨터\C드라이브\duzonbizon\백업 데이타 복구\login" 폴더 안에 풀리도록 되어 있습니다.

5 백업 데이타 복구

　㉠ [데이타관리]→[백업데이타 복구]를 클릭한다.

　㉡ 데이터 경로 **"내컴퓨터\C드라이브\duzonbizon\백업 데이타 복구\login"으로** 지정하고
　회사를 선택한다.

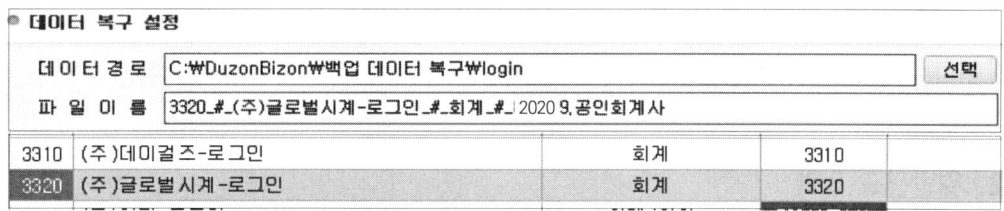

　㉢ 복구하기를 실행하면 다음화면에서 데이터 복구를 할 수 있다. 새롭게 회사코드를 설정도 가능하고 기존 회사코드로도 복구할 수 있다.

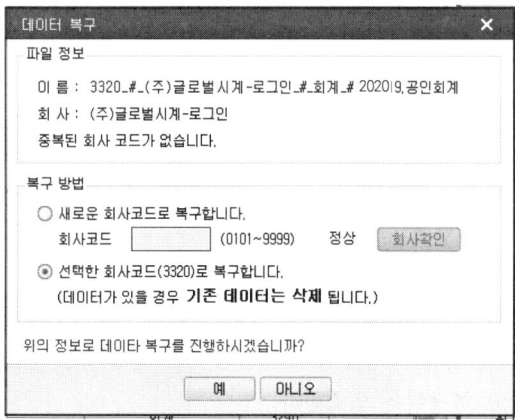

　㉣ 복구를 실행하면 작업결과에 성공이라는 메시지가 뜨면 정상적으로 복구가 된 것이다.

이해가 안되시면 도서출판 어울림 홈페이지에 공지사항(82번)
"더존 스마트에이 데이터 백업 및 복구 동영상"을 참고해주십시오.

Chapter 01

재무회계 실무능력

NCS회계 - 3 회계정보시스템 운용   NCS세무 - 3 세무정보시스템 운용

STEP 01 거래자료입력

1. 경비계정의 계정코드 선택

경비는 판매비와관리비(800번대) 계정과 제조경비(500번대)를 구분하여 입력한다.

2. 일반전표 입력

① 계정과목 코드란에 계정과목 1글자 이상(일반적으로 2글자)을 입력하고 엔터를 치면 계정코드도움 화면이 나타나고 해당계정과목을 선택한다.

② 거래처코드에 거래처명 1글자 이상(일반적으로 2글자)을 입력하고 엔터를 치면 거래처코드도움 화면이 나타나고 해당거래처를 선택한다.

③ **적요입력을 생략하나, 특정거래(타계정대체 등)에 대해서는 적요번호를** 선택하여야 한다.

☞ **타계정대체거래란?**

제조기업에서의 원가흐름은 원재료 → 재공품 → 제품 → 제품매출원가로 이루어져 있는데, 원재료를 **제조목적 이외로 사용하는 경우**(소모품비, 수선비 등)와 **제품을 판매 목적 이외**로 사용하는 경우(복리후생비 등)를 **타계정 대체액**이라 하고 해당 재고자산의 **적요란에 "8"(타계정으로 대체액)**을 반드시 선택하여야 한다.

④ **어음관리**

계정과목이 받을어음이나 지급어음일 경우 금액에 커서를 위치하고 [F3]를 클릭하면 어음관리(받을어음 또는 지급어음)화면이 나타나고 해당란을 입력한다.

지급어음일 경우 상단의 [어음등록]을 클릭 후 먼저 어음등록을 하고, 발행하여야 한다.

⑤ <u>경비등 송금명세서</u>

[결산/재무제표 I] - [경비등의 송금명세서]를 클릭하여 작성한다.

☞ 사업자(법인, 사업소득이 있는 거주자)가 건당 3만원 초과 거래인 경우 법정증명서류(세금계산서, 계산서, 현금영수증, 신용카드매출전표 등)을 수취하여야 지출증명서류미수취가산세(2%)가 부과되지 않습니다. 그러나 정규증명서류를 수취하기 곤란한 경우에 거래금액을 금융기관을 통하여 지급하고 과세표준 신고시에 '경비등 송금명세서'를 제출한 경우에는 경비로 인정되며, 가산세도 부과되지 않습니다.

⑥ <u>영수증수취명세서</u>

[결산/재무제표 I], [영수증수취명세서]를 클릭하여 작성한다.

☞ 영수증수취명세서는 거래건당 3만원을 초과하고 적격증빙(계산서 · 세금계산서 · 신용카드매출전표 및 현금영수증)이 아닌 영수증을 수취한 경우 제출하여야 한다.

3. 매입매출전표입력

매입매출전표입력은 <u>**부가가치세와 관련된 거래를 입력하는 것**</u>을 말한다.

⑴ <u>**상단부입력 : 부가가치세 신고서 반영**</u>

① 유형은 주고받은 증빙(세금계산서, 계산서, 신용카드영수증, 현금영수증 등)을 보고 판단해서 선택하여야 한다.

[매 출]

코드	유 형	내 용
11	<u>과세</u>	**세금계산서(세율10%)**를 교부한 경우 선택
12	<u>영세</u>	**영세율세금계산서(세율 0%)**를 교부한 경우 선택(내국신용장, 구매확인서 등에 의한 국내사업자간에 수출할 물품을 공급한 경우 영세율 세금계산서 발행)
13	<u>면세</u>	면세재화를 공급하고 **계산서**를 교부한 경우 선택
14	<u>건별(무증빙)</u>	1. 과세재화를 공급하고 **일반영수증 또는 미발행**한 경우 선택 2. <u>**간주공급 시 선택**</u>
16	<u>수출</u>	**직수출** 등의 국외거래시 선택
17	<u>카과(카드과세)</u>	**과세재화**를 공급하고 **신용카드**로 결제받은 경우 선택
18	<u>카면(카드면세)</u>	**면세재화**를 공급하고 **신용카드**로 결제받은 경우 선택
22	<u>현과(현금과세)</u>	**과세재화**를 공급하고 **현금영수증**을 발행한 경우 선택

19.카영(카드영세) 20.면건(면세건별 - 무증빙)   21.전자   **23.현면(현금면세)** 24.현영(현금영세율)이 있다.

[매 입]

코드	유 형	내 용
51	**과세**	**세금계산서(세율 10%)**를 교부받은 경우 선택하나, 불공제인 경우 54(불공)을 선택
52	**영세**	**영세율세금계산서(세율 0%)**를 교부받은 경우 선택
53	**면세**	**면세재화**를 공급받고 **계산서**를 교부받은 경우 선택
54	**불공**	**세금계산서(세율 10%)**를 교부받았지만, **매입세액이 불공제**되는 경우 – 불공제사유를 선택한다.
55	**수입**	재화의 수입 시 세관장이 발행한 **수입세금계산서** 입력시 선택
57	**카과(카드과세)**	**매입세액이 공제가능한 신용카드매출전표**를 교부받은 경우선택
58	**카면(카드면세)**	**면세재화/용역**을 구입하고 **신용카드매출전표**를 교부받은 경우선택
61	**현과(현금과세)**	**매입세액이 공제가능한 현금영수증**을 교부받은 경우 선택

59.카영(카드영세) 60.면건(면세건별 – 무증빙), **62.현면(현금면세)**이 있다.

② 거래품목이 2개 이상인 경우에는 상단의 │ 복수거래 │을 클릭하면 하단에 복수거래내용을 입력할 수 있다.

③ 전자(세금)계산서여부를 입력한다. 1.전자입력을 선택하면 된다. **Bill36524로 전자세금계산서를 발급하는 경우 [입력안함]을 선택하여야 한다.**
또한 법인사업자와 일정규모의 개인사업자도 전자계산서를 발급해야 하므로 전자계산서 발급 및 수령시 1.전자입력을 선택하도록 한다.

④ 적요의 입력은 생략하나 특정거래에 대해서 적요번호를 입력하여야 한다.

타계정대체(재고자산)	08.타계정으로 대체액
의제매입세액공제	06.의제매입세액 원재료차감(부가)
재활용폐자원매입세액공제	07.재활용폐자원매입세액(부가)

⑤ **예정신고 누락분 전표입력**

상단의 │ 기능모음(F11) ▼ │을 클릭하여, [예정누락]을 선택하고, 예정신고누락분 신고대상월을 입력한다. 3월 누락분에 대해서 확정신고시 포함시킬 경우 4월로 입력하면 된다.

⑥ <u>전자세금계산서 발급방법</u>

　　㉠ 매입매출전표에 유형 "11.과세", 전자세금 "입력안함"으로 하여 전표입력한다.

　　㉡ [부가가치세Ⅱ]→[전자세금계산서 발행 및 내역관리]

　　　ⓐ 기간을 주고 거래처 처음부터 끝까지 엔터를 치면 미전송된 내역이 표시된다.

　　　ⓑ 미전송내역을 체크한 후 전자발행▼을 클릭하여 표시되는 로그인 화면에서 확인(Tab) 클릭

　　　ⓒ '전자세금계산서 발행'화면이 조회되면 발행(F3) 버튼을 클릭한 다음 확인클릭

　　　ⓓ 국세청란에 '발행대상'으로 표시되면 ACADEMY 전자세금계산서 를 클릭

　　㉢ [Bill36524 교육용전자세금계산서] 화면에서 [로그인]을 클릭

　　㉣ 좌측화면 : [세금계산서 리스트]에서 [미전송]으로 체크 후 [매출조회]를 클릭

　　　우측화면 : [전자세금계산서]에서 [발행]을 클릭

　　㉤ [발행완료되었습니다.] 메시지가 표시되면 확인(Tab) 클릭

⑦ <u>수정세금계산서 발급방법(매회출제)</u>

　　㉠ 당초 매입매출전표를 선택하고 상단의 수정세금계산서 를 클릭한다. 그러면 수정사유화면이
　　　나타난다.

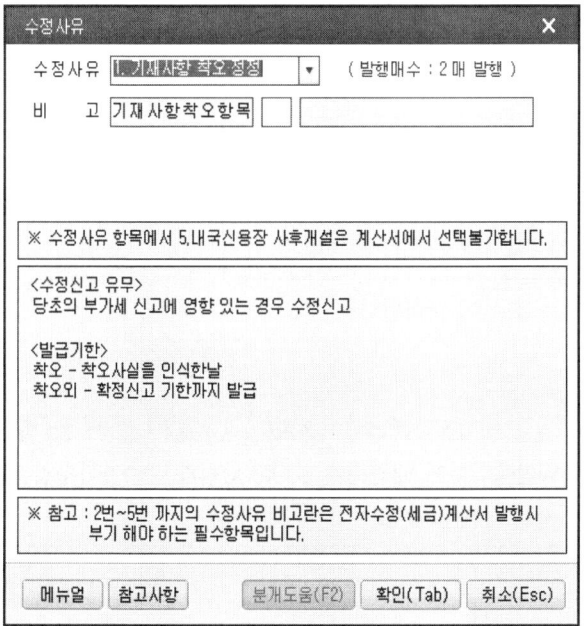

　　㉡ 수정세금계산서 사유를 선택하고, 관련 항목을 입력한다.

　　㉢ [수정세금계산서(매출)] 화면에서 수정분 [작성일], [공급가액], [부가세]를 입력하고 확인
　　　을 클릭한다.

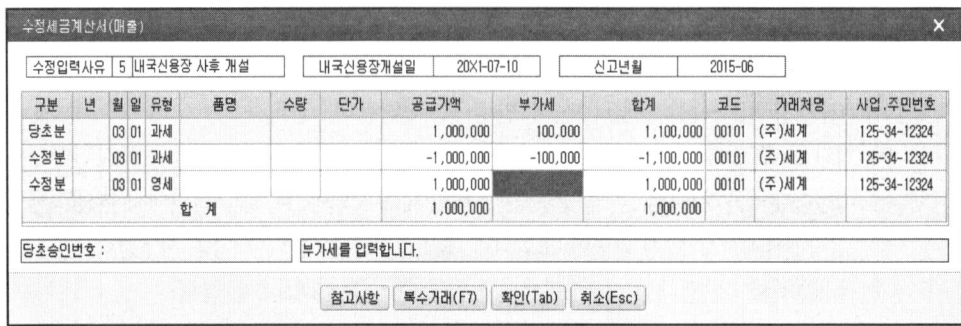

㎘ [매입매출전표입력] 해당일자에 수정분이 입력된다.

㎙ 전자세금계산서 발급은 앞의 ⑥을 참조하여 발급한다.

⑧ 수입부가가치세 납부유예 제도(시험에서 출제된 적은 없습니다.)

ㅇ 수출비중 30% 이상 또는 수출금액 100억 이상인 중소기업의 수입 부가가치세에 대해서 납부를 유예해 준다.

ㅈ 매입매출전표입력 후 [기능모음(F11) / [수입납부유예]를 클릭한다.

ㅉ 납부유예 여부 1.여를 선택한다.

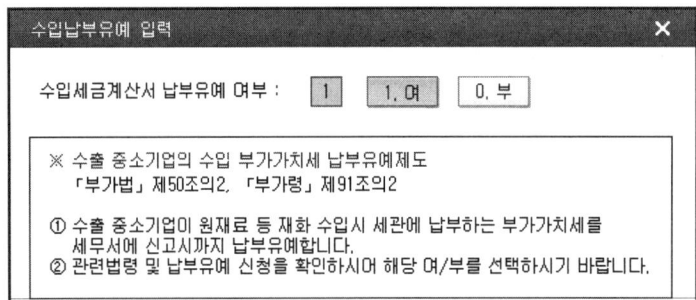

㎘ 입력 전표 상단에 [세금유예]라는 표식이 나타난다.

㎙ 부가가치세 신고서를 조회하면 일반매입분에 매입세액 100,000원과 수출기업수입분납부유예에 100,000원이 반영되어 공제받을 매입세액이 "0"가 된다.

매입세액	세금계산 수취부분	일반매입	10	1,000,000	100,000
		수출기업수입분납부유예	10-1		100,000
		고정자산매입	11		
	예정신고누락분		12		
	매입자발행세금계산서		13		
	그밖의공제매입세액		14		
	합계 (10-(10-1)+11+12+13+14)		15	1,000,000	
	공제받지못할매입세액		16		
	차감계 (15-16)		17	1,000,000	&#13209;

(2) 하단부입력 : 재무제표에 반영

분개유형(1.현금, 2.외상, 3.혼합, 4.카드 등)을 선택하여 분개를 한다.

〈신용카드매출전표 수령시 전표입력〉

1. 매입세액공제분	매입매출전표 입력
2. 매입세액불공제분	일반전표입력

예제   거래자료입력(매입매출전표)

㈜태양(1001)의 부가가치세 신고 관련 거래 자료를 입력(매입매출전표입력)하시오.

1. 수정전자세금계산서 발행(착오)

(적 색)

전자세금계산서 (공급자 보관용)					승인번호			

	등록번호	101-81-50103			등록번호	125-23-34671		
공급자	상호	(주)태양	성 명(대표자)	김한강	상호	(주)대마	성 명(대표자)	김기호
	사업장주소	서울 서초구 강남대로 27			사업장주소	서울 강서구 화곡로 217		
	업태	제조업	종사업장번호		업태	도·소매업	종사업장번호	
	종목	자동차부품			종목	컴퓨터 및 주변기기		
	E-Mail	kyc@bill36524.com			E-Mail	kim@bill36524.com		

작성일자	20x1.1.14.		공급가액	4,000,000		세액	400,000	
월	일	품목명	규격	수량	단가	공급가액	세액	비고
1	14	제품-1		10	400,000	4,000,000	400,000	

합계금액	현금	수표	어음	외상미수금	이 금액을	○ 영수 함 ⦿ 청구
4,400,000				4,400,000		

자료설명	1. 제품을 공급하고 발급한 전자세금계산서이다. 2. 담당자의 착오로 작성연월일 1월 15일이 1월 14일로 잘못 기재되었다.
수행과제	수정사유를 선택하여 수정전자세금계산서를 발급·전송하시오. ※ 전자세금계산서는 전자세금계산서 발행 및 내역관리 메뉴에서 발급·전송한다. (전자세금계산서 발급 시 결제내역 입력과 전송일자는 무시한다)

405

2. 수정전자세금계산서 발행(공급가액변동)

(적 색)

전자세금계산서					(공급자 보관용)		승인번호			

공급자	등록번호	101-81-50103			공급받는자	등록번호	120-81-33158			
	상호	(주)태양	성 명 (대표자)	김한강		상호	(주)영진	성 명 (대표자)	김영진	
	사업장주소	서울 서초구 강남대로 27				사업장주소	서울 서대문구 충정로 24			
	업태	제조업		종사업장번호		업태	정보서비스업		종사업장번호	
	종목	자동차부품				종목	신문			
	E-Mail	kyc@bill36524.com				E-Mail	han@bill36524.com			

작성일자	20x1.1.11.		공급가액		1,000,000	세액		100,000	
월	일	품목명	규격	수량	단가	공급가액	세액	비고	
1	11	제품-2		20	50,000	1,000,000	100,000		

합계금액	현금	수표	어음	외상미수금	이 금액을	○ 영수	함
1,100,000				1,100,000		◉ 청구	

자료설명	1. 1월 11일 (주)영진에 제품을 공급하고 전자세금계산서를 거래일에 발급·전송하였다. 2. 1월 15일 당초의 결제조건에 의하여 5% 할인된 금액만큼 차감하고 신한은행 보통예금 계좌에 입금되었다.
수행과제	수정사유를 선택하여 공급가액 변동에 따른 수정전자세금계산서를 입력하시오. (매출할인에 대해서만 회계처리하며, 외상대금 및 제품매출에서 음수(-)로 처리하고 수정전자세금계산서 발급 및 전송은 생략하시오.)

3. 수정전자세금계산서 발행(환입)

(적 색)

전자세금계산서					(공급자보관용)		승인번호			

공급자	등록번호	101-81-50103			공급받는자	등록번호	125-34-12324			
	상호	(주)태양	성 명 (대표자)	김한강		상호	(주)세계	성명	이세계	
	사업장주소	서울 서초구 강남대로 27				사업장주소	서울 금천구 독산로 324			
	업태	제조업		종사업장번호		업태	도매업외		종사업장번호	
	종목	자동차부품				종목	전자제품			
	E-Mail	kyc@bill36524.com				E-Mail	kyc@nate.com			

작성일자			공란수	공급가액		세액	
20x1	1	18	6	3,000,000		300,000	
비고							

월	일	품목명	규격	수량	단가	공급가액	세액	비고
1	18	제품-3		100	30,000	3,000,000	300,000	

합계금액	현금	수표	어음	외상미수금	이 금액을	○ 영수	함
3,300,000				3,300,000		◉ 청구	

자료설명	1. 1월 18일 (주)세계에 제품을 공급하고 발급한 전자세금계산서이며, 매입매출전표에 입력되어 있다. 2. 제품에 일부 하자가 발생하여 제품의 일부를 환입하기로 결정하였다. – 환입일자 : 20x1년 1월 20일 – 환입수량 : 10개, 단가 : 30,000원
수행과제	수정사유를 선택하여 환입에 따른 수정전자세금계산서를 입력하시오. (회계처리는 외상대금 및 제품매출에서 (–)음수로 처리하고 수정전자세금계산서의 발급과 전송은 생략한다)

4. 수정전자세금계산서 발행(계약해제)

(적 색)

전자세금계산서				(공급자 보관용)		승인번호		

공급자

등록번호	101 – 81 – 50103		
상호	(주)태양	성 명 (대표자)	김한강
사업장 주소	서울 서초구 강남대로 27		
업태	제조업	종사업장번호	
종목	자동차부품		
E – Mail	kyc@bill36524.com		

공급받는자

등록번호	113 – 81 – 32864		
상호	㈜유한	성 명 (대표자)	정유한
사업장 주소	서울 서대문구 북아현로 1		
업 태	도소매업	종사업장번호	
종 목	승용차		
E – Mail	wlstjsal@bill36524.com		

작성일자	20x1.1.19.		공급가액		5,000,000		세액			500,000
월	일	품목명	규격	수량	단가		공급가액	세액		비고
1	19	계약금					5,000,000	500,000		

합계금액	현금	수표	어음	외상미수금	이 금액을	◉ 영수 ○ 청구	함
5,500,000	5,500,000						

자료설명	1. 1월 19일에 발급된 전자세금계산서는 1월 30일 납품건에 대한 계약금 10% 수령한 후 발급한 전자세금계산서이다. 2. 납품일정이 지연되어 1월 25일 (주)유한과 계약을 해제한 후 수정전자세금계산서를 발급하였다.
수행과제	수정사유를 선택하여 계약해제에 따른 수정전자세금계산서를 입력하시오. (수정사유 : 4. 계약의 해제) 수령한 계약금은 해제일에 국민은행 보통예금 계좌에서 이체하여 지급하였다. (수정전자세금계산서의 발급과 전송은 생략한다)

5. 수정전자세금계산서 발행(이중발급)

(적 색)

전자세금계산서		(공급자 보관용)					승인번호		

<table>
<tr><td rowspan="7">공급자</td><td colspan="2">등록번호</td><td colspan="4">101-81-50103</td><td rowspan="7">공급받는자</td><td colspan="2">등록번호</td><td colspan="3">112-81-60125</td></tr>
<tr><td colspan="2">상호</td><td colspan="2">(주)태양</td><td>성 명
(대표자)</td><td>김한강</td><td colspan="2">상호</td><td colspan="2">㈜덕유</td><td>성 명
(대표자)</td><td>김상우</td></tr>
<tr><td colspan="2">사업장
주소</td><td colspan="4">서울 서초구 강남대로 27</td><td colspan="2">사업장
주소</td><td colspan="3">서울 금천구 가산로 80</td></tr>
<tr><td colspan="2">업태</td><td colspan="2">제조업</td><td colspan="2">종사업장번호</td><td colspan="2">업태</td><td colspan="2">부동산업</td><td>종사업장번호</td></tr>
<tr><td colspan="2">종목</td><td colspan="2">자동차부품</td><td colspan="2"></td><td colspan="2">종목</td><td colspan="3">부동산매매</td></tr>
<tr><td colspan="2">E-Mail</td><td colspan="4">kyc@bill36524.com</td><td colspan="2">E-Mail</td><td colspan="3">dong@bill36524.com</td></tr>
</table>

작성일자		20x1.1.21.		공급가액		10,000,000	세액		1,000,000
월	일	품목명	규격	수량	단가	공급가액	세액		비고
1	21	제품-4		20	500,000	10,000,000	1,000,000		

합계금액	현금	수표	어음	외상미수금	이 금액을	○ 영수	함
11,000,000				11,000,000		⊙ 청구	

자료설명	1. 1월 21일 ㈜덕유에 제품을 공급하고 발급한 전자세금계산서이며, 매입매출전표에 입력되어 있다. 2. 1월 25일에 동일 거래의 전자세금계산서가 이중으로 발급되어 있는 것을 확인하고 수정전자세금계산서를 발급하기로 하다.
수행과제	수정사유를 선택하여 이중발급에 따른 수정전자세금계산서를 입력하시오. (회계처리는 외상대금 및 제품매출에서 (-)음수로 처리하고 수정전자세금계산서의 발급과 전송은 생략한다.)

6. 수정전자세금계산서 발행(내국신용장등 사후개설)

전자세금계산서					(공급자보관용)			책번호		권		호
								일련번호				

<table>
<tr><td rowspan="6">공급자</td><td>등록
번호</td><td colspan="3">101-81-50103</td><td rowspan="6">공급받는자</td><td>등록
번호</td><td colspan="3">236-43-17937</td></tr>
<tr><td>상호</td><td>(주)태양</td><td>성 명
(대표자)</td><td>김한강</td><td>상호</td><td>㈜청계</td><td>성명</td><td>이청계</td></tr>
<tr><td>사업장
주소</td><td colspan="3">서울 서초구 강남대로 27</td><td>사업장
주소</td><td colspan="3">서울 강남구 양재대로 340</td></tr>
<tr><td>업태</td><td>제조업</td><td colspan="2">종사업장번호</td><td>업태</td><td>도소매업</td><td colspan="2">종사업장번호</td></tr>
<tr><td>종목</td><td>자동차부품</td><td colspan="2"></td><td>종목</td><td>전자제품</td><td colspan="2"></td></tr>
<tr><td>E-Mail</td><td colspan="3">kyc@bill36524.com</td><td>E-Mail</td><td colspan="3">blue@bill36524.com</td></tr>
</table>

작성일자			공란수	공급가액	세액
20x1	6	28	5	3,000,000	300,000

비고	

월	일	품목명	규격	수량	단가	공급가액	세액	비고
6	28	제품-5		10	300,000	3,000,000	300,000	

합계금액	현금	수표	어음	외상미수금	이 금액을	○ 영수	함
3,300,000				3,300,000		◉ 청구	

자료설명	6월 28일 (주)청계에 제품을 공급하고 전자세금계산서를 발급하였다. 본 건에 대하여 내국신용장을 사후 개설하고 영세율을 적용하려고 한다. • 당초공급일자 : 20x1년 6월 28일 • 내국신용장 개설일자 : 20x1년 7월 20일 • 개설은행 : 국민은행 구로지점
수행과제	내국신용장 사후개설에 따른 수정전자세금계산서를 입력하시오. (대금은 거래은행에서 추후 NEGO를 통하여 수령할 예정이며 수정전자세금계산서의 발급과 전송은 생략한다.)

☞ TAT2급(수정세금계산서 발행 – 내국신용장 사후개설) 입력사항을 참고하십시오.

해답

1. 수정전자세금계산서 발행(착오)

① 매입매출전표입(1월 15일)

㉠ 1월 14일 전표에서 상단 [수정세금계산서]를 클릭하여 수정사유(1.기재사항 착오·정정)를 선택
하고 비고 란에 [2.작성년월일]을 선택하여 [확인]을 클릭한다.

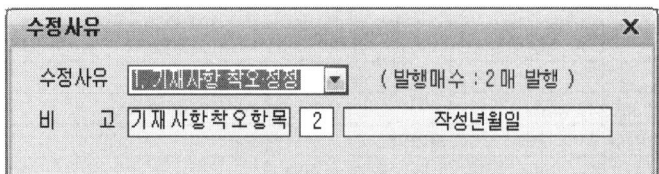

수정사유

수정사유	1. 기재 사항 착오 정정 ▼	(발행매수 : 2 매 발행)
비 고	기재 사항 착오 항목	2	작성년월일

㉡ 수정세금계산서(매출)화면에서 1월 15일과 공급가액, 세액을 입력한 후 [확인]을 클릭한다.

수정입력사유	1	기재사항 착오·정정		기재사항착오항목		2. 작성년월일					

구분	년	월	일	유형	품명	수량	단가	공급가액	부가세	합계	코드	거래처명	사업.주민번호
당초분	20X1	01	14	과세	제품-1	10	400,000	4,000,000	400,000	4,400,000	00110	(주)대마	120-23-34671
수정분	20X1	01	14	과세	제품-1	-10	400,000	-4,000,000	-400,000	-4,400,000	00110	(주)대마	120-23-34671
수정분	20X1	01	15	과세	제품-1	10	400,000	4,000,000	400,000	4,400,000	00110	(주)대마	120-23-34671
				합 계				4,000,000	400,000	4,400,000			

㉢ 수정세금계산서 2건에 대한 회계처리가 자동 반영된다.

→ 1월 14일 당초에 발급한 과세세금계산서의 (-)세금계산서 발급분에 대한 회계처리

거래유형	품명	공급가액	부가세	거래처	전자세금
11.과세	제품-1	-4,000,000	-400,000	(주)대마	전자발행
분개유형	(차) 외 상 매 출 금 -4,400,000원 (대) 제 품 매 출 -4,000,000원				
2.외상	부 가 세 예 수 금 -400,000원				

→ 1월 15일 수정분 세금계산서 발급분에 대한 회계처리

거래유형	품명	공급가액	부가세	거래처	전자세금
11.과세	제품-1	4,000,000	400,000	(주)대마	전자발행
분개유형	(차) 외 상 매 출 금 4,400,000원 (대) 제 품 매 출 4,000,000원				
2.외상	부 가 세 예 수 금 400,000원				

② 전자세금계산서 발행 및 내역관리

㉠ 미전송된 내역이 조회되면, 미전송내역을 체크한 후 전자발행을 클릭하여 표시되는 로그인
화면에서 [확인(Tab)] 클릭

㉡ '전자세금계산서 발행' 화면이 조회되면 [발행(F3)] 버튼을 클릭한 다음 [확인(Tab)] 클릭

㉢ 국세청란에 '발행대상'으로 표시되면 [ACADEMY 전자세금계산서]를 클릭

㉣ [Bill36524 교육용전자세금계산서] 화면에서 [로그인]을 클릭

㉤ 좌측화면 : [세금계산서 리스트]에서 [미전송]으로 체크 후 [매출조회]를 클릭
우측화면 : [전자세금계산서]에서 [발행]을 클릭

㉥ [발행완료되었습니다.] 메시지가 표시되면 [확인(Tab)] 클릭

2. 수정전자세금계산서 발행(공급가액변동)

① [매입매출전표 입력] 1월 11일 전표 선택 ➡ 　수정세금계산서　 클릭 ➡ [수정사유] 화면에서 [2.공급가액 변동]을 선택하여 [확인(Tab)] 클릭

② [수정세금계산서(매출)] 화면에서 수정분 [작성일 8월 13일], [공급가액 −50,000원], [세액 −5,000원]을 입력한 후 [확인(Tab)] 클릭

수정입력사유	2	공급가액 변동				당초(세금)계산서작성일		20X1-01-11				
구분	년	월	일	유형	품명	수량	단가	공급가액	부가세	합계	코드	거래처명	사업.주민번호
당초분	20X1	01	11	과세	제품-2	20	50,000	1,000,000	100,000	1,100,000	00111	(주)영진	120-81-33158
수정분	20X1	01	15	과세	매출할인			−50,000	−5,000	−55,000	00111	(주)영진	120-81-33158
					합 계			950,000	95,000	1,045,000			

③ [매입매출전표입력] 1월 15일에 수정분이 입력된다.

거래유형	품명	공급가액	부가세	거래처	전자세금
11.과세	매출할인	−50,000	−5,000	(주)영진	
분개유형	(차) 외 상 매 출 금	−55,000원 (대) 제 품 매 출			−50,000원
2.외상			부 가 세 예 수 금		−5,000원

3. 수정전자세금계산서 발행(환입)

① [매입매출전표입력] ➡ [1월 18일] 전표 선택 ➡ 　수정세금계산서　 클릭

② [수정사유] 화면에서 [3.환입]을 입력 ➡ [확인 (Tab)] 클릭

　　비고 : 당초세금계산서작성일 20x1년 1월 18일 자동반영

③ [수정세금계산서(매출)] 화면이 나타난다.

④ 수정분 [작성일 1월 20일], [수량 −10], [단가 30,000원], [공급가액 −300,000원], [세액 −30,000원]입력 ➡ [확인 (Tab)] 클릭

수정입력사유	3	환입				당초(세금)계산서작성		20X1-01-18				
구분	년	월	일	유형	품명	수량	단가	공급가액	부가세	합계	코드	거래처명	사업.주민번호
당초분	20X1	01	18	과세	제품-3	100	30,000	3,000,000	300,000	3,300,000	00101	(주)세계	125-34-12324
수정분	20X1	01	20	과세	제품-3	-10	30,000	−300,000	−30,000	−330,000	00101	(주)세계	125-34-12324
					합 계			2,700,000	270,000	2,970,000			

⑤ [매입매출전표입력] 화면에 수정분이 입력된다.

거래유형	품명	공급가액	부가세	거래처	전자세금
11. 과세	제품-3	−300,000	−30,000	(주)세계	
분개유형	(차) 외 상 매 출 금	−330,000원 (대) 제 품 매 출			−300,000원
2.외상			부 가 세 예 수 금		−30,000원

4. 수정전자세금계산서 발행(계약해제)

① [매입매출전표입력] ➜ [1월 19일] 전표 선택 ➜ | 수정세금계산서 | 클릭

② [수정사유] 화면에서 [4.계약의 해제]를 입력 ➜ [확인 (Tab)] 클릭

   비고 : 당초세금계산서작성일 20x1년 1월 19일 자동반영

③ [수정세금계산서[매출]] 화면이 나타난다.

④ 수정분 [작성일 1월 25일]입력, [공급가액 −5,000,000원], [세액 −500,000원] 자동반영 ➜ [확인 (Tab)] 클릭

수정입력사유	4	계약의 해제		당초(세금)계산서작성		20X1-01-19					

구분	년	월	일	유형	품명	수량	단가	공급가액	부가세	합계	코드	거래처명	사업.주민번호
당초분	20X1	01	19	과세	계약금			5,000,000	500,000	5,500,000	00102	(주)유한	113-81-32864
수정분	20X1	01	25	과세	계약금			−5,000,000	−500,000	−5,500,000	00102	(주)유한	113-81-32864

⑤ [매입매출전표입력] 화면에 수정분이 입력된다.

거래유형	품명	공급가액	부가세	거래처	전자세금
11. 과세	계약금	−5,000,000	−500,000	(주)유한	
분개유형	(차)			(대) 선　수　금	−5,000,000원
3.혼합				부 가 세 예 수 금	−500,000원
				보통예금(국민은행)	5,500,000원

또는

(차) 선　수　금	5,000,000원	(대) 부 가 세 예 수 금	−500,000원
		보통예금(국민은행)	5,500,000원

5. 수정전자세금계산서 발행(이중발급)

① [매입매출전표입력] ➜ [1월 21일] 전표 선택 ➜ | 수정세금계산서 | 클릭

② [수정사유] 화면에서 [6.착오에 의한 이중발급등]을 입력 ➜ [확인 (Tab)] 클릭

   비고 : 당초세금계산서작성일 20x1년 1월 21일 자동반영

③ [수정세금계산서[매출]] 화면이 나타난다.

④ 수정분 [작성일 1월 21일], [수량 −20], [단가 500,000원], [공급가액 −10,000,000원], [세액 −1,000,000원]입력 ➜ [확인 (Tab)] 클릭

수정입력사유	6	착오에 의한 이중발급등		당초(세금)계산서작성		20X1-01-21					

구분	년	월	일	유형	품명	수량	단가	공급가액	부가세	합계	코드	거래처명	사업.주민번호
당초분	20X1	01	21	과세	제품-4	20	500,000	10,000,000	1,000,000	11,000,000	00104	(주)덕유	112-81-60125
수정분	20X1	01	21	과세	제품-4	−20	500,000	−10,000,000	−1,000,000	−11,000,000	00104	(주)덕유	112-81-60125
					합　계								

⑤ [매입매출전표입력] 화면에 수정분이 입력된다.

일	유형	품명	수량	단가	공급가액	부가세	합계	코드	거래처명	사업.주민번호	전자세금	분개
21	과세	제품-4	20	500,000	10,000,000	1,000,000	11,000,000	00104	(주)덕유	112-81-60125	전자발행	외상
21	과세	제품-4	20	500,000	10,000,000	1,000,000	11,000,000	00104	(주)덕유	112-81-60125	전자발행	외상
21	과세	제품-4	−20	500,000	−10,000,000	−1,000,000	−11,000,000	00104	(주)덕유	112-81-60125		외상

6. 수정전자세금계산서 발행(내국신용장등 사후개설)

① 매입매출전표입력(6월 28일)

6월 28일 전표에서 상단 [수정세금계산서] 를 클릭하여 수정사유(5.내국신용장사후개설)를 선택한 다음 수정세금계산서(매출)화면에 내국신용장개설일(7월 20일)을 입력하고 [확인]을 클릭하면 수정세금계산서 입력탭이 활성화되면 해당란을 입력한다.

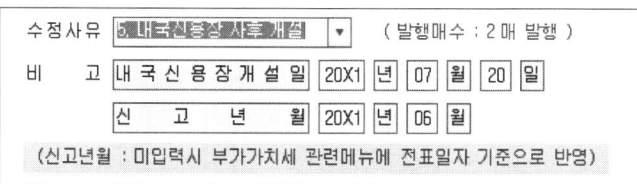

수정사유 6.내국신용장사후개설 ▼ (발행매수 : 2매 발행)

비 고 내국신용장개설일 20X1 년 07 월 20 일

신 고 년 월 20X1 년 06 월

(신고년월 : 미입력시 부가가치세 관련메뉴에 전표일자 기준으로 반영)

수정입력사유 5	내국신용장 사후 개설			내국신용장개설일		20X1-07-20		신고년월		20X1-06		
구분	년	월	일	유형	품명	수량	단가	공급가액	부가세	합계	코드	거래처명	사업.주민번호
당초분	20X1	06	28	과세	제품-5	10	300,000	3,000,000	300,000	3,300,000	00107	(주)청계	236-43-17937
수정분	20X1	06	28	과세	제품-5	-10	300,000	-3,000,000	-300,000	-3,300,000	00107	(주)청계	236-43-17937
수정분	20X1	06	28	영세	제품-5	10	300,000	3,000,000		3,000,000	00107	(주)청계	236-43-17937
			합 계					3,000,000		3,000,000			

② [매입매출전표입력] 화면에 수정분이 입력된다.

□	일	유형	품명	수량	단가	공급가액	부가세	합계	코드	거래처명	사업.주민번호	전자세금	분개
□	28	과세	제품-5	10	300,000	3,000,000	300,000	3,300,000	00107	(주)청계	236-43-17937	전자발행	외상
□	28	과세	제품-5	-10	300,000	-3,000,000	-300,000	-3,300,000	00107	(주)청계	236-43-17937		외상
■	28	영세	제품-5	10	300,000	3,000,000		3,000,000	00107	(주)청계	236-43-17937		외상

→ 당초에 발급한 과세세금계산서의 (-)세금계산서 발급분에 대한 회계처리

거래유형	품명	공급가액	부가세	거래처	전자세금
11. 과세	제품-5	-3,000,000원	-300,000원	(주)청계	
분개유형	(차) 외 상 매 출 금 -3,300,000원		(대) 제 품 매 출		-3,000,000원
2.외상			부가세예수금		-300,000원

→ 수정분 세금계산서 발급분에 대한 회계처리

거래유형	품명	공급가액	부가세	거래처	
12.영세	제품-5	3,000,000원		(주)청계	
분개유형	(차) 외 상 매 출 금 3,000,000원		(대) 제 품 매 출		3,000,000원
2.외상					

02 STEP 업무용 승용차

부가세법상 매입세액 불공제 대상 승용차에 대해서 발생한 비용에 대해서 한도가 있어서 일부 비용이 인정되지 않을 수 있다.

1. 업무용 승용차 관리항목 등록

계정과목 및 적요등록에서 822.차량유지비에 설정해보도록 하자.

822.차량유지비 관리항목에 커서를 위치한 후 F2를 클릭한다.

32.업무용승용차의 사용 "0.○"을 선택한다.

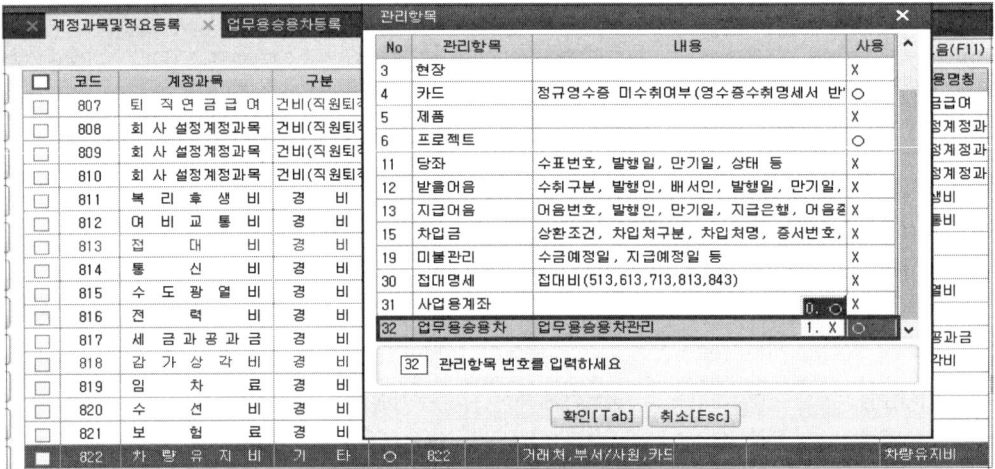

차량과 관련한 계정과목(예 : 감가상각비, 임차료 등)에 대해서 이러한 작업을 해야 한다.

2. 업무용승용차 등록

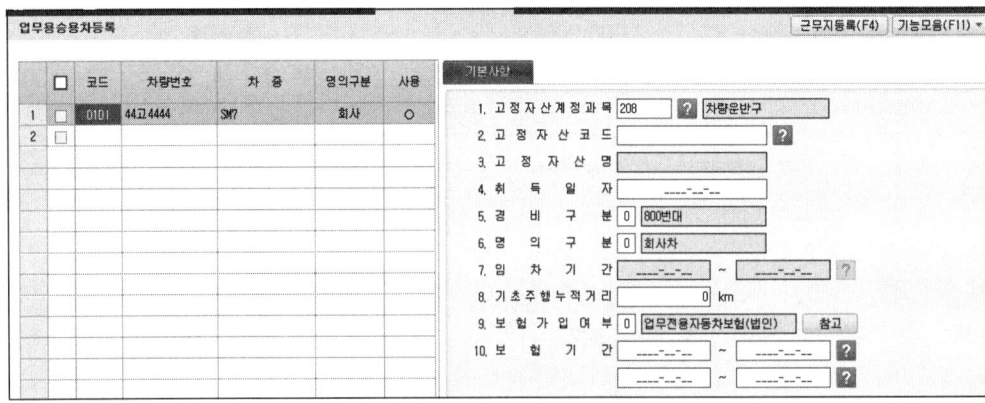

코드, 차량번호, 차종,명의구분 등을 등록한다.

3. 전표입력

1월1일 업무용승용차에 50,000원을 주유했다고 가정하고 전표를 입력해보자.

전표를 입력 후 해당계정위에 커서를 위치한 후 F3 클릭하고, 하단에 업무용 승용차 관리항목 창이 활성화되면 해당항목을 입력한다.

	일	번호	구분	코드	계정과목	코드	거래처	적요	차변	대변
■	1	00001	차변	822	차량유지비			[0101]44고4444 3M7 (1.유류비)	50,000	
☑	1	00001	대변	101	현금					50,000

● 업무용 승용차 관리

승용차코드	차량번호	차 종	구 분	코 드	부서/사원	임차여부	임차기간	보험기간
0101	44고4444	SM7	1.유류비 ▾			0.회사차	--.--.-- --.--.--	--.--.-- --.--.--

※ 업무용승용차를 입력하면 「업무용승용차등록」에 등록된 사원이 전표에 반영됩니다.
　「업무용승용차등록」에 등록된 사원과 전표의 사원이 다른 경우 업무용승용차관리창 밖의 전표의 부서에 해당사원을 입력하시기 바랍니다.

구분란에 1.유류비 등 해당항목을 선택한다.

4. 차량비용현황(업무용승용차)

기간과 차량번호를 입력하면 다음과 같은 업무용 승용차 비용현황이 나타난다.

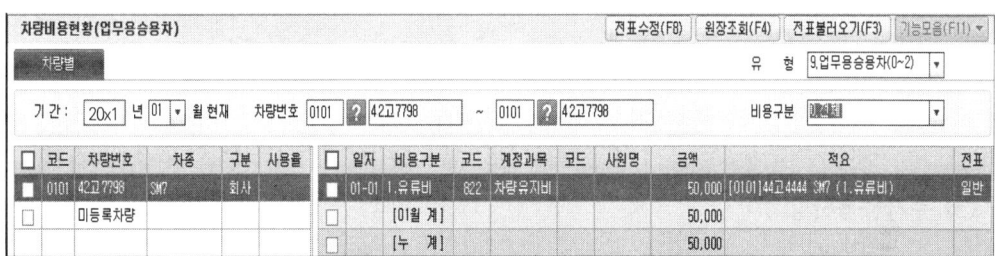

03 STEP 고정자산

1. 고정자산등록

(1) 기본등록사항

고정자산계정과목, 자산코드, 자산명을 입력하고, 취득년월일을 입력한다.

(2) 주요등록사항

① 1.기초가액 : 자산의 **취득원가를 입력한다. 당기에 신규 취득한 자산은 기초가액에 입력하지 않고 [4.당기중 취득 및 당기증가(+)]란에 입력**하여야 한다.

기초가액은 말 그대로 전년도로 부터 이월된 금액을 입력하여야 한다.

☞ *무형자산은 직접법으로 상각하므로 기초가액에 전기말 장부가액(취득가액－상각누계액)을 입력한다.*

② 2.전기말상각누계액 : 해당 자산의 전기말 감가상각누계액(무형자산은 상각누계액)을 입력한다.

③ 상각방법과 내용연수를 입력하면 19.당기상각범위액과 20.회사계상상각비는 자동계산된다. **[사용자수정]을 클릭하면 회사계상상각비를 수정할 수 있다.**

④ 해당 자산을 양도하였을 경우 3.전체양도일자에 입력한다.

(3) 추가등록사항

3.업종을 **?** 클릭하여 해당 업종코드를 입력한다.

2. 월별감가상각비 계상

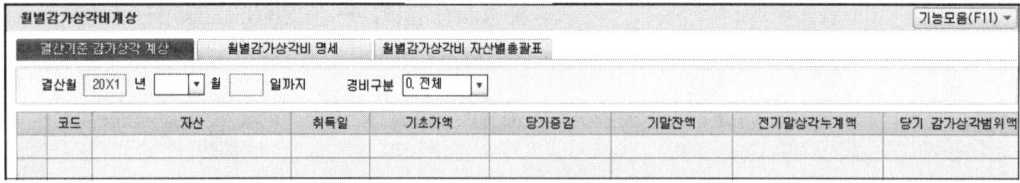

고정자산등록 후 [월별감가상각비계상]메뉴에서 12월을 선택하고 당기상각비를 [저장]하면 결산자료입력메뉴 기능모음 [감가상각반영]에서 [결산반영]하여 자동 입력할 수 있다.

04 STEP 결 산

1. 결산자료 입력하기

수동결산	12월 31일 일반전표입력 – 퇴직급여충당부채환입과 대손충당금 환입(판), 재고자산비정상감모손, 기타채권에 대한 대손상각비(기타의대손상각비)
자동결산	1. 재고자산의 기말재고액(상품, 제품, 원재료, 재공품) 2. 유무형자산의 상각비 3. 퇴직급여충당부채 당기 전입액 4. 채권에 대한 대손상각비(보충법) 5. 법인세계상
순서	**수동결산 → 자동결산**

2. 재무제표 확정

재무제표는 일정한 순서 즉 **제조원가명세서, 손익계산서, 이익잉여금 처분계산서(전표추가), 재무상태표 순으로 작성**해야 한다.

(1) 제조원가명세서

[제조원가명세서]를 조회한 후 Esc(종료)로 종료한 후 제조원가명세서를 확정한다.

(2) 손익계산서

[손익계산서]를 조회한 후 Esc**(종료)로** 종료한 후 손익계산서를 확정한다.

(3) 이익잉여금처분계산서

[이익잉여금처분계산서]를 조회한 후 Esc**(종료)로** 종료한 후 이익잉여금처분계산서를 확정한다. 이익잉여금처분계산서의 **당기/전기 처분확정일(주주총회일)을 입력**하고 이익잉여금 처분액(처분예정액)을 해당란에 입력한다.

그리고 **상단의** 전표추가(F3) **를 클릭하면 12월 31일 일반전표에 반영**한다.

(4) 재무상태표

[결산/재무제표], [재무상태표]를 조회한 후 Esc**(종료)로** 종료한 후 재무상태표를 확정한다.

Chapter 02

부가가치세 관리

NCS세무 - 3 세무정보시스템 운용   NCS세무 - 3 부가가치세 신고

[매입매출전표 입력시 부가가치세 신고서 반영]

〈매출전표〉

구 분		금 액	세 율	세 액
과 세	세 금 계 산 서 발 급 분	11(과세)	10/100	11
	매 입 자 발 행 세 금 계 산 서		10/100	
	신 용 카 드 · 현 금 영 수 증	17(카과),22(현과)	10/100	17,22
	기 타	14(건별)	10/100	14
영세율	세 금 계 산 서 교 부 분	12(영세)	0/100	
	기 타	16(수출)	0/100	

〈매입전표〉

구 분		금 액	세 율	세 액
세금계산서 수 취 분	일 반 매 입	51(과세), 52(영세), **54(불공)**, 55(수입)		51, **54**, 55
	고 정 자 산 매 입			
매 입 자 발 행 세 금 계 산 서				
기 타 공 제 매 입 세 액		57(카과), 61(현과)		57, 61
합 계				
공 제 받 지 못 할 매 입 세 액		**54(불공)**		**54**
차 감 계				

* **54(불공)**을 선택하면 세금계산서 수취분과 공제받지 못할 세액에 동시 반영된다.

　TAT 1급에서 수정전자세금계산서 발급 및 전송(매회기출)과 누락된 매입매출전표를 입력하고 부가가치세신고서(확정, 수정, 기한후 신고서) 작성 문제가 출제된다.

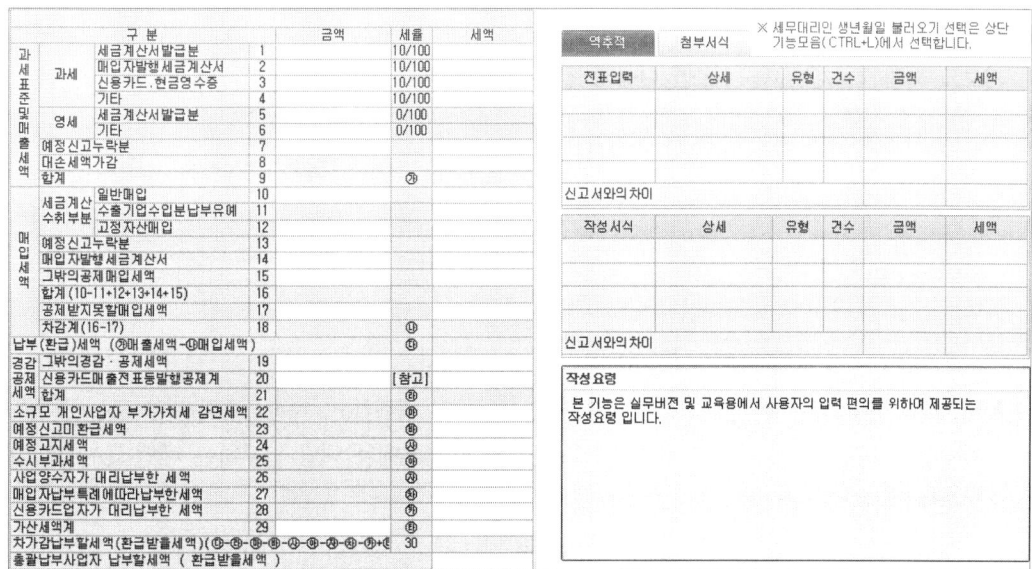

해당란에 커서를 위치하고, 화면 우측에 역추적(매입매출전표)과 첨부서식이 나타난다.

1. 과세표준 및 매출세액

구 분				금액	세율	세액
과세표준및매출세액	과세	세금계산서발급분	1		10/100	
		매입자발행세금계산서	2		10/100	
		신용카드 · 현금영수증	3		10/100	
		기타	4		10/100	
	영세	세금계산서발급분	5		0/100	
		기타	6		0/100	
	예정신고누락분		7			
	대손세액가감		8			
	합계		9		㉮	

▶과세(세금계산서발급분) : [매입매출전표]에서 11 : 과세로 입력한 매출이 자동 반영

▶과세(신용카드 · 현금영수증) : [매입매출전표]에서 17 : 카과 22 : 현과 21 : 전자로 입력한 매출
이 자동 반영

▶과세(기타) : [매입매출전표]에서 14 : 건별로 입력한 매출이 자동 반영

▶영세율(세금계산서발급분) : [매입매출전표]에서 12 : 영세로 입력한 매출이 자동 반영

▶영세율(기타) : [매입매출전표]에서 16 : 수출로 입력한 매출이 자동 반영

▶예정신고누락분

키보드 좌측 Tab(⇥)를 누르면 다음과 같은 보조화면이 나타난다.

			구분		금액	세율	세액
예정신고누락분	매출	과세	세금계산서	36		10/100	
			기타	37		10/100	
		영세율	세금계산서	38		0/100	
			기타	39		0/100	
	합계			40			

▶대손세액가감 : 대손세액을 공제받는 경우에는 "(-)"로 입력하고, 대손금액의 전부 또는 일부를 회수하여 회수금액에 관련된 대손세액을 납부하는 경우에는 해당 납부하는 세액 "(+)"로 입력한다.

2. 매입세액

매입세액	세금계산서 수취부분	일반매입	10		
		수출기업수입분납부유예	11		
		고정자산매입	12		
	예정신고누락분		13		
	매입자발행세금계산서		14		
	그밖의공제매입세액		15		
	합계 (10-11+12+13+14+15)		16		
	공제받지못할매입세액		17		
	차감계 (16-17)		18	ⓑ	
납부(환급)세액 (㉑매출세액-ⓑ매입세액)				ⓓ	

▶세금계산서수취분(일반매입) : [매입매출전표]에서 51 : 과세 52 : 영세 54 : 불공 55 : 수입으로 입력한 매입금액 및 세액이 자동 반영된다. 54 : 불공으로 입력한 매입가액은 세금계산서 수취란과 공제받지못할매입세액란에 동시에 반영

▶세금계산서수취분(고정자산매입) : [매입매출전표]에서 51 : 과세 52 : 영세 54 : 불공 55 : 수입으로 입력하였으되 분개시에 고정자산로 입력된 계정의 매입금액 및 세액이 반영

▶예정신고누락분 : 키보드 좌측 Tab(⇥)를 누르면 다음과 같은 보조화면이 나타난다.

명세	매입	세금계산서	41			
		그 밖의 공제매입세액	42			
		합계	43			

세금계산서를 발급받은 금액은 세금계산서란에 입력하며, 예정신고누락분 그밖의 공제매입세액에는 신용카드매출전표수령분 등을 입력한다.

▶그밖의 공제매입세액 : 키보드 좌측 Tab(⇥)를 누르면 다음과 같은 보조화면이 나타난다.

	구분		금액	세율	세액
15 그 밖의 공제 매입 세액 명세	신용매출전표수취/일반	44			
	신용매출전표수취/고정	45			
	의제매입세액/평창,광주	46		6쪽참조	
	재활용폐자원등매입세	47		6쪽참조	
	과세사업전환매입세액	48			
	재고매입세액	49			
	변제대손세액	50			
	외국인관광객환급세액	51			
	합계	52			

발급받은 신용카드매출전표상의 매입세액, 의제매입세액, 재활용폐자원 등에 대한 매입세액, 재고매입세액 또는 변제대손세액을 공제받는 사업자가 입력한다.

▶신용카드매출전표수취 : [매입매출전표]에서 57 : 카과 61.현과로 입력된 금액이 자동 반영

▶공제받지 못할 매입세액 : 키보드 Tab(⇥)를 누르면 다음과 같은 보조화면이 나타난다.

	구분		금액	세액
17 공제받지 못할매입 세액명세	공제받지못할매입세액	53		
	공통매입세액면세사업	54		
	대손처분받은세액	55		
	합계	56		

▶공제받지 못할 매입세액 : [매입매출전표]에서 54 : 불공으로 입력된 자료가 자동 반영

▶공통매입세액 면세사업 : 겸영사업자의 공통매입세액 중 안분계산하여 면세사업 해당하는 공급가액과 세액을 입력한다.

3. 경감 · 공제세액 등

경감 공제 세액	그밖의경감 · 공제세액	19			
	신용카드매출전표등발행공제계	20		[참고]	
	합계	21		⑭	
소규모 개인사업자 부가가치세 감면세액		22		⑮	
예정 신고미 환급세액		23		⑯	
예정 고지세액		24		⑰	
수시부과세액		25		⑱	
사업양수자가 대리납부한 세액		26		⑲	
매입자납부특례에따라납부한세액		27		⑳	
신용카드업자가 대리납부한 세액		28		㉑	
가산세액계		29		㉒	
차가감납부할세액(환급받을세액)(⑭-⑮-⑯-⑰-⑱-⑲-⑳-㉑-⑦+㉒		30			
총괄납부사업자 납부할세액 (환급받을세액)					

▶전자신고세액공제 : 5,000원(개정세법 26)

▶신용카드매출전표등발행공제 : 개인사업자만 대상이고, 신용카드영수증, 현금영수증 등의 발행금액(공급가액＋부가가치세액)을 입력

▶예정신고 미환급세액 : 예정신고에는 일반환급세액을 환급하여 주지 않으므로 확정신고시 환급세액을 입력

▶예정고지세액 : 해당 과세기간 중에 예정고지된 세액(개인사업자, 영세법인사업자)이 있는 경우 그 예정고지세액을 입력한다.

4. 가산세

구분			금액	세율	세액
29. 가산세 명세	사업자미등록	64		1%	
	세금계산서지연발급등	65		1%	
	세금계산서지연수취	66		0.5%	
	세금계산서미발급등	67		6쪽참조	
	전자세금계산서 지연전송	68		0.3%	
	전자세금계산서 미전송	69		0.5%	
	세금계산서합계표불성실	70		6쪽참조	
	신고불성실	72	0	6쪽참조	0
	납부지연	76		6쪽참조	
	영세율과세표준신고불성	77		0.5%	
	현금매출명세서미제출	78		1%	
	부동산임대명세서불성실	79		1%	
	매입자거래계좌미사용	80		6쪽참조	
	매입자거래계좌지연입금	81		6쪽참조	
	신용카드매출전표 등 수령 명세서 미제출·과다기재	82		0.5%	
	합계	83			

70.세금 계산서 합계표 불성실	미제출		0.5%	
	부실기재		0.5%	
	지연제출		0.3%	
	합계			

72.신고 불성실	무신고(일반)		6쪽참조	
	무신고(부당)		6쪽참조	
	과소·초과환급신고(일반)		6쪽참조	
	과소·초과환급신고(부당)		6쪽참조	
	합계			

▶세금계산서지연발급등 : 1%

▶세금계산서 미발급등 : 2%

☞ 전자세금계산서 발급의무자가 종이세금계산서 발급시 전자세금계산서 미발급가산세(1%)

▶전자세금계산 지연전송(0.3%), 미전송(0.5%)

▶신고불성실가산세
 - 기한후 신고 : 무신고(일반) : 20%,
 - 수정신고 : 과소 · 초과환급신고(일반) : 10%

▶납부지연가산세 : 미달납부세액의 2.2×(경과일수)/10,000

▶영세율과세표준신고불성실 : 0.5%

〈법정신고기한이 지난 후 수정신고시 가산세 감면〉

~1개월 이내	~3개월 이내	~6개월 이내	~1년 이내	~1년6개월 이내	~2년 이내
90%	75%	50%	30%	20%	10%

〈법정신고기한이 지난 후 기한후신고시〉

~1개월 이내	~3개월 이내	~6개월 이내
50%	30%	20%

5. 과세표준명세서

부가가치세신고서 작업화면 툴바의 [과표(F7)] (과표명세)를 클릭하면 국세환급금계좌신고, 폐업신고, 과세표준명세, 면세수입금액 입력화면이 나타난다.

▶신고구분 선택 : 예정·확정·영세율등 조기환급·기한후과세표준 중 유형을 선택한다.

▶과세표준 명세 : 과세표준은 도소매·제조·기타의 업태와 종목별로 나누어 입력하며(기초정보 관리에 입력한 사항이 자동반영), 코드도움은 F2에 의하여 입력한다.

▶수입금액 제외 : 고정자산매각, 직매장공급 등 소득세법상 수입금액에서 제외되는 금액을 입력

▶면세수입금액 : 면세되는 사업의 수입금액을 업태, 종목별로 구분하여 입력한다.

▶계산서 발급금액 : 발급한 계산서의 합계액을 입력

▶계산서 수취금액 : 발급받은 계산서의 합계액을 입력

 **부가가치세 예정신고 누락분의 확정신고**

자료1. 매출(제품)전자세금계산서 발급 목록

번호	작성일자	승인번호	발급일자	전송일자	상 호	공급가액	세액	전자세금계산서 종류
				매출전자(수정)세금계산서 목록				
1	20x1-3-17	생략	20x1-5-30	20x1-5-31	㈜목성	20,000,000	2,000,000	일반

자료2. 매입전자세금계산서 수취 목록

번호	작성일자	승인번호	발급일자	전송일자	상 호	공급가액	세액	전자세금계산서 종류
				매입전자(수정)세금계산서 목록				
1	20x1-3-30	생략	20x1-3-30	20x1-3-30	㈜토성	5,000,000	500,000	일반

자료3. 매입법인카드 내역

```
              카드매출전표
------------------------------------
카드종류 : 신한카드
회원번호 : 3254-3152-****-4**5
거래일시 : 20x1.3.21.  10 : 05 : 16
거래유형 : 신용승인
매    출 : 4,000,000원
부 가 세 :   400,000원
합    계 : 4,400,000원
결제방법 : 일시불
승인번호 : 13985915
은행확인 : 우리은행
====================================
가맹점명 : (주)수성마트
         -이 하 생 략 -
```

자료설명	㈜지구(1002)의 제1기 부가가치세 예정신고 시 누락한 매출 및 매입(카드등)매입 자료이다.
	1. 자료 1은 제품을 외상으로 매출하고 발급한 전자세금계산서이다.
	2. 자료 2는 원재료를 매입하고 발급받은 전자세금계산서이다.
	3. 자료 3의 신용카드 매입분은 공장 직원용 작업복이다.
	4. 위의 거래내용을 반영하여 제1기 부가가치세 확정신고서를 작성하려고 한다.
	3. 7월 25일 신고 및 납부하며, 신고불성실가산세는 일반과소신고에 의한 가산세율을 적용하고 미납일수는 91일, **1일 2.2/10,000로 한다.**
수행과제	1. 누락된 거래자료를 일반전표 및 매입매출전표에 입력하시오.
	(전자세금계산서 발급거래는 '전자입력'으로 입력한다)
	2. 가산세를 적용하여 제1기 부가가치세 확정신고서를 작성하시오.

해답

1. 매입매출전표입력(예정신고누락분)

☞ 기능모음(F11) ▼ 의 [예정누락]을 클릭하여 [예정신고누락분 신고대상월 : 4월(또는 5월이나 6월)]을 입력한다.

예정신고누락분 입력 ✕
예정신고누락분 신고대상월 : [ ]년 [04]월
현재 체크된 데이터가   1건이 존재합니다.
[삭제(F4)] [체크데이터보기(F6)] [확인(Tab)] [종료(Esc)]

① 3월 17일

거래유형	품명	공급가액	부가세	거래처	전자세금
11.과세	제품	20,000,000	2,000,000	㈜목성	전자입력
분개유형	(차) 외 상 매 출 금　　20,000,000원		(대) 제 품 매 출　　20,000,000원		
2.외상			부 가 세 예 수 금　　2,000,000원		

② 3월 30일

거래유형	품명	공급가액	부가세	거래처	전자세금
51.과세	원재료	5,000,000	500,000	㈜토성	전자입력
분개유형	(차) 원 재 료　　5,000,000원		(대) 외 상 매 입 금　　5,500,000원		
2.외상	부 가 세 대 급 금　　500,000원				

③ 3/21일

거래유형	품명	공급가액	부가세	거래처	전자세금
57.카과	작업복	4,000,000	400,000	㈜수성마트	–
분개유형	(차) 복리후생비(제)　　4,000,000원		(대) 미 지 급 금　　4,400,000원		
4.카드	부 가 세 대 급 금　　400,000원		(신 한 카 드)		

2. 확정신고서(4월1일~6월30일)

① 예정신고누락분 명세

		구분		금액	세율	세액
예정신고누락분명세	매출	과세	세금계산서 33	20,000,000	10/100	2,000,000
			기타 34		10/100	
		영세율	세금계산서 35		0/100	
			기타 36		0/100	
		합계	37	20,000,000		2,000,000
	매입	세금계산서	38	5,000,000		500,000
		그 밖의 공제매입세액	39	4,000,000		400,000
		합계	40	9,000,000		900,000

② 신고서

		구 분		금액	세율	세액
과세표준및매출세액	과세	세금계산서발급분	1	100,000,000	10/100	10,000,000
		매입자발행세금계산서	2		10/100	
		신용카드·현금영수증	3	200,000,000	10/100	20,000,000
		기타	4		10/100	
	영세	세금계산서발급분	5	300,000,000	0/100	
		기타	6	400,000,000	0/100	
	예정신고누락분		7	20,000,000		2,000,000
	대손세액가감		8			
	합계		9	1,020,000,000	㉕	32,000,000
매입세액	세금계산서수취부분	일반매입	10	110,000,000		5,000,000
		수출기업수입분납부유예	10-1			
		고정자산매입	11	70,000,000		7,000,000
	예정신고누락분		12	9,000,000		900,000
	매입자발행세금계산서		13			
	그밖의공제매입세액		14	80,000,000		8,000,000
	합계 (10-(10-1)+11+12+13+14)		15	269,000,000		20,900,000
	공제받지못할매입세액		16	70,000,000		7,000,000
	차감계 (15-16)		17	199,000,000	㉯	13,900,000
납부(환급)세액 (㉕매출세액-㉯매입세액)					㉰	18,100,000

3. 가산세

－세금계산서 발급시기

공급시기	발급기한	지연발급(1%)	미발급(2%)
3.17	~4.10	**4.11~7.25**	7.25까지 미발급시

〈매출매입신고누락분 – 전자세금계산서 지연발급〉

구 분			공급가액	세액
매출	과세	세 금(전자)	**20,000,000(지연발급)**	2,000,000
		기 타		
	영세	세 금(전자)		
		기 타		
매입	세금계산서 등		5,000,000＋4,000,000	900,000
미달신고(납부)⇒신고/납부지연 가산세				1,100,000

1. 전자세금계산서 지연발급(1%)	**20,000,000**×1% = 200,000원
2. 신고불성실(일반과소신고 10%)	**1,100,000**×10%×(1 – 75%) = 27,500원 * 예정신고분을 확정신고시 75% 감면
3. 납부지연	**1,100,000**×91일×2.2(가정)/10,000 = 22,022원
계	249,522원

가산세명세 ✕

	구분		금액	세율	세액
25. 가산세 명세	사업자미등록	61		1%	
	세금계산서지연발급등	62	20,000,000	1%	200,000
	세금계산서지연수취	63		0.5%	
	세금계산서미발급등	64		뒤쪽참조	
	전자세금계산서 지연전송	65		0.3%	
	전자세금계산서 미전송	66		0.5%	
	세금계산서합계표불성실	**67**		뒤쪽참조	
	신고불성실	**69**	1,100,000	뒤쪽참조	27,500
	납부지연	73	1,100,000	뒤쪽참조	22,022
	영세율과세표준신고불성	74		0.5%	
	현금매출명세서미제출	75		1%	
	부동산임대명세서불성실	76		1%	
	매입자거래계좌미사용	77		뒤쪽참조	
	매입자거래계좌지연입금	78		뒤쪽참조	
	신용카드매출전표 등 수령 명세서 미제출·과다기재	79		0.5%	
	합계	**80**			249,522

67. 세금 계산서 합계표 불성실	미제출		0.5%	
	부실기재		0.5%	
	지연제출		0.3%	
	합계			

69. 신고 불성실	무신고(일반)		뒤쪽참조	
	무신고(부당)		뒤쪽참조	
	과소·초과환급신고(일반)	1,100,000	뒤쪽참조	27,500
	과소·초과환급신고(부당)		뒤쪽참조	
	합계	1,100,000		27,500

─미납일수 계산

당초납부기한	납부일	미납일수
4월25일	7월 25일	91일

 **예제** 확정신고누락분의 수정신고

자료1. 매출(제품) 전자세금계산서 발급 목록

매출전자(수정)세금계산서 목록								
번호	작성일자	승인 번호	발급일자	전송일자	상 호	공급가액	세액	전자세금 계산서 종류
1	20x11130	생략	20x20130	20x20131	㈜천왕성	6,000,000	600,000	일반

자료 2. 제품수출거래 누락 목록

선적일	수출신고일	대금입금	외화금액	적용환율			거래처
				선적일	수출신고일	대금입금일	APPLE. CO
20x1.12.30	20x1.12.24	20x1.12.10 전액환가	USD 10,000	₩1,200/$	₩1,150/$	₩1,100/$	

자료설명	㈜지구(1002)의 제2기 부가가치세 확정신고시 누락된 매출 내역이다. 1. 매입매출전표에 거래자료를 입력하고 가산세를 반영하여 제2기 부가가치세 확정 수정신고서(수정차수 1)를 작성하려고 한다. 2. 20x2년 2월 19일에 수정신고 및 추가 납부하며, 신고불성실가산세는 일반과소신고에 의한 가산세율을 적용하고 미납일수는 25일, **1일 2.2/10,000로 가정한다.**
수행과제	1. 작성일자로 거래자료를 입력하시오. 자료 1의 거래는 외상이며, '전자입력'으로 처리한다. 자료 2의 거래는 **부가가치세법에 의해 계산된 과세표준으로 처리**한다. 2. 제2기 부가가치세 확정신고에 대한 수정신고서를 작성하시오.

해답

1. 매입매출전표입력

① 11월 30일

거래유형	품명	공급가액	부가세	거래처	전자세금
11.과세	제품	6,000,000	600,000	㈜천왕성	전자입력
분개유형	(차) 외상매출금	6,600,000원	(대) 제품매출		6,000,000원
2.외상			부가세예수금		600,000원

② 12월 30일

거래유형	품명	공급가액	부가세	거래처	전자세금
16.수출	제품	11,000,000원	0	APPLE.Co	
분개유형	(차) 선수금		11,000,000원 (대) 제품매출		11,000,000원
3.혼합					

☞ 12월 10일 일반 전표 확인 후 회계처리(공급시기전 외화 수령 후 환가시 환가한 금액이 부가세법상 과세표준임)

2. 부가가치세 신고서(10~12월, 수정신고. 1차)

상단의 새로불러오기 를 클릭하여 추가 입력된 매입매출전표를 불러온다.

		수정전				**수정후**	
구 분		금액	세율	세액	No	금액	세율	세액

		구 분		금액	세율	세액	No	금액	세율	세액
과세표준및매출세액	과세	세금계산서발급분	1	100,000,000	10/100	10,000,000	1	106,000,000	10/100	10,600,000
		매입자발행세금계산서	2		10/100		2		10/100	
		신용카드.현금영수증	3	200,000,000	10/100	20,000,000	3	200,000,000	10/100	20,000,000
		기타	4		10/100		4		10/100	
	영세	세금계산서발급분	5	300,000,000	0/100		5	300,000,000	0/100	
		기타	6	400,000,000	0/100		6	411,000,000	0/100	
		예정신고누락분	7				7			
		대손세액가감	8				8			
		합계	9	1,000,000,000	㉮	30,000,000	9	1,017,000,000	㉮	30,600,000
매입세액	세금계산서수취부분	일반매입	10	110,000,000		5,000,000	10	110,000,000		5,000,000
		고정자산매입	11	70,000,000		7,000,000	11	70,000,000		7,000,000
	예정신고누락분		12				12			
	매입자발행세금계산서		13				13			
	그밖의공제매입세액		14	80,000,000		8,000,000	14	80,000,000		8,000,000
	합계 (10+11+12+13+14)		15	260,000,000		20,000,000	15	260,000,000		20,000,000
	공제받지못할매입세액		16	70,000,000		7,000,000	16	70,000,000		7,000,000
	차감계 (15-16)		17	190,000,000	㉯	13,000,000	17	190,000,000	㉯	13,000,000
납부(환급)세액 (㉮매출세액-㉯매입세액)					㉰	17,000,000			㉰	17,600,000

3. 가산세 계산

☞세금계산서 발급시기

공급시기	발급기한	지연발급(1%)	미발급(2%)
11/30	~12.10	**12.11~익년도 1.25**	**익년도 1.25까지**

〈매출매입신고누락분-전자세금계산서 미발급 및 지연발급〉

구 분			공급가액	세액
매출	과세	세 금(전자)	<u>6,000,000(미발급)</u>	600,000
		기 타		
	영세	세 금(전자)		
		기 타	<u>11,000,000(영세율)</u>	
매입	세금계산서 등			
미달신고(납부)⇒ 신고/납부지연				600,000

1. 전자세금계산서미발급(2%)	$6,000,000 \times 2\% = 120,000$원
2. 신고불성실(일반과소 10%)	$600,000 \times 10\% \times (1-90\%) = 6,000$원 * 1개월이내 수정신고시 90% 감면
3. 납부지연	$600,000 \times 25$일 $\times 2.2$(가정)$/10,000 = 3,300$원
4. 영세율과세표준신고불성실	$11,000,000 \times 0.5\% \times (1-90\%) = 5,500$원 * 1개월이내 수정신고시 90% 감면
계	134,800원

가산세명세

수정전

	구분		금액	세율	세액
	사업자미등록	61		1%	
	세금계산서지연발급등	62		1%	
	세금계산서지연수취	63		0.5%	
	세금계산서미발급등	64		뒤쪽참조	
	전자세금계산서 지연전송	65		0.3%	
	전자세금계산서 미전송	66		0.5%	
	세금계산서합계표불성실	67		뒤쪽참조	
25 가산세 명세	신고불성실	69		뒤쪽참조	
	납부지연	73		뒤쪽참조	
	영세율과세표준신고불성	74		0.5%	
	현금매출명세서미제출	75		1%	
	부동산임대명세서불성실	76		1%	
	매입자거래계좌미사용	77		뒤쪽참조	
	매입자거래계좌지연입금	78		뒤쪽참조	
	신용카드매출전표 등 수령 명세서 미제출·과다기재	79		0.5%	
	합계	80			

67.세금 계산서 합계표 불성실	미제출		0.5%	
	부실기재		0.3%	
	지연제출		0.5%	
	합계			

69.신고 불성실	무신고(일반)		뒤쪽참조	
	무신고(부당)		뒤쪽참조	
	과소·초과환급신고(일반)		뒤쪽참조	
	과소·초과환급신고(부당)		뒤쪽참조	
	합계			

수정후

	구분		금액	세율	세액
	사업자미등록	61		1%	
	세금계산서지연발급등	62		1%	
	세금계산서지연수취	63		0.5%	
	세금계산서미발급등	64	6,000,000	뒤쪽참조	120,000
	전자세금계산서 지연전送	65		0.3%	
	전자세금계산서 미전송	66		0.5%	
	세금계산서합계표불성실	67		뒤쪽참조	
25 가산세 명세	신고불성실	69	600,000	뒤쪽참조	6,000
	납부지연	73	600,000	뒤쪽참조	3,300
	영세율과세표준신고불성	74	11,000,000	0.5%	5,500
	현금매출명세서미제출	75		1%	
	부동산임대명세서불성실	76		1%	
	매입자거래계좌미사용	77		뒤쪽참조	
	매입자거래계좌지연입금	78		뒤쪽참조	
	신용카드매출전표 등 수령 명세서 미제출·과다기재	79		0.5%	
	합계	80			134,800

67.세금 계산서 합계표 불성실	미제출		0.5%	
	부실기재		0.5%	
	지연제출		0.3%	
	합계			

69.신고 불성실	무신고(일반)		뒤쪽참조	
	무신고(부당)		뒤쪽참조	
	과소·초과환급신고(일반)	600,000	뒤쪽참조	6,000
	과소·초과환급신고(부당)		뒤쪽참조	
	합계	600,000		6,000

−미납일수 계산

당초납부기한	납부일	미납일수
1월25일	2월 19일	25일

4. 차가감납부할 세액 : 17,734,800원

 **기한후 신고서**

자료1. 매출(제품)전자세금계산서 발급 목록

번호	\multicolumn{8}{c}{매출전자(수정)세금계산서 목록}

번호	작성일자	승인번호	발급일자	전송일자	상호	공급가액	세액	전자세금계산서종류
1	20x1.11.12.	생략	20x1.12.10.	20x2.01.10.	(주)해왕성	10,000,000	1,000,000	일반

자료2. 매입(원재료)전자세금계산서 수취 목록

번호	작성일자	승인번호	발급일자	전송일자	상호	공급가액	세액	전자세금계산서종류
1	20x1.11.16.	생략	20x1.11.16.	20x1.11.17.	(주)천왕성	5,000,000	500,000	일반

자료설명	지구(주)(1003)의 제2기 부가가치세 확정신고기간 동안의 제품매출 및 원재료매입 자료이다. 회사는 제2기 부가가치세 확정신고를 기한(1월 25일) 내에 하지 못하여 1월 31일에 기한후 신고로 신고·납부하려고 한다.
수행과제	1.작성일자로 거래자료를 입력하시오. 　(모든 거래는 외상으로 처리하며, 전자세금계산서 발급거래는 "전자입력"으로 처리한다.) 2.가산세를 적용하여 제2기 부가가치세 확정신고서를 작성하시오. 　–과세표준명세의 "신고구분"과 "신고년월일"을 기재할 것 　–신고불성실가산세는 일반 무신고에 의한 가산세율을 적용하고 미납일수는 6일, 　　<u>1일 2.2/10,000</u>로 한다.

해답

1. 매입매출전표입력

① 11월 12일

거래유형	품명	공급가액	부가세	거래처	전자세금
11.과세	제품	10,000,000	1,000,000	(주)해왕성	전자입력
분개유형	(차) 외상매출금	\multicolumn{2}{l}{11,000,000원 (대) 제품매출}		10,000,000원
2.외상				부가세예수금	1,000,000원

② 11월 16일

거래유형	품명	공급가액	부가세	거래처	전자세금
51.과세	원재료	5,000,000	500,000	(주)천왕성	전자입력
분개유형	(차) 원재료	5,000,000원	(대) 외상매입금		5,500,000원
2.외상	부가세대급금	500,000원			

2. 부가가치세 신고서(10~12월,정기신고)

구 분				금액	세율	세액
과세표준및매출세액	과세	세금계산서발급분	1	10,000,000	10/100	1,000,000
		매입자발행세금계산서	2		10/100	
		신용카드.현금영수증	3		10/100	
		기타	4		10/100	
	영세	세금계산서발급분	5		0/100	
		기타	6		0/100	
	예정신고누락분		7			
	대손세액가감		8			
	합계		9	10,000,000	㉮	1,000,000
매입세액	세금계산서수취부분	일반매입	10	5,000,000		500,000
		수출기업수입분납부유예	10-1			
		고정자산매입	11			
	예정신고누락분		12			
	매입자발행세금계산서		13			
	그밖의공제매입세액		14			
	합계 (10-(10-1)+11+12+13+14)		15	5,000,000		500,000
	공제받지못할매입세액		16			
	차감계 (15-16)		17	5,000,000	㉯	500,000
납부(환급)세액 (㉮매출세액-㉯매입세액)					㉰	500,000

3. 가산세 계산

☞ 세금계산서 발급 및 전송

공급시기	발급기한	지연발급(1%)	미발급(2%)
11.12	~12.10	**12.11~익년도 1.25**	익년도 1.25까지 미발급시

발급시기	**전송기한**	**지연전송(0.3%)**	미전송(0.5%)
12.10	**~12.11**	**12.12~익년도 1.25**	익년도 1.25까지미전송시

〈매출매입신고누락분 – 전자세금계산서 지연전송〉

구 분			공급가액	세액
매출	과세	세 금(전자)	10,000,000(지연전송)	1,000,000
		기 타		
	영세	세 금(전자)		
		기 타		
매입	세금계산서 등		5,000,000	500,000
미달신고(납부) ⇒ 신고, 납부지연				500,000

1. 전자세금계산서 지연전송	10,000,000 × 0.3% = 30,000원
2. 신고불성실(무신고 20%)	500,000 × 20% × 50%(감면) = 50,000원 * 1개월 이내 기한후 신고시 50% 감면
3. 납부지연	500,000 × 6일 × 2.2(가정0/10,000 = 660원
계	80,660원

—가산세 입력

	구분		금액	세율	세액
25. 가산세 명세	사업자미등록	61		1%	
	세금계산서지연발급등	62		1%	
	세금계산서지연수취	63		0.5%	
	세금계산서미발급등	64		뒤쪽참조	
	전자세금계산서 지연전송	65	10,000,000	0.3%	30,000
	전자세금계산서 미전송	66		0.5%	
	세금계산서합계표불성실	67		뒤쪽참조	
	신고불성실	69	500,000	뒤쪽참조	50,000
	납부지연	73	500,000	뒤쪽참조	660
	영세율과세표준신고불성	74		0.5%	
	현금매출명세서미제출	75		1%	
	부동산임대명세서불성실	76		1%	
	매입자거래계좌미사용	77		뒤쪽참조	
	매입자거래계좌지연입금	78		뒤쪽참조	
	신용카드매출전표 등 수령 명세서 미제출·과다기재	79		0.5%	
	합계	80			80,660

67.세금 계산서 합계표 불성실	미제출		0.5%	
	부실기재		0.5%	
	지연제출		0.3%	
	합계			

69.신고 불성실	무신고(일반)	500,000	뒤쪽참조	50,000
	무신고(부당)		뒤쪽참조	
	과소·초과환급신고(일반)		뒤쪽참조	
	과소·초과환급신고(부당)		뒤쪽참조	
	합계	500,000		50,000

4. 차가감납부할 세액 : 580,660원

5. 과세표준 명세

화면 상단의 "과표"를 클릭하면 과세표준명세 입력창이 나타난다. **"신고구분"에서 "4.기한후과세표준"을, "신고연월일"에 "20x2-01-31"을** 기입한 후 "확인"을 클릭하면 부가가치세 신고서에 "기한후신고"라는 표시가 나타난다.

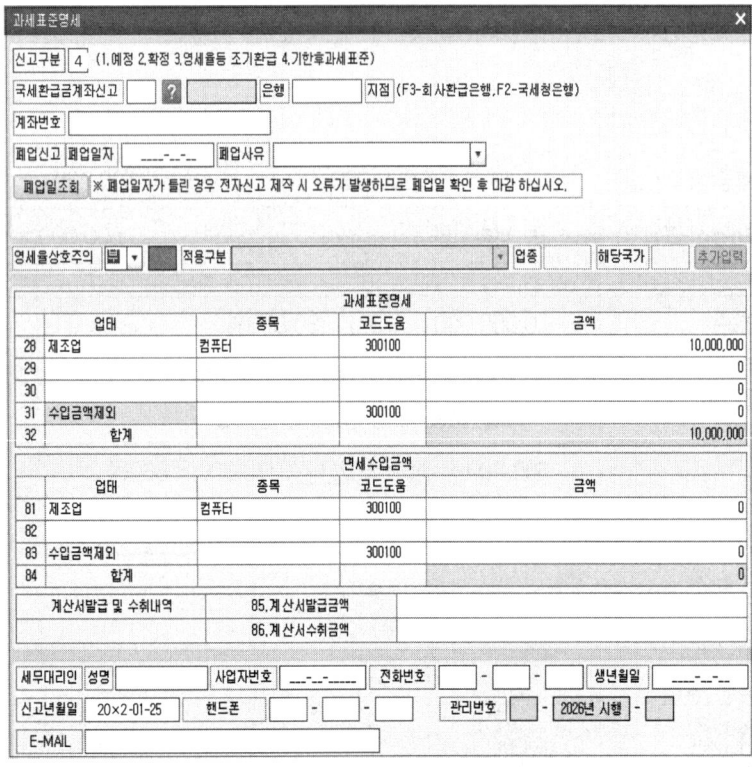

Chapter 03

원천징수 관리

주요 서식	내 용
1. 사원등록	**- 인적공제사항**
2. 급여자료입력	- 수당 및 공제등록 - 매월 급여자료 입력 및 공제금액 자동계산/ 일용근로소득
3. 연말정산자료 입력	**- 계속근무자의 연말정산**
4. 퇴직,금융,기타,사업소득 입력	
5. 원천징수이행상황신고서	- 수정신고

01 STEP 사원등록 및 급여자료 입력

기초사항 | 관리사항   중소감면업체 구 분: 0.전체 ▼ 정 렬: 1. 코 드 ▼

1. 입 사 년 월 일 [ ] 년 [ ] 월 [ ] 일 [?]	국적 [ ] [?] [ ]	체류자격 [ ] [?] [ ]
2. 내 / 외 국 인 구 분 [ ] [ ]	3. 거 주 지 국 [ ] [?] [ ]	
4. [▼] 번 호 ------------	5. 단 일 세 율 적 용 여 부 [ ]	
6. 거 주 구 분 [ ]	7. 급 여 구 분 [▼] 임금 [0] 원	
8. 산 재 보 험 적 용 여 부 [ ]	9. 국 민 연 금 보 수 월 액 [ ] [ ]	
10. 건 강 보 험 보 수 월 액 [ ] [ ]	11. 건 강 보 험 료 경 감 여 부 [ ][ ] 경감율 [ ] %	
12. 고 용 보 험 보 수 월 액 [ ] [ ]	13. 고 용 보 험 적 용 여 부 [ ] (대표자 [ ])	
14. 장 기 요 양 보 험 적 용 여 부 [ ] 경감율 [ ] %	15. 건 강 보 험 증 번 호 [ ]	
16. 국 외 근 로 적 용 여 부 [ ]	17. 선 원 여 부 [ ]	18. 생 산 직 등 여 부 [ ] 연장근로비과세 [ ]
19. 주 소 [?] [ ]		
(상 세 주 소) [ ]		
20. 퇴 사 년 월 일 [ ] 년 [ ] 월 [ ] 일 [?]	20. 이 월 여 부 [ ]	

● 부 양 가 족 명 세

연말정산관계	기본	세대	부녀	장애	경로 70세	출산 입양	자녀	한부모	성명	주민(외국인)번호	가족관계

1. 기초자료등록

① 5. 단일세율적용(0.부, 1.여)

외국인근로자가 국내에서 근무함으로써 받는 근로소득에 대해 19%의 단일세율을 적용한 세액으로 할 수 있다.

② 9.국민연금 보수월액 10.건강보험보수월액 12.고용보험보수월액

기준소득월액(보수월액)등을 입력하면 국민연금 등이 자동 계산된다.

③ 16.국외근로소득유무

일반적인 근로소득일 경우 1. 100만원 비과세를 원양어선, 해외건설근로자인 경우 2. 500만원 비과세를 선택한다.

④ 18.생산직여부, 연장근로비과세

생산직일 경우 연장근로 비과세적용(직전연도 총급여액이 3,700만원 이하인 경우)시 반드시 구분표시한다.

⑤ 20.퇴사년월일

사원이 퇴사한 경우 해당 연·월·일을 입력한다.

중도퇴사자인 경우 반드시 퇴사일을 입력하고 연말정산을 하여야 한다.

2. 부양가족명세

① 연말정산관계

F2 로 조회하여 소득자 본인과의 관계를 선택한다.

코드	연말정산 관계
1	소득자의 직계존속
2	배우자의 직계존속
3	배우자
4	자녀,손자녀,입양자
5	장애인 직계비속의 장애인 배우자
6	형제자매
7	수급자(1-6 제외)
8	기타(위탁아동)

연말정산 관계 코드도움 ✕

② 기본

0.부는 부양가족 중 기본공제대상자가 아닌 자를 선택한다.

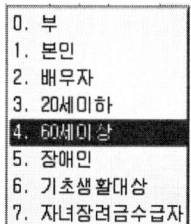

0. 부
1. 본인
2. 배우자
3. 20세이하
4. 60세이상
5. 장애인
6. 기초생활대상
7. 자녀장려금수급자

③ 세대주, 부녀자공제, 한부모소득공제

본인에 대해서 해당 여부를 선택한다.

④ 장애인공제, 경로우대공제

기본공제대상자중 추가공제 또는 세액공제 대상이 되면 "1"을 입력하고, 하단에 추가공제 또는 세액공제가 항목별로 집계된다. **장애인 공제대상일 경우 1.장애인복지법에 따른 장애인 2.국가유공자등 근로능력 없는 자 3.항시 치료를 요하는 중증환자중 하나를** 선택한다. 직계비속이면서 위탁자 관계가 자녀이면 자녀세액공제가 자동으로 반영된다.

⑤ 자녀세액공제

8세 이상 자녀에 대해서 자녀세액공제를 선택한다.

⑥ **출산입양세액공제**

첫째 30만원 둘째 50만원 셋째이상 70만원 세액공제가 되므로 출산입양세액공제 적용시 선택한다.

⑦ 연말정산관계를 선택하면 가족 관계는 자동 입력되나, 수정할 사항이 있으면 F2를 이용해서 본인과의 관계를 입력한다.

코드	가족관계
02	배우자
03	부
04	모
05	자녀
06	며느리
07	남편(구)
08	사위
10	시부

☞ TAT2급(원천징수-사원등록) 입력사항을 참고하십시오.

 **예제** 따라하기 **사원등록(인적공제)**

㈜지구(1002)을 선택하여 다음 자료에 의하여 사원등록을 하시오.

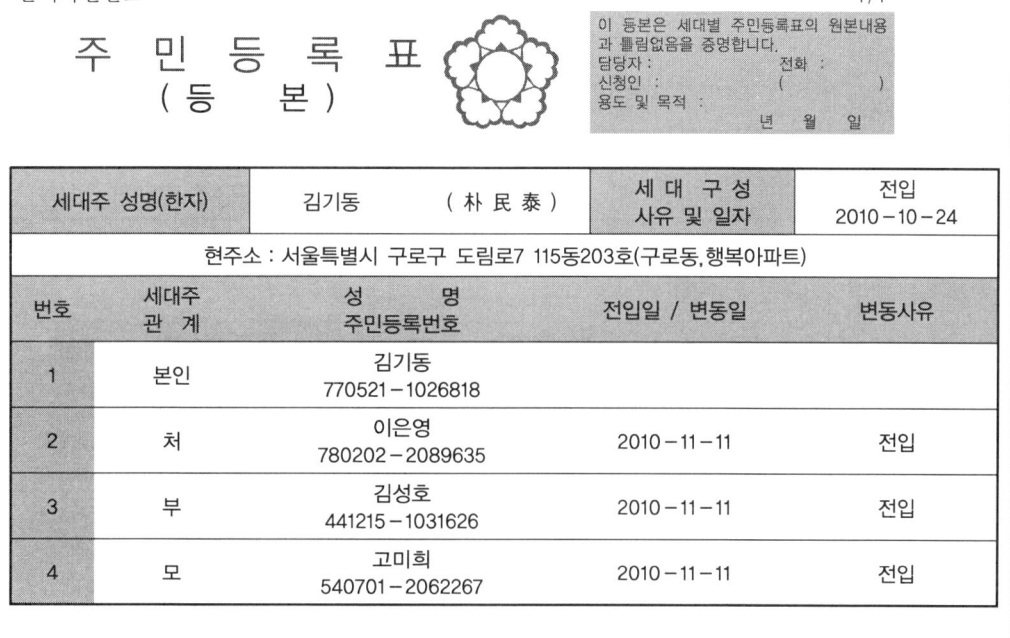

| 문서확인번호 | | | | | | 1/1 |

주 민 등 록 표
(등   본)

이 등본은 세대별 주민등록표의 원본내용
과 틀림없음을 증명합니다.
담당자 :   전화 :
신청인 :   (   )
용도 및 목적 :
년   월   일

세대주 성명(한자)	김기동 (朴 民 泰)	세 대 구 성 사 유 및 일 자	전입 2010 - 10 - 24

현주소 : 서울특별시 구로구 도림로7 115동203호(구로동, 행복아파트)

번호	세대주 관 계	성 명 주민등록번호	전입일 / 변동일	변동사유
1	본인	김기동 770521 - 1026818		
2	처	이은영 780202 - 2089635	2010 - 11 - 11	전입
3	부	김성호 441215 - 1031626	2010 - 11 - 11	전입
4	모	고미희 540701 - 2062267	2010 - 11 - 11	전입

자료설명	2010년 1월 1일에 입사한 생산직사원 김기동의 주민등록표이다. 1. 본인 김기동은 항시 치료를 요하는 중증환자이다. 2. 배우자 이은영의 총급여액은 5,500,000원이다. 3. 부 김성호는 상장주식의 배당소득 19,000,000원이 있다. 4. 모 고미희의 일시적인 강연료 2,000,000원이 있다.
수행과제	사원등록메뉴에서 김기동(사원코드 1001번)의 부양가족명세를 수정하시오.

(해답)

1. 인적공제 판단

세법상연령 = 연말정산연도 − 출생연도

가족	요 건		기본 공제	추가공제 /세액공제	판 단
	연령	소득			
본인	−	−	○	장애(3)	
처(이은영)	−	×	부		**총급여액 5백만원 초과자**
부(김성호)(82)	○	○	○	경로	금융소득 2천만원 이하자
모(고미희)(72)	○	○	○	경로	일시적인 강연료는 필요경비 60%인정 기타소득으로서 소득금액 1백만원 이하자

2. 사원등록(부양가족명세 수정)

	연말정산관계	기본	세 대	부 녀	장 애	경로 70세	출산 입양	자녀	한부모	성명	주민(외국인)번호	가족관계
1	0.본인	본인	○		3					김기동	내 770521-1026818	
2	3.배우자	부								이은영	내 780202-2089638	02.배우자
3	1.(소)직계존속	60세이상				○				김성호	내 441215-1031628	03.부
4	1.(소)직계존속	60세이상				○				고미희	내 540701-2062267	04.모
5												
	합 계 4명		3		1	2						

3. 수당 및 공제등록

(1) 수당등록

수당등록은 급여자료를 입력하기 전에 먼저 수행해야 할 작업으로 최초 월 급여 지급 전에 등록하고 수시로 변경할 수 있다. 화면 상단의 [수당/공제등록] 클릭하면 다음과 같은 수당등록 박스가 나타난다.

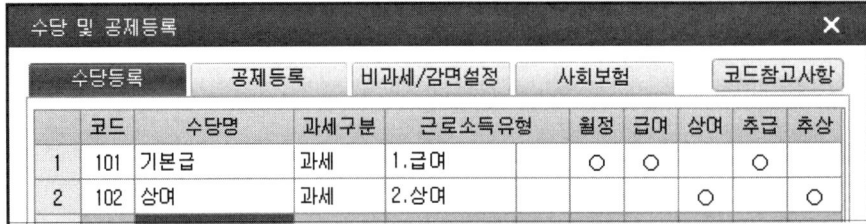

① 수당명 : 회사에서 지급하는 각종 수당들의 항목을 입력한다. 등록되어 있다.

② 과세구분 : 지급과목명이 소득세법상 근로소득에 해당하면 "1"을, 비과세 근로소득에 해당하면 "2"를, 감면소득일 경우 "3"을 선택한다.

　2.비과세를 선택한 경우에는 비과세코드도움을 보고 항목을 선택한다.

코드	비과세/감면항목	코드
1	연장근로	001
2	식대	P01
3	자가운전	H03
5	취재수당	H11
6	승선수당	H05
7	보육수당	Q02
9	국외등근로(건설지원업무 등)	M01
10	국외근로(원양선박,건설설계감리직등)	M04
11	육아/산전후휴가	E01

과세구분에서 1.과세를 선택한 경우에는 해당코드를 선택한다.

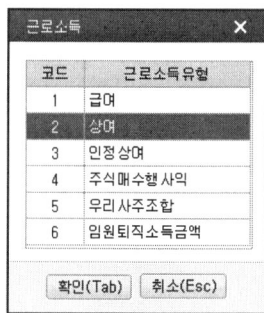

③ 월정액은 정기적으로 지급되면 1.정기를 선택하고, 부정기적으로 지급하면 2.부정기를 선택하면 된다. 그리고 사용여부를 체크한다.

(2) 공제등록

① 공제항목명을 입력한다.

② 공제소득유형은 공통코드도움을 받아 선택하거나 직접 입력한다.

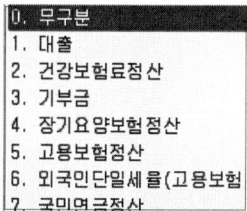

③ <u>노동조합비는 공제소득유형을 3.기부금으로 설정하여야 기부금 명세서에 자동반영된다.</u>

4. 급여자료 입력

[급여자료입력]은 상용 근로자의 각 월별 급여자료 및 상여금 입력 메뉴이다. 입력한 데이터는 [원천징수이행상황신고서]에 반영된다.

(1) 귀속년월

지급하는 급여 및 상여의 귀속 월을 입력한다. 만일 3월급여가 4월에 지급받은 경우 귀속연월은 실제 근로를 제공한 달인 3월이 되는 것이다. 그리고 지급연월은 4월로 입력해야 한다.

(2) 지급연월일 : 지급하는 급여의 지급연월일을 입력한다.

☞ TAT2급(원천징수 – 급여자료 입력) 입력사항을 참고하십시오.

 **급여자료입력**

㈜지구(1002)을 선택하여 요구사항에 답하시오.

자료1. 1월 급여자료

(단위 : 원)

사원	기본급	자가운전보조금	식대보조금	보육수당	국외근로수당	자격증수당	직책수당
김기리 (사무직)	3,000,000	200,000	200,000	100,000	1,500,000	200,000	300,000
노동조합비(공제) : 50,000원							

자료2. 수당 및 공제내역

구분	코드	수당 및 공제명	내 용
수당등록	101	기본급	설정된 그대로 사용한다.
	102	상여	
	200	자가운전보조금	**회사명의의 차량을** 직접 운전하여 업무상 이용하고 있다.
	201	식대보조금	매월 고정적으로 지급하고 있으며 별도의 음식물은 제공하지 않는다.
	202	보육수당	6세 이하의 자녀가 있는 경우 자녀보육비로 매월 고정비를 지급하고 있다.
	203	국외근로수당	해외지사에 근무하는 사원에 대하여 지급하고 있다.
	204	자격증수당	업무관련 자격증을 취득자에 지급하고 있다.
	205	직책수당	직책에 따라 차등으로 지급하고 있다.
공제등록	506	노동조합비	연말정산시 기부금명세서에 자동반영되도록 한다.

자료설명	1. 수당 및 공제등록을 설정하여 급여 입력시 반영하고자 한다. 2. 수당등록시 비과세소득은 소득세법에 기준하여 설정한다.(자료에 제시된 수당 및 공제명으로 등록할 것) 3. 사회보험(국민연금 150,000원 입력)은 자동 계산된 금액으로 공제한다.
수행과제	1. [급여자료입력] 메뉴에서 수당등록을 설정하시오. 2. 1월 급여자료를 등록하시오. 급여지급일은 매월 말일이다.

해답

1. 수당의 과세판단 및 수당/공제등록

		판 단	과세여부
200	자가운전보조금	회사명의 차량이용시 지급하는 자가운전보조금은 과세.	과세
201	식대보조금	현물식사를 제공하지 않으므로 비과세요건 충족	비과세
202	보육수당	6세 이하 자녀보육비이므로 비과세 요건 충족 (월 20만원 이내)	비과세
203	국외 근로수당	국외근로수당에 대하여 100만원 한도 비과세소득 **김기리의 기초자료 등록탭에서 16.국외근로적용** **여부 "1. 100만원 비과세"로 변경한다.**	비과세
204	자격수당	과세소득	과세
205	직책수당		과세

수당등록 | 공제등록 | 비과세/감면설정 | 사회보험 | 코드참고사항

	코드	수당명	과세구분	근로소득유형		구분	월정	급여	상여	추급	추상
1	101	기본급	과세	1.급여		매월	○	○		○	
2	102	상여	과세	2.상여		부정기			○		○
3	200	자가운전보조금	과세	1.급여		매월	○	○		○	
4	201	식대보조금	비과세	2.식대	P01	매월	○	○		○	
5	202	보육수당	비과세	7.보육수당	Q02	매월	○	○		○	
6	203	국외근로수당	비과세	9.국외등근로(건설지원	M01	매월	○	○		○	
7	204	자격수당	과세	1.급여		매월	○	○		○	
8	205	직책수당	과세	1.급여		매월	○	○		○	

수당등록 | **공제등록** | 비과세/감면설정 | 사회보험

	코드	공제항목명	공제소득유형	급여	상여	추급	추상
1	501	국민연금	0.무구분	○		○	
2	502	건강보험	0.무구분	○		○	
3	503	고용보험	0.무구분	○	○	○	○
4	504	장기요양보험료	0.무구분	○		○	
5	505	학자금상환액	0.무구분	○		○	
6	903	농특세	1.사용안함	○	○	○	○
7	600	노동조합비	3.기부금	○			

2. 급여자료 입력(귀속년월 : 1월 지급일 : 1월 31일)

−비과세 = **식대(200,000)**+보육(양육)수당(100,000)+국외근로소득(1,000,000)

= 1,300,000원

급여항목	지급액	공제항목	공제액
기본급	3,000,000	국민연금	150,000
자가운전보조금	200,000	건강보험	106,350
식대보조금	200,000	고용보험	37,800
보육수당	100,000	장기요양보험료	13,620
국외근로수당	1,500,000	노동조합비	50,000
자격수당	200,000	소득세	222,660
직책수당	300,000	지방소득세	22,260
과 세	4,200,000		
제출 비과세	1,300,000		
미제출비과세			
감면 소득		공제액 계	602,690
지급액 계	5,500,000	차인지급액	4,897,310

☞ **소득세와 4대보험료 등은 자동계산됩니다.**

 연말정산

1. 중도퇴사자의 연말정산

1. 퇴사 처리(사원등록)
2. 급여자료 입력 후 중도퇴사자 정산
3. 연말정산근로소득원천징수영수증
4. 원천징수상황이행신고서

2. 계속근무자의 연말정산(연말정산 근로소득 원천징수영수증)

① 상단의 전사원(F7) 계속근무자를 불러와서 연말정산대상 사원을 선택한다.

② [중도]는 중도퇴사자를 [연말]은 계속근무자의 연말정산을 할 경우 클릭한다.

③ [정산명세]에 의료비, 교육비, 보험료 항목등 직접 입력이 불가한 항목은 다른 탭에서 입력한다. [의료비][신용카드][기부금]를 입력하면 [소득공제]에 반영되고, 최종 [정산명세]에 반영된다. 보장성보험료, 교육비는 [소득공제]에 입력하여야 [정산명세]에 반영되어 연말정산이 완료된다.

④ 정산연월 및 귀속기간

계속근무자의 연말정산은 다음해 2월 급여지급일이다. **중도퇴사자의 경우에는 퇴직한 달의 급여를 지급한 월이 표시**된다.

귀속기간은 해당연도에 입사하거나 퇴사한 경우 [사원등록]에서 입력한 입사연월과 퇴사 연월이 자동 반영된다. 계속근로자의 경우 매년 1월 1일부터 12월 31일까지이고 영수일자는 다음연도 2월 말일이다.

(1) 소득명세입력

현 근무지 소득은 급여자료에서 자동 반영되어 집계된다.

정산명세	소득명세	소득공제	의료비	기부금	신용카드	연금/저축	월세액공제
구분/항목		계	1월	2월	3월		4월
근무처명							
사업자등록번호(숫자10자리입력)							

전근무지 소득을 입력하기 위해서는 상단의 [종전근무지입력]를 클릭하여 원천징수내역을 입력한다.

정산명세	소득명세	소득공제	의료비	기부금	신용카드	연금/저축	월세액공제
구분/항목		계	1말	종전1	종전2		종전3
근무처명							
사업자등록번호(숫자10자리입력)							
13.급여		48,000,000					
14.상여		1,000,000					

종전 근무지 세액명세에는 종전 근무지 원천징수영수증의 결정세액을 입력해야 한다.

(2) 소득공제명세

사원등록에서 등록된 부양가족이 자동적으로 반영되고, 직접 입력(보험료, 교육비)도 가능하나, **[의료비], [기부금], [신용카드]는 별도 탭에서 입력하여야 하면 자동적으로 반영된다.**

부양가족에 대한 소득공제 및 세액공제항목등은 국세청신고분과 기타분을 구분하여 입력한다.

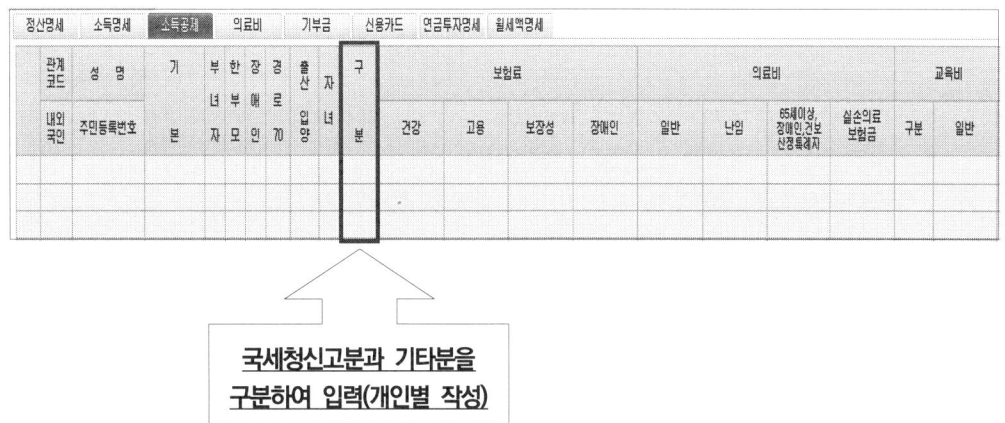

국세청신고분과 기타분을
구분하여 입력(개인별 작성)

(3) 의료비명세

지 급 내 역 ※ 의료비지출액 합계금액에서 실손의료보험금 합계금액을 차감하여 공제대상금액에 반영합니다.													
공제대상자					지급처			지급명세			난임시술비 해당 여부	중증질환 결핵환자등	산후조리원 해당여부 (7천만원이 하)
부양가족 관계코드	성명	내 외	주민등록번호	본인등 해당여부	상호	사업자번호	의료증빙 코 드	건수	지급액	실손의료보험금			

① 공제대상자는 F2(코드도움)을 받아 입력한다.

② 특정의료비(본인, 장애, 6세 이하, 65세 이상, 중증환자 등)일 경우 본인등 해당여부에 1.○을 입력한다.

③ 지급처를 입력하고 의료비증빙코드를 선택한다.

④ 지급명세에 지급액 총액과 보전받은 실손의료보험금이 있을 경우 입력한다.

⑤ 난임시술비, 중증질환자, 산후조리원 등 해당여부를 선택한다.

(4) 기부금명세

① 해당연도 기부명세

| 해당연도 기부명세 | 기부금 조정명세 | 조정명세서 현황 | 급여공제내역 | | | | | 엑셀 | | | |

NO	기부자				기부처			유형	코드	기부명세				구분	내용	비고
	관계	성명	내.외	주민번호	사업자번호	상호				건수	합계금액	기부대상액	장려금신청			

ⓐ 기부자는 F2(코드도움)을 받아 입력한다.

ⓑ 지급처 및 기부명세를 입력한다.(생략가능)

　　코드는 10.특례, 20.정치, 40.일반, 41.종교를 선택한다.

ⓒ 기부명세의 장려금신청 금액을 입력한다.

　　기부장려금 신청이란 세액공제신청을 대신하여 세액공제 상당액을 기부단체에 다시 기부
하는 제도를 말하는데 신청대상은 거주자(개인)에 한한다.

ⓓ 국세청 자료이면 구분란에 1.국세청을 선택한다.

ⓔ 내용란에 1.금전 2.현물을 구분하여 입력한다.

② 기부금조정명세

| 해당연도 기부명세 | 기부금 조정명세 | 조정명세서 현황 | 급여공제내역 | | | 엑셀 |

3-1. [당해연도] 기부금조정명세서　　　　　　　　　　　　　　공제액계산 정산명세보내기

NO	코드	기부연도	(16)기부금액	(17)전년까지 공제된금액	공제대상 금액(16-17)	해당연도 공제금액	해당연도 공제받지 못한 금액	
							소멸금액	이월금액

ⓐ 상단의 [공제액계산 정산명세서 보내기]을 클릭한다.

ⓑ **[공제액계산후 정산명세보내기] 화면이 나오면 하단의 [공제금액＋정산명세 반영]을 클릭
하여야 정산명세에 자동반영된다.**

| 불러오기 | 공제금액+정산명세 반영 | 일괄삭제 | 종료(ESC) |

(5) 신용카드명세

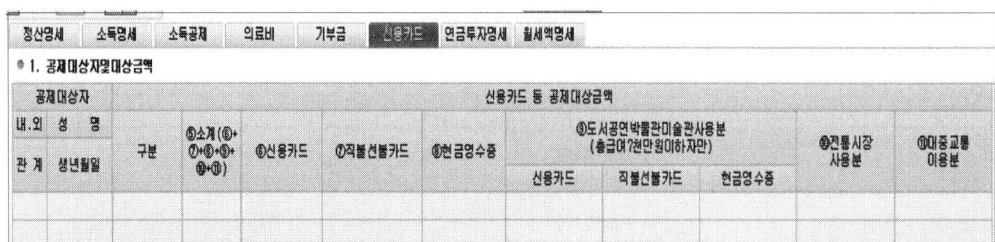

| 정산명세 | 소득명세 | 소득공제 | 의료비 | 기부금 | 신용카드 | 연금투자명세 | 월세액명세 |

1. 공제대상자및대상금액

공제대상자					신용카드 등 공제대상금액									
내.외	성 명	구분	⑥소계(⑤+⑦+⑧+⑨+⑩+⑪)	⑤신용카드	⑦직불선불카드	⑧현금영수증	⑨도서공연박물관미술관사용분 (총급여7천만원이하자만)			⑩전통시장 사용분	⑪대중교통 이용분
관 계	생년월일						신용카드	직불선불카드	현금영수증		

① 공제대상자는 F2(코드도움)을 받아 입력한다.

② 국세청자료와 그밖의 자료를 구분하여 신용카드, 현금영수증, 직불카드, 도서공연사용(총급여액
7천만원 이하자), 전통시장, 대중교통이용 금액을 입력한다.

(6) 연금명세, 월세액공제(정산명세)

연금저축등과 월세세액공제는 활성화되어 있지 않아서 입력이 불가하므로, **정산명세에서 직접 입력**하면 된다.

(7) 출산지원

급여자료에서 입력된 것을 출산지원금 불러오기 를 클릭하여 불러오면 된다.

(7) 정산명세 입력

구 분		공제대상액	구 분		공제대상액
21.총 급 여(16)			47.소득공제 종합한도 초과액		
22.근 로 소 득 공 제	›		48.종 합 소 득 과 세 표 준		
23.근 로 소 득 금 액	›		49.산 출 세 액	›	
기본공제 24.본 인			50.『소 득 세 법』	›	
25.배 우 자			51.조세특례제한법(53제외)	›	
26.부 양 가 족 __명			세액감면 52.중소기업취업자감면/조특30	›	
추가공제 27.경 로 우 대 __명			53.조세조약(원어민교사)	›	
28.장 애 인 __명			54.세 액 감 면 계		
29.부 녀 자					
30.한부모가족					
연금보험공제 31.국민연금보험료	›		세 액 공 제 구 분		세액공제액
32.공적연금보험공제 가.공무원연금	›		55.근 로 소 득	›	
나.군인연금	›		56.혼인세액공제	›	
다.사립학교교직원연금	›		57 자녀세액공제 공제대상자녀 __명		
라.별정우체국연금	›		출산입양		
특별소득공제 33.보험 가.건강 0	›		연금계좌 58.과학기술인공제	›	
나.고용 0	›		59.근로자퇴직급여보장법	›	
34.주택 - 가.주택임차 차입금 원리금상환액 대출기관	›		60.연금저축	›	
거주자	›		60-1. ISA만기시연금계좌	›	
34.주택 11년이전 차입분 15년미만	›		61.보장성보험 0	›	
15~29년	›		62.의 료 비 0	›	
30년이상	›		63.교 육 비 0	›	
나.장기주택저당차입 11년이전 차입분 (15년이상 고정and비거치	›		세특 정치자금 10만 이하	›	
고정or비거치	›		10만 초과	›	
12년이후 차입 고정&비거치	›				

›을 클릭하여 입력할 수 없는 항목 : 신용카드, 보험료, 의료비, 교육비, 기부금세액공제(소득공제 및 별도 탭에 입력해야 함)

›을 클릭 입력할 수 있는 항목 : 상기 이외 항목

① 총급여, 기본공제, 추가공제, 국민연금, 건강보험료, 고용보험료는 자동반영된다.

② 주택자금

주택임차차입원리금상환액, 장기주택차입이자상환액등을 입력한다.

내　역		불입 / 상환액	공제대상금액
㉮청약저축(연 납입 240만원 한도)			
㉯주택청약종합저축(무주택확인서 제출후 연 납입 240만원 한도)			
㉰근로자 주택마련 저축(월 납입 15만원 한도), 연 180만원 한도)			
40.주택마련저축(㉮~㉰) 연 300만원 한도			
주택임차 차입금 원리금상환액	①대출기관		
	②거주자(총급여액 5천만원 이하) >		
34㉮.주택임차차입금원리금상환액(①+②) 40+34㉮ <= 연 300만			
장기주택 저당차입금 이자상환액	2011년 이전 차입분	상환 15년미만(한도600)		
		상환 15년~29년(한도1,000)		
		상환 30년이상(한도1,500)		
	2012년 이후(15년 이상상환)	고정금리 or 비거치 (1,500)		
		기타상환(한도500)		
	2015년 이후 차입분	15년 이상 상환	고정and비거치 (한도1,800)		
			고정 or거치 (한도1,500)		
			기타상환 (한도500)		
		10~15 년미만	고정금리or비거치(한도300)		
34㉯.장기주택저당차입금 이자 상환액계			
합　계 (40+34㉮+34㉯)			

③ 개인연금저축소득공제 : 2000.12.31. 이전 가입분을 입력한다.

④ 주택마련저축

구분	금융회사등	계좌번호	불입금액
	1. 청약저축		
	2. 주택청약종합저축		
	3. 근로자주택마련저축		

⑤ 신용카드등 소득공제 : 별도 탭에서 입력해야 한다.

⑥ 혼인세액공제 : 대상자를 선택한다.

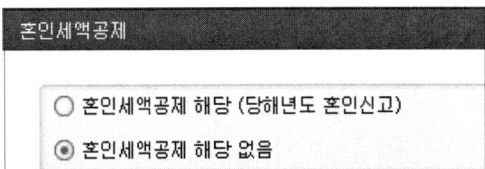

혼인세액공제

○ 혼인세액공제 해당 (당해년도 혼인신고)

◉ 혼인세액공제 해당 없음

⑦ 연금계좌세액공제

구분	금융회사등	계좌번호	불입금액
	1. 근로자퇴직급여		
	2. 과학기술인공제회		
	3. 연금저축		

연금저축, 근로자퇴직연금납입분에 대해서 총액으로 입력한다.

⑧ 보장성보험료/의료비/교육비 세액공제는 정산명세에서 입력되지 않는다.

[소득공제]에서 입력하여야 반영되므로 최종 확인한다.

⑨ 기부금 세액공제

내 역	공제대상액	공제 율	세액공제액
정치자금 (지출액)			
10만원이하 정치자금		100/110	
10만원초과 정치자금		15(25)%	

※ 기부정치자금세액공제 지출액 전액을 입력합니다.

기부금탭에서 입력된 사항이 반영되므로 올바르게 입력되었는지 확인한다.

⑩ 월세세액공제

2. 월세액 세액공제 명세					무주택자해당여부 ◉ 여 ○ 부			
임대인성명 (상호)	주민(사업자)등 록번호	주택 유형	주택계약 면적(㎡)	임대차계약서상 주소지	임대차계약기간		월세액
					시작	종료	

무주택자 해당여부를 체크하고, 총급여액이 8천만원 이하인 근로자와 기본공제대상자(종합소득금액이 7천만원 초과자는 제외)의 월세액을 입력한다.

⑪ 근로소득영수일자 : 상단의 영수일자에 근로소득을 수령한 일자를 입력한다.

계속근무자의 경우 입력할 필요가 없으나(자동적으로 다음연도 2월 말일),

중도퇴사자의 경우 입력하도록 한다.(퇴사시 원천징수세액의 영수 또는 지급일)

☞ TAT2급(원천징수 – 연말정산) 입력사항을 참고하십시오.

 **예제** **연말정산(계속근로자)**

(주)지구(1002)를 선택하여 요구사항에 답하시오.

자료설명	관리직 사원 김우리의 연말정산을 위한 국세청 제공자료 및 기타증빙자료이다. 1. 사원의 부양가족 현황을 수정하며, 부양가족은 생계를 같이 한다. 2. 부양가족은 제시된 자료 이외에는 소득이 없다.
수행과제	1. [사원등록] 메뉴의 부양가족명세를 수정하시오. 　(세부담을 최소화 하는 방법으로 선택한다.) 2. [연말정산 근로소득 원천징수영수증] 메뉴를 이용하여 연말정산을 완료하시오. 　([의료비]/[기부금]/[신용카드] 명세 및 [소득공제]를 작성하고, 최종적으로 [정산명세]에 　반영토록 한다.)

자료1. 김우리의 부양가족등록 현황

연말정산관계	성명	주민등록번호	비고
0.본인	김우리	610102 – 1095338	
3.배우자	이지희	620508 – 2087120	퇴직소득금액이 3,000,000원
4.직계비속	김일민	860725 – 1182816	시각 장애인, 소득없음
4.직계비속	김이민	980707 – 2095022	소득없음
5.직계비속(4제외)	이누리	830827 – 2222220	김일민의 배우자, 시각 장애인, 소득없음

자료2. 김우리 사원의 국세청간소화 자료

20x1년 귀속 소득공제증명서류 : 기본(지출처별)내역 [의료비]

■ 환자 인적사항

성 명	주 민 등 록 번 호
이지희	620508 - 2*****

■ 의료비 지출내역

사업자번호	상 호	종류	납입금액 계
1 - 12 - 16*	**치과	일반	7,000,000
5 - 67 - 25*	***의원	일반	600,000
의료비 인별합계금액			7,000,000
안경구입비 인별합계금액			600,000
산후조리원 인별합계금액			0
인별합계금액			**7,600,000**

- 본 증명서류는 『소득세법』 제165조 제1항에 따라 영수증 발급기관으로부터 수집한 서류로 소득·세액공제 충족 여부는 근로자가 직접 확인하여야 합니다.
- 본 증명서류에서 조회되지 않는 내역은 영수증 발급기관에서 직접 발급받으시기 바랍니다.

20x1년 귀속 세액공제증명서류 : 기본(지출처별)내역 [교육비]

■ 학생 인적사항

성 명	주 민 등 록 번 호
이지희	620508 - 2*****

■ 교육비 지출내역

교육비구분	학교명	사업자번호	납입금액 계
대학교	***대학교	**7 - 83 - 25***	8,000,000
인별합계금액			**8,000,000**

- 본 증명서류는 『소득세법』 제165조 제1항에 따라 영수증 발급기관으로부터 수집한 서류로 소득·세액공제 충족 여부는 근로자가 직접 확인하여야 합니다.
- 본 증명서류에서 조회되지 않는 내역은 영수증 발급기관에서 직접 발급받으시기 바랍니다.

20x1년 귀속 소득공제증명서류 : 기본(사용처별)내역 [직불카드]

■ 사용자 인적사항

성 명	주 민 등 록 번 호
김이민	980707 - 2*****

■ 신용카드등 사용금액 집계

일반	전통시장	대중교통	도서공연등	합계금액
10,000,000	200,000	0	0	10,200,000

■ 신용카드 사용내역

사업자번호	상 호	종류	공제대상금액
101 - 86 - 61***	씨티카드주식회사	일반	10,000,000
214 - 81 - 37***	국민카드(주)	전통시장	200,000

국 세 청
National Tax Service

- 본 증명서류는 『소득세법』 제165조 제1항에 따라 영수증 발급기관으로부터 수집한 서류로 소득·세액공제 충족 여부는 근로자가 직접 확인하여야 합니다.
- 본 증명서류에서 조회되지 않는 내역은 영수증 발급기관에서 직접 발급받으시기 바랍니다.

자료 3.기타참고자료

■ 소득세법 시행규칙 [별지 제45호의2서식] 〈개정 2012.2.28〉

일련번호	1246	기 부 금 영 수 증

※ 아래의 작성방법을 읽고 작성하여 주시기 바랍니다.

① 기부자

성명(법인명)	김일민	주민등록번호 (사업자등록번호)	860725 - *******
주소(소재지)		서울특별시 영등포구 영등포로 3-5	

② 기부금 단체

단 체 명	서울대교구천주교회	사업자등록번호 (고유번호)	106 - 82 - 99360
소 재 지	서울 영등포구 영등포로 3-1	기부금공제대상 기부금단체 근거법령	소득세법 제34조 제1항

③ 기부금 모집처(언론기관 등)

단 체 명		사업자등록번호	
소 재 지			

④ 기부내용

유 형	코 드	구 분	연월일	내 용	금 액
종교단체	41	금전	20x1.1.1. ~ 20x1.12.31.	기부금	3,000,000
-이 하 생 략-					

해답

1. 소득공제 및 세액공제 대상여부

구 분	특별세액공제					소득공제
	보험료		의료비	교육비	기부금	신용카드
	보장성	장애인				
연령요건	○	×	×	×	×	×
소득요건	○	○	×	×(개정세법 26)	○	○

2. 부양가족명세수정(김우리)

관계	요 건		기본공제	추가	판 단
	연령	소득			
배우자	–	×	부	–	퇴직소득금액 1백만원 초과자
자1(40)	×	○	○	장애(1), 자녀	장애인은 연령요건을 따지지 않음.
자2(28)	×	○	부		
며느리 (43)	○	○	○	장애(1)	**아들과 며느리 모두 장애인일 경우 며느리는 기본공제대상이다.**

	견말정산관계	기본	세대	부녀	장애	경로 70세	출산 입양	자녀	한부모	성명	주민(외국인)번호	가족관계
1	본인	본인	○							김우리	내 610102-1095338	
2	배우자	부								이지희	내 620508-2087120	02.배우자
3	직계비속(자녀)	장애인			1			○		김일민	내 860725-1182818	05.자녀
4	직계비속(자녀)	부								김이민	내 980707-2095022	05.자녀
5	직계비속(4제)	장애인			1					이누리	내 830827-2222220	06.며느리
	합 계				2		1					

3. 연말정산 근로소득원천징수 영수증

① 세액공제 대상 판단

항 목	요건		내역 및 대상여부	입력
	연령	소득		
의 료 비	×	×	• 배우자 의료비(안경구입비는 500,000원 한도)	○(일반 7,500,000)
교 육 비	×	×(개정 26)	• 배우자 교육비	○(대학 8,000,000)
신용카드	×	○	• 자2 직불카드	○(직불 : 10,000,000) ○(전통 : 200,000)
기부금	×	○	• 자1 종교단체 기부금	○(종교 : 3,000,000)

② 소득공제(교육비) 명세(소득요건 충족하지 않아도 됨-개정세법 26)

2	3	이지회	부			대학생	8,000,000
	1	620508-2087120					

③ 의료비 명세

	공제대상자					지급처			지급명세		실손의료보험금	난임시술비 해당 여부	중증질환 결핵환자등	산후조리원 해당여부 (7천만원이하)
	부양가족 관계코드	성명	내외	주민등록번호	본인등 해당여부	상호	사업자번호	의료증빙 코드	건수	지급액				
1	배우자	이지회	내	620508-2087120	×			국세청	1	7,000,000		X	X	X
2	배우자	이지회	내	620508-2087120	×			국세청	1	500,000		X	X	X

④ 기부금 명세

㉠ 해당연도 기부명세

NO	기부자				기부처			유형	코드	기부명세			장려금신청	구분	내용	비고
	관계	성명	내.외	주민번호	사업자번호	상호				건수	합계금액	기부대상액				
1	3.직계비속	김밀민	내	860725-1182816	106-82-99360	서울대교구 종교		41		1	3,000,000	3,000,000		기타	금전	

㉡ 기부금조정명세

● 3-1. [당해연도] 기부금조정명세서   공제액계산 정산명세서보내기

NO	코드	기부연도	(16)기부금액	(17)전년까지 공제된금액	공제대상 금액(16-17)	해당연도 공제금액	해당연도 공제받지 못한 금액	
							소멸금액	이월금액
1	41	20x1	3,000,000		3,000,000	3,000,000		

-상단의 [공제액계산정산명세서보내기]를 클릭

㉢ 공제액계산 후 정산명세 보내기

코	구분	기부금지출액	공제대상기부금	세액공제금액	한도초과 이월금액	조정된 세액공제액	해당년도 공제금액
20	정치자금						
43	고향사랑						
10	특례법정(14년 이후)						
	특례법정(16년 이후)						
	특례법정(19년~20년)						
	특례법정(21년~22년)						
	특례법정(23년)						
	특례법정 당기(24년)						
42	우리사주기부금						
40	일반종교외(14년 이후)						
	일반종교외(16년 이후)						
	일반종교외(19년~20년)						
	일반종교외(21년~22년)						
	일반종교외(23년)						
	일반종교외 당기(24년)						
41	일반종교(14년 이후)						
	일반종교(16년 이후)						
	일반종교(19년~20년)						
	일반종교(21년~22년)						
	일반종교(23년)						
	일반종교 당기(24년)	3,000,000	3,000,000	450,000		450,000	3,000,000
20	정치자금(10만원이하)						
43	고향사랑(10만원이하)						
	합계	3,000,000	3,000,000	450,000		450,000	3,000,000

한도초과 기부금 이월금액		정치10만원초과공제	0	특례기부금세액공제액		고향10만원 초과공제	
우리사주기부금공제		일반기부금(종교외 40)		일반기부금(종교 41)	450,000		0

■ 기부금명세 작성시 주의사항
기부금을 이월하는 경우에는 기부금명세서에서 해당연도 공제금액을 반드시 확인하셔야 합니다.   표준세액공제로 반영

불러오기   공제금액+정산명세 반영   일괄삭제   종료(ESC)

-하단의 [공제금액+정산명세반영]을 클릭하여 [정산명세]에 반영

⑤ 신용카드 명세

공제대상자			신용카드 등 사용액공제								
내.외 성 명		구분	⑤소계(⑥+⑦+⑧+⑨+⑩+⑪)	⑥신용카드	⑦직불선불카드	⑧현금영수증	⑨문화체육사용분(총급여7천만원이하자만)			⑩전통시장사용분	⑪대중교통이용분
관계 생년월일							신용카드	직불선불카드	현금영수증		
내 김우리		국세청자료									
본인 1962-01-02		그밖의자료									
내 김미민		국세청자료	10,200,000		10,000,000					200,000	
4 1999-07-07		그밖의자료									

⑥ 소득공제 명세(의료비등 자동반영)

관계코드	성 명	기	보험료				의료비			
내외국인	주민등록번호	본	건강	고용	보장성	장애인	일반	난임	65세이상,장애인,건보산정특례자	실손의료보험금
1 0	김우리	본인/세대주								
1	610102-1095338		326,040	780,000						
2 3	이지회	부								
1	620508-2087120						7,500,000			

관계코드	성 명	기	신용카드전통시장·대중교통룡비도서공연제외)	직불카드(전통시장·대중교통룡비도서공연제외)	현금영수증(전통시장·대중교통룡비도서공연제외)	도서공연사용액	전통시장사용액	대중교통이용액	기부금
내외국인	주민등록번호	본							
1 0	김우리	본인/세대주							
1	610102-1095338								
2 3	이지회	부							
1	620508-2087120								
3 4	김일민	장애인							3,000,000
1	860725-1182816								
4 4	김미민	20세이하	10,000,000				200,000		
1	980707-2095022								

⑦ 정산명세 확인

　㉠ 신용카드 확인

■ 신용카드 등 사용금액 공제액

구 분	대상금액		공제율계산
㉮ 신용카드 사용금액		15%	
㉯ 직불카드·선불카드	10,000,000		3,000,000
㉰ 현금영수증		30%	
㉱ 문화체육사용분 총급여 ≤7천			
㉲ 전통시장사용분(신용/직불/선불.현금영수증)	200,000	40%	80,000
㉳ 대중교통이용액(신용/직불/선불.현금영수증)		40%	
신용카드 사용액(㉮~㉳)	10,200,000		3,080,000

　㉡ 의료비 및 교육비 세액공제 확인

62.의 료 비	7,500,000	>	855,000
63.교 육 비	8,000,000	>	1,200,000

　㉢ 기부금 확인

바.일반기부금(종교)	>	450,000

〈최종연말정산 – 김우리〉

구 분		공제대상액	구 분		공제대상액
21.총 급 여(16)		60,000,000	47.소득공제 종합한도 초과액		
22.근 로 소 득 공 제	>	12,750,000	48.종 합 소 득 과 세 표 준		38,001,680
23.근 로 소 득 금 액	>	47,250,000	49.산 출 세 액	>	4,440,252
기본공제 24.본 인		1,500,000	세액감면 50.『소 득 세 법』	>	
25.배 우 자			51.조세특례제한법(53제외)	>	
26.부 양 가 족 2_명		3,000,000	52.중소기업취업자감면/조특30	>	
추가공제 27.경 로 우 대 _명			53.조세조약(원어민교사)	>	
28.장 애 인 2_명		4,000,000	54.세 액 감 면 계		
29.부 녀 자					
30.한부모가족			세 액 공 제 구 분		세액공제액
연금보험공제 31.국민연금보험료	>	195,300	55.근 로 소 득	>	660,000
32.공적연금보험공제 가.공무원연금	>		56.혼인세액공제	>	
나.군인연금	>		57 자녀세액공제 공제대상자녀 1_명		250,000
다.사립학교교직원연금	>		출산입양 _명		
라.별정우체국연금	>				
33.보험 가.건강 163,020	>	163,020	연금계좌 58.과학기술인공제	>	
나.고용 390,000	>	390,000	59.근로자퇴직급여보장법	>	
34.주택 – 가.주택임차 차입금 원리금상환액 대출기관	>		60.연금저축	>	
거주자	>		60-1. ISA만기시연금계좌	>	
특별소득공제 34.주택 11년이전 차입분 15년미만	>		61.보장성보험 0	>	
15~29년	>		62.의 료 비 7,500,000	>	855,000
30년이상	>		63.교 육 비 8,000,000	>	1,200,000
나.장기주택저당차입금이자상환액 11년이전 차입분(15년이상) 고정and비거치	>		특별세액공제 64 기부금 정치자금 10만 이하		
고정or비거치	>		10만 초과		
12년이후 차입분(15년이상) 고정&비거치	>		고향사랑 10만 이하		
고정or비거치	>		10만 초과		
기타대출	>		다.특례(법정)기부금	>	
12년이후 차입분(10~15년) 고정or비거치	>		라.우리사주기부금	>	
35.계		553,020	마.일반기부금(종교외)	>	
			바.일반기부금(종교)	>	450,000
36.차 감 소 득 금 액		38,001,680	65.계		2,505,000
그밖의소득공제 37.개인연금저축	>		66.표준세액공제	>	
38.소기업·소상공인공제부금	>		67.납 세 조 합 공 제	>	
39.주택마련저축 가.청약저축	>		68.주 택 차 입 금	>	
나.주택청약종합저축	>		69.외 국 납 부	>	
다.근로자주택마련저축	>		70.월세액	>	
40.투자조합출자 등	>				
41.신용카드등 10,200,000	>				
42.우리사주조합 출연금	>				
43.고용유지중소기업근로자	>				
44.장기집합투자증권저축	>		71.세 액 공 제 계		3,415,000
45.청년형장기집합투자증권저축	>		72.결 정 세 액(49-54-71)		1,025,252
46.그 밖의 소득 공제 계			82.실 효 세 율(%) (72/21)×100%		1.7%

		소득세	지방소득세	농어촌특별세	계
73.결정세액		1,025,252	102,525	0	1,127,777
기납부 세액	74.종(전) 근무지	0	0	0	0
	75.주(현) 근무지	4,246,920	424,690	0	4,671,610
76. 납부특례세액		0	0	0	0
77. 차감징수세액(73-74-75-76)		-3,221,660	-322,160	0	-3,543,820

72.결정세액, 82.실효세율 등은 프로그램이 자동계산되어지므로 시점(세법변경, 프로그램 업데이트 등)마다 달라집니다.

<참고사항 : 세액공제 총급여액 60,000,000원>

※ 시험시 프로그램이 자동계산되어진 것으로 답을 입력하시고 시간이 남으시면 체크해 보시기 바랍니다.

		한도	공제율	대상금액	세액공제
1. 의료비	일반	–	15%	5,700,000	855,000
	☞의료비세액공제=[7,500,000 − 총급여액(60,000,000)×3%]×15%=855,000				
2. 교육비	대학	9,000,00	15%	8,000,000	1,200,000
2. 기부금	일반(종교)	–	15%	3,000,000	450,000

03 STEP 퇴직소득

1. 퇴직금산정

(1) 퇴사시 사원등록에서 퇴사일을 입력한다.면 된다.

| 20. 퇴 사 년 월 일 | | 년 | 월 | 일 | ? | 20. 이 월 여 부 | 0 | 여 |

(2) 퇴직금산정에서 사번란에 커서를 위치하고 F2(사원코드)로 사원을 불러오고, 선택한다.

코드	사원명	주민등록번호
1001	김기동	770521-1026818
5001	김기리	760825-1111114
7001	김우리	610102-1095338
8001	이우리	730906-1265343

(3) 입사일 – 퇴사일, 퇴직금지급일을 확인하고, 수정사항이 있으면 수정한다. 퇴직금 제외월수가 있으면 직접입력한다.

일반적으로 급여 데이터가 있으면 자동으로 급여 지급내역이 반영되어 퇴직금을 자동으로 산정한다. 9.계산유형은 문제에서 주어준 대로 수정한다.

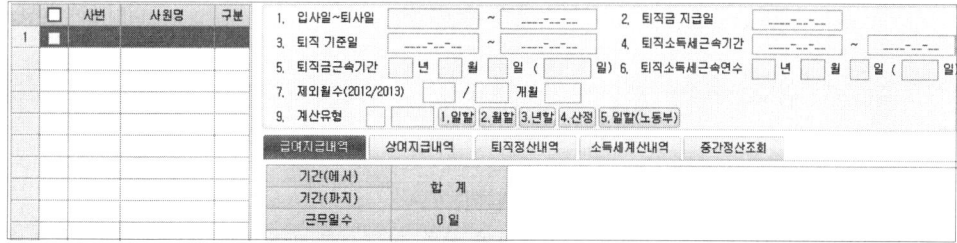

(3) 급여지급내역을 입력하면 하단에 퇴직금이 산출된다.

산정급여		산정상여		산정급상여합계	
월평균임금		일평균임금		퇴직금 산출액	

2. 퇴직소득 자료 입력

퇴직금산정을 입력 후 퇴직소득자료입력에서 지급년월을 입력 후 코드란에 커서를 위치하고 F2 (사원코드)로 사원을 불러오고, 선택한다.

(1) 퇴직급여 현황 및 근속년수

앞에서 산출된 퇴직급여가 반영된다.

	근 무 처 구 분	중간지급 등	최종	정산
퇴직급여현황	(13)근무처명			
	(14)사업자등록번호			
	(15)퇴직급여			
	(16)비과세 퇴직급여			
	(17)과세대상퇴직 급여((15)-(16))			

	구분	(18)입사일	(19)기산일	(20)퇴사일	(21)지급일	(22)근속월수	(23)제외월수	(24)가산월수	(25)중복월수	(26)근속연수
근속연수	중간지급 근속연수									
	최종 근속연수									
	정산 근속연수									
	안분 2012.12.31이전									
	2013.01.01이후									

(2) 납부명세

납부명세	퇴직세액계산	중간정산내역		[주의] 51번 금액은 계산 산식과 다르면 전자신고시 오류로 검증됩니다.				

	(48) 신고대상세액 ((47))	연금계좌 입금내역				연금계좌 복수입력	(50) 퇴직급여 ((17))	(51)이연 퇴직소득세 (48)×(49)/(50)
이연퇴직소득세액계산		연금계좌 취급자	사업자등록번호	계좌번호	입금일	(49) 계좌 입금금액		

	구 분	소득세	지방소득세	농어촌특별세	계
납부명세	(53)신고대상세액 ((47))				
	(54)이연퇴직소득세 ((51))				
	(55)차감 원천징수 세액((53)-(54))				
	(10)확정급여형 퇴직연금 제도가입일	(11)2011.12.31 퇴직금	영수일자	신고서 귀속년월	

① 하단의 퇴직소득세가 자동적으로 산출된다.

② 퇴직연금(**퇴직소득을 연금계좌에 입금시켜 향후 연금으로 받는 경우 해당 계좌번호등을 입력**) 이 가입되어 있으면,연금계좌입금내역, 퇴직연금제도가입을 입력하면 (51)이연퇴직소득세가 자동계산된다.

 **예제** 따라하기

퇴직소득의 원천징수

㈜지구(1002)를 선택하여 요구사항에 답하시오.

자료1. 퇴사자관련정보

사원코드	2004	사원명	이우리
퇴직일자	20x1년 1월 31일	근속기간	2010년 1월 1일 ~ 20x1년 1월 31일
퇴직사유	자발	영수일자	20x1년 1월 31일

자료 2. 회사의 퇴직금지급관련내용

회사는 확정급여형 퇴직연금에 가입되어 있으며 퇴직금추계액 100%를 퇴직연금에 불입하였다. 퇴사 시 퇴직금에 대하여 전액 개인형퇴직연금(IRP)계좌로 입금하였다.

- 연금계좌취급자 : 신한은행
- 사업자등록번호 : 110 - 81 - 75321
- 계 좌 번 호 : 123 - 456
- 입 금 일 : 20x1년 1월 31일
- 확정급여형 퇴직연금제도가입일 : 2013년 1월 1일

자료설명	1. 1월 31일 부장 이우리의 퇴직금을 지급하려고 한다. 2. 퇴직금은 '월할'로 계산하여 일시금으로 지급하였다. 　직전 3개월 급여(기본급)는 3,000,000원으로 가정한다.
수행과제	1. 사원등록에서 퇴사처리하시오. 2. [퇴직금산정]에서 퇴직급여를 계산하시오. 3. [퇴직소득자료입력]에서 퇴직금을 입력하고, 퇴직소득세를 산출하시오.

해답

1. 퇴사처리[사원등록]-20x1년 1월 31일

2. 퇴직금산정 : 9.계산유형 : 2.월할, 3개월 기본급에 3,000,000원 입력 후 퇴직금 산정

9. 계산유형	2	2.월할	1.일할	2.월할	3.년할	4.산정	5.일할(노동부)

급여지급내역	상여지급내역	퇴직정산내역	소득세계산내역	중간정산조회

	급여지급내역			합 계
기간(에 서)	2025/11/01	2025/12/01	2026/01/01	
기간(까지)	2025/11/30	2025/12/31	2026/01/31	합 계
근무일수	30 일	31 일	31 일	92 일
기본급	3,000,000	3,000,000	3,000,000	9,000,000

3. 퇴직소득자료 입력[구분 : 퇴직, 사유 : 자발]

① [15.퇴직급여]란에 퇴직금을 확인한다. 직접 입력도 가능하다.

	근 무 처 구 분	중간지급 등	최종	정산
퇴직급여현황	(13)근무처명		(주)지구-로그인	
	(14)사업자등록번호		129-81-89533	
	(15)퇴직급여		42,287,671	42,287,671
	(16)비과세 퇴직급여			
	(17)과세대상퇴직급여((15)-(16))		42,287,671	42,287,671

② 이연퇴직소득세액계산란 연금계좌취급자, 사업자등록번호, 계좌번호, 입금일을 입력한다.

③ [10.확정급여형 퇴직연금제도가입일]란에 가입년월일을 입력한다.

납부명세	퇴직세액계산	중간정산내역	[주의] 51번 금액은 계산 산식과 다르면 전자신고시 오류로 검증됩니다.

이연퇴직소득세액계산	(48)신고대상세액((47))	연금계좌 입금내역				연금계좌 복수입력	(50)퇴직급여((17))	(51)이연퇴직소득세(48)×(49)/(50)
		연금계좌취급자	사업자등록번호	계좌번호	입금일	(49)계좌입금금액		
		신한은행	110-81-75321	123-456	20x1-01-31	42,287,671	42,287,671	

납부명세	구 분	소득세	지방소득세	농어촌특별세	계
	(53)신고대상세액((47))				
	(54)이연퇴직소득세((51))				
	(55)차감 원천징수세액((53)-(54))				
(10)확정급여형 퇴직연금제도가입일	2013-01-01	(11)2011.12.31 퇴직금	영수일자 20x1-01-31	신고서 귀속년월	20x1-01

☞ 소득세등은 자동계산되어집니다.

퇴직금(17)과 (37) 신고대상세액과 (40)이연퇴직소득세는 자동계산되므로 달라질 수가 있습니다.

04 STEP 금융소득, 사업소득, 기타소득 원천징수

[소득별 입력순서]

사업소득	사업소득자 입력 → 사업소득자료입력 → 사업소득 원천징수영수증 조회
금융소득	기타소득자 입력 → 이자배당소득자료입력 → 이자배당 원천징수영수증 조회
기타소득	기타소득자 입력 → 기타소득자료입력 → 기타원천징수영수증 조회

[소득구분코드내역]

구분	코드	소득자업종	예시
사업 소득	940100	저술가	
	940302	배우	
	940304	가수	
	940903	학원강사	
	940906	보험설계	
	940908	방판/외판	
이자 소득	111	국공채의 이자와 할인액	
	112	**내국법인 회사채의 이자와 할인액**	
	113	**국내에서 받는 예금의 이자**	
	119	**저축성보험의 보험차익(10년미만)**	
	121	**직장공제회 초과반환금**	
	122	**비영업대금의 이익**	
배당 소득	251	**내국법인의 배당, 분배금 등**	**현금배당**
	253	의제배당	
	254	법인세법에 따라 배당으로 처분된 금액	인정배당

구분	코드	소득자업종	예시
기타 소득	71	상금 및 부상	
	72	광업권등	산업재산권의 양도, 대여
	73	지역권등(공익사업관련)	지역권,지상권의 설정 또는 대여
	74	주택입주지체상금	
	75	**원고료등**	
	76	**강연료등**	
	77	**종교인 소득**	
	78	**사례금**	
	79	**자문료 등**	
	62	그 밖에 필요경비 있는 기타소득	상기이외 소득
	60	필요경비 없는 기타소득	
	64	서화,골동품 양도소득	
	65	직무발명보상금(비과세 한도 초과분)	비과세 초과에 대해서만 입력
	68	비과세기타소득	
	69	분리과세기타소득	복권당첨소득 등

 **원천징수 소득세**

㈜지구(1002)을 선택하여 요구사항에 답하시오.

자료1. 이자소득자 관련정보

소득자성명	김미경(코드 101)	주소	서울시 강남구 논현로 407
주민등록번호	820612 – 1273656	소득의 종류	112.내국법인 회사채이자
이자지급일	20x1.1.31.	지급이자	1,000,000원

자료설명	1. 당사는 기명 회사채를 발행하고 이자를 지급하고 있다. 2. 20x1년 1월 31일에 지급한 이자의 지급대상 기간은 20x1년 1월 1일부터 　　20x1년 1월 31일까지이다. 3. 원천징수세율은 14%[O(일반세율(14%))]이다. 4. 채권이자 구분코드 : 66.채권등의 이자등을 지급받는 경우 이자등 지급총액

자료2. 배당소득자 관련정보

성 명	이진수(코드 201)
거주구분(내국인/외국인)	거주자/내국인
주민등록번호	641120 – 1523000
주 소	서울시 강남구 논현로 408
귀속년월/지급년월일	20x1년 1월 / 20x1년 1월 31일
지급금액	2,000,000원

자료설명	1. 배당액은 4기의 이익잉여금처분계산서상 배당금을 지급 결의한 것이다. 2. 원천징수세율은 14%이다. 3. 소득구분코드 : 151.내국법인 배당.분배금.건설자금의 배당 금융상품코드 : B52.내국법인 비상장, 소액주주

자료3. 기타소득자 관련정보

소득자성명	송 영 길(코드 301)	주소	서울시 강남구 논현로 407
주민등록번호	800817 – 1221356	소득의 종류	일시 강연소득
지 급 일	20x1.1.31.	강 사 료	3,000,000원

자료설명	고객응대에 대하여 송영길을 초빙하여 강연료를 지급하였다. 송영길은 전문적인 강사가 아니다.

자료4. 사업소득자 관련정보

성 명	송진수 (코드 401)
거주구분(내국인 / 외국인)	거주자 / 내국인
주민등록번호	690721 – 1902239
주 소	서울시 서대문구 통일로 147
귀속년월 / 지급년월일	20x1년 1월 /20x1년 1월 31일
지급금액	4,000,000원

자료설명	1. 회계기초 교육을 위하여 학원강사인 회계사 송진수를 초빙하여 강사료를 지급하였다. 2. 회계사 송진수는 고용관계가 없으며, 강의를 주업으로 하고 있다.
수행과제	1. 각 소득의 소득자를 등록하시오. 2. 소득자료내역을 입력하고 원천징수 소득세를 산출하시오.

해답

1. 이자소득

① 기타소득자 입력 : 김미경, 112.내국법인 회사채의 이자

기본사항등록

소득구분/연말구분 112 [?] 내국법인 회사채의 연 말 1 1.부
내 외 국 인 / 국 적 0 0.내국인 국 적 KR [?] 대한민국
소득자구분/실명구분 111 [?] 내국인주민등록번호 0 0.실명
개 인 / 법 인 1 1.개인 필요경비율 %

인적사항등록

법 인 명 (대 표 자 명)
사 업 자 등 록 번 호 ---–--–-----
주 민 등 록 번 호 820612-1273656 생년월일 1982 년 6 월 12 일 [?]
우 편 번 호 06247 [?]
주 소 서울특별시 강남구 논현로 407
(역삼동, 역삼빌딩)

② 이자배당소득자료 입력(지급년월 1월)-김미경, 112.내국법인 회사채의 이자)

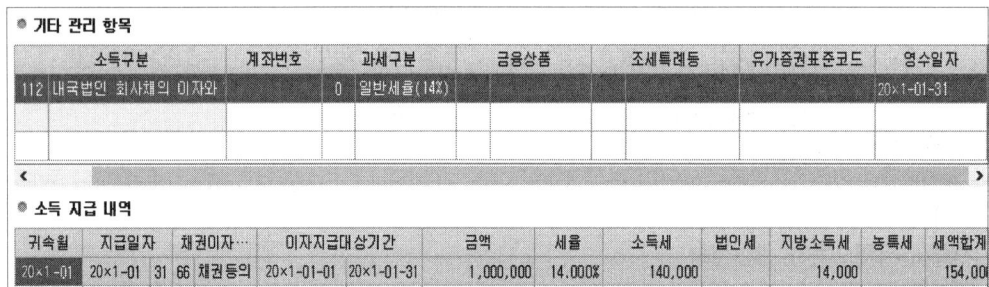

	소득구분	계좌번호	과세구분	금융상품	조세특례등	유가증권표준코드	영수일자
112	내국법인 회사채의 이자와		0 일반세율(14%)				20×1-01-31

● 소득 지급 내역

귀속월	지급일자	채권이자…	이자지급대상기간	금액	세율	소득세	법인세	지방소득세	농특세	세액합계
20×1-01	20×1-01 31	66 채권등의	20×1-01-01 20×1-01-31	1,000,000	14.000%	140,000		14,000		154,00

2. 배당소득

① 기타소득자 입력 ; 이진수, 151.내국법인 배당

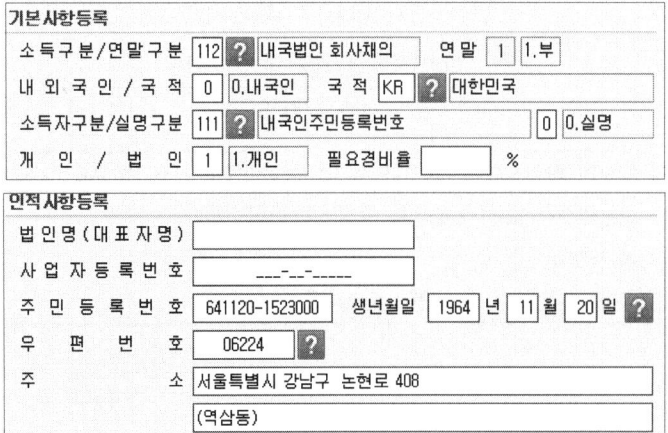

기본사항등록

소 득 구 분 / 연 말 구 분 112 [?] 내국법인 회사채의 연 말 1 1.부
내 외 국 인 / 국 적 0 0.내국인 국 적 KR [?] 대한민국
소득자구분/실명구분 111 [?] 내국인주민등록번호 0 0.실명
개 인 / 법 인 1 1.개인 필요경비율 %

인적사항등록

법 인 명 (대 표 자 명)
사 업 자 등 록 번 호 ---–--–-----
주 민 등 록 번 호 641120-1523000 생년월일 1964 년 11 월 20 일 [?]
우 편 번 호 06224 [?]
주 소 서울특별시 강남구 논현로 408
(역삼동)

② 이자배당소득자료 입력(지급년월 1월)—이진수, 151.내국법인 배당

● 기타 관리 항목

소득구분	계좌번호	과세구분	금융상품	조세특례등	유가증권표준코드	영수일자
151 내국법인 배당 · 분배금, 건설이자	0	일반세율(14%)	B52 1법인배당-소액			20X1-01-31

● 소득 지급 내역

귀속월	지급일자	채권이자구분	이자지급대상기간	금액	세율	소득세	법인세	지방소득세	농특세
20X1-01	20X1-01 31			2,000,000	14.000%	280,000		28,000	

3. 기타소득

① 기타소득자 입력 : 송영길, 76.강연료 등

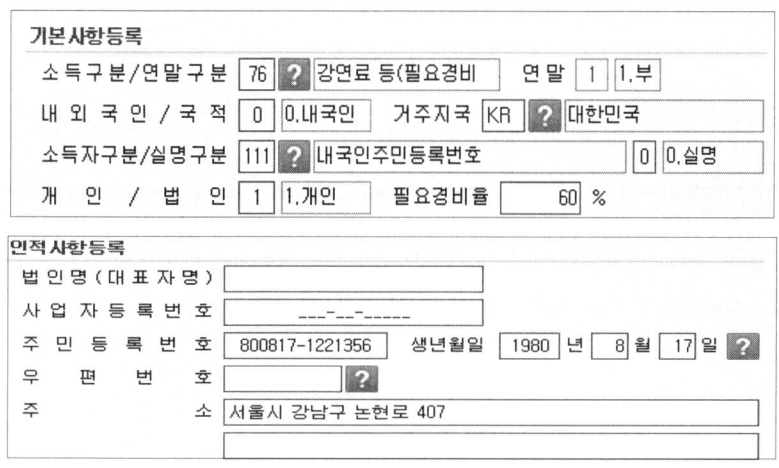

② 기타소득자료입력(지급년월 1월)—송영길, 76.강연료 등

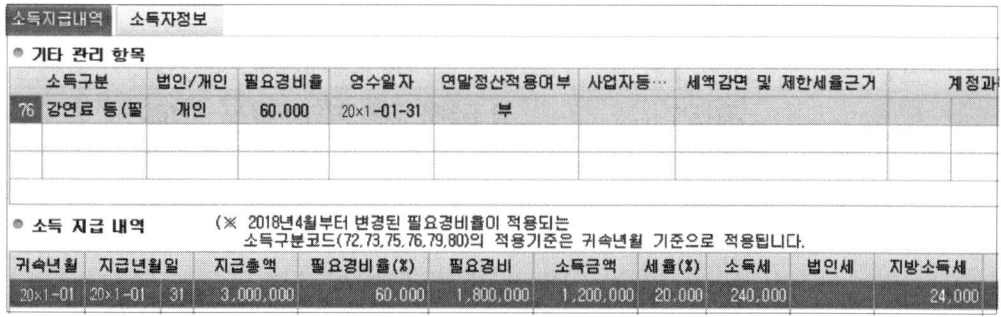

4. 사업소득

① 사업소득자 입력(송진수, 940903.학원강사)

1.소득자등록

1. 거 주 구 분 `0` 거주   2. 소 득 구 분 `940903` ❓ 학원강사

3. 주민(외국)등록번호 `690721-1902239`   4. 내/외국인 `0` 내국인

5. 외 국 인 국 적   `KR` ❓ 대한민국

6. 이 체 계 좌 / 예 금 주 [   ] [   ]   7. 은행 [ ] ❓ [   ]

8. 우 편 번 호 [   ] ❓

9. 주   소 `서울시 서대문구 통일로 147`

② 사업소득자료입력(지급년월 1월, 송진수, 940903.학원강사)

● 소득 지급 내역

귀속년월	지급년월일	지급총액	세율(%)	소득세	지방소득세	세액계	차인지급액
20X1-01	20X1 01 31	4,000,000	3	120,000	12,000	132,000	3,868,000

최종적으로 원천징수영수증을 조회 후 실무수행평가를 수행합니다.

원천징수이행상황신고서

 **원천징수상황이행신고서 1**

㈜지구(1002)을 선택하여 앞 예제에서 입력한 것을 포함하여 1월 귀속분에 대한 원천징수이행상황신고서를 작성하시오. 1월 31일에 전년도 12월분 일용직에 대한 원천징수를 수정신고하고 소득세 100,000원과 가산세 5,000원을 1월분 원천징수이행상황신고서에 포함하여 납부하고자 한다. 전월 미환급세액이 200,000원이 있다.

해답

1. 원천징수이행상황신고서(귀속 1월, 지급 1월, 0.정기신고)

	구분	코드	소득지급(과세미달,비과세포함)		징수세액			9.당월 조정 환급세액	10.소득세 등 (가산세 포함)	11.농어촌 특별세
			4.인원	5.총지급액	6.소득세 등	7.농어촌특별세	8.가산세			
	간 이 세 액	A01	1	5,500,000	222,660					
퇴직소득	연 금 계 좌	A21								
	그 외	A22	1	42,287,671						
	가 감 계	A20	1	42,287,671						
사업소득	매 월 징 수	A25	1	4,000,000	120,000					
	연 말 정 산	A26								
	가 감 계	A30	1	4,000,000	120,000				120,000	
기타소득	연 금 계 좌	A41								
	종교매월징수	A43								
	종교연말정산	A44								
	가 상 자 산	A49								
	인 적 용 역	A59	1	3,000,000	240,000					
	그 외	A42								
	가 감 계	A40	1	3,000,000	240,000				240,000	
연금소득	연 금 계 좌	A48								
	공적연금(매월)	A45								
	연 말 정 산	A46								
	가 감 계	A47								
	이 자 소 득	A50	1	1,000,000	140,000				140,000	
	배 당 소 득	A60	1	2,000,000	280,000				280,000	
	금융투자소득	A71								
	저축해지 추징세액 ▶	A69								
	비거주자 양도소득	A70								
	법 인 원 천 ▶	A80								
	수정신고 (세액)	A90			100,000		5,000		105,000	
	총 합 계	A99	6	57,787,671	1,102,660		5,000	200,000	907,660	

2. 전월미환급세액 입력

전월 미환급 세액의 계산			당월 발생 환급세액				18.조정대상환급 (14+15+16+17)	19.당월조정 환급액계	20.차월이월 환급액(18-19)	21.환급신청액
12.전월미환급	13.기환급신청	14.잔액12-13	15.일반환급	16.신탁재산	17.금융등	17.합병등				
200,000		200,000					200,000	200,000		

☞ 소득세 등은 자동계산되어집니다.

469

 **원천징수상황이행신고서 2(수정신고)**

지구(주)[1003]을 선택하여 사원 최우리의 1월 상여분(300,000원, 지급일 1월 31일)에 대한 신고를 누락하였다. 1월분 급여지급분에 대한 원천징수이행상황신고(신고소득세 84,850원)는 2월 10일에 정상적으로 신고되었으며, 02월 25일 수정신고 및 납부할려고 한다. 미납일수는 15일, 1일 2.2/10,000로 한다.

1. [급여자료입력]에서 [귀속연월 : 01월, 구분 : 3.상여]를 선택하여 금액을 반영하시오.
2. 원천징수납부지연가산세와 수정내용이 반영된 1월분 원천징수이행상황신고서를 작성하시오.
   [1.정기수정신고를 선택하고 수정차수는 '1'로 한다.]
3. 제출정보란에 수정신고일자를 입력하시오.

해답

1. 상여 자료 입력(귀속 1월, 3.상여, 지급일 1월 31일)

급여항목	지급액	공제항목	공제액
상여	300,000	고용보험	
		소득세	32,920
		지방소득세	3,290
		농특세	

2. 원천징수이행상황신고(귀속기간 1월,지급기간 1월, 1.정기수정신고, 수정차수 1차)
   F3(불러오기)클릭하여 상여자료를 불러온다.

구분		코드	소득지급(과세미달,비과세포함)		징수세액				9.당월 조정 환급세액	10.소득세 등 (가산세 포함)	11.농어촌 특별세
			4.인원	5.총지급액	6.소득세 등	7.농어촌특별세	8.가산세				
간이세액		A01	1	3,000,000	84,850						
			1	3,300,000	117,770						

3. 가산세 계산 및 입력

   원천징수납부지연가산세 = 미납세액×3%+미납세액×일수×2.2(가정)/10,000

   미납세액 = 117,770 − 84,850 = 32,920원

   원천징수납부지연가산세 = 32,920×3%+32,920×15일×2.2(가정)/10,000 = 1,096원

구분		코드	소득지급(과세미달,비과세포함)		징수세액				9.당월 조정 환급세액	10.소득세 등 (가산세 포함)	11.농어촌 특별세
			4.인원	5.총지급액	6.소득세 등	7.농어촌특별세	8.가산세				
간이세액		A01	1	3,000,000	84,850						
			1	3,300,000	117,770		1,096				

4. [제출정보] 기능모음 (F11), 제출일자 입력

	법인명(상호)	지구(주)-로그인	대표자(성명)	로그		전화번호	)-
원천징수의무자	사업자(주민)번호	129-81-89533	사업장소재지	서울 서대문구 연희로 9			
	제출일자	20x1-02-25	E - Mail				

Chapter 04

법인세 관리

NCS세무 - 3 법인세 세무조정/세무정보시스템운용   **NCS세무 - 5** 법인세 신고

01 STEP 법인조정프로그램 공통사항

Ⅰ. 기능키의 설명

새로불러오기	관련 서식에서 자료를 불러옵니다.
저장	**저장버튼이 있는 경우 작업이 끝나면 반드시 저장을 하고 나오도록 한다.**
합계등록	과목별세무조정에서 발생된 세무조정사항을 바로 소득금액조정합계표에 반영할 수 있다.
원장조회	재무회계의 계정별 원장을 조회시 사용한다.
잔액조회	계정과목별 계정별원장의 기초잔액, 당기증가, 당기감소, 기말잔액으로 조회할 때 사용한다.
일괄삭제	작업 중이던 서식의 데이터 또는 일정단위의 입력된 데이터를 모두 삭제시 사용한다.
크게	입력화면이 커진다.

II. 입력순서

1. **상단의** 새로불러오기 **가 있으면 클릭하여 관련 데이터를 새로 불러올 수 있다.**

2. 서식의 작성순서는 을표, 갑표순으로 그리고 빨간색 숫자순으로 한다. 예를 들어 기업업무추진비등 조정명세서를 보면 다음과 같이 작성한다.

   을표의 **1** 1. 수입금액 명세 → **2** 2. 접대비등 해당금액 을 작성 후 갑표를 작성한다.

3. 하단의 Tip을 참조하여 입력한다.

   > **Message** 해당 업종별로 기업회계기준에 의하여 매출액을 입력합니다.

4. 합계등록

   명세서를 작성 후 최종적으로 세무조정사항을 소득금액조정합계표에 반영한다.

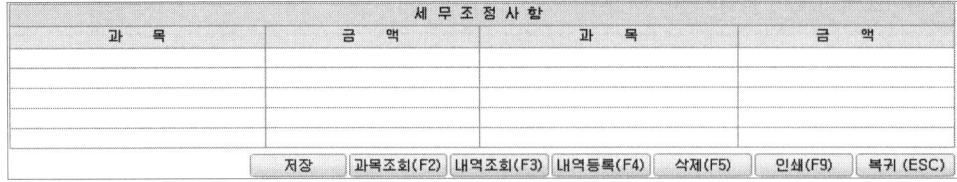

5. 저장

   소득금액조정합계표와 과목별세무조정명세서를 입력 후 저장을 하면 된다.

[유보발생 및 유보감소]

이론에서는 유보, △유보라 표현하였으나, 실무에서는 +유보, (-)유보라 하지 않습니다.

이미 유보에는 가산조정이라는 뜻이 포함되어 있고 △유보에는 차감조정이라는 뜻이 포함되어 있습니다.

유보발생이란 당기에 유보가 발생된 것을 의미하고 유보감소란 전기말까지 남아 있던 유보가 당기에 추인하는 것을 의미합니다.

	가산조정	차감조정
유보발생(당기발생)	당기 유보 발생	당기 △유보 발생
유보감소(당기추인)	당기 유보 추인	당기 △유보 추인

☞ 법인조정 실무에 대한 실습은 ㈜무궁(1004)을 선택하셔서 하시면 됩니다.

〈비대면 시험 -③을 추가〉

① 각 서식을 입력 → ② 세무조정(합계등록) → ③ 각 서식의 입력항목에 대한 수행평가실시

---

02 STEP 수입금액 조정

Ⅰ. 수입금액조정명세서

수입금액에 포함되는 것	수입금액에 포함되지 않는 것
1. 상품·제품매출액 2. **반제품·부산물·작업폐물 매출액** 3. 중단사업부문의 매출액	1. 영업외수익 2. 임대보증금에 대한 간주익금

 수입금액조정명세서

세무조정 참고자료	1. 결산서상 수입금액은 손익계산서의 매출계정을 조회한다. 2. (주)장미와 체결한 공사내용은 다음과 같다.				

2. (주)장미와 체결한 공사내용은 다음과 같다.

구분	내용	구분	내용
공사명	본사신축	도급자	㈜장미
도급금액	600,000,000원	총공사비누적액	400,000,000원
총공사예정비	500,000,000원	공사계약일	20x0.10.1.
도급계약기간	20x0.10.1~20x2.3.31		
손익계산서 수입금액	20x0년	50,000,000원	
	20x1년	350,000,000원	

3. 제품매출 중 할부판매에 대한 자료

매출계약액	인도일	할부조건	원가율	손익계산서 수익계상액	손익계산서 원가계상액
20,000,000원	20x1.7.1.	10개월 균등회수	80%	12,000,000원	9,600,000원

4. 수탁자인 ㈜진달래가 20x1.12.29.에 적송품 20,000,000원(제품매출원가 15,000,000원)을 판매하였다. 당사는 수탁자가 송부한 세금계산서를 받은 날이 속하는 차기 사업년도에 매출손익을 계상하였다.
5. 제품 매출에누리를 영업외비용(5,000,000원)인 잡손실로 처리한 금액이 있다.
6. 제품 부산물 매각액을 영업외수익인 잡이익(10,000,000원)으로 처리한 금액이 있다.

수행과제	㈜무궁(1004)수입금액조정명세서를 작성하고 소득금액합계표에 세무조정사항을 반영하시오.

[실무수행평가]

1	'⑥조정후 수입금액' 합계액은?
2	익금산입(유보)로 소득처분할 금액은?
3	손금산입(유보)로 소득처분할 금액은?

해답

1. 수입금액 조정계산

－상단부의 [매출조회]를 클릭하거나 과목란에 커서를 위치하고 마우스를 더블클릭하여 결산 서상 수입금액을 반영한다.

1.수입금액 조정계산

	계정과목		③결산서상 수입금액	조정		⑥조정후 수입금액 (③+④-⑤)
	①항 목	②과 목		④가산	⑤차감	
1	매 출	제품매출	3,500,000,000			3,500,000,000
2	매 출	공사수입금	350,000,000			350,000,000
3	영 업 외 수 익	잡이익	10,000,000			10,000,000

2. 수입금액 조정명세

① 작업진행율에 의한 수입금액

가.작업 진행률에 의한 수입금액

	⑦공사명	⑧도급자	계산내역		합계
1	본사신축	(주)장미	구분	95. 1. 1 이후 계약체결분	
2			⑨도급금액	600,000,000	600,000,000
			⑩총공사비누적액(작업시간등)	400,000,000	400,000,000
			⑪총공사비예정비(작업시간등)	500,000,000	500,000,000
			⑫진행율(⑩/⑪)	80	
			⑬기성고계산액(⑨×⑫)	480,000,000	480,000,000
			⑭전기말수입계상액	50,000,000	50,000,000
			⑮회사계산수입계상액	350,000,000	350,000,000
			(16)조정액(⑬-⑭-⑮)	80,000,000	80,000,000
			조정액중 94.12.31 이전 계약체결분		0
			조정액중 95. 1. 1 이후 계약체결분		80,000,000

② 수입금액 조정명세(기타수입금액)

－단기할부판매는 인도시점에 수익인식시기이므로 20,000,000원을 수익으로 인식하여야 한다.

추가 수익인식액 = 20,000,000 － 12,000,000 = 8,000,000원

추가 원가인식액 = 8,000,000×80% = 6,400,000원

－적송품은 수탁자가 판매한 시점이 손익귀속시기이다.

다. 기타 수입금액

	(23)구분	(24)근거법령	(25)수입금액	(26)대응원가	비고
1	단기할부매출		8,000,000	6,400,000	
2	적송품매출		20,000,000	15,000,000	

3. 수입금액 조정계산에 조정사항 반영
   −제품매출 ④가산란에 28,000,000원(단기할부누락분+적송품)을 입력한다.
   −공사수입금의 조정 ④가산란에 80,000,000원을 입력한다.
   −제품매출에누리는 제품매출을 차감하여야 하므로 ⑤차감란에 5,000,000원을 입력한다.

1	1.수입금액 조정계산			조 정		
	계정과목		③결산서상 수입금액	조 정		⑥조정후 수입금액 (③+④-⑤)
	①항 목	②과 목		④가산	⑤차감	
1	매 출	제품매출	3,500,000,000	28,000,000	5,000,000	3,523,000,000
2	매 출	공사수입금	350,000,000	80,000,000		430,000,000
3	영 업 외 수 익	잡이익	10,000,000			10,000,000
	계		3,860,000,000	108,000,000	5,000,000	3,963,000,000

4. 소득금액조정합계표

익금산입	공사기성고차액	80,000,000원	유보발생
익금산입	단기할부제품매출	8,000,000원	유보발생
손금산입	제품매출원가	6,400,000원	유보발생
익금산입	적송품매출	20,000,000원	유보발생
손금산입	적송품매출원가	15,000,000원	유보발생

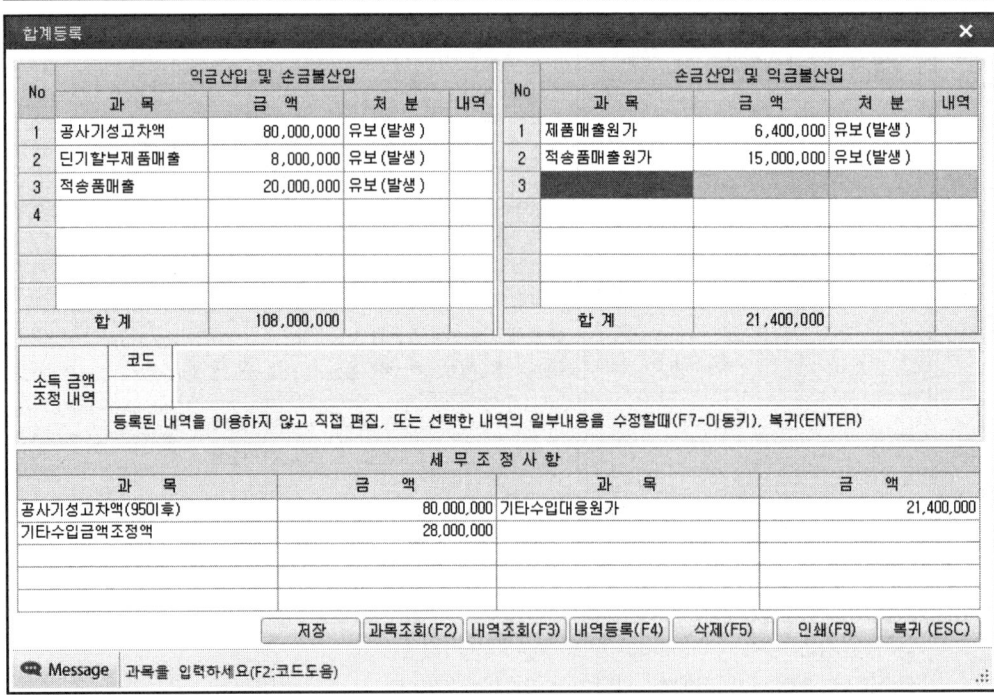

[실무수행평가]

1	'⑥조정후 수입금액' 합계액은 얼마인가?	3,963,000,000
2	익금산입(유보)로 소득처분할 금액은 얼마인가?	108,000,000
3	손금산입(유보)로 소득처분할 금액은 얼마인가?	21,400,000

[유보발생 및 유보감소]

유보발생이란 당기에 유보가 발생된 것을 의미하고 유보감소란 전기말까지 남아 있던 유보가 당기에 추인하는 것을 의미합니다.

	가산조정	차감조정
유보발생(당기발생)	당기 유보 발생	당기 △유보 발생
유보감소(당기추인)	당기 유보 **추인**	당기 △유보 **추인**

II. 조정후 수입금액명세서

조정후수입금액명세서는 앞에서 살펴본 수입금액조정명세서상의 **조정후수입금액과 부가가치세 과세표준과의 차액내역**을 입력하는 서식이다.

	수입금액 (법인세법)	과세표준 (부가가치세법)	차액조정 수입금액→과세표준
간 주 공 급	×	○	(+)
간 주 임 대 료	×	○	(+)
고 정 자 산 매 각	×	○	(+)
진 행 율 차 이	(+) (−)	×[1] ×[1]	(−) (+)
부 산 물 매 출	○	○	−
매출누락	○	× ○(수정신고)	(−) ×

*1. 부가가치세 과세표준에 포함되어 있으면 차이분만 조정해 주시면 됩니다.

> **부가가치세법상 과세표준 − 법인세법상 조정후수입금액 = 차액**

 **조정후 수입금액명세서**

세무조정 참고자료	1. 수입금액에 대한 상세내역이다.				
	구분	업태	종목	기준경비율코드	비고
	제품매출	제조업	컴퓨터	300100	영세율 적용분은 해외수출분이다.
	공사수익금	건설업	비주거용건물	451104	
	2. 수입금액과의 차액내역				
	코드	구분(내용)	금액	비고	
	25	유형자산매각	155,000,000원		
	28	작업진행율차이	-80,000,000원	수입금액조정명세서에 반영되었으나 부가 가치세 신고서에 반영되지 않았다.	
	32	매출누락	28,000,000원	수입금액조정명세서에 입력된 단기할부판 매 및 적송품 판매 누락분으로 부가세가 치세신고서에 반영되지 않았다.	
수행과제	조정후 수입금액명세서를 작성하시오.				

[실무수행평가]

1	제품매출 '⑤국내생산품' 수입금액은 얼마인가?
2	공사수익금 '⑤국내생산품' 수입금액은 얼마인가?
3	수입금액과의 '차액계(50)' 금액은 얼마인가? ?

해답

1. 업종별 수입금액 명세서

   －[새로불러오기]를 클릭하여 [수입금액 조정명세서상 수입금액]과 [부가가치세 과세표준수입 금액]을
     자동반영 후 [수입조회]키를 이용하여 수입금액 조정명세서상 제조업 수입금액 3,533,000,000원
     (부산물 매각 10,000,000원 가산), 건설업 수입금액 430,000,000원을 입력한다.

   －수출란의 금액은 직접 입력되지 않으므로 국내생산품의 금액을 3,330,500,000원으로 입력
     한 다음 수입상품 란을 0원으로 입력 하면 수출란에 금액 202,500,000원이 반영된다.

1 업종별 수입금액 명세서

	①업태	②종목	코드	③기준 (단순)경 비율번호	④계(⑤+⑥+⑦)	수입금액		
						내　수		⑦수 출
						⑤국내생산품	⑥수입상품	
1	제조업	컴퓨터	01	300100	3,533,000,000	3,330,500,000		202,500,000
2	건설업	비주거용건물 2	02	451104	430,000,000	430,000,000		
	합 계		99		3,963,000,000	3,760,500,000		202,500,000

2. 수입금액과의 차액내역

코드	구 분(내용)	전 기 금 액	당 기 금 액
21	자가공급		
22	사업상증여		
23	개인적공급		
24	간주임대료		
25	유형자산 및 무형자산매각액		155,000,000
26	그 밖의 자산매각액		
27	잔존재고재화		
28	작업진행율차이		-80,000,000
29	거래시기차이가산		
30	거래시기차이감액		
31	주세, 특별소비세		
32	매출누락		-28,000,000
	합 계		47,000,000

3. 최종조정후수입금액명세서

－2.부가가치세 과세표준 수입금액 차액검토의 차액금액과 3.수입금액과의 차액내역의 차액계가 일치하여야 한다.

1 업종별 수입금액 명세서

	①업태	②종목	코드	③기준 (단순)경 비율번호	수입금액			
					④계(⑤+⑥+⑦)	내 수		⑦수 출
						⑤국내생산품	⑥수입상품	
1	제조업	컴퓨터	01	300100	3,533,000,000	3,330,500,000		202,500,000
2	건 설 업	기타 비주거용	02	451104	430,000,000	430,000,000		
	합 계		99		3,963,000,000	3,760,500,000		202,500,000

2 부가가치세 과세표준 수입금액 차액검토 [상세보기]

부가가치세 과세표준	일 반	3,807,500,000
	영세율	202,500,000
	계	4,010,000,000
면세수입금액		
합	계	4,010,000,000
수 입 금 액		3,963,000,000
차	액	47,000,000

3 수입금액과의 차액내역 [일괄작성]

코드	구분(내용)	금액	비고
25	유형자산 및 무형자산매각액	155,000,000	
28	작업진행율차이	-80,000,000	
32	매출누락	-28,000,000	
50	차액계	47,000,000	

[실무수행평가]

1	제품매출 '⑤국내생산품' 수입금액	3,330,500,000
2	공사수익금 '⑤국내생산품' 수입금액	430,000,000
3	수입금액과의 '차액계(50)' 금액	47,000,000

Ⅲ. 임대보증금등 간주익금 조정

부동산을 임대하고 받는 임대료는 익금에 해당하나 임대보증금을 받은 경우 부채에 해당할 뿐 익금이 될 수 없다. 따라서 법인세법은 임대보증금의 운용수입을 파악하기 위하여 임대보증금 등에 대해서 정기예금이자 상당액을 임대료로 간주하여 익금에 산입하도록 하고 있다.

1. 추계시(장부등이 없는 경우) - 상여

간주익금 = 임대보증금 등의 적수 × 1/365(366) × 정기예금이자율(매년 고시)

2. 추계이외(장부등에 의해 소득금액을 계산하는 경우) - 기타사외유출

① 차입금과다법인 &   ② 주업 : 부동산임대업 &   ③ 영리내국법인

간주익금 = [임대보증금 등의 적수 - 건설비적수[*1]] × 1/365(366) × 정기예금이자율 - 금융수익[*2]

[*1]. 건설비 : 해당 건물의 취득가액(자본적지출 포함, 토지의 취득가액은 제외)

[*2]. 금융수익 : 해당 보증금에서 발행한 수입이자와 배당금수익등

<u>**TAT1급에서는 추계이외의 문제가 나오며, 서식은 전체 건물면적 중 임대면적에 대해서 간주익금을 계산하는 문제가 나오기도 하므로, 건물연면적과 임대면적을 입력해야 한다.**</u>

 **임대보증금등 간주익금**

자료 1. 임대보증금 변동내역

일 자	적 요	임대면적	차 변	대 변	잔 액
전기이월		800㎡		300,000,000원	300,000,000원
4. 1.	201호 퇴실	50㎡ 감소	50,000,000원		250,000,000원
5. 1.	201호 입실	50㎡ 증가		60,000,000원	310,000,000원

자료 2. 건물 및 부속토지 기말잔액

계정과목	적 요	20x1. 12. 31.	20x0. 12. 31.	비 고
토 지	건물 부속토지	500,000,000원	500,000,000원	면적 250㎡
건 물	건 물	300,000,000원	300,000,000원	연면적 1,000㎡
	감가상각누계액	(120,000,000원)	(100,000,000원)	

세무조정 참고자료	1. 자료 1은 당기 임대보증금 변동내역이다. 2. 자료 2는 임대건물과 부속토지의 기말잔액이다. 3. 이자수익 3,200,000원 중 300,000원은 임대보증금 운용수익이다. 4. 본 예제에 한하여 간주익금 계산 대상법인으로 보며, 정기예금이자율은 3.5%이다. ☞ **2026년 정기예금이자율은 2026년 3월 중 고시될 예정입니다.**
수행과제	임대보증금 간주익금조정명세서를 작성하고 세무조정사항을 반영하시오.

[실무수행평가]

1	[임대보증금 간주익금 조정명세서 조회] '①임대보증금등 적수'은 얼마인가?
2	[임대보증금 간주익금 조정명세서 조회] '②건설비상당액 적수'은 얼마인가?
3	[임대보증금 간주익금 조정명세서 조회] '⑦익금산입금액'은 얼마인가?

해답

1. 임대보증금등의 적수계산(365일)
   - [새로불러오기]를 클릭하여 임대보증금에 대한 적수계산을 한다.

	⑧일 자	⑨적 요	임대보증금 입금	임대보증금 반환	⑩임대보증금 누계	⑪일수	⑫적수(⑩X⑪)
1	01-01	전기이월	300,000,000		300,000,000	90	27,000,000,000
2	04-01	201호 퇴실보증금반환		50,000,000	250,000,000	30	7,500,000,000
3	05-01	201호 입실보증금입금	60,000,000		310,000,000	245	75,950,000,000
	계					365	110,450,000,000

(상단 표 제목: 2.임대보증금등의 적수계산 / 일별합산 / 임대면적적수 동시계산 / 크 게)

2. 건설비 상당액 적수계산
   - [입력]을 클릭하여 건설비, 건물 연면적, 건물 임대면적을 입력하면 자동으로 일수와 적수가 계산된다.

			일 자	건설비 총액	(18)건설비총액누계	(19)일 수	(20)적수 ((18)X(19))
나.임대면적등 적수계산	가.건설비 총액적수	건설비 총액적수					
		1	01-01	300,000,000	300,000,000	365	109,500,000,000
		2					
			계			365	109,500,000,000

		일 자	건물연면적총계	(26)건물연면적누계	(27)일수	(28)적수 ((26)X(27))
건물 연면 적 적수	1	01-01	1,000	1,000	365	365,000
	2					
		계			365	365,000

		일 자	입실 면적	퇴실 면적	(22)임대면적 누계	(23)일수	(24)적수 ((22)X(23))
건물임대 면적 적수	1	01-01	800		800	90	72,000
	2	04-01		50	750	30	22,500
	3	05-01	50		800	245	196,000
		계				365	290,500

2	3.건설비 상당액 적수계산	⑬건설비 총액적수 ((20)의 합계)	⑭임대면적적수 ((24)의 합계)	⑮건물연면적적수 ((28)의 합계)	(16)건설비상당액적수 (⑬*⑭/⑮)
가.건설비의 안분계산		109,500,000,000	290,500	365,000	87,150,000,000

3. 임대보증금등의 운용수입금액 명세서

3	4.임대보증금등의 운용수입금액 명세서					
	(29)과 목	(30)계 정 금 액	(31)보증금운용수입금액	(32)기타수입금액	(33)비 고
1	이자수익	3,200,000	300,000	2,900,000	

4. 임대보증금증의 간주익금 조정 및 소득금액조정합계표 작성

1.임대보증금등의 간주익금 조정						[보증금 잔액 재계산] [보증금적수계산 일수 수정]
①임대보증금등 적 수	②건설비상당액 적 수	③보증금잔액 {(①-②)/ 365 }	④이자율 (%)	⑤(③*④) 익금상당액	⑥보증금운용 수 입	⑦(⑤-⑥) 익금산입금액
110,450,000,000	87,150,000,000	63,835,616	3.5	2,234,246	300,000	1,934,246

5. 소득금액조정합계표

익금산입	임대보증금 간주익금	1,934,246원	기타사외유출

[실무수행평가]

1	[임대보증금 간주익금 조정명세서 조회] '①임대보증금등 적수'	110,450,000,000
2	[임대보증금 간주익금 조정명세서 조회] '②건설비상당액 적수'	87,150,000,000
3	[임대보증금 간주익금 조정명세서 조회] '⑦익금산입금액'	1,934,246

※ 1,2,3은 프로그램이 자동계산되어지므로 시점(프로그램 업데이트)마다 달라질 수가 있습니다.

---

03 STEP 감가상각비 조정

〈감가상각조정순서〉

1. 고정자산등록	
2. 미상각분(양도자산)감가상각조정명세서	
3. 감가상각비조정명세서 합계표	

	정액법	정률법
1. 계산구조	세무상 취득가액[*1] × 상각률	세무상 미상각잔액[*2] × 상각률
	[*1]. B/S 취득가액 + 즉시상각의제액(전기) + 즉시상각의제액(당기)	[*2]. B/S상 장부가액 + 즉시상각의제액(당기) + 전기이월상각부인액(유보) = 기말B/S상 취득가액 – 기초B/S상 감가상각누계액 + 즉시상각의제액(당기) + 전기이월상각부인액(유보)
2. 회사계상상각비	당기 감가상각누계액 증가액 + 당기 즉시상각의제	
3. 세무조정	한도초과	〈손불〉유보
	한도미달	원칙 : 세무조정 없음. 다만 전기상각부인액이 있을 경우 손금추인

감가상각비 조정명세서

자료 1. 전기 자본금과 적립금 조정명세서(을) 내역

[별지 제50호 서식(을)]   (뒤 쪽)

사업 연도	20x0.01.01. ~ 20x0.12.31.	자본금과 적립금 조정명세서(을)			법인명	(주)무궁
세무조정유보소득계산						
① 과목 또는 사항	① 기초잔액	당 기 중 증감		⑤ 기말잔액 (익기초현재)	비고	
		③ 감 소	④ 증 가			
취득세(공장건물)	20,000,000			20,000,000		
감가상각비(기계장치)	9,000,000	6,000,000		3,000,000		
중 략						

자료 2. 감가상각 자료

고정자산 내 역	코드	자산명	경비 구분	업종 코드	취득일	취득가액	전기말 상각누계액	당기 회사 감가상각비
건물 (정액법 30년)	10	공장건물	제조	08	2017.10.04.	800,000,000	10,000,000	40,000,000
기계장치 (정률법 5년)	20	포장기	제조	YY	2018.06.20.	50,000,000	35,000,000	5,000,000

세무조정 참고자료	3월 15일 포장기의 성능향상을 위한 자본적지출액 8,000,000원을 회계 담당자의 실수로 수익적지출로 회계처리 하였다.

수행과제	1. 고정자산을 등록하고 미상각분 감가상각조정명세서를 작성하시오.
	2. 소득금액조정합계표에 세무조정사항을 반영하시오.

[실무수행평가]

1	건축물의 '104.상각범위액'은 얼마인가?
2	건축물 '106.상각부인액'은 얼마인가?
3	기계장치의 '106.상각부인액'은 얼마인가?

해답

1. 건물[정액법]

세무상취득가액(A)		상각범위액(B)	
=기말B/S상 취득가액	800,000,000원	상각률	27,880,000원
+즉시상각의제액(전기)	20,000,000원		
+즉시상각의제액(당기)			
820,000,000원		0.034	
회사계상상각비(C)		40,000,000원	
시부인액(B-C)		부인액 12,120,000원(손금불산입)	

① 고정자산등록(코드 10, 공장건물, 취득일 2017.10.04. , 업종코드 08)

주요등록사항	추가등록사항	자산변동사항

1. 기 초 가 액	800,000,000	15. 전기말부인누계	20,000,000
2. 전기말상각누계액	10,000,000	16. 전기말자본지출계	20,000,000
3. 전 기 말 장 부 가 액	790,000,000	17. 자본지출즉시상각	0
4. 신 규 취 득 및 증 가	0	18. 전기말의제누계	0
5. 부 분 매 각 및 폐 기	0	19. 당기상각범위액	27,880,000
6. 성 실 기 초 가 액		20. 회사계상상각비	40,000,000
7. 성 실 상 각 누 계 액	0	편집해지	
8. 상 각 기 초 가 액	790,000,000	21. 특 별 상 각 률	
9. 상 각 방 법	1 정액법	22. 특 별 상 각 비	0
10. 내 용 연 수(상각률)	30 ? 0.034	23. 당기말상각누계액	50,000,000
11. 내 용 연 수 월 수	미경과 12	24. 당기말장부가액	750,000,000
12. 상 각 상 태 완 료 년 도	진행	25. 특 례 적 용	0 부
13. 성 실 경 과/차 감 연 수	/	* 년 수 년	
14. 성 실 장 부 가 액	0		

1. 취 득 수 량		4. 최 저 한 세 부 인 액	0
2. 경 비 구 분	1 500 번대	5. 당 기 의 제 상 각 액	0
3. 전 체 양 도 일 자	----.--.--	6. 전 체 폐 기 일 자	----.--.--

② 미상각분 감가상각조정명세

합계표 자산구분			1	건축물
상각계산의기초가액	재무상태표 자산가액	(5)기말현재액	800,000,000	800,000,000
		(6)감가상각누계액	50,000,000	50,000,000
		(7)미상각잔액(5-6)	750,000,000	750,000,000
	회사계산 상각비	(8)전기말누계	10,000,000	10,000,000
		(9)당기상각비	40,000,000	40,000,000
		(10)당기말누계액(8+9)	50,000,000	50,000,000
	자본적 지출액	(11)전기말누계	20,000,000	20,000,000
		(12)당기지출액		
		(13)합계(11+12)	20,000,000	20,000,000
(14)취득가액(7+10+13)			820,000,000	820,000,000
(15)일반상각률,특별상각률			0.034	
상각범위액계산	당기산출 상각액	(16)일반상각액	27,880,000	27,880,000
		(17)특별상각액		
		(18)계(16+17)	27,880,000	27,880,000
	(19)당기상각시인범위액(18,단18≤14-8-11+25-전기28)		27,880,000	27,880,000
(20)회사계산상각액(9+12)			40,000,000	40,000,000
(21)차감액(20-19)			12,120,000	12,120,000
(22)최저한세적용에 따른 특별상각부인액				
조정액	(23)상각부인액(21+22)		12,120,000	12,120,000
	(24)기왕부인액중당기손금추인액 (25,단 25≤ ㅣ△21ㅣ)			
부인액누계	(25)전기말부인액누계(전기26)		20,000,000	20,000,000
	(26)당기말부인액누계(25+23-ㅣ24ㅣ)		32,120,000	32,120,000
당기말의제상각액	(27)당기의제상각액(ㅣ△21ㅣ-ㅣ24ㅣ)			
	(28)의제상각액누계(전기28+27)			

③ 소득금액조정합계표

손금불산입	건물 감가상각비 한도초과	12,120,000원	유보발생

2. 기계장치[정률법]

세무상취득가액(A)		세무상 기초감가상각누계액(B)	
=기말B/S상 취득가액	50,000,000	기초B/S상 감가상각누계액	35,000,000
+즉시상각의제액(당기)	8,000,000	(-) 전기상각부인누계액	(3,000,000)
58,000,000원		32,000,000원	
미상각잔액(C=A-B)=26,000,000원			
상각범위액(D)	세무상미상각잔액(C)×상각률(0.451)=11,726,000원		
회사계상상각비(E)	13,000,000(5,000,000+8,000,000)		
시부인액(D-E)	부인액 1,274,000원(손금불산입)		

① 고정자산등록(코드 20, 포장기, 취득일 2018.06.20., 업종코드 YY)

주요등록사항	추가등록사항	자산변동사항

1. 기 초 가 액	50,000,000	15. 전기 말부인누계	3,000,000
2. 전기말상각누계액	35,000,000	16. 전기말자본지출계	0
3. 전 기 말장부가액	15,000,000	17. 자본지출즉시상각	8,000,000
4. 신 규 취 득 및 증 가	0	18. 전기말의제누계	0
5. 부 분 매 각 및 폐 기	0	19. 당기 상각 범 위 액	3,726,000
6. 성 실 기 초 가 액		20. 회 사 계 상 상 각 비	5,000,000
7. 성 실 상 각 누 계 액	0	편집해지	
8. 상 각 기 초 가 액	15,000,000	21. 특 별 상 각 률	
9. 상 각 방 법	0 정률법	22. 특 별 상 각 비	0
10. 내 용 연 수 (상 각 률)	5 ? 0.451	23. 당기말상각누계액	40,000,000
11. 내 용 연 수 월 수	미경과 12	24. 당 기 말 장 부 가 액	10,000,000
12. 상 각 상 태 완 료 년 도	진행	25. 특 례 적 용	0 부
13. 성 실 경 과 / 차 감 연 수	/	* 년 수	년
14. 성 실 장 부 가 액	0	26. 업무용승용차여부	0 부

1. 취 득 수 량		4. 최 저 한 세 부 인 액	0
2. 경 비 구 분	1 500 번대	5. 당 기 의 제 상 각 액	0
3. 전 체 양 도 일 자	----.--.--	6. 전 체 폐 기 일 자	----.--.--

② 미상각분 감가상각조정명세

	합계표 자산구분	2	기계장치	
상각계산의기초가액	재무상태표 자산 가액	(5)기말현재액	50,000,000	50,000,000
		(6)감가상각누계액	40,000,000	40,000,000
		(7)미상각잔액(5 - 6)	10,000,000	10,000,000
	(8)회사계산감가상각비		5,000,000	5,000,000
	(9)자본적지출액		8,000,000	8,000,000
	(10)전기말의제상각누계액			
	(11)전기말부인누계액		3,000,000	3,000,000
	(12)가감계(7 + 8 + 9 - 10 + 11)		26,000,000	26,000,000
(13)일반상각률, 특별상각률			0.451	
상각범위액계산	당기산출상각액	(14)일반상각액	11,726,000	11,726,000
		(15)특별상각액		
		(16)계(14+15)	11,726,000	11,726,000
	취득가액	(17)전기말 현재 취득가액	50,000,000	50,000,000
		(18)당기회사계산증가액		
		(19)당기자본적지출액	8,000,000	8,000,000
		(20) 계(17+18+19)	58,000,000	58,000,000
	(21)잔존가액((20) × 5 / 100)		2,900,000	2,900,000
	(22)당기상각시인범위액(16 단,(12-16)<21인경우 12)		11,726,000	11,726,000
(23)회사계산상각액(8+9)			13,000,000	13,000,000
(24)차감액(23-22)			1,274,000	
(25)최저한세적용에따른특별상각부인액				
조정액	(26)상각부인액(24+25)		1,274,000	1,274,000
	(27)기왕부인액중당기손금추인액 (11,단11≤|△24|)			
(28)당기말부인액 누계(11+26-|27|)			4,274,000	4,274,000
당기말의제상각액	(29)당기의제상각액(|△24|-|27|)			
	(30)의제상각누계(10+29)			

③ 소득금액조정합계표

손금불산입	기계장치 감가상각비	1,274,000원	유보발생

☞ 감가상각비에 대한 세무조정은 [감가상각비조정명세서 합계표]의 [합계등록]에서 입력이 가능하다.

[참고 : 감가상각비조정명세서 합계표]

감가상각비조정명세서합계표	전자				새로불러오기 ▼	저장	합계등록

① 자산구분		② 합 계 액	유 형 자 산			⑥ 무 형 자 산
			③ 건 축 물	④ 기 계 장 치	⑤ 기 타 자 산	
재무상태표상액	(101)기 말 현 재 액	850,000,000	800,000,000	50,000,000		
	(102)감가상각누계액	90,000,000	50,000,000	40,000,000		
	(103)미 상 각 잔 액	760,000,000	750,000,000	10,000,000		
(104)상 각 범 위 액		39,606,000	27,880,000	11,726,000		
(105)회 사 손 금 계 상 액		53,000,000	40,000,000	13,000,000		
조정금액	(106)상 각 부 인 액 ((105) - (104))	13,394,000	12,120,000	1,274,000		
	(107)시 인 부 족 액 ((104)-(105))					
	(108)기왕부인액 중 당기손금추인액					
(109)신고조정손금계상액						

[실무수행평가]

1	건축물의 '104.상각범위액'	27,880,000
2	건축물 '106.상각부인액'	12,120,000
3	기계장치의 '106.상각부인액'	1,274,000

04 STEP 과목별 세무조정

Ⅰ. 퇴직급여충당금 조정명세서

1. 회사설정액	장부상 퇴직급여충당금 설정액
2.세무상 한도	MIN[①, ②] ① 급여액기준 : 총급여액의×5% ② 추계액기준 : (퇴직급여추계액×0% + 퇴직전환금) − 설정전세무상퇴충잔액

 예제 퇴직급여충당금 조정명세서

자료. 전기 자본금과 적립금 조정명세서(을) 내역

[별지 제50호 서식(을)]					(뒤 쪽)
사업 연도 20x0. 1. 1. ~ 20x0.12.31.	자본금과 적립금조정명세서(을)			법인명	(주)무궁
세무조정유보소득계산					
① 과목 또는 사항	① 기초잔액	당 기 중 증감		⑤ 기말잔액 (익기초현재)	비고
		③ 감 소	④ 증 가		
퇴직급여충당부채	15,000,000	5,000,000	60,000,000	70,000,000	
중 략					

세무조정 참고자료	1. 총급여액은 기장된 자료의 급여(판), 임금(제)계정을 조회하시오. (생산직 20명, 관리직 10명 모두 퇴직급여 지급대상이다) 2. 급여(판)에는 전무이사에게 지급한 상여금 20,000,000원이 포함되어 있다. (이사회결의에 의한 급여지급기준에는 임원에게 10,000,000원을 상여금으로 지급하도록 되어있다) 3. 일시퇴직기준 퇴직급여추계액은 400,000,000원이며, 「근로자퇴직급여 보장법」에 따른 퇴직급여추계액은 410,000,000원이다.
수행과제	퇴직급여충당금조정명세서를 작성하고 세무조정사항을 반영하시오.

[실무수행평가]

1	8.기중 퇴직금 지급액'은 얼마인가?
2	손금산입할 총금액은 얼마인가?
3	손금불산입할 총금액은 얼마인가?

해답

1. 퇴직급여충당금 계정별 잔액조회

계정과목	기초잔액	당기증가	당기감소	기말잔액
퇴직급여충당부채	98,000,000	32,000,000	48,000,000	82,000,000

퇴직급여충당금(회계)

지 급	48,000,000원	기 초	98,000,000원 (유보 70,000,000원)	← 세무상 설정전 퇴충잔액
기말잔액	82,000,000원	설 정	32,000,000원	← 회사계상액
계	130,000,000원	계	130,000,000원	

세무상설정전퇴충잔액 = B/S기초퇴충잔액－유보－B/S상 감소액(지급액)

$$= 98,000,000 - 70,000,000 - 48,000,000$$

$$= \triangle 20,000,000 \quad \leftarrow \boxed{\text{음수인 경우 "0"으로 보고}\atop\text{손금산입}}$$

2. 퇴직급여충당금조정명세서

① 총급여액 및 퇴직급여추계액 명세서

구 분		17.총급여액		18.퇴직급여 지급대상이 아닌 임원 또는 사용인…		19.퇴직급여 지급대상인 임원 또는 사용인에 대…	
계정명	인원	금액	인원	금액	인원	금액	
임금(제)	20	420,000,000			20	420,000,000	
급여(판)	10	258,000,000			10	258,000,000	

☞ 임원에게 지급하는 상여금 중 급여지급기준을 초과하여 지급하는 금액(10,000,000원)은 손금에 산입하지 않으며,
퇴직급여충당금의 손금한도액 계산 시 총급여액에서 제외한다.

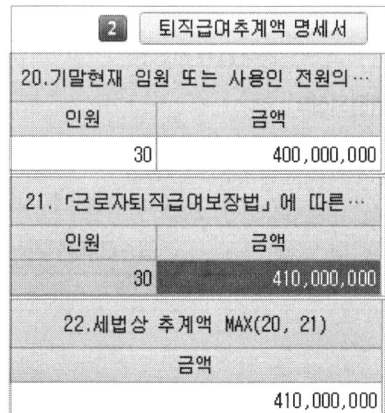

2 퇴직급여추계액 명세서

20.기말현재 임원 또는 사용인 전원의…	
인원	금액
30	400,000,000

21. 「근로자퇴직급여보장법」에 따른…	
인원	금액
30	410,000,000

22.세법상 추계액 MAX(20, 21)
금액
410,000,000

② 퇴직급여충당금 조정

	3 1. 퇴직급여 충당금 조정					
영 제60조 제1항에 의한 한도액	1. 퇴직급여 지급대상이 되는 임원 또는 사용인에게 지급한 총급여액			2. 설정률	3. 한도액	비고
			678,000,000	5 / 100	33,900,000	
영 제60조 제2항 및 제3항에 의한 한도액	4.장부상 충당금기초잔액	5.확정기여형 퇴직 연금자의 설정전 기계상된 퇴직급여충당금	6.기중 충당금 환입액	7.기초충당금 부인누계액	8.기중 퇴직금 지급액	9. 차감액 (4-5-6-7-8)
	98,000,000			70,000,000	48,000,000	-20,000,000
	10.추계액대비설정액 (22X(0%))	11.퇴직금전환금		12.설정률 감소에 따라 환입을 제외하는 금액 MAX(9-10-11,0)		13.누적한도액 (10-9+11+12)
한도초과액 계 산	14.한도액 (3과 13중 적은금액)			15.회사계상액		16.한도 초과액 (15-14)
				32,000,000		32,000,000

3. 소득금액조정합계표 작성

손금불산입	임원상여한도초과	10,000,000원	상여
손금산입	전기퇴직급여충당금	20,000,000원	유보감소
손금불산입	퇴직급여충당금한도초과액	32,000,000원	유보발생

[실무수행평가]

1	8.기중 퇴직금 지급액'	48,000,000
2	손금산입할 총금액	20,000,000
3	손금불산입할 총금액	42,000,000

Ⅱ. 퇴직연금부담금 조정명세서

1. 회사설정액	일반적으로 "0"

2. 세무상 한도	MIN[①, ②]
	① 추계액기준 : [기말퇴직급여추계액 – 기말세무상퇴직급여충당금잔액]
	  – 기손금산입퇴직연금부담금 – 확정기여형 퇴직연금손금인정액[*1]
	  *1. 퇴직급여추계액에 확정기여형 설정자도 포함되어 있으면 차감
	② 예차금기준 : 기말 퇴직연금운용자산잔액 – 기손금산입퇴직연금부담금

퇴직연금부담금 조정명세서

자료 1. 전기 자본금과 적립금 조정명세서(을) 내역

[별지 제50호 서식(을)] (뒤 쪽)

사업연도	20x0.01.01. ~ 20x0.12.31	자본금과 적립금 조정명세서(을)			법인명	㈜무궁

세무조정유보소득계산					
① 과목 또는 사항	② 기초잔액	당 기 중 증감		⑤ 기말잔액 (익기초현재)	비고
		③ 감 소	④ 증 가		
퇴직연금			−50,000,000	−50,000,000	
퇴직급여충당부채	10,000,000		20,000,000	30,000,000	
중 략					

자료 2. 퇴직급여충당부채와 관련된 세무조정사항

• 소득금액조정합계표

익금산입 및 손금불산입			손금산입 및 익금불산입		
과목	금액	처분	과목	금액	처분
퇴직급여충당부채	38,000,000	유보	퇴직급여충당부채	6,000,000	유보

• 일시퇴직시에 따른 퇴직급여추계액(30명) : 400,000,000원
  근로자퇴직급여 보장법에 따른 퇴직급여추계액(30명) : 410,000,000원

자료 3. 퇴직급여충당부채와 퇴직연금운용자산 원장내역

계정과목	기초잔액	당기증가	당기감소	기말잔액
퇴직급여충당부채	98,000,000원	32,000,000원	48,000,000원	82,000,000원
퇴직연금운용자산	50,000,000원	70,000,000원	6,000,000원	114,000,000원

세무조정 참고자료	1. 앞의 퇴직급여충당금조정명세서와 별개의 사항이다. 2. 당사는 확정급여형(DB) 퇴직연금제도를 운영하고 있으며, 퇴직연금불입액을 '퇴직연금 운용자산' 계정으로 회계처리하고 있다. 3. 퇴직연금의 전기말 신고조정에 의한 손금산입액은 50,000,000원이다.
수행과제	퇴직연금부담금 조정명세서를 작성하고, 소득금액조정합계표에 세무조정사항을 반영하시오.

[실무수행평가]

1	4.당기말부인누계액은 얼마인가?
2	손금불산입(유보감소)할 총금액은 얼마인가?
3	손금산입(유보발생)할 총금액은 얼마인가?

해답

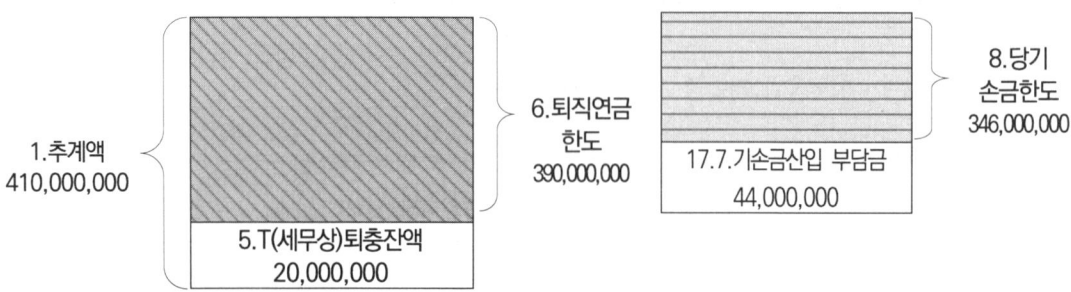

1. 기말퇴직연금예치금등의 계산

① 상단의 F8(잔액조회)을 클릭하고 퇴직연금운용자산의 증감내역을 조회하여 T계정을 그려서 입력하시면 쉽게·입력할 수 있습니다!!!

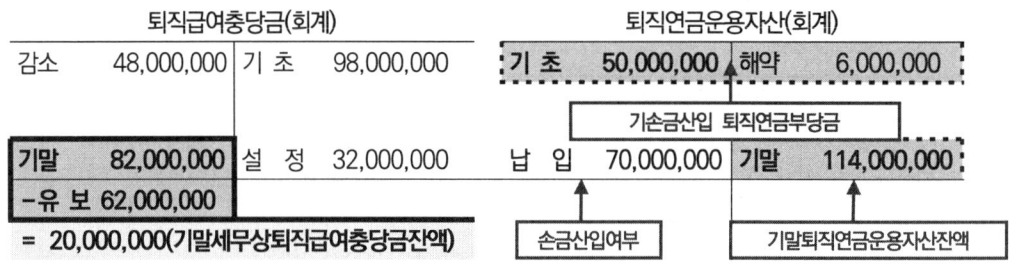

① 기말퇴직연금 예치금등의 계산

1 나. 기말퇴직연금 예치금등의 계산			
19.기초퇴직연금예치금 등	20.기중퇴직연금예치금등 수령 및 해약액	21.당기퇴직연금예치금등의 납입액	22.퇴직연금예치금 등 계 (19-20+21)
50,000,000	6,000,000	70,000,000	114,000,000

② 손금산입대상 부담금등 계산

2. 이미 손금산입한 부담금 등의 계산					
2 가. 손금산입대상 부담금 등 계산					
13. 퇴직연금예치금등 계(22)	14.기초퇴직연금충당금등 및 전기말 신고조정에의한 손금산입액	15.퇴직연금충당금 등 손금부인누계액	16.기중퇴직연금 등 수령 및 해약액	17.이미손금산입한 부담금등 (14-15-16)	18.손금산입대상 부담금등 (13-17)
114,000,000	50,000,000		6,000,000	44,000,000	70,000,000

③ 퇴직연금 등의 부담금 조정
　－퇴직급여충당금조정명세서의 퇴직급여 추계액 및 퇴직급여 충당금 기말잔액이 반영되며, [4.
　　당기말부인누계액]란에 62,000,000원(30,000,000원+32,000,000원)을 입력한다.

3　1.퇴직연금 등의 부담금 조정					
1.퇴직급여추계액	당기말현재 퇴직급여 충당금				6.퇴직부담금 등 손금산입 누적 한도액(1-5)
	2.장부상 기말잔액	3.확정기여형 퇴직 연금자의 퇴직연금 설정전 기계상된 퇴직급여 충당금	4.당기말 부인누계액	5.차감액 (2-3-4)	
410,000,000	82,000,000		62,000,000	20,000,000	390,000,000

7.이미 손금산입한 부담금 등 (17)	8.손금산입한도액 (6-7)	9.손금산입대상 부담금 등 (18)	10.손금산입범위액 (8과9중 작은금액)	11.회사손금 계상액	12.조정금액 (10-11)
44,000,000	346,000,000	70,000,000	70,000,000		70,000,000

2. 소득금액조정합계표

손금불산입	퇴직연금 지급액	6,000,000원	유보감소
손금산입	퇴직연금 불입액	70,000,000원	유보발생

[실무수행평가]

1	4.당기말부인누계액	62,000,000
2	손금불산입(유보감소)할 총금액	6,000,000
3	손금산입(유보발생)할 총금액	70,000,000

Ⅲ. 대손충당금 및 대손금조정명세서

1. 전기대손충당금 부인액 손금추인 : 〈손금산입〉 전기대손충당금 부인액 AAA(△유보)	
2. 대손충당금 한도 계산	① 회사설정액 : 대손충당금 기말잔액(총액법) ② 한도 계산 : 세무상 기말 대상 채권×설정율 　설정율＝MAX[① 1%, ② 대손실적율] 　설정제외 채권 : ① 대손처리할 수 없는 채권(전술한 채권) 　　　　　　　　② 할인어음, 배서양도어음

 **대손충당금 및 대손금조정명세서**

자료 1. 전기 자본금과 적립금 조정명세서(을) 내역

[별지 제50호 서식(을)]					(뒤 쪽)
사업연도	20x0.01.01. ~20x0.12.31	자본금과 적립금 조정명세서(을)		법인명	㈜무궁
세무조정유보소득계산					
① 과목 또는 사항	② 기초잔액	③ 감 소	④ 증 가	⑤ 기말잔액 (익기초현재)	비고
대손충당금		.	1,200,000	1,200,000	
대손금(외상매출금)			5,000,000	5,000,000	
중 략					

자료 2. 대손에 관한 사항

일자	계정과목	대손사유	금액	비고
20x1.5.02.	외상매출금	파산	9,000,000원	1. 해당일자에 대손처리함((주)산수유)) 2. 대손요건 충족
20x1.7.11.	받을어음	부도	20,000,000원	1. 해당일자에 대손처리함((주)백일홍) 2. 은행의 부도확인일 : 20x1.7.11.

세무조정 참고자료	1. 자료 1의 전기 손금불산된 대손금(외상매출금) 5,000,000원 중 당기에 손금추인된 금액은 2백만원이다. 2. 외상매출금 중 10,000,000원은 특수관계인에게 대여한 업무무관가지급금이 포함되어 있다. 3. 받을어음 중 20,000,000원은 은행에 할인한 어음이 포함되어 있다. 4. 대손충당금은 매출채권(외상매출금, 받을어음)에 대해서만 설정하기로 한다. 5. 당사의 대손실적률은 1/100 이하로 가정한다.
수행과제	대손충당금 및 대손금조정명세서를 작성하고, 소득금액조정합계표에 세무조정사항을 반영하시오.

[실무수행평가]

1	대손충당금 '7.한도초과액'은 얼마인가?
2	'18.기말현재 대손금 부인 누계액'은 얼마인가?
3	손금산입 유보(감소)로 소득처분할 총금액은 얼마인가?

해답

1. 대손금조정

① 5월 02일 대손처리내역

	일	번호	구분	코드	계정과목	코드	거래처	적요	차변	대변
☐	2	00001	대변	108	외상매출금	00114	(주)산수유	파산으로 대손처리		9,000,000
☐	2	00001	차변	109	대손충당금			파산으로 대손처리	2,000,000	
☐	2	00001	차변	835	대손상각비			파산으로 대손처리	7,000,000	

☞ 파산으로 인한 대손요건을 갖추었으므로 시인액으로 처리한다.

② 7월 11일 대손처리내역

	일	번호	구분	코드	계정과목	코드	거래처	적요	차변	대변
☐	11	00001	대변	110	받을어음	00102	(주)백일홍	부도확인으로 대손처리		20,000,000
☐	11	00001	차변	111	대손충당금			부도확인으로 대손처리	7,000,000	
☐	11	00001	차변	835	대손상각비			부도확인으로 대손처리	13,000,000	

☞ 부도(부도발생일 20x1.7.11.) 발생 후 6개월이 경과하지 않았으므로 손금불산입한다.

③ 대손금조정

2. 대손금 조정

	22.일자	23.계정과목	24.채권내역	25.대손사유	26.금액	대손충당금			당기손금 계상액		
						27.계	28.시인액	29.부인액	30.계	31.시인액	32.부인액
1	05-02	외상매출금	매출채권	파산	9,000,000	2,000,000	2,000,000		7,000,000	7,000,000	
2	07-11	받을어음	매출채권	부도	20,000,000	7,000,000		7,000,000	13,000,000		13,000,000

2. 대손충당금조정(채권잔액)

1. 대손충당금 조정 (채권잔액) ☐ 비고 사용   당초화면(ESC

	16.계정과목	17.채권잔액의 장부가액	18.기말현재 대손금 부인 누계액	19.합계 (17+18)	20.충당금 설정제외 채권	21.채권잔액 (19 - 20)
1	외상매출금	3,421,580,000	3,000,000	3,424,580,000	10,000,000	3,414,580,000
2	받을어음	140,000,000	20,000,000	160,000,000	20,000,000	140,000,000

☞ 전기분 외상매출금 부인액중 당기에도 대손요건을 충족하지 못한 3,000,000원과 부도(부도확정일 20x1.7.11.) 발생 후 6개월이 경과하지 않았으므로 당기 대손금 부인액 20,000,000원을 설정대상채권에 가산한다.

☞ 업무무관가지급금과 할인어음은 충당금 설정제외채권에 해당한다.

3. 대손충당금조정(손금및익금산입조정)

계정과목	기초잔액	당기증가	당기감소	기말잔액
외상매출금	324,100,000	4,219,837,422	1,122,357,422	3,421,580,000
대손충당금	2,000,000	70,000,000	2,000,000	70,000,000
받을어음	160,000,000		20,000,000	140,000,000
대손충당금	7,000,000	10,000,000	7,000,000	10,000,000

대손충당금(외상매출금＋받을어음)

	대손		기 초		
		9,000,000	기 초	9,000,000	← 8.기초충당금
	(시인액 : 2,000,000)		(유보 1,200,000)		← 10.충당금부인
	(부인액 : 7,000,000)				
12.(기말잔액 −설정액) →	기말잔액	80,000,000	설 정	80,000,000	← 4.당기계상액
	계	89,000,000	계	89,000,000	

3	1. 대손충당금 조정 (손금 및 익금산입 조정)						설정률 수정

손금 산입액 조정	1. 채권잔액 (21의 금액)		2.설정률	3.한도액 (1 × 2)	회사계상액			7.한도초과액 (6-3)
					4.당기계상액	5. 보충액	6.계	
		3,554,580,000	1 / 100	35,545,800	80,000,000		80,000,000	44,454,200
익금 산입액 조정	8.장부상 충당금 기초잔액	9.기중 충당금 환입액	10.충당금 부인 누계액	11.당기대손금 상계액 (27의 금액)	12.당기설정 충당금 보충액	13.환입할금액 (8-9-10-11-12)	14.회사 환입액	15.과소환입 과다환입 (△)(13-14)
	9,000,000		1,200,000	9,000,000		-1,200,000		-1,200,000

4. 소득금액조정합계표

손금산입	전기 부인 대손금 추인	2,000,000원	유보감소
손금불산입	대손금 부인액(받을어음)	20,000,000원	유보발생
손금산입	전기 대손충당금 손금추인	1,200,000원	유보감소
손금불산입	대손충당금 한도초과	44,454,200원	유보발생

[실무수행평가]

1	대손충당금 '7.한도초과액'은?	44,454,200
2	'18.기말현재 대손금 부인 누계액'은?	23,000,000
3	손금산입 유보(감소)로 소득처분할 총금액은?	3,200,000

IV. 기업업무추진비조정명세서

1. 신용카드 미사용금액

경조사비중 기준금액초과액	⑨신용카드등미사용금액	1회 20만원 초과 경조사비 중 적격증빙 미수취분
	⑩총초과금액	1회 20만원 초과 경조사비 총금액
국외지역 지출액	⑪신용카드등미사용금액	적격증빙 미수취금액
	⑫총지출액	국외지역에서 지출한 총금액
농어민 지출액	⑬송금명세서미제출금액	
	⑭총지출액	
기업업무추진비중 기준금액 초과액	⑮신용카드등미사용금액	1회 3만원 초과분 중 적격증빙미수취분
	⑯총초과금액	1회 3만원초과 기업업무추진비 총액 **(기업업무추진비 중 1회 3만원 초과금액중 개인적경 비 또는 증빙미수취(불비)가 있는 경우에는 차감하여 입력한다.)**

496

2. 경조사비 설정등

- 전표에 입력된 적요를 이용하여 기업업무추진비 조정명세서가 작성되므로 적요번호가 설정되어 있어야 한다.

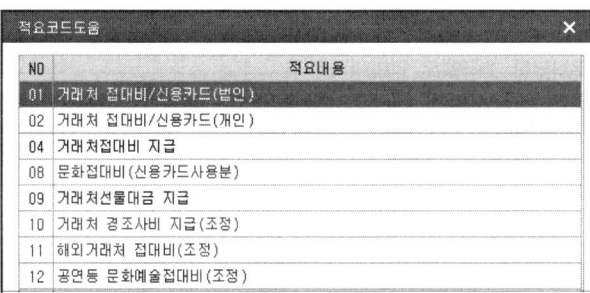

3. 손금산입한도등

	일반기업업무추진비 한도액
1. 기본한도	**1,200만원(중소기업 : 3,600만원)**×해당사업연도의 월수/12
2. 수입금액한도	일반수입금액×적용률 ＋특정수입금액×적용률×10%

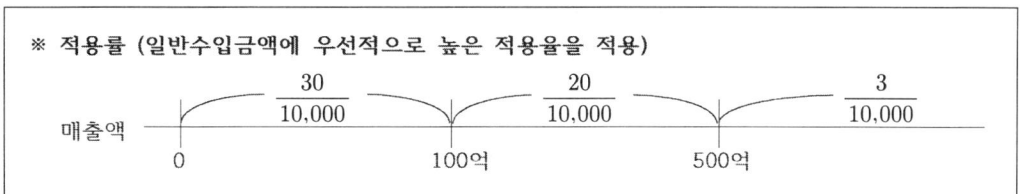

 **기업업무추진비 조정명세서**

세무조정 참고자료	1. 수입금액조정명세서의 수입금액은 무시하고 제시된 수입금액으로 조정하기로 한다.

일반수입금액	특수관계인간 거래금액	합계
500,000,000원	860,000,000원	1,360,000,000원

2. 기업업무추진비 계정금액 및 기업업무추진비 중 신용카드 등 사용금액은 기장된 자료에 의해 자동반영한다.
3. 기업업무추진비(판) 중에는 다음 사항이 포함되어 있다.
   - 기업업무추진비 계상액 중 증빙미수취(불비)분 : 500,000원
   - 기업업무추진비 계상액 중 전무이사 개인사용분 : 600,000원
   - 경조사비 지출액 : 300,000원
4. 광고선전비(판)로 계상되어 있는 9,000,000원은 당사 제품을 매출처에 선물한 것이다.(원가 8,000,000원, 시가 10,000,000원)

   (차) 광고선전비　　9,000,000　(대) 제품(타계정대체)　　8,000,000
   　　　　　　　　　　　　　　　　　　부가세예수금　　　　1,000,000
5. 결산서상 기업업무추진비는 모두 건당 3만원을 초과한다.

수행과제	기업업무추진비조정명세서(갑,을)를 작성하고, 소득금액합계표에 세무조정사항을 반영하시오.

[실무수행평가]

1	손금불산입(상여)으로 소득처분할 총금액은 얼마인가?
2	'17.신용카드 등 미사용부인액은 얼마인가?
3	'12.기업업무추진비 한도 초과액"은 얼마인가?

해답

1. 수입금액 조정 기업업무추진비조정명세서(을)

   ① 수입금액 명세

1. 수입금액 명세			
구　분	1. 일반 수입 금액	2. 특수관계인간 거래금액	3. 합 계 (1+2)
금　액	500,000,000	860,000,000	1,360,000,000

   ② 기업업무추진비등 해당금액

   [6.기업업무추진비계상액 중 사적사용 경비]란에 1,1000,000원(증빙미수취(불비) 및 개인사용분)

   [16.기업업무추진비 중 기준금액 총 초과금액]란에 43,600,000원(44,700,000−1,100,000) 입력

   [15.기업업무추진비 중 기준금액 신용카드 등 미사용금액]란에 12,115,150원

   (13,215,150−1,100,000) 입력

   [5.계정금액에]는 장부금(9,000,000원)액을 입력하고, 현물기업업무추진비 가산액

[2,000,000원]은 [7.기업업무추진비 해당액]에 가산(11,000,000)한다.→31회 기출

[16. 총초과금액]에도 11,000,000원 입력]

2 2. 기업업무추진비등 해당금액		합계	접대비(판)	광고선전비	경조사비등 설정	금융기관의 수입금액
4. 계 정 과 목		합계	접대비(판)	광고선전비		
5. 계 정 금 액		54,000,000	45,000,000	9,000,000		
6. 기업업무추진비계상액중 사적사용 경비		1,100,000	1,100,000			
7. 기업업무추진비 해당금액 (5-6)		54,900,000	43,900,000	11,000,000		
8. 신용카드 등 미사용금액	경조사비 중 기준 금액 초과액	9.신용카드 등 미사용금액	300,000	300,000		
		10.총 초과금액	300,000	300,000		
	국외지역 지출액	11.신용카드 등 미사용금액				
		12.총 지출액				
	농어민 지출액	13.송금명세서 미제출금액				
		14.총 지출액				
	기업업무추진비 중 기준금액 초과액	15.신용카드 등 미사용금액	12,115,150	12,115,150		
		16.총 초과금액	54,600,000	43,600,000	11,000,000	
17.신용카드 등 미사용 부인액 (9+11+13+15)		12,415,150	12,415,150			
18.기업업무추진비 부 인 액 (6+17)		13,515,150	13,515,150			
문화 사업 기업업무추진비						
전통 시장 기업업무추진비						

2. 기업업무추진비조정명세서(갑)

3 2. 기업업무추진비 한도초과액 조정 중소기업		금액	구분	구분	금액
1.기업업무추진비 해당 금액		54,900,000	8.일반기업업무추진비 한도액(4+6+7)		37,758,000
2.기준금액 초과 기업업무추진비 중 신용카드 미사용으로 인한 손금불산입액		12,415,150	문화 기업업무 추진비 한도	9.문화기업업무추진비 지출액	
3.차감 기업업무추진비 해당 금액 (1-2)		42,484,850		(소액 미술품 구입비용)	
일반 기업업무 추진비 한도	4. 12,000,000(36,000,000)x월수(12)/12	36,000,000		10.문화기업업무추진비 한도액 (9과(8x(20/100))중 작은 금액	
	총수입 금액 기준	100억원 이하의 금액 x 30/10,000	4,080,000	전통시장 기업업무 추진비 한도	11.전통시장기업업무추진비지출액	
		100억원 초과 500억원 이하의 금액 x 20/10,000			12.전통시장기업업무추진비한도액 (11과(8x(20/100))중 작은 금액)	
		500억원 초과 금액 x 3/10,000		13.기업업무추진비 한도액 합계(8+10+12)		37,758,000
		5.소계	4,080,000	14.한도초과액(3-13)		4,726,850
	일반 수입금액 기준	100억원 이하의 금액 x 30/10,000	1,500,000	15.손금산입한도 내 기업업무추진비지출액 (3과 13중 작은 금액)		37,758,000
		100억원 초과 500억원 이하의 금액 x 20/10,000		■부동산임대 특정법인 기업업무추진비 한도액(법법 §25)		
		500억원 초과 금액 x 3/10,000		○ 부동산임대 특정법인 기업업무추진비 해당 여부		⊙부 ○여
		6.소계	1,500,000			
	7.수입 금액기준	(5-6)x10/100	258,000			

3. 소득금액조정합계표

손금불산입	기업업무추진비 증빙불비분	500,000원	상여
손금불산입	기업업무추진비 개인사용분	600,000원	상여
손금불산입	기업업무추진비 신용카드 미사용(경조금)	300,000원	기타사외유출
손금불산입	기업업무추진비 신용카드 미사용	12,115,150원	기타사외유출
손금불산입	기업업무추진비 한도초과액	4,726,850원	기타사외유출

[실무수행평가]

1	손금불산입(상여)으로 소득처분할 총금액	1,100,000
2	'17.신용카드 등 미사용부인액	12,415,150
3	'12.기업업무추진비 한도 초과액'	4,726,850

V. 가지급금등의 인정이자조정

1. 범위	지급이자 손금불산입의 가지급금과 같다.
2. 인정이자 계산	1. 익금산입액 = 가지급금적수×인정이자율× $\dfrac{1}{365(366)}$ − 실제수령이자 2. 가지급금 적수 : **동일인에 대한 가지급금과 가수금이 함께 있는 경우에는 원칙적으로 상계**

 **가지급금등의 인정이자(갑, 을)**

자료 1. 차입금 내역

차입일자	차입금	거래은행	이자율	비 고
전기이월	250,000,000원	우리은행	연 4%	상환일 20x3.11.30.
20x1.1.29.	200,000,000원	국민은행	연 5%	상환일 20x3. 1.29.

자료 2. 가지급금 내역

월 일	발생액	회수액	잔 액	비 고
20x1. 2. 5.	50,000,000원		50,000,000원	업무무관 대여액
20x1. 3.31.	12,000,000원		62,000,000원	소득세 대납액*
20x1. 4.30.		30,000,000원	32,000,000원	가지급금 회수액

* 귀속이 불분명하여 대표자에게 상여로 처분한 금액에 대한 소득세를 당사가 대납한 금액이다.

세무조정 참고자료	자료 2는 대표이사 김대표에게 자금을 대여한 내역이다. 당기분 이자 1,000,000원을 수 익으로 계상하였다. 대표이사에 대한 가수금은 없다.
수행과제	가지급금인정이자조정명세서(갑·을)를 작성하고, 소득금액조정합계표에 세무조정사항을 반 영하시오.

[실무수행평가] – 가중평균차입이자율

1	'2.가지급금적수' 합계금액은 얼마인가?
2	'5.인정이자' 금액은 얼마인가?
3	익금산입(상여)로 소득처분할 금액은 얼마인가?

해답

1. 이자율별 차입금 잔액계산(366일)

① 우리은행

No	일자		차입금	상환액	누적잔액	이자율(%)	잔액적수
1	20X1	01-01	250,000,000		250,000,000	4	10,000,000

② 국민은행

No	일자		차입금	상환액	누적잔액	이자율(%)	잔액적수
1	20X1	01-29	200,000,000		200,000,000	5	10,000,000

2. 가지급금계산

– 직책란에 대표이사, 성명란에 김대표을 입력 후 [계정별원장 데이터불러오기]를 선택하여 적요번호 1번과 4번을 설정하여 반영한다.

계정별원장 불러오기			×
직책	성명	적요번호	데이터불러오기
대표이사	김대표	1 과 4	여
		2 와 5	부
		3 과 6	부

3월 31일의 대표자상여처분 금액에 대한 **소득세를 법인이 대납한 금액은 업무무관가지급금 계산시 제외되므로 삭제**한다.

[1.가지급금(전체)]

No	직책	성명	G	TV
1	대표이	김대표	0	
2				

No	월일	적 요	차변	대변	잔액	일수	적수	발생일자
1	02-05	대여	50,000,000		50,000,000	84	4,200,000,000	20X1-02-05
2	04-30	회수		30,000,000	20,000,000	246	4,920,000,000	20X1-04-30

계정별원장 데이터불러오

3. 가중평균차입이자

① 4.가중평균차입이자 TAB에서 [인명별 불러오기]를 클릭하여 1.가지급금 자료를 불러온다.

② **이자율에 커서를 두고 F2를 눌러 [적용]을 하면 가중평균차입이자율이 자동 반영**된다.

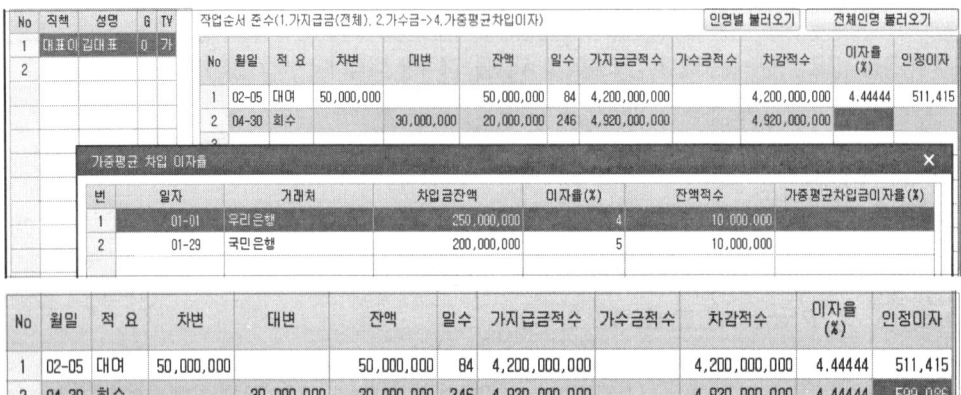

4. 인정이자계산

1.성명	2.가지급금적수	3.가수금적수	4.차감적수(2-3)	5.인정이자	6.회사계상액	시가인정범위 7.차액 (5-6)	시가인정범위 8.비율(%) (7/5)*100	9.조정액 (9=7) 7>=3억 이거나 8>=5%인 경우
김대표	9,120,000,000		9,120,000,000	1,110,501	1,000,000	110,501	9.95055	110,501

5. 소득금액조정합계표 작성

익금산입	가지급금인정이자	110,501원	상여

[실무수행평가]

1	'2.가지급금적수'	9,170,000,000
2	'5.인정이자'	1,110,501
3	익금산입(상여)로 소득처분할 금액	110,501

VI. 재고자산 평가조정명세서

1 세법상 평가	1. 무신고	• **선입선출법**	
	2. 임의변경	MAX[① 무신고시 평가방법(FIFO) ② 당초신고한 평가방법] ☞ 기장 또는 계산착오는 임의 변경으로 보지 않는다.	
2. 세무조정	1. 전기	• 전기 유보금액을 당기에 추인	
	2. 당기	세무상 재고자산 > B/S상 재고자산	익금산입재고자산평가감(유보)
		세무상 재고자산 < B/S상 재고자산	손금산입(재고자산평가증△유보)

 재고자산 평가조정명세서

	1. 재고자산에 대한 자료는 다음과 같다.(기장된 자료와 무관하다.)

(단위 : 원)

과목	장부상 금액	총평균법	선입선출법	후입선출법
제품	18,000,000	17,000,000	16,000,000	18,000,000
재공품	4,000,000	3,500,000	4,000,000	2,500,000
저장품	1,700,000	2,000,000	1,800,000	1,700,000
원재료	32,000,000	32,000,000	34,000,000	35,000,000

세무조정 참고자료

2. 제품은 평가방법을 신고하지 않았다.
3. 재공품 및 저장품은 2010. 3. 31.에 선입선출법으로 신고하였다.
4. 원재료는 2010. 3. 31.에 후입선출법으로 신고하였으나, 20x1. 10. 1.에 총평균법으로 변경신고 하였다.

수행과제	재고자산(유가증권)평가조정명세서를 작성하고, 소득금액합계표에 세무조정사항(자산별)을 반영하시오.

[실무수행평가]

1	제품에 대한 '18.조정액'은 얼마인가?
2	재공품에 대한 '18.조정액'은 얼마인가?
3	저장품에 대한 '18.조정액'은 얼마인가?

해답

1. 재고자산 평가방법 검토

　－원재료의 재고자산 평가방법을 20x1.9.30까지 하면 당기부터 적용하나, 10.1 변경 신고했으므로 당기까지 종전 신고방법으로 평가를 하여야 한다.

1. 재고자산 평가방법 검토

1. 자산별	2. 신고일	3.신고방법	4.평가방법	5.적부	6.비고
제 품 및 상 품		무 신 고	후입선출법	X	
반제품및재공품	2010-03-31	선입선출법	선입선출법	○	
원 재 료	2010-03-31	후입선출법	총 평균법	X	
저 장 품	2010-03-31	선입선출법	후입선출법	X	
유가증권(채권)					
유가증권(기타)					

2. 평가조정계산

─회사계산액과 조정계산금액을 아래와 같이 입력한다.

2 2. 평가조정 계산												
No	7.과목	8.품명	9.규격	10.단위	11.수량	회사계산		조정계산금액				18.조정액 (15또는 15와 17 중 큰금액 -13)
						12.단가	13.금액	신고방법		선입선출법		
								14.단가	15.금액	16.단가	17.금액	
1	제품						18,000,000				16,000,000	-2,000,000
2	재공품						4,000,000		4,000,000			
3	원재료						32,000,000		35,000,000		34,000,000	3,000,000
4	저장품						1,700,000		1,800,000			100,000

3. 소득금액조정합계표 작성

손금산입	제품 평가증	2,000,000원	유보발생
익금산입	저장품 평가감	100,000원	유보발생
익금산입	원재료 평가감	3,000,000원	유보발생

☞ 세무조정은 개별자산별로 하는 게 원칙입니다.

[실무수행평가]

1	제품에 대한 '18.조정액'	-2,000,000
2	재공품에 대한 '18.조정액'	0
3	저장품에 대한 '18.조정액'	100,000

VII. 외화자산등 평가차손익 조정

평가대상이 되는 화폐성항목	평가대상이 아닌 비화폐성 항목
① 외화현금, 외화예금, 외화보증금 ② 외화채권·채무 ③ 현금 등으로 상환하는 충당부채 등	① 재화와 용역에 대한 선급금, 선수금 ② 주식, 유·무형자산, 재고자산 등

외화자산 등 평가차손익조정명세서

자료. 외화자산 및 부채 내역

분류	계정과목	외화금액	발생시 장부금액	당기회사 적용환율	당기말 장부가액	종료일현재 매매기준율
자산	외상매출금	US$20,000	23,000,000원	1,150원/US$	25,000,000원	1,200원/US$
부채	외상매입금	US$10,000	11,200,000원	1,120원/US$	12,500,000원	1,200원/US$

세무조정 참고자료	1. 외화자산과 외화부채의 평가방법으로 사업연도 종료일 현재의 매매기준율로 평가하는 방법을 선택하여 신고하였다. 2. 결산시 임의로 환율을 적용하여 화폐성외화자산·부채를 평가하였으며, 이에 따라 외화평가차손익을 인식하였다. 3. 기장된 자료와 무관하다.
수행과제	제시된 자료를 이용하여 외화자산 등 평가차손익조정(갑,을)을 작성하고, 소득금액조정합계표에 해당 과목별로 세무조정사항을 반영하시오.

[실무수행평가]

1	'③회사손익금계상액'의 합계액은 얼마인가?
2	익금산입으로 소득금액조정합계표에 반영할 총 금액은 얼마인가?
3	손금산입으로 소득금액조정합계표에 반영할 총 금액은 얼마인가?

해답

1. 외화자산등 평가차손익조정명세서(을)

① 외화자산 입력

번호	②외화종류	③외화금액	④장부가액		⑦평가금액		⑩평가손익 (⑨-⑥)
			⑤적용환율	⑥원화금액	⑧적용환율	⑨원화금액	
1	US$	20,000	1,150	23,000,000	1,200	24,000,000	1,000,000

② 외화부채 입력

번호	②외화종류	③외화금액	④장부가액		⑦평가금액		⑩평가손익 (⑥-⑨)
			⑤적용환율	⑥원화금액	⑧적용환율	⑨원화금액	
1	US$	10,000	1,120	11,200,000	1,200	12,000,000	-800,000

2. 외화자산등 평가차손익조정명세서(갑)

①구 분		②당기손익 금해당액	③회사손익 금계상액	조 정		⑥손익 조정 금액 (②-③)
				④차익 조정 (③-②)	⑤차손 조정 (②-③)	
가. 화폐성 외화자산·부채평가손익		200,000	700,000			-500,000
나. 통화선도·통화스왑, 환변동보험 평가손익						
다. 환율조정계정손익	차익					
	차손					
계		200,000	700,000			-500,000

계정과목	발생일 기준 환율	장부상 평가 환율	외화금액	장부상 평가손익 (A)	세무상 평가환율	세무상 평가손익 (B)	차이 (B-A)
외상매출금	1,150	1,250	$20,000	2,000,000	1,200	1,000,000	-1,000,000
외상매입금	1,120	1,250	$10,000	-1,300,000	1,200	-800,000	+500,000
회계상 손익금계상액				700,000	세무상 손익금	200,000	-500,000

3. 소득금액조정합계표

손금산입	외화평가이익(외상매출금)	1,000,000원	유보발생
익금산입	외화평가손실(외상매입금)	500,000원	유보발생

[실무수행평가]

1	'③회사손익금계상액'의 합계액	700,000
2	익금산입으로 소득금액조정합계표에 반영할 총 금액	500,000
3	손금산입으로 소득금액조정합계표에 반영할 총 금액	1,000,000

Ⅷ. 세금과공과금 명세서

 예제 세금과공과금 명세서

세무조정 참고자료	기장된 자료를 조회하시오. (단, 517.세금과공과금, 817.세금과공과금 계정만 반영하도록 한다)
수행과제	세금과공과금명세서를 작성하고, 소득금액조정합계표에 세무조정사항을 각 건별로 반영하시오.

[실무수행평가]

1	손금불산입(유보)으로 소득처분할 금액은 얼마인가?
2	손금불산입(상여)으로 소득처분할 금액은 얼마인가?
3	손금불산입(기타)으로 소득처분할 금액은 얼마인가?

해답

1. [계정별원장 불러오기]를 이용한 손금불산입 항목 표기
   - 화면우측의 비고란에서 손금불산입할 항목만 선택한다.

No	①과목	②일자	③적요	④지급처	⑤금액	비고
1	세금과공과금(판)	01-06	부가세매입세액(공제대상)	강남세무서	1,200,000	손금불산입
2	세금과공과금(판)	01-30	신호위반과태료	강남경찰서	360,000	손금불산입
3	세금과공과금(판)	03-10	국민연금회사부담액	국민연금공단	960,000	
4	세금과공과금(판)	03-15	대표이사 소유토지 취득세	강남구청	50,000	손금불산입
5	세금과공과금(제)	03-25	폐기물처리부담금	강남구청	1,800,000	
6	세금과공과금(판)	04-30	법인 지방소득세	강남구청	2,400,000	손금불산입
7	세금과공과금(판)	07-21	주민세 재산분	강남구청	344,000	
8	세금과공과금(판)	07-25	간주임대료		860,000	
9	세금과공과금(판)	08-05	부가가치세 수정신고 가산세	강남세무서	92,000	손금불산입
10	세금과공과금(판)	08-26	주식발행비		320,000	손금불산입
11	세금과공과금(판)	09-15	폐수배출부담금	강남구청	680,000	손금불산입
12	세금과공과금(판)	10-22	산재보험료연체료	근로복지공단	39,200	

2. 소득금액조정합계표

손금불산입	부가세매입세액(공제대상)	1,200,000원	유보발생
손금불산입	신호위반과태료	360,000원	기타사외유출
손금불산입	대표이사소유 토지 취득세	50,000원	상여
손금불산입	법인 지방소득세	2,400,000원	기타사외유출
손금불산입	부가가치세 수정신고 가산세	92,000원	기타사외유출
손금불산입	주식발행비	320,000원	기타
손금불산입	폐수배출부담금	680,000원	기타사외유출

[실무수행평가]

1	손금불산입(유보)으로 소득처분할 금액	1,200,000
2	손금불산입(상여)으로 소득처분할 금액	50,000
3	손금불산입(기타)으로 소득처분할 금액	320,000

IX. 선급비용명세서

 **예제** 선급비용 명세서

자료. 전기 자본금과 적립금조정명세서(을) 내역

[별지 제50호 서식(을)]					(뒤 쪽)
사업연도	20x0. 1. 1. ~ 20x0.12.31.	자본금과 적립금조정명세서(을)		법인명	(주)무궁
세무조정유보소득계산					
① 과목 또는 사항	① 기초잔액	당 기 중 증감		⑤ 기말잔액 (익기초현재)	비고
		③ 감 소	④ 증 가		
선급비용(보험료)	1,500,000	1,500,000	1,980,000	1,980,000	
중 략					

세무조정 참고자료	1. 「전기 자본금과 적립금조정명세서(을)」 내역을 참고하여 조정한다. 　─선급기간 : 20x1.1.1.~20x2.1.31. (1년은 365일, 일할계산할 것) 2. 선급비용을 계상할 계정은 (판)수수료비용, (제)보험료이다.
수행과제	선급비용명세서를 작성하고 각 건별로 소득금액조정합계표에 세무조정사항을 반영하시오.[구분등록에 선급수수료(초일불산입 말일산입)를 등록하시오.]

[실무수행평가]

1	보험료(제)의 세무조정할 금액은 얼마인가?
2	수수료비용(판)의 세무조정할 금액은 얼마인가?
3	전기분 보험료의 세무조정할 금액은 얼마인가?

[해답]

1. 구분등록

	구분명	유 형
1	미경과 이자	초일불산입 말일 산입
2	선급 보험료	초일산입 말일산입
3	선급 임차료	초일산입 말일산입
4	선급 수수료	초일불산입 말일산입

2. 선급비용명세서 작성

(1) 원장 조회

① [제]보험료[521] 조회 내역

날자	코드	적요	코드	거래처명	차변	대변	잔액
08/06		화재보험료 20x1.8.06-20x2.8.05		대한화재보험	3,650,000		3,650,000
		[월 　 계]			3,650,000		
		[누 　 계]			3,650,000		

② [판]수수료비용[831] 조회 내역

날짜	코드	적요	코드	거래처명	차변	대변	잔액
07/01		20x1.7.1-20x3.6.30 계약이행보증수수료		신용보증보험	7,300,000		7,300,000
		[월 계]			7,300,000		
		[누 계]			7,300,000		

③ 선급비용 조회내역

날짜	코드	적요	코드	거래처명	차변	대변	잔액
12/31		화재보험료 선급비용대체		대한화재보험	2,000,000		2,000,000

(2) 선급비용 계산

① 선급보험료 : 20x1.8.6~20x2.8.05(지급액 3,650,000원, 회사계상액 2,000,000원)

② 선급수수료 : 20x1.7.1~20x3.6.30(지급액 7,300,000원)

No	구분	적요	거래처	선급비용	회사계상액	세무조정대상금액
1	선급 보험료	화재 보험료	대한화재보험	2,170,000	2,000,000	170,000
2	선급수수료	계약이행보증수수료	신용보증보험	5,467,489		5,467,489

3. 소득금액조정합계표 작성

손금불산입	보험료 선급비용	170,000원	유보발생
손금불산입	수수료비용 선급비용	5,467,489원	유보발생
손금산입	전기분 보험료 선급비용	1,825,000원*	유보감소

☞ 전기분 선급비용 기간 경과분 : **1,980,000원 × 365일(가정) / 396일 = 1,825,000원**

[실무수행평가]

1	보험료(제)의 세무조정할 금액	170,000
2	수수료비용(판)의 세무조정할 금액	5,467,489
3	전기분 보험료의 세무조정할 금액	1,825,000

X. 업무무관 지급이자 조정명세서 및 건설자금이자 조정명세서

세무조정순서	소득처분
1. 채권자불분명이자	대표자상여(**원천징수세액은 기타사외유출**)
2. 비실명증권 · 증권이자	
3. 건설자금이자(특정차입금이자)	원칙 : 유보
4. 업무무관자산 등에 대한 지급이자	기타사외유출

〈업무무관자산 등의 관련이자〉

대상	업무무관 자산과 특수관계자에 대한 업무무관 가지급금
계산	$$지급이자 \times \frac{(업무무관자산적수 + 업무무관가지급금적수)}{차입금적수}$$
제외되는 업무무관 가지급금	① 사용인에 대한 월정액 급여액의 범위 안에서의 일시적인 급료의 가불금 ② 대표자 인정상여에 대한 소득세 대납 ③ 사용인에 대한 경조사비의 대여액 ④ 사용인(사용인의 자녀 포함)에 대한 학자금의 대여액 등 → **중소기업의 근로자에 대한 주택구입 · 전세자금 대여금은 제외**

 **업무무관지급이자 조정명세서**

자료 1. 자산 취득내역

계정과목	금액	참 고 사 항
토지	200,000,000원	20x1년 3월 2일에 비업무용으로 취득하였다.
비품	30,000,000원	20x1년 5월 10일에 업무무관 서화를 구입하였다.

자료 2. 이자비용 지출내역

이자율	이자비용	참 고 사 항
7%	10,000,000원	이중 1,000,000원은 채권자를 알 수 없는 사채이자이다.(원천징수세액 275,000원)
6%	20,000,000원	이중 2,000,000원은 건물신축 목적으로 차입된 이자비용으로 건물신축 기간에 발생된 것이다. (완공예정일 20x2.6.30.)
5%	30,000,000원	

세무조정 참고자료	1. 자료 1은 자산 취득내역이고, 자료 2는 이자비용 지출내역이다. 2. 업무무관 가지급금은 [가지급금등의인정이자조정(갑,을)]의 데이터를 이용하기로 한다. 3. 기장된 자료는 무시하기로 한다.
수행과제	업무무관지급이자 조정명세서를 작성하고 소득금액조정합계표에 세무조정사항을 반영하시오.

[실무수행평가]

1	'② 업무무관부동산 적수'는 얼마인가?
2	손금불산입할 상여로 처분할 금액은 얼마인가?
3	'⑧ 손금불산입지급이자'은 얼마인가?

해답

1. 업무무관 지급이자조정명세서(을)

① 업무무관 부동산의 적수

구분 1 | 1.업무무관 부동산의 적수 | 2.업무무관 동산의 적수 | 3.가지급금 등의 적수 | 4.가수금 등의 적수 | 5.그밖의 적수 | 6.자기자본적수

☐ 적요수정

	①월일	②적요	③차 변	④대 변	④잔 액	⑥일수	⑦적 수
1	03-02	취득	200,000,000		200,000,000	305	61,000,000,000

② 업무무관 동산의 적수

구분 2 | 1.업무무관 부동산의 적수 | 2.업무무관 동산의 적수 | 3.가지급금 등의 적수 | 4.가수금 등의 적수 | 5.그밖의 적수 | 6.자기자본적수

☐ 적요수정

	①월일	②적요	③차 변	④대 변	④잔 액	⑥일수	⑦적 수
1	05-10	취득	30,000,000		30,000,000	236	7,080,000,000

③ 가지급금등의 적수(새로불러오기)

구분 3 | 1.업무무관 부동산의 적수 | 2.업무무관 동산의 적수 | 3.가지급금 등의 적수 | 4.가수금 등의 적수 | 5.그밖의 적수 | 6.자기자본적수

☐ 적요수정

	①월일	②적요	③차 변	④대 변	④잔 액	⑥일수	⑦적 수
1	02-05	지급	50,000,000		50,000,000	84	4,200,000,000
2	04-30	회수		30,000,000	20,000,000	246	4,920,000,000

2. 업무무관 지급이자조정명세서(갑)

① 지급이자 및 차입금 적수계산

2. 지급이자 및 차입금 적수 계산 〈연이율 일수 -> 현재: 365 가지급금: 365〉 [크게]

	(9)이자율	(10)지급이자	(11)차입금적수	(12)채권자불분명 사채이자		(15)건설자금이자 등		차 감	
				(13)지급이자	(14)차입금적수	(16)지급이자	(17)차입금적수	(18)지급이자(10-13-16)	(19)차입금적수(11-14-17)
1	7.00000	10,000,000	52,142,857,142	1,000,000	5,214,285,714			9,000,000	46,928,571,428
2	6.00000	20,000,000	121,666,666,666			2,000,000	12,166,666,666	18,000,000	109,500,000,000
3	5.00000	30,000,000	219,000,000,000					30,000,000	219,000,000,000

② 업무무관부동산등에 관련한 차입금 지급이자

1. 업무무관 부동산등에 관련한 차입금 지급이자

① 지급이자	적 수				⑥ 차입금(=19)	⑦ ⑤와 ⑥중 적은금액	⑧ 손금불산입지급이자 (① x ⑦÷⑥)
	②업무무관부동산	③업무무관동산	④가지급금 등	⑤계(②+③+④)			
57,000,000	61,000,000,000	7,080,000,000	9,120,000,000	77,200,000,000	375,428,571,428	77,200,000,000	11,721,004

3. 소득금액조정합계표 작성

손금불산입	채권자불분명사채이자	725,000원	상여
손금불산입	채권자불분명사채이자 원천징수세액	275,000원	기타사외유출
손금불산입	건설자금이자	2,000,000원	유보
손금불산입	업무무관지급이자	11,721,004원	기타사외유출

[실무수행평가]

1	**'② 업무무관부동산 적수'는 얼마인가?**	61,000,000,000
2	**손금불산입할 상여로 처분할 금액은 얼마인가?**	725,000
3	**'⑧ 손금불산입지급이자'은 얼마인가?**	11,721,004

 **건설자금이자 조정명세서**

| 세무조정
참고자료 | 1. 공장신축을 위한 시설자금 차입금(국민은행) 내역
 −특정차입금 : 200,000,000원　　　　−이자율 : 연 5%
 −차입기간 : 20x1.10.19.~20x3.1.31.
　(당해 연도 이자계산 대상일수 : 73일, 1년은 365일로 가정)
2. 공사기간 : 20x1. 10. 19. ~ 20x2. 12. 31. (당해 연도 공사일수 : 73일)
3. 회사는 동 차입금에 대한 이자 2,000,000원을 전액 이자비용으로 회계처리하였다.
　− 이자비용＝200,000,000×5%×(73일/365일)＝2,000,000원 |
| 수행과제 | 건설자금이자조정명세서를 작성하시오. |

해답

1. 특정차입금 건설자금이자 계산명세

번호	⑥건설자산명	⑥대출기관명	⑦차입일	⑧차입금액	⑨이자율	⑩당기지급이자	⑪준공일또는 준공예정일	⑫건설자금이자 계산대상일수	⑬건설자금이자 계산대상금액
1	공장신축	국민은행	20X1-10-19	200,000,000	5	2,000,000	20X3-12-31	73	2,000,000

2. 건설자금이자 조정

구　　분	①건설자금이자	②회사계상액	③상각대상자산분	④차감조정액
건설완료 자산분				
건설중인 자산분	2,000,000			2,000,000
계	2,000,000			2,000,000

☞ 세무조정은 앞 예제에서 반영하였기 때문에 입력할 필요가 없습니다.

XI. 기부금 조정명세서

1. 현물기부금 평가	1. 특례기부금, 일반기부금 : 장부가액
	2. 일반기부금(특수관계인)과 비지정기부금 : MAX[①시가 ②장부가]
2. 귀속시기	**현금주의(어음 : 결제일, 수표 : 교부일)**
	−선일자 수표는 어음으로 간주함
	−설립중인 공익법인의 일반(지정)기부금은 인·허가받은 날
3. 손금한도	**특례기부금** : [기준소득금액 − 이월결손금]×50%
	일반기부금 : [기준소득금액 − 이월결손금 − 특례기부금손금산입액]×10%
4. **공제방법**	1. 이월된 기부금을 우선 공제
	2. 남은 기부금 공제한도 내에서 각 사업연도에 지출한 기부금 공제
	3. 기부금한도 초과액의 이월공제 : 10년(2013.1.1. 이후 지출분부터)

 **기부금조정명세서(중소기업)**

세무조정 참고자료	1. 기부금명세서는 [계정별 원장 데이터불러오기]를 이용하여 조회하기로 한다.
	(기부처에 대한 사업자번호 입력은 생략한다)
	2. 2017년에 발생한 세무상 이월결손금 잔액은 3억원이 있다.
	3. 기부금의 한도초과 이월명세는 다음과 같다.

사업연도	기부금의 종류	한도초과액	기공제액
2018	일반기부금	10,000,000원	3,000,000원

세무조정 참고자료	4. 다음 자료를 가정하여, [기부금조정명세서]를 작성하고 법인세과세표준 및 세액조정계산서에 반영하시오.
	−당기순이익 : 1,000,000,000
	−*기부금 조정 후* 가산조정 : 200,000,000
	−차감조정 : 50,000,000
수행과제	기부금조정명세서를 작성하시오.
	1. [기부금명세서]를 작성하고, 세무조정사항을 반영하시오.
	2. [기부금조정명세서]/[법인세과세표준 및 세액조정계산서]에 반영하시오.

[실무수행평가]

1	'1.소득금액계'는 얼마인가?
2	손금불산입(상여)으로 소득금액조정합계표에 반영할 금액은 얼마인가?
3	'24.해당사업연도 손금추인액'은 얼마인가?

[해답]

1. 기부금명세서

	1.유형	코드	3.과 목	일자	5.적 요	6.법인명등	7.사업자번호	8.금액	비고
1	기타	50	기부금	1 29	대표이사 향우회	재경 충남향우회		1,000,000	
2	특례	10	기부금	2 27	국방위문품 지급	육군본부		2,000,000	
3	기타	50	기부금	3 27	전무이사 종친회	종친회		3,000,000	
4	특례	10	기부금	5 27	사립대학교 시설	남서울대		5,000,000	
5	일반	40	기부금	6 27	사회복지법인 기	사회복지법인		10,000,000	
	9.소계	가. 『법인세법』 제24조제2항제1호의 특례기부금(코드10)						7,000,000	
		나. 『법인세법』 제24조제3항제1호의 일반기부금(코드40)						10,000,000	
		다. 『조세특례제한법』 제88조의4제13항의 우리사주조합 기부금(코드42)						0	
		라. 그 밖의 기부금(코드50)						4,000,000	
		계						21,000,000	

2. 기타기부금의 [소득금액조정합계표] 반영

손금불산입	대표이사 향우회비	1,000,000원	상여
손금불산입	전무회사 종친회 기부금	3,000,000원	상여

3. 기부금조정명세서(소득금액 계산 수정)

소득금액 계산내역		×
결산서상 당기순이익		1,000,000,000
세무조정 익금산입 +		200,000,000
손금산입 −		50,000,000
합병분할 등에 따른 자산양도차익 −		
합병분할 등에 따른 자산양도차손 +		
기부금 합계 금액 +		17,000,000
소 득 금 액 =		1,167,000,000

4. 기부금이월액 명세서

2 7 5. 기부금 이월액 명세서						
사업연도	기부금종류	21.한도초과 손금불산입액	22.기공제액	23.공제가능잔액 (21-22)	24.해당사업연도 손금추인액	25.차기이월액 (23-24)
2018	『법인세법』 제24조제3항제1호에 따른 일반기부금	10,000,000	3,000,000	7,000,000		7,000,000

5. 특례기부금손금산입액 한도 계산

　－2.이월결손금 합계액에 2017년 세무상 이월결손금 이월잔액 3억원을 입력한다.

3	1. 「법인세법」 제24조제2항제1호 기부금 손금산입액 한도액 계산(코드 10)						소득금액 계산 내역 조회 및 수정	
1.소득금액계	2.이월결손금 합계액	3.법인세법 제24조제2항 제1호 기부금	4.한도액 {[(1-2)>0]+50%}	5.이월잔액 중 손금산입액 MIN[4,23]	6.당해연도지출액 손금산입액 MIN[(4-5)>0,3]	7.한도초과액 [(3-6)>0]	8.소득금액 차감잔액 [(1-2-5-6)>0]
1,167,000,000	300,000,000	7,000,000	433,500,000		7,000,000		860,000,000

6. 일반기부금 손금산입한도액 계산

　　ⓐ 이월된 기부금(2018년 분 7,000,000)→ ⓑ 당해지출기부금(10,000,000)순으로 공제

일반기부금 한도	2018년 이월액	20x1지출	
86,000,000	7,000,000	10,000,000	
		10,000,000	–
	(손금산입)	(손금산입)	(차기로 이월)

5	3. 「법인세법」 제24조제3항제1호에 따른 기부금 손금산입 한도액 계산(코드 40)			
13. 「법인세법」 제24조제3항 제1호 기부금	14.한도액((8-11)+10%)	15.이월잔액 중 손금산입액 MIN(14,23)	16.당해연도지출액 손금산입액 MIN[(14-15)>0, 13]	17.한도초과액 [(13-16)>0]
10,000,000	86,000,000	7,000,000	10,000,000	

6	4. 기부금 한도초과액 총액		
18.기부금 합계액(3+9+13)	19.손금산입합계(6+11+16)	20.한도 초과액합계 (18-19) = (7+12+17)
17,000,000	17,000,000	

7. 기부금이월액 명세서

15.이월잔액 중 손금산입액 7,000,000원을 24.해당사업연도 손금추인액에 입력한다.

사업 연도	기부금종류	21.한도초과 손금불산입액	22.기공제액	23.공제가능 잔액 (21-22)	24.해당사업 연도 손금추인액	25.차기이월액 (23-24)
2018	「법인세법」 제24조제3항제1호에 따른 일반기부금	10,000,000	3,000,000	7,000,000	7,000,000	

8. [법인세과세표준 및 세액조정계산서]에 이월기부금 반영

① 각사업연도소득계산	101.결산서상당기순손익	01	1,000,000,000
	소득금액조정금액 102.익금산입	02	200,000,000
	103.손금산입	03	50,000,000
	104.차가감소득금액(101 + 102 - 103)	04	1,150,000,000
	105.기부금한도초과액	05	
	106.기부금한도초과이월액 손금산입	54	7,000,000
	107.각사업연도소득금액 (104+105-106)	06	1,143,000,000

[실무수행평가]

1	'1.소득금액계'	1,167,000,000
2	손금불산입(상여)으로 소득금액조정합계표에 반영할 금액	4,000,000
3	'24.해당사업연도 손금추인액'	7,000,000

STEP 05 소득 및 과표계산/자본금과 적립금 조정명세서

 **소득금액합계표 및 자본금과 적립금 조정명세서(을)**

자료. 전기 자본금과 적립금 조정명세서(을) 내역

[별지 제50호 서식(을)]						(뒤 쪽)
사업 연도	20x0.01.01. ~ 20x0.12.31.	자본금과 적립금조정명세서(을)			법인명	(주)무궁
세무조정유보소득계산						
① 과목 또는 사항	② 기초잔액	당 기 중 증감		⑤ 기말잔액 (익기초현재)	비고	
		③ 감 소	④ 증 가			
기부금			1,000,000	1,000,000		
외상매출금			2,000,000	2,000,000		
선급비용	2,500,000	2,500,000	3,000,000	3,000,000		
대손충당금	3,500,000	3,500,000	4,000,000	4,000,000		
합계	6,000,000	6,000,000	10,000,000	10,000,000		

세무조정 참고자료	1. 50%한도(법정)기부금은 미지급 기부금으로 당해연도에 현금 지출이 발생하였다. 2. 전기에 부도가 발생하여 대손처리 하였던 외상매출금 2,000,000원은 대손요건이 　충족되었다. (비망계정 인식할 것) 3. 전기의 선급비용 3,000,000원은 전액 당기 중에 해당기간이 경과하였다. 4. 당기 대손충당금 한도 초과액은 4,500,000원이다.(총액법으로 처리) 5. 시장성이 있는 주식에 대한 단기매매증권평가이익 5,000,000원이 있다. 6. 20x1년 50,000,000원을 대여하고 6개월 후에 원금과 이자를 회수하기로 하였다. 　결산 시 발생주의에 따라 이자수익 6,000,000원을 인식하였다. (원천징수 대상 소득임)
수행과제	소득금액조정합계표 및 자본금과 적립금 조정명세서(을)를 작성하시오. 1. 기존자료를 모두 삭제하고 소득금액조정합계표에 세무조정사항을 반영하시오. 2. 기존 자료를 모두 삭제하고, 전기분 자본금과 적립금 조정명세서(을) 및 세무조정사항을 　반영하여 당기자본금과 적립금 조정명세서(을)를 작성하시오.

[실무수행평가] 소득금액조정합계표

1	손금산입(유보감소)으로 소득금액조정합계표에 반영할 총금액은 얼마인가?
2	손금산입(유보발생)으로 소득금액조정합계표에 반영할 총금액은 얼마인가?
3	익금산입(유보발생)으로 소득금액조정합계표에 반영할 총금액은 얼마인가?

[실무수행평가] 자본금과 적립금 조정명세서

1	'당기 중 증감 ③감소' 합계금액은 얼마인가?
2	'당기 중 증감 ④증가' 합계금액은 얼마인가?
3	'⑤기말잔액' 합계금액은 얼마인가?

해답

1. 소득금액합계표 작성

손금산입	전기 기부금	1,000,000원	유보감소
손금산입	전기외상매출금	1,999,000원	유보감소
손금산입	전기선급비용	3,000,000원	유보감소
손금산입	전기대손충당금 한도초과	4,000,000원	유보감소
익금산입	당기대손충당금 한도초과	4,500,000원	유보발생
손금산입	단기매매증권평가익	5,000,000원	유보발생
손금산입	미수수익	6,000,000원	유보발생

소득금액조정합계표, 명세서 | 전자 | 개정 | 유보기초잔액(F7) | 저장 | 내역조회 | 내역등록 | 원장조회 | 전기서식 | 기능모음

No	익금산입 및 손금불산입					No	손금산입 및 익금불산입				
	과 목	금 액	조정금액	처 분	내역		과 목	금 액	조정금액	처 분	내역
1	당기대손충당금한도초	4,500,000		유보(발생)		1	전기기부금	1,000,000		유보(감소)	
2						2	전기외상매출금	1,999,000		유보(감소)	
						3	전기선급비용	3,000,000		유보(감소)	
						4	전기대손충당금한도	4,000,000		유보(감소)	
						5	단기매매증권평가익	5,000,000		유보(발생)	
						6	미수수익	6,000,000		유보(발생)	

2. 자본금과적립금조정명세서(을)

자본금과 적립금 조정명세서(갑,을) | 전자 | 전기유보 | 새로불러오기 | 저장 | BS조회 | 전기

을(세무조정 유보소득 계산) | 갑(자본금과 적립금 계산서) | 갑(이월결손금계산서)

① 세무조정 유보소득 계산

	①과목 또는 사항	②기초잔액	당기 중 증감		⑤기말잔액 (의기초현재)	비고
			③감소	④증가		
1	기부금	1,000,000	1,000,000			
2	외상매출금	2,000,000	1,999,000		1,000	
3	선급비용	3,000,000	3,000,000			
4	대손충당금	4,000,000	4,000,000	4,500,000	4,500,000	
5	단기매매증권			-5,000,000	-5,000,000	
6	미수수익			-6,000,000	6,000,000	
	합계	10,000,000	9,999,000	-6,500,000	-6,499,000	

[실무수행평가] 소득금액조정합계표

1	손금산입(유보감소)으로 소득금액조정합계표에 반영할 총금액	9,999,000
2	손금산입(유보발생)으로 소득금액조정합계표에 반영할 총금액	11,000,000
3	익금산입(유보발생)으로 소득금액조정합계표에 반영할 총금액	4,500,000

[실무수행평가] 자본금과 적립금 조정명세서

1	'당기 중 증감 ③감소' 합계금액	9,990,000
2	'당기 중 증감 ④증가' 합계금액	-6,500,000
3	'⑤기말잔액' 합계금액	-6,499,000

06 STEP 세액계산 및 신고서

I. 가산세액 계산서

 **가산세액 계산서**

자료. 3만원 초과 지출에 대한 지출증명서류 미수취 내역

계정과목	금 액	참 고 사 항
세금과공과	100,000원	제2기 부가가치세 확정신고의 간주임대료에 대한 부가가치세액
소모품비	200,000원	영수증 발급대상 간이과세자(서울소재)로부터 소모용 자재를 구입하고 영수증 수취
수수료비용	300,000원	소득세법상 원천징수 대상 사업소득으로서 적절하게 원천징수하여 세액을 신고납부
수수료비용	400,000원	서울중개사(서울소재, 영수증 발급대상 간이과세자)에게 중개료를 금융기관을 통하여 송금하고 **송금명세서 미작성**
복리후생비	500,000원	하계 휴가시 직원 복리를 위하여 충남 홍성군 갈산면 운곡리에 소재하는 펜션(간이과세자)에 숙박비를 지출하고 영수증을 수취하고, **경비등 송금명세서 작성 후 제출**

세무조정 참고자료	1. 자료는 3만원 초과 지출에 대한 지출증명서류 미수취 내역이다. 제시된 지출 외에는 법인세법에서 요구하는 지출증명서류를 수취하였다. 2. 3월분 일용직에게 지급한 4,000,000원에 대한 지급명세서를 6월 30일에 제출하였다. 3. 계산서 수취금액 5,000,000원에 대한 계산서합계표를 미제출하여 제출기한 경과 후 1월 이내에 제출하였다.
수행과제	가산세액 계산서를 작성하시오. 1. 지출증명서류에 대한 가산세액을 반영하시오. 2. 지급명세서미제출에 대한 가산세액을 반영하시오. 3. 가산세액을 법인세과세표준 및 세액조정계산서에 반영하시오.

[실무수행평가] 소득금액조정합계표

1	지출증명서류 미수취 가산세액은 얼마인가?	9,999,000
2	지급명세서 미제출 가산세액은 얼마인가?	11,000,000
3	계산서합계표 미제출 가산세액은 얼마인가?	4,500,000

[해답]

1. 지출증명서류 미수취 가산세

내 용	가산세 대상여부
간주임대료에 대한 부가가치세액	법정증빙제외 대상(가산세 제외)
영수증 발급대상 간이과세자(서울소재)로부터 영수증 수취	**법정증빙 제출대상(가산세 대상)**
사업소득을 적절하게 원천징수하여 세액을 신고납부	법정증빙제외 대상(가산세 제외)
금융기관을 통하여 송금하고 송금명세서 미작성	**금융기관에 송금하고 송금명세서 미제출 (가산세 대상)**
읍면지역 소재 영수증 발급대상 간이과세자에게 영수증 수취	읍·면지역 소재지에서 지출한 비용은 법정증빙 수취제외대상

☞ 가산세 : (200,000＋400,000)×2% = 12,000원

지출증명서류	미(허위)수취 금액	600,000	2/100	8	12,000

2. 지급명세서 미제출가산세 적용

　－가산세 : 4,000,000원×0.25% = 10,000원

3월분 일용근로자지급명세서는 지급기한이 4/30까지이나 기한 후 1개월 이내 제출시에만 50% 감면

지급 명세서	미(누락)제출	미(누락)제출금액		10/1,000	9	
	불분명	불분명금액		1/100	10	
	상증법 §82①⑥	미(누락)제출금액		2/1,000	61	
		불분명금액		2/10,000	62	
	상증법 §82③④	미(누락)제출금액		2/10,000	67	
		불분명금액		2/10,000	68	
	「법인세법」 제75조의7제1항 (일용근로)	미제출금액	4,000,000	25/10,000	96	10,000
		불분명금액		25/10,000	97	
	「법인세법」 제75조의7제1항 (간이지급명세서)	미제출금액		25/10,000	102	
		불분명금액		25/10,000	103	

3. 계산서합계표 누락제출 : 미제출가산세 적용

　☞ 가산세 : 5,000,000원×0.5%×50%(기한 후 1개월이내 제출시 50% 감면)=12,500원

계산서 합계표	미제출	공급가액	5,000,000	2.5/1,000	18	12,500
	불분명	공급가액		5/1,000	19	

4. 법인세과세표준 및 세액조정계산서 반영 : －12.가산세액　34,500원 입력

[실무수행평가] 소득금액조정합계표

1	지출증명서류 미수취 가산세액	12,000
2	지급명세서 미제출 가산세액	10,000
3	계산서합계표 미제출 가산세액	12,500

Ⅱ. 법인세과세표준 및 세액조정계산서

 **예제** 법인세 과세표준 및 세액조정계산서

세무조정 참고자료	모든 자료를 삭제하고 다음을 반영한다. 회사는 중소기업이다. 1. 소득금액조정금액은 다음 사항을 반영하여 수정한다. 　－당기순이익　　100,000,000 　－가산조정　　　150,000,000 　－차감조정　　　　50,000,000 2. 기부금 한도초과액은 10,000,000원이다. 3. 2020년 발생한 이월결손금은 11,000,000원이다. 4. 통합투자세액공제는　1,000,000원이다. 5. 외국납부세액공제는　　500,000원이다. 6. 지출증명서류 미수취 금액(필요경비 인정) 100,000원이 있다. 7. 결산시 법인세계정으로 대체한 선납세금(1,200,000)계정에는 중간예납(1,000,000)과 　 원천납부세액(200,000)이 포함되어 있다.
수행과제	법인세과세표준 및 세액조정계산서를 작성하시오. 1. 중간예납세액 및 원천납부세액(지방소득세 제외)을 반영하시오. 2. 분납가능한 최대한의 금액을 분납처리하시오.

[실무수행평가]

1	'119.산출세액 합계'은 얼마인가?
2	'121.최저한세 적용대상 공제감면세액'은 얼마인가?
3	'분납할세액(50)'은 얼마인가?

해답

1. [소득금액조정합계표]의 소득금액 반영

   주어진 자료를 입력하면 소득금액, 과세표준, 산출세액이 자동반영된다.

2. 기부금한도초과액 10,000,000원 입력

3. 이월결손금 입력 11,000,000원 입력[2020년 결손금은 15년간 이월공제]

4. 통합투자세액공제 1,000,000원 입력

   [121.최저한세 적용대상 공제감면세액]란에 입력한다.

5. 외국납부세액공제 500,000원 입력

   [123.최저한세 적용제외 공제감면세액]란에 입력한다.

6. 가산세입력

지출증명서류 미수취가산세   100,000원×2% = 2,000원

7. 중간예납세액 및 원천납부세액 입력

중간예납세액 1,000,000원, 원천징수세액(법인세분) 200,000원을 입력한다.

8. 분납할 세액 입력 : 7,200,000원을 입력한다.

① 각사업연도소득계산	101.결 산 서 상 당 기 순 손 익	01	100,000,000	④ 납 부 할 세 액 계 산	120.산 출 세 액 (120=119)			19,900,000
	소득금액조정금액	102.익 금 산 입	02	150,000,000		121.최저한세 적용대상 공제감면세액	17	1,000,000
		103.손 금 산 입	03	50,000,000		122.차 감 세 액	18	18,900,000
	104.차가감소득금액(101 + 102 - 103)	04	200,000,000		123.최저한세 적용제외 공제감면세액	19	500,000
	105.기 부 금 한 도 초 과 액	05	10,000,000		124.가 산 세 액	20	2,000
	106.기부금한도초과이월액 손 금 산 입	54			125.가 감 계 (122-123+124)	21	18,402,000
	107.각사업연도소득금액 (104+105-106)	06	210,000,000		기한내납부세액 126.중 간 예 납 세 액	22	1,000,000
② 과세표준계산	108.각 사 업 면 도 소 득금액 (108=107)		210,000,000		127.수 시 부 과 세 액	23	
	109.이 월 결 손 금	07	11,000,000		128.원 천 납 부 세 액	24	200,000
	110.비 과 세 소 득	08			129.간접회사등외국납부세액	25	
	111.소 득 공 제	09			130.소 계 (126+127+128+129)	26	1,200,000
	112.과 세 표 준 (108-109-110-111)	10	199,000,000		131.신 고 납 부 전 가 산 세 액	27	
	159.선 박 표 준 이 익	55			132.합 계 (130+131)	28	1,200,000
③ 산출세액계산	113.과 세 표 준 (113=112+159)	56	199,000,000		133.감 면 분 추 가 납 부 세 액	29	
	114.세 율	11	10%		134.차가감납부할 세액 (125-132+133)	30	17,202,000
	115.산 출 세 액	12	19,900,000	토지등 양도소득에 대한 법인세 계산(TAB으로 이동)		
	116.지 점 유 보 소 득(법 제96조)	13		미환류소득법인세 계산(F3으로 이동)/ 중소기업제외		
	117.세 율	14		⑦ 세액계	151.차가감납부할세액계(134+150+166)	46	17,202,000
	118.산 출 세 액	15			152.사실과다른회계처리경정세액공제	57	
	119.합 계 (115+118)	16	19,900,000		153.분 납 세 액 계 산 범 위 액	47	17,200,000
					분 납 할 세 액	50	7,200,000
					차 감 납 부 세 액	53	10,002,000

[실무수행평가]

1	'119.산출세액 합계'은 얼마인가?	19,900,000
2	'121.최저한세 적용대상 공제감면세액'은 얼마인가?	1,000,000
3	'분납할세액(50)'은 얼마인가?	7,200,000

공제감면 추납세액/최저한세

〈세액공제입력순서 – 최저한세 적용시〉

1. 법인세 과세표준 및 세액조정계산서	산출세액확정
2. ① 공제감면세액계산서(1,2,4,5) ② 연구인력개발비발생명세서	작성후 세액공제조정명세서(3)에 반영
3. 세액공제조정명세서(3)	당기 공제대상세액
4. 최저한세 조정계산서	최저한세 적용여부 검토
5. 세액공제조정명세서(3)	당기 공제세액 및 이월액 계산
6. 공제감면세액합계표	
7. 법인세 과세표준 및 세액조정계산서	최종 신고서 확정

Ⅰ. 연구인력개발비발생명세서

 **연구개발비발생명세서**

자료1. 연구개발비 지출내역

계정과목	인건비	재료비	공동연구개발비
경상연구개발비(판)	40,000,000원 (10명)	30,000,000원 (10건)	20,000,000원 (1건)

자료2. 직전 4년간 지출한 연구 및 인력개발비 내역

사업연도	연구 및 인력개발비
직전 1년	48,000,000원
직전 2년	40,000,000원
직전 3년	45,000,000원
직전 4년	42,000,000원

세무조정 참고자료	제시된 자료를 이용하여 연구및인력개발비세액공제를 신청하고자 한다. 1. 연구 및 인력개발비 세액공제는 최대금액으로 하며 공제액은 당기에 전액공제 받는다. 2. 공제신청일은 20x2년 3월 31일이다. 3. 전기 이월된 연구인력개발비 세액공제 금액은 없다.
수행과제	1. [연구 및 인력개발비 발생명세서]를 작성하시오. 2. [세액공제조정명세서(3)] 메뉴의 [1.공제세액계산]에 공제대상세액을 반영하시오. 3. [세액공제조정명세서(3)] 메뉴의 [2.당기공제세액 및 이월액 계산]에 당기공제세액을 반영하시오. 4. [공제감면세액합계표(갑,을)]에 공제세액을 반영하시오.

[실무수행평가]

1	'15.직전 4년간 발행합계액'은 얼마인가?
2	해당연도 총발생금액공제의 '26.공제세액'은 얼마인가?
3	'해당연도에 공제받을 세액'은 얼마인가?

해답

1. 연구 및 인력개발비 발생명세서

		자체연구개발비						위탁및공동연구개발비		
1	해당연도의 연구 및 인력개발비 발생명세									
	정 과 목	인 건 비		재료비 등		기 타		건 수	금 액	인력개발비
		인 원	금 액	건 수	금 액	건 수	금 액			
1	연구개발비	10	40,000,000	10	30,000,000			1	20,000,000	

2. 연구 및 인력개발비 증가발생액의 계산

직전 4년간 발생 합계액	해 당 기 간 ▶		. 01 . 01 부터 . 12 . 31 까지	. 01 . 01 부터 . 12 . 31 까지	. 01 . 01 부터 . 12 . 31 까지	. 01 . 01 부터 . 12 . 31 까지
	내 용	금 액(14~16) ▼				
	15. 계	175,000,000	48,000,000	40,000,000	45,000,000	42,000,000
직 전 1년간 발생액	16. 계	48,000,000	조세특례제한법 제 10조 및 조세특례제한법 시행령 제9조 참조 ※ 전년도 계속사업자가 당해 사업연도 중간예납기간의 증가발생액을 계산 하는 경우는 당해년도 6개월 금액을 기준으로 전년도 증가발생액을 환산하며 계산합니다. 사업연도기간 변경의 경우에는 증가발생액을 직접 입력하셔야 합니다.			
직전 1년간 증가 발생 금액	23. (13 - 16)	42,000,000	(금액/비용발생연도수(1)) X (해당사업연도월수/12)			
직전 4년간 연평균 발생액	20. 계	43,750,000	조세특례제한법 제 10조 및 조세특례제한법 시행령 제9조 참조			

2 연구 및 인력개발비의 증가발생액의 계산 ?					
직 전 4 년 간 발 생 합 계 액		직 전 1 년 간 발 생 액		증 가 발 생 액	
15. 계	175,000,000	계	48,000,000	23. (13 - 16)	42,000,000

3. 공제세액

해당연도	중소기업	24. 대상금액(=13) 90,000,000		25. 공제율 25/100			26. 공제세액 22,500,000	
해당연도 총발생 금액공제	중소기업 유예기간 종료이후 5년내기업	27. 대상금액(=13)	28.유예기간종료연도	29.유예기간종료이후연차	30. 공제율(%)		31. 공제세액	
	중견 기업	32. 대상금액(=13)		33. 공제율 8%			34. 공제세액	
	일반 기업	35. 대상 금액(=13)		공제율			39. 공제세액	
				36. 기본율 1/100	37. 추가	38. 계		
증가발생금액공제		40. 대상 금액(=23) 42,000,000		41.공제율 50/100		42.공제세액 21,000,000	★ 공제율 -중소기업:50/100 -중견기업:40/100 -대기업:30/100	
해당연도에 공제받을세액	중소기업 (26과 42 중 선택) 중소기업 유예기간종료이후 5년 내 기업(31과42중 선택) 중견기업(34와 42중 선택) 일반기업(39와 42중 선택)						22,500,000	

4. [세액공제조정명세서[3]] 메뉴의 [1.공제세액계산]

－화면 상단의 "새로불러오기" 버튼을 클릭하면 연구인력개발비 발생명세서에서 계산된 공제 대상금액이 반영된다.

1. 공제 세액 계산

코드	(101)구 분	투자금액	(104)공제대상세액
131	중소기업등투자세액공제		
14M	대·중소기업 상생협력을 위한 기금출연 세액공제		
16A	신성장·원천기술 연구개발비세액공제(최저한세 적용제외)	툴바의 [계산내역-F4]를 선택	
10D	국가전략기술 연구개발비세액공제(최저한세 적용제외)	툴바의 [계산내역-F4]를 선택	
16B	일반연구·인력개발비 세액공제(최저한세 적용제외)	툴바의 [계산내역-F4]를 선택	22,500,000

5. [세액공제조정명세서[3]] 메뉴의 [2.당기공제세액 및 이월액 계산]

2. 당기 공제 세액 및 이월액 계산

NO	(105)구분	(106)사업년도	요 공제액		당기공제대상세액					
			(107)당기분	(108)이월분	(109)당기분	(110)1차년도	(111)2차…	(112)3차…	(113)4차년도	(114)5차년도
	연구인력개발비 세액공제(최저한세 적용제…	20X1-12	22,500,000		22,500,000					

6. [공제감면세액합계표[갑,을]]

세액공	(143)국가전략기술 연구개발비세액 공제 (최저한세 적용제외)	조특제법 제10조 제1항제2호	10D		
	(144)일반 연구·인력개발비세액공제 (최저한세 적용제외)	조특제법 제10조 제1항제3호	16B	22,500,000	22,500,000
	(145)동업기업 세액공제 배분액(최저한세 적용제외)	조특제법 제100조의18제4항	120		

[실무수행평가]

1	'15.직전 4년간 발행합계액'은 얼마인가?	175,000,000
2	해당연도 총발생금액공제의 '26.공제세액'은 얼마인가?	22,500,000
3	'해당연도에 공제받을 세액'은 얼마인가?	22,500,000

Ⅱ. 세액공제(감면)와 최저한세조정계산서

 **예제** 세액공제조정명세서(3)와 최저한세조정계산서

세무조정
참고자료
	㈜무궁은 중소기업으로 법인세과세표준신고서와 통합투자세액공제신청서를 제출한다고 가정한다. (공제율 : 투자금액의 10%이며, 추가공제는 없다.)
	모든 자료를 삭제하고 다음을 반영한다.
	1. 소득금액조정금액은 다음 사항을 반영하여 수정한다.
	  – 당기순이익 100,000,000
	  – 가산조정 150,000,000
	  – 차감조정 50,000,000
	2. 당기 신규투자 설비에 대한 내용은 다음과 같다.
	
	계정과목 / 취득일 / 취득금액
	기계장치 / 20x1.2.10. / 70,000,000원

수행과제	세액공제조정명세서(3) 및 최저한세조정명세서를 작성하시오. 1. 세액공제조정명세서(3)[1.공제 세액 계산]에 대한 내용을 반영하시오. 2. 세액공제조정명세서(3)[2.당기 공제 세액 및 이월액 계산]에 대한 내용을 반영하시오. 3. 세무조정자료를 반영하여 법인세과세표준 및 세액조정계산서의 소득금액을 계산하시오. 4. 최저한세조정계산서를 통하여 최저한세 적용여부를 검토하시오. 5. 세액공제조정명세서(3)[2.당기 공제 세액 및 이월액 계산]에 최저한세 적용에 따른 미공제세액을 반영하시오.

[실무수행평가]

1	최저한세조정계산서(감면후세액)의 '125.차감세액'은 얼마인가?
2	최저한세조정계산서(최저한세)의 '122.산출세액'은 얼마인가?
3	세액공제조정명세서(3)의 '(125)이월액'은 얼마인가?

해답

1. 세액공제조정명세서[3] [1. 공제세액 계산]

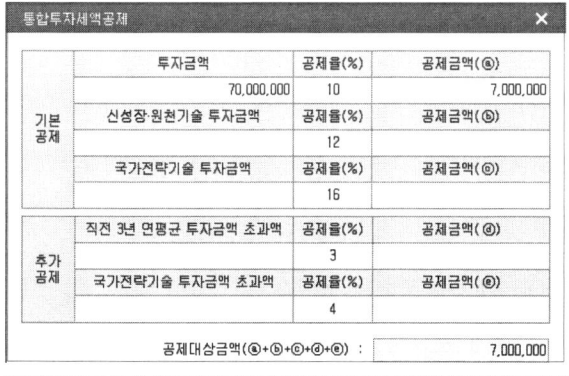

통합투자세액공제			✕
기본공제	투자금액	공제율(%)	공제금액(ⓐ)
	70,000,000	10	7,000,000
	신성장·원천기술 투자금액	공제율(%)	공제금액(ⓑ)
		12	
	국가전략기술 투자금액	공제율(%)	공제금액(ⓒ)
		16	
추가공제	직전 3년 연평균 투자금액 초과액	공제율(%)	공제금액(ⓓ)
		3	
	국가전략기술 투자금액 초과액	공제율(%)	공제금액(ⓔ)
		4	
공제대상금액(ⓐ+ⓑ+ⓒ+ⓓ+ⓔ) :			7,000,000

13₩	통합투자세액공제	툴바의 [계산내역-F4]를 선택	7,000,000

2. 세액공제조정명세서[3] [2. 당기 공제 세액 및 이월액 계산]

- [105]구분란에서 F2를 클릭하고 '통합투자세액공제'를 선택한다.
- [106]사업년도란에 '20x1-12'를 입력하고, [107]당기분란에 7,000,000원을 입력 후 <u>반드시 저장한다.</u>

2. 당기 공제 세액 및 이월액 계산										1.공제 세액 계산으로 이동(Tab)
NO	코드	(105)구분	(106)사업년도	요 공제세액			당기 공제대상세액				
				(107)당기분	(108)이월분	(109)당기분	(110)1차년도	(111)2차년도	(112)3차년도	(113)4차년도	(114)5
	13₩	통합투자세액공제	20x1-12	7,000,000		7,000,000					

3. 법인세과세표준 및 세액조정계산서

상단의 일괄삭제 후 새로 입력한 후 <u>반드시 저장한다.</u>

① 각사업연도소득계산	101.결 산 서 상 당 기 순 손 익	01	100,000,000
	소득금액 조정금액 102.익 금 산 입	02	150,000,000
	103.손 금 산 입	03	50,000,000
	104.차가감소득금액(101 + 102 - 103)	04	200,000,000
	105.기 부 금 한 도 초 과 액	05	
	106.기부금한도초과이월액 손 금 산 입	54	
	107.각사업연도소득금액 (104+105-106)	06	200,000,000
② 과세표준계산	108.각 사 업 연 도 소득금액(108=107)		200,000,000
	109.이 월 결 손 금	07	
	110.비 과 세 소 득	08	
	111.소 득 공 제	09	
	112.과 세 표 준 (108-109-110-111)	10	200,000,000
	159.선 박 표 준 이 익	55	
③ 산출	113.과 세 표 준 (113=112+159)	56	200,000,000
	114.세 율	11	10%
	115.산 출 세 액	12	20,000,000

4. 최저한세조정계산서

- 상단의 새로불러오기 를 클릭한다.

① 구 분		②감면후세액	③최저한세	④조정감	⑤조정후세액
(101) 결 산 서 상 당 기 순 이 익		100,000,000			
소 득 조정금액	(102) 익 금 산 입	150,000,000			
	(103) 손 금 산 입	50,000,000			
(104) 조 정 후 소 득 금 액 (101+102-103)		200,000,000	200,000,000		200,000,000
최 저 한 세 적 용 대 상 특 별 비 용	(105) 준 비 금		0	0	0
	(106) 특별 / 특례상각		0	0	0
(107) 특별비용손금산입전소득금액 (104+105+106)		200,000,000	200,000,000		200,000,000
(108) 기 부 금 한 도 초 과 액		0	0		0
(109) 기 부 금 한 도 초 과 이 월 액 손 금 산 입		0	0		0
(110) 각 사 업 년 도 소 득 금 액 (107+108-109)		200,000,000	200,000,000		200,000,000
(111) 이 월 결 손 금		0	0		0
(112) 비 과 세 소 득		0	0		0
(113) 최 저 한 세 적 용 대 상 비 과 세 소 득			0	0	0
(114) 최저한세 적용대상 익금불산입.손금산입			0	0	0
(115) 차 가 감 소 금 액 (110-111-112+113+114)		200,000,000	200,000,000		200,000,000
(116) 소 득 공 제		0	0		0
(117) 최 저 한 세 적 용 대 상 소 득 공 제			0	0	0
(118) 과 세 표 준 금 액 (115-116+117)		200,000,000	200,000,000		200,000,000
(119) 선 박 표 준 이 익		0	0		0
(120) 과 세 표 준 금 액 (118+119)		200,000,000	200,000,000		200,000,000
(121) 세 율		10%	7%		10%
(122) 산 출 세 액		20,000,000	14,000,000		20,000,000
(123) 감 면 세 액		0		0	0
(124) 세 액 공 제		7,000,000		1,000,000	6,000,000
(125) 차 감 세 액 (122-123-124)		13,000,000			14,000,000

5. 세액공제조정명세서(3) [2.당기 공제 세액 및 이월액 계산]

—최저한세적용에 따른 미공제세액 1,000,000원을 입력하여 공제세액 6,000,000원을 계산한다.

2. 당기 공제 세액 및 이월액 계산										1.공제 세액 계산으로 이동(Tab)			
NO	코드	(105)구분	(106) 사업년도	당기 공제대상세액						(121)최저한세적용 에따른미공제세액	(122)그 밖 의 사유로…	(123)공제 세액…	(124)소 멸	(125)이월액 (107+…
				(115…	(116)?차…	(117)	(118…	(1…	(120)계					
	13₩	통합투자세액공제	20x1-12						7,000,000	1,000,000		6,000,000		1,000,000

[실무수행평가]

1	최저한세조정계산서(감면후세액)의 '125.차감세액'	14,000,000
2	최저한세조정계산서(최저한세)의 '122.산출세액'	20,000,000
3	세액공제조정명세서(3)의 '(125)이월액	1,000,000

 **예제** 따라하기 │ 공제감면세액계산서(2)와 최저한세조정계산서

세무조정 참고자료	㈜무궁은 중소기업으로 특례세율이 적용되고, 창업중소기업등 세액감면(최저한세 적용대상)을 받고자 세액감면신청서를 제출하기로 한다. 1. 감면대상소득 : 150,000,000원(감면율 50%) 2. 사유발생일 : 20x1년 12월 31일 앞의 예제를 삭제하시고 입력하시오.
수행과제	공제감면세액계산서(2) 및 최저한세조정명세서를 작성하시오. 1. 다음을 가정하여 법인세과세표준 및 세액조정계산서에서 과세표준 및 산출세액을 계산하시오. – 당기순이익 100,000,000　　가산조정 150,000,000　　차감조정 50,000,000 2. 감면대상소득을 구분하여 감면세액을 산출하시오. 3. 최저한세조정계산서를 통하여 최저한세 적용여부(세액감면을 직접 입력)를 검토하시오. 4. 공제감면세액계산서(2)에 최저한세 적용에 따른 미공제세액을 반영하시오.

[실무수행평가]

1	최저한세조정계산서(감면후세액)의 '125.차감세액'은 얼마인가?
2	최저한세조정계산서(최저한세)의 '122.산출세액'은 얼마인가?
3	공제감면세액계산서(2)의 ⑤감면세액은 얼마인가?

해답

1. 법인세과세표준 및 세액조정계산서

-주어진 당기순이익, 가산조정, 차감조정을 입력하여 산출세액을 계산한다.

① 각 사 업 연 도 소 득 계 산	101.결 산 서 상 당 기 순 손 익		01	100,000,000
	소득금액조정 금액	102.익 금 산 입	02	150,000,000
		103.손 금 산 입	03	50,000,000
	104.차가감소득금액(101 + 102 – 103)		04	200,000,000
	105.기 부 금 한 도 초 과 액		05	
	106.기부금한도초과이월액 손 금 산 입		54	
	107.각사업연도소득금액 (104+105-106)		06	200,000,000
② 과 세 표 준 계 산	108.각 사 업 연 도 소 득금액(108=107)			200,000,000
	109.이 월 결 손 금		07	
	110.비 과 세 소 득		08	
	111.소 득 공 제		09	
	112.과 세 표 준 (108-109-110-111)		10	200,000,000
	159.선 박 표 준 이 익		55	
③ 산 출 세 액 계 산	113.과 세 표 준 (113=112+159)		56	200,000,000
	114.세 율		11	10%
	115.산 출 세 액		12	20,000,000
	116.지 점 유 보 소 득(법 제96조)		13	
	117.세 율		14	
	118.산 출 세 액		15	
	119.합 계(115+118)		16	20,000,000

2. 공제감면세액계산서(2)

	①구　　　　분	③감면대상세액	④최저한세적용 감면배제금액	⑤감면세액 (③ - ④)	⑥사유발생일
공제감면세액계산서(2)	중소기업에 대한 특별세액감면 검토표				
1	창업중소기업등 세액감면(최저한세 적용제외(110)) 법 제6조	7,500,000		7,500,000	2026-12-31

감면대상세액계산자료	✕
산출세액	20,000,000
감면소득	150,000,000
과세표준	200,000,000
감면율(%)	50 / 100

3. 최저한세조정계산서

- (123)감면세액에 창업중소기업등 세액감면 7,500,000원을 입력한다.

①구　　　　분		②감면후세액	③최저한세	④조정감	⑤조정후세액
(101) 결 산 서 상　 당 기 순 이 익		100,000,000			
소 득 조정금액	(102)익 금 산 입	150,000,000			
	(103)손 금 산 입	50,000,000			
(104) 조 정 후 소 득 금 액(101+102-103)		200,000,000	200,000,000		200,000,000
최저한세적용 대상특별비용	(105)준 비 금		0	0	0
	(106)특별 / 특례상각		0	0	0
(107)특별비용손금산입전소득금액(104+105+106)		200,000,000	200,000,000		200,000,000
(108) 기 부 금 한 도 초 과 액		0	0		0
(109) 기 부 금 한 도 초 과 이월액 손금 산입		0	0		0
(110) 각 사 업 년 도 소 득 금 액(107+108-109)		200,000,000	200,000,000		200,000,000
(111) 이 월 결 손 금		0	0		0
(112) 비 과 세 소 득		0	0		0
(113) 최 저 한 세 적 용 대 상 비 과 세 소 득			0	0	0
(114) 최저한세 적용대상 익금불산입.손금산입			0	0	0
(115) 차 가 감 소 득 금 액(110-111-112+113+114)		200,000,000	200,000,000		200,000,000
(116) 소 득 공 제		0	0		0
(117) 최 저 한 세 적 용 대 상　 소 득 공 제			0	0	0
(118) 과 세 표 준 금 액(115-116+117)		200,000,000	200,000,000		200,000,000
(119) 선 박 표 준 이 익		0	0		0
(120) 과 세 표 준 금 액(118+119)		200,000,000	200,000,000		200,000,000
(121) 세 율		10%	7%		10%
(122) 산 출 세 액		20,000,000	14,000,000		20,000,000
(123) 감 면 세 액		7,500,000		1,500,000	6,000,000
(124) 세 액 공 제		0		0	0
(125) 차 감 세 액 (122-123-124)		12,500,000			14,000,000

4. 공제감면세액계산서(2)

　－최저한세적용감면배제금액란에 1,500,000원을 입력하여 감면세액 6,000,000원을 계산한다.

	①구　　　　분	③감면대상세액	④최저한세적용 감면배제금액	⑤감면세액 (③ - ④)	⑥사유발생일
1	창업중소기업등 세액감면(최저한세 적용제외(110)) 법 제6조	7,500,000	1,500,000	6,000,000	20x1-12-31

[실무수행평가]

1	최저한세조정계산서(감면후세액)의 '125.차감세액'	14,000,000
2	최저한세조정계산서(최저한세)의 '122.산출세액'	20,000,000
3	공제감면세액계산서(2)의 ⑤감면세액은 얼마인가?	6,000,000

Login Tax Accounting Technician 1

Part III
기출문제

〈TAT 1급 시험〉

			문항수	방법	배점
이론	재무회계	재무회계	5	객관식 4지선다형	30
	세무회계	부가가치세, 소득세, 법인세	5		
실무 수행 과제	회계정보관리	1. 거래자료입력	2	수행과제 입력 후 수행평가 답안 작성	–
		2. 결산	1		
	부가가치세관리	3. 부가가치세 신고서등	2		
	원천징수관리	4. 원천징수	2		
	법인세관리	5. 법인세무조정	5		
수행 평가	재무회계관리	1. 회계정보 및 부가가치세 신고서 조회	10		25
	원천징수관리	2. 원천징수정보 조회	2~4		10
	법인세관리	3. 법인세세무조정 조회	15		35
계					100

2026년 주요 개정세법(TAT1급)

I. 부가가치세법

1. 거짓(가공)세금계산서 발급·수취에 대한 가산세율 상향

| 현행 | 3% | 개정 | **4%** |

2. 전자신고세액공제 축소(조특법)

| 현행 | 10,000원 | 개정 | **5,000원** |

II. 소득세법

1. 조림기간 5년 이상의 임지의 임목 벌채·양도소득 비과세 한도 확대

| 현행 | (한도) 연 6백만원 | 개정 | (한도) **연 3천만원** |

2. 야간근로수당 등이 비과세되는 생산직 근로자 등 대상 확대

| 현행 | (월정액) 210만원 이하
(총급여액) 직전과세기간
3,000만원 이하 | 개정 | (월정액) **260만원 이하**
(총급여액) 직전과세기간
3,700만원 이하 |

3. 자녀수에 따라 보육수당 비과세 한도 확대

| 현행 | 월 20만원 | 개정 | **월 20만원/인** |

4. 교육비 특별세액 소득요건 폐지

5. 저학년(2학년 이하) 초등학생 예·체능 학원비 세제지원

| 신설 | ─ 예능학원 및 체육시설 교육비
─ 대상 : 과세기간 종료일 현재 9세 미만 또는 2학년 이하 초등학생 |

6. 고향사랑 기부금 세액공제 확대(조특법)

| 현행 | **(10만원 초과) 15%** | 개정 | **(10만원 초과~20만원 이하) 40%**
(20만원 초과~2천만원 이하) 15%
─ 단, 특별재난지역 기부시(선포일로부터 3개월 이내) 30% |

7. 무주택 주말 부부에 대해 각각 월세 세액공제 허용(조특법)

| 신설 | ─ 세대주의 배우자로서 총급여 8천만원 이하 근로자
① 세대주와 배우자 주소지가 각기 다른 시군구에 있을 것 &
② 배우자와 동거하는 직계존비속등이 무주택자
─ 한도 : 합산 연간월세액 1,000만원 |

8. 다자녀 가구에 대해 월세 세액공제 대상 주택 면적 확대(조특법)

| 추가 | ─ 기본공제 대상 자녀 3인 이상 : **주택면적 100㎡ 이하** 또는 시가 4억원 이하 |

Ⅲ. 법인세법

1. 법인세율 환원

(일반법인)

과세표준	세율
0~2억원	**10%**
2~200억원	**20%**
200~3,000억원	22%
3,000억원 초과	25%

(성실신고확인대상 소규모 법인)

과세표준	세율
200억원 이하	10%
200~3,000억원	22%
3,000억원 초과	25%

2. 지역사랑상품권 업무추진비 손금 확대

현행	전통시장 지출분 : 한도의 10%
개정	전통시장 및 지역사랑상품권 지출분 : 한도의 20%

제○○회 AT(Accounting Technician)자격시험

TAT 1급

Tax Accounting Technician

■ **시험시간** : 90분

■ **이론배점** : 문항당 3점

■ **실무배점** : 문항별 배점 참조

※ **실무는 실무수행을 입력 후 실무수행평가를 수행하셔야 합니다.**
   일부 항목은 프로그램이 자동계산되어지므로 시점(세법개정, 프로그램 업데이트)마다
   달라질 수가 있습니다.

- 세법·회계처리기준 등을 적용하여 정답을 구하여야 하는 문제는 **시험시행 공고일 현재(20**.*.**.) 시행 중인 법률·기준 등을 적용**하여 그 정답을 구하여야 합니다.
- 이번 시험에서는 타계정 대체와 관련된 적요만 채점하며 그 외의 적요는 채점에 반영되지 않습니다.

KICPA 한국공인회계사회

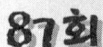

기출문제

Tax Accounting Technician
세무정보처리 자격시험 1급

87회

합격율	시험년월
31%	2025.12

▍실무이론평가

> 아래 문제에서 특별한 언급이 없으면 기업의 보고기간(회계기간)은 매년 1월 1일부터 12월 31일까지입니다. 또한 기업은 일반기업회계기준 및 관련 세법을 계속적으로 적용하고 있다고 가정하고 물음에 가장 합당한 답을 고르시기 바랍니다.

[1] 다음과 관련된 재무제표의 기본가정은 무엇인가?

> (주)한공은 기업의 이해관계자에게 적시성 있는 정보를 제공하기 위해 사업연도(1년) 단위 재무제표분 아니라 반기 및 분기재무제표를 작성하여 공시하고 있다.

① 기간별 보고   ② 기업실체
③ 발생주의 회계   ④ 계속기업

[2] 다음은 일반기업회계기준의 수익 인식에 대한 대화내용이다. 설명이 옳지 <u>않은</u> 사람은?

> 다은 : 상품권은 물품이나 용역을 제공한 시점에 수익으로 인식해.
> 민정 : 단기할부매출은 재화를 인도하는 시점에 수익으로 인식해.
> 상호 : 용역제공으로 인한 수익은 그 거래의 성과를 신뢰성 있게 추정할 수 있으면 진행기준에 따라 인식해.
> 현수 : 배당수익은 배당금을 지급받는 시점에 수익으로 인식해.

※ 1차 저작권자의 저작권 침해 소지가 있어 삽화 삽입은 어려우니 양해바랍니다.

① 다은   ② 민정
③ 상호   ④ 현수

[3] 다음은 11월의 상품 거래 내역이다. 이 자료를 토대로 11월의 매출원가와 11월말의 재고액을 계산하면 각각 얼마인가?(단, 계속기록법에 의한 후입선출법을 적용한다.)

일자	적요	수량	단가
11월 1일	전월이월	20 개	900원
11월 5일	매 입	50 개	2,000원
11월 13일	매 출	30 개	2,500원
11월 19일	매 입	50 개	2,100원
11월 30일	매 출	30 개	2,600원

	매출원가	월말재고액
①	150,000원	126,000원
②	150,000원	120,000원
③	123,000원	126,000원
④	123,000원	100,000원

[4] 다음 자료는 (주)한공의 매도가능증권 거래 내역이다. 이 자료를 토대로 20x1년 10월 1일 회계처리 시 옳은 것은?

- 20x0년 8월 10일 매도가능증권 1,000주를 1주당 공정가치 7,000원에 현금으로 취득하다.
- 20x0년 12월 31일 매도가능증권을 1주당 공정가치 9,000원으로 평가하다.
- 20x1년 10월 1일 매도가능증권 1,000주를 1주당 6,000원에 처분하고 현금으로 수취하다.

	차 변		대 변	
가.	현 금 매도가능증권평가이익	6,000,000원 2,000,000원	매도가능증권 매도가능증권처분이익	7,000,000원 1,000,000원
나.	현 금 매도가능증권처분손실	6,000,000원 3,000,000원	매도가능증권	9,000,000원
다.	현 금 매도가능증권평가이익 매도가능증권처분손실	6,000,000원 2,000,000원 1,000,000원	매도가능증권	9,000,000원
라.	현 금 매도가능증권처분손실	6,000,000원 1,000,000원	매도가능증권	7,000,000원

① 가   ② 나   ③ 다   ④ 라

[5] (주)한공은 20x1년초에 사채를 할인발행하였다. 사채할인발행차금 상각이 20x1년 말 재무제표에 미치는 영향은?

	당기순이익	사채 장부금액
①	증가	증가
②	감소	증가
③	증가	감소
④	감소	감소

[6] 다음 자료를 토대로 (주)한공(의류제조업)의 20x1년 제2기 확정신고 시 부가가치세 과세표준을 계산하면 얼마인가?(단, 주어진 자료에는 부가가치세가 포함되지 아니하였다.)

가. 하치장 반출액	12,000,000원
나. 외상판매액(외상대금을 20x2년 2월에 수령할 예정임.)	9,000,000원
다. 업무용승용차(2,000cc) 매각대금	15,000,000원
라. 의류제조 과정에서 발생한 부산물의 매각대금	6,000,000원
마. 거래처에 자금을 대여하고 받은 이자	7,000,000원

① 15,000,000원 ② 21,000,000원
③ 30,000,000원 ④ 37,000,000원

[7] 다음 중 종합소득공제와 관련된 설명으로 옳은 것은?
① 과세기간 또는 부양기간이 1년 미만인 경우 종합소득공제는 월할계산한다.
② 부녀자공제와 한부모공제에 동시에 해당하는 경우에는 둘 다 적용할 수 있다.
③ 거주자의 부양가족 중 거주자(그 배우자 포함)의 직계존속이 주거 형편에 따라 별거하고 있는 경우에는 생계를 같이 하는 사람으로 본다.
④ 소득공제대상인지 여부는 과세기간 종료일 현재의 상황에 따르므로 과세기간 종료일 전에 사망한 사람은 기본공제대상이 아니다.

[8] 다음 자료를 토대로 거주자 김한공 씨의 20x1년도 종합과세되는 금융소득금액을 계산하면 얼마인가? (단, 아래의 금액은 원천징수 전의 금액이며, 별도의 언급이 없는 경우 원천징수는 적절히 이루어졌다.)

가. 국내에서 받은 보통예금이자	9,000,000원
나. 「자본시장과 금융투자업에 관한 법률」에 따른 집합투자기구로부터의 이익	5,000,000원
다. 타인에게 금전을 빌려주고 받은 이자	11,000,000원
라. 외국법인으로부터 받은 배당소득(국내에서 원천징수되지 아니함.)	8,000,000원
마. 신탁법에 따른 공익신탁의 이익	12,000,000원

① 19,000,000원

② 28,000,000원

③ 33,000,000원

④ 37,000,000원

[9] 다음 중 법인세법상 손금항목에 해당하지 <u>않는</u> 것은?

① 건설업에 사용 중인 기계장비의 임차료

② 도소매업을 영위하는 법인의 대표이사 급여

③ 업무용으로 사용 중인 화물자동차의 수선비

④ 실제 발생한 손해를 초과하여 지급하는 징벌적 목적의 손해보상금

[10] 다음은 (주)한공의 제10기(20x1.1.1.~20x1.12.31.) 법인세 세무조정 관련 자료이다. 이를 토대로 각 사업연도소득금액을 계산하면 얼마인가?

결산서상 당기순이익 100,000,000원			
• 폐수배출부담금	400,000원	• 전기 대손충당금 한도초과액	5,000,000원
• 당기 대손충당금 한도초과액	6,000,000원	• 법인세비용	10,000,000원
• 전기 특례기부금 한도초과액 이월분 손금산입액	2,000,000원	• 이월결손금(제9기 발생분)	7,000,000원

① 102,400,000원

② 104,400,000원

③ 109,400,000원

④ 111,400,000원

▨▨▨▨ 실무수행평가

시카코스메틱(주)(1870)는 기능성화장품 등을 제조하여 판매하는 법인기업으로 회계기간은 제12기(20x1.1.1.~20x1.12.31.)이다. 제시된 자료와 [자료설명]을 참고하여 [수행과제]를 완료하고 [평가문제]의 물음에 답하시오.

실무수행 유의사항	1. 부가가치세 관련거래는 [매입매출전표입력]메뉴에 입력하고, 부가가치세 관련 없는 거래는 [일반전표입력]메뉴에 입력한다. 2. 타계정 대체와 관련된 적요는 반드시 코드를 입력하여야 한다. 3. 채권·채무, 예금거래 등 관리대상 거래자료에 대하여는 반드시 거래처코드를 입력한다. 4. 자금관리 등 추가 작업이 필요한 경우 문제의 요구에 따라 추가 작업하여야 한다. 5. 제조경비는 500번대 계정코드를 사용한다. 6. 판매비와관리비는 800번대 계정코드를 사용한다. 7. 등록된 계정과목 중 가장 적절한 계정과목을 선택한다. 8. **[실무수행 5. 법인세관리]는 별도의 회사가 주어지므로 회사 선택에 유의한다.**

▮실무수행1 │ 거래자료 입력

실무프로세스자료이다. [자료설명]을 참고하여 [수행과제]를 수행하시오.

1 사채

자료 1. 이사회 의사록

이 사 회 의 사 록

회사는 장기자금을 조달할 목적으로 회사채 발행을 결정하고 다음과 같이 회사채 발행에 대한 사항을 결정함.

– 다　　음 –

1. 사채의 액면금액 : 　　　　　　　200,000,000원
2. 사채의 발행금액 : 　　　　　　　184,116,000원
3. 사 채 발 행 비 : 　　　　　　　　2,000,000원
4. 사 채 의　만 기 : 　　　　　　　　　　　5년
5. 표 시 이 자 율 : 　　　　　　　　　　　　6%

20x1년 4월 1일

자료 2. 보통예금(국민은행) 거래내역

번호	거래일자	내 용	찾으신금액	맡기신금액	잔 액	거래점
		계좌번호 112-523678-300 시카코스메틱(주)				
1	20x1-4-1	사채발행		184,116,000	***	***
2	20x1-4-1	사채발행비 지급	2,000,000		***	***

자료설명	1. 자료 1은 사채발행관련 이사회 의사록이다. 2. 자료 2는 사채발행금액의 입금내역과 사채발행비의 출금내역이다.
수행과제	사채발행에 대한 거래자료를 입력하시오.

② 자산, 부채, 자본의 특수회계처리

자료 1. 20x0년 부분재무상태표

전기분 재무상태표

기간 : 20x0년 1월 1일 ~ 20x0년 12월 31일

회사명 : [1187] 시카코스메틱(주) (단위 : 원)

	코드	계정과목	금액
34	331	자 본 금	1,640,000,000
35	341	주 식 발 행 초 과 금	4,200,000
36	343	자 기 주 식 처 분 이 익	2,400,000
37	351	이 익 준 비 금	15,100,000
38	375	이 월 이 익 잉 여 금	392,856,991
39	383	자 기 주 식	(30,000,000)
40	981	매 도 가 능 증 권 평 가 익	500,000

* 자기주식 1,500주를 보유하고 있다.

자료 2. 보통예금(하나은행) 거래내역

번호	거래일	내 용	찾으신금액	맡기신금액	잔 액	거래점
		계좌번호 210-59-219032 시카코스메틱(주)				
1	20x1-5-31	자기주식 매각		8,700,000	***	***

자료설명	1. 자료 1은 전기분 재무상태표의 일부이다. 2. 자료 2는 자기주식 500주를 처분하고 대금은 보통예금 계좌로 입금받은 내역이다.
수행과제	자기주식 처분 시의 거래 자료를 입력하시오.

실무수행2 | 부가가치세관리

부가가치세 신고 관련 자료이다. [자료설명]을 참고하여 [수행과제]를 수행하시오.

① 수정전자세금계산의 발급

전자세금계산서 (공급자 보관용)				승인번호		

	등록번호	104-81-43125			등록번호	140-81-32186	
공급자	상호	시카코스메틱(주)	성명(대표자) 장재익	공급받는자	상호	(주)LG건강	성명(대표자) 김정수
	사업장주소	서울특별시 서초구 서초대로 53			사업장주소	서울특별시 동작구 국사봉2가길 10	
	업태	제조업외	종사업장번호		업태	제조, 도소매업	종사업장번호
	종목	화장품외			종목	화장품외	
	E-Mail	cica@bill36524.com			E-Mail	lg@bill36524.com	

작성일자	20x1.5.20.	공급가액	30,000,000	세액	3,000,000
비고					

월	일	품목명	규격	수량	단가	공급가액	세액	비고
5	20	계약금				30,000,000	3,000,000	

합계금액	현금	수표	어음	외상미수금	이 금액을	● 영수 ○ 청구	함
33,000,000	33,000,000						

자료설명	1. 5월 20일에 발급된 전자세금계산서는 계약금을 수령하고 발급한 것이다. 2. 5월 30일에 원자재 수입이 지연됨에 따라 서로 합의하에 계약을 해제하기로 하였다. 3. 수령한 계약금은 해제일에 국민은행 보통예금 계좌에서 이체하여 지급하였다.
수행과제	수정사유를 선택하여 전자세금계산서 발행 및 내역관리 메뉴에서 발급 및 전송하시오. (전자세금계산서 발급 시 결제내역 입력 및 전송일자는 무시할 것.)

② 확정신고누락분의 수정신고서 반영

자료 1. 종이세금계산서 발급(제품 매출)

세금계산서 (공급자 보관용)					책번호	권	호			
					일련번호		–			

공급자	등록번호	104 – 81 – 43125			공급받는자	등록번호	109 – 81 – 25501		
	상호	시카코스메틱(주)	성명(대표자)	장재익		상호	(주)산소상사	성명(대표자)	김수현
	사업장 주소	서울특별시 서초구 서초대로 53				사업장 주소	서울특별시 서대문구 충정로7길 115		
	업태	제조업외	종사업장번호			업태	제조, 도소매업	종사업장번호	
	종목	화장품외				종목	화장품외		
	E – Mail	cica@bill36524.com				E – Mail	co2@bill36524.com		

작성일자	공급가액	세 액	비고
20x1.12.20.	10,000,000	1,000,000	

월	일	품목명	규격	수량	단가	공급가액	세액	비고
12	20	기능성화장품				10,000,000	1,000,000	

합계금액	현금	수표	어음	외상미수금	이 금액을	● 영수 함
11,000,000	11,000,000					○ 청구

자료 2. 매입(원재료) 전자세금계산서 수취 목록

					매입전자세금계산서 목록			
번호	작성일자	승인번호	발급일자	전송일자	상호	공급가액	세액	전자세금계산서 종류
1	20x11230	생략	20x20120	20x20120	(주)혜미산업	5,000,000	500,000	일반

자료 3. 현금영수증 수취내역 (영업부 회식비)

현금영수증
CASH RECEIPT

거래일시   20x1 – 12 – 16 20:38:04
품명   소고기
식별번호   208341 * * * *
승인번호   190420105
판매금액   **400,000원**
부가가치세   **40,000원**

합계   **440,000원**

현금영수증가맹점명   한우마을
사업자번호   110 – 12 – 51115
대표자명 : **이미정**   TEL : 0707122223
주소 : 경기도 군포시 경수대로 443(당정동)
CATID : 1123973   전표No :
익일 홈택스에서 현금영수증 발급 여부를
반드시 확인하시기 바랍니다.
홈페이지(http://hometax.go.kr)
관련문의는 국세상담센터(☎126 – 1 – 1)

자료설명	1. 자료 1~자료 3은 20x1년 제2기 부가가치세 확정신고 시 누락된 매출과 매입 관련 자료이다. 2. 매입매출전표에 작성일자로 자료를 입력하고 제2기 부가가치세 확정 수정신고서(수정 차수 1)를 작성하려고 한다. 3. 20x2년 2월 4일에 수정신고 및 추가 납부하며, 신고불성실가산세는 일반과소신고에 의한 가산세율을 적용하고, 미납일수는 10일, 1일 2.2/10,000로 한다. 4. 모든 계산은 **원 단위 미만 버림**으로 한다.
수행과제	1. 누락된 자료 1~자료 3까지 작성일자로 거래자료를 입력하시오. 　-자료 1은 세금계산서 발급기한 내 종이세금계산서를 발급한 거래로 대금은 하나은 행 보통예금으로 입금받았다. 　-자료 2는 원재료 매입거래로 대금은 외상이다. 　-자료 3의 거래처는 일반과세자이며, 대금은 현금으로 지급하였다. 　-전자세금계산서 거래분은 '전자입력'으로 처리할 것. 2. 가산세를 적용하여 제2기 부가가치세 확정신고에 대한 수정신고서를 작성하시오.

실무수행3 　결산

[결산자료]를 참고로 결산을 수행하시오.(단, 제시된 자료 이외의 자료는 없다고 가정함.)

① 수동결산 및 자동결산

결산자료	1. 기말 매출채권(외상매출금과 받을어음) 잔액에 대하여 1%의 대손충당금을 보충법으로 설정하고자 한다. **2. 재고자산 실사내역**

구 분	실사내역		
	단위당 원가	수량	금액
제 품	300,000원	200개	60,000,000원

※ 위탁계약을 맺고 발송한 제품 중 수탁자가 당기말 현재 판매하지 않은 제품 70개(단 위당 원가 : 300,000원)가 실사내역에 포함되어 있지 않다.
3. 이익잉여금처분계산서 처분확정(예정)일
　-당기 : 20x2년 3월 15일
　-전기 : 20x1년 3월 10일

평가문제	결산을 완료하고 이익잉여금처분계산서에서 손익대체분개를 하시오. (단, 이익잉여금처분내역은 없는 것으로 하고 미처분이익잉여금 전액을 이월이익잉여금으로 이월하기로 할 것.)

평가문제 | 입력자료 및 회계정보를 조회하여 [평가문제]의 답안을 입력하시오.(70점)

〈평가문제 답안입력 유의사항〉

❶ 답안은 **지정된 단위의 숫자로만 입력**해 주십시오.
  * 한글 등 문자 금지

	정답	오답(예)
(1) **금액은 원 단위로 숫자를 입력**하되, 천 단위 콤마(,)는 생략 가능합니다.	1,245,000 1245000	1.245.000 1,245,000원 1,245,0000 12,45,000 1,245천원
(1-1) 답이 0원인 경우 반드시 "0" 입력 (1-2) 답이 음수(-)인 경우 숫자 앞에 " - "입력 (1-3) 답이 소수인 경우 반드시 " . " 입력		
(2) 질문에 대한 **답안은 숫자로만 입력**하세요.	4	04 4건, 4매, 4명 04건, 04매, 04명
(3) **거래처 코드번호는 5자리 숫자로 입력**하세요.	00101	101 00101번

❷ 더존 프로그램에서 조회되는 자료를 복사하여 붙여넣기가 가능합니다.
❸ 수행과제를 올바르게 입력하지 않고 작성한 답과 모범답안이 다른 경우 오답처리됩니다.

번호	평가문제	배점
11	**평가문제 [합계잔액시산표 조회]** 5월 말 자본잉여금 잔액은 얼마인가?	3
12	**평가문제 [손익계산서 조회]** 당기 발생한 판매비와관리비 금액은 얼마인가?	2
13	**평가문제 [재무상태표 조회]** 4월 말 비유동부채 금액은 얼마인가?	3
14	**평가문제 [재무상태표 조회]** 5월 말 보통예금 장부금액은 얼마인가?	2
15	**평가문제 [재무상태표 조회]** 12월 31일 현재 이월이익잉여금(미처분이익잉여금) 금액은 얼마인가? ① 357,185,910원 ② 382,427,257원 ③ 482,427,257원 ④ 497,527,257원	2
16	**평가문제 [재무상태표 조회]** 12월 말 재고자산 금액은 얼마인가?	2
17	**평가문제 [전자세금계산서 발행 및 내역관리 조회]** 5월 30일자 수정세금계산서의 수정입력사유를 코드번호로 입력하시오.	2
18	**평가문제 [부가가치세신고서 조회]** 제2기 확정 신고기간 부가가치세 수정신고서의 과세표준 합계(9란) 세액은 얼마인가?	3
19	**평가문제 [부가가치세신고서 조회]** 제2기 확정 신고기간 부가가치세 수정신고서의 매입세액 합계(15란) 세액은 얼마인가?	3
20	**평가문제 [부가가치세신고서 조회]** 제2기 확정 신고기간 부가가치세 수정신고서의 가산세액(26란) 합계금액은 얼마인가?	3
	재무회계 소계	25

실무수행4 | 원천징수 관리

인사급여 관련 자료이다. [자료설명]을 참고하여 [수행과제]를 수행하시오.

① 주민등록등본에 의한 사원등록

자료 1. 김은우의 주민등록등본

문서확인번호					1/1

주 민 등 록 표
(등   본)

이 등본은 세대별 주민등록표의 원본내용과 틀림없음을 증명합니다.
담당자 : 이등본   전화 : 02 - 3149 - 0236
신청인 : 김은우
용도 및 목적 : 회사제출용
20x1년 12월 31일

세대주 성명(한자)	김은우 (金 銀 優)		세 대 구 성 사유 및 일자	전입 2022 - 12 - 05
현주소 : 서울특별시 중구 동호로 348 - 1				

번호	세대주 관 계	성 명 주민등록번호	전입일 / 변동일	변동사유
1	본인	김은우 910203 - 1222230		
2	배우자	방효린 931020 - 2027511	20x1 - 01 - 16	전입
3	자	김지민 251205 - 3200495	2025 - 12 - 05	출생
4	부	김상호 510812 - 1450874	2022 - 12 - 05	전입
5	모	이희란 560705 - 2450853	2022 - 12 - 05	전입

자료 2. 혼인관계증명서(일반)

혼인관계증명서 (일반)

등록기준지	서울특별시 중구 동호로 348-1

구분	성명	출생연월일	주민등록번호	성별	본
본인	김은우(金銀優)	1991년 02월 03일	910203-1222230	남	金海

혼인사항

구분	성명	출생연월일	주민등록번호	성별	본
배우자	방효린	1993년 10월 20일	931020-2027511	여	溫陽

구분	상 세 내 용
혼인	[신고일] 20x1년 01월 10일 [배우자] 방효린 [배우자의 주민등록번호] 931020-2027511 [처리관서] 서울특별시 중구

위 혼인관계증명서(일반)는 가족관계등록부의 기록사항과 틀림없음을 증명합니다.

20x1년 12월 31일

법원행정처 전산정보중앙관리소 전산운영책임관 유진오

※ 위 증명서는 「가족관계의 등록 등에 관한 법률」 제15조제2항에 따른 등록사항을 현출한 일반증명서입니다.

자료설명	사무직 사원 김은우(1200)의 사원등록을 위한 자료이며, 세부담을 최소화하는 방법으로 선택한다. 1. 부양가족은 김은우와 생계를 같이 한다. 2. 자료 2는 배우자 방효린과 20x1년 1월 10일 혼인신고한 「혼인관계증명서」이다. 3. 배우자 방효린과 맞벌이부부로 12월 31일 현재 산전후휴가 상태이다. 　－고용보험법에 의한 산전후휴가 급여 : 3,000,000원 　－근로소득에 해당하는 총급여 : 25,000,000원 4. 자녀 김지민은 별도 소득은 없다. 5. 부친 김상호가 수령한 국민연금(노령연금) 총액은 6,600,000원이다. 6. 모친 이희란은 장애인복지법에 따른 장애인으로 국민연금(장애연금)으로 총액 4,000,000원 수령하였다.
수행과제	1. [사원등록] 메뉴에서 부양가족명세를 소득세법 공제요건에 맞추어 수정하시오. 2. [연말정산 근로소득원천징수영수증] 메뉴에서 혼인세액공제를 설정하시오. 　(생애 최초 세액공제 신청함)

② 기타소득의 원천징수

자료. 기타소득자 관련정보

코　드	05500
성　명	윤미송
거주구분(내국인 / 외국인)	거주자 / 내국인
주민등록번호	830725 – 2450717
주　　소	서울특별시 서대문구 충정로7길 31
이체계좌/예금주/은행명	350 – 01 – 12345/윤미송/기업은행
귀속년월 / 지급년월일	20x1년 10월 / 20x1년 10월 31일
지급금액	10,000,000원

자료설명	1. 당해연도 9월 퇴직한 직원 윤미송(특수관계인에 해당하지 않음)에게 직무발명보상금 10,000,000원을 지급하였다. 2. 당해연도 급여 지급 시 직무발명보상금 2,700,000원(비과세 근로소득으로 신고) 지급한 금액이 있으며, 실제 발생한 필요경비는 없다.
수행과제	1. 기타소득자는 이미 입력되어 있다. 2. [기타소득자료입력] 메뉴에서 비과세소득을 제외한 소득지급내역을 입력하고 소득세를 산출하시오.

[실무수행평가] - 원천징수관리

번호	평가문제	배점
21	**평가문제 [김은우 근로소득원천징수영수증 조회]** '26.부양가족' 공제대상 인원은 몇 명인가?	3
22	**평가문제 [김은우 근로소득원천징수영수증 조회]** '56.혼인세액공제' 세액공제액은 얼마인가?	2
23	**평가문제 [김은우 근로소득원천징수영수증 조회]** 인적공제(기본공제+추가공제) 대상 합계액은 얼마인가?	2
24	**평가문제 [10월 기타소득자료입력 조회]** 윤미송에게 지급될 기타소득의 차인지급액은 얼마인가?	3
	원천징수 소계	10

실무수행5 | 법인세관리

(주)현대상사(회사코드 1871)는 중소기업으로 사업연도는 제25기(20x1.1.1.~20x1.12.31.)이다. 입력된 자료와 세무조정 참고자료에 의하여 법인세무조정을 수행하시오.

〈작성대상서식〉

1. 퇴직연금부담금조정명세서
2. 재고자산(유가증권)평가조정명세서
3. 선급비용명세서
4. 업무무관 지급이자조정명세서(갑,을)
5. 기부금조정명세서

① 퇴직연금부담금조정명세서

자료 1. 전기 자본금과 적립금 조정명세서(을) 내역

[별지 제50호 서식(을)]					(앞 쪽)
사업 연도	20x0.01.01. ~ 20x0.12.31.	자본금과 적립금조정명세서(을)		법인명	(주)현대상사
세무조정유보소득계산					
① 과목 또는 사항	② 기초잔액	당 기 중 증감		⑤ 기말잔액 (익기초현재)	비고
		③ 감 소	④ 증 가		
퇴직급여충당부채	245,000,000	50,000,000	115,000,000	310,000,000	
퇴직연금	−79,000,000	−10,000,000	−149,000,000	−218,000,000	

자료 2. 당기 퇴직급여충당부채와 관련된 세무조정사항

〈소득금액조정합계표〉

익금산입 및 손금불산입			손금산입 및 익금불산입		
과목	금액	처분	과목	금액	처분
퇴직급여충당부채	216,000,000	유보	퇴직급여충당부채	20,000,000	유보

자료 3. 당기말 현재 퇴직금추계액

• 일시퇴직 시에 따른 퇴직급여추계액(22명)	486,000,000원
• 근로자퇴직급여 보장법에 따른 퇴직급여추계액(22명)	506,000,000원

세무조정 참고자료	1. 당사는 확정급여형(DB) 퇴직연금제도를 운영하고 있다. 2. 퇴직연금운용자산 계정과 전기 자본금과 적립금조정명세서(을)을 참고한다. 3. 퇴직급여충당부채와 관련된 세무조정사항은 [퇴직급여충당금조정명세서]와 [소득금액조정합계표]에 입력되어 있다.
수행과제	**퇴직연금부담금조정명세서를 작성하시오.** 1. [2. 이미 손금산입한 부담금 등의 계산]에 해당금액을 반영하시오. 2. [1. 퇴직연금 등의 부담금 조정]에 해당금액을 반영하시오. 3. 소득금액조정합계표에 각 건별로 세무조정사항을 반영하시오.

[실무수행평가] - 법인세관리 1

번호	평가문제 [퇴직연금부담금조정명세서 조회]	배점
25	'4.당기말부인누계액'은 얼마인가?	3
26	문제 [1]과 관련된 세무조정 대상 중 손금불산입(유보감소)으로 소득금액조정합계표에 반영할 총금액은 얼마인가?	2
27	문제 [1]과 관련된 세무조정 대상 중 손금산입(유보발생)으로 소득금액조정합계표에 반영할 총금액은 얼마인가?	2

② 재고자산(유가증권)평가조정명세서

자료설명	1. 재고자산에 대한 자료는 다음과 같다.				
					(단위 : 원)
	과목	장부상 금액	총평균법	선입선출법	후입선출법
	상품	55,700,000	55,700,000	59,000,000	51,700,000
	제품	84,900,000	84,900,000	86,400,000	82,000,000
	재공품	25,500,000	22,100,000	25,500,000	20,500,000
	원재료	78,500,000	78,500,000	81,300,000	72,700,000
	2. 상품과 제품은 2002.3.31에 후입선출법으로 신고하였으나, 20x1.11.1.에 총평균법으로 변경신고 하였고 총평균법으로 평가하였다.				
	3. 재공품은 재고자산 평가방법을 신고한 적이 없으며, 선입선출법으로 평가하였다.				
	4. 원재료는 2002.3.31.에 총평균법으로 신고하였으며, 총평균법으로 평가하였다.				
평가문제	**재고자산(유가증권)평가조정명세서를 작성하시오.** 1. [1. 재고자산 평가방법 검토]를 작성하시오. 2. [2. 평가조정 계산]에서 조정금액을 계산하시오. 3. 소득금액조정합계표에 각 건별로 세무조정사항을 반영하시오.				

[실무수행평가] - 법인세관리 2

번호	평가문제 [재고자산(유가증권)평가조정명세서 조회]	배점
28	'1. 재고자산 평가방법 검토'에서 법인세법에 따라 재고자산을 적법하게 평가한 자산을 아래 [보기]에서 모두 고르면? [보기] 가. 제품 및 상품　　　나. 재공품　　　다. 원재료 ① 가　　　② 나, 다　　　③ 가, 다　　　④ 가, 나, 다	3
29	상품 평가조정계산의 '18.조정액'은 얼마인가?	2
30	재공품 평가조정계산의 '18.조정액'은 얼마인가?	2

③ 선급비용명세서

자료 1. 전기 자본금과 적립금 조정명세서(을) 내역

[별지 제50호 서식(을)]						(뒤 쪽)
사업 연도	20x0.01.01. ~ 20x0.12.31.	자본금과 적립금조정명세서(을)			법인명	(주)현대상사
세무조정유보소득계산						
① 과목 또는 사항	② 기초잔액	당 기 중 증감		⑤ 기말잔액 (익기초현재)	비고	
		③ 감 소	④ 증 가			
선급비용(보험료)	3,200,000	3,200,000	3,800,000	3,800,000		

자료 2. 당기말 기간미경과분(선급분) 내역

지급일	내용	금액	거래처	기간
20x1.10.01.	공장건물 보험료	8,000,000원	한화화재보험(주)	20x1.10.01.~20x3.09.30.
20x1.12.01.	기업구매자금 대출이자	1,260,000원	우리은행	20x1.12.01.~20x2.02.28.

세무조정 참고자료	1. 전기분 자본금과 적립금조정명세서(을) 내역을 참고하여 조정한다. (선급기간 : 20x1.1.1.~20x2.12.31. 월할계산할 것.) 2. 선급비용을 계상할 계정은 보험료(제), 이자비용이다.
수행과제	선급비용명세서를 작성하시오. 1. 계정과목의 원장내역을 조회하여 해당금액을 반영하시오. 2. 각 건별로 소득금액조정합계표에 세무조정사항을 반영하시오.

[실무수행평가] – 법인세관리 3

번호	평가문제 [선급비용명세서 조회]	배점
31	보험료(제)의 세무조정 대상금액은 얼마인가?	3
32	이자비용의 세무조정 대상금액은 얼마인가?	2
33	전기분 선급비용(보험료)의 세무조정 대상금액은 얼마인가?	2

④ 업무무관 지급이자조정명세서(갑,을)

자료 1. 업무무관 자산현황

계정과목	금액	참 고 사 항
투자부동산	100,000,000원	2022년 7월 1일에 비업무용으로 취득하였다.
미술품	50,000,000원	2023년 4월 5일에 업무무관 자산인 미술품을 취득하였다.
소모품비(판)	8,000,000원	20x1년 5월 2일에 환경미화 등의 목적으로 여러 사람이 볼 수 있는 공간(사무실)에 전시하는 미술품을 취득하였다.

자료 2. 이자비용 현황

이자율	이자비용	참 고 사 항
7%	9,200,000원	4,000,000원은 채권자 불분명사채이자이다. (원천징수세액 1,100,000원 포함)
6%	12,400,000원	
4%	6,700,000원	

세무조정 참고자료	1. 자료 1, 자료 2는 당해연도 재무상태표 및 손익계산서에 반영이 되어 있다. 2. 가지급금 및 가수금은 [가지급금등의인정이자조정(갑,을)]의 데이터를 이용하기로 한다. 3. 제시된 자료 이외의 업무무관 자산은 없다.
수행과제	업무무관 지급이자조정명세서(갑,을)을 작성하시오. 1. 업무무관 지급이자조정명세서(을)을 작성하시오. 2. 업무무관 지급이자조정명세서(갑)을 작성하시오. 3. 소득금액조정합계표에 각 건별로 세무조정사항을 반영하시오.

[실무수행평가] – 법인세관리 4

번호	평가문제 [업무무관 지급이자조정명세서(갑) 조회]	배점
34	'①지급이자' 금액은 얼마인가?	2
35	문제 [4]와 관련된 세무조정 대상 중 상여로 소득처분할 금액은 얼마인가?	2
36	문제 [4]와 관련된 세무조정 대상 중 기타사외유출로 소득처분할 총금액은 얼마인가?	3

⑤ 기부금조정명세서

자료. 기부금명세

3.과 목	일자		5. 적 요	6. 법인명등	비고
기부금	2	5	(특례)사립대학 연구비	대한대학교	
기부금	5	4	(특례)모금행사 기부	금천구청	
기부금	9	13	(특례)이재민돕기 성금지급	MBC	
기부금	11	16	(일반)장학재단기부금 지급	한국장학협회	
기부금	12	24	(일반)종교단체기부금 지급	서울천주교회유지재단	
기부금	12	28	대표이사(장영식) 종친회 회비	종친회	

세무조정 참고자료	1. 기부금명세서는 [계정별원장 데이터 불러오기]를 이용하여 조회하기로 한다. (기부처에 대한 사업자번호 입력은 생략한다.) 2. 이월결손금은 없으며, 기부금의 한도초과 이월명세는 다음과 같다. 표1 3. **기부금 세무조정을 반영하기 전** 법인세과세표준 및 세액조정계산서상 차가감 소득금액 내역은 다음과 같다. 표2 4. 기부금계정 이외에는 기 입력된 자료를 이용한다.

표1:

사업연도	기부금의 종류	한도초과액	기공제액
2023	「법인세법」 제24조 제2항 제1호에 따른 특례기부금	20,000,000원	9,000,000원

표2:

구 분		금액
결산서상 당기순손익		220,570,000원
소득조정금액	익금산입	82,520,000원
	손금산입	34,500,000원
차가감소득금액		268,590,000원

수행과제	**기부금조정명세서를 작성하시오.** 1. [기부금명세서]를 작성하고 소득금액조정합계표에 각 건별로 세무조정사항을 반영하시오. 2. 기 입력된 자료는 무시하고 제시된 소득금액을 반영하여 [기부금조정명세서]를 작성하시오.

[실무수행평가] - 법인세관리 5

번호	평가문제 [기부금 조정명세서 조회]	배점
37	'1.소득금액계'는 얼마인가?	2
38	문제 [5]와 관련된 세무조정 대상 중 손금불산입(상여)으로 소득금액조정합계표에 반영할 금액은 얼마인가?	2
39	'20.한도초과액합계'는 얼마인가?	3
법인세관리 소계		35

실무이론평가

1	2	3	4	5	6	7	8	9	10
①	④	④	③	⑤	③	③	③	④	③

01 기업실체의 이해관계자는 지속적으로 의사결정을 해야 하므로 **적시성 있는 정보가 필요**하게 된다. 이러한 정보수요를 충족시키기 위하여 도입된 재무제표의 기본가정이 기간별 보고이다.

02 배당금수익은 **배당금을 받을 권리와 금액이 확정되는 시점에 인식**한다.

02 · 기말재고 = 전월이월(20) + 매입(100) − 매출(60) = 60개

· 매출원가(후입) = 30개 × 2,000원(11.05) + 30개 × 2,100원(11.19) = 123,000원

· 월말재고액(후입) = 20개 × 900원(전월이월) + 20개 × 2,000원(11.05) + 20개 × 2,100원(11.19)

= 100,000원

재고자산(후입선출법)

기초재고	18,000	매출원가	**123,000**
총매입액	205,000	**기말재고**	**100,000**
계	223,000	계	223,000

04 · 처분손익 = [처분가액(6,000) − 취득가액(7,000)] × 1,000주 = △1,000,000원(손실)

· 매도가능증권평가손익 = [공정가액(9,000) − 취득가액(7,000)] × 1,000주 = 2,000,000원(이익)

· 매도가능증권장부가액 = 취득가액(7,000,000) + 매도가능증권평가이익(2,000,000) = 9,000,000원

〈분개〉

취득시(x0) : (차) 매도가능증권　　　　7,000,000원　　(대) 현　　　금　　　　　7,000,000원

결산시(x0) : (차) 매도가능증권　　　　2,000,000원　　(대) 매도가능증권평가이익 2,000,000원

처분시(x1) : (차) 현　　　금　　　　　6,000,000원　　(대) 매도가능증권　　　　9,000,000원

　　　　　　　매도가능증권평가이익　2,000,000원

　　　　　　　매도가능증권처분손실　1,000,000원

05 사채할인발행차금(차변 잔액) 상각시 대변으로 대체되면서 **차변에 이자비용을 발생시키므로** 당기순이익이 감소하고, **사채할인발행차금 잔액을 감소**시켜 **사채의 장부금액(액면금액 − 사채할인발행차금)의 증가**한다.

06 ・과세표준＝외상판매액(9,000,000)＋승용차 매각대금(15,000,000)＋부산물 매각대금(6,000,000)

＝30,000,000원

・하치장 반출과 자금대여이익은 재화의 공급에 해당하지 않는다.

07 ① 과세기간 또는 부양기간이 1년 미만인 경우에도 **종합소득공제는 월할계산하지 아니한다.**

② 부녀자공제(50만원)와 한부모공제(100만원)에 동시에 해당하는 경우에는 한부모공제(100만원)를 적용한다.

④ 소득공제대상인지 여부는 과세기간 종료일 현재의 상황에 따르나, 과세기간 종료일 전에 **사망한 사람은 사망일 전날의 상황**에 따른다.

08

구 분	조건부 종합과세	무조건 종합과세	비 고
(1) 보통예금이자	9,000,000원		
(2) 집합투자기구이익	5,000,000원		
(3) 비영업대금이익	11,000,000원		
(4) 외국법인 배당		8,000,000원	
(5) 공익신탁의 이익			비과세
합 계	25,000,000원	8,000,000원	

・조건부 과세대상(25,000,000)과 무조건 종합과세대상(8,000,000)의 합계액(33,000,000원)이 **2천만원을 초과하므로 조건부 과세대상과 무조건 종합과세대상을 모두 종합과세**한다. 따라서 종합과세 되는 금융소득금액은 33,000,000원이다.

09 징벌적 목적의 손해배상금은 일정한 법률(개인정보보호법 등)의 규정에 따라 **실제 발생한 손해를 초과하여 지급하는 금액으로서, 이는 벌과금과 같이 징벌적 성격이 있으므로 손금항목에 해당하지 않는다.**

10 각 사업연도 소득금액＝당기순이익(100,000,000)＋폐수배출부담금(400,000)－전기 대손충당금 한도초과액(5,000,000)＋당기 대손충당금 한도초과액(6,000,000)＋법인세비용(10,000,000)

－전기 특례기부금한도초과액 이월분 손금산입액(2,000,000원)＝109,400,000원

■ 실무수행평가

실무수행 1. 거래자료 입력

① 사채 [일반전표입력] 4월 1일

(차) 보통예금(국민은행(보통)) 182,116,000원　(대) 사채　　　　　　200,000,000원

사채할인발행차금 17,884,000원

☞ 사채할인발행차금＝액면가액((200,000,000)－발행가액(184,116,000)＋사채발행비(2,000,000)＝17,884,000원

② 자산, 부채, 자본의 특수회계처리 [일반전표입력] 5월 31일

(차) 보통예금(하나은행(보통))   8,700,000원   (대) 자기주식   10,000,000원

자기주식처분이익   1,300,000원

☞ 자기주식 처분 손익＝처분가액(8,700,000)－자기주식(30,000,000)÷1,500주×500주＝1,300,000원(손실)

자기주식처분손실(1,300,000)이 발생한 경우 자기주식처분이익(2,400,000)과 우선상계한다.

실무수행 2. 부가가치세관리

① 수정전자세금계산의 발급

1. [수정전자세금계산서 발급]

① [매입매출전표입력] 5월 20일 전표선택 ➡ 수정세금계산서 클릭 ➡ 수정사유(4.계약의 해제)를

선택 ➡ 확인(Tab)을 클릭

② [수정세금계산서(매출)] 화면에서 수정분 [작성일 5월 30일], [공급가액 － 30,000,000원],

[세액 － 3,000,000원] 자동반영 후 확인(Tab)을 클릭

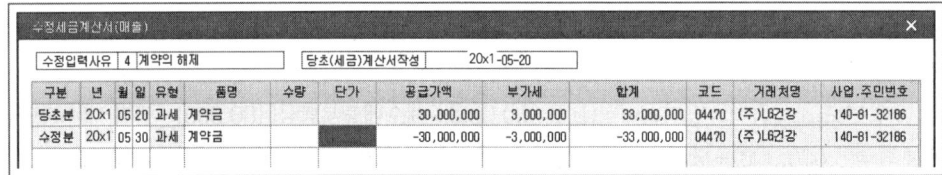

③ [매입매출전표입력] 5월 30일

거래유형	품명	공급가액	부가세	거래처	전자세금
11.과세	계약금	－30,000,000	－3,000,000	(주)LG건강	전자발행
분개유형				(대) 선수금	－30,000,000원
3.혼합				부가세예수금	－3,000,000원
				보통예금	33,000,000원
				(국민은행(보통))	

2. [전자세금계산서 발행 및 내역관리]

① 전자세금계산서 발행 및 내역관리 를 클릭하면 수정 전표 1매가 미전송 상태로 나타난다.

② 해당내역을 클릭하여 전자세금계산서 발행 및 국세청 전송을 한다.

② 확정신고누락분의 수정신고서 반영

1. [매입매출전표입력]

- 12월 20일

거래유형	품명	공급가액	부가세	거래처	전자세금
11.과세	기능성화장품	10,000,000	1,000,000	(주)산소상사	
분개유형	(차) 보통예금	11,000,000원	(대) 제품매출		10,000,000원
3.혼합	(하나은행(보통))		부가세예수금		1,000,000원

- 12월 30일

거래유형	품명	공급가액	부가세	거래처	전자세금
51.과세	원재료	5,000,000	500,000	(주)혜미산업	전자입력
분개유형	(차) 원재료	5,000,000원	(대) 외상매입금		5,500,000원
2.외상	부가세대급금	500,000원			

- 12월 16일

거래유형	품명	공급가액	부가세	거래처	전자세금
61.현과	회식	400,000	40,000	한우마을	
분개유형	(차) 복리후생비(판)	400,000원	(대) 101.현금		440,000원
1.현금	부가세대급금	40,000원			

2. [부가가치세신고서] 10월 1일~12월 31일(수정차수 1)

		구 분		수정전 금액	세율	세액	No	수정후 금액	세율	세액
과세표준및매출세액	과세	세금계산서발급분	1	354,095,000	10/100	35,409,500	1	364,095,000	10/100	36,409,500
		매입자발행세금계산서	2		10/100		2		10/100	
		신용카드.현금영수증	3		10/100		3		10/100	
		기타	4		10/100		4		10/100	
	영세	세금계산서발급분	5		0/100		5		0/100	
		기타	6	69,907,500	0/100		6	69,907,500	0/100	
	예정신고누락분		7				7			
	대손세액가감		8				8			
	합계		9	424,002,500	㉮	35,409,500	9	434,002,500	㉮	36,409,500
매입세액	세금계산서수취부분	일반매입	10	301,758,000		30,175,800	10	306,758,000		30,675,800
		수출기업수입분납부유예	10-1				10-1			
		고정자산매입	11				11			
	예정신고누락분		12				12			
	매입자발행세금계산서		13				13			
	그밖의공제매입세액		14				14	400,000		40,000
	합계 (10-(10-1)+11+12+13+14)		15	301,758,000		30,175,800	15	307,158,000		30,715,800
	공제받지못할매입세액		16	20,000,000		2,000,000	16	20,000,000		2,000,000
	차감계 (15-16)		17	281,758,000	㉯	28,175,800	17	287,158,000	㉯	28,715,800
납부(환급)세액 (㉮매출세액-㉯매입세액)					㉰	7,233,700			㉰	7,693,700
경감 그밖의경감·공제세액			18				18			
공제 신용카드매출전표등발행공제계			19		[참고]		19		[참고]	
세액 합계			20		㉱		20		㉱	
소규모 개인사업자 부가가치세 감면세액			20-1		㉲		20-1		㉲	
예정신고미환급세액			21		㉳		21		㉳	
예정고지세액			22		㉴		22		㉴	
사업양수자가 대리납부한 세액			23		㉵		23		㉵	
매입자납부특례에따라납부한세액			24		㉶		24		㉶	
신용카드업자가 대리납부한 세액			25		㉷		25		㉷	
가산세액계			26		㉸		26			130,612
차가감납부할세액(환급받을세액) (㉰-㉱-㉲-㉳-㉴-㉵-㉶-㉷+㉸)			27	7,233,700			27			7,824,312
총괄납부사업자 납부할세액 (환급받을세액)										

3. [가산세명세]

- 세금계산서 수취시기

공급시기	수취기한	지연수취(0.5%)	미수취(매입세액 불공제)
12/30	익년도 1월 10일	익년도 1월 11일~1.25	익년도 1.25까지 미수취

구 분			공급가액	세액
매출	과세	세 금(전자)	10,000,000(종이)	1,000,000
		기 타		
	영세	세 금(전자)		
		기 타		
매입	세금계산서 등		5,000,000(지연수취)+400,000	500,000+40,000
미달신고(납부) ← 신고 · 납부지연 가산세				460,000

1. 전자세금계산서 미발급	**10,000,000원**×1% = 100,000원
2. 전자세금계산서 지연수취	**5,000,000원**×0.5% = 25,000원
3. 신고불성실	**460,000원**×10%×(1 − 90%) = 4,600원 * 1개월 이내 수정신고시 90% 감면
4. 납부지연	**460,000원**×10일×2.2(가정)/10,000 = 1,012원
계	130,612원

수정후	구분		금액	세율	세액
25 가산세 명세	사업자미등록	61		1%	
	세금계산서지연발급등	62		1%	
	세금계산서지연수취	63	5,000,000	0.5%	25,000
	세금계산서미발급등	64	10,000,000	뒤쪽참조	100,000
	전자세금계산서 지연전송	65		0.3%	
	전자세금계산서 미전송	66		0.5%	
	세금계산서합계표불성실	67		뒤쪽참조	
	신고불성실	69	460,000	뒤쪽참조	4,600
	납부지연	73	460,000	뒤쪽참조	1,012
	영세율과세표준신고불성	74		0.5%	
	현금매출명세서미제출	75		1%	
	부동산임대명세서불성실	76		1%	
	매입자거래계좌미사용	77		뒤쪽참조	
	매입자거래계좌지연입금	78		뒤쪽참조	
	신용카드매출전표 등 수령 명세서 미제출·과다기재	79		0.5%	
	합계	80			130,612

	구분		금액		세액
69. 신고 불성실	무신고(일반)			뒤쪽참조	
	무신고(부당)			뒤쪽참조	
	과소·초과환급신고(일반)		460,000	뒤쪽참조	4,600
	과소·초과환급신고(부당)			뒤쪽참조	
	합계		460,000		4,600

실무수행 3. 결산

1 수동결산 및 자동결산

[결산자료입력 1]
- 외상매출금 대손상각비 설정액 : (1,482,103,500원×1%) - 3,000,000원 = 11,821,035원
- 받을어음 대손상각비 설정액 : (66,364,000원×1%) - 150,000원 = 513,640원

① 방법 1.
결산자료입력(대손상각)란에 외상매출금 11,821,035원, 받을어음 513,640원 입력

② 방법 2. [일반전표입력] 12월 31일

(차) 대손상각비(판)　　　　12,334,675원　　(대) 대손충당금(109)　　　11,821,035원
　　　　　　　　　　　　　　　　　　　　　　　 대손충당금(111)　　　　 513,640원

[결산자료입력 2]
- 실사금액 60,000,000원 + 수탁자보관금액 21,000,000원 = 81,000,000원
- 제품 81,000,000원 입력 후 상단 툴바의 전표추가(F3) 를 클릭하여 결산분개를 생성한다.

[이익잉여금처분계산서] 메뉴
- 이익잉여금처분계산서에서 처분일을 입력한 후, 전표추가(F3) 를 클릭하여 손익대체 분개를 생성한다.

평가문제. 입력자료 및 회계정보를 조회하여 [평가문제]의 답안을 입력하시오.(70점)

번호	평가문제	배점	답
11	평가문제 [합계잔액시산표 조회]	3	(5,300,000)원
12	평가문제 [손익계산서 조회]	2	(305,692,385)원
13	평가문제 [재무상태표 조회]	3	(2,470,116,000)원
14	평가문제 [재무상태표 조회]	2	(689,249,700)원
15	평가문제 [재무상태표 조회]	2	③
16	평가문제 [재무상태표 조회]	2	(81,000,000)원
17	평가문제 [전자세금계산서 발행 및 내역관리 조회]	2	(4)
18	평가문제 [부가가치세신고서 조회]	3	(36,409,500)원
19	평가문제 [부가가치세신고서 조회]	3	(30,715,800)원
20	평가문제 [부가가치세신고서 조회]	3	(130,612)원
재무회계 소계		25	

실무수행 4. 원천징수 관리

① 주민등록등본에 의한 사원등록(김은우)

1. [사원등록]

관계	요 건		기본공제	추가(자녀)	판 단
	연령	소득			
본인(세대주)	–	–	○		
배우자	–	×	부		총급여액 5백만원 초과자
자(1)	○	○	○		
부(75)	○	×	부		연금소득금액 1백만원 초과자[1]
모(70)	○	○	○	장애(1)경로	국민연금의 장애연금은 비과세소득임.

☞ 연금소득공제＝3,500,000＋(6,600,000－3,500,000)×40%＝4,740,000원

　연금소득금액＝총연금액(6,600,000)－연금소득공제(4,740,000)＝1,860,000원

● **부양가족명세** (2026. 12. 31 기준)

	연말정산관계	기본	세대	부녀	장애	경로70세	출산입양	자녀	한부모	성명	주민(외국인)번호	가족관계
1	0.본인	본인	1							김은우	내 910203-1222230	
2	3.배우자	부								방효린	내 931020-2027511	02.배우자
3	1.(소)직계존속	부								김상호	내 510812-1450874	03.부
4	1.(소)직계존속	60세이상			1	○				이희란	내 560705-2450853	04.모
5	4.자녀,손자녀,J	20세이하								김지민	내 251205-3200495	05.자녀
	합계 5명	3명			1	1						

2. [연말정산 근로소득원천징수영수증]

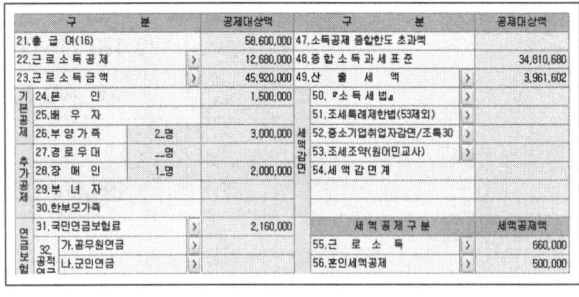
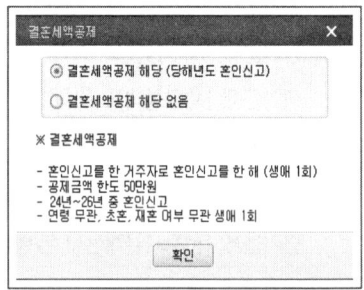

– 당해연도에 결혼한 김은우는 **생애 최초 1회에 해당하여 결혼세액 공제 가능**

② 기타소득의 원천징수

　　[기타소득자료입력] 지급년월 10월, 홍미송, 65.직무발명보상금

　　- 직무발명보상금 10,000,000원 중 비과세 4,300,000원(**근로소득으로 지급받은 비과세 소득을 합산하여 연 700만원 비과세 적용**)을 제외한 5,700,000원을 입력한다.

소득지급내역	소득자정보

● 기타 관리 항목

	소득구분	법인/개인	필요경비율	영수일자	연말정산적…	사업자등록…	세액감면…	계정과목
65	직무발명보상금(비과세한도 초과분)	개인		20x1-10-31	부			

● 소득 지급 내역

귀속년월	지급년월일		지급총액	필요경비	소득금액	세율(%)	소득세	법인세	지방소득세	농특세	세액계	차인지급액
20x1-10	20x1-10	31	5,700,000		5,700,000	20.000	1,140,000		114,000		1,254,000	4,446,000
	연간소득계		5,700,000		5,700,000		1,140,000		114,000		1,254,000	4,446,000
	소액징수계											
	소액제외계		5,700,000		5,700,000		1,140,000		114,000		1,254,000	4,446,000

[실무수행평가] - 원천징수관리

번호	평가문제 [김은우 근로소득원천징수영수증 조회]	배점	답
21	'26.부양가족' 공제대상 인원은 몇 명인가?	3	**(2)명**
22	'56.혼인세액공제' 세액공제액은 얼마인가?	2	**(500,000)원**
23	인적공제(기본공제+추가공제) 대상 합계액은 얼마인가? 기본공제(3명×1,500,000)+장애(2,000,000)+경로(1,000,000)	2	**(7,500,000)원**
24	**평가문제 [10월 기타소득자료입력 조회]** 윤미송에게 지급될 기타소득의 차인지급액은 얼마인가?	3	**(4,446,000)원**
	원천징수 소계	10	

실무수행 5. 법인세관리

1 퇴직연금부담금조정명세서

1. [퇴직급여충당금조정명세서]의 퇴직급여충당금조정내역 조회

2. [계정별원장]을 이용한 [퇴직연금운용자산] 내역 조회

날짜	코드	적요	코드	거래처명	차변	대변	잔액
		전기이월			218,000,000		218,000,000
10/31		퇴직금 지급	01234	서울생명		17,000,000	201,000,000
		[월 계]				17,000,000	
		[누 계]			218,000,000	17,000,000	
12/27		퇴직연금 불입	01234	서울생명	90,000,000		291,000,000
		[월 계]			90,000,000		
		[누 계]			308,000,000	17,000,000	

3. [퇴직연금부담금조정명세서]의 작성

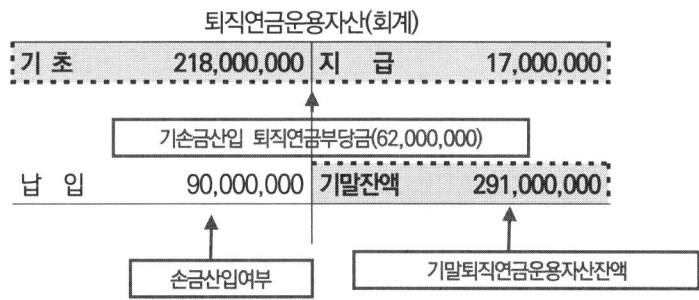

퇴직연금운용자산(회계)

기 초	218,000,000	지 급	17,000,000
납 입	90,000,000	기말잔액	291,000,000

기손금산입 퇴직연금부당금(62,000,000)

손금산입여부

기말퇴직연금운용자산잔액

(1) 나.기말퇴직연금 예치금등의 계산

③ 1.퇴직연금 등의 부담금 조정

1.퇴직급여추계액	당기말현재 퇴직급여 충당금				6.퇴직부담금 등 손금산입 누적 한도액(1-5)
	2.장부상 기말잔액	3.확정기여형 퇴직 연금자의 퇴직연금 설정전 기계상된 퇴직급여 충당금	4.당기말 부인누계액	5.차감액 (2-3-4)	
506,000,000	506,000,000		506,000,000		506,000,000

7.이미 손금산입한 부담금 등 (17)	8.손금산입한도액 (6-7)	9.손금산입대상 부담금 등(18)	10.손금산입범위액 (8과9중 작은금액)	11.회사손금 계상액	12.조정금액 (10-11)
201,000,000	305,000,000	90,000,000	90,000,000		90,000,000

2. 이미 손금산입한 부담금 등의 계산

② 가. 손금산입대상 부담금 등 계산

13. 퇴직연금예치금등 계(22)	14.기초퇴직연금 충당금등 및 전기말 신고조정에의한 손금산입액	15.퇴직연금충당금 등 손금부인누계액	16.기중퇴직연금 등 수령 및 해약액	17.이미손금산입한 부담금등 (14-15-16)	18.손금산입대상 부담금등 (13-17)
291,000,000	218,000,000		17,000,000	201,000,000	90,000,000

① 나. 기말퇴직연금 예치금등의 계산

19.기초퇴직연금예치금 등	20.기중퇴직연금예치금등 수령 및 해약액	21.당기퇴직연금예치금등의 납입액	22.퇴직연금예치금 등 계 (19-20+21)
218,000,000	17,000,000	90,000,000	291,000,000

- 상단 툴바의 '새로불러오기'를 클릭하여 퇴직급여충당금조정명세서의 내용을 반영하며,

[4.당기말부인누계액]란에 506,000,000[*1]을 입력한다.

*1. 퇴충부인누계액＝[기초 유보(310,000,000)－손금(20,000,000)＋손불(216,000,000)]＝506,000,000원

4. [소득금액조정합계표]

손금불산입	퇴직연금지급액	17,000,000원	유보감소
손금산입	퇴직연금불입액	90,000,000원	유보발생

[실무수행평가] - 법인세관리 1

번호	평가문제 [퇴직연금부담금조정명세서 조회]	배점	답
25	'4.당기말부인누계액'	3	(506,000,000)원
26	손금불산입(유보감소)으로 소득금액조정합계표에 반영할 총금액	2	(17,000,000)원
27	손금산입(유보발생)으로 소득금액조정합계표에 반영할 총금액	2	(90,000,000)원

② 재고자산(유가증권)평가조정명세서

1. [1. 재고자산 평가방법 검토]

1. 재고자산 평가방법 검토					
1. 자산별	2. 신고일	3.신고방법	4.평가방법	5.적부	6.비고
제 품 및 상 품	2002-03-31	후입선출법	총 평균법	X	
반제품및재공품		무 신 고	선입선출법	○	
원 재 료	2002-03-31	총 평균법	총 평균법	○	
저 장 품					
유가증권(채권)					
유가증권(기타)					

2. [2. 평가조정계산]

- 회사계산액과 조정계산금액을 아래와 같이 입력한다.

No	7.과목	8.품명	9.규격	10.단위	11.수량	회사계산		조정계산금액				18.조정액 (15또는 15와17 중 큰금액 -13)
						12.단가	13.금액	신고방법		선입선출법		
								14.단가	15.금액	16.단가	17.금액	
1	상품						55,700,000		51,700,000		59,000,000	3,300,000
2	제품						84,900,000		82,000,000		86,400,000	1,500,000
3	재공품						25,500,000				25,500,000	
4	원재료						78,500,000		78,500,000			
	계						244,600,000		212,200,000		170,900,000	4,800,000

3. [소득금액조정합계표] 작성

익금산입	재고자산평가감(상품)	3,300,000원	유보발생
익금산입	재고자산평가감(제품)	1,500,000원	유보발생

[실무수행평가] - 법인세관리 2

번호	평가문제	배점	답
28	재고자산을 적법하게 평가한 자산(재공품, 원재료)	3	②
29	상품 평가조정계산의 '18.조정액'	2	(3,300,000)원
30	재공품 평가조정계산의 '18.조정액'	2	(0)원

③ 선급비용명세서

1. 선급비용명세서

- 공장건물 보험료

No	구분	적요	거래처	선급비용	회사계상액	세무조정대상금액
1	선급 보험료	공장건물 보험료	한화화재보험(주)	6,993,160	1,200,000	5,793,160
2	미경과					
3						

	해당기간						지급액	선급비용	회사계상액	세무조정대상금액
선급비용 계산										
	2026	10	01	~	2028	09	30	8,000,000	6,993,160	1,200,000	5,793,160

- 기업구매자금대출이자

No	구분	적요	거래처	선급비용	회사계상액	세무조정대상금액
1	선급 보험료	공장건물 보험료	한화화재보험(주)	6,993,160	1,200,000	5,793,160
2	미경과 이자	기업 구매자금대 출이	우리은행	835,280		835,280
3						

선급비용 계산							지급액	선급비용	회사계상액	세무조정대상금액
	해당기간									
	2026	12	01	~	2027	02	28	1,260,000	835,280		835,280

2. [소득금액조정합계표]

손금불산입	공장건물 보험료 선급비용	5,793,160원	유보발생
손금불산입	기업구매자금대출이자 선급비용	835,280원	유보발생
손금산입[*1]	전기분 보험료 선급비용	1,900,000원	유보감소

*1. 선급기간이 20x1.1.1.~20x2.12.31.이므로 3,800,000원×12개월/24개월만큼 유보를 추인한다.

[실무수행평가] - 법인세관리 3

번호	평가문제	배점	답
31	보험료(제)의 세무조정 대상금액	3	(5,793,160)원
32	이자비용의 세무조정 대상금액은	2	(835,280)원
33	전기분 선급비용(보험료)의 세무조정 대상금액	2	(1,900,000)원

4 업무무관 지급이자조정명세서(갑,을)

1. [업무무관 지급이자조정명세서(을)]

① 업무무관 부동산의 적수

	①월일	②적요	③차 변	④대 변	④잔 액	⑥일수	⑦적 수
1	01-01	전기이월	100,000,000		100,000,000	365	36,500,000,000

② 업무무관 동산의 적수

	①월일	②적요	③차 변	④대 변	④잔 액	⑥일수	⑦적 수
1	01-01	전기이월	50,000,000		50,000,000	365	18,250,000,000

③ 가지급금등의 적수

	①월일	②적요	③차 변	④대 변	④잔 액	⑥일수	⑦적 수
1	02-26	지급	90,000,000		90,000,000	177	15,930,000,000
2	08-22	지급	30,000,000		120,000,000	73	8,760,000,000
3	11-03	회수		25,000,000	95,000,000	59	5,605,000,000

④ 가수금 등의 적수

	①월일	②적요	③차 변	④대 변	④잔 액	⑥일수	⑦적 수
1	01-15	일시가수		7,000,000	7,000,000	31	217,000,000
2	02-15	가수반제	7,000,000			320	

2. [업무무관 지급이자조정명세서(갑)]

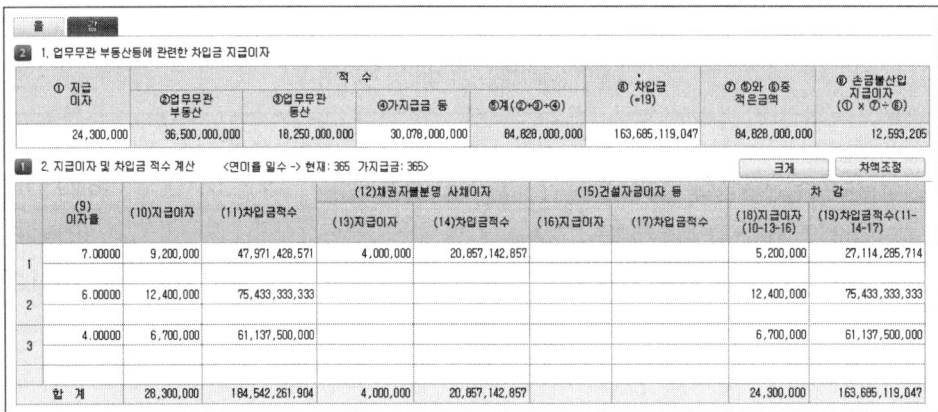

3. 소득금액조정합계표 작성

손금불산입	채권자 불분명 사채이자 원천징수분	1,100,000원	기타사외유출
손금불산입	채권자 불분명 사채이자	2,900,000원	상여
손금불산입	업무무관지급이자	12,593,205원	기타사외유출

[실무수행평가] - 법인세관리 4

번호	평가문제	배점	답
34	'①지급이자' 금액은 얼마인가?	2	(24,300,000)원
35	문제 [4]와 관련된 세무조정 대상 중 상여로 소득처분할 금액	2	(2,900,000)원
36	문제 [4]와 관련된 세무조정 대상 중 기타사외유출로 소득처분할 총금액	3	(13,693,205)원

5 기부금조정명세서

1. [기부금명세서]

1.유형	코드	3.과 목	일자	5.적 요	6.법인명등	7.사업자번호	8.금액	비고
1 특례	10	기부금	2 5	사립대학 연구t	대한대학교		20,000,000	
2 특례	10	기부금	5 4	모금행사 기부	금천구청		2,000,000	
3 특례	10	기부금	9 13	이재민돕기 성:	MBC		5,000,000	
4 일반	40	기부금	11 16	장학재단기부금	한국장학협회		30,000,000	
5 일반	40	기부금	12 24	종교단체기부금	서울천주교회유지지		5,000,000	
6 기타	50	기부금	12 28	대표이사(장영s	종친회		3,000,000	
9.소계	가. 『법인세법』 제24조제2항제1호의 특례기부금(코드10)						27,000,000	
	나. 『법인세법』 제24조제3항제1호의 일반기부금(코드40)						35,000,000	
	다. 『조세특례제한법』 제88조의4제13항의 우리사주 조합 기부금(코드42)						0	
	라. 그 밖의 기부금(코드50)						3,000,000	
	계						65,000,000	

2. [소득금액조정합계표]

손금불산입	대표이사 종친회 회비	3,000,000원	상여

3. [기부금조정명세서]

① 소득금액 계산내역

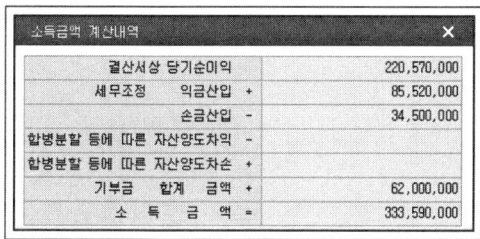

소득금액 계산내역		✕
결산서상 당기순이익		220,570,000
세무조정 익금산입 +		85,520,000
손금산입 -		34,500,000
합병분할 등에 따른 자산양도차익 +		
합병분할 등에 따른 자산양도차손 +		
기부금 합계 금액 +		62,000,000
소 득 금 액 =		333,590,000

☞ 익금산입=조정전 익금산입(82,520,000)+기타기부금(종친회비)(3,000,000)=85,520,000원

② 기부금조정명세서

1 기부금 명세서 ?

3 1. 「법인세법」제24조제2항제1호 특례기부금 손금산입액 한도액 계산(코드 10)

소득금액 계산 내역 조회 및 수정

1.소득금액계	2.이월결손금 합계액	3.법인세법 제24조제2항 제1호 기부금	4.한도액 {[(1-2)>0]+50%}	5.이월잔액 중 손금산입액 MIN[4,23]	6.당해연도지출액 손금산입액 MIN[(4-5)>0,3]	7.한도초과액 [(3-6)>0]	8.소득금액 차감잔액 [(1-2-5-6)>0]
333,590,000		27,000,000	166,795,000	11,000,000	27,000,000		295,590,000

4 2. 「조세특례제한법」제88조의4 우리사주조합에 지출하는 기부금 손금산입액 한도액 계산 (코드 42)

9. 「조세특례제한법」 제88조의4제13항에 따른 우리사주 기부금 해당금	10.한도액 (8)*30%	11.손금산입액 MIN(9,10)	12.한도초과액 [(9-10)>0]
	88,677,000		

5 3. 「법인세법」제24조제3항제1호에 따른 일반기부금 손금산입 한도액 계산(코드 40)

13. 「법인세법」 제24조제3항 제1호 기부금	14.한도액 ((8-11)*10%)	15.이월잔액 중 손금산입액 MIN(14,23)	16.당해연도지출액 손금산입액 MIN[(14-15)>0, 13]	17.한도초과액 [(13-16)>0]
35,000,000	29,559,000		29,559,000	5,441,000

6 4. 기부금 한도초과액 총액

18.기부금 합계액(3+9+13)	19.손금산입합계(6+11+16)	20.한도초과액합계 (18-19) = (7+12+17)
62,000,000	56,559,000	5,441,000

2 7 5. 기부금 이월액 명세서

사업 연도	기부금종류	21.한도초과 손금불산입액	22.기공제액	23.공제가능 잔액 (21-22)	24.해당사업 연도 손금추인액	25.차기이월액 (23-24)
2023	「법인세법」제24조제2항제1호에 따른 특례기부금	20,000,000	9,000,000	11,000,000	11,000,000	

[실무수행평가] - 법인세관리 5

번호	평가문제	배점	답
37	'1.소득금액계'	2	(333,590,000)원
38	손금불산입(상여)으로 소득금액조정합계표에 반영할 금액	2	(3,000,000)원
39	'20.한도초과액합계'	3	(5,441,000)원
	법인세관리 소계	35	

Tax Accounting Technician
세무정보처리 자격시험 1급

86회

합격율	시험년월
20%	2025.11

실무이론평가

[1] 도매업을 영위하는 (주)한공은 시장성 있는 (주)공인의 주식을 단기매매목적으로 보유하고 있다. 다음의 주식 보유현황을 토대로 한 주식평가로 인해 20x1년 재무제표에 미치는 영향으로 옳은 것은?

〈주식보유현황〉

주식명	보유주식수	1주당 공정가치 (20x1.12.31.)	평가 전 장부가액
(주)공인	2,000주	40,000원	81,000,000원

① 영업이익이 감소한다.　　　　　② 영업외비용이 감소한다.
③ 당기순이익이 감소한다.　　　　④ 영업외수익이 감소한다.

[2] 다음은 (주)한공이 구입한 차량운반구의 감가상각방법 변경에 대한 자료이다. 이를 토대로 20x2년 기말에 인식할 감가상각비를 계산하면 얼마인가?

> 20x0. 1. 1.　영업용 차량을 40,000,000원에 구입하다.
> 　　　　　　　(내용연수 : 5년, 잔존가치 : 0원, 감가상각방법 : 정률법, 상각률 : 0.4 가정)
> 20x2. 1. 1.　위 차량에 대한 감가상각방법을 정액법으로 변경하다.

① 4,800,000원　　　　　　② 8,000,000원
③ 9,600,000원　　　　　　④ 16,000,000원

[3] (주)한공의 결산정리사항 반영 전 법인세비용차감전순이익은 5,000,000원이다. (주)한공은 기중 현금을 수령하거나 지급할 경우 전액 수익 또는 비용으로 처리한다. 다음의 결산정리사항을 반영한 후 법인세비용차감전순이익을 계산하면 얼마인가?

• 미수이자　　500,000원		• 선급비용　　400,000원	
• 미지급이자　300,000원		• 선수수익　　600,000원	

① 4,100,000원　　　② 5,000,000원　　　③ 5,500,000원　　　④ 5,900,000원

[4] 다음은 (주)한공의 20x1년 12월 31일 재고자산 현황이다. 이 자료를 토대로 재고자산평가손실을 계산하면 얼마인가?(각 제품은 서로 다른 항목으로 가정한다.)

종목	취득원가	추정판매금액	추정판매비용	현행대체원가
A제품	400,000원	410,000원	50,000원	190,000원
B제품	650,000원	690,000원	30,000원	640,000원

① 20,000원　　　② 30,000원　　　③ 40,000원　　　④ 50,000원

[5] 다음은 (주)한공의 상품수출 관련 자료이다. 이 자료를 토대로 당기 영업외손익에 미치는 영향으로 옳은 것은?

- 20x1년　9월　1일 상품 100개를 US$ 50,000에 수출(선적지인도조건)
- 20x1년 11월　1일 수출대금 중 US$ 20,000 회수
- 20x1년 12월 31일 수출대금 잔액 US$ 30,000
- 환율 변동표

일자	20x1. 9. 1.	20x1.11. 1.	20x1.12.31.
원/$	1,310원/$	1,450원/$	1,250원/$

	20x1. 11. 1.	20x1. 12. 31.
①	외환차익 2,800,000원	외화환산손실 1,000,000원
②	외환차익 2,800,000원	외화환산손실 1,800,000원
③	외환차익 1,800,000원	외화환산이익 2,800,000원
④	외환차익 1,000,000원	외화환산이익 2,800,000원

[6] 다음은 (주)한공의 20x1년 제2기 부가가치세 확정신고기간(20x1.10.1.~20x1.12.31.)의 자료이다. 이를 토대로 부가가치세 과세표준을 계산하면 얼마인가?(단, 주어진 자료의 금액은 부가가치세가 포함되어 있지 않은 금액이며, 세금계산서 등 필요한 증빙서류는 적법하게 발급하였거나 수령하였다.)

가. 외상매출액(매출할인 500,000원을 차감하기 전의 금액임)	20,000,000원
나. 재화의 직수출액	7,000,000원
다. 업무용 승용차(2,000cc)의 처분	4,000,000원
라. 과세사업용 부동산 처분액(토지 10,000,000원, 건물 7,000,000원)	17,000,000원
마. 공급받는 자에게 도달하기 전에 파손된 재화의 가액 (해당액은 위 매출액에 포함되어 있지 않음)	2,000,000원

① 33,500,000원　　　　　　　　② 37,500,000원
③ 41,000,000원　　　　　　　　④ 44,000,000원

[7] 다음 자료를 토대로 거주자 김한공 씨의 20x1년도 사업소득금액을 계산하면 얼마인가?(단, 20x1년 중 부채의 합계가 자산의 합계액을 초과하지 않았고, 소득세비용은 고려하지 않는다.)

〈손익계산서〉	
• 매출	500,000,000원
• 매출원가	300,000,000원
• 급여(거주자 김한공 씨의 급여 50,000,000원 포함)	150,000,000원
• 판매비	25,000,000원
• 배당금 수익	10,000,000원
• 이자비용(은행으로부터 사업용자금을 대출받음)	5,000,000원
• 당기순이익	30,000,000원

① 20,000,000원　　　　　　　　② 25,000,000원
③ 70,000,000원　　　　　　　　④ 75,000,000원

[8] 다음은 거주자 김한공 씨(총급여액 40,000,000원)가 직접 부담한 의료비 자료이다. 이를 토대로 20x1년 연말정산 시 적용하여야 할 의료비 세액공제액을 계산하면 얼마인가?(단, 부양가족은 김한공 씨와 기말 현재 생계를 같이 하고 있다.)

가. 본인(45세)의 시력보정용 안경구입비용	600,000원
나. 배우자(41세)의 피부과 치료비(미용목적)	2,000,000원
다. 김한공 씨의 부친(70세) 건강 검진 비용	1,500,000원
라. 배우자의 모친(66세) 건강 증진 목적의 한약(보약) 구입비용	1,000,000원

① 120,000원   ② 135,000원

③ 270,000원   ④ 285,000원

[9] 다음 중 법인세법상 소득처분에 대한 설명으로 옳은 것은?

① 배당·상여·기타사외유출 및 기타소득으로 소득처분하는 경우 처분하는 법인에게 원천징수 의무가 있다.

② 사외유출된 소득이 주주인 법인의 소득금액에 포함되어 있는 경우 배당으로 소득처분한다.

③ 일반기부금 한도초과액은 기타소득으로 소득처분한다.

④ 사외유출된 소득의 귀속자가 불분명한 경우 대표자상여로 소득처분한다.

[10] 다음은 (주)한공의 제10기(20x1.1.1.~20x1.12.31.) 사업연도 당기순이익과 세무조정 자료이다. 이를 토대로 각 사업연도소득금액을 계산하면 얼마인가?

가. 손익계산서상의 당기순이익	200,000,000원
나. 손익계산서에 반영된 내역	
-법인세비용	40,000,000원
-상각범위액을 초과하는 감가상각비	4,000,000원
-단기매매증권 평가이익	8,000,000원
다. 특수관계 있는 개인으로부터 시가 7,000,000원인 유가증권을 2,000,000원에 매입하고 실제 매입가액을 유가증권의 취득원가로 계상하였다.	

① 228,000,000원   ② 236,000,000원

③ 241,000,000원   ④ 248,000,000원

■ 실무수행평가

(주)서울전자(1860)는 반도체 등을 제조하여 판매하는 법인기업으로 회계기간은 제7기(20x1.1.1.~20x1. 12.31.)이다. 제시된 자료와 [자료설명]을 참고하여 [수행과제]를 완료하고 [평가문제]의 물음에 답하시오.

실무수행1 | 거래자료 입력

실무프로세스자료이다. [자료설명]을 참고하여 [수행과제]를 수행하시오.

1 정부보조금

자료 1. 전자세금계산서

전자세금계산서			(공급받는자 보관용)				승인번호		

공급자	등록번호	307-81-04584			공급받는자	등록번호	120-81-21410		
	상호	(주)진형기계	성명 (대표자)	김유민		상호	(주)서울전자	성명 (대표자)	이철수
	사업장 주소	대구 달서구 달구벌대로 1001				사업장 주소	서울특별시 강남구 강남대로 252		
	업태	제조업	종사업장번호			업태	제조업	종사업장번호	
	종목	기계제조				종목	반도체		
	E-Mail	jin@bill36524.com				E-Mail	seoul@bill36524.com		

작성일자	20x1.01.19.	공급가액	170,000,000	세 액	17,000,000
비고					

월	일	품목명	규격	수량	단가	공급가액	세액	비고
1	19	웨이퍼가공장비				170,000,000	17,000,000	

합계금액	현금	수표	어음	외상미수금	이 금액을	◉영수 ○청구	함
187,000,000							

자료 2. 보통예금(하나은행) 거래내역

번호	거래일	내용	찾으신금액	맡기신금액	잔액	거래점
		계좌번호 090204-01-200327 (주)서울전자				
1	20x1-1-19	(주)진형기계	187,000,000		***	***

자료설명	1. 자료 1은 웨이퍼가공장비를 (주)진형기계로부터 구입하고 발급받은 전자세금계산서이다.(단, 웨이퍼가공장비는 '기계장치'로 처리할 것.) 2. 자료 2는 공장에서 사용할 웨이퍼가공장비를 구입하고 중소벤처기업부에서 지원받은 정부보조금을 포함하여 구매대금을 하나은행 보통예금 계좌에서 이체한 내역이다.

수행과제	1. 거래자료를 매입매출전표에 입력하시오.(전자세금계산서는 '전자입력'으로 처리할 것.) 2. 1월 7일 입금된 거래내역을 참고하여 정부보조금 관련 거래를 일반전표에 입력하시오.(자산관련 보조금은 관련 자산에서 정부보조금(219.정부보조금)을 차감하며 해당 계정을 사용하여 회계처리 할 것.)

② 이익잉여금 처분

■ 이익잉여금처분계산서

이익잉여금처분계산서
20x0년 1월 1일부터 20x0년 12월 31일까지
처분확정일 20x1년 2월 25일

(단위 : 원)

과　목	금　액	
Ⅰ. 미처분이익잉여금		525,500,000
1. 전기이월미처분이익잉여금	350,000,000	
2. 당기순이익	175,500,000	
Ⅱ. 임의적립금 등의 이입액		24,000,000
1. 사업확장적립금	24,000,000	
합　계		549,500,000
Ⅲ. 이익잉여금 처분액		(**********)
1. 이익준비금	(**********)	
2. 기업합리화적립금	0	
3. 배당금	90,000,000	
가. 현금배당	60,000,000	
나. 주식배당	30,000,000	
4. 사업확장적립금	0	
5. 감채적립금	9,000,000	
Ⅳ. 차기이월 미처분이익잉여금		(**********)

자료설명	주주총회에서 결의된 이익잉여금처분계산서이다.
수행과제	1. 전기분 이익잉여금처분계산서를 완성하시오. 2. 처분확정일의 회계처리를 하시오. 　(이익준비금은 상법에서 정한 최소한의 금액을 적립한다.)

실무수행2 부가가치세관리

부가가치세 신고 관련 자료이다. [자료설명]을 참고하여 [수행과제]를 수행하시오.

① 수정전자세금계산서의 발행

■ 전자세금계산서

전자세금계산서			(공급자 보관용)			승인번호			

공급자	등록번호	120-81-21410			공급받는자	등록번호	105-81-78229		
	상호	(주)서울전자	성명 (대표자)	이철수		상호	(주)미래전자	성명 (대표자)	양태경
	사업장 주소	서울특별시 강남구 강남대로 252				사업장 주소	대전시 동구 가양남로 13		
	업태	제조업	종사업장번호			업태	제조업	종사업장번호	
	종목	반도체				종목	컴퓨터		
	E-Mail	seoul@bill36524.com				E-Mail	mirae@bill36524.com		

작성일자	20x1.4.16.	공급가액	622,000,000	세 액	62,200,000
비고					

월	일	품목명	규격	수량	단가	공급가액	세액	비고
4	16	D램		1,000	300,000	300,000,000	30,000,000	
4	16	서버용 CPU		700	460,000	322,000,000	32,200,000	

합계금액	현금	수표	어음	외상미수금	이 금액을	○ 영수	함
684,200,000				684,200,000		● 청구	

자료설명	1. 4월 16일 (주)미래전자에 제품을 공급하고 발급한 전자세금계산서이다. 2. 제품에 하자가 발생하여 일부 반품되었다. 　-환입일자 : 20x1년 4월 30일 　-환입수량 : D램 200개, 서버용 CPU 50개
수행과제	1. 수정사유를 선택하여 환입에 따른 수정전자계산서를 발급·전송하시오. 　(복수거래 를 이용하여 입력하고, 전자계산서 발급 시 결제내역 입력 및 전송일자는 무시한다.) 2. 매출환입에 대한 회계처리를 입력하시오. 　(외상대금 및 제품매출에서 음수(-)로 처리할 것.)

② 확정신고누락분의 수정신고서 반영

자료 1. 매출 전자세금계산서 발급 목록(제품 매출)

					매출전자세금계산서 목록			
번호	작성일자	승인번호	발급일자	전송일자	상호	공급가액	세액	전자세금계산서종류
1	20x1-11-3	생략	20x1-11-3	20x1-11-3	(주)경원물산	36,900,000원	0원	영세율

자료 2. 매입 전자세금계산서 수취 목록(매출처 선물구입대)

					매출전자세금계산서 목록			
번호	작성일자	승인번호	발급일자	전송일자	상호	공급가액	세액	전자세금계산서종류
1	20x1-12-5	생략	20x1-12-5	20x1-12-5	(주)동서백화점	1,800,000원	180,000원	일반

자료 3. 신용카드 매출자료(우리카드, 개인 이호준에게 제품 매출)

순번	승인년월일	건수	매출액계 (부가가치세 포함)	신용카드/기타결제	구매전용/카드매출	봉사료
1	20x1-12-23	1	3,850,000원	3,850,000원	0원	0원

자료설명	1. 자료 1~3은 20x1년 제2기 부가가치세 확정신고 시 누락된 매출과 매입 관련 자료이다. 2. 매입매출전표에 거래자료를 입력하고 가산세를 반영하여 제2기 부가가치세 확정 수정신고서(수정차수 1)를 작성하려고 한다. 3. 20x2년 2월 10일에 수정신고 및 추가 납부하며, 신고불성실가산세는 일반과소신고를 적용하고, 미납일수는 16일, 1일 2.2/10,000로 한다.
수행과제	1. 누락된 거래자료를 입력하시오. (제시된 거래는 모두 외상이며, 전자세금계산서 발급거래는 '전자입력'으로 입력하며, 신용카드매출분은 '외상매출금'으로 회계처리한다.) 2. 가산세를 적용하여 제2기 부가가치세 확정신고에 대한 수정신고서를 작성하시오.

실무수행3 | 결산

[결산자료]를 참고로 결산을 수행하시오.(단, 제시된 자료 이외의 자료는 없다고 가정함.)

① 수동결산 및 자동결산

결산자료	**1. 외화거래내역** 	계정과목	거래처	외화금액	발생일	발생일 환 율	20x0.12.31 환 율	20x1.12.31 환 율
---	---	---	---	---	---	---
장기대여금	Star Inc.	US\$30,000	20x0.11.28.	1,300원/US\$	1,350원/US\$	1,410원/US\$
선수금	TS Inc.	¥1,500,000	20x1.10.26.	910원/¥100	1,020원/¥100	990원/¥100 | – 전기는 기업회계기준에 의해 적절한 외화평가를 하였다. **2. [재고 실사내역]** | 품목	장부가액	순실현가능가치	현행대체원가
---	---	---	---
원재료	49,000,000원	45,000,000원	52,000,000원
재공품	23,000,000원	25,000,000원	20,000,000원
제 품	81,000,000원	76,000,000원	–
합계	153,000,000원	146,000,000원	72,000,000원	 **3. 이익잉여금처분계산서 처분확정(예정)일** 　– 당기 : 20x2년 2월 25일 　– 전기 : 20x1년 2월 25일
평가문제	결산을 완료하고 이익잉여금처분계산서에서 손익대체분개를 하시오. (단, 이익잉여금처분내역은 없는 것으로 하고 미처분이익잉여금 전액을 이월이익잉여금으로 이월하기로 할 것.)

평가문제 | 입력자료 및 회계정보를 조회하여 [평가문제]의 답안을 입력하시오.(70점)

번호	평가문제	배점
11	**평가문제 [손익계산서조회]** 당기 발생한 영업외수익 금액은 얼마인가?	3
12	**평가문제 [재무상태표 조회]** 1월 말 유형자산 장부금액은 얼마인가?	3
13	**평가문제 [재무상태표 조회]** 12월 말 사업확장적립금 금액은 얼마인가?	2
14	**평가문제 [재무상태표 조회]** 12월 31일 현재 이월이익잉여금(미처분이익잉여금) 금액은 얼마인가? ① 485,749,656원 ② 579,383,121원 ③ 667,930,242원 ④ 784,360,720원	2
15	**평가문제 [재무상태표 조회]** 12월 말 재고자산 금액은 얼마인가?	2
16	**평가문제 [제조원가명세서 조회]** 12월 말 당기총제조비용은 얼마인가?	2
17	**평가문제 [전자세금계산서 발행 및 내역관리 조회]** 4월 30일자 수정세금계산서의 수정입력사유를 코드번호로 입력하시오.	2
18	**평가문제 [부가가치세신고서 조회]** 제2기 확정 신고기간 부가가치세 수정신고서의 과세표준 합계(9란) 금액은 얼마인가?	3
19	**평가문제 [부가가치세신고서 조회]** 제2기 확정 신고기간 부가가치세 수정신고서의 매입세액차감계(17란) 세액은 얼마인가?	3
20	**평가문제 [부가가치세신고서 조회]** 제2기 확정 신고기간 부가가치세 수정신고서의 가산세액(26란) 합계금액은 얼마인가?	3
	재무회계 소계	25

실무수행4 원천징수 관리

인사급여 관련 자료이다. [자료설명]을 참고하여 [수행과제]를 수행하시오.

① 급여자료입력

자료 1. 9월 급여자료

(단위 : 원)

사원	수당				공제			
	기본급	상여	직책수당	국외근로수당	국민연금	건강보험	고용보험	장기요양보험
1200.김성은 (건설감리직)	4,000,000	수당내역 참고하여 직접입력	500,000	6,000,000	프로그램에서 자동 계산된 금액으로 공제한다.			

자료 2. 수당 및 공제내역

구분	코드	수당 및 공제명	내 용
수당등록	101	기본급	설정된 그대로 사용한다.
	102	상 여	기본급의 50%
	200	직책수당	직책별로 매월 차등 지급하고 있다.
	201	국외근로수당	아랍에미리트 건설현장에서 근무하는 직원에게 매월 고정적으로 지급하고 있다.

자료설명	1. 김성은 팀장은 20x1년 9월 1일자로 아랍에미리트 건설현장에 건설감리직으로 파견근무를 하고 있다. 2. 회사는 당월분 급여와 상여를 당월 25일 지급한다. 3. 사회보험료와 소득세 및 지방소득세는 자동 계산된 금액으로 공제한다. 4. 당사는 반기별 원천징수 납부대상자가 아니다. 5. 전월미환급세액 220,000원(지방소득세 20,000원 포함)이 있다. 6. 본 문제에 한하여 당사는 제조업과 건설업을 겸업한다고 가정한다.
수행과제	1. [사원등록] 메뉴에 국외근로수당 비과세여부를 적용하시오. 2. [급여자료입력] 메뉴 수당등록에 국외근로수당을 추가하시오. 3. 9월분 급여자료를 입력하시오.(단, 구분 2.급여＋상여로 선택할 것.) 4. 전월미환급세액을 반영하여 9월 귀속분 [원천징수이행상황신고서]를 작성하시오.

② 이자소득의 원천징수

■ 이자소득자 관련정보

성 명	민경록 (코드 5100)
거주구분(내국인/외국인)	거주자/내국인
주민등록번호	760520 – 1213116
주 소	서울특별시 강남구 논현로 408 – 0 (역삼동)
귀속년월/지급년월일	20x1년 12월/20x1년 12월 31일
지급금액	8,000,000원

자료설명	1. 회사는 특수관계인 민경록의 차입금에 대해 12월 31일 1년분 이자를 지급하였다. 2. 차입기간 : 20x1.1.1.~20x2.12.31. 3. 소득구분 : 122.비영업대금의 이익 4. 채권이자구분 : 66.채권등의 이자등을 지급하는 경우 이자등 지급총액
수행과제	1. [기타소득자입력] 메뉴에서 소득자를 등록하시오.(우편번호 입력은 생략할 것.) 2. [이자배당소득자료입력] 메뉴에서 소득지급내역을 입력하고 소득세를 산출하시오.(주어진 자료 이외의 자료입력은 생략함.)

[실무수행평가] – 원천징수관리

번호	평가문제	배점
21	**평가문제 [9월 귀속 급여자료입력 조회]** 김성은의 9월 급여 중 비과세 급여 총액은 얼마인가?	4
22	**평가문제 [원천징수이행상황신고서(귀속월 9월, 지급월 9월) 조회]** '10.소득세 등'의 'A99.총합계'는 얼마인가?	3
23	**평가문제 [12월 지급 이자배당소득자료입력 조회]** 민경록에게 지급될 이자소득의 세액합계는 얼마인가?	3
	원천징수 소계	10

실무수행5 | 법인세관리

(주)명성산업(1861)은 중소기업으로 사업연도는 제20기(20x1.1.1.~20x1.12.31.)이다. 입력된 자료와 세무조정 참고자료에 의하여 법인세무조정을 수행하시오.

1 조정후 수입금액명세서

세무조정 참고자료	1. 수입금액에 대한 업종 상세내역이다.

구분	업태	종 목	기준경비율번호	비 고
제품매출	제조업	그 외 자동차용 신품 부품 제조업	343000	
상품매출	도매 및 소매업	자동차 중고 부품 및 내장품 판매업	503003	
임대료수입	부동산업	비주거용 건물 임대업	701203	

2. 제품매출 3,298,415,330원 중 58,218,240원은 해외수출분이고 나머지는 내수(국내생산품)분이며, 상품매출과 임대료수입은 전액 내수(국내생산품)분이다.

3. 수입금액과의 차액내역

코드	구분(내용)	거래일자	비 고
24	간주임대료	12월 31일	
25	유형자산 및 무형자산 매각액	10월 11일	영업권 매각액
30	거래시기차이감액	11월 24일	공급시기 전에 선수금 수령 시 세금계산서 발급분

수행과제	조정후 수입금액명세서를 작성하시오. 1. [업종별 수입금액 명세서]에 업종별 수입금액을 반영하시오. 2. [수입금액과의 차액내역]에 차액내역을 반영하시오.

[실무수행평가] - 법인세관리 1

번호	평가문제 [조정후 수입금액명세서 조회]	배점
24	제품매출(343000) '⑤국내생산품' 수입금액은 얼마인가?	2
25	임대료수입(701203) '⑤국내생산품' 수입금액은 얼마인가?	2
26	[수입금액과의 차액내역]에서 '차액계(50)' 금액은 얼마인가?	3

[2] 퇴직급여충당금조정명세서

자료 1. 전기 자본금과 적립금 조정명세서(을) 내역

[별지 제50호 서식(을)]					(앞 쪽)
사업 연도	20x0.01.01. ~ 20x0.12.31.	자본금과 적립금조정명세서(을)		법인명	(주)명성산업

세무조정유보소득계산					
① 과목 또는 사항	② 기초잔액	당 기 중 증감		⑤ 기말잔액 (익기초현재)	비고
		③ 감 소	④ 증 가		
퇴직급여충당부채	63,000,000	17,000,000	38,000,000	84,000,000	

자료 2. 급여지급 내역

계정과목	총 인원수	1년 미만 근속 인원수	1년 미만 근속자 총급여액
801.급여	5명	0명	–
504.임금	10명	2명	62,300,000원

세무조정 참고자료	1. 총급여액은 관련된 계정과목을 참고한다. 2. 1년 미만 근속자에 대한 급여액 자료는 자료 2와 같으며, 퇴직급여 지급규정에 따라 1년 미만 근속자는 퇴직급여 지급대상에 포함되지 않는다. 3. '801.급여'에는 임원의 규정초과상여금 25,000,000원, 직원의 규정초과상여금 12,000,000원이 포함되어 있다. 3. 일시퇴직 시 퇴직급여추계액은 200,430,000원, 「근로자퇴직급여 보장법」에 따른 퇴직급여추계액은 207,989,000원이다. 4. 퇴직급여충당부채계정 및 전기분 자본금과 적립금 조정명세서(을)를 참고한다.
수행과제	**퇴직급여충당금조정명세서를 작성하시오.** 1. [2.총급여액 및 퇴직급여추계액 명세]에 해당 금액을 반영하시오. 2. 전기분 자본금과 적립금 조정명세서(을)와 기장 자료를 조회하여 [1.퇴직급여충당금조정]에 해당 금액을 반영하시오. 3. 소득금액조정합계표에 세무조정사항을 반영하시오.

[실무수행평가] – 법인세관리 2

번호	평가문제 [퇴직급여충당금조정명세서 조회]	배점
27	'7.기초충당금부인누계액'은 얼마인가?	2
28	문제 [2]와 관련된 세무조정 대상 중 손금산입할 총금액은 얼마인가?	2
29	문제 [2]와 관련된 세무조정 대상 중 손금불산입할 총금액은 얼마인가?	3

③ 기업업무추진비 조정명세서(갑,을)

세무조정 참고자료	1. 수입금액(4,895,074,840원)에는 특수관계인과의 거래금액 106,000,000원이 포함되어 있다. 2. 접대비(기업업무추진비) 계정금액 및 접대비(기업업무추진비) 중 신용카드 등 사용금액은 기장된 자료에 의해 자동반영 한다. 3. 접대비(기업업무추진비)(판) 중 문화사업 기업업무추진비는 적요번호 8번(신용카드사용분)으로 기장되어 있다. 4. 접대비(기업업무추진비)(판) 2월 27일 1,470,000원은 대표이사 개인사용분이다.(법인카드사용) 5. 접대비(기업업무추진비)(판) 11월 08일 2,110,000원은 증빙불비분이다. 6. 광고선전비(판) 중 접대비 해당금액 8,800,000원(세금계산서 수취분)이 있다. 7. 접대비(기업업무추진비)는 모두 건당 3만원(경조사비 20만원)을 초과한다.
수행과제	**기업업무추진비 조정명세서(갑,을)을 작성하시오.** 1. [기업업무추진비 조정명세서(을)] [경조사비등 설정]에서 적요번호를 입력하여 문화접대비가 자동반영되도록 하시오. 2. [기업업무추진비 조정명세서(을)]을 작성하시오. 3. [기업업무추진비 조정명세서(갑)]을 작성하시오. 4. 소득금액조정합계표에 각 건별로 세무조정사항을 반영하시오.

[실무수행평가] - 법인세관리 3

번호	평가문제 [기업업무추진비 조정명세서(갑,을) 조회]	배점
30	기업업무추진비 조정명세서(을)의 '15.신용카드 등 미사용금액'은 얼마인가?	2
31	기업업무추진비 조정명세서(갑)의 '9.문화기업업무추진비 지출액'은 얼마인가?	2
32	기업업무추진비 조정명세서(갑)의 '14.한도초과액'은 얼마인가?	3

④ 소득금액조정합계표

■ 전기 자본금과 적립금 조정명세서(을) 내역

[별지 제50호 서식(을)]						(앞 쪽)
사업연도	20x0.01.01. ~ 20x0.12.31.	자본금과 적립금조정명세서(을)			법인명	(주)명성산업
세무조정유보소득계산						
① 과목 또는 사항	② 기초잔액	당 기 중 증감		⑤ 기말잔액 (익기초현재)	비고	
		③ 감 소	④ 증 가			
외상매출금			3,000,000	3,000,000		
기부금			1,500,000	1,500,000		

세무조정 참고자료	1. 전기에 부도가 발생하여 대손처리 하였던 외상매출금 3,000,000원은 대손요건이 충족되었다.(비망계정 인식할 것) 2. 전기의 특례기부금(어음지급) 1,500,000원은 미지급분으로 당해 연도에 현금으로 지급하였다. 3. 당기 말 토지를 재평가하고 다음과 같이 회계처리하였다. 　(차) 토지　　　　　67,000,000원　(대) 재평가잉여금　　　　67,000,000원 　　　　　　　　　　　　　　　　　　(기타포괄손익누계액) 4. 시장성이 있는 주식에 대한 단기매매증권평가손실 2,800,000원이 있다. 5. 이자수익에는 국세환급금 이자 1,169,000원이 포함되어 있다.
수행과제	소득금액조정합계표에 각 건별로 세무조정사항을 반영하시오.

[실무수행평가] – 법인세관리 4

번호	평가문제 [소득금액조정합계표 조회]	배점
33	문제 [4]와 관련된 세무조정 대상 중 손금산입(유보감소)으로 소득금액조정합계표에 반영할 총금액은 얼마인가?	2
34	문제 [4]와 관련된 세무조정 대상 중 익금산입(기타)으로 소득금액조정합계표에 반영할 총금액은 얼마인가?	2
35	문제 [4]와 관련된 세무조정 대상 중 손금불산입(유보발생)으로 소득금액조정합계표에 반영할 총금액은 얼마인가?	2
36	문제 [4]와 관련된 세무조정 대상 중 익금불산입(기타)으로 소득금액조정합계표에 반영할 총금액은 얼마인가?	1

⑤ 연구 및 인력개발비 발생명세서

자료 1. 일반연구개발비 지출내역

계정과목	인건비(1인)	재료비(15건)	위탁연구개발비(1건)
경상연구개발비 (판매비와관리비)	88,000,000원	31,000,000원	19,000,000원

자료 2. 직전연도 지출한 일반연구 및 인력개발비 내역

사업연도	연구 및 인력개발비
직전 4년 전	35,000,000원
직전 3년 전	25,000,000원
직전 2년 전	57,000,000원
직전년도	45,000,000원

세무조정 참고자료	회사의 일반연구 및 인력개발비 자료이다. 제시된 자료를 이용하여 연구 및 인력개발비 세액공제를 신청하려고 한다. 1. 연구 및 인력개발비 세액은 당기에 전액공제 받는다. 2. 세부담 최소화를 가정한다. 3. 공제신청일은 20x2년 3월 31일이다. 4. 전기 이월된 연구 및 인력개발비 세액공제 금액은 없다.
수행과제	**연구 및 인력개발비 발생명세서를 작성하시오.** 1. [연구 및 인력개발비 발생명세서]를 작성하시오. 2. [세액공제조정명세서(3)] 메뉴의 [1.공제세액계산] 및 [2.당기공제세액 및 이월액 계산]에 당기공제세액을 반영하시오. 3. [공제감면세액 합계표(갑,을)]에 공제세액을 반영하시오.

[실무수행평가] – 법인세관리 5

번호	평가문제 [연구 및 인력개발비 발생명세서 조회]	배점
37	해당연도의 연구 및 인력개발비 발생명세에서 '11.총계'는 얼마인가?	2
38	연구 및 인력개발비의 증가발생액의 계산에서 '21.증가발생액'은 얼마인가?	2
39	**[공제감면세액 합계표(갑,을)]** (152)일반 연구 · 인력개발비 세액공제(최저한세 적용제외)의 '④감면(공제)세액'은 얼마인가?	3
	법인세관리 소계	35

실무이론평가

1	2	3	4	5	6	7	8	9	10
③	①	②	③	②	②	③	①	④	③

01 평가손익 = 공정가액(2,000주×40,000) - 장부가액(81,000,000) = △1,000,000원(손실)
　　단기매매증권평가손실이 발생하므로 영업외비용이 증가하고, 당기순이익은 감소한다. 영업이익·영
　　업외수익은 변하지 않는다.

02 x0년 감가상각비(정률법) = 취득가액(40,000,000)×상각률(0.4) = 16,000,000원
　　x1년 감가상각비(정률법) = 장부가액(40,000,000 - 16,000,000)×0.4 = 9,600,000원
　　x2년 초 장부가액 = 취득가액(40,000,000) - 감가상각누계액(16,000,000 + 9,600,000)
　　　　　　　　　　 = 14,400,000원
　　x2년 감가상각비(정액법) = 장부가액(14,400,000)÷잔여내용연수(5 - 2) = 4,800,000원

03 결산정리 후 법인세비용차감전순이익 = 반영 전 법인세비용차감전순이익(5,000,000)
　　+ 미수이자(500,000) + 선급비용(400,000) - 미지급이자(300,000) - 선수수익(600,000)
　　= 5,000,000원

04 ・재고자산 평가를 위한 **저가법은 항목별로 적용**하고, 총액기준으로 적용할 수 없다.
　　　(저가법적용 시 제품은 순실현가치를 적용하고, 원재료는 현행대체원가를 적용한다.)

종목	①취득원가	②순실현가능가치(판매가격 - 판매비용)	기말재고자산 Min[①, ②]
A제품	**400,000원**	410,000원 - 50,000원 = 360,000원	**360,000원**
B제품	650,000원	690,000원 - 30,000원 = 660,000원	650,000원

　　・재고자산평가손실(A제품) = 취득원가(400,000) - 기말재고자산(360,000) = 40,000원

05 11월 1일 외환차손익 = US$20,000×(1,450원 - 1,310원) = 2,800,000원(이익)
　　12월 31일 외화환산손익(매출채권) = US$30,000×(1,250원 - 1,310원) = △1,800,000원(손실)

06 외 상 매 출 액 : 20,000,000원 - 500,000원(매출할인) = 19,500,000원
　　직 수 출 액　　　　　　　　　　　　　　　　　　　　　7,000,000원
　　업무용 승용차 처분　　　　　　　　　　　　　　　　　4,000,000원
　　건 물 처 분　　　　　　　　　　　　　　　　　　　　　7,000,000원
　　과 세 표 준 계　　　　　　　　　　　　　　　　　　　37,500,000원

07 사업소득금액 = 당기순이익(30,000,000) + 대표자 급여(50,000,000) − 배당금 수익(10,000,000)
　　　　　　= 70,000,000원

08 의료비공제 대상액 = 안경(500,000) + 건강검진비용(1,500,000) = 2,000,000원

　　☞ 안경구입비는 연간 **500,000원**이 한도이고, 미용목적의 치료비와 보약구입비는 공제대상의료비에 포함되지 않는다.

　　의료비 세액공제액 = [공제대상액(2,000,000) − 총급여액(40,000,000) × 3%] × 15% = 120,000원

09 ① 기타사외유출로 소득처분하는 경우 처분하는 **법인에게 원천징수의무가 없다.**

　　② 사외유출된 소득이 법인(법인주주 포함)의 소득금액에 포함되어 있는 경우 기타사외유출로 소득
　　　처분한다.

　　③ 일반기부금 한도초과액은 **기타사외유출로 소득처분**한다.

10 각 사업연도 소득금액 = 당기순이익(200,000,000) + 법인세(40,000,000) + 감가상각비(4,000,000)
　　　　　　　　− 유가증권평가이익(8,000,000) + 저가매입액(7,000,000 − 2,000,000)
　　　　　　　= 241,000,000원

　　☞ 특수관계있는 개인으로부터 유가증권를 저가매입시 시가와 매입가액의 차이를 익금산입한다.

■■■■■ 실무수행평가

실무수행 1. 거래자료 입력

① 정부보조금

1. [매입매출전표입력] 1월 19일

거래유형	품명	공급가액	부가세	거래처	전자세금
51.과세	웨이퍼가공장비	170,000,000	17,000,000	(주)진형기계	전자입력
분개유형	(차) 기계장치	170,000,000원	(대) 보통예금		187,000,000원
3.혼합	부가세대급금	17,000,000원	(하나은행)		

2. [일반전표입력] 1월 19일

　(차) 정부보조금(104)　　　　　100,000,000원　　(대) 정부보조금(219)　　　　　100,000,000원

② 이익잉여금 처분

1. [전기분 이익잉여금처분계산서] 작성(처분확정일자 20x1 - 02 - 25)

과목	계정코드 및 과목명		금액
I . 미처분이익잉여금			525,500,000
1. 전기이월미처분이익잉여금			350,000,000
2. 회계변경의 누적효과	369	회 계 변 경 의 누 적 효 과	
3. 전기오류수정이익	370	전 기 오 류 수 정 이 익	
4. 전기오류수정손실	371	전 기 오 류 수 정 손 실	
5. 중간배당금	372	중 간 배 당 금	
6. 당기순이익			175,500,000
II . 임의적립금 등의 이입액			24,000,000
1. 사업확장적립금	356	사 업 확 장 적 립 금	24,000,000
2.			
합 계			549,500,000
III . 이익잉여금처분액			105,000,000
1. 이익준비금	351	이 익 준 비 금	6,000,000
2. 기업합리화적립금	352	기 업 합 리 화 적 립 금	
3. 배당금			90,000,000
가. 현금배당	265	미 지 급 배 당 금	60,000,000
나. 주식배당	387	미 교 부 주 식 배 당 금	30,000,000
4. 사업확장적립금	356	사 업 확 장 적 립 금	
5. 감채 적립금	357	감 채 적 립 금	9,000,000
6. 배당평균적립금	358	배 당 평 균 적 립 금	
IV . 차기이월 미처분이익잉여금			444,500,000

2. [일반전표입력] 2월 25일

(차) 사업확장적립금	24,000,000원	(대) 이월이익잉여금	24,000,000원
이월이익잉여금	105,000,000원	이익준비금	6,000,000원
		미지급배당금	60,000,000원
		미교부주식배당금	30,000,000원
		감채적립금	9,000,000원

☞ 이익준비금＝현금배당(60,000,000)×10%＝6,000,000원

자본금의 2분의 1에 달할 때까지 금전배당액의 10분의 1을 이익준비금으로 적립하여야 한다.

실무수행 2. 부가가치세관리

① 수정전자세금계산서의 발행

1. [수정전자세금계산서 발급]

① [매입매출전표입력] 4월 16일 전표선택 ➜ 수정세금계산서 클릭 ➜ 수정사유(3.환입)를 선택
➜ 당초세금계산서 작성일(4월 16일)에 자동 반영하고 [확인(Tab)]을 클릭

수정사유	✕
수정사유	3. 환입 ▼ (발행매수 : 1 매 발행)
비 고	당초(세금)계산서작성일 20x1 년 04 월 16 일

② 수정세금계산서(매출) 화면에서 [작성일 4월 30일] 입력 후 [복수거래(F7)]을 클릭하여 반품수량과 단가를 입력한다.

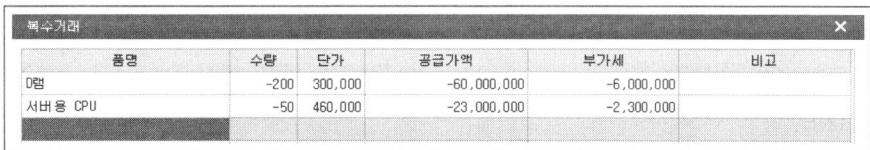

③ 수정세금계산서(매출) 화면에서 확인(Tab) 을 클릭한다.

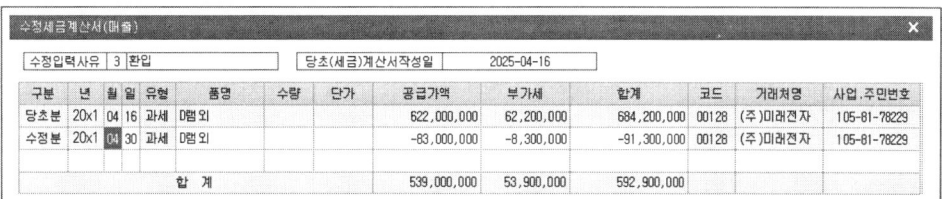

④ 수정세금계산서 1건에 대한 회계처리가 자동 반영된다.

→ 당초에 발급한 과세세금계산서의 (-)세금계산서 발급분에 대한 회계처리

거래유형	품명	공급가액	부가세	거래처	전자세금
11.과세	D램외	-83,000,000	-8,300,000	(주)미래전자	전자발행
분개유형	(차) 외상매출금	-91,300,000원	(대) 제품매출		-83,000,000원
2.외상			부가세예수금		-8,300,000원

2. [전자세금계산서 발행 및 내역관리] 기출문제 87회 참고

2 확정신고누락분의 수정신고서 반영

1. [매입매출전표입력]

- 11월 3일

거래유형	품명	공급가액	부가세	거래처	전자세금
12.영세	제품	36,900,000	-	(주)경원물산	전자입력
분개유형	(차) 외상매출금	36,900,000원	(대) 제품매출		36,900,000원
2.외상					

- 12월 5일

거래유형	품명	공급가액	부가세	거래처	전자세금
54.불공	거래처선물	1,800,000	180,000	동서백화점	전자입력
불공사유	9. 접대비관련매입세액				
분개유형	(차) 접대비(판)	1,980,000원	(대) 미지급금		1,980,000원
3.혼합	(기업업무추진비)				

- 12월 23일

거래유형	품명	공급가액	부가세	거래처	전자세금
17.카과	제품	3,500,000	350,000	이호준	
분개유형	(차) 외상매출금	3,850,000원	(대)	제품매출	3,500,000원
2.외상(카드)	(우리카드)			부가세예수금	350,000원

2. [부가가치세신고서] 10월 1일 ~ 12월 31일(수정차수 1)

	구 분		수정전				No	수정후		
			금액	세율	세액			금액	세율	세액
과세표준및매출세액	과세	세금계산서발급분	1	383,000,000	10/100	38,300,000	1	383,000,000	10/100	38,300,000
		매입자발행세금계산서	2		10/100		2		10/100	
		신용카드·현금영수증	3		10/100		3	3,500,000	10/100	350,000
		기타	4		10/100		4		10/100	
	영세	세금계산서발급분	5		0/100		5	36,900,000	0/100	
		기타	6		0/100		6		0/100	
	예정신고누락분		7				7			
	대손세액가감		8				8			
	합계		9	383,000,000	㉮	38,300,000	9	423,400,000	㉮	38,650,000
매입세액	세금계산 수취부분	일반매입	10	335,775,000		33,577,500	10	337,575,000		33,757,500
		수출기업수입납부유예	10-1				10-1			
		고정자산매입	11				11			
	예정신고누락분		12				12			
	매입자발행세금계산서		13				13			
	그밖의공제매입세액		14				14			
	합계 (10-(10-1)+11+12+13+14)		15	335,775,000		33,577,500	15	337,575,000		33,757,500
	공제받지못할매입세액		16				16	1,800,000		180,000
	차감계 (15-16)		17	335,775,000	㉯	33,577,500	17	335,775,000	㉯	33,577,500
납부(환급)세액 (㉮매출세액-㉯매입세액)				㉰	4,722,500				㉰	5,072,500
경감 그밖의경감·공제세액			18				18			
공제 신용카드매출전표등발행공제계			19		[참고]		19	3,850,000	[참고]	
세액 합계			20		㉱		20	3,850,000	㉱	
소규모 개인사업자 부가가치세 감면세액			20-1		㉲		20-1		㉲	
예정신고미환급세액			21		㉳		21		㉳	
예정고지세액			22		㉴		22		㉴	
사업양수자가 대리납부한 세액			23		㉵		23		㉵	
매입자납부특례에따라납부한세액			24		㉶		24		㉶	
신용카드업자가 대리납부한 세액			25		㉷		25		㉷	
가산세액계			26		㉸		26			23,182
차가감납부할세액(환급받을세액) (㉰-㉱-㉲-㉳-㉴-㉵-㉶-㉷+㉸)			27			4,722,500			27	5,095,682
총괄납부사업자 납부할세액 (환급받을세액)										

3. [가산세명세]

구 분			공급가액	세액
매출	과세	세 금(전자)		
		기 타	3,500,000	350,000
	영세	세 금(전자)	36,900,000	
		기 타		
매입	세금계산서 등			
미달신고(납부)←신고 · 납부지연 가산세				350,000

1. 신고불성실	350,000원×10%×(1-90%)=3,500원
	* 1개월 이내 수정신고시 90% 감면
2. 납부지연	350,000원×16일×2.2(가정)/10,000=1,232원
3. 영세율과세표준 신고불성실	36,900,000×0.5%×(1-90%)=18,450원
	* 1개월 이내 수정신고시 90% 감면
계	23,182원

수정후	구분		금액	세율	세액
25 가산세 명세	사업자미등록	61		1%	
	세금계산서지연발급등	62		1%	
	세금계산서지연수취	63		0.5%	
	세금계산서미발급등	64		뒤쪽참조	
	전자세금계산서 지연전송	65		0.3%	
	전자세금계산서 미전송	66		0.5%	
	세금계산서합계표불성실	67		뒤쪽참조	
	신고불성실	69	350,000	뒤쪽참조	3,500
	납부지연	73	350,000	뒤쪽참조	1,232
	명세들과세표준신고불성	74	36,900,000	0.5%	18,450
	현금매출명세서미제출	75		1%	
	부동산임대명세서불성실	76		1%	
	매입자거래계좌미사용	77		뒤쪽참조	
	매입자거래계좌지연입금	78		뒤쪽참조	
	신용카드매출전표 등 수령 명세서 미제출·과다기재	79		0.5%	
	합계	80			23,182

69. 신고 불성실	무신고(일반)		뒤쪽참조	
	무신고(부담)		뒤쪽참조	
	과소·초과환급신고(일반)	350,000	뒤쪽참조	3,500
	과소·초과환급신고(부담)		뒤쪽참조	
	합계	350,000		3,500

실무수행 3. 결산

1 수동결산 및 자동결산

1. [일반전표입력] 12월 31일

(차) 장기대여금(Star Inc.)　　　1,800,000원　　(대) 외화환산이익　　　　　　1,800,000원

　　☞ **외화환산손익 = US $ 30,000 × (1,410원 − 1,350원) = 1,800,000원(이익)**
　　　선수금은 비화폐성 부채에 해당하므로 평가대상이 아니다.

2. [결산자료입력]

방법 1. [결산자료입력]

　　- 기말 재고액 원재료 49,000,000원, 재공품 23,000,000원, 제품평가손실 5,000,000원,

　　　제품 81,000,000원 입력 후 상단 툴바의 전표추가(F3) 를 클릭하여 결산분개 생성

방법 2. [일반전표입력] 12월 31일

(차) 제품평가손실(958)　　　5,000,000원　　(대) 제품평가충당금(166)　　　5,000,000원

　　[결산자료입력] 기말재고액 원재료 49,000,000원, 재공품 23,000,000원, 제품 81,000,000원 입력

　　후 상단툴바의 전표추가(F3) 를 클릭하여 결산분개 생성한다.

3. [이익잉여금처분계산서] 메뉴

　　- 이익잉여금처분계산서에서 처분일을 입력한 후, 전표추가(F3) 를 클릭하여 손익대체 분개를 생성한다.

평가문제. 입력자료 및 회계정보를 조회하여 [평가문제]의 답안을 입력하시오.(70점)

번호	평가문제	배점	답
11	평가문제 [손익계산서조회]	3	(10,800,000)원
12	평가문제 [재무상태표 조회]	3	(624,000,000)원
13	평가문제 [재무상태표 조회]	2	(26,000,000)원
14	평가문제 [재무상태표 조회]	2	①
15	평가문제 [재무상태표 조회]	2	(148,000,000)원
16	평가문제 [제조원가명세서 조회]	2	(2,359,825,100)원
17	평가문제 [전자세금계산서 발행 및 내역관리 조회]	2	(3)
18	평가문제 [부가가치세신고서 조회]	3	(423,400,000)원
19	평가문제 [부가가치세신고서 조회]	3	(33,577,500)원
20	평가문제 [부가가치세신고서 조회]	3	(23,182)원
	재무회계 소계	25	

실무수행 4. 원천징수 관리

① 급여자료입력

1. 사원등록

- 국외 건설현장 등에서 설계·감리업무를 제공하고 받는 **국외근로수당은 월 500만원 한도로 비과세** 하므로 '2.500만원 비과세'를 선택하여 입력한다.

> 16. 국외근로적용여부 2 500만

2. 수당등록

	코드	수당명	과세 구분	근로소득유형	
1	101	기본급	과세	1.급여	
2	102	상여	과세	2.상여	
3	200	직책수당	과세	1.급여	
4	201	국외근로수당	비과세	10.국외근로(원양선박	M04

탭: 수당등록 | 공제등록 | 비과세/감면설정 | 사회보험

3. 급여자료입력(귀속년월 9월, 구분 : 2.급여+상여, 지급일 : 9월 25일)

급여항목	지급액	공제항목	공제액
기본급	4,000,000	국민연금	202,500
상여	2,000,000	건강보험	159,520
직책수당	500,000	고용보험	67,500
국외근로수당	6,000,000	장기요양보험료	20,650
		소득세	1,151,410
		지방소득세	115,140

☞ 비과세금액 = 국외근로수당(5,000,000)

☞ 소득세 등은 자동계산되어집니다.

4. 원천징수이행상황신고서(귀속기간 9월,지급기간 9월, 0.정기신고)

| 원천징수내역 | 부표-거주자 | 부표-비거주자 | 부표-법인원천 |

구분		코드	소득지급(과세미달,비과세포함)		징수세액			9.당월 조정 환급세액	10.소득세 등 (가산세 포함)	11.농어촌 특별세
			4.인원	5.총지급액	6.소득세 등	7.농어촌특별세	8.가산세			
근로소득	간이세액	A01	1	12,500,000	1,151,410					
	중도퇴사	A02								
	일용근로	A03								
	연말정산합계	A04								
	연말분납금액	A05								
	연말납부금액	A06								
	가 감 계	A10	1	12,500,000	1,151,410				200,000	951,410

전월 미환급 세액의 계산			당월 발생 환급세액				18.조정대상환급 (14+15+16+17)	19.당월조정 환급액계	20.차월이월 환급액(18-19)	21.환급신청액
12.전월미환급	13.기환급신청	14.잔액12-13	15.일반환급	16.신탁재산	17.금융등	17.합병등				
200,000		200,000					200,000	200,000	200,000	

② 이자소득의 원천징수

1. [기타소득자입력] 5100.민경록

2. [이자배당소득자료입력]

※ 소득 지급 내역

귀속월	지급일자	채권이자구분	이자지급대상기간		금액	세율	소득세	법인세	지방소득세	농특세
20x1-12	2025-12-31	66 채권등의 이자	20x1-01-01	20x1-12-31	8,000,000	25.000	2,000,000		200,000	

[실무수행평가] - 원천징수관리

번호	평가문제	배점	답
21	[9월 귀속 급여자료입력 조회] 비과세급여총액	4	(5,000,000)원
22	[원천징수이행상황신고서(귀속월 9월, 지급월 9월) 조회] A99.총합계	3	(951,410)원
23	[12월 지급 이자배당소득자료입력 조회] 이자소득의 세액합계	3	(2,200,000)원
	원천징수 소계	10	

※ 22는 프로그램이 자동계산하므로 시점(세법개정, 프로그램 업데이트)마다 달라질 수가 있습니다.

실무수행 5. 법인세관리

① 조정후 수입금액명세서

1. [업종별 수입금액 명세서]

	①업태	②종목	코드	③기준(단순)경비율번호	수입금액			
					④계(⑤+⑥+⑦)	내 수		⑦수 출
						⑤국내생산품	⑥수입상품	
1	제조업	그 외 자동차용	01	343000	3,298,415,330	3,240,197,090		58,218,240
2	도매 및 소매업	자동차 중고 부	02	503003	1,530,659,510	1,530,659,510		
3	부동산업	비주거용 건물	03	701203	66,000,000	66,000,000		
	합 계		99		4,895,074,840	4,836,856,600		58,218,240

2. [수입금액과의 차액내역]

부가가치세 과세표준	⑧ 과세(일반)	4,882,782,079
	⑨ 과세(영세율)	58,218,240
	계	4,941,000,319
	⑩ 면 세 수 입 금 액	
	⑪ 합 계(⑧+⑨+⑩)	4,941,000,319
	⑫ 수 입 금 액	4,895,074,840
	⑬ 차 액(⑪-⑫)	45,925,479

⑮코드	⑯구분(내용)	(16)금액	비고
24	간주임대료	3,125,479	
25	유형자산 및 무형자산매각액	35,000,000	
30	거래 시기차이감액	7,800,000	
50	차액계	45,925,479	

[실무수행평가] - 법인세관리 1

번호	평가문제 [조정후 수입금액명세서 조회]	배점	답
24	제품매출 ⑤ 국내생산품 수입금액	2	(3,240,197,090)원
25	임대료수입 ⑤ 국내생산품 수입금액	2	(66,000,000)원
26	차액계(50)	3	(45,925,479)원

② 퇴직급여충당금조정명세서

1. [퇴직급여충당부채 계정별 잔액조회]

날짜	적요	코드	거래처명	차변	대변	잔액
	전기이월				84,000,000	84,000,000
03-15	퇴직금지급			26,000,000		58,000,000
	[월　　　계]			26,000,000		
	[누　　　계]			26,000,000	84,000,000	
12-31	퇴직급여충당부채 당기 설정				149,989,000	207,989,000
	[월　　　계]				149,989,000	
	[누　　　계]			26,000,000	233,989,000	

2. 총급여액 및 퇴직급여추계액 명세서

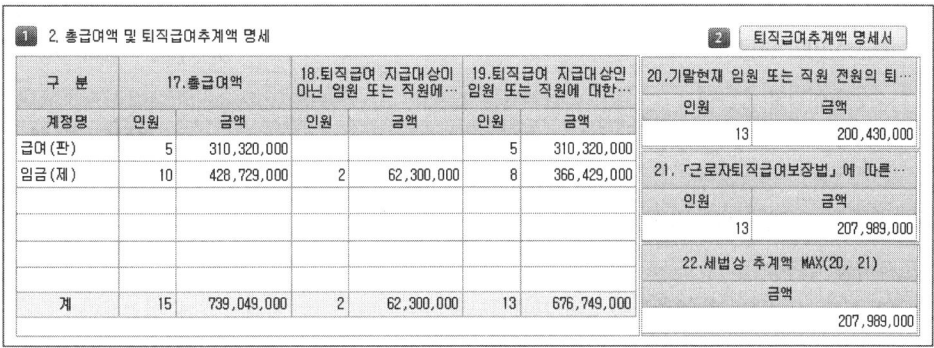

☞ 급여(판)＝손익계산서(335,320,000) − 임원규정초과상여금(25,000,000)＝310,320,000원

3. 퇴직급여충당금 조정

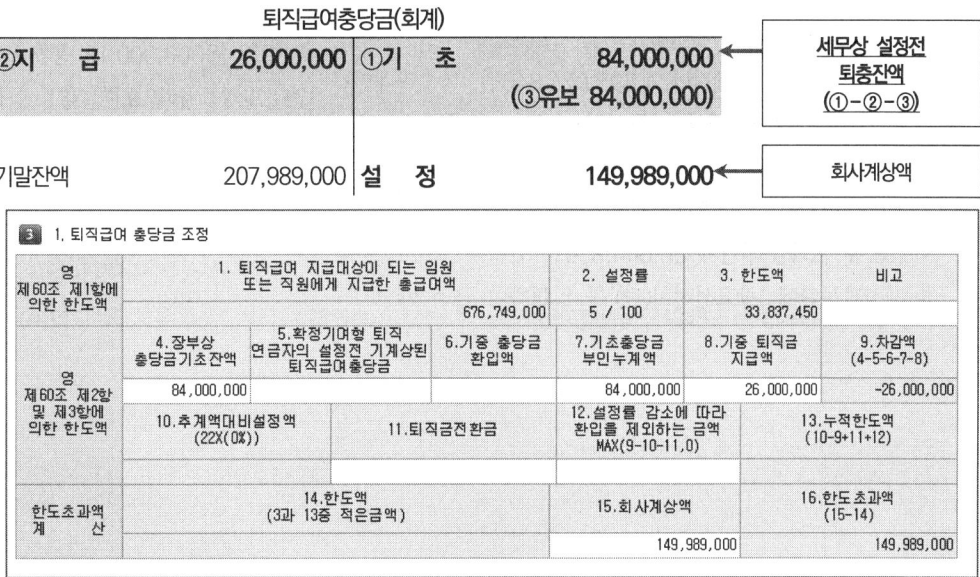

4. [소득금액조정합계표]

손금불산입	임원상여금 한도초과액	25,000,000원	상여
손금불산입	퇴직급여충당부채 한도초과액	149,989,000원	유보발생
손금산입	전기 퇴직급여충당부채	26,000,000원	유보감소

[실무수행평가] - 법인세관리 2

번호	평가문제 [퇴직급여충당금조정명세서 조회]	배점	답
27	7. 기초충당금 부인누계액	2	(84,000,000)원
28	손금산입할 총금액	2	(26,000,000)원
29	손금불산입할 총금액	3	(174,989,000)원

3 기업업무추진비 조정명세서(갑,을)

1. [경조사비등 설정]

[경조사비등 설정]을 클릭하여 [2.문화기업업무추진비 설정]란에 적요번호를 입력한다.

2	문화기업업무추진비 설정										
코드	계정과목명	문화기업업무추진비(신용카드미사용)				문화기업업무추진비(신용카드사용)					
813	접대비 (기업업무추진비) (판)	현금적요	12	?	공연등 문화예술접대비(조정)	현금적요	8	?	문화접대비(신용카드 사용분)		
		대체적요	12	?	공연등 문화예술접대비(조정)	대체적요	8	?	문화접대비(신용카드 사용분)		

2. [기업업무추진비 조정명세서(을)]

① 수입금액 명세 합계란에 4,895,074,840원, 특수관계인간 거래금액란에 106,000,000원 입력

② [6.기업업무추진비계상액 중 사적사용 경비]란에 3,580,000원 입력

③ [15.신용카드 등 미사용금액]란에 3,550,000원 입력

   5,660,000원 - 2,110,000원 = 3,550,000원

④ [16.총 초과금액]란에 66,644,850원 입력→ 70,224,850원 - 3,580,000원 = 66,644,850원

⑤ 계정과목란에 '광고선전비(판)'를 입력하여 금액 반영

을		갑			
1 1. 수입금액 명세					
구 분		1. 일반 수입 금액	2. 특수관계인간 거래금액	3. 합 계 (1+2)	
금 액		4,789,074,840	106,000,000	4,895,074,840	

2 2. 기업업무추진비등 해당금액			경조사비등 설정	금융기관의 수입금액	
4. 계 정 과 목		합계	접대비(기업업무추	광고선전비	
5. 계 정 금 액		79,024,850	70,224,850	8,800,000	
6. 기업업무추진비계상액중 사적사용 경비		3,580,000	3,580,000		
7. 기업업무추진비 해당금액 (5-6)		75,444,850	66,644,850	8,800,000	
8. 신용카드등미사용금액	경조사비 중 기준금액 초과액	9.신용카드 등 미사용금액			
		10.총 초과금액			
	국외지역 지출액	11.신용카드 등 미사용금액			
		12.총 지출액			
	농어민 지출액	13.송금명세서 미제출금액			
		14.총 지출액			
	기업업무추진비 중 기준금액 초과액	15.신용카드 등 미사용금액	3,550,000	3,550,000	
		16.총 초과금액	75,444,850	66,644,850	8,800,000
17.신용카드 등 미사용 부인액 (9+11+13+15)		3,550,000	3,550,000		
18.기업업무추진비 부 인 액 (6+17)		7,130,000	7,130,000		
문화 사업 기업업무추진비		5,158,000	5,158,000		
전통 시장 기업업무추진비					

3. [기업업무추진비 조정명세서(갑)]

을	갑				
3 2. 기업업무추진비 한도초과액 조정	중·소기업	정부출자법인 여부선택 ● 일반 ○ 정부출자법인			

구 분			금 액	구분	구분	금액
1.기업업무추진비 해당 금액			75,444,850	8.일반기업업무추진비 한도액(4+6+7)		50,399,024
2.기준금액 초과 기업업무추진비 중 신용카드 미사용으로 인한 손금불산입액			3,550,000	문화 기업업무 추진비 한도	9.문화기업업무추진비 지출액	5,158,000
3.차감 기업업무추진비 해당 금액 (1-2)			71,894,850		(소액 미술품 구입비용)	
일반 기업업무 추진비 한도	4. 12,000,000(36,000,000)×월수(12)/12		36,000,000		10.문화기업업무추진비 한도액 (9과(8×(20/100))중 작은 금액)	5,158,000
	총수입 금액 기준	100억원 이하의 금액 × 30/10,000	14,685,224	전통시장 기업업무 추진비 한도	11.전통시장기업업무추진비지출액	
		100억원 초과 500억원 이하의 금액 × 20/10,000			12.전통시장기업업무추진비한도액 (11과(8×(20/100)중 작은 금액)	
		500억원 초과 금액 × 3/10,000		13.기업업무추진비 한도액 합계(8+10+12)		55,557,024
		5.소계	14,685,224	14.한도초과액(3-13)		16,337,826
	일반 수입금액 기준	100억원 이하의 금액 × 30/10,000	14,367,224	15.손금산입한도 내 기업업무추진비지출액 (3과 13중 작은 금액)		55,557,024
		100억원 초과 500억원 이하의 금액 × 20/10,000		■부동산임대 특정법인 기업업무추진비 한도액(법법 §25)		
		500억원 초과 금액 × 3/10,000		○ 부동산임대 특정법인 기업업무추진비		
		6.소계	14,367,224			
	7.수입 금액기준	(5-6)×10/100	31,800			

4. [소득금액조정합계표]

손금불산입	기업업무추진비 중 대표이사 개인사용분	1,470,000원	상여
손금불산입	기업업무추진비 중 증빙불비분	2,110,000원	상여
손금불산입	기업업무추진비 중 신용카드 미사용액	3,550,000원	기타사외유출
손금불산입	기업업무추진비 한도초과	16,337,826원	기타사외유출

[실무수행평가] - 법인세관리 3

번호	평가문제 [기업업무추진비 조정명세서(갑,을) 조회]	배점	답
30	15. 신용카드 등 미사용금액	2	(3,550,000)원
31	9.문화기업업무추진비 지출액	2	(5,158,000)원
32	14.한도초과액	3	(16,337,826)원

④ 소득금액조정합계표

손금산입	전기 외상매출금	2,999,000원	유보감소
손금산입	전기 기부금	1,500,000원	유보감소
익금산입	토지 재평가잉여금	67,000,000원	기타
익금불산입	토지	67,000,000원	유보발생
손금불산입	단기매매증권평가손실	2,800,000원	유보발생
익금불산입	국세환급금 이자	1,169,000원	기타

[실무수행평가] - 법인세관리 4

번호	평가문제 [소득금액조정합계표 조회]	배점	답
33	손금산입(유보감소)	2	(4,499,000)원
34	익금산입(기타)	2	(67,000,000)원
35	손금불산입(유보발생)	2	(2,800,000)원
36	익금불산입(유보발생)	1	(1,169,000)원

5 연구 및 인력개발비 발생명세서

1. [연구 및 인력개발비 발생명세서]

- 발생명세

	계 정 과 목	자체연구개발비						위탁및공동연구개발비		인력개발비		11. 총 계
		인건비및사회보험료		재료비 등		기 타		건수	금액	건수	금액	
		인원	금 액	건수	금 액	건수	금액					
1	경상연구개발비	1	88,000,000	15	31,000,000			1	19,000,000			138,000,000

해당연도의 연구 및 인력개발비 발생명세

- 증가발생액의 계산

연구 및 인력개발비의 증가발생액의 계산

직전 4년간 발생 합계액	해 당 기 간 ▶ 내 용	금 액(14~16) ▼	. 01 . 01 부터 . 12 . 31 까지	. 01 . 01 부터 . 12 . 31 까지	. 01 . 01 부터 . 12 . 31 까지	. 01 . 01 부터 . 12 . 31 까지
	13. 계	162,000,000	45,000,000	57,000,000	25,000,000	35,000,000

직전 1년간 발생액	14. 계	45,000,000	조세특례제한법 제 10조 및 조세특례제한법 시행령 제9조 참조 ※ 전년도 계속사업자가 당해 사업연도 중간예납기간의 증가발생액를 계산 하는 경우는 당해년도 6개월 금액을 기준으로 전년도 증가발생액를 환산하여 계산합니다. 사업연도기간 변경의 경우에는 증가발생액를 직접 입력하셔야 합니다.
증가발생금	21. (11 - 14)	93,000,000	(금액/비용발생연도수(1)) X (해당사업연도월수/12)
직전 4년간 연평균 발생액	18. 계	40,500,000	조세특례제한법 제 10조 및 조세특례제한법 시행령 제9조 참조

직 전 4 년 간 발 생 합 계 액		직 전 1 년 간 발 생 액		증 가 발 생 액	
13. 계	162,000,000	계	45,000,000	21. (11 - 14)	93,000,000

연구 및 인력개발비의 증가발생액의 계산

- 공제세액

3 공 제 세 액

해당연도 총발생 금액공제	중소기업	22. 대상금액(=11) 138,000,000	23. 공제율 25%		24. 공제세액 34,500,000	
	중소기업유예기간 종료이후5년내기업	25. 대상금액(=11)	26.유예기간 종료연도	25.유예기간 종료이후연차 28. 공제율(%)	29. 공제세액	
	중견 기업	30. 대상금액(=11)	31. 공제율 8%		32. 공제세액	
	일반 기업	33. 대상 금액(=11)	공제율		37. 공제세액	
			34. 기본율	35. 추가 36. 계		
			0%			
증 가 발 생 금 액 공 제		38. 대상 금액(=21) 93,000,000	39.공제율 50%	40.공제세액 46,500,000	+ 공제율 (중소기업 :50%, 중견기업 :40%, 대기업 :25,40%)	
해당연도에 공제받을세액	중소기업 (24와 40 중 선택) 중소기업 유예기간종료이후 5년 내 기업(29과40중 선택) 중견기업(32와 40중 선택) 일반기업(37와 40중 선택)			46,500,000		

2-1. [세액공제조정명세서(3)] 메뉴의 [1.공제세액계산]

　　-화면 상단의 [새로불러오기] 버튼을 클릭하면 연구 및 인력개발비 발생명세서에서 계산된
　　　공제대상금액이 일반연구ㆍ인력개발비 세액공제(최저한세 적용제외) 란에 반영된다.

코드	(101)구 분	투자금액	(104)공제대상세액
131	중소기업등투자세액공제		
14M	대ㆍ중소기업 상생협력을 위한 기금출연 세액공제		
16A	신성장ㆍ원천기술 연구개발비세액공제(최저한세 적용제외)	툴바의 [계산내역-F4]를 선택	
100	국가전략기술 연구개발비세액공제(최저한세 적용제외)	툴바의 [계산내역-F4]를 선택	
16B	일반연구ㆍ인력개발비 세액공제(최저한세 적용제외)	툴바의 [계산내역-F4]를 선택	46,500,000
13L	신성장ㆍ원천기술 연구개발비세액공제(최저한세 적용대상)	툴바의 [계산내역-F4]를 선택	

2-2. [세액공제조정명세서(3)] 메뉴의 [2.당기공제세액 및 이월액 계산]

　　-당기공제세액

NO	코드	(105)구분	(106)사업년도	요 공제세액 (107)당기분	(108)이월분	당기 공제대상세액 (109)당기분	(110)1차년도	(111)2차년도	(112)3차년도
	16B	일반연구ㆍ인력개발비 세액공제(최	20x1 -12	46,500,000		46,500,000			

3. [공제감면세액 합계표(갑,을)]

[실무수행평가] - 법인세관리 5

번호	평가문제 [연구 및 인력개발비 발생명세서 조회]	배점	답
37	11. 총계	2	(138,000,000)원
38	21. 증가발행액	2	(93,000,000)원
39	[공제감면세액 합계표(갑,을)]　④감면(공제)세액	3	(46,500,000)원
	법인세관리 소계	35	

기출문제

Tax Accounting Technician
세무정보처리 자격시험 1급

83회

합격율	시험년월
23%	2025.07

실무이론평가

[1] 다음 중 회계정보의 질적특성에 대한 설명으로 옳지 <u>않은</u> 것은?

① 표현의 충실성을 확보하기 위해서는 회계처리대상이 되는 거래나 사건의 형식보다는 그 경제적 실질에 따라 회계처리하고 보고하여야 한다.

② 회계정보의 질적특성은 일관성이 요구되므로 서로 상충될 수 없다.

③ 회계정보가 신뢰성을 갖기 위해서는 객관적으로 검증가능하여야 한다.

④ 목적적합성이 있는 회계정보는 예측가치 또는 피드백가치를 가져야 한다.

[2] 다음은 (주)한공의 매출채권 관련 자료이다. 9월 10일자 회계처리로 옳은 것은?

• 대손충당금 기초잔액은 50,000원이다.					
• 6월 30일 전기에 상각처리한 30,000원이 현금으로 회수되었다.					
• 9월 10일 매출채권 200,000원이 회수불능으로 밝혀졌다.					
가. (차) 대손상각비		200,000원	(대) 매출채권		200,000원
나. (차) 대손충당금		200,000원	(대) 매출채권		200,000원
다. (차) 대손충당금		80,000원	(대) 매출채권		200,000원
대손상각비		120,000원			
라. (차) 대손충당금		50,000원	(대) 매출채권		200,000원
대손상각비		150,000원			

① 가　　　　　　② 나　　　　　　③ 다　　　　　　④ 라

[3] 다음은 (주)한공의 재고자산 관련 자료이다. 이를 토대로 당기 매출원가를 계산하면 얼마인가?

> (1) 상품 A와 B의 기초재고합계액은 2,000,000원이며, 당기매입합계액은 15,000,000원이다.
> (2) 아래는 기말 재고자산 평가와 관련된 내용이다.
>
> | 상품 | 장부상 재고수량 | 실제 재고수량 | 단위당 원가 | 판매가격 | 단위당 추정판매비 |
> |------|------|------|------|------|------|
> | A | 1,000개 | 900개 | 900원 | 900원 | 100원 |
> | B | 900개 | 800개 | 800원 | 1,000원 | 50원 |
>
> (3) 기말 재고자산 평가 시 종목별 저가기준을 적용하고 있으며, 재고자산감모손실 중 20%는 원가성이 있는 것으로 가정한다.

① 15,380,000원
② 15,504,000원
③ 15,606,000원
④ 16,000,000원

[4] 다음은 (주)한공의 재무상태표 일부와 기계장치 취득 관련 자료이다. 이에 대한 설명으로 옳은 것은?

재 무 상 태 표
제4(당)기 20x1년 12월 31일 현재
제3(전)기 20x0년 12월 31일 현재

(주)한공 (단위 : 원)

과　　　목	제4기	제3기
⋮		
유 형 자 산		
기　계　장　치	**8,000,000**	**8,000,000**
감 가 상 각 누 계 액	(2,880,000)	(1,440,000)
⋮		

- 20x0년 1월 1일 기계장치를 8,000,000원에 취득하였다(내용연수 5년).
- 그 외 기계장치의 취득이나 처분은 없다.

① 기계장치의 잔존가치는 800,000원이다.
② 기계장치의 당기말 장부금액은 8,000,000원이다.
③ 감가상각방법은 정률법을 적용하고 있다.
④ 당기 손익계산서에 계상된 감가상각비는 2,880,000원이다.

[5] 다음 중 금융리스에 대한 설명으로 옳지 <u>않은</u> 것은?

① 금융리스제공자가 리스자산에 대한 감가상각비를 인식한다.

② 리스자산을 소유함으로써 발생하는 위험과 보상이 리스이용자에게 대부분 이전된다고 판단되면 금융리스로 분류한다.

③ 금융리스이용자는 유효이자율법을 적용하여 이자비용을 인식한다.

④ 리스기간 종료시 리스자산의 소유권이 리스이용자에게 이전되는 경우면 금융리스로 분류한다.

[6] 다음 중 부가가치세법상 과세대상 거래에 대한 설명으로 옳지 <u>않은</u> 것은?

① 유체물은 과세대상 재화에 포함되나 전기, 가스, 열 등의 무체물은 과세대상 재화에 포함되지 않는다.

② 건설업자가 건설자재의 전부 또는 일부를 부담해 용역을 제공하고 대가를 받는 경우는 용역의 공급에 해당한다.

③ 고용관계에 따라 근로를 제공하는 것은 용역의 공급으로 보지 아니한다.

④ 사업자가 과세사업과 관련하여 생산한 재화를 자신의 면세사업을 위해 직접 사용하는 것은 재화의 공급에 해당한다.

[7] 다음 중 소득세법상 세액공제에 대하여 옳지 <u>않은</u> 설명을 하는 사람은?

현진 : 종합소득세 계산시 외국납부세액공제액이 공제한도를 초과하는 경우 해당 과세기간의 다음 과세기간부터 10년 이내에 이월공제가 가능해.

상현 : 일용근로자의 근로소득에 대한 소득세 계산시 산출세액의 55%에 상당하는 근로소득세액공제를 적용해.

정수 : 복식부기의무자가 복식부기에 따라 기장을 하여 소득금액을 신고하는 경우 기장세액공제를 적용할 수 있어.

한주 : 건강증진을 위한 의약품 구입비용은 의료비세액공제대상 금액에 해당하지 않아.

※ 1차 저작권자의 저작권 침해 소지가 있어 삽화 삽입은 어려우니 양해바랍니다.

① 현진   ② 상현

③ 정수   ④ 한주

[8] 다음은 대학교수로 재직 중인 김한공 씨가 20x1년에 지급받은 기타소득 관련 자료이다. 이를 토대로 김한공 씨의 기타소득금액을 계산하면 얼마인가?

구 분	기타소득 총수입금액	실제필요경비
신문사 원고료	8,000,000원	1,200,000원
재산권에 대한 알선수수료	2,000,000원	–
아마추어 바둑대회 우승상금*	4,000,000원	1,500,000원

*아마추어 바둑대회는 다수가 순위경쟁하는 대회이다.

① 4,800,000원
② 5,600,000원
③ 6,000,000원
④ 6,800,000원

[9] 다음 중 법인세 산출세액에서 공제하는 세액공제에 해당하지 <u>않는</u> 것은?

① 외국납부세액공제
② 배당세액공제
③ 연구·인력개발비세액공제
④ 사실과 다른 회계처리에 기인한 경정에 따른 세액공제

[10] 다음은 제조업을 영위하는 (주)한공의 제10기(20x1.1.1.~20x1.12.31.) 사업연도 당기순이익과 세무조정 자료이다. 이를 토대로 각 사업연도 소득금액을 계산하면 얼마인가?

> 가. 손익계산서상의 당기순이익   150,000,000원
> 나. 손익계산서에 반영된 내역
>   –업무무관동산의 재산세   8,000,000원
>   –토지의 평가차익(감정평가법인의 평가에 의함)   20,000,000원
>   –단기매매증권 평가이익   3,000,000원
>   –화폐성외화자산의 외환차손   7,000,000원
> 다. 특수관계있는 개인으로부터 시가 7,000,000원인 유가증권을 1,000,000원에 매입하고 실제 매입가액을 유가증권의 취득원가로 계상하였다.

① 127,000,000원
② 133,000,000원
③ 141,000,000원
④ 147,000,000원

실무수행평가

(주)닥터헤어(1830)은 기능성샴푸 등을 제조하여 판매하는 법인기업으로 회계기간은 제7기(20x1.1.1.~ 20x1.12.31.)이다. 제시된 자료와 [자료설명]을 참고하여 [수행과제]를 완료하고 [평가문제]의 물음에 답하시오.

실무수행1 | 거래자료 입력

실무프로세스자료이다. [자료설명]을 참고하여 [수행과제]를 수행하시오.

① 정부보조금

■ 보통예금(국민은행) 거래내역

(단위 : 원)

번호	거래일	내용	찾으신금액	맡기신금액	잔액	거래점
		계좌번호 112-12345-11231 (주)닥터헤어				
1	20x1-2-15	기술보증기금		200,000,000	***	***
2	20x1-2-20	중소벤처기업부		100,000,000	***	***

자료설명	1. 기술보증기금에서 입금된 금액은 R&D 성공과제의 사업화에 소요되는 운전자금으로 차입(연 2%)한 것이다.(만기일 : 2030년 2월) 2. FEMS(공장에너지관리시스템) 도입을 위하여 중소벤처기업부에서 정부보조금을 수령하였다.(상환의무는 없음)
수행과제	거래자료를 각각 입력하시오.

② 사채

자료. 이사회의사록

이 사 회 의 사 록

회사는 장기자금을 조달할 목적으로 회사채 발행을 결정하고 다음과 같이 회사채 발행에 대한 사항을 결정함.

- 다   음 -

1. 사채의 액면금액 :	30,000,000원
2. 사채의 발행금액 :	28,559,100원
3. 사 채 의 만 기 :	3년
4. 표 시 이 자 율 :	연 10%
5. 사 채 발 행 일 :	20x1년 1월 1일
6. 이자 지급 시기 :	연4회 지급(3개월)

이하생략

자료설명	1. 자료는 사채발행에 대한 이사회 결의 내용이며, 이사회 결의 내용대로 발행하고 회계처리하였다. 2. 3월 31일 사채의 이자를 농협은행 보통예금 계좌에서 이체하여 지급하였다. 3. 사채할인발행차금은 유효이자율법으로 상각하며, 사채이자에 대한 원천징수는 고려하지 않는다.(유효이자율은 연 12%이며, 월할상각하고, 원 미만 절사할 것.)
수행과제	3월 31일 사채이자 지급에 대한 거래자료를 입력하시오.

실무수행2 | 부가가치세관리

부가가치세 신고 관련 자료이다. [자료설명]을 참고하여 [수행과제]를 수행하시오.

1 수정전자세금계산서의 발행

전자세금계산서				(공급자 보관용)			승인번호		

공급자	등록번호	104-81-43125			공급받는자	등록번호	136-81-61440		
	상호	(주)닥터헤어	성명 (대표자)	이덕화		상호	(주)제이프라자	성명 (대표자)	유제이
	사업장 주소	서울특별시 서초구 서초대로 53				사업장 주소	서울특별시 서대문구 충정로 30		
	업태	제조업외		종사업장번호		업태	도소매업		종사업장번호
	종목	기능성 샴푸외				종목	화장품외		
	E-Mail	dachair@bill36524.com				E-Mail	jplaza@bill36524.com		

작성일자	20x1.5.15.	공급가액	10,000,000	세 액	1,000,000
비고					

월	일	품목명	규격	수량	단가	공급가액	세액	비고
5	15	기능성샴푸		50	200,000	10,000,000	1,000,000	

합계금액	현금	수표	어음	외상미수금	이 금액을	○ 영수 ● 청구	함
11,000,000				11,000,000			

자료설명	1. 상기 자료는 5월 15일 ㈜제이프라자에 제품을 공급하고 발급한 전자세금계산서이다. 2. 5월 15일 과세로 공급한 건에 대하여 영세율을 적용하고자 내국신용장을 사후 개설 받았다. - 내국신용장 개설일자 : 20x1년 6월 12일
수행과제	수정사유를 선택하여 수정전자세금계산서를 발급 전송하시오. ※ 전자세금계산서는 **전자세금계산서 발행 및 내역관리** 메뉴에서 발급·전송하시오.

② 확정신고누락분의 수정신고서 반영

자료 1. 매출(제품)전자세금계산서 발급 목록

매출전자세금계산서 목록								
번호	작성일자	승인번호	발급일자	전송일자	상호	공급가액	세액	전자세금계산서종류
1	20x1-11-20	생략	20x2-2-11	20x2-2-12	(주)아모레	20,000,000원	2,000,000원	일반

자료 2. 매입(비품)전자세금계산서 수취 목록

매출전자세금계산서 목록								
번호	작성일자	승인번호	발급일자	전송일자	상호	공급가액	세액	전자세금계산서종류
1	20x1-12-20	생략	20x1-12-20	20x1-12-21	(주)유니레버	1,000,000원	100,000원	일반

자료 3. 매입(원재료)전자계산서 수취 목록

매출전자세금계산서 목록								
번호	작성일자	승인번호	발급일자	전송일자	상호	공급가액	세액	전자세금계산서종류
1	20x1-12-30	생략	20x1-12-30	20x1-12-30	자연애	2,000,000원		일반

자료 4. 사업상 증여한 제품 누락분

- 11월 30일 매출처 민정콜마(주)에 사업상 목적으로 접대한 제품에 대한 회계처리가 누락되었음을 발견하다.(제품의 원가 2,500,000원, 시가 3,000,000원)

자료설명	1. 자료 1~4는 20x1년 제2기 부가가치세 확정신고시 누락된 매출과 매입 관련 자료이다. 2. 매입매출전표에 작성일자로 자료를 입력하고 제2기 부가가치세 확정 수정신고서(수정차수 1)를 작성하려고 한다. 3. 20x2년 2월 12일에 수정신고 및 추가 납부하며, 신고불성실가산세는 일반과소신고에 의한 가산세율을 적용하고, 미납일수는 18일, 1일 2.2/10,000로 한다. 4. 모든 계산은 **원 단위 미만 버림**으로 한다.
수행과제	1. 누락된 거래자료를 입력하시오.(자료 1~자료 3의 거래는 모두 외상이며, 전자(세금)계산서 발급거래는 '전자입력'으로 입력할 것.) 2. 가산세를 적용하여 제2기 부가가치세 확정신고에 대한 수정신고서를 작성하시오.

실무수행3 | 결산

[결산자료]를 참고로 결산을 수행하시오.(단, 제시된 자료 이외의 자료는 없다고 가정함.)

① 수동결산 및 자동결산

결산자료	**1. 대여금현황** 거래처 (주)명인에 구매자금을 대여하고 이자는 6개월마다 받기로 하였다. – 대여기간 : 20x1. 9. 1.~20x2. 8. 31. – 대 여 액 : 50,000,000원 (이자율 연 6%) – 대여일수는 월할 계산할 것 **2. [재고 실사내역]**

품목	장부가액	순실현가능가치	현행대체원가
원재료	12,000,000원	13,000,000원	14,000,000원
제 품	10,000,000원	8,000,000원	–
합계	22,000,000원	21,000,000원	–

	3. 이익잉여금처분계산서 처분확정(예정)일 – 당기 : 20x2년 3월 15일 – 전기 : 20x1년 3월 15일
평가문제	결산을 완료하고 이익잉여금처분계산서에서 손익대체분개를 하시오. (단, 이익잉여금처분내역은 없는 것으로 하고 미처분이익잉여금 전액을 이월이익잉여금으로 이월하기로 할 것.)

평가문제 │ **입력자료 및 회계정보를 조회하여 [평가문제]의 답안을 입력하시오.(70점)**

번호	평가문제	배점
11	**평가문제 [손익계산서조회]** 당기 발생한 영업외비용 금액은 얼마인가?	3
12	**평가문제 [재무상태표 조회]** 2월 말 보통예금 장부금액은 얼마인가?	3
13	**평가문제 [재무상태표 조회]** 2월 말 비유동부채 금액은 얼마인가?	2
14	**평가문제 [재무상태표 조회]** 12월 31일 현재 이월이익잉여금(미처분이익잉여금) 금액은 얼마인가? ① 415,210,166원 ② 523,150,111원 ③ 658,120,781원 ④ 674,580,807원	2
15	**평가문제 [재무상태표 조회]** 12월 말 재고자산 금액은 얼마인가?	2
16	**평가문제 [일/월계표 조회]** 12월의 미수수익 증가액은 얼마인가?	2
17	**평가문제 [전자세금계산서 발행 및 내역관리 조회]** 5월 15일자 수정세금계산서의 수정입력사유를 코드번호로 입력하시오.	2
18	**평가문제 [부가가치세신고서 조회]** 제2기 확정 신고기간 부가가치세 수정신고서의 과세표준 합계(9란) 세액은 얼마인가?	3
19	**평가문제 [부가가치세신고서 조회]** 제2기 확정 신고기간 부가가치세 수정신고서의 매입세액 합계(15란) 세액은 얼마인가?	3
20	**평가문제 [부가가치세신고서 조회]** 제2기 확정 신고기간 부가가치세 수정신고서의 가산세액(26란) 합계금액은 얼마인가?	3
	재무회계 소계	25

실무수행4 | 원천징수 관리

인사급여 관련 자료이다. [자료설명]을 참고하여 [수행과제]를 수행하시오.

① 국세청연말정산간소화 및 이외의 자료를 기준으로 연말정산

자료설명	사무직 김윤희(1004)의 연말정산을 위한 자료이다. 1. 부양가족은 김윤희와 생계를 같이 하고 있다. 2. 김윤희 사원은 이중근로자로 당사가 주근무지이다.

수행과제	[연말정산 근로소득원천징수영수증] 메뉴에서 연말정산을 완료하시오.
	1. [사원등록] 메뉴에서 부양가족명세서를 입력한다.
	2. 종근무지 관련 서류는 [소득명세] 탭에서 입력한다.
	3. 신용카드는 [신용카드] 탭에서 입력한다.
	   (김윤희의 신용카드 금액(일반사용분)에는 회사에서 경비로 처리한 1,500,000원이 포함되어 있다.)
	4. 의료비는 [의료비] 탭에서 입력하며, 국세청자료는 공제대상 합계금액을 1건으로 집계하여 입력한다.
	   (단, 실손의료보험금 500,000원을 수령하였으며, 성형외과 진료비는 사고로 인한 치료목적의 성형수술이다.)
	5. 보험료는 [소득공제] 탭에서 입력한다.

자료 1. 김윤희 사원의 부양가족 현황

연말정산관계	성명	주민번호	기타사항
0.본인	김윤희	850527 – 2899734	
3.배우자(세대주)	전상수	800902 – 1754110	총급여액 4,000,000원
6.형제자매	전경희	901212 – 2345670	장애인복지법에 의한 청각장애인 이었으나, 10월 1일 완치판정을 받았으며, 소득은 없다.
4.직계비속	전하은	110101 – 4231454	소득 없음.
4.직계비속	전두리	120122 – 3122220	소득 없음.

자료 2. 김윤희 사원의 종근무지 근로소득 원천징수영수증

		거주구분	거주자1 / 비거주자2
		거주지국 대한민국	거주지국코드 kr
		내 · 외국인	내국인1 /외국인9
[√]근로소득 원천징수영수증		외국인단일세율적용	여 1 / 부 2
[ ]근로소득 지 급 명 세 서		종교관련종사자여부	여 1 / 부 2
(관리 번호)		외국법인소속파견근로자여부	여 1 / 부 2
([√]소득자 보관용 [ ]발행자 보관용 [ ]발행자 보고용)		국적 대한민국	국적코드 kr
		세대주 여부	세대주1 /세대원2
		연말정산 구분	계속근로1 /중도퇴사2

징 수 의무자	① 법인명(상 호)(주)뉴진스		② 대 표 자(성 명) 김영희	
	③ 사업자등록번호 504 - 81 - 43121		④ 주 민 등 록 번 호	
	③-1 사업자단위과세자여부	여 1 / 부 2	③-2 종사업장일련번호	
	⑤ 소 재 지(주소) 서울특별시 금천구 시흥대로 429			
소득자	⑥ 성 명 김윤희		⑦ 주 민 등 록 번 호 850527 - 2899734	
	⑧ 주 소 서울특별시 성북구 동소문로 179 - 12			

	구 분	주(현)	종(전)	종(전)	⑯-1 납세조합	합 계
	⑨ 근 무 처 명	(주)뉴진스				
	⑩ 사업자등록번호	504 - 81 - 43121				
	⑪ 근무기간	20x1.1.1.~ 20x1.12.31.	~	~	~	~
Ⅰ 근무 처별 소득 명세	⑫ 감면기간	~	~	~	~	~
	⑬ 급 여	5,000,000				5,000,000
	⑭ 상 여					
	⑮ 인 정 상 여					
	⑮-1 주식매수선택권 행사이익					
	⑮-2 우리사주조합인출금					
	⑮-3 임원 퇴직소득금액 한도초과액					
	⑮-4 직무발명보상금					
	⑯ 계	5,000,000				5,000,000
Ⅱ 비과 세 및 감면 소득 명세	⑳ 비과세소득 계					
	⑳-1 감면소득 계					

		구 분		⑳ 소 득 세	㉛ 지방소득세	㉜ 농어촌특별세
Ⅲ 세액 명세	㉓ 결 정 세 액			58,400	5,840	
	기납부 세 액	㉔ 종(전)근무지 (결정세액란의 세액 기재)	사업자 등록 번호			
		㉕ 주(현)근무지		75,000	7,500	
	㉖납부특례세액					
	㉗ 차 감 징 수 세 액(㉓-㉔-㉕-㉖)			- 16,600	- 1,660	

국민연금보험료 : 150,000원	위의 원천징수액(근로소득)을 정히 영수(지급)합니다.
건강보험료 : 176,200원	
장기요양보험료 : 15,200원	

징수(보고)의무자   (주)뉴진스 ...인)

금 천 세 무 서 장   귀하

210mm×297mm[백상지(80g/㎡) 또는 중질지(80g/㎡) 용품)]

자료 3. 국세청간소화서비스 및 기타증빙자료

20x1년 귀속 소득·세액공제증명서류 : 기본(사용처별)내역 [신용카드]

(조회기간 : 20x1년 01~12월)

■ 사용자 인적사항

성 명	주 민 등 록 번 호
김윤희	850527 − 2899***

■ 신용카드 등 사용금액 집계

일반	전통시장	대중교통	문화체육등	합계금액
6,530,000	2,500,000	135,000	500,000	9,665,000

• 본 증명서류는 『소득세법』 제165조 제1항에 따라 영수증 발급기관으로부터 수집한 서류로 소득·세액공제 충족 여부는 근로자가 직접 확인하여야 합니다.
• 본 증명서류에서 조회되지 않는 내역은 영수증 발급기관에서 직접 발급받으시기 바랍니다.

20x1년 귀속 소득·세액공제증명서류 : 기본(사용처별)내역 [신용카드]

(조회기간 : 20x1년 01~12월)

■ 사용자 인적사항

성 명	주 민 등 록 번 호
전경희	901212 − 2345***

■ 신용카드 등 사용금액 집계

일반	전통시장	대중교통	문화체육등	합계금액
4,200,000	600,000	0	800,000	5,600,000

• 본 증명서류는 『소득세법』 제165조 제1항에 따라 영수증 발급기관으로부터 수집한 서류로 소득·세액공제 충족 여부는 근로자가 직접 확인하여야 합니다.
• 본 증명서류에서 조회되지 않는 내역은 영수증 발급기관에서 직접 발급받으시기 바랍니다.

20x1년 귀속 소득·세액공제증명서류 : 기본(사용처별)내역 [신용카드]

(조회기간 : 20x1년 01~12월)

■ 사용자 인적사항

성 명	주 민 등 록 번 호
전상수	800902-1754***

■ 신용카드 등 사용금액 집계

일반	전통시장	대중교통	문화체육등	합계금액
3,000,000	245,000	1,500,000	0	4,745,000

 국 세 청 National Tax Service
· 본 증명서류는 『소득세법』 제165조 제1항에 따라 영수증 발급기관으로부터 수집한 서류로 소득·세액공제 충족 여부는 근로자가 직접 확인하여야 합니다.
· 본 증명서류에서 조회되지 않는 내역은 영수증 발급기관에서 직접 발급받으시기 바랍니다.

20x1년 귀속 소득·세액공제증명서류 : 기본(지출처별)내역 [의료비]

(조회기간 : 20x1년 01~12월)

■ 환자 인적사항

성 명	주 민 등 록 번 호
전하은	110101-4******

■ 의료비 지출내역

(단위 : 원)

사업자번호	상 호	종류	지출금액 계
109-04-16***	서울**병원	일반	1,600,000
106-05-81***	**성형외과	일반	900,000
205-01-44***	**안경원	안경 또는 콘텍트렌즈 구입비용	600,000
의료비 인별합계금액			2,500,000
안경구입비 인별합계금액			600,000
산후조리원 인별합계금액			
인별합계금액			3,100,000

 국 세 청 National Tax Service
· 본 증명서류는 『소득세법』 제165조 제1항에 따라 영수증 발급기관으로부터 수집한 서류로 소득·세액공제 충족 여부는 근로자가 직접 확인하여야 합니다.
· 본 증명서류에서 조회되지 않는 내역은 영수증 발급기관에서 직접 발급받으시기 바랍니다.

20x1년 귀속 소득·세액공제증명서류 : 기본(지출처별)내역
[보장성 보험, 장애인전용보장성보험]

(조회기간 : 20x1년 01~12월)

■ 계약자 인적사항

성 명	주 민 등 록 번 호
전경희	901212 - 2******

■ 보장성보험(장애인전용보장성보험) 납입내역

(단위 : 원)

종류	상 호	보험종류	주피보험자		납입금액 계
	사업자번호	증권번호			
	종피보험자1	종피보험자2	종피보험자3		
장애인	한화생명보험(주)	무배당곰두리보장	901212 - 2345***	전경희	2,000,000
	108 - 81 - 15***				
인별합계금액					2,000,000

• 본 증명서류는 「소득세법」 제165조 제1항에 따라 영수증 발급기관으로부터 수집한 서류로 소득·세액공제 충족 여부는 근로자가 직접 확인하여야 합니다.
• 본 증명서류에서 조회되지 않는 내역은 영수증 발급기관에서 직접 발급받으시기 바랍니다.

20x1년 귀속 소득·세액공제증명서류 : 기본(지출처별)내역
[보장성 보험, 장애인전용보장성보험]

(조회기간 : 20x1년 01~12월)

■ 계약자 인적사항

성 명	주 민 등 록 번 호
김윤희	850527 - 2******

■ 보장성보험(장애인전용보장성보험) 납입내역

(단위 : 원)

종류	상 호	보험종류	주피보험자		납입금액 계
	사업자번호	증권번호			
	종피보험자1	종피보험자2	종피보험자3		
보장성	한화생명보험(주)	실손의료보험	110101 - 4231***	전하은	1,200,000
	108 - 81 - 15***				
인별합계금액					1,200,000

• 본 증명서류는 「소득세법」 제165조 제1항에 따라 영수증 발급기관으로부터 수집한 서류로 소득·세액공제 충족 여부는 근로자가 직접 확인하여야 합니다.
• 본 증명시류에서 조회되지 않는 내역은 영수증 발급기관에서 직접 발급받으시기 바랍니다.

② 기타소득의 원천징수

자료. 기타소득자 관련정보

성 명	이선희 (코드 02200)
거주구분(내국인 / 외국인)	거주자 / 내국인
주민등록번호	661128-2173361
귀속년월 / 지급년월일	20x1년 10월 /20x1년 10월 27일
이체계좌/예금주/은행명	350-01-12345/이선희/하나은행
지급금액	3,000,000원

자료설명	당사는 창립기념일 탁구 대회에서 1등을 한 이선희에게 상금을 지급하였으며, 이선희는 회사와 고용관계가 없는 직원의 가족으로 참가하였다.
수행과제	1. [기타소득자입력]에서 소득자를 등록하시오. 2. [기타소득자료입력]에서 소득자료를 입력하고 기타소득세를 산출하시오.

[실무수행평가] – 원천징수관리

번호	평가문제 [김윤희 근로소득원천징수영수증 조회]	배점
21	'41. 신용카드' 공제대상액은 얼마인가?	2
22	'61. 보험료' 세액공제액은 얼마인가?	2
23	'62. 의료비' 세액공제액은 얼마인가?	3
24	**[10월 기타소득자료입력 조회]** 이선희에게 지급될 기타소득의 차인지급액은 얼마인가?	3
	원천징수 소계	10

실무수행5 | 법인세관리

(주)미래산업(1831)은 중소기업으로 사업연도는 제20기(20x1.1.1.~20x1.12.31.)이다. 입력된 자료와 세무조정 참고자료에 의하여 법인세무조정을 수행하시오.

① 수입금액조정명세서

자료. 전기 자본금과 적립금 조정명세서(을) 내역

[별지 제50호 서식(을)]						(앞 쪽)
사업 연도	20x0.01.01. ~ 20x0.12.31.	자본금과 적립금조정명세서(을)			법인명	(주)미래산업
세무조정유보소득계산						
① 과목 또는 사항	② 기초잔액	당 기 중 증감		⑤ 기말잔액 (익기초현재)	비고	
		③ 감 소	④ 증 가			
제품매출			30,000,000	30,000,000		
제품매출원가			-21,000,000	-21,000,000		

세무조정 참고자료	1. 결산서상 수입금액은 손익계산서의 매출계정을 조회한다. 2. 위 자료는 전기 시용매출 관련 자료이며, 20x0.12.3. 거래처 동남상사(주)로부터 시용판매분에 대한 구입의사표시를 받았으나, 이를 20x0년 재무제표에 반영하지 못하고 당기 1월 1일 회계처리하였다. 단, 매출과 매출원가에 대하여 전기의 세무조정은 적법하게 이루어졌다. 3. 제품매출 중 20x1년 11월 13일 거래는 (주)동북무역에 제품을 인도하고 제품매출(판매가 12,000,000원, 원가 9,600,000원)로 회계처리 하였으나, 20x1년 12월 31일까지 (주)동북무역은 동 제품 전부를 보관하고 있다. (회사는 일본시장 진출을 위해 (주)동북무역과 위탁판매계약을 체결하였다.)
수행과제	수입금액조정명세서를 작성하시오. 1. [1.수입금액 조정계산]에 결산서상 수입금액을 조회하여 반영하시오. 2. [2.수입금액 조정명세]에 기타수입금액을 반영하시오. 3. [1.수입금액 조정계산]에 조정사항을 반영하시오. 4. 소득금액조정합계표에 세무조정사항을 반영하시오.

[실무수행평가] – 법인세관리 1

번호	평가문제 [수입금액 조정명세서 조회]	배점
25	'⑥조정후 수입금액' 합계는 얼마인가?	3
26	문제 [1]과 관련된 세무조정 대상 중 익금불산입할 총금액은 얼마인가?	2
27	문제 [1]과 관련된 세무조정 대상 중 손금불산입할 총금액은 얼마인가?	2

② 퇴직급여충당금조정명세서

자료 1. 전기 자본금과 적립금 조정명세서(을) 내역

[별지 제50호 서식(을)]					(앞 쪽)
사업 연도	20x0.01.01. ~ 20x0.12.31.	자본금과 적립금조정명세서(을)		법인명	(주)미래산업

세무조정유보소득계산					
① 과목 또는 사항	② 기초잔액	당 기 중 증감		⑤ 기말잔액 (익기초현재)	비고
		③ 감 소	④ 증 가		
퇴직급여충당부채	18,000,000	12,000,000	21,000,000	27,000,000	

자료 2. 급여지급 내역

계정과목	총 인원수	1년 미만 근속 인원수	1년 미만 근속자 총급여액
801.급여	3명	1명	40,500,000원
504.임금	10명	2명	73,800,000원

세무조정 참고자료	1. 총급여액은 관련된 계정과목을 참고한다. 2. 1년 미만 근속자에 대한 급여액 자료는 자료 2와 같으며, 퇴직급여 지급규정에 따라 1년미만 근속자는 퇴직급여 지급대상에 포함되지 않는다. 3. 일시퇴직시 퇴직급여추계액은 80,080,000원, 「근로자퇴직급여 보장법」에 따른 퇴직급여추계액은 90,000,000원이다. 4. 퇴직급여충당부채계정 및 전기분 자본금과 적립금 조정명세서(을)를 참고한다.
수행과제	• **퇴직급여충당금조정명세서를 작성하시오.** • 1. [2.총급여액 및 퇴직급여추계액 명세]에 해당 금액을 반영하시오. • 2. 전기분 자본금과 적립금 조정명세서(을)와 기장 자료를 조회하여 [1.퇴직급여충당 조정]에 해당 금액을 반영하시오. • 3. 소득금액조정합계표에 세무조정사항을 반영하시오.

[실무수행평가] – 법인세관리 2

번호	평가문제 [퇴직급여충당금조정명세서 조회]	배점
28	'8.기중 퇴직금 지급액'은 얼마인가?	2
29	문제 [2]와 관련된 세무조정 대상 중 손금산입할 총금액은 얼마인가?	2
30	문제 [2]와 관련된 세무조정 대상 중 손금불산입할 총금액은 얼마인가?	3

③ 선급비용명세서

자료 1. 전기 자본금과 적립금 조정명세서(을) 내역

[별지 제50호 서식(을)]					(뒤 쪽)
사업 연도	20x0.01.01. ~ 20x0.12.31.	자본금과 적립금조정명세서(을)		법인명	(주)미래산업
세무조정유보소득계산					
① 과목 또는 사항	② 기초잔액	당 기 중 증감		⑤ 기말잔액 (익기초현재)	비고
		③ 감 소	④ 증 가		
선급비용(임차료)	3,200,000	3,200,000	3,800,000	3,800,000	

자료 2. 당기말 기간미경과분(선급분) 내역

지급일	내용	금액	거래처	기간
20x1.10.01.	공장건물보험료 (제조1팀)	7,530,000원	하나손해보험(주)	20x1.10.01.~20x2.09.30.
20x1.08.01.	사무기기 임차료 (관리업부)	1,260,000원	(주)오피스박스	20x1.08.01.~20x2.07.31.

세무조정 참고자료	1. 전기분 자본금과 적립금조정명세서(을) 내역을 참고하여 조정한다. 　　(선급기간 : 20x1. 1. 1.~20x2. 12. 31. 월할계산할 것.) 2. 선급비용을 계상할 계정은 보험료(제), 임차료(판)이다.
수행과제	선급비용명세서를 작성하시오. 1. 계정과목의 원장내역을 조회하여 해당금액을 반영하시오. 2. 각 건별로 소득금액조정합계표에 세무조정사항을 반영하시오.

[실무수행평가] - 법인세관리 3

번호	평가문제 [선급비용명세서 조회]	배점
31	보험료(제)의 세무조정 대상금액은 얼마인가?	3
32	임차료(판)의 세무조정 대상금액은 얼마인가?	2
33	전기분 선급비용(임차료)의 세무조정 대상금액은 얼마인가?	2

④ 업무무관지급이자조정명세서(갑,을)

자료 1. 자산현황

계정과목	금액	참 고 사 항
투자부동산	290,000,000원	20x1년 5월 2일에 비업무용으로 취득하였다.
비품	30,000,000원	20x0년 6월 3일에 업무관 자산인 공예품을 취득하였다.

자료 2. 업무무관 자산과 관련하여 발생한 비용

계정과목	금액	참 고 사 항
세금과공과금	2,400,000원	자료 1의 투자부동산에 대한 재산세 납부액이다.

자료 3. 이자비용 지출내역

이자율	이자비용	참 고 사 항
7%	41,000,000원	본사사옥 신축 목적으로 차입된 이자비용으로 건물신축 기간에 발생된 것이다.(완공예정일 20x2.10.31.)
5%	78,000,000원	

세무조정 참고자료	1. 자료 1은 당해연도 재무상태표에 반영이 되어 있다. 2. 자료 2는 당해연도 손익계산서에 반영이 되어 있다. 3. 가지급금 및 가수금은 [가지급금등의인정이자조정(갑,을)]의 데이터를 이용하기로 한다.
수행과제	**업무무관 지급이자조정명세서(갑,을)를 작성하시오.** 1. 업무무관 지급이자조정명세서(을)를 작성하시오. 2. 업무무관 지급이자조정명세서(갑)를 작성하시오. 3. 소득금액조정합계표에 세무조정사항을 반영하시오.

[실무수행평가] - 법인세관리 4

번호	평가문제 [업무무관 지급이자조정명세서(갑) 조회]	배점
34	'①지급이자' 금액은 얼마인가?	2
35	문제 [4]와 관련된 세무조정 대상 중 유보발생으로 소득처분할 금액은 얼마인가?	2
36	문제 [4]와 관련된 세무조정 대상 중 기타사외유출로 소득처분할 총금액은 얼마인가?	3

5 가산세액계산서

자료 1. 3만원 초과 지출 내역

계정과목	금 액	참 고 사 항
비품	9,300,000원	일반과세자로부터 비품을 구입하고 간이영수증 수취
운반비	1,500,000원	대한택배(서울소재, 간이과세자)으로부터 제품운송용역을 제공받고 대금은 금융기관을 통하여 송금하고 경비등 송금명세서 미제출
소모품	590,000원	일반과세자로부터 사무용품을 구입하고 세금계산서 수취
교육훈련비	3,000,000원	소득세법상 원천징수 대상 기타소득으로서 원천징수하여 세액을 신고납부

자료 2. 기타 가산세 대상 내역

구 분	해당금액	참 고 사 항
간이지급명세서(사업소득) 미제출	17,000,000원	제출기한 경과 후 1개월 이후 제출
주식등 변동상황명세서 변동상황 미제출	24,000,000원	제출기한 경과 후 1개월 이내 제출

세무조정 참고자료	자료는 가산세 대상내역이다. 제시된 자료 외의 가산세 대상 자료는 없다.
수행과제	**가산세액 계산서를 작성하시오.** 1. 자료 1, 자료 2에 대한 가산세액을 반영하시오. (경과일수를 파악하여 가산세율에 감면을 적용할 것.) 2. 가산세액을 법인세과세표준 및 세액조정계산서에 반영하시오.

[실무수행평가] - 법인세관리 5

번호	평가문제 [가산세액계산서 조회]	배점
37	지출증명서류 미수취 가산세액은 얼마인가?	2
38	간이지급명세서 미제출 가산세액은 얼마인가?	2
39	**[법인세과세표준 및 세액조정계산서 조회]** '125.가감계' 금액은 얼마인가? ① 32,057,661원 ② 50,548,669원 ③ 79,226,302원 ④ 90,256,696원	3
	법인세관리 소계	35

실무이론평가

1	2	3	4	5	6	7	8	9	10
②	③	②	①	①	①	③	③	②	③

01 회계정보의 **질적특성은 서로 상충**될 수 있다.

02 9월 10일 직전 대손충당금 잔액 = 기초(50,000) + 대손 처리 회수 채권(30,000) = 80,000원

9월 10일 분개

(차) 대손충당금(우선 상계)	80,000원	(대) 매출채권	200,000원
대손상각비	120,000원		

03

상품	장부상 수량	실제 수량	감모수량	취득원가	감모손실	순실현가능가치
A	1,000개	900개	100개	900원	90,000원	800원
B	900개	800개	100개	800원	80,000원	950원

비정상 재고자산감모손실(원가성 없음) = (90,000 + 80,000) × 80% = 136,000원

기말재고액 = A(900) × 순실현가능가치(800) + B(800) × 취득원가(800)원 = 1,360,000원

상 품			
기초상품	2,000,000	*매출원가*	*15,504,000*
		재고자산감모손실(영·비)	136,000
순매입액	15,000,000	기말상품	1,360,000
계	17,000,000	계	17,000,000

04 • 감가상각비(1,440,000) = [취득원가(8,000,000) − 잔존가치(??)] / 내용연수(5)

∴ 잔존가치 = 800,000원

• 당기말 순장부금액 = 취득가액(8,000,000) − 감가상각누계액(2,880,000) = 5,120,000원

• 당기와 전기의 감가상각비가 1,440,000원으로 동일하므로 적용된 감가상각방법은 정액법이다.

05 금융리스에서 **감가상각비는 리스이용자가 인식**한다.

06 과세대상 재화의 범위에는 유체물 뿐만 아니라 **무체물인 전기, 가스, 열 등의 자연력도 포함**된다.

07 **간편장부대상자가 복식부기에 따라 기장을 하여 소득금액을 신고**하는 경우 기장세액공제를 적용할 수 있다.

08

구 분	기타소득 총수입금액	필요경비	기타소득금액
신문사 원고료	8,000,000원	4,800,000원(60%)	3,200,000원
재산권에 대한 알선수수료	2,000,000원	-	2,000,000원
아마추어 바둑대회 우승상금	4,000,000원	3,200,000원(80%)	800,000원
계	14,000,000원	8,000,000원	6,000,000원

- 신문사 원고료는 **실제 필요경비와 법정 필요경비(총수입금액의 60%) 중 큰 금액**을, 아마추어 바둑대회 우승상금은 **실제 필요경비와 법정 필요경비(총수입금액의 80%) 중 큰 금액**을 필요경비로 한다.

09 **배당세액공제는 개인에 대한 세액공제**이므로 법인세 산출세액에서 공제하는 세액공제가 아니다.

10 · 각 사업연도 소득금액 = 당기순이익(150,000,000) + 업무무관동산 재산세(8,000,000)
     − 토지평가차익(20,000,000) − 단기매매증권평가이익(3,000,000)
     + 유가증권저가매입(6,000,000) = 141,000,000원

- 업무무관동산의 재산세를 비용으로 계상한 경우 손금불산입의 세무조정이 필요하다.
- 토지의 평가차익(법에 의한 평가가 아님)을 수익으로 계상한 경우 익금불산입의 세무조정이 필요하다.
- 단기매매증권의 평가이익을 수익으로 계상한 경우 익금불산입의 세무조정이 필요하다.
- 화폐성외화자산의 외환차손을 비용으로 계상한 경우 별도의 세무조정은 필요없다.
- **특수관계있는 개인으로부터 유가증권을 저가매입**하고 실제 매입가액으로 취득원가를 계상한 경우 시기와 매입가액과의 차이에 대한 익금산입의 세무조정이 필요하다.

▨▨▨▨▨ 실무수행평가

실무수행 1. 거래자료 입력

1 정부보조금

[일반전표입력] 2월 15일
(차) 보통예금(국민은행)　　200,000,000원　　(대) 장기차입금(기술보증기금) 200,000,000원

[일반전표입력] 2월 20일
(차) 보통예금　　　　　　　100,000,000원　　(대) 정부보조금　　　　　　100,000,000원
　　(국민은행)　　　　　　　　　　　　　　　　　(보통예금 차감계정)

2 사채 [일반전표입력] 3월 31일
　　(차) 이자비용　　　　　　856,773원　　(대) 보통예금(농협은행)　　750,000원
　　　　　　　　　　　　　　　　　　　　　　　사채할인발행차금　　　106,773원

☞ 액면이자 = 액면가액(30,000,000) × 표시이자율(10%) × 3/12 = 750,000원
　　유효이자 = 발행금액(28,559,100) × 유효이자율(12%) × 3/12 = 856,773원
　　사채할인발행차금상각액 = 유효이자(856,773) − 액면이자(750,000) = 106,773원

실무수행 2. 부가가치세관리

□ 수정전자세금계산서의 발행

1. [수정세금계산서 발급]

　① [매입매출전표입력] 5월 15일 전표 선택 → 수정세금계산서 → [수정사유] 화면에서

　　 [5. 내국신용장 사후 개설]을 선택하고 비고란에 [내국신용장개설일]과 [신고년월]을 작성하여

　　 확인(Tab) 클릭

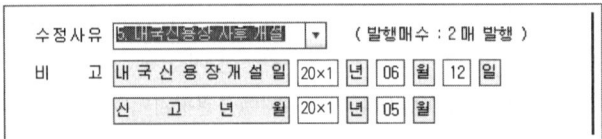

　② [수정세금계산서(매출)]화면에서 [작성일 5월 15일], [수량 50], [단가 200,000원]을 입력한 후

　　 확인(Tab) 클릭

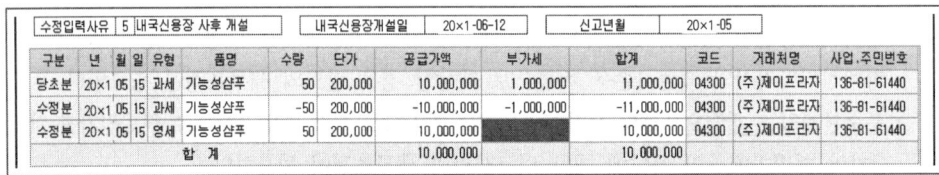

　③ 수정세금계산서 2건이 입력이 되는 것을 확인

　　→ 5월 15일 당초에 발급한 세금계산서의 (-)세금계산서 발급분에 대한 회계처리

거래유형	품명	공급가액	부가세	거래처	전자세금
11.과세	기능성샴푸	- 10,000,000	- 1,000,000	(주)제이프라자	전자발행
분개유형	(차) 외상매출금	- 11,000,000원	(대) 제품매출		- 10,000,000원
2.외상			부가세예수금		- 1,000,000원

　　→ 5월 15일 수정분 세금계산서 발급분에 대한 회계처리

거래유형	품명	공급가액	부가세	거래처	전자세금
12.영세	기능성샴푸	10,000,000	0	(주)제이프라자	전자발행
분개유형	(차) 외상매출금	10,000,000원	(대) 제품매출		10,000,000원
2.외상					

2. [전자세금계산서 발행 및 내역관리] 기출문제 87회 참고

② 확정신고누락분의 수정신고서 반영

1. [매입매출전표입력]

- 11월 20일

거래유형	품명	공급가액	부가세	거래처	전자세금
11.과세	제품	20,000,000	2,000,000	(주)아모레	전자입력
분개유형	(차) 외상매출금	22,000,000원	(대) 제품매출		20,000,000원
2.외상			부가세예수금		2,000,000원

- 12월 20일

거래유형	품명	공급가액	부가세	거래처	전자세금
51.과세	비품	1,000,000	100,000	(주)유니레버	전자입력
분개유형	(차) 비품	1,000,000원	(대) 미지급금		1,100,000원
3.혼합	부가세대급금	100,000원			

- 12월 30일

거래유형	품명	공급가액	부가세	거래처	전자세금
53.면세	원재료	2,000,000	0	자연애	전자입력
분개유형	(차) 원재료	2,000,000원	(대) 외상매입금		2,000,000원
2.외상					

- 11월 30일

거래유형	품명	공급가액	부가세	거래처	전자세금
14.건별	제품증여	3,000,000	300,000		
분개유형	(차) 접대비(판)	2,800,000원	(대) 제품(적요8.타계정으로 대체액)		2,500,000원
3.혼합	(기업업무추진비)		부가세예수금		300,000원

2. [부가가치세신고서] 10월 1일~12월 31일(수정차수 1)

	구 분		수정전 금액	세율	세액	No	수정후 금액	세율	세액
과세표준및매출세액	과세	세금계산서발급분 1	259,300,000	10/100	25,930,000	1	279,300,000	10/100	27,930,000
		매입자발행세금계산서 2		10/100		2		10/100	
		신용카드·현금영수증 3		10/100		3		10/100	
		기타 4		10/100		4	3,000,000	10/100	300,000
	영세	세금계산서발급분 5		0/100		5		0/100	
		기타 6		0/100		6		0/100	
	예정신고누락분	7				7			
	대손세액가감	8				8			
	합계	9	259,300,000	㉮	25,930,000	9	282,300,000	㉮	28,230,000
매입세액	세금계산서수취분	일반매입 10	172,025,000		17,202,500	10	172,025,000		17,202,500
		수출기업수입분납부유예 10-1				10-1			
		고정자산매입 11				11	1,000,000		100,000
	예정신고누락분	12				12			
	매입자발행세금계산서	13				13			
	그밖의공제매입세액	14				14			
	합계 (10-(10-1)+11+12+13+14)	15	172,025,000		17,202,500	15	173,025,000		17,302,500
	공제받지못할매입세액	16				16			
	차감계 (15-16)	17	172,025,000	㉯	17,202,500	17	173,025,000	㉯	17,302,500
납부(환급)세액 (㉮매출세액-㉯매입세액)				㉰	8,727,500			㉰	10,927,500

3. [가산세명세]
   - 세금계산서 발급시기

공급시기	발급기한	지연발급(1%)	미발급(2%)
11/20	12월 10일	12월 11일~익년도 1.25	익년도 1.25까지 미발급

구　　분			공급가액	세액
매출	과세	세 금(전자)	20,000,000(미발급)	2,000,000
		기 타	3,000,000	300,000
	영세	세 금(전자)		
		기 타		
매입	세금계산서 등		3,000,000	100,000
미달신고(납부)←신고 · 납부지연 가산세				2,200,000

1. 전자세금계산서 미발급	20,0000,000원×2%=400,000원
2. 신고불성실	2,200,000원×10%×(1−90%)=22,000원 * 1개월 이내 수정신고시 90% 감면
3. 납부지연	2,200,000원×18일×2.2(가정)/10,000=8,712원
계	430,712원

수정후	구분		금액	세율	세액
25 가산세 명세	사업자미등록	61		1%	
	세금계산서지연발급등	62		1%	
	세금계산서지연수취	63		0.5%	
	세금계산서미발급등	64	20,000,000	뒤쪽참조	400,000
	전자세금계산서 지연전송	65		0.3%	
	전자세금계산서 미전송	66		0.5%	
	세금계산서합계표불성실	67		뒤쪽참조	
	신고불성실	69	2,200,000	뒤쪽참조	22,000
	납부지연	73	2,200,000	뒤쪽참조	8,712
	영세율과세표준신고불성	74		0.5%	
	현금매출명세서미제출	75		1%	
	부동산임대명세서불성실	76		1%	
	매입자거래계좌미사용	77		뒤쪽참조	
	매입자거래계좌지연입금	78		뒤쪽참조	
	신용카드매출전표 등 수령 명세서 미제출·과다기재	79		0.5%	
	합계	80			430,712
67.세금 계산서 합계표 불성실	미제출			0.5%	
	부실기재			0.5%	
	지연제출			0.3%	
	합계				
69.신고 불성실	무신고(일반)			뒤쪽참조	
	무신고(부당)			뒤쪽참조	
	과소·초과환급신고(일반)		2,200,000	뒤쪽참조	22,000
	과소·초과환급신고(부당)			뒤쪽참조	
	합계		2,200,000		22,000

납부(환급)세액 (㉘매출세액-㉖매입세액)		㉘	8,727,500			㉘	10,927,500
경감 그밖의경감·공제세액	18			18			
공제 신용카드매출전표등발행공제계	19	[참고]		19	[참고]		
세액 합계	20	⑳		20		⑳	
소규모 개인사업자 부가가치세 감면세액	20-1	⑩		20-1		⑩	
예정신고미환급세액	21	⑩		21		⑩	
예정고지세액	22	⑭		22		⑭	
사업양수자가 대리납부한 세액	23	⑯		23		⑯	
매입자납부특례에따라납부한세액	24	⑯		24		⑯	
신용카드업자가 대리납부한 세액	25	⑯		25		⑯	
가산세액계	26	㉗		26		㉗	430,712
차가감납부할세액(환급받을세액) (㉘-㉖-㉖-⑩-⑩-⑭-⑯-⑯-⑯+㉗)	27	8,727,500				27	11,358,212

실무수행 3. 결산

1 수동결산 및 자동결산

1. [일반전표입력] 12월 31일

(차) 미수수익   1,000,000원   (대) 이자수익   1,000,000원

☞ 미수수익 = 대여액(50,000,000) × 6% × 4/12 = 1,000,000원

2. [결산자료입력]

(방법1)

– 기말 재고액 원재료 12,000,000원, 제품평가손실 2,000,000원, 제품 10,000,000원 입력 후 상단 툴바의 [전표추가(F3)]를 클릭하여 결산분개 생성한다.

➔ 합계잔액시산표 재고자산금액과 일치

(방법2)

– [일반전표입력] 12월 31일

(차) 제품평가손실   2,000,000원   (대) 제품평가충당금   2,000,000원

– [결산자료입력]

기말 재고액 원재료 12,000,000원, 제품 10,000,000원 입력 후 상단 툴바의 [전표추가(F3)]를 클릭하여 결산분개 생성한다.

3. [이익잉여금처분계산서] 메뉴

– 이익잉여금처분계산서에서 처분일을 입력한 후, [전표추가(F3)]를 클릭하여 손익대체 분개를 생성한다.

평가문제. 입력자료 및 회계정보를 조회하여 [평가문제]의 답안을 입력하시오.(70점)

번호	평가문제	배점	답
11	평가문제 [손익계산서조회]	3	(4,843,043)원
12	평가문제 [재무상태표 조회]	3	(1,277,306,762)원
13	평가문제 [재무상태표 조회]	2	(565,934,262)원
14	평가문제 [재무상태표 조회]	2	④
15	평가문제 [재무상태표 조회]	2	(20,000,000)원
16	평가문제 [일/월계표 조회]	2	(1,000,000)원
17	평가문제 [전자세금계산서 발행 및 내역관리 조회]	2	(5)
18	평가문제 [부가가치세신고서 조회]	3	(28,230,000)원
19	평가문제 [부가가치세신고서 조회]	3	(17,302,500)원
20	평가문제 [부가가치세신고서 조회]	3	(430,712)원
재무회계 소계		25	

실무수행 4. 원천징수 관리

1 국세청연말정산간소화 및 이외의 자료를 기준으로 연말정산(김윤희)

관계	요 건		기본 공제	추가 (자녀)	판 단
	연령	소득			
본인(여성)	–	–	○		근로소득금액이 3,000만원을 초과하여 부녀자공제 대상아님(총급여액 44,600,000원)
배우자	–	○	○		총급여액 5백만원 이하자
매(36)	×	○	○	장애(1)	장애인은 연령요건을 따지지 않는다.
자1(15)	○	○	○	자녀	
자2(14)	×	○	○	자녀	

1. 종근무지 등록

근무 처명	사업자 등록번호	급여	보험료 명세				세액명세		근무 기간
			건강 보험	장기 요양	고용 보험	국민 연금	소득세	지방 소득세	
㈜뉴진스	504-81-43121	5,000,000	176,200	15,200		150,000	58,400	5,840	1.1~12.31

〈연말정산대상 여부 판단〉

항 목	요건		내역 및 대상여부	입력
	연령	소득		
신용카드	×	○	• 본인 신용카드(회사경비는 대상에서 제외) • 시누이 신용카드(형제자매는 대상에서 제외) • 배우자 신용카드	○(일반 5,030,000) ○(전통 2,500,000) ○(대중 135,000) ○(문화 500,000) × ○(일반 3,000,000) ○(전통 245,000) ○(대중 1,500,000)
의 료 비	×	×	• 자1 의료비(안경은 500,000한도) – 실손의료보험금 500,000 차감 – 치료목적의 성형수술은 의료비 대상	○(일반 2,500,000)
보 험 료	○ (×)	○	• 시누이 장애인 생명보험료 • 자1 보장성보험료	○(장애 2,000,000) ○(일반 1,200,000)

2. 신용카드 공제

공제대상자			신용카드 등 사용액공제								
내.외 성 명	구분	⑤소계(⑥+⑦+⑧+⑨+⑩+⑪)	⑥신용카드	⑦직불선불카드	⑧현금영수증	⑨문화체육사용분(총급여7천만원이하자만)			⑩전통시장사용분	⑪대중교통이용분
관계 생년월일						신용카드	직불선불카드	현금영수증		
내 김윤회	국세청자료	8,165,000	5,030,000			500,000			2,500,000	135,000
본인 1985-05-27	그밖의자료									
내 전상수	국세청자료	4,745,000	3,000,000						245,000	1,500,000
3 1980-09-02	그밖의자료									
⑤-1 합 계		12,910,000	8,030,000			500,000			2,745,000	1,635,000

3. 의료비 세액공제

	공제대상자				지급처			지급명세			난임시술비 해당 여부	중증질환 결핵환자등	산후조리원 해당여부	미숙아·선천성이상아	시력보정용 안경,렌즈 구입비
	부양가족 관계코드	성명	내외	주민등록번호	본인등 해당여부	상호	사업자번호	의료증빙코 드	건수	지급액	실손의료보험금				
1	직계비속(자녀,입	전하은	내	110101-4231454	X			국세청	1	2,500,000	500,000	X	X	X	X	X
2	직계비속(자녀,입	전하은	내	110101-4231454	X			국세청	2	500,000		X	X	X	X	0
합 계									3	3,000,000	500,000					

4. 보험료 세액공제

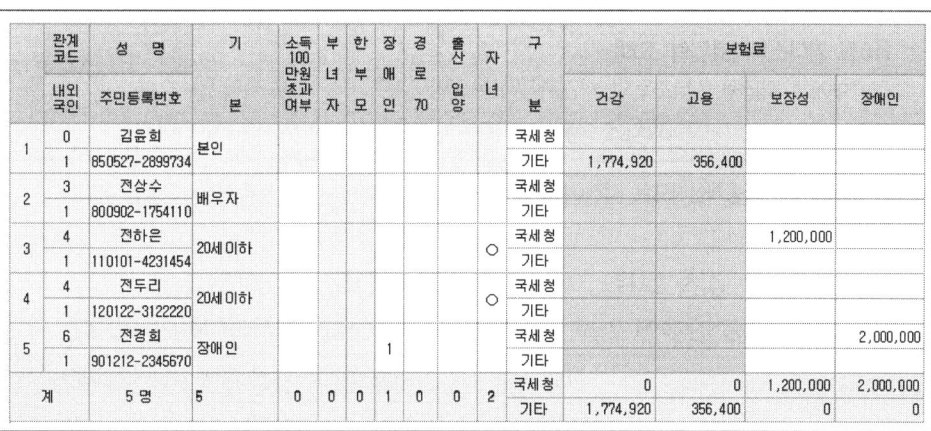

관계코드	성 명	기본	소득100만원초과여부	부녀자	한부모	장애인	경로70	출산입양	자녀	구분	보험료			
내외국인	주민등록번호										건강	고용	보장성	장애인
1	0 김윤회	본인								국세청				
	1 850527-2899734									기타	1,774,920	356,400		
2	3 전상수	배우자								국세청				
	1 800902-1754110									기타				
3	4 전하은	20세 이하							○	국세청			1,200,000	
	1 110101-4231454									기타				
4	4 전두리	20세 이하							○	국세청				
	1 120122-3122220									기타				
5	6 전경회	장애인				1				국세청				2,000,000
	1 901212-2345670									기타				
계	5 명	5	0	0	0	1	0	0	2	국세청	0	0	1,200,000	2,000,000
										기타	1,774,920	356,400	0	0

② 기타소득의 원천징수

1. [기타소득자입력] 2200.이선희

소득구분에서 코드 '71'(상금)를 선택하고 관련 정보를 입력한다. 상금의 경우 필요경비율 80%

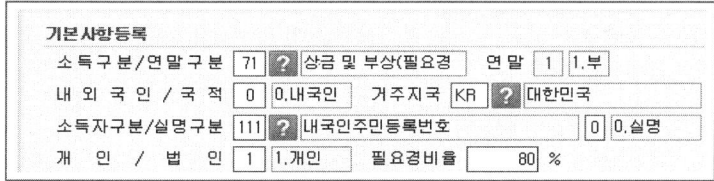

기본 사항등록					
소 득 구 분/연 말 구 분	71 ? 상금 및 부상(필요경	연 말	1	1.부	
내 외 국 인 / 국 적	0 0.내국인	거주지국	KR ? 대한민국		
소득자구분/실명구분	111 ? 내국인주민등록번호		0	0.실명	
개 인 / 법 인	1 1.개인	필요경비율	80 %		

2. [기타소득자료입력] 지급(귀속)년월 10월, 지급년월일 10월 27일

소득지급내역	소득자정보

● 기타 관리 항목

소득구분	법인/개인	필요경비율	영수일자	연말정산적용여부	사업자등록번호	세액감면 및 제한세율근거	계정과목
71 상금 및 부상	개인	80.000	20x1-10-27	부			

● 소득 지급 내역

귀속년월	지급년월일		지급총액	필요경비	소득금액	세율(%)	소득세	법…	지방소득세	농…	세액계	차인지급액
20x1-10	20x1-10	27	3,000,000	2,400,000	600,000	20.000	120,000		12,000		132,000	2,868,000

[실무수행평가] – 원천징수관리

번호	평가문제 [김윤희 근로소득원천징수영수증 조회]	배점	답
21	'41. 신용카드' 공제대상액은 얼마인가?	2	(310,000)원
22	'61. 보험료' 세액공제액은 얼마인가?	2	(270,000)원
23	'62. 의료비' 세액공제액은 얼마인가?	3	(78,002)원
24	[10월 기타소득자료입력 조회] 이선희에게 지급될 기타소득의 차인지급액은 얼마인가?	3	(2,868,000)원
	원천징수 소계	10	

※ 21,24는 프로그램이 자동계산하므로 시점(세법개정, 프로그램 업데이트)마다 달라질 수가 있습니다.

←참고사항 : 세액공제 총급여액 44,600,000원→

※ 시험시 프로그램이 자동계산되어진 것으로 답을 입력하시고 시간이 남으시면 체크해 보시기 바랍니다.

		한도	공제율	대상금액	세액공제
1. 보험료	일반	1백만원	12%	1,200,000	120,000
	장애인	1백만원	15%	2,000,000	150,000
	계			3,200,000	270,000
2. 의료비	일반	–	15%	2,500,000	174,300
	☞ 의료비세액공제＝[2,500,000－총급여액(44,600,000)×3%]×15%＝174,300				

☞ 의료비세액공제액이 174,300원이나 산출세액＜공제세액이 될 경우 세액이 0가 될 때까지 공제된다. 따라서 프로그램에 계산된 공제세액을 입력해야 합니다.

실무수행 5. 법인세관리

① 수입금액조정명세서

1. [1. 수입금액 조정계산]

- 상단부의 [매출조회]를 클릭하여 결산서상 수입금액을 반영한다.

①	1.수입금액 조정계산					
	계정과목		③결산서상 수입금액	조 정		⑥조정후 수입금액 (③+④-⑤)
	①항 목	②과 목		④가산	⑤차감	
1	매 출	제품매출	1,311,386,010			1,311,386,010

2. [2. 수입금액 조정명세]

다. 기타수입금액 반영

- 전기제품매출 수입금액 − 30,000,000원 대응원가 − 21,000,000원을 입력한다.
- 위탁매출 수입금액 − 12,000,000원 대응원가 − 9,600,000원을 입력한다.

④	다. 기타 수입금액				
	(23)구분	(24)근거법령	(25)수입금액	(26)대응원가	비고
1	전기제품매출		−30,000,000	−21,000,000	
2	위탁매출		−12,000,000	−9,600,000	

3. [1. 수입금액 조정계산]에 조정사항 반영

- 제품매출 ⑤차감란에 42,000,000원 입력한다.

①	1.수입금액 조정계산					
	계정과목		③결산서상 수입금액	조 정		⑥조정후 수입금액 (③+④-⑤)
	①항 목	②과 목		④가산	⑤차감	
1	매 출	제품매출	1,311,386,010		42,000,000	1,269,386,010

4. 소득금액조정합계표 작성

익금불산입	전기 제품매출	30,000,000원	유보감소
손금불산입	전기 제품매출원가	21,000,000원	유보감소
익금불산입	위탁매출	12,000,000원	유보발생
손금불산입	위탁매출원가	9,600,000원	유보발생

[실무수행평가] - 법인세관리 1

번호	평가문제 [수입금액 조정명세서 조회]	배점	답
25	'⑥조정후 수입금액' 합계는 얼마인가?	3	(1,269,386,010)원
26	익금불산입할 총금액은 얼마인가?	2	(42,000,000)원
27	손금불산입할 총금액은 얼마인가?	2	(30,600,000)원

② 퇴직급여충당금조정명세서

1. [퇴직급여충당부채 계정별 잔액조회]

날짜	적요	코드	거래처명	차변	대변	잔액
	전기이월				38,000,000	38,000,000
07-31	퇴직금지급			16,000,000		22,000,000
	[월 계]			16,000,000		
	[누 계]			16,000,000	38,000,000	
12-31	퇴직충당부채의당기설정액				58,000,000	80,000,000
12-31	퇴직충당부채의당기설정액				10,000,000	90,000,000
	[월 계]				68,000,000	
	[누 계]			16,000,000	106,000,000	

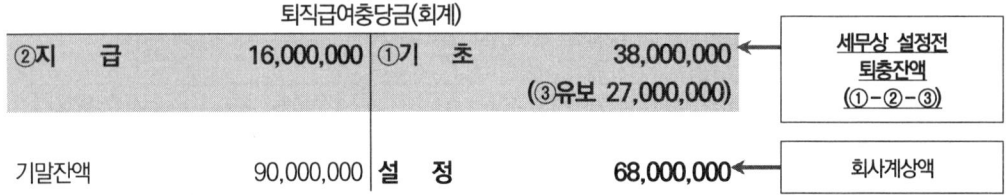

퇴직급여충당금(회계)

②지 급	16,000,000	①기 초	38,000,000	→ 세무상 설정전 퇴충잔액 (①-②-③)
		(③유보 27,000,000)		
기말잔액	90,000,000	설 정	68,000,000	→ 회사계상액

2. [퇴직급여충당금조정명세서]

① 총급여액 및 퇴직급여추계액 명세

구 분			18.퇴직급여 지급대상이 아닌 임원 또는 직원에…		19.퇴직급여 지급대상인 임원 또는 직원에 대한…		20.기말현재 임원 또는 직원 전원의 퇴…	
계정명	인원	금액	인원	금액	인원	금액	인원	금액
급여(판)	3	129,610,000	1	40,500,000	2	89,110,000	10	80,080,000
임금(제)	10	651,980,000	2	73,800,000	8	578,180,000		

21.「근로자퇴직급여보장법」에 따른…	
인원	금액
10	90,000,000

구 분		17.총급여액		18.		19.	22.세법상 추계액 MAX(20, 21)	
계	13	781,590,000	3	114,300,000	10	667,290,000	금액	90,000,000

② 퇴직급여 충당금 조정

영 제60조 제1항에 의한 한도액	1. 퇴직급여 지급대상이 되는 임원 또는 직원에게 지급한 총급여액			2. 설정률	3. 한도액	비고
			667,290,000	5 / 100	33,364,500	
영 제60조 제2항 및 제3항에 의한 한도액	4.장부상 충당금기초잔액	5.확정기여형 퇴직 연금자의 설정전 기계상된 퇴직급여충당금	6.기중 충당금 환입액	7.기초충당금 부인누계액	8.기중 퇴직금 지급액	9.차감액 (4-5-6-7-8)
	38,000,000			27,000,000	16,000,000	-5,000,000
	10.추계액대비설정액 (22X(0%))	11.퇴직금전환금		12.설정률 감소에 따라 환입을 제외하는 금액 MAX(9-10-11,0)	13.누적한도액 (10-9+11+12)	
한도초과액 계 산	14.한도액 (3과 13중 적은금액)		15.회사계상액		16.한도초과액 (15-14)	
			68,000,000		68,000,000	

3. [소득금액조정합계표]

손금불산입	퇴직급여충당금한도초과액	68,000,000원	유보발생
손금산입	전기퇴직급여충당부채	5,000,000원	유보감소

[실무수행평가] - 법인세관리 2

번호	평가문제 [퇴직급여충당금조정명세서 조회]	배점	답
28	'8.기중 퇴직금 지급액'은 얼마인가?	2	(16,000,000)원
29	손금산입할 총금액은 얼마인가?	2	(5,000,000)원
30	손금불산입할 총금액은 얼마인가?	3	(68,000,000)원

③ 선급비용명세서

1. 선급비용명세서

No	구분	적요	거래처	선급비용	회사계상액	세무조정대상금액
1	선급 보험료	공장건물보험료	하나손해보험(주)	5,632,027	1,300,000	4,332,027
2						

선급비용 계산					
해당기간		지급액	선급비용	회사계상액	세무조정대상금액
20×1 10 01 ~ 20×2 09 30		7,530,000	5,632,027	1,300,000	4,332,027

No	구분	적요	거래처	선급비용	회사계상액	세무조정대상금액
1	선급 보험료	공장건물 보험료	하나손해보험(주)	5,632,027	1,300,000	4,332,027
2	선급 임차료	사무기기 임차료	(주)오피스박스	731,835		731,835
3						

선급비용 계산					
해당기간		지급액	선급비용	회사계상액	세무조정대상금액
20×1 08 01 ~ 20×2 07 31		1,260,000	731,835		731,835

2. [소득금액조정합계표]

손금불산입	공장건물 보험료 선급비용	4,332,027원	유보발생
손금불산입	사무기기 임차료 선급비용	731,835원	유보발생
손금산입[*1]	전기분 임차료 선급비용	1,900,000원	유보감소

*1. 선급기간이 20x1.1.1.~20x2.12.31.이므로 3,800,000원×12개월/24개월 만큼 유보를 추인한다.

[실무수행평가] - 법인세관리 3

번호	평가문제 [선급비용명세서 조회]	배점	답
31	보험료(제)의 세무조정 대상금액은 얼마인가?	3	(4,332,027)원
32	임차료(판)의 세무조정 대상금액은 얼마인가?	2	(731,835)원
33	전기분 선급비용(임차료)의 세무조정 대상금액은 얼마인가?	2	(1,900,000)원

4 업무무관지급이자조정명세서(갑,을)

1. [업무무관 지급이자조정명세서(을)]

① 업무무관 부동산의 적수

	①월일	②적요	③차 변	④대 변	④잔 액	⑥일수	⑦적 수
1	05-02	취득	290,000,000		290,000,000	244	70,760,000,000

② 업무무관 동산의 적수

	①월일	②적요	③차 변	④대 변	④잔 액	⑥일수	⑦적 수
1	01-01	전기이월	30,000,000		30,000,000	365	10,950,000,000

③ 가지급금등의 적수

	①월일	②적요	③차 변	④대 변	④잔 액	⑥일수	⑦적 수
1	05-17	지급	80,000,000		80,000,000	44	3,520,000,000
2	06-30	회수		15,000,000	65,000,000	102	6,630,000,000
3	10-10	지급	5,000,000		70,000,000	83	5,810,000,000

④ 가수금 등의 적수

	①월일	②적요	③차 변	④대 변	④잔 액	⑥일수	⑦적 수
1	01-02	일시가수		20,000,000	20,000,000	77	1,540,000,000
2	03-20	가수반제	20,000,000			287	

2. [업무무관 지급이자조정명세서(갑)]

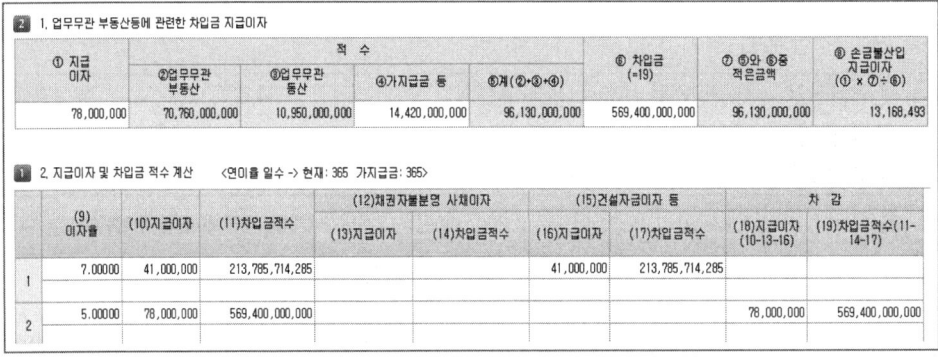

3. 소득금액조정합계표 작성

손금불산입	세금과공과금(재산세)	2,400,000원	기타사외유출
손금불산입	건설자금이자	41,000,000원	유보발생
손금불산입	업무무관지급이자	13,168,493원	기타사외유출

[실무수행평가] - 법인세관리 4

번호	평가문제 [업무무관 지급이자조정명세서(갑) 조회]	배점	답
34	'①지급이자' 금액은 얼마인가?	2	(78,000,000)원
35	유보발생으로 소득처분할 금액은 얼마인가?	2	(41,000,000)원
36	기타사외유출로 소득처분할 총금액은 얼마인가?	3	(15,568,493)원

5 가산세액계산서

1. 가산세액계산서

① 지출증명서류 미수취 가산세 계산

※ 가산세 : 10,800,000원×2% = 216,000원

계정과목	금 액	가산세 대상여부
비품	9,300,000원	가산세 대상(일반과세자)
운반비	1,500,000원	가산세 대상(경비등 송금명세서 미제출)
소모품	590,000원	법정증빙 수취(가산세 제외)
교육훈련비	3,000,000원	법정증빙 제외대상(가산세 제외)

② 기타 가산세 계산

구 분	해 당 금 액	계 산 내 역
간이지급명세서(사업소득)	17,000,000원	17,000,000원×0.25% = 42,500원 (1개월 이후에 제출하였으므로 0.25% 적용 – 감면없음)
주식등 변동상황명세서	24,000,000원	24,000,000원×0.5% = 120,000원 (1개월 이내에 제출하였으므로 50% 감면 적용)

각 사업연도 소득에 대한 법인세분		토지 등 양도소득에 대한 법인세분		미환류소득에 대한 법인세분		
(1) 구 분		(2) 계 산 기 준	(3) 기 준 금 액	(4) 가산세율	(5)코드	(6) 가 산 세 액
지출증명서류		미(허위)수취금액	10,800,000	2/100	8	216,000
지급 명세서	미(누락)제출	미(누락)제출금액		10/1,000	9	
	불분명	불분명금액		1/100	10	
	상증법 §82①⑥	미(누락)제출금액		2/1,000	61	
		불분명금액		2/10,000	62	
	상증법 §82③④	미(누락)제출금액		2/10,000	67	
		불분명금액		2/10,000	68	
	「법인세법」 제75조의7제1항 (일용근로)	미제출금액		25/10,000	96	
		불분명금액		25/10,000	97	
	「법인세법」 제75조의7제1항 (간이지급명세서)	미제출금액	17,000,000	25/10,000	102	42,500
		불분명금액		25/10,000	103	
	소 계		17,000,000		11	42,500
주식 등 변동	미제출	액면(출자)가액	24,000,000	5/1,000	12	120,000
	누락제출	액면(출자)가액		10/1,000	13	
합 계					21	378,500

2. 법인세과세표준 및 세액조정계산서

① 각사업연도소득금액계산	101.결 산 서 상 당 기 순 손 익	01	147,063,451		④ 납부할세액계산	120.산 출 세 액(120=119)				31,679,161
	소득금액조정금액	102.익 금 산 입	02	160,232,355		121.최저한세 적용대상 공제감면세액	17			
		103.손 금 산 입	03	48,900,000		122.차 감 세 액	18			31,679,161
	104.차가감소득금액(101 + 102 - 103)	04	258,395,806		123.최저한세 적용제외 공제감면세액	19			
	105.기 부 금 한 도 초 과 액	05			124.가 산 세 액	20			378,500
	106.기부금한도초과이월액 손 금 산 입	54			125.가 감 계(122-123+124)	21			32,057,661
	107.각사업연도소득금액(104+105-106)	06	258,395,806		기 납 부 세 액	기한내납부세액	126.중 간 예 납 세 액	22		
② 과세표준계산	108.각 사 업 연 도 소득금액(108=107)		258,395,806				127.수 시 부 과 세 액	23		
	109.이 월 결 손 금	07					128.원 천 납 부 세 액	24		
	110.비 과 세 소 득	08					129.간접회사등외국납부세액	25		
	111.소 득 공 제	09					130.소 계(126+127+128+129)	26		
	112.과 세 표 준 (108-109-110-111)	10	258,395,806			131.신 고 납 부 전 가 산 세 액	27		
	159.선 박 표 준 이 익	55				132.합 계(130+131)	28		
					133.감 면 분 추 가 납 부 세 액	29		
③ 산출세액계산	113.과 세 표 준 (113=112+159)	56	258,395,806		134.차가감납부할 세액(125-132+133)	30			32,057,661
	114.세 율	11	20%	토지등 양도소득에 대한 법인세 계산(TAB으로 이동)						
	115.산 출 세 액	12	31,679,161	미환류소득법인세 계산(F3으로 이동)/ 중소기업제외						
	116.지 점 유 보 소 득(법 제96조)	13			⑦ 세액계	151.차가감납부할세액계(134+150+166)	46			32,057,661
	117.세 율	14			152.사실과다른회계처리경정 세액공제	57			
	118.산 출 세 액	15			153.분 납 세 액 계 산 범 위 액	47			31,679,161
	119.합 계(115+118)	16	31,679,161		분 납 할 세 액	50			
					차 감 납 부 세 액	53			32,057,661

[실무수행평가] - 법인세관리 5

번호	평가문제 [가산세액계산서 조회]	배점	답
37	지출증명서류 미수취 가산세액은 얼마인가?	2	(216,000)원
38	간이지급명세서 미제출 가산세액은 얼마인가?	2	(42,500)원
39	'125.가감계' 금액은 얼마인가?	3	①
법인세관리 소계		35	

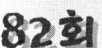

합격율	시험년월
28%	2025.06

실무이론평가

[1] 다음 대화에서 공통적으로 다루고 있는 회계정보의 질적 특성은 무엇인가?

> A : 재무제표 작성 시에는 당해 연도와 직전 연도 정보를 함께 표시하지.
> B : 회계정책은 매년 계속 적용하고, 정당한 사유 없이 이를 변경해서는 안 되지.
> C : 같은 업종의 기업들이 동일한 회계처리 기준을 사용한다면 회계정보의 유용성이 증대될 수 있지.

※ 1차 저작권자의 저작권 침해 소지가 있어 삽화 삽입은 어려우니 양해바랍니다.

① 목적적합성   ② 신뢰성
③ 중요성   ④ 비교가능성

[2] 다음은 (주)한공의 20x1년 말 보유중인 상품에 대한 자료이다. 이를 토대로 매출원가에 포함될 재고자산감모손실과 재고자산평가손실의 합계액을 계산하면 얼마인가?(단, 재고자산감모손실은 정상적으로 발생하였다.)

• 장부수량	1,000개	• 실사수량	920개
• 단위당 취득원가	1,000원	• 단위당 순실현가능가치	850원

① 80,000원   ② 138,000원
③ 218,000원   ④ 220,000원

[3] (주)한공의 결산정리사항 반영 전 법인세비용차감전순이익은 2,000,000원이다. 다음 결산정리사항을 반영한 후 법인세비용차감전순이익은 얼마인가?(단, (주)한공은 해당 결산항목과 관련하여 기중 현금을 수령하거나 지급할 경우 전액 수익 또는 비용으로 처리한다.)

> • 미수이자   200,000원   • 선급비용   300,000원
> • 미지급이자 100,000원   • 선수수익   500,000원

① 1,800,000원   ② 1,900,000원
③ 2,000,000원   ④ 2,100,000원

[4] 다음 자료를 토대로 20x1년 12월 31일 결산 시 (주)한공이 인식해야 할 유형자산 손상차손을 계산하면 얼마인가?

> • 20x0년 1월 1일 공장에서 사용할 기계장치를 20,000,000원에 취득하다.
>   (내용연수 5년, 잔존가치 0원, 정액법)
> • 20x1년 12월 31일 기계장치가 장기간 유휴화되어 손상검사를 실시한 결과 6,000,000원에 매각가능하며, 8,000,000원의 사용가치가 있다.

① 2,000,000원   ② 4,000,000원
③ 6,000,000원   ④ 8,000,000원

[5] 다음은 (주)한공의 주식발행 관련 자료이다. 이에 대한 회계처리가 자본항목에 미치는 영향으로 옳지 <u>않은</u> 것은?

> • 장기운용자금 조달 목적으로 신주 2,000주(1주당 액면금액 10,000원)를 16,000,000원에 발행하다.
> • 신주발행 시 발생한 비용 2,000,000원을 제외한 주식대금 잔액은 전액 보통예금으로 납입받다.
> • 신주발행시 주식발행초과금 미상각잔액이 4,000,000원이 있다.

① 자본금 20,000,000원이 증가한다.
② 주식할인발행차금 2,000,000원이 증가한다.
③ 주식발행초과금 4,000,000원이 감소한다.
④ 이익잉여금 14,000,000원이 증가한다.

[6] 다음은 (주)한공의 20x1년 제1기 부가가치세 확정신고와 관련된 내역이다. 대손세액공제 후 매출세액을 구하면 얼마인가?

가. 제품매출액(공급가액)	170,000,000원
나. 사업용으로 사용하던 토지의 매각	40,000,000원
다. 매출채권 회수지연에 따른 연체이자	1,000,000원
라. 거래처 파산으로 인해 대손확정된 매출채권(부가가치세 포함)	77,000,000원

① 10,000,000원

② 11,000,000원

③ 14,000,000원

④ 15,000,000원

[7] 다음 자료를 토대로 거주자 김한공 씨(남성, 52세)의 20x1년도 종합소득공제액을 계산하면 얼마인가?

(1) 가족현황

구 분	나 이	비 고
배우자	48세	소득 없음
부 친	75세	20x1년 7월 5일 사망
장 인	69세	주거형편상 별거하고 있으며, 소득 없음
장 남	25세	장애인, 사업소득금액 5,000,000원 있음
장 녀	17세	소득 없음

(2) 국민연금보험료 본인부담분 2,000,000원, 건강보험료 및 노인장기요양보험료 본인부담분 600,000원을 납부하였음.

① 8,500,000원

② 11,100,000원

③ 12,100,000원

④ 15,600,000원

[8] 다음 중 소득세 신고·납부에 대한 설명으로 옳지 <u>않은</u> 것은?

① 근로소득만 있는 거주자가 근로소득에 대한 연말정산을 한 경우에는 과세표준 확정신고의무가 없다.

② 거주자가 사망한 경우에는 상속개시일이 속하는 달의 말일부터 6개월이 되는 날까지 과세표준 확정신고를 하여야 한다.

③ 신규로 사업을 개시한 자는 중간예납 신고의 의무가 없다.

④ 확정신고 시 납부할 세액이 9백만원인 경우 5백만원을 초과하는 금액은 분할납부가 가능하다.

[9] 다음 중 법인세법상 세무조정에 관한 설명으로 옳은 것은?

① 업무와 관련하여 발생한 교통사고벌과금을 손익계산서에 비용으로 계상한 경우에 별도의 세무조정이 필요없다.

② 비지정기부금을 손익계산서에 비용으로 계상한 경우에 손금불산입의 세무조정이 필요하다.

③ 산재보상보험료의 연체금을 손익계산서에 비용으로 계상한 경우에 손금불산입의 세무조정이 필요하다.

④ 감가상각비를 세법상의 상각범위액보다 과대계상하고 전년도에 상각부인액이 있는 경우에 손금산입의 세무조정이 필요하다.

[10] 다음은 (주)한공의 제5기 사업연도(20x1.1.1.~20x1.12.31.) 과세자료이다. 이를 토대로 법인세법상 각사업연도소득금액을 계산하면 얼마인가?

> 1. 손익계산서상 당기순이익은 300,000,000원이다.
> 2. 손익계산서상 다음과 같은 사실이 발견되었다.
>   (1) 당기의 제품매출액 50,000,000원과 그 매출원가 32,000,000원이 누락되었다.
>   (2) 거래처에 대한 납품을 지연하여 부담한 지체상금 10,000,000원이 잡손실에 계상되어 있다.
>   (3) 인건비 중에는 급여지급기준을 초과하여 임원에게 지급한 상여금 18,000,000원이 포함되어 있다.
>   (4) 손익계산서상의 일반기부금은 8,000,000원이고 법인세법상 당기의 일반기부금한도액은 30,000,000원이며, 전기부터 이월된 일반기부금 한도초과액은 15,000,000원이 있다.
>   (5) 손익계산서상의 법인세비용은 46,000,000원이다.

① 315,000,000원
② 352,000,000원
③ 367,000,000원
④ 382,000,000원

실무수행평가

(주)지용테크(1820)는 로봇청소기를 제조하여 판매하는 법인기업으로 회계기간은 제7기(20x1.1.1.~ 20x1.12.31.)이다. 제시된 자료와 [자료설명]을 참고하여 [수행과제]를 완료하고 [평가문제]의 물음에 답하시오.

실무수행1 거래자료 입력

실무프로세스자료이다. [자료설명]을 참고하여 [수행과제]를 수행하시오.

① 잉여금처분

이익잉여금처분계산서

20x0년 1월 1일부터 20x0년 12월 31일까지
처분확정일 20x1년 2월 28일

(주)지용테크 (단위 : 원)

과 목	금	액
Ⅰ. 미처분이익잉여금		182,000,000
1. 전기이월미처분이익잉여금	150,000,000	
2. 당기순이익	32,000,000	
Ⅱ. 임의적립금 등의 이입액		5,000,000
1. 감채적립금	5,000,000	
합 계		187,000,000
Ⅲ. 이익잉여금 처분액		(**********)
1. 이익준비금	(**********)	
2. 배당금	40,000,000	
가. 현금배당	20,000,000	
나. 주식배당	20,000,000	
3. 사업확장적립금	10,000,000	
Ⅳ. 차기이월 미처분이익잉여금		(**********)

자료설명	1. 자료는 정기주주총회에서 승인된 이익잉여금처분계산서이다. 2. 이익준비금의 적립액은 상법규정에 의한 최소금액을 적립한다. 　(단, 기초 이익준비금은 고려하지 않는다.)
수행과제	1. 처분확정일에 대한 회계처리를 입력하시오. 2. 전기분 이익잉여금처분계산서를 작성하시오.

② 퇴직연금

자료 1. 퇴직연금 규약 신고서

[ ] 확정급여형 [■] 확정기여형 [ ] 혼합형		퇴직연금규약 신고서		

발급번호		접수일	발급일	처리기간	7일

신고 내용	사업명(사업장명)	(주)지용테크	사업자등록번호(법인등록번호) 104-81-43125		
	대표자 성명	최종호	업종(주산품) 제조업외/로봇청소기외		
	상시 근로자 수	3명	노동조합원 수 0명		
	주소	서울특별시 서초구 서초대로 53			
	전화번호	02-569-4209	팩스(Fax)번호 02-569-4248		
	퇴직급여제도 형 태	[ ] 확정급여형퇴직연금제도 [■] 확정기여형퇴직연금제도 [ ] 「근로자퇴직급여 보장법」 제6조에 따른 혼합형 퇴직연금제도(뒤쪽 참조) [ ] 퇴직금제도 ※ 해당 사업(사업장) 적용되는 퇴직급여제도에 모두 표시합니다.			
	의 견 청 취 일 또는 동의일	20x1 년 3월 10일			

「근로자퇴직급여 보장법」 제13조·제19조 및 같은 법 시행규칙 제2조에 따라 위와 같이 퇴직연금규약을 신고(신규 / 변경)합니다.

20x1 년   3 월   10일

신고인(사업장 대표)   (주)지용테크   (서명 또는 인)

자료 2. 보통예금(하나은행) 거래내역

		내 용	찾으신금액	맡기신금액	잔 액	거래점
번호	거래일	계좌번호 626-910004-9770 (주)지용테크				
1	20x1-3-30	이한길(생산직)	300,000		***	***
2	20x1-3-30	유승한(생산직)	250,000		***	***
3	20x1-3-30	김은영(사무직)	200,000		***	***

자료설명	1. 자료 1은 당사 직원들의 퇴직연금을 신규가입하고 관할 관청에 제출한 퇴직연금규약 신고서이다. 2. 자료 2는 직원의 퇴직연금을 하나은행 보통예금 통장에서 이체한 내역이다.
수행과제	거래자료를 입력하시오.

646

실무수행2 | 부가가치세관리

부가가치세 신고 관련 자료이다. [자료설명]을 참고하여 [수행과제]를 수행하시오.

① 수정전자세금계산서의 발행

전자세금계산서				(공급자 보관용)			승인번호		

공급자	등록번호	104-81-43125				공급받는자	등록번호	120-81-34671		
	상호	(주)지용테크	성명(대표자)	최종호			상호	(주)드림전자	성명(대표자)	강훈
	사업장주소	서울특별시 서초구 서초대로 53					사업장주소	서울특별시 강남구 강남대로 654길		
	업태	제조업외		종사업장번호			업태	도소매업		종사업장번호
	종목	로봇청소기외					종목	가전제품		
	E-Mail	jiyoung@bill36524.com					E-Mail	dream@bill36524.com		

작성일자	20x1.5.30	공급가액	12,500,000	세액	1,250,000
비고					

월	일	품목명	규격	수량	단가	공급가액	세액	비고
5	30	로봇청소기		10	1,250,000	12,500,000	1,250,000	

합계금액	현금	수표	어음	외상미수금	이 금액을	○ 영수 / ● 청구	함
13,750,000				13,750,000			

자료설명	1. (주)드림전자에 제품을 공급하고 발급한 전자세금계산서이다.
	2. 제품에 하자가 발생하여 일부 반품되었다.
	  - 환입일자 : 20x1년 6월 9일
	  - 환입수량 : 3개

수행과제	1. 수정사유를 선택하여 환입에 따른 수정전자세금계산서를 발급·전송하시오.
	  (전자세금계산서 발급 시 결제내역 및 전송일자는 무시할 것.)
	2. 매출환입에 대한 회계처리를 입력하시오.
	  (외상대금 및 제품매출에서 음수(-)로 처리할 것.)

② 기한후 신고

자료 1. 매출전자세금계산서 누락분(제품 매출)

매출전자세금계산서 목록								
번호	작성일자	승인번호	발급일자	전송일자	상호	공급가액	세액	전자세금계산서종류
1	20x1-11-10	생략	20x2-01-31	20x2-02-01	(주)전자세상	30,000,000원	3,000,000원	일반
2	20x1-12-10	생략	20x1-12-10	20x1-12-10	(주)테크노파크	20,000,000원	0원	영세

자료 2. 수출신고서 누락분(제품 매출)

수출신고서 목록					
번호	선적일자	상호	선적일 기준환율	외화금액	공급가액
1	20x1-12-20	GDSTAR Co.,Ltd.	1,300/USD	$10,000	13,000,000원

자료 3. 매입전자세금계산서 누락분(차량운반구 2,500cc 화물차)

매입전자세금계산서 목록								
번호	작성일자	승인번호	발급일자	전송일자	상호	공급가액	세액	전자세금계산서종류
1	20x1-10-30	생략	20x1-10-30	20x1-10-31	(주)현대자동차	21,000,000원	2,100,000원	일반

자료설명	1. 자료 1~3은 20x1년 제2기 과세기간 최종 3개월(20x1.10.1.~20x1.12.31.)의 매출과 매입자료이다. 2. 제2기 부가가치세 확정신고를 기한 내에 하지 못하여 20x2년 2월 4일에 기한후 신고납부하려고 한다. 3. 20x1년 제2기 예정신고는 적법하게 신고하였다. 4. 자료 3의 차량운반구는 생산부에서 사용할 목적으로 취득하였다. 5. 신고불성실가산세는 일반무신고에 의한 가산세율을 적용하며, 미납일수는 10일, 2.2/10,000로 가정한다.
수행과제	1. 자료 1~3의 거래자료를 입력하시오.(제시된 거래는 모두 외상이며, 전자세금계산서 거래분은 '전자입력'으로 처리할 것.) 2. 가산세를 적용하여 제2기 부가가치세 확정신고서를 작성하시오. (과세표준명세의 '신고구분'과 '신고년월일'을 기재할 것.)

실무수행3 | 결산

[결산자료]를 참고로 결산을 수행하시오.(단, 제시된 자료 이외의 자료는 없다고 가정함.)

① 수동결산 및 자동결산

자료설명	1. 유가증권 평가 자료. 유가증권취득 내역

취득일	종류	보유목적	수량	취득단가	20x0년 12월 31일 주당 공정가치	20x1년 12월 31일 주당 공정가치
2022년 3월 31일	주식	장기투자목적	2,800주	14,000원	19,000원	17,000원

- 20x1년 12월 31일 공정가치로 평가한다.

2. 재고자산 실사내역

구 분	단위당원가	장부내역		실사내역	
		수량	금액	수량	금액
원재료	12,000원	350개	4,200,000원	310개	3,720,000원
재공품	20,000원	200개	4,000,000원	190개	3,800,000원
제품	50,000원	100개	5,000,000원	100개	5,000,000원

- 원재료의 기말재고 부족분은 비정상적 감모이고, 재공품 부족분은 정상적 감모이다.

3. 이익잉여금처분계산서 처분확정(예정)일
   - 당기 : 20x2년 2월 28일
   - 전기 : 20x1년 2월 28일

수행과제	결산을 완료하고 이익잉여금처분계산서에서 손익대체분개를 하시오. (단, 이익잉여금처분내역은 없는 것으로 하고 미처분이익잉여금 전액을 이월이익잉여금으로 이월하기로 한다.)

평가문제	입력자료 및 회계정보를 조회하여 [평가문제]의 답안을 입력하시오.(70점)

번호	평가문제	배점
11	**평가문제 [일/월계표 조회]** 3월 노무비 발생액은 얼마인가?	2
12	**평가문제 [제조원가명세서 조회]** 12월 말 당기총제조비용은 얼마인가?	2
13	**평가문제 [손익계산서 조회]** 당기에 발생한 영업외비용 금액은 얼마인가?	3
14	**평가문제 [재무상태표 조회]** 2월 말 이익잉여금 금액은 얼마인가?	3
15	**평가문제 [재무상태표 조회]** 12월 31일 현재 이월이익잉여금(미처분이익잉여금) 금액은 얼마인가? ① 652,120,312원 ② 934,906,124원 ③ 869,159,870원 ④ 759,346,124원	2
16	**평가문제 [재무상태표 조회]** 12월 말 매도가능증권평가이익 잔액은 얼마인가?	2
17	**평가문제 [거래처원장 조회]** 6월 말 (주)드림전자의 외상매출금 잔액은 얼마인가?	2
18	**평가문제 [부가가치세신고서 조회]** 제2기 확정 신고기간 부가가치세 기한후신고서의 과세표준 합계(9란) 세액은 얼마인가?	3
19	**평가문제 [부가가치세신고서 조회]** 제2기 확정 신고기간 부가가치세 기한후신고서의 영세 기타(6란)의 금액은 얼마인가?	3
20	**평가문제 [부가가치세신고서 조회]** 제2기 확정 신고기간 부가가치세 기한후신고서의 가산세액(26란) 합계금액은 얼마인가?	3
	재무회계 소계	25

실무수행4 원천징수 관리

인사급여 관련 실무프로세스를 수행하시오.

① 주민등록표(등본) 및 급여명세서에 의한 사원등록 및 급여자료 입력

자료 1. 이상민의 주민등록표

문서확인번호   1/1

주 민 등 록 표
(등 본)

이 등본은 세대별 주민등록표의 원본내용과 틀림없음을 증명합니다.
담당자 : 이등본   전화 : 02 - 3149 - 0236
신청인 : 이상민
용도 및 목적 : 회사제출용

20x1년 2월 20일

세대주 성명(한자)	이상민 李相敏	세 대 구 성 사유 및 일자	전입 2023 - 12 - 05

현주소 : 서울 구로구 도림로7 115동 203호 (구로동, 행복아파트)

번호	세대주 관 계	성 명 주민등록번호	전입일 / 변동일	변동사유
1	본인	이상민 890902 - 1030721		
2	배우자	오지영 920927 - 2381048	2023 - 12 - 05	전입
3	자	이유빈 260211 - 4111111	20x1 - 02 - 11	출생

☞ 주민등록번호는 모두 올바른 것으로 가정한다.

자료 2. 2월 급여명세서(이상민)

급여 내역	기본급	직책수당	식대	자가운전보조금	연장수당	출산축하금
	3,000,000원	200,000원	200,000원	200,000원	300,000원	5,000,000원
공제 내역	국민연금	건강보험	고용보험	장기요양보험	노동조합비	
	프로그램에서 자동 계산된 금액으로 공제한다.				40,000원	

자료설명	1. 자료 1은 관리부 부장 이상민(2003)의 20x1년 2월 자녀 출산으로 변경된 주민등록표이다.
	2. 자료 2는 이상민의 2월 급여명세서이다.
	–급여지급일은 매월 25일이다.
	–회사는 부장부터 직책수당을 매월 지급하고 있다.
	–식대는 매월 지급하고 있으며 음식물은 별도로 제공되지 않는다.
	–자가운전보조금은 차량을 소유한 직원에게 지급하며, 출장 시에는 별도로 교통비를 지급하고 있다.
	–연장수당은 직종에 관계없이 연장근무한 시간으로 계산하여 지급하고 있다.
	–출산축하금은 회사지급규정에 의해 출산 자녀 1인당 1회를 지급하고 있다.(이상민은 특수관계인에 해당하지 않는다.)
	–노동조합비는 노동조합에 가입한 직원에게 40,000원을 공제하고 있다.
	기부금은 급여 지급 시에만 공제하고 있으며, 연말정산 시 기부금명세서에 자동반영 되도록 설정한다.
수행과제	1. 사원등록 메뉴에 변경사항을 입력하시오.
	2. 수당 및 공제등록을 하고 2월분 급여자료를 입력하시오.(구분 : 1.급여로 할 것.)

[2] 이자/배당소득의 원천징수

자료 1. 이자소득자 정보

코드	01001	소득자성명	김준호
주민등록번호	720204-1850214	소득의 종류	112.내국법인 회사채이자
귀속월/이자지급일	7월/7월25일	지급이자	2,300,000원

자료 2. 이자소득자료 정보

계좌번호	하나은행 022-24-033
과세구분	T.일반과세
금융상품	A29.[채권,증권-원화] 일반회사채
유가증권표준코드	1048143125
채권이자구분코드	00.채권등의 이자지급기간 중 매입·매도 시 또는 채권 등의 이자지급 시 원천징수한 보유기간 이자상당액
이자지급대상기간	20x1.01.01~20x1.06.30
이자율	5%

자료설명	자료 1은 당사에서 기명 회사채를 발행하고 이자를 지급한 이자소득자의 정보이다. 자료 2는 회사채 이자소득자료에 대한 정보이다.
수행과제	1. [기타소득자등록]에 소득자는 등록되어 있다. 2. [이자배당소득자료입력]에서 이자소득을 입력하고 소득세를 산출하시오.

[실무수행평가] - 원천징수관리

번호	평가문제	배점
21	**평가문제 [이상민 근로소득원천징수영수증 조회]** 이상민의 부양가족명세의 부양가족은 몇 명인가?	2
22	**평가문제 [이상민 2월 귀속 급여자료 조회]** 2월 급여에 대한 공제총액은 얼마인가?	3
23	**평가문제 [이상민 2월 귀속 급여자료 조회]** 이상민의 비과세급여는 얼마인가?	2
24	**평가문제 [7월 지급 이자배당소득자료입력 조회]** 김준호에게 지급될 이자의 세액합계는 얼마인가?	3
	원천징수 소계	10

실무수행5 | 법인세관리

(주)강남물산(1821)은 중소기업으로 사업연도는 제20기(20x1.1.1.~20x1.12.31.)이다. 입력된 자료와 세무조정 참고자료에 의하여 [수행과제]를 완료하고 [평가문제]의 물음에 답하시오.

① 임대보증금 간주익금 조정

자료 1. 건물 및 부속토지 관련 자료

계정과목	취득일	취득원가 (자본적 지출 포함)	당기말 감가상각누계액	면적	비고
토지	2023.4.21.	120,000,000원	-	면적 1,200㎡	-
건물(주1)	2023.4.21.	350,000,000원	24,062,500원	연면적 4,000㎡	-

(주1) 20x1년 7월 3일에 난방장치를 30,000,000원에 설치하였고, 건물 취득원가에 포함되어 있다.

자료 2. 임대현황

임대기간	임대보증금	월임대료	임대건물면적	비고
20x0. 1.1.~20x2.12.31.	300,000,000원	5,000,000원	2,000㎡	3층 301호
20x1.10.1.~20x2.12.31.	150,000,000원	2,500,000원	1,000㎡	3층 302호(주1)

(주1) 임차인과 20x1년 10월 1일에 추가사용에 대한 임대차계약을 추가 체결하였다.

자료 3. 임대보증금 등 운용현황

계정과목	합계	보증금운용수입금액	기타수입금액
이자수익	4,842,000원	2,487,000원	2,355,000원
배당금수익	5,211,000원	1,254,000원	3,957,000원

세무조정 참고자료	1. 자료 1은 임대건물과 부속토지 관련 내역이다. 2. 자료 2는 임대현황이다. 3. 자료 3은 임대보증금 등 운용현황이다. 4. 본 예제에 한하여 간주익금 계산 대상 법인으로 가정하며, 정기예금이자율은 3.5%이다. ☞ **2026년 정기예금이자율은 2026년 3월 중 고시될 예정입니다.**
수행과제	**임대보증금 간주익금 조정명세서를 작성하시오.** 1. [2.임대보증금등의 적수계산]에 임대보증금 적수계산을 하시오. 2. [3.건설비 상당액 적수계산]에 건설비 적수계산을 하시오. 3. [4.임대보증등의 운용수입금액 명세서]에 운용수입금액을 반영하시오. 4. [1.임대보증금등의 간주익금 조정]에 간주익금 대상금액을 계산하여 소득금액조정합계표에 세무조정사항을 반영하시오.

[실무수행평가] - 법인세관리 1

번호	평가문제 [임대보증금 간주익금 조정명세서 조회]	배점
25	'①임대보증금등 적수'는 얼마인가?	2
26	'②건설비상당액 적수'는 얼마인가?	2
27	'⑦익금산입금액'은 얼마인가?	3

② 외화자산 등 평가차손익조정(갑,을)

자료. 외화자산 및 부채 내역

분류	계정과목	외화금액	발생시 장부금액	당기말회사 적용환율	당기말 장부금액	당기말현재 매매기준율
자산	외화미수금	USD30,000	34,500,000원	1,269원/USD	38,070,000원	1,470원/USD
	외화단기차입금	USD27,000	32,670,000원	1,269원/USD	34,263,000원	1,470원/USD
자산	외화선급금	USD15,000	18,450,000원	1,230원/USD	18,450,000원	1,470원/USD

세무조정 참고자료	1. 회사는 외화자산과 부채를 기말 매매기준율로 평가하는 것으로 관할 세무서에 신고하였다. 2. 결산 시 사업연도 평균환율을 적용하여 화폐성외화자산·부채를 평가하였으며, 이에 따라 외화평가차손익을 인식하였다.
수행과제	**외화자산 등 평가차손익조정(갑,을)을 작성하시오.** 1. 외화자산 및 부채에 대한 자료를 외화자산 등 평가차손익조정(갑,을)에 반영하시오. 2. 소득금액조정합계표에 해당 과목별로 세무조정사항을 반영하시오.

[실무수행평가] – 법인세관리 2

번호	평가문제 [외화자산 등 평가손익조정(갑,을) 조회]	배점
28	문제 [2]와 관련된 세무조정 대상 중 익금산입(유보발생)으로 소득금액조정합계표에 반영할 총 금액은 얼마인가?	2
29	문제 [2]와 관련된 세무조정 대상 중 손금산입(유보발생)으로 소득금액조정합계표에 반영할 총 금액은 얼마인가?	2
30	외화자산등 평가차손익조정명세서(갑)의 '⑥손익조정금액'은 얼마인가?	3

③ 퇴직연금부담금조정명세서

자료 1. 전기 자본금과 적립금 조정명세서(을) 내역

[별지 제50호 서식(을)]						(앞 쪽)
사업 연도	20x0.01.01. ~ 20x0.12.31.	자본금과 적립금조정명세서(을)			법인명	(주)강남물산
세무조정유보소득계산						
① 과목 또는 사항	② 기초잔액	당 기 중 증감		⑤ 기말잔액 (익기초현재)	비고	
		③ 감 소	④ 증 가			
퇴직급여충당부채			90,000,000	90,000,000		
퇴직연금			−79,000,000	−79,000,000		

자료 2. 당기 퇴직급여충당부채와 관련된 세무조정사항

〈소득금액조정합계표〉

익금산입 및 손금불산입			손금산입 및 익금불산입		
과목	금액	처분	과목	금액	처분
퇴직급여충당부채	183,000,000	유보	퇴직급여충당부채	20,000,000	유보

자료 3. 당기말 현재 퇴직금추계액

• 일시퇴직 시에 따른 퇴직급여추계액(8명)	243,000,000원
• 근로자퇴직급여 보장법에 따른 퇴직급여추계액(8명)	253,000,000원

세무조정 참고자료	1. 당사는 확정급여형(DB) 퇴직연금제도를 운영하고 있다. 2. 퇴직연금운용자산 계정과 전기 자본금과 적립금조정명세서(을)를 참고한다. 3. 퇴직급여충당부채와 관련된 세무조정사항은 [퇴직급여충당금조정명세서]와 　　[소득금액조정합계표]에 입력되어 있다.
수행과제	**퇴직연금부담금 조정명세서를 작성하시오.** 1. [2. 이미 손금산입한 부담금 등의 계산]에 해당금액을 반영하시오. 2. [1. 퇴직연금 등의 부담금 조정]에 해당금액을 반영하시오. 3. 소득금액조정합계표에 각 건별로 세무조정사항을 반영하시오.

[실무수행평가] – 법인세관리 3

번호	평가문제 [퇴직연금부담금조정명세서 조회]	배점
31	'4.당기말부인누계액'은 얼마인가?	3
32	문제 [3]과 관련된 세무조정 대상 중 손금불산입(유보감소)으로 소득금액조정합계표에 반영할 총 금액은 얼마인가?	2
33	문제 [3]과 관련된 세무조정 대상 중 손금산입(유보발생)으로 소득금액조정합계표에 반영할 총 금액은 얼마인가?	2

④ 소득금액조정합계표

자료. 전기 자본금과 적립금 조정명세서(을)내역

[별지 제50호 서식(을)]					(앞 쪽)
사업 연도	20x0.01.01 ~ 20x0.12.31	자본금과 적립금조정명세서(을)		법인명	(주)강남물산

세무조정유보소득계산					
① 과목 또는 사항	② 기초잔액	당 기 중 증감		⑤ 기말잔액 (익기초현재)	비고
		③ 감 소	④ 증 가		
판매보증충당금	5,000,000	5,000,000	3,500,000	3,500,000	
기부금			5,000,000	5,000,000	

세무조정 참고자료	1. 회사는 당기 중 판매보증비 3,500,000원을 지출하고 판매보증충당금과 상계하였다. 2. 전기의 기부금 5,000,000원은 미지급분으로 당해 연도에 현금으로 지급하였다. 3. 20x1년 3월 3일 토지 취득과 관련하여 취득세를 다음과 같이 처리하였다. (차) 수수료비용 6,100,000원 　　(대) 현금 6,100,000원 4. 자식주식처분이익은 장부금액이 12,700,000원인 자기주식을 17,000,000원에 처분함에 따라 발생하였으며, 자본잉여금으로 계상하였다. 5. 정기예금에 대한 기간경과분 미수이자 1,200,000원을 장부에 계상하였으며, 원천징수 대상소득으로 법인세법상 손익귀속시기가 도래하지 않았다.
수행과제	소득금액조정합계표에 세무조정사항을 반영하시오.

[실무수행평가] – 법인세관리 4

번호	평가문제 [소득금액조정합계표 조회]	배점
34	문제 [4]와 관련된 세무조정 대상 중 손금산입(유보감소)으로 소득금액조정합계표에 반영할 총금액은 얼마인가?	2
35	문제 [4]와 관련된 세무조정 대상 중 익금산입(기타)으로 소득금액조정합계표에 반영할 총금액은 얼마인가?	2
36	문제 [4]와 관련된 세무조정 대상 중 손금불산입(유보발생)으로 소득금액조정합계표에 반영할 총금액은 얼마인가?	3

5 세액공제조정명세서(3) 및 최저한세조정계산서

자료. 신규투자 설비 내역

전자세금계산서				(공급받는자 보관용)		승인번호		

공급자	등록번호	514-81-21541			공급받는자	등록번호	120-81-32144	
	상호	(주)하늘산업	성명 (대표자)	김하늘		상호	(주)강남물산	성명 (대표자) 김정수
	사업장 주소	서울 용산구 한강대로 22				사업장 주소	서울 서대문구 경기대로 10 (충정로 3가)	
	업태	제조업	종사업장번호			업태	제조업	종사업장번호
	종목	기계설비				종목	1차 비철금속 제조업	
	E-Mail	korea@naver.com				E-Mail	gangnam@bill36524.com	

작성일자	20x1.3.26.	공급가액	500,000,000	세액	50,000,000

비고							

월	일	품목명	규격	수량	단가	공급가액	세액	비고
3	26	수치제어 원통연삭기				500,000,000	50,000,000	

합계금액	현금	수표	어음	외상미수금	이 금액을	○ 영수 ⦿ 청구	함
550,000,000				550,000,000			

자료설명	위 자료는 공장의 생산성 향상을 위한 수치제어 원통연삭기를 투자한 내역이며, 회사는 본 건에 대하여 통합투자세액공제(일반)를 받으려고 한다. (기본공제 세액공제율은 10%를 적용하며, 추가공제는 없는 것으로 가정한다.)
수행과제	세액공제조정명세서(3) 및 최저한세조정계산서를 작성하시오. 1. 세액공제조정명세서(3)에 당기 공제대상세액을 입력하시오. 2. 세무조정자료를 반영하여 법인세과세표준 및 세액조정계산서의 소득금액을 계산하시오. 3. 최저한세조정계산서를 통하여 최저한세 적용 여부를 검토하시오. 4. 세액공제조정명세서(3) [2.당기 공제 세액 및 이월액 계산]에 최저한세 적용에 따른 미공제세액을 반영하시오. 5. 세액공제조정명세서(3)에서 산출된 공제세액을 공제감면세액합계표(갑,을)에 반영하시오. 6. 법인세과세표준 및 세액조정계산서에 공제세액을 반영하시오.

[실무수행평가] - 법인세관리 5

번호	평가문제	배점
37	**평가문제 [세액공제조정명세서(3) 조회]** 1.공제세액계산에서 통합투자세액공제(일반)의 '(104)공제대상세액'은 얼마인가?	3
38	**평가문제 [세액공제조정명세서(3) 조회]** 2.당기공제세액 및 이월액계산에서 '(121)최저한세적용에 따른 미공제세액'은 얼마인가?	2
39	**평가문제 [법인세과세표준 및 세액조정계산서 조회]** '125.가감계'금액은 얼마인가? ① 17,361,669원 　　　　　　　　② 20,677,446원 ③ 25,741,245원 　　　　　　　　④ 38,584,210원	2
	법인세관리 소계	35

실무이론평가

1	2	3	4	5	6	7	8	9	10
④	③	②	②	④	①	②	④	②	③

01 비교가능성은 회계정보를 다른 기간 또는 다른 기업과 비교할 수 있는 질적 특성을 의미한다.

02 재고자산감모손실 = 감모수량(1,000개 - 920개) × 취득원가(1,000) = 80,000원

재고자산평가손실 = 실사수량(920개) × 단위당 평가손실(1,000원 - 850원) = 138,000원

정상 재고자산감모손실(80,000) + 재고자산평가손실(138,000) = 218,000원

☞ 정상 재고자산감모손실과 재고자산평가손실은 매출원가에 포함된다.

03 정리 후 법인세비용차감전순이익 = 반영 전 법인세비용차감전순이익(2,000,000) + 미수이자(200,000)

+ 선급비용(300,000) - 미지급이자(100,000) - 선수수익(500,000) = 1,900,000원

04 손상 전 장부가액 = 취득가액(20,000,000) - 누계액(20,000,000 ÷ 5년 × 2년) = 12,000,000원

유형자산손상차손 = 장부금액(12,000,000) - Max[순공정가치(6,000,000), 사용가치(8,000,000)]

= 4,000,000원

05 • (차) 보통예금 14,000,000원 (대) 자본금 20,000,000원

　　　주식발행초과금 4,000,000원

　　　주식할인발행차금 2,000,000원

• 위의 신주발행은 이익잉여금의 증감과 관련이 없다.

06 매출세액 = 제품매출액(170,000,000) × 10/100 - 대손세액(77,000,000 × 10/110) = 10,000,000원

☞ 토지는 면세대상이고, 매출채권의 회수지연에 따른 연체이자는 공급가액으로 보지 않는다.

07 (1) 인적공제 : 8,500,000원

관계	요 건		기본 공제	추가 공제	판 단
	연령	소득			
본인	-	-	○		
배우자	-	○	○		
부(75)	○	○	○	경로	사망일 전일로 판단
장인(69)	○	○	○		
장남(25)	×	×	부		사업소득금액 1백만원 초과자
장녀(17)	○	○	○		

• 기본공제(6명) = 1,500,000 × 5 = 7,500,000원　　　• 경로우대공제(1명) = 1,000,000원

(2) 연금보험료공제 : 2,000,000원

(3) 건강보험료 등 소득공제 : 600,000원

(4) 종합소득공제 합계 : (1)+(2)+(3) = 11,100,000원

08 확정신고 시 **납부할 세액이 1천만원을 초과할 경우 2천만원까지는 1천만원을 초과하는 금액**을 분할 납부하고, 2천만원을 초과하면 해당 세액의 50% 이하의 금액을 분할납부할 수 있다.

09 ① 교통사고벌과금은 손금불산입항목(기타사외유출)이므로 손금불산입의 세무조정이 필요하다.

③ **산재보상보험료의 연체금은 손금 인정**되므로 세무조정이 필요없다.

④ 감가상각비를 세법상의 상각범위액보다 과대계상한 경우 손금불산입의 세무조정이 필요하다.

10 가산조정 = 매출액(50,000,000)+임원상여금(18,000,000)+법인세비용(46,000,000)

= 114,000,000원

차감조정 = 매출원가(32,000,000)+일반기부금 한도초과이월액(15,000,000) = 47,000,000원

각 사업연도 소득금액 = 당기순이익(300,000,000)+가산조정(114,000,000)

- 차감조정(47,000,000) = 367,000.000원

■■■■■ 실무수행평가

실무수행 1. 거래자료 입력

① 잉여금처분

1. [일반전표입력] 2월 28일

(차) 감채적립금	5,000,000원	(대) 이월이익잉여금	5,000,000원
이월이익잉여금	52,000,000원	이익준비금	2,000,000원
		미지급배당금	20,000,000원
		미교부주식배당금	20,000,000원
		사업확장적립금	10,000,000원

2. [전기분 이익잉여금처분계산서] 작성 처분확정일자 20x1.02.28

Ⅲ. 이익잉여금처분액				52,000,000
1. 이익준비금	351	이 익 준 비 금	2,000,000	
2. 기업합리화적립금	352	기 업 합 리 화 적 립 금		
3. 배당금			40,000,000	
가. 현금배당	265	미 지 급 배 당 금	20,000,000	
나. 주식배당	387	미 교 부 주 식 배 당 금	20,000,000	
4. 사업확장적립금	356	사 업 확 장 적 립 금	10,000,000	
5. 감채 적립금	357	감 채 적 립 금		
6. 배당평균적립금	358	배 당 평 균 적 립 금		
Ⅳ. 차기이월 미처분이익잉여금				135,000,000

② 퇴직연금 [일반전표입력] 3월 30일

(차) 퇴직급여(제)　　　　550,000원　　(대) 보통예금　　　　　750,000원
　　　퇴직급여(판)　　　　200,000원　　　　　(하나은행)

실무수행 2. 부가가치세관리

① 수정전자세금계산서의 발행

1. [수정전자세금계산서 발급]

　① [매입매출전표입력] 5월 30일 전표선택 ➡ ▨수정세금계산서 클릭 ➡ 수정사유(3.환입)를 선택
　　➡ 당초세금계산서 작성일(5월 30일)에 자동 반영하고 [확인(Tab)]을 클릭

　② 수정세금계산서(매출) 화면에서 6월 9일로 입력하고, 수량 -3, 단가 1,250,000원을 입력한 후
　　▨확인(Tab)을 클릭한다.

구분	년	월	일	유형	품명	수량	단가	공급가액	부가세	합계	코드	거래처명	사업.주민번호
당초분	20×1	05	30	과세	로봇청소기	10	1,250,000	12,500,000	1,250,000	13,750,000	00125	(주)드림전자	120-81-34671
수정분	20×1	06	09	과세	로봇청소기	-3	1,250,000	-3,750,000	-375,000	-4,125,000	00125	(주)드림전자	120-81-34671
					합 계			8,750,000	875,000	9,625,000			

　③ 수정세금계산서 1건에 대한 회계처리가 자동 반영된다.
　　➡ 당초에 발급한 과세세금계산서의 (-)세금계산서 발급분에 대한 회계처리

[매입매출전표입력] 6월 9일

거래유형	품명	공급가액	부가세	거래처	전자세금
11.과세	로봇청소기	-3,750,000	-375,000	(주)드림전자	전자발행
분개유형	(차) 외상매출금	-4,125,000원	(대) 제품매출		-3,750,000원
2.외상			부가세예수금		-375,000원

2. [전자세금계산서 발행 및 내역관리] 기출문제 87회 참고

② 기한후 신고

1. [매입매출전표입력]

- 11월 10일

거래유형	품명	공급가액	부가세	거래처	전자세금
11.과세	제품	30,000,000	3,000,000	(주)전자세상	전자입력
분개유형	(차) 외상매출금	33,000,000원		(대) 부가세예수금	3,000,000원
2.외상				제품매출	30,000,000원

- 12월 10일

거래유형	품명	공급가액	부가세	거래처	전자세금
12.영세	제품	20,000,000	0	(주)테크노파크	전자입력
분개유형	(차) 외상매출금	20,000,000원		(대) 제품매출	20,000,000원
2.외상					

- 12월 20일

거래유형	품명	공급가액	부가세	거래처	전자세금
16.수출	제품	13,000,000	0	GDSTAR Co.,Ltd.	전자입력
분개유형	(차) 외상매출금	13,000,000원		(대) 제품매출	13,000,000원
2.외상					

- 10월 30일

거래유형	품명	공급가액	부가세	거래처	전자세금
51.과세	화물차	21,000,000	2,100,000	(주)현대자동차	전자입력
분개유형	(차) 차량운반구	21,000,000원		(대) 미지급금	23,100,000원
3.혼합	부가세대급금	2,100,000원			

2. [부가가치세신고서] 제2기 기한후 부가가치세신고서(10월 1일~12월 31일)

구 분				금액	세율	세액
과세표준및매출세액	과세	세금계산서발급분	1	30,000,000	10/100	3,000,000
		매입자발행세금계산서	2		10/100	
		신용카드·현금영수증	3		10/100	
		기타	4		10/100	
	영세	세금계산서발급분	5	20,000,000	0/100	
		기타	6	13,000,000	0/100	
	예정신고누락분		7			
	대손세액가감		8			
	합계		9	63,000,000	㉮	3,000,000
매입세액	세금계산수취부분	일반매입	10			
		수출기업수입분납부유예	10-1			
		고정자산매입	11	21,000,000		2,100,000
	예정신고누락분		12			
	매입자발행세금계산서		13			
	그밖의공제매입세액		14			
	합계 (10-(10-1)+11+12+13+14)		15	21,000,000		2,100,000
	공제받지못할매입세액		16			
	차감계 (15-16)		17	21,000,000	㉯	2,100,000
납부(환급)세액 (㉮매출세액 -㉯매입세액)					㉰	900,000

〈과세표준명세〉

　화면상단의 `과표(F7)`를 클릭하여 '신고구분'에서 '4.기한후과세표준'을 선택하고, '신고년월일'에
'20x2 - 02 - 04'을 기입 후 `확인`을 클릭하면 부가가치세신고서에 '기한후신고'가 표시된다.

3. 가산세명세

　- 세금계산서 발급시기

공급시기	발급기한	지연발급(1%)	미발급(2%)
11/10	12월 10일	12월 11일~익년도 1.25	익년도 1.25까지 미발급

구 분			공급가액	세액
매출	과세	세 금(전자)	30,000,000(미발급)	3,000,000
		기 타		
	영세	세 금(전자)	20,000,000	
		기 타	13,000,000	
매입	세금계산서 등		21,000,000	2,100,000
미달신고(납부)←신고 · 납부지연 가산세				900,000

1. 전자세금계산서 미발급	**30,0000,000원×2% = 600,000원**
2. 신고불성실(무신고)	**900,000원×20%×(1 - 50%) = 90,000원** *** 1개월 이내 기한후 신고시 50% 감면**
3. 납부지연	**900,000원×10일×2.2(가정)/10,000 = 1,980원**
4. 영세율과세표준 신고불성실	**[20,000,000 + 13,000,000]×0.5%×(1 - 50%) = 82,500원**
계	774,480원

가산세명세	구분		금액	세율	세액
25. 가산세 명세	사업자미등록	61		1%	
	세금계산서지연발급등	62		1%	
	세금계산서지연수취	63		0.5%	
	세금계산서미발급등	64	30,000,000	뒤쪽참조	600,000
	전자세금계산서 지연전송	65		0.3%	
	전자세금계산서 미전송	66		0.5%	
	세금계산서합계표불성실	67		뒤쪽참조	
	신고불성실	69	900,000	뒤쪽참조	90,000
	납부지연	73	900,000	뒤쪽참조	1,980
	영세율과세표준신고불성	74	33,000,000	0.5%	82,500
	현금매출명세서미제출	75		1%	
	부동산임대명세서불성실	76		1%	
	매입자거래계좌미사용	77		뒤쪽참조	
	매입자거래계좌지연입금	78		뒤쪽참조	
	신용카드매출전표 등 수령 명세서 미제출·과다기재	79		0.5%	
	합계	80			774,480

67.세금 계산서 합계표 불성실	미제출			0.5%	
	부실기재			0.5%	
	지연제출			0.3%	
	합계				

69.신고 불성실	무신고(일반)		900,000	뒤쪽참조	90,000
	무신고(부당)			뒤쪽참조	
	과소·초과환급신고(일반)			뒤쪽참조	
	과소·초과환급신고(부당)			뒤쪽참조	
	합계		900,000		90,000

실무수행 3. 결산

① 수동결산 및 자동결산

1. 유가증권(매도가능증권) 평가 [일반전표입력] 12월 31일

    (차) 매도가능증권평가익   5,600,000원   (대) 매도가능증권(178)   5,600,000원

2. 재고자산 실사내역

    [일반전표입력] 12월 31일

    (차) 재고자산감모손실   480,000원   (대) 원재료(8.타계정으로 대체액) 480,000원

    [결산자료입력]

    - 원재료 3,720,000, 재공품 3,800,000원, 제품 5,000,000원 입력 후 상단 툴바의 전표추가(F3)를 클릭하여 결산분개 생성한다.

3. 이익잉여금처분계산서

    - 이익잉여금처분계산서에서 처분일을 입력한 후, 전표추가(F3)를 클릭하여 손익대체 분개를 생성한다.

평가문제. 입력자료 및 회계정보를 조회하여 [평가문제]의 답안을 입력하시오.(70점)

번호	평가문제	배점	답
11	**평가문제 [일/월계표 조회]**	2	(29,850,000)원
12	**평가문제 [제조원가명세서 조회]**	2	(1,168,410,100)원
13	**평가문제 [손익계산서 조회]**	3	(680,000)원
14	**평가문제 [재무상태표 조회]**	3	(761,161,728)원
15	**평가문제 [재무상태표 조회]**	2	④
16	**평가문제 [재무상태표 조회]**	2	(8,400,000)원
17	**평가문제 [거래처원장 조회]**	2	(92,125,000)원
18	**평가문제 [부가가치세신고서 조회]**	3	(3,000,000)원
19	**평가문제 [부가가치세신고서 조회]**	3	(13,000,000)원
20	**평가문제 [부가가치세신고서 조회]**	3	(774,480)원
재무회계 소계		25	

실무수행 4. 원천징수 관리

① 주민등록표(등본) 및 급여명세서에 의한 사원등록 및 급여자료 입력(이상민)

1. 사원등록

관계	요 건		기본 공제	추가 (자녀)	판 단
	연령	소득			
본인(세대주)	-	-	○		
배우자	-	○	○		
자(0)	○	○	○	출산(1)	

2. 급여자료입력

- 수당등록

수당 및 공제등록

수당등록 공제등록 비과세/감면설정 사회보험

코드	수당명	과세구분	근로소득유형	
1	101	기본급	과세	1.급여	
2	102	상여	과세	2.상여	
3	200	직책수당	과세	1.급여	
4	201	식대	비과세	2.식대	P01
5	202	자가운전보조금	과세	1.급여	
6	203	연장수당	과세	1.급여	
7	204	출산축하금	비과세	50.출산장려금	Q03

- 공제등록

수당 및 공제등록

수당등록 **공제등록** 비과세/감면설정 사회보험

코드	공제항목명	공제소득유형
1	501	국민연금	0.무구분
2	502	건강보험	0.무구분
3	503	고용보험	0.무구분
4	504	장기요양보험료	0.무구분
5	505	학자금상환액	0.무구분
6	903	농특세	0.사용
7	600	노동조합비	3.기부금

- 급여자료입력(지급일 20x1년 2월 25일)

급여항목	지급액	공제항목	공제액
기본급	3,000,000	국민연금	171,000
직책수당	200,000	건강보험	134,710
식대	200,000	고용보험	33,300
자가운전보조금	200,000	장기요양보험료	17,440
연장수당	300,000	노동조합비	40,000
출산축하금	5,000,000	소득세	78,110
		지방소득세	7,810
		농특세	
과 세	3,700,000		
제 출 비과세	5,200,000		
미제출비과세			
감면 소득		공제액 계	482,370
지급액 계	8,900,000	차인지급액	8,417,630

☞ 비과세 = 출산지원금(5,000,000) + 식대(200,000) = 5,200,000원

② 이자/배당소득의 원천징수

[기타소득자입력] 1001. 김준호.

기본 사항등록

소 득 구 분 / 연 말 구 분 112 ❓ 내국법인 회사채의   연 말 1 1.부

내 외 국 인 / 국 적 0 0.내국인   거주지국 KR ❓ 대한민국

소득자구분/실명구분 111 ❓ 내국인주민등록번호   0 0.실명

개 인 / 법 인 1 1.개인   필요경비율 ___ %

[이자배당소득자료입력]

◉ 기타 관리 항목

소득구분	계좌번호	과세구분	금융상품	조세...	유가증권표준코드	영수일자
112 내국법인 회사채의 이자와 할인액 (소§16①②) [12]	0100 022-24-033	T 일반과세	A30 [채권.증권-원화] 전환사채		1048143125	20×1-07-25

◉ 소득 지급 내역

귀속월	지급일자	채권이자구분	이자지급대상기간	금액	세율	소득세	법	지방소...	농	세액합계	이자율등
20×1-07	20×1-07	25 00 채권등의 이자지급기간 중 매입.매도 또는 채권등의	20×1-01-01 20×1-06-30	2,300,000	14.000%	322,000		32,200		354,200	5.00000

[실무수행평가] – 원천징수관리

번호	평가문제	배점	답
21	**[이상민 근로소득원천징수영수증 조회]** 이상민의 부양가족명세의 부양가족은 몇 명	2	**(2)명**
22	**[이상민 2월 귀속 급여자료 조회]** 2월 급여에 대한 공제총액	3	**(482,370)원**
23	**[이상민 2월 귀속 급여자료 조회]** 이상민의 비과세급여	2	**(5,200,000)원**
24	**[7월 지급 이자배당소득자료입력 조회]** 김준호에게 지급될 이자의 세액합계	3	**(354,200)원**
	원천징수 소계	10	

※ 22는 프로그램이 자동계산하므로 시점(세법개정, 프로그램 업데이트)마다 달라질 수가 있습니다.

실무수행 5. 법인세관리

① 임대보증금 간주익금 조정

1. [2. 임대보증금등의 적수계산]

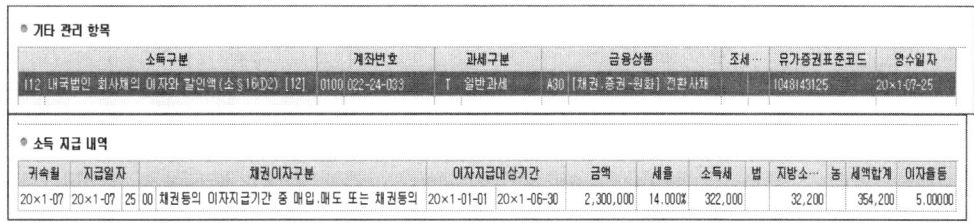

	⑱일 자	⑲적 요	임대보증금 입금	임대보증금 반환	⑳임대보증금 누계	㉑일 수	㉒적수(⑳X㉑)
1	01-01	전기이월	300,000,000		300,000,000	273	81,900,000,000
2	10-01	입금	150,000,000		450,000,000	92	41,400,000,000
3							
		계				365	123,300,000,000

2. [3. 건설비 상당액 적수계산]

2 3.건설비 상당액 적수계산				
가.건설비의 안분계산	⑬건설비 총액적수 ((20)의 합계)	⑭임대면적적수 ((24)의 합계)	⑮건물연면적적수 ((28)의 합계)	(16)건설비상당액적수 (⑬×⑭/⑮)
	122,260,000,000	822,000	1,460,000	68,834,054,794

		일 자	건설비 총액	(18)건설비총액누계	(19)일 수	(20)적수 ((18)X(19))
나.임대면적등 적수계산	건설비 총액적수	1	01-01	320,000,000	320,000,000	183	58,560,000,000
		2	07-03	30,000,000	350,000,000	182	63,700,000,000
		3					
		계			365	122,260,000,000

		일 자	건물연면적총계	(26)건물연면적누계	(27)일수	(28)적수 ((26)X(27))
	건물연면적적수	1	01-01	4,000	4,000	365	1,460,000
		2					
		계			365	1,460,000

		일 자	입실 면적	퇴실 면적	(22)임대면적 누계	(23)일수	(24)적수 ((22)X(23))
	건물임대면적적수	1	01-01	2,000		2,000	273	546,000
		2	10-01	1,000		3,000	92	276,000
		3						
		계				365	822,000

3. [4. 임대보증금등의 운용수입금액 명세서]

3 4.임대보증금등의 운용수입금액 명세서				
	(29)과 목	(30)계 정 금 액	(31)보증금운용수입금액	(32)기타수입금액	(33)비 고
1	이자수익	3,642,000	2,487,000	1,155,000	
2	배당금수익	5,211,000	1,254,000	3,957,000	
	계	8,853,000	3,741,000	5,112,000	

4. [1. 임대보증금등의 간주익금 조정]

1.임대보증금등의 간주익금 조정						보증금 잔액 재계산 보증금적수계산 일수 수정
①임대보증금등 적 수	②건설비 상당액 적 수	③보증금잔액 {((①-②)/ 365 }	④이자율 (%)	⑤(③×④) 익금상당액	⑥보증금운용 수 입	⑦(⑤-⑥) 익금산입금액
123,300,000,000	68,834,054,794	149,221,767	3.5	5,222,761	3,741,000	1,481,761

5. [소득금액조정합계표]

익금산입	임대보증금 간주익금	1,481,761원	기타사외유출

[실무수행평가] - 법인세관리 1

번호	평가문제 [임대보증금 간주익금 조정명세서 조회]	배점	답
25	'①임대보증금등 적수'는 얼마인가?	2	(123,300,000,000)원
26	'②건설비상당액 적수'는 얼마인가?	2	(68,834,054,794)원
27	'⑦익금산입금액'은 얼마인가?	3	(1,481,761)원

② 외화자산 등 평가차손익조정(갑,을)

계정과목	발생일 기준 환율	장부상 평가 환율	외화금액 ($)	장부상 평가손익 (A)	세무상 평가환율	세무상 평가손익 (B)	차이 (B-A)
외화미수금	1,150	1,269	30,000	3,570,000	1,470	9,600,000	6,030,000
외화단기차입금	1,210		27,000	-1,593,000		-7,020,000	-5,427,000
회사손익금계상액				**1,977,000**	**세무상손익금**	**2,580,000**	**+603,000**

1. [외화자산등 평가차손익조정명세서(을)]

① 외화자산 입력

구 분	1	1.외화자산	2.외화부채	3.통화선도	4.통화스왑	5.환변동보험

번호	②외화종류	③외화금액	④장부가액		⑦평가금액		⑩평가손익 (⑨-⑥)
			⑤적용환율	⑥원화금액	⑧적용환율	⑨원화금액	
1	USD	30,000	1,150	34,500,000	1,470	44,100,000	9,600,000

② 외화부채 입력

구 분	2	1.외화자산	2.외화부채	3.통화선도	4.통화스왑	5.환변동보험

번호	②외화종류	③외화금액	④장부가액		⑦평가금액		⑩평가손익 (⑥-⑨)
			⑤적용환율	⑥원화금액	⑧적용환율	⑨원화금액	
1	USD	27,000	1,210	32,670,000	1,470	39,690,000	-7,020,000

☞ 외화선급금은 비화폐성 자산이므로 외화평가를 하지 않는다.

2. [외화자산등 평가차손익조정명세서(갑)]

①구 분	②당기손익금해당액	③회사손익금계상액	조 정		⑥손익조정금액 (②-③)
			④차익 조정(③-②)	⑤차손 조정(②-③)	
가. 화폐성 외화자산·부채평가손익	2,580,000	1,977,000			603,000

3. [소득금액조정합계표]

익금산입	외화평가이익(외화미수금)	6,030,000원	유보발생
손금산입	외화평가손실(외화단기차입금)	5,427,000원	유보발생

[실무수행평가] - 법인세관리 2

번호	평가문제 [외화자산 등 평가손익조정(갑,을) 조회]	배점	답
28	익금산입(유보발생)으로 소득금액조정합계표에 반영할 총 금액	2	**(6,030,000)원**
29	손금산입(유보발생)으로 소득금액조정합계표에 반영할 총 금액	2	**(5,427,000)원**
30	외화자산등 평가차손익조성명세서(갑)의 '⑥손익소성금액'	3	**(603,000)원**

③ 퇴직연금부담금조정명세서

1. [계정별원장]을 이용한 [퇴직연금운용자산]내역 조회

날짜	적요	코드	거래처명	차변	대변	잔액
	전기이월				79,000,000	79,000,000
12-03	퇴직금지급	98005	삼성생명		17,000,000	62,000,000
12-20	퇴직연금불입	98005	삼성생명	51,000,000		113,000,000
	[월 계]			51,000,000	17,000,000	
	[누 계]			130,000,000	17,000,000	

2. [퇴직급여충당금조정명세서]의 퇴직급여충당금조정내역 조회

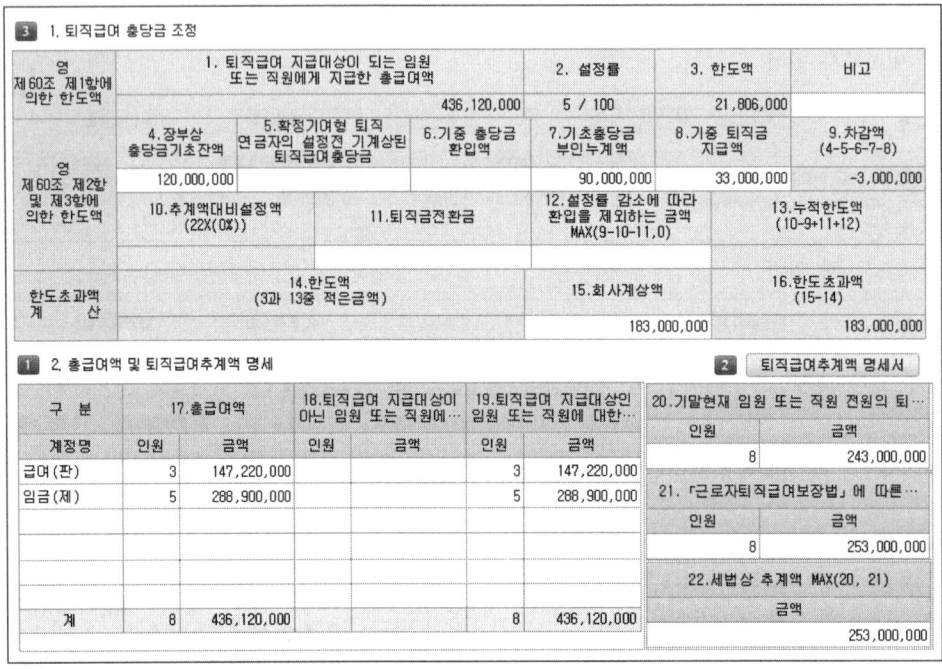

3. [퇴직연금부담금조정명세서]의 작성

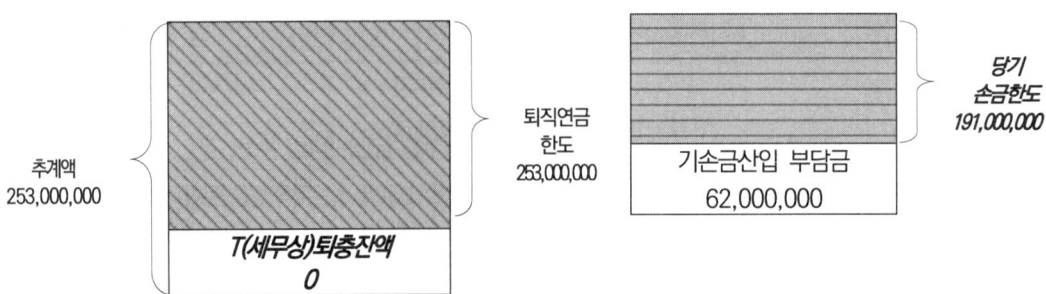

추계액
253,000,000

T(세무상)퇴충잔액
0

퇴직연금
한도
253,000,000

기손금산입 부담금
62,000,000

당기
손금한도
191,000,000

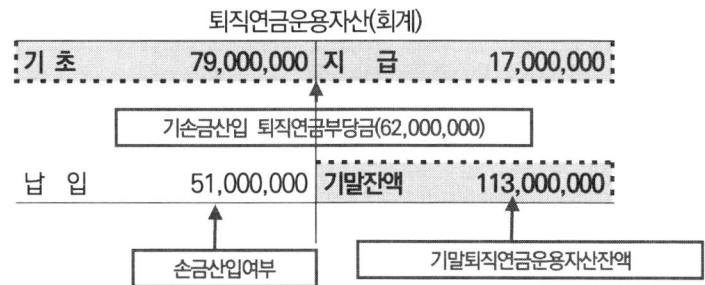

퇴직연금운용자산(회계)

기 초	79,000,000	지 급	17,000,000
		기손금산입 퇴직연금부당금(62,000,000)	
납 입	51,000,000	**기말잔액**	**113,000,000**

손금산입여부

기말퇴직연금운용자산잔액

(1) 나.기말퇴직연금 예치금등의 계산

1 나. 기말퇴직연금 예치금등의 계산

19.기초퇴직연금예치금 등	20.기중퇴직연금예치금등 수령 및 해약액	21.당기퇴직연금예치금등의 납입액	22.퇴직연금예치금 등 계 (19-20+21)
79,000,000	17,000,000	51,000,000	113,000,000

(2) 가.손금산입대상 부담금 등 계산

2. 이미 손금산입한 부담금 등의 계산

2 가. 손금산입대상 부담금 등 계산

13. 퇴직연금예치금등 계(22)	14.기초퇴직연금 충당금등 및 전기말 신고조정에의한 손금산입액	15.퇴직연금충당금 등 손금부인누계액	16.기중퇴직연금 등 수령 및 해약액	17.이미손금산입한 부담금등 (14-15-16)	18.손금산입대상 부담금등 (13-17)
113,000,000	79,000,000		17,000,000	62,000,000	51,000,000

(3) 1.퇴직연금 등의 부담금 조정

3 1.퇴직연금 등의 부담금 조정

1.퇴직급여추계액	당기말현재 퇴직급여 충당금				6.퇴직부담금 등 손금산입 누적 한도액(1-5)
	2.장부상 기말잔액	3.확정 기여형 퇴직 연금자의 퇴직연금 설정전 기계상된 퇴직급여 충당금	4.당기말 부인누계액	5.차감액 (2-3-4)	
253,000,000	253,000,000		253,000,000		253,000,000

7.이미 손금산입한 부담금 등 (17)	8.손금산입한도액 (6-7)	9.손금산입대상 부담금 등(18)	10.손금산입범위액 (8과9중 작은금액)	11.회사손금 계상액	12.조정금액 (10-11)
62,000,000	191,000,000	51,000,000	51,000,000		51,000,000

- 상단 툴바의 '새로불러오기'를 클릭하여 퇴직급여충당금조정명세서의 내용을 반영하며, [4.당기말 부인누계액]란에 253,000,000원(90,000,000원 - 20,000,000원 + 183,000,000원)을 입력한다.

4. [소득금액조정합계표]

손금불산입	퇴직연금지급액	17,000,000원	유보감소
손금산입	퇴직연금불입액	51,000,000원	유보발생

[실무수행평가] - 법인세관리 3

번호	평가문제 [퇴직연금부담금조정명세서 조회]	배점	답
31	'4.당기말부인누계액'은 얼마인가?	3	(253,000,000)원
32	손금불산입(유보감소)으로 소득금액조정합계표에 반영할 총 금액	2	(17,000,000)원
33	손금산입(유보발생)으로 소득금액조정합계표에 반영할 총 금액	2	(51,000,000)원

④ 소득금액조정합계표

손금산입	전기 판매보증충당금	3,500,000원	유보감소
손금산입	전기 기부금	5,000,000원	유보감소
손금불산입	토지 취득세	6,100,000원	유보발생
익금산입	자기주식처분이익	4,300,000원	기타
익금불산입	미수수익(미수이자)	1,200,000원	유보발생

[실무수행평가] - 법인세관리 4

번호	평가문제 [소득금액조정합계표 조회]	배점	답
34	손금산입(유보감소)으로 소득금액조정합계표에 반영할 총금액	2	(8,500,000)원
35	익금산입(기타)으로 소득금액조정합계표에 반영할 총금액	2	(4,300,000)원
36	손금불산입(유보발생)으로 소득금액조정합계표에 반영할 총금액	3	(6,100,000)원

⑤ 세액공제조정명세서(3) 및 최저한세조정계산서

1. 법인세 과세표준 및 세액조정계산서(산출세액)

① 각사업연도소득계산	101.결 산 서 상 당 기 순 손 익	01	163,607,328
	소득금액조정 금액 102.익 금 산 입	02	217,911,761
	103.손 금 산 입	03	86,127,000
	104.차가감소득금액(101 + 102 - 103)	04	295,392,089
	105.기 부 금 한 도 초 과 액	05	
	106.기부금한도초과이월액 손 금 산 입	54	
	107.각사업연도소득금액 (104+105-106)	06	295,392,089
② 과세표준계산	108.각 사 업 연 도 소 득 금 액 (108=107)		295,392,089
	109.이 월 결 손 금	07	
	110.비 과 세 소 득	08	
	111.소 득 공 제	09	
	112.과 세 표 준 (108-109-110-111)	10	295,392,089
	159.선 박 표 준 이 익	55	
③ 산출	113.과 세 표 준 (113=112+159)	56	295,392,089
	114.세 율	11	20%
	115.산 출 세 액	12	39,078,417

2. 세액공제조정명세서(3)

① 공제세액 계산

코드	(101)구 분	투자금액	(104)공제대상세액
10B	상가임대료를 인하한 임대사업자에 대한 세액공제	툴바의 [계산내역-F4]를 선택	
18Q	선결제 금액에 대한 세액공제	툴바의 [계산내역-F4]를 선택	
13W	통합투자세액공제(일반)	툴바의 [계산내역-F4]를 선택	50,000,000
13X	통합투자세액공제(신성장·원천기술)	툴바의 [계산내역-F4]를 선택	
13Y	통합투자세액공제(국가전략기술)	툴바의 [계산내역-F4]를 선택	

② 당기 공제 세액 및 이월액 계산

NO	코드	(105)구분	(106)사업년도	요 공제세액 (107)당기분	(108)이월분	당기 공제대상세액 (109)당기분	(110)1차년도	(111)2차년도	(112)3차년도
	13W	통합투자세액공제(일반)	20×1-12	50,000,000		50,000,000			

3. 최저한세조정계산서

- 법인세과세표준 및 세액조정계산서에서 [새로불러오기]를 클릭하여 소득금액, 과세표준, 산출세액을 자동반영하여 저장한 후 최저한세조정계산서를 작성한다.

① 구 분	②감면후세액	③최저한세	④조정감	⑤조정후세액
(101) 결 산 서 상 당 기 순 이 익	163,607,328			
소득조정금액 (102)익 금 산 입	217,911,761			
(103)손 금 산 입	86,127,000			
(104) 조 정 후 소 득 금 액(101+102-103)	295,392,089	295,392,089		295,392,089
최저한세적용 대상특별비용 (105)준 비 금		0	0	0
(106)특별 / 특례상각		0	0	0
(107)특별비용손금산입전소득금액(104+105+106)	295,392,089	295,392,089		295,392,089
(108) 기 부 금 한 도 초 과 액	0	0		0
(109) 기 부 금 한 도 초 과 이월액 손금 산입	0	0		0
(110) 각 사 업 년 도 소 득 금액(107+108-109)	295,392,089	295,392,089		295,392,089
(111) 이 월 결 손 금	0	0		0
(112) 비 과 세 소 득	0	0		0
(113) 최 저 한 세 적 용 대 상 비 과 세 소 득		0	0	0
(114) 최저한세 적용대상 익금불산입.손금산입		0	0	0
(115) 차 가 감 소 금 액(110-111-112+113+114)	295,392,089	295,392,089		295,392,089
(116) 소 득 공 제	0	0		0
(117) 최 저 한 세 적 용 대 상 소 득 공 제		0	0	0
(118) 과 세 표 준 금 액 (115-116+117)	295,392,089	295,392,089		295,392,089
(119) 선 박 표 준 이 익	0	0		0
(120) 과 세 표 준 금 액 (118+119)	295,392,089	295,392,089		295,392,089
(121) 세 율	20%	7%		20%
(122) 산 출 세 액	39,078,417	20,677,446		39,078,417
(123) 감 면 세 액	0		0	0
(124) 세 액 공 제	50,000,000		31,599,029	18,400,971
(125) 차 감 세 액 (122-123-124)	0			20,677,446

4. 세액공제조정명세서(3) [2. 당기 공제 세액 및 이월액 계산]

- 최저한세적용에 따른 미공제세액 31,599,029원을 입력하여, (123)공제세액에 18,400,971원을 반영한다.

코드	(105)구분	(106)사업년도	당기 공제대상세액 (115…	(116)7차…	(117)…	(118…	(1…	(120)계	(121)최저한세적용에따른미공제세액	(122)그 밖의 사유로…	(123)공제세액…	(124)소멸	(125)이월액 (107+…
13W	통합투자세액공제	2026-12						50,000,000	31,599,029		18,400,971		31,599,029

5. 공제감면세액합계표(갑,을)

6. 법인세과세표준 및 세액조정계산서

① 각 사 업 연 도 소 득 계 산	101.결산서 상 당 기 순 손 익		01	163,607,328
	소득금액조정금액	102.익 금 산 입	02	217,911,761
		103.손 금 산 입	03	86,127,000
	104.차가감소득금액(101 + 102 - 103)		04	295,392,089
	105.기 부 금 한 도 초 과 액		05	
	106.기부금한도초과이월액 손 금 산 입		54	
	107.각사업연도소득금액 (104+105-106)		06	295,392,089

② 과 세 표 준 계 산	108.각 사 업 연 도 소득금액(108=107)	295,392,089
	109.이 월 결 손 금	07
	110.비 과 세 소 득	08
	111.소 득 공 제	09
	112.과 세 표 준 (108-109-110-111)	10	295,392,089
	159.선 박 표 준 이 익	55

③ 산 출 세 액 계 산	113.과 세 표 준 (113=112+159)	56	295,392,089
	114.세 율	11	20%
	115.산 출 세 액	12	39,078,417
	116.지 점 유 보 소 득 (법 제96조)	13	
	117.세 율	14	
	118.산 출 세 액	15	
	119.합 계(115+118)	16	39,078,417

④ 납 부 할 세 액 계 산	120.산 출 세 액(120=119)		39,078,417
	121.최저한세 적용대상 공제감면세액	17	18,400,971
	122.차 감 세 액	18	20,677,446
	123.최저한세 적용제외 공제감면세액	19	
	124.가 산 세 액	20	
	125.가 감 계(122-123+124)	21	20,677,446
⑤ 기한내납부세액	126.중 간 예 납 세 액	22	
	127.수 시 부 과 세 액	23	
	128.원 천 납 부 세 액	24	
	129.간접회사등외국납부세액	25	
	130.소 계(126+127+128+129)	26	
	131.신 고 납 부 전 가 산 세 액	27	
	132.합 계(130+131)	28	
	133.감 면 분 추 가 납 부 세 액	29	
	134.차가감납부할 세액(125-132+133)	30	20,677,446

토지등 양도소득에 대한 법인세 계산(TAB으로 이동)

미환류소득법인세 계산(F3으로 이동)/ 중소기업제외

⑦ 세 액 계	151.차가감납부할세액계(134+150+166)	46	20,677,446
	152.사실과다른회계처리경정세액공제	57	
	153.분 납 세 액 계 산 범 위 액	47	20,677,446
분 납 할 세 액	분 납 할 세 액	50	
차 감 납 부 세 액	차 감 납 부 세 액	53	20,677,446

[실무수행평가] - 법인세관리 5

번호	평가문제 [세액공제조정명세서(3) 조회]	배점	답
37	통합투자세액공제(일반)의 '(104)공제대상세액'	3	(50,000,000)원
38	'(121)최저한세적용에 따른 미공제세액'	2	(31,599,029)원
39	**[법인세과세표준 및 세액조정계산서 조회]** '125.가감계'금액은 얼마인가?	2	②
	법인세관리 소계	35	

사 업 연 도	· · · ~ · · ·	수입금액조정명세서	법 인 명	
			사업자등록번호	

② 1. 수입금액 조정계산

계 정 과 목		③결산서상 수입금액	조 정		⑥조정 후 수입금액 (③+④-⑤)	비 고
①항 목	②과 목		④가 산	⑤차 감		
계						

① 2. 수입금액 조정명세

가. 작업진행률에 의한 수입금액

⑦ 공사명	⑧ 도급자	⑨ 도급 금액	작업진행률계산			⑬누적익금 산입액 (⑨×⑫)	⑭전기말 누적수입 계상액	⑮당기회 사수입 계상액	⑯조정액 (⑬-⑭-⑮)
			⑩해당사업 연도말 총공사비 누적액	⑪ 총공사 예정비	⑫ 진행률 (⑩/⑪)				
계									

나. 중소기업 등 수입금액 인식기준 적용특례에 의한 수입금액

계 정 과 목		⑲세법상 당기 수입금액	⑳당기 회사수입금액 계상액	㉑조정액 (⑲-⑳)	㉒근거법령
⑰항 목	⑱과 목				
계					

다. 기타 수입금액

㉓구 분	㉔근 거 법 령	㉕수 입 금 액	㉖대 응 원 가	비 고
계				

210mm×297mm[일반용지 70g/㎡(재활용품)]

675

사업 연도	· · · ~ · · ·	조정후수입금액명세서	법 인 명	
			사업자등록번호	

① 1. 업종별 수입금액명세서

①업태	②종목	코드	③기준 (단순)경비율 번호	수입금액			
				④계(⑤+⑥+⑦)	내수		⑦수출
					⑤국내생산품	⑥수입상품	
		01					
		02					
〈103〉		03					
〈104〉		04					
〈106〉		06					
〈107〉		07					
〈111〉기타		11					
〈112〉합계		99					

2. 부가가치세 과세표준과 수입금액 차액 검토

② (1) 부가가치세 과세표준과 수입금액 차액

⑧과세(일반)	⑨과세(영세율)	⑩면세수입금액	⑪합계(⑧+⑨+⑩)	⑫수입금액	⑬차액(⑪-⑫)

③ (2) 수입금액과의 차액내역

⑭구분		⑮ 코드	〈16〉금액	비고	⑭구분	⑮ 코드	〈16〉금액	비고
	자가공급	21			거래시기차이감액	30		
	사업상증여	22			주세 · 특별소비세	31		
	개인적공급	23			매출누락	32		
	간주임대료	24				33		
자산매각	고정자산매각액	25				34		
	그 밖의 자산매각액	26				35		
	잔존재고재화	27				36		
	작업진행률차이	28				37		
	거래시기차이가산	29			〈17〉차액계	50		

676

사업 연도	· · · ~ · · ·	임대보증금등의 간주익금조정명세서	법인명	
			사업자등록번호	

4 ❶ 임대보증금 등의 간주익금조정

①임대보증 금등적수	②건설비 상당액적수	③보증금 잔액 [(①-②)÷365 또는 366]	④이자율	⑤익금 상당액(③×④)	⑥보증금 운용수입	⑦익금산입금액 (⑤-⑥)

1 ❷ 임대보증금 등 적수계산

⑧일 자	⑨적 요	⑩임대보증금누계	⑪일 수	⑫적수(⑩×⑪)

2 ❸ 건설비 상당액 적수계산

가. 건설비의 안분계산

⑬건설비총액적수 (⑳의 합계)	⑭임대면적적수 (㉔의 합계)	⑮건물 연면적적수 (㉘의 합계)	⑯건설비상당액적수 (⑬×⑭÷⑮)

나. 임대면적 등 적수계산

⑰건설비총액적수			㉑건물 임대면적 적수			㉕건물연면적 적수		
⑱건설비 총액누계	⑲임대 일수	⑳적수 (⑱×⑲)	㉒임대 면적누계	㉓임대 일수	㉔적수 (㉒×㉓)	㉖건물연면 적누계	㉗임대 일수	㉘적수 (㉖×㉗)
합 계			합 계			합 계		

3 ❹ 임대보증금 운용수입금액 명세

㉙과 목	㉚계정금액	㉛보증금운용수입금액	㉜기타 수입금액	비 고
계				

사업연도		■재고자산 □유가증권	**평가조정명세서**			법인명	(주)무궁

※관리번호 ☐☐ – ☐☐	사업자등록번호 ☐☐☐ – ☐☐ – ☐☐☐☐☐

※ 표시란은 기입하지 마십시오.

①1. 재고자산평가방법검토

①자산별		②평가방법 신고연월일	③신고방법	④평가방법	⑤적부	⑥비고
유가증권	채권					
	기타					

②2. 평가조정계산

⑦ 과목	⑧ 품명	⑨ 규격	⑩ 단위	⑪ 수량	회사계산		조정계산금액				⑱조정액(⑮ 또는 ⑮와 ⑰중 큰 금액-⑬)
							신고방법		선입선출법		
					⑫ 단가	⑬ 금액	⑭ 단가	⑮ 금액	⑯ 단가	⑰ 금액	
계											

계정과목별로 세무조정해야 한다.

① 구분	② 외화종류	③ 외화금액	④ 장부가액		⑦ 평가금액		⑩ 평가손익
			⑤ 적용환율	⑥ 원화금액	⑧ 적용환율	⑨ 원화금액	자산(⑨−⑥) 부채(⑥−⑨)
외화 자산							
	합 계						
외화 부채							
	합 계						
통화 선도							
	합 계						
통화 스왑							
	합 계						
환변동 보험							
	합 계						
총 계							

사 업 연 도 · · · ~ · · ·

외화자산 등
평가차손익조정명세서(을)

법 인 명

사업자등록번호

당기 : 발생일
전기 : 직전년도 평가환율

210mm×297mm[백상지 80g/㎡ 또는 중질지 80g/㎡]

679

■ 법인세법 시행규칙 [별지 제40호서식(갑)] (앞 쪽)

사 업 연 도	· · · ~ · · ·	외화자산 등 평가차손익조정명세서(갑)		법인명	
				사업자등록번호	

1. 손익 조정금액

①구 분		②당기손익금 해 당 액	③회사손익금 계 상 액	조 정		⑥손익 조정금액 (②-③))
				④차익조정 (③-②)	⑤차손조정 (②-③)	
가. 화폐성 외화자산·부채 　　평 가 손 익						
나.통화선도·통화스왑· 　환변동 보험 평가손익						
다. 환 율 조 정 　 계 정 손 익	차익					
	차손					
계						

2. 환율조정계정 손익계산 명세

⑦구 분	⑧최종 상환(회수)기일	⑨전기 이월액	⑩ 당기경과일수 ――――― 잔존일수	⑪손익금 해당액 (⑨×⑩)	⑫차기 이월액 (⑨-⑪)	비 고
			―――			
			―――			
			―――			
			―――			
			―――			
			―――			
			―――			
			―――			
			―――			
			―――			
			―――			
			―――			
계	차 익					
	차 손					

사 업 연 도	· · · ~ · · ·	**기업업무추진비 조정명세서(을)**	법 인 명	
			사업자등록번호	

1. 수입금액명세

구 분	①일반수입금액	②특수관계인간 거래금액	③합 계(①+②)
금 액			

2. 기업업무추진비 해당 금액

④계 정 과 목				합 계
⑤계 정 금 액				← 현물기업업무추진비 가산
⑥기업업무추진비 계상액 중 사적사용경비				← 개인사용경비＋증비불비
⑦기업업무추진비 해당 금액(⑤−⑥)				
⑧신용카드 등 미사용 금액	경조사비 중 기준 금액 초과액	⑨신용카드 등 미사용금액		
		⑩총초과금액		← 분자 : 분모중 신용카드미사용액 분모 : 20만원초과
	국외지역 지출액 (「법인세법 시행령」 제41조 제2항 제1호)	⑪신용카드 등 미사용금액		
		⑫총지출액		
	농어민 지출액 (「법인세법 시행령」 제41조 제2항 제2호)	⑬송금명세서 미제출금액		
		⑭총지출액		
	기업업무 추진비 중 기준금액 초과액	⑮신용카드 등 미사용금액		← 분자 : 분모중 신용카드미사용액 분모 : 3만원초과기업업무추진비 총액
		⑯총초과금액		
	⑰신용카드 등 미사용 부인액 (⑨+⑪+⑬+⑮)			← 신용카드미사용액중 분자금액 합계
⑱기업업무추진비 부인액 (⑥+⑰)				← 손금불산입, 사외유출

사 업 연 도	· · · ~ · · ·	기업업무추진비 조정명세서(갑)	법 인 명	
			사업자등록번호	

구 분				금 액
① 기업업무추진비 해당 금액				
② 기준금액 초과 기업업무추진비 중 신용카드 등 미사용으로 인한 손금불산입액				
③ 차감 기업업무추진비 해당 금액(①-②)				
일반 기업업무 추진비 한도	④	1,200만원 (중소기업 3,600만원) × 해당 사업연도 월수( ) / 12		
	총수입금액 기준	100억원 이하의 금액×30/10,000		
		100억원 초과 500억원 이하의 금액×20/10,000		
		500억원 초과 금액×3/10,000		
		⑤ 소계		
	일반수입금액 기준	100억원 이하의 금액×30/10,000		
		100억원 초과 500억원 이하의 금액×20/10,000		
		500억원 초과 금액×3/10,000		
		⑥ 소계		
	⑦ 수입금액 기준	(⑤-⑥)×20(10)/100		
	⑧ 일반 기업업무추진비 한도액(④+⑥+⑦)			
문화 기업업무 추진비 한도(「조세 특례제한법」 제136조 제3항)	⑨ 문화 기업업무추진비 지출액			
	⑩ 문화 기업업무추진비 한도액 [⑨와 (⑧×20/100)에 해당하는 금액 중 적은 금액]			
전통시장 기업업무 추진비 한도(「조세 특례제한법」 제136조 제6항)	⑪ 전통시장 기업업무추진비 지출액			
	⑫ 전통시장 기업업무추진비 한도액 [⑪과 (⑧×20/100)에 해당하는 금액 중 적은 금액]			
⑬ 기업업무추진비 한도액 합계(⑧+⑩+⑫)				
⑭ 한도초과액(③-⑬)				
⑮ 손금산입 한도 내 기업업무추진비 지출액(③과 ⑬에 해당하는 금액 중 적은 금액)				

사업 연도	· · · ~ · · ·	업무무관부동산등에 관련한 차입금 이자조정명세서(을)		법 인 명	
				사업자등록번호	

		① 연월일	②적요	③차변	④대변	⑤잔액	⑥일수	⑦적수
1. 업무무관 부동산의 적수								
2. 업무무관 동산의 적수								
		계						
3. 가 지 급 금 등 의 적 수	⑧가지급금 등의 적수							
		계						
	⑨가수금 등의 적수							
		계						
4. 그 밖의 적수								
		계						

5. 자기자본 적수계산

⑩대차대조표 자산총계	⑪대차대조표 부채총계	⑫자기자본 (⑩－⑪)	⑬사업연도 일수	⑭적수

[별지 제26호서식(갑)] 〈개정 2006.3.14〉 (앞쪽)

사업 연도	˙ ˙ ˙ ~ ˙ ˙ ˙	업무무관부동산등에관련한 차입금이자조정명세서(갑)	법 인 명	
			사업자등록번호	

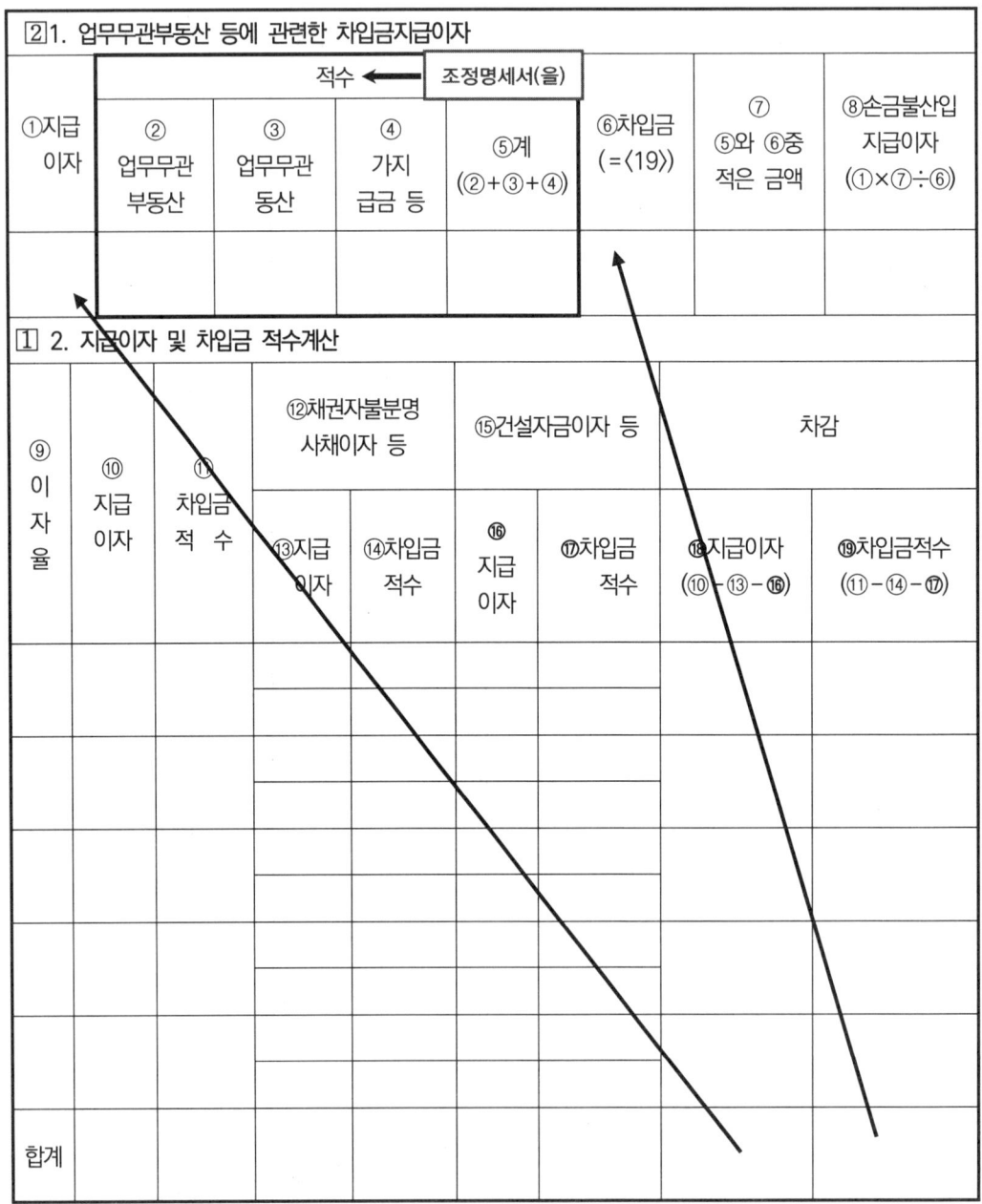

②1. 업무무관부동산 등에 관련한 차입금지급이자

①지급 이자	적수 ← 조정명세서(을)				⑥차입금 (=〈19〉)	⑦ ⑤와 ⑥중 적은 금액	⑧손금불산입 지급이자 (①×⑦÷⑥)
	② 업무무관 부동산	③ 업무무관 동산	④ 가지 급금 등	⑤계 (②+③+④)			

① 2. 지급이자 및 차입금 적수계산

⑨ 이 자 율	⑩ 지급 이자	⑪ 차입금 적 수	⑫채권자불분명 사채이자 등		⑮건설자금이자 등		차감	
			⑬지급 이자	⑭차입금 적수	⑯ 지급 이자	⑰차입금 적수	⑱지급이자 (⑩-⑬-⑯)	⑲차입금적수 (⑪-⑭-⑰)
합계								

사 업 연 도	· · · ~ · · ·	유형고정자산감가상각비 조정명세서(정률법)	법 인 명	
			사업자등록번호	

자산 구분		①종류또는업종명	총계		
		②구조(용도)또는자산명			
		③취득일			
④내용연수(기준 · 신고)					
상각 계산의 기초 가액	재무상태표 자산가액	⑤기말현재액			
		⑥감가상각누계액			
		⑦미상각잔액(⑤-⑥)			
	⑧회사계산감가상각비				
	⑨자본적지출액				
	⑩전기말의제상각누계액				
	⑪전기말부인누계				
	⑫가감계(⑦+⑧+⑨-⑩+⑪)				
⑬일반상각률 · 특별상각률					
상각 범위액 계산	당기산출 상각액	⑭일반상각액			
		⑮특별상각액			
		⑯계(⑭+⑮)			
	취득가액	⑰전기말현재취득가액			
		⑱당기회사계산증가액			
		⑲당기자본적지출액			
		⑳ 계(⑰+⑱+⑲)			
	㉑잔존가액(⑳×5/100)				
	㉒당기상각시인범위액 {⑯, 단 (⑫-⑯)≤㉑인 경우 ⑫}				
㉓회사계상상각액(⑧+⑨)					
㉔차감액(㉓-㉒)					
㉕최저한세적용에 따른 특별상각부인액				손금산입	
조정액	㉖상각부인액(㉔+㉕)				
	㉗기왕부인액중 당기 손금추인액 (⑪, 단 ⑪≤ㅣ△㉔ㅣ)		손금불산입		
㉘당기말부인액누계(⑪+㉖-ㅣ㉗ㅣ)					
당기말의 제상각액	㉙당기의제상각액(ㅣ△㉔ㅣ-ㅣ㉗ㅣ)				
	㉚의제상각누계(⑩+㉙)				
신고조정감가 상각비계산(2 013.12.31 이전 취득분)	㉛기준상각률				
	㉜종전상각비			국제기업회계기준적용	
	㉝종전감가상각비 한도[㉜-{㉓-(㉘-⑪)}]				
	㉞추가손금산입대상액				
	㉟동종자산 한도계산 후 추가손금산입액				
신고조정감가 상각비계산(2 014.1.1 이후 취득분)	㊱기획재정부령으로 정하는 기준내용연수				
	㊲기준감가상각비 한도				
	㊳추가손금산입액				
㊴추가 손금산입 후 당기말부인액 누계(㉘-㉟-㊳)					

685

■ 법인세법 시행규칙 [별지 제20호서식(2)] 〈개정 2012.2.28〉   (앞 쪽)

사 업 연 도	· · · ~ · · ·	유형·무형고정자산감가상각비 조정명세서(정액법)	법 인 명	
			사업자등록번호	

자산 구분	①종류또는업종명		총계		
	②구조(용도)또는자산명				
	③취득일				
④내용연수(기준·신고)					
상각 계산의 기초 가액	재무상태표 자산가액	⑤기말현재액			
		⑥감가상각누계액			
		⑦미상각잔액(⑤-⑥)			
	회사계산 상각비	⑧전기말누계			
		⑨당기상각비			
		⑩당기말누계(⑧+⑨)			
	자본적 지출액	⑪전기말누계			
		⑫당기지출액			
		⑬합계(⑪+⑫)			
⑭취득가액(⑦+⑩+⑬)					
⑮일반상각률·특별상각률					
상각 범위액 계산	당기산출 상각액	⑯일반상각액			
		⑰특별상각액			
		⑱ 계(⑯+⑰)			
	⑲당기상각시인범위액 {⑱, 단 ⑱≤⑭-⑧-⑪+㉕-전기㉘}				
⑳회사계상상각액(⑨+⑫)					
㉑차감액(⑳-⑲)					
㉒최저한세적용에따른특별상각부인액					
조정액	㉓상각부인액(㉑+㉒)				
	㉔기왕부인액중 당기 손금 추인액 (㉕, 단 ㉕≤ㅣ△㉑ㅣ)			손금불산입	
부인액누계	㉕전기말부인액누계(전기㉖)				
	㉖당기말부인액누계(㉕+㉓-ㅣ㉔ㅣ)				
당기말의 제상각액	㉗당기의제상각액(ㅣ△㉑ㅣ-ㅣ㉔ㅣ)				
	㉘의제상각의누계(전기㉘+㉗)				
신고조정 감가상각비 계산 (2013.12.3 1 이전 취득분)	㉙기준상각률				
	㉚종전상각비				
	㉛종전감가상각비 한도[㉚-{⑳-(㉖-㉕)}]				
	㉜추가손금산입대상액				
	㉝동종자산 한도계산 후 추가손금산입액				
신고조정 감가상각비 계산 (2014.1.1 이후 취득분)	㉞기획재정부령으로 정하는 기준내용연수				
	㉟기준감가상각비 한도				
	㊱추가손금산입액				
㊲추가 손금산입 후 당기말부인액 누계(㉖-㉝-㊱)					

사 업 연 도	· · · ~ · · ·	퇴직급여충당금 조정명세서	법 인 명	
			사업자등록번호	

1. 퇴직급여충당금 조정

「법인세법 시행령」 제60조 제1항에 따른 한도액	①퇴직급여 지급대상이 되는 임원 또는 사용인에게 지급한 총급여액(⑲의 계)			②설정률	③한도액 (①×②)	비 고
				5/100		세무상설정전 충당금잔액

「법인세법 시행령」 제60조 제2항및제3항 에 따른 한도액	④장부상 충당금 기초잔액	⑤확정기여형 퇴직연금자의 퇴직급여충당금	⑥기중 충당금 환입액	⑦기초충당금 부인누계액	⑧기중퇴직금 지급액	⑨차감액 (④-⑤-⑥ -⑦-⑧) (△)
	⑩추계액 대비 설정액 (㉒×설정률)	⑪퇴직금전환금		⑫설정률 감소에 따른 환입을 제외하는 금액 MAX(⑨-⑩-⑪, 0)		⑬누적한도액 (⑩-⑨+⑪+⑫)

한도초과액 계 산	⑭한도액 MIN(③, ⑬)		⑮회사계상액		⑯한도초과액 (⑮-⑭)	

2. 총급여액 및 퇴직급여추계액 명세

구 분 계정명	⑰총급여액		⑱퇴직급여 지급대상이 아닌 임원 또는 사용인 에 대한 급여액		⑲퇴직급여 지급대상이 되는 임원 또는 사용인 에 대한 급여액		⑳기말현재 임원 또 는 사용인 전원의 퇴직시 퇴직급여 추계액	
	인원	금 액	인원	금 액	인원	금 액	인원	금 액
퇴지급여(제)								
퇴직급여(판)						㉑「근로자퇴직급여 보장법」에 따른 추계액		
							인원	금 액
						㉒세법상 추계액 MAX(⑳, ㉑)		
계								

총급여액 → (계 ⑲ 금액란)

퇴직급여추계액 → (계 ㉒ 금액란)

사 업 연 도	· · · ~ · · ·	퇴직연금부담금 조정명세서	법 인 명	
			사업자등록번호	

③ 1. 퇴직연금 등의 부담금 조정

①퇴직급여추계액	당기말 현재 퇴직급여충당금(세무상)				⑥퇴직부담금등 손금산입 누적 한도액 (①-⑤)
	②장부상 기말잔액	③확정기여형 퇴직연금자의 퇴직급여충당금	④당기말 부인 누계액	⑤차감액 (②-③-④)	

⑦이미 손금 산입한 부담금 등(⑰)	⑧손금산입한도액 (⑥-⑦) 〈추계액기준한도〉	⑨손금산입대상 부담금 등(⑱)	⑩손금산입범위액 (⑧과 ⑨ 중 작은 금액)	⑪회사손금 계상액	⑫조정금액 (⑩-⑪)
				↑ 회사계상액	↑ 손금산입

2. 이미 손금산입한 부담금 등의 계산

② 가. 손금산입대상 부담금 등 계산 ◄── 퇴직연금운용자산T계정
(기손금산입퇴직연금 부담금)

⑬퇴직연금 예치금등 계(㉒)	⑭기초퇴직연금 충당금등 및 전기말신고조정에 의한 손금산입액	⑮퇴직연금충당금 등 손금부인 누계액	⑯기중퇴직연금등	⑰이미 손금산입한 부담금등 (⑭-⑮-⑯)	⑱손금산입대상 부담금 등 (⑬-⑰) 〈예치금기준한도〉

① 나. 기말 퇴직연금 예치금 등의 계산 ◄── 퇴직연금운용자산T계정

⑲기초퇴직연금 예치금 등	⑳기중 퇴직연금예치금 등 수령 및 해약액	㉑당기 퇴직연금예치금 등의 납입액	㉒퇴직연금예치금 등 계 (⑲-⑳+㉑)

사 업 연 도	· · · ~ · · ·	대손충당금 및 대손금조정명세서	법 인 명	
			사업자등록번호	

1. 대손충당금조정

③ 손금 산입액 조 정	①채권잔액 (㉑의 금액)	②설정률			③ 한도액 (①×②)	회사계상액			⑦한도초과액 (⑥-③)
						④당기계상액	⑤보충액	⑥계	
		(ㄱ) $\frac{1(2)}{100}$ ( )	(ㄴ) 실적률 ( )	(ㄷ) 적립 기준 ( )		(보충법 설정금액)	(기말잔액 -당기계상)		
익금 산입액 조 정	⑧장부상 충당금 기초잔액	⑨기중 충당금 환입액	⑩충당금 부인 누계액	⑪당기대손금 상 계 액 (㉗의 금액)	⑫당기 설정충당금 보 충 액 (=⑤보충액)	⑬환입할 금 액 (⑧-⑨-⑩ -⑪-⑫)		⑭회사 환입액	⑮과소환입·과다 환입(△)(⑬-⑭)
② 채 권 잔 액	⑯계정과목	⑰채권잔액의 장부가액		⑱기말현재 대손금부인누계	⑲합계 (⑰+⑱)	⑳충당금 설정제외 채 권		㉑채권잔액 (⑲-⑳)	비 고
	계		전기부인누계액+당기부인액-당기손금액						

① 2. 대손금조정

㉒ 일자	㉓ 계정 과목	㉔ 채권 내역	㉕ 대손 사유	㉖ 금액	대손충당금상계액			당기손금계상액			비 고
					㉗ 계	㉘ 시인액	㉙ 부인액	㉚ 계	㉛ 시인액	㉜ 부인액	
		계									
							손금불산입				

3. 국제회계기준 등 적용 내국법인에 대한 대손충당금 환입액의 익금불산입액의 조정

㉝대손충당금 환입액의 익금불산입 금액	익금에 산입할 금액				㉟상계후 대손충당금 환입액의 익금불산입 금액(㉝-㊱)	비 고
	㉞「법인세법」제34조 제1항에 따라 손금에 산입하여야 할 금액 Min(③,⑥)	㉟「법인세법」제34조 제4항에 따라 익금에 산입하여야 할 금액 (⑧-⑩-⑪)	㊱차액 Max(0,㉞-㉟)			

사 업 연 도	· · · ~ · · ·	가지급금 등의 인정이자 조정명세서(을)		법 인 명	
				사업자등록번호	

직책(　　　) 성명(　　　)

②1. 가중평균차입이자율에 따른 가지급금 등의 적수, 인정이자 계산

대여기간		③ 연월일	④적 요	⑤ 차 변	⑥ 대 변	⑦잔 액 (⑤-⑥)	⑧ 일수	⑨가지급 금 적수 (⑦×⑧)	⑩ 가수금 적수	⑪ 차감적수 (⑨-⑩)	⑫ 이자 율	⑬인정 이자 (⑪×⑫)
①발생 연월일	②회수 연월일											
	계											

②2. 당좌대출이자율에 따른 가지급금 등의 적수 계산

⑭연월일	⑮적 요	⑯차 변	⑰대 변	⑱잔 액	⑲일수	⑳가지급금 적수(⑱×⑲)	㉑가수금적수	㉒차감적수 (⑳-㉑)
	계							

①3. 가수금 등의 적수 계산

㉓연월일	㉔적 요	㉕차 변	㉖대 변	㉗잔 액	㉘일수	㉙ 가수금적수 (㉗×㉘)
	계					

사 업 연 도	· · · ~ · · ·	가지급금 등의 인정이자 조정명세서(갑)	법 인 명	
			사업자등록번호	

1️⃣ 1. 적용 이자율 선택

[0] 원칙 : 가중평균차입이자율

[   ] 「법인세법 시행령」 제89조 제3항 제1호에 따라 해당 사업연도만 당좌대출이자율을 적용

[   ] 「법인세법 시행령」 제89조 제3항 제1호의 2에 따라 해당 대여금만 당좌대출이자율을 적용

[   ] 「법인세법 시행령」 제89조 제3항 제2호에 따른 당좌대출이자율

```
                                                    익금산입
```

2️⃣ 2. 가중평균차입이자율에 따른 가지급금 등의 인정이자 조정

① 성명	② 가지급금 적수	③ 가수금 적수	④차감적수 (②-③)	⑤ 인정이자	⑥회사 계상액	시가인정범위		⑨조정액(=⑦) ⑦≥3억이거나 ⑧≥5%인 경우
						⑦차액 (⑤-⑥)	⑧비율(%) (⑦/⑤)× 100	
계								

2️⃣ 3. 당좌대출이자율에 따른 가지급금 등의 인정이자 조정

⑩ 성명	⑪ 가지급금 적수	⑫ 가수금 적수	⑬ 차감적수 (⑪-⑫)	⑭ 이 자 율	⑮ 인정이자 (⑬×⑭)	⑯ 회사 계상액	시가인정범위		⑲조정액(=⑰) ⑰≥3억이거나 ⑱≥5%인 경우
							⑰차액 (⑮-⑯)	⑱비율(%) (⑰/⑮) ×100	
계									

■ 법인세법 시행규칙 [별지 제22호서식]

(앞쪽)

사 업 연 도	· · · ~ · · ·	기부금명세서		법인명	
				사업자등록번호	

구 분		③과 목	④연 월	⑤적 요	기 부 처		⑧금 액	비 고
① 유형	②코드				⑥법인 명 등	⑦사 업 자 등록번호 등		
⑨소계	가.「법인세법」제24조 제2항 제1호의 기부금(코드 10)							
	나.「법인세법」제24조 제3항 제1호의 기부금(코드 40)							
	다.「조세특례제한법」제88조의4제13항의 우리사주조합 기부금(코드 42)							
	라. 그 밖의 기부금(코드 50)							
계								

(앞쪽)

사업 연도	. . . ~ . . .	기부금조정명세서	법인명	
			사업자등록번호	

1. 「법인세법」 제24조 제2항 제1호에 따른 기부금 손금산입액 한도액 계산

① 소득금액 계		⑤ 이월잔액 중 손금산입액 MIN[④, ㉓]	
② 「법인세법」 제13조 제1항 제1호에 따른 이월결손금 합계액 (「기준소득금액의 60% 한도)		⑥ 해당연도지출액 손금산입액 MIN[(④-⑤))0, ③]	
③ 「법인세법」 제24조 제2항 제1호에 따른 기부금 해당 금액		⑦ 한도초과액[(③-⑥))0]	
④ 한도액 {[(①-②))0]×50%}		⑧ 소득금액 차감잔액 [(①-②-⑤-⑥))0]	

2. 「조세특례제한법」 제88조의4에 따라 우리사주조합에 지출하는 기부금 손금산입액 한도액 계산

⑨ 「조세특례제한법」 제88조의 4 제13항에 따른 우리사주조합 기부금 해당 금액		⑪ 손금산입액 MIN(⑨, ⑩)	
⑩ 한도액 (⑧)×30%		⑫ 한도초과액[(⑨-⑩))0]	

3. 「법인세법」 제24조 제3항 제1호에 따른 기부금 손금산입 한도액 계산

⑬ 「법인세법」 제24조 제3항 제1 호에 따른 기부금 해당 금액		⑯ 해당연도지출액 손금산입액 MIN[(⑭-⑮))0, ⑬]	
⑭ 한도액((⑧-⑪)×10%, 20%)		⑰ 한도초과액[(⑬-⑯))0]	
⑮ 이월잔액 중 손금산입액 MIN(⑭, ㉓)			

4. 기부금 한도초과액 총액

⑱ 기부금 합계액(③+⑨+⑬)	⑲ 손금산입 합계 (⑥+⑪+⑯)	⑳ 한도초과액 합계(⑱-⑲) =(⑦+⑫+⑰)

5. 기부금 이월액 명세

사업 연도	기부금 종류	㉑한도초과 손금불산입액	㉒기공 제액	㉓공제가능 잔액(㉑ − ㉒)	㉔해당사업연도 손금추인액	㉕차기 이월액 (㉓ − ㉔)
합계	「법인세법」 제24조 제2항 제1호에 따른 기부금					
	「법인세법」 제24조 제3항 제1호에 따른 기부금					
	「법인세법」 제24조 제2항 제1호에 따른 기부금					
	「법인세법」 제24조 제3항 제1호에 따른 기부금					
	「법인세법」 제24조 제2항 제1호에 따른 기부금					
	「법인세법」 제24조 제3항 제1호에 따른 기부금					

6. 해당 사업연도 기부금 지출액 명세

사업 연도	기부금 종류	㉖지출액 합계금액	㉗해당 사업연도 손금산입액	㉘차기 이월액 (㉖ − ㉗)
	「법인세법」 제24조 제2항 제1호에 따른 기부금			
	「법인세법」 제24조 제3항 제1호에 따른 기부금			

사 업 연 도	· · · ~ · · ·	자본금과 적립금 조정명세서(갑)	법 인 명	
			사업자등록번호	

I. 자본금과 적립금 계산서

①과목 또는 사항		코드	②기초잔액	당 기 중 증 감		⑤기 말 잔 액	비 고
				③감 소	④증 가		
자본금 및 잉여금 등의 계산	1. 자 본 금	01					
	2. 자 본 잉 여 금	02					
	3. 자 본 조 정	15					
	4. 기타포괄손익누계액	18					
	5. 이 익 잉 여 금	14					
		17					
	6. 계	20					
7. 자본금과 적립금명세서(을) 계		21					
손익미계상 법인세등	8. 법 인 세	22					
	9. 지 방 소 득 세	23					
	10. 계 (8+9)	30					
11. 차 가 감 계(6+7-10)		31					

II. 이월결손금 계산서

1. 이월결손금 발생 및 증감내역

⑥ 사업 연도	이월결손금			⑩ 소급 공제	⑪ 차감계	감 소 내 역				잔 액		
	발 생 액		⑨배 분 한도초과 결손금 ((9 = ㉕)			⑫ 기공제액	⑬ 당기 공제액	⑭ 보전	⑮ 계	⑯ 기한 내	⑰ 기한 경과	⑱ 계
	⑦계	⑧일반 결손금										

2. 법인세 신고 사업연도의 결손금에 동업기업으로부터 배분한도를 초과하여 배분받은 결손금(배분한도 초과결손금)이 포함되어 있는 경우 사업연도별 이월결손금 구분내역

⑲ 법인세 신 고 사업연도	⑳ 동업기업 과세연도 종 료 일	㉑ 손금산입한 배분한도 초 과 결 손 금	㉒ 법인세 신 고 사업연도 결 손 금	㉓ 합 계(㉓ = ㉕ + ㉖)	배분한도 초과결손금이 포함된 이월결손금 사업연도별 구분		
					배분한도 초과결손금 해당액		㉖법인세 신고 사업연도 발생 이월결손금 해당액 (⑧일반결손금으로 계상) (㉑≧㉒의 경우는 "0", ㉑<㉒의 경우는 ㉒-㉑)
					㉔ 이월결손금 발생 사업연도	㉕이월결손금 (㉕ =⑨)㉑과㉒ 중 작은것에 상당하는 금액	

III. 회계기준 변경에 따른 자본금과 적립금 기초잔액 수정

㉗과목 또는 사항	㉘코드	㉙전기말 잔액	기초잔액 수정		㉜수정후 기초잔액 (㉙ + ㉚ - ㉛)	㉝비 고
			㉚증가	㉛감소		

일반연구 및 인력개발비 명세서

(제1쪽)

❸ 해당 연도의 연구 및 인력개발비 발생 명세

구 분 / 계정과목	자체 연구개발비					
	인건비		재료비 등		기 타	
	인원	금액	건수	금액	건수	금액
합 계	⑥		⑦		⑧	

구 분 / 계정과목	위탁 및 공동 연구개발비		인력개발비	맞춤형 교육비용	현장훈련 수당 등	총 계
	건수	금액				
합 계	⑨		⑩	⑪	⑫	⑬

연구 및 인력개발비의 증가발생액의 계산

⑭ 해당과세연도 발생액	⑮ 직전4년 발생액 계 (⑯+⑰+⑱+⑲)	⑯(직전 1년)	⑰(직전 2년)	⑱(직전 3년)	⑲(직전 4년)
⑳ 직전 4년간 연평균발생액 (⑮/4)		㉑ 직전 3년간 연평균발생액 (⑯+⑰+⑱)/3		㉒ 직전 2년간 연평균발생액 (⑯+⑰)/2	

㉓ 증가발생액(2013년⑭-㉑, 2014년⑭-㉒, 2015년 이후 ⑭-⑯)　　　　　　　　**발생액기준**

❹ 공제세액

해당 연도 총발생 금액 공제	중소기업	㉔ 대상금액(=⑬)	㉕ 공 제 율			㉖ 공제세액
			25%			
	중소기업 유예기간 종료 이후 5년 내 기업	㉗ 대상금액(=⑬)	㉘유예기간 종료연도	㉙유예기간 종료이후 년차	㉚ 공 제 율	㉛ 공제세액
					종료 이후 1~3년차 15% 종료 이후 4~5년차 10%	
	중견 기업	㉜ 대상금액(=⑬)	㉝ 공제율			㉞ 공제세액
			8%			
	일반 기업	㉟ 대상금액(=⑬)	공제율			㊴ 공제세액
			㊱ 기본율	㊲ 추가	㊳ 계	
			3%			

증가발생금액 공제 (직전 4년간 연구·인력개발비가 발생하지 않은 경우 또는 ⑯<⑳경우 공제 제외)	㊵ 대상금액(=㉓)	㊶ 공제율	㊷ 공제세액	*공제율 -중소기업 : 50% -중소기업 외의 기업 : 30%
		50%		

증가액기준

㊸ 해당 연도에 공제받을 세액	중소기업 (㉖과 ㊷ 중 선택)
	중소기업 유예기간 종료 이후 5년 내 기업 (㉛과 ㊷ 중 선택)
	중견기업(㉞와 ㊷ 중 선택)
	일반기업(㊴와 ㊷ 중 선택)

| 사업 연도 | · · · ~ · · · | 법인세 과세표준 및 세액조정계산서 | 법 인 명 | |
| 사업자등록번호 | | | | |

왼쪽

구분	항목	코드	금액
① 각 사업연도 소득계산	⑩ 결산서상 당기순손익	01	
	소득조정금액 ⑩ 익 금 산 입	02	
	⑩ 손 금 산 입	03	
	⑩ 차 가 감 소 득 금 액 (⑩+⑩-⑩)	04	
	⑩ 기 부 금 한 도 초 과 액	05	
	⑩ 기부금한도초과이월액 손금산입	54	
	⑩ 각 사업연도소득금액 (⑩+⑩-⑩)	06	
② 과세표준계산	⑩ 각 사업연도소득금액 (⑩=⑩)		
	⑩ 이 월 결 손 금	07	
	⑪ 비 과 세 소 득	08	
	⑪ 소 득 공 제	09	
	⑫ 과 세 표 준 (⑩-⑩-⑪-⑪)	10	
	⑮ 선 박 표 준 이 익	55	
③ 산출세액계산	⑬ 과 세 표 준 (⑫+⑮)	56	
	⑭ 세 율	11	
	⑮ 산 출 세 액	12	
	⑯ 지 점 유 보 소 득 (「법인세법」 제96조)	13	
	⑪ 세 율	14	
	⑱ 산 출 세 액	15	
	⑲ 합 계 (⑮+⑱)	16	
④ 납부할세액계산	⑳ 산 출 세 액 (⑳ = ⑲)		
	㉑ 최저한세 적용대상 공제감면세액	17	
	㉒ 차 감 세 액	18	
	㉓ 최저한세 적용제외 공제감면세액	19	
	㉔ 가 산 세 액	20	
	㉕ 가 감 계 (㉒-㉓+㉔)	21	
	기납부세액 ㉖ 중 간 예 납 세 액	22	
	㉗ 수 시 부 과 세 액	23	
	㉘ 원 천 납 부 세 액	24	
	㉙ 간접투자회사등의 외국납부세액	25	
	㉚ 소 계 (㉖+㉗+㉘+㉙)	26	
	㉛ 신 고 납 부 전 가 산 세 액	27	
	㉜ 합 계 (㉚+㉛)	28	

오른쪽

구분	항목	코드	금액
	㉝ 감 면 분 추 가 납 부 세 액	29	
	㉞ 차 감 납 부 할 세 액 (㉕-㉜+㉝)	30	
⑤ 토지등양도소득에 대한 법인세 계산	양도차익 ㉟ 등 기 자 산	31	
	㊱ 미 등 기 자 산	32	
	㊲ 비 과 세 소 득	33	
	㊳ 과 세 표 준 (㉟+㊱-㊲)	34	
	㊴ 세 율	35	
	㊵ 산 출 세 액	36	
	㊶ 감 면 세 액	37	
	㊷ 차 감 세 액 (㊵-㊶)	38	
	㊸ 공 제 세 액	39	
	㊹ 동업기업 법인세 배분액 (가산세 제외)	58	
	㊺ 가 산 세 액 (동업기업 배분액 포함)	40	
	㊻ 가 감 계 (㊷-㊸+㊹+㊺)	41	
	기납부세액 ㊼ 수 시 부 과 세 액	42	
	㊽ ( ) 세 액	43	
	㊾ 계 (㊼+㊽)	44	
	㊿ 차 감 납 부 할 세 액 (㊻-㊾)	45	
⑥ 미환류소득법인세	ⓩ 과 세 대 상 미 환 류 소 득	59	
	세 율	60	
	산 출 세 액	61	
	가 산 세 액	62	
	이 자 상 당 액	63	
	납 부 할 세 액	64	
⑦ 세액계	차 감 납 부 할 세 액 계	46	
	사실과 다른 회계처리 경정세액공제	57	
	분 납 세 액 계 산 범 위 액	47	
	분 납 할 세 액	48	
	차 감 납 부 세 액	49	

697

사 업 연 도	· · · ~ · · ·	최저한세조정계산서	법 인 명	
			사업자등록번호	

1. 최저한세 조정 계산 내역

①구　　　　　분	코드	②감면 후 세액	③최저한세	④조정감	⑤조정 후 세액
⑩결 산 서 상　당 기 순 이 익	01				
소　　　득 ⑩익 금 산 입	02				
조 정 금 액 ⑩손 금 산 입	03				
⑩조 정 후 소 득 금 액(⑩＋⑩－⑩)	04				
최 저 한 세 ⑩준　비　금	05				
적 용 대 상 특 별 비 용 ⑩특 별 상 각 및 특례자산감가상각비	06				
⑩특별비용 손금산입 전 소득금액 (⑩＋⑩＋⑩)	07				
⑩기 부 금 한 도 초 과 액	08				
⑩기부금 한도초과 이월액 손금산입	09				
⑩각 사 업 연 도 소 득 금 액 (⑩＋⑩－⑩)	10				
⑪이　월　결　손　금	11				
⑫비　과　세　소　득	12				
⑬최 저 한 세 적 용 대 상 비　과　세　소　득	13				
⑭최 저 한 세 적 용 대 상 익　금　불　산　입	14				
⑮차 가 감 소 득 금 액 (⑩－⑪－⑫＋⑬＋⑭)	15				
⑯소　　　득　　　공　　　제	16				
⑰최 저 한 세 적 용 대 상 소　　　득　　　공　　　제	17				
⑱과 세 표 준 금 액 (⑮－⑯＋⑰)	18				
⑲선 박 표 준 이 익	24				
⑳과 세 표 준 금 액(⑱＋⑲)	25				
㉑세　　　　　　　　　율	19				
㉒산　　　출　　　세　　　액	20				
㉓감　　　면　　　세　　　액	21				
㉔세　　액　　공　　제	22				
㉕차 감 세 액 (㉒－㉓－㉔)	23				

2. 최저한세 세율 적용을 위한 구분 항목

㉖ 중소기업 유예기간 　종 료 연 월		㉗ 유예기간 종료후 연　　　　차		㉘ 사회적기업 여부	1. 여,　2. 부

저자약력

- **김영철** 세무사
  · 고려대학교 공과대학 산업공학과
  · 한국방송통신대학 경영대학원 회계 · 세무전공
  · (전)POSCO 광양제철소 생산관리부
  · (전)삼성 SDI 천안(사) 경리/관리과장
  · (전)강원랜드 회계팀장
  · (전)코스닥상장법인CFO(ERP. ISO추진팀장)
  · (전)농업진흥청/농어촌공사/소상공인지원센타 세법 · 회계강사

2026 로그인 TAT 1급
세무정보처리(Tax Accounting Technician)

1 0 판 발 행 : 2026년 3월 5일
저   자 : 김 영 철
발 행 인 : 허 병 관
발 행 처 : 도서출판 어울림
주   소 : 서울시 영등포구 양산로 57-5, 1301호 (양평동3가)
전   화 : 02-2232-8607, 8602
팩   스 : 02-2232-8608
등   록 : 제2-4071호
Homepage : http://www.aubook.co.kr

저자와의
협의하에
인지생략

ISBN   979-11-7616-018-6   13320   정 가 : 30,000원